巍巍秦岭，天下之阻；终南阴岭，积雪浮云。二〇〇七年一月廿日，享有“天下第一隧”的秦岭终南山公路隧道向世人敞开了胸怀，顺利通车了。当各界人士竞相驱车行驶在宽敞的隧道内，观赏着绚丽多彩的洞内风光，以“千里江陵一日还”的愉悦心情瞬间穿越秦岭天险的时候，人们可曾想到：为了确保隧道的建成和运营，需要解决多少世界性的技术难题？是那些默默奉献、苦心钻研的科技研究、管理者们以“敢为天下先”的创新精神和科学严谨的工作态度，夺取了数十项具有世界先进水平的科研技术成果，形成了我国特长公路隧道的成套技术，实现我国公路隧道一跃而步入世界先进水平的宏伟目标，将我国隧道长度纪录由4公里刷新至18公里，创造了我国公路隧道发展史的终南奇迹！

衣带渐宽终不悔，为伊消得人憔悴。

每一个身影都饱含着激情和执着，

每一张图片都浸透着智慧和汗水，

风霜雨雪，八年搏击！

二〇〇九年七月

秦岭终南山公路隧道创造了我国高速公路隧道建设史的六项之最：世界第一座最长的双洞高速公路隧道，单洞全长18.02公里，双洞共长36.04公里；第一座由我国自行设计、自行施工、自行监理、自行管理、综合技术水平最高的高速公路特长隧道；拥有世界上直径最大的深竖井通风工程；拥有世界最先进的高速公路隧道监控系统；拥有世界上最先进的高速公路隧道特殊灯光带；首次提出策略管理理论，运用首套策略自动生成软件，对火灾、交通事故、养护等方面进行自动监测和管理。其中通风技术、防灾救援技术和运营监控技术达到国际领先水平。这些可观的高水平科技成果，均来自于2001年立项的交通部西部交通建设科技项目《秦岭终南山特长公路隧道关键技术研究》。

隧道内禁止逗留

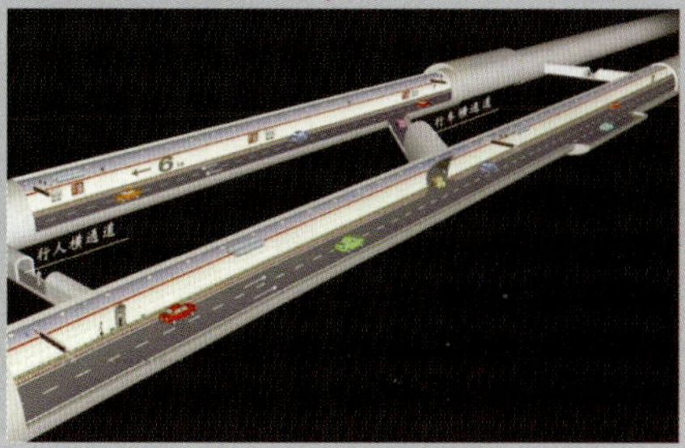

主隧道施工

竖井施工

地下风机房轴流风机

竖井风塔

火灾救援演习

严格实行危险品运输管理

防灾救援物理模拟基地

隧道公司专业消防中队

秦岭终南山公路隧道监控指挥大厅

秦岭终南山公路隧道养护管理系统

交通运输部李盛霖部长（左）与中共时任陕西省委书记李建国（右）为隧道通车剪彩

交通部时任部长张春贤（左二），副部长冯正霖（左三）参观秦岭终南山公路隧道模型

交通运输部翁孟勇副部长（左一）检查秦岭终南山公路隧道运营安全

时任交通部副部长黄先耀（右三）视察

原陕西省长程安东（左三）视察

秦岭终南山特长公路隧道
关键技术研究

袁雪戡　蒋树屏　谢永利
杨其新　韩　直　于　征　等著

人民交通出版社

内 容 提 要

秦岭终南山特长公路隧道是世界长度第一、规模最大的高速公路隧道(单洞长18.02km,双洞总长36.04km)。为了解决特长高速公路隧道"畅通、安全、环保、经济"运行的技术问题,交通运输部组织有关单位联合开展了"秦岭终南山特长公路隧道关键技术研究"科技攻关。本书即是对这些关键技术科研成果的系统总结。主要内容包括:特长公路隧道的通风技术研究、防灾救援技术研究、监控技术研究、管理与养护系统研究以及成果在依托工程中的应用测试与运营总结。本书内容对于今后特长隧道的建设与运营具有重要的参考意义。

本书可供公路隧道相关技术人员使用,也可供相关院校师生参考使用。

图书在版编目(CIP)数据

秦岭终南山特长公路隧道关键技术研究/袁雪戡等著.
北京:人民交通出版社,2010.6
ISBN 978-7-114-08228-3

Ⅰ.秦… Ⅱ.袁… Ⅲ.终南山—公路隧道—隧道工程—工程技术—研究 Ⅳ.U459.2

中国版本图书馆CIP数据核字(2010)第019817号

书　　名:秦岭终南山特长公路隧道关键技术研究
著 作 者:袁雪戡　等　著
责任编辑:沈鸿雁　郑蕉林
出版发行:人民交通出版社
地　　址:(100011)北京市朝阳区安定门外外馆斜街3号
网　　址:http://www.ccpress.com.cn
销售电话:(010)59757969,59757973
总 经 销:人民交通出版社发行部
经　　销:各地新华书店
印　　刷:北京盛通印刷股份有限公司
开　　本:880×1230　1/16
印　　张:26.75
彩　　插:4
字　　数:843千
版　　次:2010年6月　第1版
印　　次:2010年6月　第1次印刷
书　　号:ISBN 978-7-114-08228-3
印　　数:0001～1500册
定　　价:100.00元

序

巍巍秦岭，是黄河水系与长江水系的分水岭，千百年来其天然屏障严重阻隔了秦岭南北的交通联络。秦岭主脊海拔高而南北两侧地形陡峻，沟壑纵横，地质条件复杂多变。原先既有公路为三、四级标准，其中越岭段展线通过山脊垭口，由于技术标准低，行车条件差，事故灾害频发，运输效率十分低下。为了降低越岭高程，缩短公路里程，改善行车条件，按照国家西部开发规划，陕西省于 1999 年 10 月决定修建西安—安康高速公路，通过多种技术方案的比选、优化与反复研究，最终选定以长达 18.02km 的特长公路隧道——秦岭终南山公路隧道，一次穿越秦岭，由此可净缩短公路里程 63km，降低公路高程达 975m。

秦岭终南山公路隧道穿越秦岭山脉主峰，是国家高速公路网内蒙古包头至广东茂名高速公路陕西境内的重要路段和控制性工程，也是陕西省"二六三七"高速公路网西安至安康高速公路的控制性工程。隧道按双向四车道高速公路标准建设，南北洞口间里程长 18.02km，设计速度 80km/h，建筑限界净高 5m，净宽 10.50m，行车道宽 2×3.75m，侧向宽度 1.5m，纵坡＋0.3% ～－1.1%，隧道进出口高程分别为 897m 和 1 025m。隧道所穿越的秦岭终南山段，其岩性主要为混合片麻岩和花岗岩，各类围岩长度比例为：II 类 3%，III 类 12%，IV 类 42%，V～VI 类 43%（此处按公路隧道设计新规范，对围岩级别已有变动），大小断层共约 40 余条。隧道施工采用钻爆法掘进开挖，主要地质灾害为施工开挖时围岩失稳和岭脊段局部有岩爆显现。需要特别提到的是：隧道施工组织利用了东侧当时正在扩挖的、相邻的西康铁路隧道右线作为施工平导，以八条施工横通道增加作业面，做到"长隧短打"，大大加速了开挖进度；并采用有轨车及汽车进行施工运输，曾创造全断面掘进月进尺 429.5 m 的新纪录。

秦岭终南山公路隧道为世界级超特长隧道。在此之前，我国已通车最长的公路隧道仅 4km 左右，国外已通车最长的高速公路隧道长度为 10.9km（日本关越隧道）。修建长度 18.02km 的特长公路隧道，无论是国内还是国外在工程建设、施工管理、建成运营等方面都无类似的工程技术经验可以借鉴，难度非常巨大。而其中最关键的则是特长公路隧道的运营通风、防灾救援、交通监控和运营维护与管理技术等几个方面，亟须开展科研攻关。

为此，交通运输部组织有关单位联合开展了"秦岭终南山特长公路隧道关键技术研究"科技攻关。科研项目组采用产学研相结合的方式，针对特长隧道上述的通风、防灾、监控、运营管理等关键技术难题，通过理论分析、数值模拟、物理模型试验以及现场测试取得了多项创新性研究成果：

(1)首次系统开展了我国公路车辆一氧化碳、能见度的基准排放量研究，并提出了有关修正系数；以人体血液中碳氧血红蛋白饱和度安全值为限，提出了确定洞内一氧化碳允许浓度的方法，为制定特长公路隧道卫生控制标准提供了理论依据；通过对依托工程通风方案进行系统验证和局部构造优化，提出了送排风短道因子回流的量化指标；提出了隧道运营通风工况模拟设计方法。上述成果较好地解决了该隧道采用三竖井送排式纵向通风方式所涉及的诸多技术难题。

(2)首次创建了能以模拟各种复杂工况的公路隧道火灾网络通风试验基地。基于多次火灾试验,提出了火灾通风控制基准;还首次提出了包含火风压、节流效应、烟流阻力等因素的公路隧道火灾工况下的动态网络通风计算方法,并研制出相应的程序软件。建立了一套完善的公路隧道防灾救援设计方法。

(3)首次提出了一种"安全置信系数法",将之应用于特长公路隧道监控系统规模的确定;提出了基于滤波器与灰色系统的交通参数处理方法;建立了根据交通量—车速—洞外亮度的照明控制模型、基于模糊表格法的通风控制模型、隧道配电控制系统网络模型等;给出了配电网地理信息系统的功能要求和图形平台的选择方法。

(4)首创了编目、任务、管理三大体系的隧道管理模式,建立了秦岭终南山特长公路隧道交通安全管理体系,并建立了切实有效的应急预案;首次在隧道机电系统中引入"功能位置"的概念,提出了项目矩阵及故障分析方法,建立了一种隧道机电维护闭环控制体系;基于地理信息系统、虚拟现实等信息技术,开发了隧道管理系统软件,实现了资料信息的自动、快速、立体化搜索、查询与调用。

研究成果已适时应用于秦岭终南山特长公路隧道的设计、建设与运营管理等许多方面,取得了显著的经济效益和社会效益;同时,已推广应用于国内多座公路隧道,取得成功。本项目长达八年的科技攻关支撑、保障了秦岭终南山特长公路隧道的顺利建设和安全运营,整体上提升了我国公路隧道建设与运营的技术水平。

在秦岭终南山隧道建成通车近3年之际,隧道科研项目组将其研究成果著作成书,付梓问世。作为秦岭终南山公路隧道技术委员会的一员,对此我们深感欣慰和嘉许。希望这本著作的研究内容和研究方法对从事隧道勘察、设计、施工和科研方面的广大读者都能有所助益,为推动我国隧道工程技术的进步作出应有的贡献。

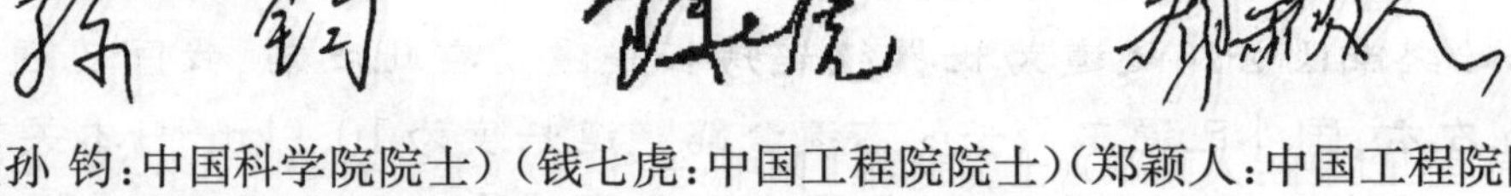

(孙 钧:中国科学院院士)(钱七虎:中国工程院院士)(郑颖人:中国工程院院士)

2010年2月15日

前　言

《秦岭终南山特长公路隧道关键技术研究》在各级领导和多位院士、学者的倡导与支持下，经过编辑人员的辛苦努力，终于和读者见面了。这本技术文献汇集了秦岭终南山公路隧道运营通风、防灾救援、交通监控、管理养护等四项关键技术的最新研究成果，表明了我国公路隧道建设和管理技术达到世界领先水平，使我国从"隧道大国"向"隧道强国"迈进的道路上跨出了可喜的一步。

秦岭终南山公路隧道是世界长度第一、规模最大的高速公路隧道(单洞长 18.02km，双洞总长 36.04km)。该隧道的建成通车，将我国公路隧道长度的纪录由 4km 提升至 18km，创造了工程领域的"终南奇迹"，为我国今后特长公路隧道的建设奠定了技术基础，是我国公路隧道建管技术进入世界先进行列的里程碑。由于秦岭终南山隧道的修建，净缩短公路里程 63km，并降低公路高程 975m，在行车快捷、安全、节约、环保等方面产生了巨大的社会经济效益。

在 20 世纪末确定修建该隧道之时，我国通车的最长公路隧道单洞长度仅为 4km 左右。几乎与此同时，欧洲几座特长公路隧道相继发生了火灾事故，造成车毁人亡的惨重损失，震惊世界。在这种形势下提出修建长达 18km 的高速公路隧道，不能不说是冒着极大的风险和面临着世界性的技术难题。为了解决特长高速公路隧道"畅通、安全、环保、经济"运行的技术问题，交通运输部科技司特将《秦岭终南山特长公路隧道关键技术研究》科研项目立项，项目主持单位陕西省公路局组织国内知名科研院所、重点大学、建设与管理等十多个单位的专家、教授、工程技术人员一百余人联合攻关。科研人员收集、整理、调研了国内外百余座公路隧道的详细资料，通过理论分析、数值模拟、物理模型试验及现场测试，经过八年的努力奋斗，系统地解决了特长公路隧道通风、防灾、监控、环保、运营管理等系列技术难题，取得主要科研成果 37 项，发表了科技论文 179 篇，积累技术资料 64 卷(1 400 余万字)，在此基础上，科研项目组撰写了《秦岭终南山特长公路隧道关键技术研究总报告》。该项目于 2009 年 7 月经交通运输部鉴定验收，鉴定验收委员会认为该项目圆满完成了科研任务，实现了预定目标，取得了总体达到国际领先水平的研究成果。

这些研究成果，为秦岭终南山特长公路隧道这一旷世的伟大工程提供了坚实的技术支撑，成功应用于该隧道的建设和管理之中。自 2007 年 1 月通车三年多以来，隧道运营正常、管理规范，进一步验证了这些技术成果的科学性、适用性和可靠性。

为了与业内同仁共享研究成果，促进我国公路隧道技术的不断发展，我们在《秦岭终南山特长公路隧道关键技术研究总报告》的基础上，编辑出版了这本技术文献。《秦岭终南山特长公路隧道关键技术研究总报告》共包括七个课题，其中：运营通风研究课题由长安大学主持；防灾救援研究课题由西南交通大学主持；交通监控研究课题由重庆交通科研设计院主持；管理与养护系统研究课题由陕西省公路局、厦门市路桥信息工程有限公司、陕西秦岭终南山公路隧道有限责任公司等承担；隧道环保研究课题由长安大学、铜川公路管理局等承担；隧道定额研究课题由陕西省交通厅交通工程定额站、长安大学、陕西省公路局、陕西秦岭终南山公路隧道有限责任公司等承担；隧道科技信息研究课题由中国铁路工程西南科学研究院有限公司承担；各研究课题之间的技术接口、技术协调与技术把关由袁雪戡、蒋树屏负责。本文献汇集了运营通风、防灾救援、交通监控、管理养护四大核心课题的研究内容和成果（环保研究部分内容及定额研究已由人民交通出版社单独出版）。

参加编写本书的主要人员有：

第 1 章：袁雪戡、孙志晓、杨晓炜、郭 春。

第 2 章：谢永利、王亚琼、陈荫三、李宁军、刘浩学、邓顺熙。

第 3 章：杨其新、王明年、郭 春、刘大刚、王玉锁、于 丽、蔺安林、钟新樵。

第 4 章：韩 直、蒋树屏、刘 伟、周 健、涂 耘、王小军。

第 5 章：于 征、魏 聪、徐 燕、郭 伟、刘 鹏、于用真、卢志勇、林德彬。

第 6 章：谢永利、李宁军、王亚琼、王明年、郭 春、杨其新、周 健、杨 洋、王小军。

统稿：杨晓炜、孙志晓、郭 春、周 健、王亚琼。

审定：袁雪戡、蒋树屏。

秦岭终南山特长公路隧道关键技术研究，始终得到了交通运输部、陕西省人民政府及各级领导的关怀，得到了隧道参建各方的大力协助，以孙钧、王梦恕、钱七虎、郑颖人四位院士领衔的秦岭终南山公路隧道技术委员会对研究工作和本文献的编写给予了具体指导和帮助。谨在此表示我们的深切谢意。

我国公路建设事业的发展日新月异，公路隧道技术的进步突飞猛进。希望这本饱含集体智慧结晶的公路隧道技术文献，能为我国公路隧道技术的进一步发展和完善起到推动作用，同时也能为隧道建设管理和科研工作者们提供借鉴和帮助。

限于编写人员的水平，这本技术文献的缺点和错误之处在所难免，我们恳切地希望业内同仁和读者多提宝贵意见，以便纠正和改进。

作　者

2010 年 2 月 15 日

目　　录

第1章 综 述

1.1 项目立项的背景和目的

1.1.1 依托工程背景

秦岭终南山特长高速公路隧道位于国家高速公路网包头—西安—安康—重庆—北海国道主干线的西安—柞水段，是陕西省公路主骨架的重要组成部分，国家规划建设的西部八条省际公路“阿荣旗—北海”线的重要工程，是西康高速公路的控制性工程和陕西省“十五”期间交通三大标志性工程之一。地理位置图见图 1-1。

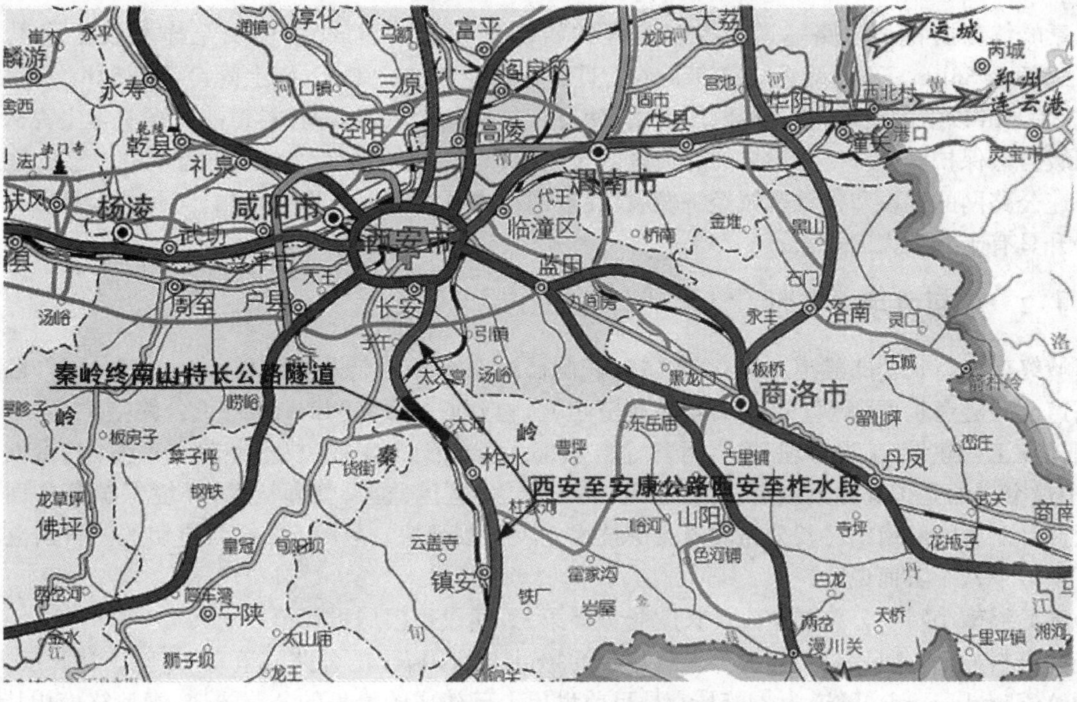

图 1-1 秦岭终南山特长公路隧道地理位置图

该隧道穿越秦岭山脉牛背梁区段，隧道经过地区为国家级牛背梁自然保护区，地震烈度 7 度。接线路基宽度 24.5m。秦岭终南山特长高速公路隧道为一次建成的四车道双洞（分为东线、西线）高速公路隧道，长 18.02km，计算行车速度 80km/h，建筑限界净高 5m，净宽 10.50m，其中行车道宽 2×3.75m；在行车道两侧设 0.50m 的路缘带及 0.25m 的余宽；考虑检修通行的需要，在隧道内两侧设宽度为 0.75m的检修道，高于路面 0.40m。秦岭终南山特长高速公路隧道与先期建设的西康铁路秦岭隧道毗邻，公路隧道在距铁路隧道进口南 450m 西 120m 处进洞，进口高程为 896.9m，西线隧道洞内以2.83km

长、0.3%的上坡，11.7km长、1.1%的上坡，接以3.6km长、0.3%的坡度下坡，在小峪街铁路隧道出口西侧30m出洞，出口高程为1 025.4m；东线隧道与西线隧道坡度相同。隧道建设总投资约31.93亿元，2002年3月开工建设，2007年1月主线建成通车，2008年8月31日三个隧道通风竖井建成，至此全部工程完成。总体布置图见图1-2。

图1-2　秦岭终南山特长公路隧道总体布置图

以秦岭终南山特长公路隧道为控制工程的西柞高速公路建成后，西安至柞水段公路里程由原148km缩短至86km。不但缩短线路62km，而且高程由原来的2 000m以上降至1 025m。免除翻越海拔高程2 000m以上的秦岭、黄花岭两座大山，使行车条件极大改善，特长隧道的方案基本上克服了对该处国家级自然保护区——牛背梁自然保护区的干扰，具有明显的社会、经济、环境效益。它的建成对于加快高速公路网的建设和推动区域经济发展、促进西部大开发发挥了重要作用；对我国公路隧道技术水平的提升具有十分重大的意义。

1.1.2　项目立项必要性

秦岭终南山特长公路隧道工程立项之初，我国已通车最长的公路隧道仅4km左右，国外已通车最长的高速公路隧道长度为10.9km(日本关越隧道)。修建长度18.02km超特长公路隧道，无论是国内还是国外在工程建设、工程管理、建成运营等方面都无类似工程实践、技术经验可借鉴，其难度非常巨大，其中最突出的是工程方案拟定、运营通风、防灾救援、隧道监控、管理技术、环境保护等方面技术问题。因此针对秦岭终南山特长公路隧道关键技术立项开展研究，是十分必要而迫切的。科研立项的必要性可从以下八个方面说明。

1)秦岭终南山特长公路隧道设计长度居世界第二，建设规模居世界第一

统计资料显示，到目前为止，世界上已建成的超过10km以上的公路隧道有13座。从长度上来说，挪威的Aurland Laerdal隧道为24.5km，是目前世界上已建成的最长的公路隧道，秦岭终南山特长公路隧道为18.020km，为世界第二长公路隧道。但Aurland Laerdal隧道为单洞隧道。秦岭终南山特长公路隧道为双洞隧道，单洞累计总长度达36km，从建设规模来说，秦岭终南山特长公路隧道为世界第一，也是世界最长的双洞高速公路隧道。

2)秦岭终南山特长公路隧道通风方案研究刻不容缓

特长公路隧道建设中首要的是确定通风方案，由其确定的通风系统将直接关系到通风效果、工程投资、防灾功能。如何构建符合秦岭终南山特长公路隧道条件的通风系统，国内外可直接借鉴经验很少，国外对公路隧道，特别是对特长公路隧道洞内空气污染问题的研究不是很多，许多方面还处在实验和数

值分析阶段。我国的研究仍处在探索性阶段，研究的对象限于较短公路隧道和铁路隧道通风与污染物浓度分布的数学模拟，对于复杂通风系统的特长公路隧道洞内空气污染的研究仍处于空白阶段。因而有必要就各种可能的秦岭终南山特长公路隧道通风方案进行研究和比选。目的是满足运营需要，降低秦岭终南山特长公路隧道通风系统的能耗，使之经济合理。因此，应从优选通风方案、优化通风配置、降低通风阻力、利用自然风力等方面加以深入研究。由此可见，秦岭终南山特长公路隧道通风方案研究是极其重要的，研究刻不容缓。

3)我国特长公路隧道通风研究严重滞后

我国特长公路隧道严重滞后主要表现在三个方面：

(1)我国汽车污染物排放法规滞后。

我国控制汽车排放起步较晚，1983年首次颁布了对汽车排放的控制限值与测试方法，1993年是我国汽车排放标准健全和完善的一年，不仅对原有的排放标准进行了严格化，同时增加了对汽车排放物中NO_x的控制，此标准相当于欧洲20世纪80年代排放法规的控制水平。2000年12月颁布并于2001年7月1日起实施的《在用汽车排气污染物限值及测试方法》(GB 18285—2000)，其控制水平相当于现行美国在用车的控制水平。

(2)通风控制标准滞后。

我国对公路隧道通风与环保的研究起步较晚。1996年我国对成渝高速公路长隧道通风方式的研究中才开始涉及隧道内空气污染问题与污染控制标准的探讨。

(3)隧道通风技术滞后。

国内对公路隧道通风的研究起步较晚。20世纪90年代初，由西南交通大学、兰州铁道学院等单位参与的成—渝高速公路《公路长大隧道纵向通风研究》项目，基本解决了成渝高速公路中梁山隧道和缙云山隧道的纵向通风问题；由交通部重庆公路科学研究所、浙江省交通规划设计院在国内率先研究长大公路隧道竖井送排式纵向通风技术，并用于同江—三亚国道主干线浙江大溪岭隧道。这些成果为以后的长隧道纵向通风技术提供了成功的经验。纵观国内隧道通风研究进展，近年来虽然取得不少突破，但还存在以下问题和不足：

①隧道通风规模小，通风形式单一，或为全纵向通风，或为竖井单排式通风，或为单竖井送排式通风，对多竖井组合式通风尚无研究；

②开发编制的通风计算程序适应性差，不能进行组合通风方式或各种运营工况的通风模拟；

③数值仿真分析多停留在通风局部，未能进行全面整体通风仿真。

4)秦岭终南山特长公路隧道火灾通风模式独一无二

目前，世界上已建成的长度在15km以上高速公路隧道有2座，即Aurland Laerdal隧道和St. Gothard隧道。挪威的Aurland Laerdal为单洞双向交通，采用纵向式通风，该隧道日交通量较小，且车型主要是小汽车。早期修建的St. Gothard隧道，载重货车年通过量达120万辆，采用了半横向式通风。秦岭终南山特长公路隧道为双洞单向交通，采用分段纵向式通风，考虑防灾要求，在双洞隧道之间将设置大量联络横通道，这与Aurland Laerdal单洞隧道分段纵向式通风相比，在火灾模式下，将有本质区别。与St. Gothard隧道相比，通风模式不同。与一般10km左右隧道相比，通风分段数多，而且每个通风分段长，最长分段长度达5km左右。因此，从防灾通风角度来看，这是世界上15km以上双洞隧道首次采用的通风模式。

5)秦岭终南山特长公路隧道防灾救援不容忽视

从世界上已建成的超过10km以上隧道来说，Mt. Blance隧道在1999年3月24日发生了火灾，死亡41人，36辆汽车被毁。St. Gothard隧道一度被认为是欧洲最安全的隧道，但在2001年10月24日也发生了火灾，造成6人死亡。就特长公路隧道火灾来说，虽然具有偶然性，也是必然的，只是火灾的发生概率大小、规模强弱、影响轻重有区别而已。

根据中华人民共和国国家标准《高速公路隧道监控系统模式》(GB/T 18567—2001)中的隧道事故

率的计算方法，结合秦岭终南山特长公路隧道的实际情况，到2025年以后，秦岭终南山特长公路隧道内每年的事故将达9次左右。根据德国和瑞士统计，在隧道内的事故中，火灾将达10%。可见，在未来秦岭终南山特长公路隧道的运营中，每年的火灾将在0.9次左右。统计资料显示，隧道内的火灾40%将被驾乘人员灭掉，60%需要专业消防队救助。在有监控系统的情况下，40%的隧道不会发生大的火灾事故。至此，可以推断，秦岭终南山特长公路隧道约平均每4～5年将会发生1次规模较大的火灾。由此可见，秦岭终南山特长公路隧道防灾救援是运营中的重要问题，必须引起高度重视。

6)世界特长公路隧道防灾救援技术研究不能满足工程需要

特长公路隧道在运营过程中，防灾救援都是作为最重要的问题被研究。但是，在特长公路隧道的运营期间，仍然会发生灾难性事故。可见特长公路隧道防灾救援理论研究还很薄弱，防灾救援设计方法研究深度还很不够，防灾救援技术现场实施特别困难。

1999年PIARC在总结了世界各国隧道防灾技术研究成果基础上，组织了16个国家23个隧道防灾救援技术研究方面的专家编著了《Fire and Smoke Control in Road Tunnels》，该专著从8个方面论述了隧道防灾救援技术研究的最新成果，主要内容包括：

(1)火灾及烟气控制的目标：主要包括火灾危害的种类、人能忍受的温度、最低能见度、火灾产生的有毒气体、最快逃生时间等。

(2)火灾风险和火灾通风设计：主要包括火灾发生频率、火灾温度、风速等设计参数。

(3)烟气蔓延：主要包括烟气扩散及蔓延速度、烟气逆流影响等。

(4)研究方法：主要包括模型试验(1∶1模型试验、运营前或运营中的隧道火灾试验、小比例尺模型试验)、数值分析等。

(5)用于烟火控制的隧道通风设备：主要包括通风方式、通风装置要求、通风控制技术等。

(6)紧急出口与其他安全设施：主要包括紧急出口、火灾探测系统、灭火器、消防供水、自动喷淋灭火系统、紧急电话、闭路电视(CCTV)、扬声器、无线通信等。

(7)隧道火灾反应与耐火性能：主要包括材料遇火反应、隧道结构的耐火性能、设备的耐火性能等。

(8)火灾应急管理：主要包括火灾应急计划制定原则、防火测试等。

以上说明特长公路隧道防灾救援技术研究，世界各国已经做了很多基础性工作，但研究的深度仍然不能满足特长隧道防灾救援设计要求，主要集中在以下几点：

(1)早期的研究主要针对横向式和半横向式通风防灾救援，缺少纵向式通风防灾救援研究。

(2)对于火灾通风，主要集中在烟流扩散、温度变化、风速变化等直观参数上，对于引起这些参数变化的动力(即风压)变化几乎没有涉及。

(3)研究主要以小坡道隧道为对象，没有考虑特长隧道进出口高差大的影响，没有考虑火风压的影响，也没有进行火灾截流效应研究。

(4)所进行的研究都是单洞隧道，没有考虑横通道的影响，更没有考虑双洞通风的相互影响。

(5)没有考虑特长隧道设多竖井或斜井等分段通风情况，没有进行火灾模式下网络通风研究。

(6)没有进行特长公路隧道防灾救援设计方法研究。

(7)没有进行防灾救援预案制定方法研究。

(8)所进行的火灾试验主要采用大量的人工采集数据，没有采用高速数据量测和采集系统进行数据瞬态同步采集。

因此，对于特长隧道来说，特别是采用分段纵向式通风，其防灾救援设计技术是世界难题，到目前为止，没有成熟的经验。

7)特长公路隧道监控技术存在严重不足

目前，世界各国公路隧道监控系统在设施配置上基本相同，但考虑的因素不同，分类的方法不同，系统规模配置的等级不同。国外主要考虑交通组织、道路功能、地形特征等，分得较细，比较合理。我国没有考虑这些问题。此外，无论国内还是国外，都没有考虑经济基础对监控系统规模的影响。在发达国家，这一问题还不突出，但在国内，由于地域广阔，经济发展极不平衡，有必要引入可靠性的概念，结合项目所在地的实际情况，在安全与经济中寻找平衡点。公路隧道监控系统规模与隧道长度、交通量、系统功能和经济发展水平相关，应结合隧道结构特征、交通流特征和交通组成特征，确定满足系统功能要求的安全系数，或者根据安全系数确定系统功能与设施配置。

监控系统是为了预防交通事故、消除安全隐患，在发生事故后及时救援与交通疏导，减少事故损失，更好地发挥社会与经济效益。

对于特长公路隧道监控技术，应考虑克服目前我国公路隧道监控系统规模确定方法不考虑地区经济发展不平衡性的缺点，使得在公路建设中，可结合当地经济发展水平和项目融资特点，合理确定系统规模，而且将监控系统目标——提高安全性，与系统规模直接相联系，克服国内外现有确定方法中根据假定的事故率确定系统规模的缺陷，使得系统规模的技术经济决策定量化，更有说服力，操作性更强。由此看来，结合秦岭终南山特长公路隧道工程，应对特长公路隧道监控技术进行深入研究。

8)特长公路隧道管理与养护水平亟待全面提升

和一般公路隧道相比，秦岭终南山公路隧道属超特长的公路隧道。洞内有复杂的通风网络和庞杂的机电设备和交通工程设施，其管理与养护与一般公路隧道有质的差别，尤其是交通安全管理。

交通安全管理是特长公路隧道运营管理的一项中心任务，其基本要求就是尽量防止各类交通安全事故的发生，避免或减少事故造成的人员伤亡和财产损失。隧道建造在地理条件较为复杂的偏僻地带，隧道空间狭小，纵深较长，车辆和人员难以及时疏散，发生火灾事故的后果也比较严重，且一般距两端的专业消防队都比较远，容易造成大量人员被困和伤亡。特别是对近几年来国外几次人亡车毁的惨重公路隧道火灾事故的调查分析表明，其原因不仅在于隧道的设施存在缺陷，而且在隧道的管理方面也存在不少问题。秦岭终南山特长公路隧道双向通道总长度超过36km，隧道内发生火灾事故的可能性就会随隧道长度的增加而增大；同时，隧道建成后是国家高速公路网阿北线贯穿秦岭的主要通道，车流密度相当大，所以隧道内发生火灾的概率较其他隧道要高。

因此，为配合秦岭终南山特长公路隧道通车后的运营管理，指导隧道管理机构、管理模式的建立，极需对特长公路隧道管理与养护系统进行研究，以期实现安全、畅通、经济的特长公路隧道管理与养护目标。同时在研究成果和成功应用经验的基础上，进一步总结完善，形成完整体系和成套技术，可全面提升我国特长公路隧道科学管理与养护的整体技术水平，逐渐缩小与国际先进水平的差距并步入特长公路隧道管理与养护世界先进行列。且把管理与养护研究成果和经验不断反馈到设计与施工中，对推动特长公路隧道建设水平的发展也将产生深远影响。

以上分析说明，对于秦岭终南山特长公路隧道来说，存在四个需要，即隧道建设的需要、技术进步的需要、推广应用的需要、提高管理水平的需要。为此，交通部[1]西部交通科技项目管理中心在2001年决定以秦岭终南山特长公路隧道工程为依托，成立《秦岭终南山特长公路隧道关键技术研究》项目，开展相关课题的系统研究。

开展以上研究，不仅可以直接为秦岭终南山特长公路隧道的设计、建设、管理提供技术支撑和保障，而且对构建我国长大公路隧道科研、设计、施工、管理体系，完善我国公路隧道设计规范和定额，提高我国公路隧道运营管理水平，都具有十分重要的意义。

1.2 项目主要研究内容

针对我国公路隧道和秦岭终南山特长公路隧道的实际，重点研究了以下四个课题。

[1] 交通部现已更名为交通运输部，后同。

1.2.1 秦岭终南山特长公路隧道通风技术研究

(1)构建了复杂通风网络技术理论。

(2)开发了仿真计算机软件、通风设计平台。

(3)确定了我国在用汽车排放因子及影响排放各因素的修正值。

(4)进行了秦岭终南山特长公路隧道的通风方案比选、需风量和供风方式的确定和通风系统结构优化。

1.2.2 秦岭终南山特长公路隧道防灾救援技术研究

(1)建立了国内外长大公路隧道火灾数据库。

(2)建立了公路隧道火灾数值模型,进行火灾数值模拟计算。

(3)进行大规模隧道火灾物理模型试验,为隧道防灾设计提供了基础数据。

(4)完成了隧道火灾模式下的通风技术研究。

(5)对公路隧道火灾监控和报警系统进行研究,给出了最终选型。

(6)建立了一套适合我国国情的秦岭终南山公路隧道火灾救援体系。

(7)建立了一套公路隧道衬砌结构火灾损伤评定方法。

(8)建立了装运易燃、易爆和危险品车辆进入隧道的安全运输管理办法。

1.2.3 秦岭终南山特长公路隧道监控技术研究

(1)提出了监控系统规模功能设计法。

(2)提出了模糊综合判断的交通异常自动检测算法。

(3)建立了基于交通量、车速、照度的隧道照明控制模型和组合式模糊表格法的通风控制模型。

(4)确定了配电控制系统的网络模型、地理信息系统的功能要求。

1.2.4 秦岭终南山特长公路隧道管理与养护系统研究

(1)将系统工程理论和方法应用于公路隧道管理,在隧道机电系统中引入"功能位置"概念,建立了机电维护闭环控制体系。

(2)研发了特长公路隧道管理与养护系统(TMMS)。

(3)建立了"编目、任务、管理"三个阶段体系的通用管理模式。

(4)基于 GIS. VR 等信息技术,开发了管理系统软件,可实现隧道管理的立体展示、数据联动、三维定位和快速查询。

除上述四个核心课题外,我们还根据工程建设的实际需要和合同要求,开展了环保技术研究、定额研究及信息研究,完成了预定研究目标。

1.3 国内外相关技术及研究现状

1.3.1 特长公路隧道通风技术研究现状

国外汽车排放法规形成和发展大约经历了三个阶段:第一阶段(1966～1974 年)是排放法规的形成阶段;第二阶段(1975～1992 年)是法规的加强和完善阶段;第三阶段(1993 年以后)加强对 HC 的限制,进入低污染车时期。

20 世纪 90 年代以来,由于我国汽车拥有量的急剧增加,汽车排放对城市造成的污染已经越来越严重,因此北京市于1998年制订了控制汽车排放的地方标准,此标准等同于欧洲91/441/EEC的控制水平,尚未达到ECE/MVEG-1号法规控制水平。国家环保局和国家技术监督局于1999年和2001年相继颁布和修订了汽车排放国家标准,相当于ECE/MVEG-1号法规和ECE/MVEG-2号法规的控制水平。

我国1999年颁布的压燃式发动机车辆排放标准和2001年颁布的轻型汽车污染物排放标准,等效采用欧盟(EU)相关指令及其修订指令的全部技术内容,并参照采用有关法律的部分技术内容。因此我国的汽车排放标准将与欧洲汽车排放标准接轨。

我国实施现行排放标准将分阶段进行:从2000年至2004年实施的限值相当于欧洲的ECE/MVEG-1号法规的控制水平;从2004年至2007年实施的限值相当于欧洲的ECE/MVEG-2号法规的控制水平;从2007年起实施的限值相当于欧洲的ECE/MVEG-3号法规的控制水平;从2010年起实施ECE/MVEG-4号法规的控制水平,从此基本实现与欧洲排放法规接轨。

国外在公路隧道通风污染控制方面有代表性(或有影响)的研究成果有:Ohashi等(1982年)对日本KAN—ETSU公路隧道(10.885km)采用一维污染物扩散方程用数值求解的方法对隧道内污染物浓度纵向分布进行研究。Bellasio Roberto(1997年)对意大利一座1km长公路隧道采用一维扩散方程求数值解的方法对该隧道内污染物浓度的时间分布进行分析,并就隧道外环境的变化对隧道内污染物浓度的影响进行研究。Oettl Dietar(2002)提出了一个用于计算公路隧道出口污染物浓度分布的经验方法。该方法使用方便,但却不能考虑隧道口的地形、大气稳定度等环境因素的影响。

从1995年起,长安大学(原西安公路交通大学)承担了交通部"公路汽车污染物排放因子的研究"课题,曾对中国三座典型公路隧道内污染物浓度分布规律进行了系统实测,并通过建立公路隧道环境空气质量模型,确定我国公路机动车污染物排放因子。此外提出了常用通风方式下隧道内污染物浓度分布的解析计算方法。

为了验证通风系统的可靠性以及实用性,日本学者编制了一套程序对关越隧道通风系统进行模拟,研究内容包括了对空气的非稳态流模拟,空气污染物沿隧道全程的实时变化,以及紧急通风方案的建立等。此程序包括了动力学模型,污染模型,交通模型和控制模型四大部分。程序模拟结果证明静电集尘器加送排式竖井的纵向通风系统可以应用在关越隧道上,并得出了不论交通方式如何,不论隧道长短,均可采用分段纵向加静电集尘器通风的结论。

挪威Aurland Laerdal隧道是目前世界上最长的公路隧道,该隧道采用通风斜井与空气净化器、射流风机组合的纵向通风方式。通风斜井位于距隧道入口18km处,空气净化器安装在距隧道入口9.5km处,通风(或净化处理)分段的单段长度最大为9.5km。

近年来,世界各国的隧道专业人员致力于隧道通风计算程序的研究,最具代表性的是瑞典Axel Bring等编制的模块化模拟程序。其基本模块包括进口段、出口段、基本段、三通段和风机段等,并以此组装来模拟隧道通风系统。模拟结果包括空气压力、流速、污染物浓度沿隧道轴线的分布等。

对于隧道通风的动态模拟和局部多维模拟,多运用CFD进行模拟,其中比较常用的模拟软件有FLUENT,PHOENICS,CFX,CFDesign等。

重庆交通科研设计院于1996年建成了长度200m的1∶1比例通风照明试验隧道(图1-3),并于1999年主持编写了现行《公路隧道通风照明设计规范》(JTJ 026.1—1999),对隧道通风设计有很强的指导意义,但鉴于编写时国内长大公路隧道建设刚刚起步,3km以上隧道凤毛麟角,尤其是3～5km以上隧道的通风技术难点还存在许多问题值得进一步研究和探讨。浙江省交通规划设计院与重庆交通科研设计院共同完成的《大溪—湖雾岭隧道营运照明与通风关键技术研究》项目,进行了隧道单竖井送排式加射流风机组合通风方式的理论研究到模型试验验证,并将成果首次应用于工程实际。西南交通大学在中梁山、缙云山纵向通风课题研究中编制了通风计算软件,在多维和动态方面,也作了初步的研究。他们用空气动力学模型、交通模型、污染模型以及控制模型对竖井排出式纵向通风系统进行了动态数值模拟。原兰州铁路学院的许云峰、高孟理利用有限差分法对射流通风的流场进行了分析,并试验研究了射流风机的通风效率。

图 1-3　1∶1 比例试验隧道

1.3.2　特长公路隧道防灾救援技术研究现状

特长公路隧道一般在设计、施工、运营过程中，防灾救援都是其考虑的重点。从目前的研究手段来看，主要有模型试验、数值分析等多种手段。世界各国隧道火灾模型试验具体情况见表 1-1。

世界各国进行的火灾试验　　表 1-1

时　间	试验机构	试验隧道	试验内容/结论
1965 年	瑞士公路隧道安全委员会	Ofenegg 隧道，把隧道距入口 190m 处进行了封闭	测试的内容包括温度、空气流速、气体浓度（CO 和 O_2）和可见度
1970 年	英国火警研究站与格拉斯哥隧道消防队	格拉斯哥隧道	火灾试验，烟雾扩散
1974 年	日本	宫古线某隧道内	运行列车的着火试验，认为列车着火后再运行 15min 是安全的
1975 年	奥地利	Zwenberg 隧道	测试的内容包括温度、气体浓度（CO、CO_2、NO_x 和 O_2）、不透明度和燃烧率
1980 年	日本公共事业研究协会（PWRI）	700m 长的导洞和 3 300m 长的公路隧道	测试了纵向空气流速的影响
1982 年	日本建设省土木研究所	某实际隧道内	隧道内使用水喷淋系统的效果以及对火灾的影响
1985 年	德国	盖尔森基兴—俾斯麦市的地铁隧道	得出在不同通风方式和火灾荷载条件下温度与火灾持续时间的关系
1989 年	中国广州铁路局科研所、铁科院西南所	四川华蓥山矿务局救护大队的训练巷道 1∶3断面模拟试验	探索长隧道的消防方法
1990～1992 年	西欧 9 国联合试验	Repparfjord 隧道，长达 2.3km 的采矿导洞中进行	测试内容包括空气和墙壁的温度、流速、不透明度、气体浓度、烟雾运动
1993 年	中国铁科院西南分院	四川芙蓉矿务局救护消防大队训练巷道	易燃液体在密闭空间内燃烧时间的测定
1993～1995 年	美国	长 850m 的 Memorial 隧道	全横向通风方式和纵向通风方式防灾

这些试验取得了许多重要的基础性数据，但也有一些缺陷，主要表现在：

（1）所有试验研究都是针对单洞隧道进行的，没有考虑横通道的影响，也没有考虑另一个隧道的影响，更没有考虑竖井或斜井的影响。

(2)隧道火灾试验不但要采集稳态数据，而且要采集瞬态数据，瞬态数据更重要。为了采集瞬态数据，这些试验基本都是应用人工进行数据采集的。1990～1992 年西欧九国联合试验中(EUREKA 499)的挪威 Repparfjord 隧道试验，在一个废弃的长达 2.3km 的采矿导洞中进行，共进行了 21 组试验，沿着隧道和燃料荷载的内侧共布置了大约 400 名观测者。1993～1995 年美国 Memorial 隧道试验，试验在位于西维吉尼亚的一条废弃的长 850m 的公路隧道中进行，采用柴油燃烧床模拟火灾进行了大约 91 组试验，测试了火灾模式下的全横向通风方式和纵向通风方式两种情况，隧道内共布置了 1 450 名观测者。测试系统需要改进。

自 20 世纪 80 年代以来，计算机仿真已经成为研究隧道火灾越来越普遍的方法。最主要的原因就是计算机的快速发展，以及同火灾试验相比需要的经费更加合理。而且也可以得到其他方式无法得到的详细数据。

现今解决隧道火灾的必需工具是实体模型，即 CFD 模型。这种技术把隧道内部空间划分成很多小单元，在这些小单元里，流体热力学平衡方程可以用有限元法或有限体积法来求解。每一个小单元都可以得出结果。这些结果包括风速、温度以及烟的浓度等。目前，对于隧道火灾数值分析主要采用一维、二维、三维模型，很少采用区域模型。PIARC 调查结果见表 1-2。

不同国家使用的数值分析程序 表 1-2

方法	方法名称	创造者	使用者	评价
一维模型	VENDIS-FS	INERIS，法国	INERIS，法国	
	MFIRE	美国矿务局，美国	VTT，芬兰	
	SES	Parsons Brinckerhoff，美国	Parsons Brinckerhoff，美国	
区域模型	TUNNEL	TNO，英国海军协会	TNO，英国海军协会	废弃(1988)
	BRI2	BRI，日本	VTT，芬兰	
	FAST	NIST，美国	NIST，美国	不用于隧道
	FASIT	利兹大学，英国	利兹大学，英国	
	CIFI	CSTB，法国	CSTB，法国	用于房建
CFD 二维和三维法	VESTA	TNO，英国海军协会	TNO，英国海军协会	发展中
	CHAMPION		Delft Univ. Techn，英国海军协会	废弃
	PHOENICS	CHAM，英国	Univ. Graz，奥地利，INERIS，法国，VTT，芬兰	
	JASMINE	CHAM 和 FRS，英国	火灾研究局，英国，Univ. Lund，瑞典	PHOENICS 为基础
CFD 二维和三维法	FLOW3D	原子能管理局，英国	原子能管理局顾问，英国，HSE，英国，Mott Mac Donald，英国，CETU，法国，Univ. Graz，奥地利	
	FLUENT	流体公司，美国	FOA，瑞典	
	STORM	ADAPTIVE，美国	SCETAUROUTE，法国	
	FIRR	AVI，奥地利	Univ. Graz，奥地利	
	FURNACE	澳大利亚	Univ. Sydney，澳大利亚	

《Fire and Smoke Control in Road Tunnels》认为在用 CFD 法进行烟雾控制系统的设计之前，有必要先进行一些真实的火灾试验，并以这些火灾试验数据为基础，再进行火灾设计，不能忽视的还有做现场火灾试验的试验者的经验，这些经验有助于保证计算结果的质量。

在进行隧道火灾数值分析时，需要研究以下问题：火源的模拟，辐射热传递模拟，隧道衬砌边界条件模拟，隧道进出口边界条件模拟等。

对于一维、二维、三维模型的选择：为了模拟长大隧道或复杂地下网络工程发生火灾的情况，使用一维或二维的简化模型来模拟。对于局部复杂结构，可以采用三维模型来模拟。

总的来说，国内外防灾救援研究中还存在着5个不充分、2个没有、1个不先进。具体是：纵向式通风防灾技术研究不充分，防灾设计参数研究不充分，隧道火灾造成的动力变化研究不充分，正常通风和火灾通风设计特点研究不充分，火灾模式下分多段通风特点研究不充分；没有进行特长公路隧道防灾救援设计方法研究，没有进行防灾救援预案制定方法研究；试验数据采集手段不先进。

1.3.3 特长公路隧道监控技术研究现状

在国内，公路隧道监控系统根据隧道长度、单洞年平均交通量和事故率，将隧道分为A、B、C、D四个等级(GB/T 18567—2001)，系统设施包括车辆检测器、能见度检测器、CO浓度检测器、风速风向检测器、亮度检测器、摄像机、超高车辆检测器、火灾自动检测器、手动报警按钮、紧急电话、车道控制器标志、交通信号灯、可变情报板、可变限速标志、有线广播和有线广播隧道监控站共16项设施，其中，风速风向检测器、超高车辆检测器、可变情报板和有线广播对于A级隧道属于可选设施。

在日本和欧洲，都是根据隧道长度和单洞年平均交通量，将隧道分为五级，日本系统设施包括应急电话、按钮式通报装置、火灾检测器、灭火器、洒水装置、消防栓、给水栓、指引标示板、人行横坑、车行横坑、紧急停车弯、人行步道、闭路电视摄影机、交通号志、车道管制号志、资讯可变标志、限速可变标志、车辆检测器、超速检测器、一氧化碳检测器、氮氧化物检测器、烟尘浓度检测器、超高检测器、限高门架共24项，与国内相比，增加了消防设施(包括灭火器、洒水装置、消防栓、给水栓)、避难设施(包括人行横坑、车行横坑、紧急停车弯、人行步道)和氮氧化物检测器，最高级别没有可选设施；在欧洲，系统设施包括永久照明、安全照明、电源供应、紧急电话、无线广播、扬声器、紧急停车站、CCTV(闭路电视)、可变信息板、隧道封闭设备、拦截车辆设备、控制车辆高度设备、控制中心、自动事件检测、火灾监测、人工报警、自动报警设备、通风、灭火器、水龙头、水源供应、火灾预防结构和装备、紧急人行道、紧急出口、救援服务的紧急通道、紧急走廊、路旁停车处、紧急行车道、营救避难所和入口消防队共30项，比日本包括的内容更多，增加了通风、照明、无线广播、隧道封闭设备、拦截车辆设备和自动事件检测，系统更加完善，最高级别可选设施包括拦截车辆设备、紧急行车道、营救避难所和入口消防队。

我国在监控系统设施配置上没有考虑交通组织、道路功能、地形特征等问题。例如，同样是高速公路，即使交通条件、地形条件都相似，但如果一个是国家主干道，一个是地方道路，则系统配置上显然应该有差异。

另一方面，在设施设置方法上，也存在一些差异，国内CCTV(闭路电视)间距不大于150m，CO/VI《公路隧道通风照明设计规范》规定间距为300～500m，GB/T 18567—2001规定在弯道处和距出口100～150m处设置；在日本CCTV间距为150～200m，欧洲一般为200m，CO/VI间距为600～700m，和车行横洞间距差不多。国内在CCTV上的设置方法不仅带来建设规模的增加，更重要的是增大了维护工作量，使得为了更换摄像设备而封洞的时间与次数增加，降低运输效益，并由于维修期间必须双向交通而增加安全隐患；对于CO/VI，国内仅在弯道处和距出口100～150m处设置环境检测设备，无法满足火灾工况通风控制的要求。

1.3.4 特长公路隧道管理与养护系统研究

由于我国大规模公路隧道建设起步较晚，因而对隧道日常安全管理的研究内容较少，特别是对于秦岭终南山公路隧道这样的特长隧道，国内尚没有成熟的完整经验可直接应用，缺乏专门研究隧道的日常安全管理，尚未找到如何通过有效的日常安全管理降低火灾发生的几率、预防隧道火灾致人伤亡事故的方法。

国外在土建结构养护管理方面的研究成果，通常是结合国外具体的技术标准、规范、法规、制度和结构特性制定的，如不加以修整，无法在国内直接应用。由于我国公路隧道的建设起步较晚，因此针对特长公路隧道养护管理体系的研究还十分有限，主要表现为：

(1)技术规范、标准中针对特长公路隧道养护管理的规定还十分欠缺；

(2)特长隧道的养护管理小型化；

(3)目前还没有成熟完整的"特长公路隧道养护管理系统"成果能直接用于秦岭终南山特长公路隧道；

(4)目前对于公路隧道养护的研究大多集中在对检查和养护技术本身的研究，而对于如何合理分解养护对象以便于养护管理，以及如何根据检查结果来指导养护工作和编制养护检查计划，这样的研究较少。

国内交通机电系统的维护管理大多还处于"应急抢险"的阶段，没有对故障的原因、维护历史数据进行深入的分析，总结出有效的检查和预防性维护措施；从事外包服务的专业化维护承包商也还未形成。虽然也渐渐有提出"预防性维护"的概念，但是对所执行的预防性维护措施的内容、频率以及真正起到的效果，没有经过系统的、科学的理论分析，对交通机电系统的维护质量也没有一个统一的评定标准。

国内已发布的应急预案编制指南较少，且大多是针对危险品以及环境污染方面的应急救援预案编制导则，并未有针对公路管理机构的应急救援预案编制指南。

国外各类应急预案均是根据本国的相关法律法规，以及各部门的职责分工而制定，无法直接应用于我国；国内预案主要是明确了事件的分类、分级，应急的组织、职责分工，以及在应急情况下一些工作的原则，并未针对具体事件的救援流程进行推理，需要各救援单位在救援工作中发挥自身的工作经验去处理。

国内目前已建成通车的特长公路隧道基本都是高速公路上的隧道，其管理也基本上由高速公路的路段公司负责管理，下设专门的隧道管理所或管理站。其组织机构采用了国内传统的方案。国外社会机构的分工十分明确，特别是有非常专业的各类承包商承担隧道的实际养护业务，管理机构的设置较为精简。而救援则依靠专业的警察队伍。

秦岭终南山特长公路隧道由于其长度远远大于目前国内已通车的隧道，其管理难度绝不只是长度的累加，而是成级数增加。其他隧道管理中简单的工作在秦岭隧道可能会出现很多新情况，变成难度很大的工作，因此其他隧道的组织机构设置不能直接采用，仅可用以参考；而国外隧道管理机构的设置，与其整个社会的分工有关，与我国的国情不同，也无法直接引用。

目前国内外专门针对隧道管理与养护的信息化软件产品较少，目前很多公路管养信息化系统，都将隧道作为其普通的一部分，将隧道和一般的公路一视同仁，不具针对性。国外的相关系统主要是结合国外的相关政策、法规建立的，且主要针对隧道群，也没有针对特长公路隧道的类似系统。至于隧道管养信息化的研究，国内外都还刚刚起步，对于复杂的隧道养护工作和繁多的隧道养护对象而言，还有很大的研究探索空间。

1.4 主要研究成果

本项目历时八年，采用理论研究、物理模型试验、数值仿真等研究手段，针对秦岭终南山公路隧道建设与运营的关键技术问题进行攻关，取得了一系列创新性成果。

1.4.1 通风技术主要研究成果

(1)首次给出符合我国现用车辆CO、VI的基准排放量以及与隧道污染空气、海拔高度、道路纵坡相关的基准排放量修正系数，为特长公路隧道确定需风量提供了可靠依据。

(2)首次提出以人体血液中COHb饱和度安全值为限确定洞内CO允许浓度的方法，为合理制定特长公路隧道卫生控制标准提供理论根据，并针对依托工程行车的不同工况给出相应的CO卫生控制标准。

(3)构建了公路隧道复杂通风网络仿真平台和由组合模型、自动巡回数采系统、变频无级供风系统构成的物理模型试验平台。运用数值仿真试验与物理模型试验相结合的方法，对依托工程三竖井纵向分段通风方案进行通风系统验证和局部构造优化。提出的送排风短道因子为判断短道回流提供了量化指标，推荐的秦岭终南山特长公路隧道三竖井纵向通风方式。

(4)实测得到的喷射混凝土衬砌沿程阻力系数、洞口气候与洞内气温分布规律等，提供了秦岭终南山公路隧道通风计算必需的基础参数。采用线性规划理论，求解不同风机工况下交通量及交通组成的可行性解，为秦岭终南山特长公路隧道风机控制、限制进洞车辆提供了可靠依据。

1.4.2 防灾救援技术主要研究成果

(1)根据收集到的83条实际火灾案例，11份隧道火灾试验资料，在国内首次建立了隧道火灾数据库。

(2)在国内外首次建立了能模拟双洞隧道、三条横通道、两座竖井共同作用的各种复杂火灾工况的公路隧道火灾模式下网络通风试验基地。该基地设备齐全，能模拟各种工况组合，数据采集系统先进。根据防灾分区，在国内外首次建立了双洞隧道火灾网络通风模式下和竖井短道内火灾通风模式下的通风控制基准。

(3)在国内外首次提出公路隧道火灾模式下必须考虑火风压、节流效应、烟流阻力等对通风设计的影响，并给出了计算方法。在国内外首次采用网络通风技术解决公路隧道火灾模式下的网络通风计算问题，并根据火灾的发展规律，将时间因素引入到计算中，提出了动态网络通风计算方法，并基于这一原理研制出国内外首套公路隧道火灾动态网络通风计算软件。

(4)在国内外首次系统地建立了包括防火分区、人员逃生及车辆疏散方法、风流组织方法、网络通风计算、风机布置原则、风流控制原则、风机控制策略等内容的公路隧道防灾救援设计方法。提出了公路隧道火灾模式下防灾救援预案，制定流程，首次给出了卡片式防灾救援预案制定方法。

(5)提出了公路隧道火灾报警系统的适用条件和选型原则，指导了火灾报警系统的工程设计。研究了火灾对公路隧道衬砌结构的影响，提出了公路隧道衬砌结构火灾损伤评定方法、评估流程及修复原则。制定了装运易燃易爆和危险品车辆进入隧道的安全运输管理办法，并对管理和配套设施进行了规划。

1.4.3 监控技术主要研究成果

(1)首次提出了基于安全系数的特长公路隧道监控系统规模功能设计法，给出了系统设施配置的原则与方法。

(2)首次提出了幂函数滤波器、基于幂函数和对数累加生成的灰色系统数据处理方法以及考虑数据结构特征，对大交通量采用绝对阈值、小交通量采用相对阈值，进行模糊综合判断的交通异常自动检测算法，并建立了隧道内车辆数、排队长度、交通疏散时间的计算模型。

(3)考虑交通异常类型、交通量的大小及交通量空间分布情况，提出了双洞双车道隧道交通运营的多种工况及相应的应急预案。

(4)首次提出了基于交通量、车速、照度的照明控制模型和基于模糊表格法的通风控制模型。

(5)对于秦岭终南山特长隧道配电控制系统，提出了网络模型、配电网地理信息系统的功能要求和图形平台的选择方法。

(6)首次在试验隧道内进行了多种火灾自动探测器对比试验，提出了各火灾自动探测器在公路隧道中的环境适应性。

1.4.4 管理与养护主要研究成果

(1)首次研究开发了特长公路隧道管理与养护系统(TMMS),在“交通安全管理、结构养护管理、机电维护管理”方面建立了“编目体系、任务体系、管理体系”三个层次的公路隧道通用管理模式。

(2)首次将系统工程理论应用于特长公路隧道交通安全管理,建立了秦岭终南山特长公路隧道交通安全检查体系。

(3)首次在隧道机电系统中引入“功能位置”概念,提出了“双履历表”、维护项目矩阵及故障分析方法,建立了公路隧道机电维护闭环控制体系。

(4)基于GIS、VR等信息技术,开发了特长公路隧道管理系统软件,实现隧道管理的立体展示、数据联动、三维定位和快速查询。

第2章　通风技术研究

2.1　概述

2.1.1　研究背景

特长公路隧道建设中首要的就是确定通风方案，由其确定的通风系统将直接关系到通风效果、工程投资、防灾功能。如何构建符合秦岭终南山公路隧道条件的通风系统，国内外可直接借鉴的经验很少，因而有必要就各种可能的秦岭终南山公路隧道通风方案进行研究和比选。另外，降低秦岭终南山公路隧道通风系统的能耗使之达到经济运营状态，也需要从精确通风量、降低通风阻力、利用自然风力等方面加以研究。

2.1.2　国内外研究概况

2.1.2.1　汽车污染物排放法规及相关政策

1. 国外汽车污染物排放法规

汽车排放控制最早起源于美国加利福尼亚州地区，1960 年颁布了世界上第一部汽车排放法规，1963 年美国在此基础上制订了《大气清洁法》，其后进行了多次修订和补充，逐步严格化。1968 年之后，美国才有了联邦标准，并逐年严格化。继美国之后，日本和欧洲经济委员会分别于 1966 年和 1970 年制订了机动车排放法规或标准。国外汽车排放法规形成和发展大约经历了三个阶段。

第一阶段（1966～1974 年）是排放法规的形成阶段；第二阶段（1975～1992 年）是法规的加强和完善阶段；第三阶段（1993 年以后）加强对 HC 的限制，进入低污染车时期。

2. 我国汽车污染物排放标准

我国控制汽车排放起步较晚，1983 年首次颁布了对汽车排放的控制限值与测试方法，1993 年是我国汽车排放标准健全和完善的一年，不仅对原有的排放标准进行了严格化，同时增加了对汽车排放物中 NO_X 的控制，此标准相当于欧洲 20 世纪 80 年代排放法规的控制水平。

20 世纪 90 年代以来由于我国汽车拥有量的急剧增加，汽车排放对城市造成的污染已经越来越严重，因此北京市于 1998 年制订了控制汽车排放的地方标准，此标准等同于欧洲 91/441/EEC 的控制水平，尚未达到 ECE/MVEG-1 号法规控制水平。国家环保局和国家技术监督局于 1999 年和 2001 年相继颁布和修订了汽车排放国家标准，相当于 ECE/MVEG-1 号法规和 ECE/MVEG-2 号法规的控制水平。

3. 我国汽车污染物排放标准与国际接轨的实施步骤

我国 1999 年颁布的压燃式发动机车辆排放标和 2001 年颁布的轻型汽车污染物排放标准，等效采用欧盟（EU）相关指令以及其修订指令的全部技术内容，并参照采用有关法律的部分技术内容。因此我国的汽车排放标准将与欧洲汽车排放标准接轨。

我国实施现行排放标准将分阶段进行：从 2000 年至 2004 年实施的限值相当于欧洲的 ECE/MVEG-1 号法规的控制水平；从 2004 年至 2007 年实施的限值相当于欧洲的 ECE/MVEG-2 号法规的控制水平；将于 2007 年起实施相当于欧洲的 ECE/MVEG-3 号法规的控制水平；到 2010 年起实施 ECE/MVEG-4 号法规的控制水平，到时基本实现与欧洲排放法规接轨。

我国 2000 年 12 月颁布并于 2001 年 7 月 1 日起实施的《在用汽车排气污染物限值及测试方法》(GB 18285—2000)，其控制水平相当于现行美国在用车的控制水平，通过对深圳和天津测试的车辆的分析结果看；目前我国在用汽车很难达到此标准的要求。

2.1.2.2　通风控制标准及环境研究

1)国外研究现状

国外从 20 世纪 80 年代陆续建设长大公路隧道以来，隧道的环境污染问题逐渐显现出来。许多国家开始用通风的方法来控制隧道内污染物的浓度，并研究隧道内污染物浓度的分布与隧道通风方式的关系，进而指导和优化公路隧道的通风方案，以获得最经济和环保的控制运营方案。

国外在公路隧道通风污染控制方面有代表性(或有影响)的研究成果有：Ohashi 等(1982 年)对日本 KAN—ETSU 公路隧道(10.885km)采用一维污染物扩散方程用数值求解的方法对隧道内污染物浓度纵向分布进行研究。Bellasio Roberto(1997 年)对意大利一个 1km 长公路隧道采用一维扩散方程求数值解的方法对该隧道内污染物浓度的时间分布进行分析，并就隧道外环境的变化对隧道内污染物浓度的影响进行研究。Oettl Dietar(2002)提出了一个用于计算公路隧道出口污染物浓度分布的经验方法。该方法使用方便，但却不能考虑隧道口的地形、大气稳定度等环境因素的影响。

综上所述，国外对公路隧道，特别是对特长公路隧道环境污染问题的研究不是很多，许多方面还处在试验和数值分析阶段。

2)国内的研究现状

我国对公路隧道通风与环保的研究起步较晚。1996 年，我国对成渝高速公路长隧道通风方式的研究中开始涉及隧道内空气污染问题与污染控制标准的探讨。

从 1995 年起，长安大学(原西安公路交通大学)承担了交通部“公路汽车污染物排放因子的研究”课题，曾对中国三座典型公路隧道内污染物浓度分布规律进行了系统实测，并通过建立公路隧道环境空气质量模型，确定我国公路机动车污染物排放因子。此外提出了常用通风方式下隧道内污染物浓度分布的解析计算方法。

由上可见，我国对公路隧道环境方面的研究仍处在探索性阶段，研究的对象限于较短公路隧道和铁路隧道通风与污染物浓度分布的数学模拟，对于复杂通风系统的特长公路隧道环境的研究仍处于空白阶段。

2.1.2.3　隧道通风技术研究

1)国外研究概述

1973 年成立的空气动力学和隧道通风国际研讨会(International Symposium on the Aerodynamics and Ventilation of Vehicle Tunnels)每三年召开一次，会上各国隧道通风专家展示自己的研究成果，大大推进了通风技术的发展。

为了验证通风系统的可靠性以及实用性，日本学者编制了一套程序对关越隧道通风系统进行模拟，研究内容包括了对空气的非稳态流模拟，空气污染物沿隧道全程的实时变化，以及紧急通风方案的建立等。此程序包括了动力学模型、污染模型、交通模型和控制模型四大部分。程序模拟结果证明静电集尘器加送排式竖井的纵向通风系统可以应用在关越隧道上，并得出了不论交通方式如何，不论隧道长短，均可采用分段纵向加静电集尘器通风的结论。

挪威莱尔多隧道(Laerdal)，是目前世界上最长的公路隧道，该隧道采用通风斜井与空气净化器、射流风机组合的纵向通风方式。通风斜井位于距隧道入口 18km 处，空气净化器安装在距隧道入口

9.5km处，通风分段的单段长度最大为9.5km。

近年来，世界各国的隧道专业人员致力于隧道通风计算程序的研究，最具代表性的是瑞典 Axel Bring 等编制的模块化模拟程序。其基本模块包括进口段、出口段、基本段、三通段和风机段等，并以此组装来模拟隧道通风系统。模拟结果包括空气压力、流速、污染物浓度沿隧道轴线的分布。

对于隧道通风的动态模拟和局部多维模拟，多运用 CFD 进行模拟，其中比较常用的模拟软件有 FLUENT，PHOENICS，CFX，CFDesign 等。

2)国内研究概述

国内对公路隧道通风的研究起步较晚。20 世纪 90 年代初，由西南交大、兰州铁道学院等单位参与的成渝高速公路《公路长大隧道纵向通风研究》项目，基本解决了成渝高速公路中梁山隧道和缙云山隧道的纵向通风问题，为以后的长隧道纵向通风提供了成功的经验。

重庆交通科研设计院建立了长度 100m 的 1：1 通风照明试验隧道，并于 1999 年主持编写了现行《公路隧道通风照明设计规范》(JTJ 026.1—1999)，对隧道通风设计有很强的指导意义，但鉴于编写时国内长大公路隧道建设刚刚起步，3km 以上隧道风毛麟角，尤其是 3～5km 以上隧道的通风技术难点还存在许多问题值得进一步研究和探讨。

浙江省交通规划设计院与重庆交通科研设计院共同完成的《大溪岭—湖雾岭隧道营运照明与通风关键技术研究》项目，进行了隧道单竖井送排式加射流风机组合通风方式的理论研究到模型试验验证，并将成果首次应用于工程实际。

西南交通大学在中梁山、缙云山纵向通风课题研究中编制了通风计算软件。在多维和动态方面，也作了初步的研究。他们用空气动力学模型、交通模型、污染模型以及控制模型对竖井排出式纵向通风系统进行了动态数值模拟。原兰州铁路学院的许云峰、高孟理利用有限差分法对射流通风的流场进行了分析。纵观国内隧道通风研究进展，近年来已取得不少突破，但主要还存在以下问题和不足：

(1)隧道通风规模小，通风形式单一，或为全纵向通风，或为竖井单排式通风，或为单竖井送排式通风，对多竖井组合式通风尚无研究；

(2)开发编制的通风计算程序适应性差，不能进行组合通风方式或各种运营工况的通风模拟。

(3)数值仿真分析多停留在通风局部，未能进行全面整体通风仿真。

2.1.3 研究内容

2.1.3.1 主要研究内容

1)汽车动态排放参数研究

汽车动态排放参数研究是进行需风量计算的前提。通过单车排放量测试、典型隧道内设检测点进行试验和道路试验等方法研究汽车排放因子中 CO 和烟雾的基准排放量，通过道路试验和小样调查等手段研究海拔高度、道路纵坡、交通流量和技术进步等对汽车排放的影响，提供了需风量计算汽车动态参数设计值。

2)通风控制标准及环境研究

通风控制标准是需风量计算的重要依据。本研究旨在根据秦岭终南山公路隧道的环境参数得出了 CO 浓度控制标准，为需风量计算提供依据，同时研究运营高峰期间隧道环境污染状况，提出秦岭终南山公路隧道在不同运营状况时的卫生标准，评估隧道洞口和竖井污染物对环境的影响。

3)通风方案比选与优化研究

通过对各种通风方案进行功能、工程造价和运营效益分析对比，筛选敏感参数，推荐通风方案，并通过模型试验对通风方案进行验证。

4)通风系统优化研究

对拟定的通风系统借助于数学和物理模型，分别进行局部构造优化研究和验证。实测通风基础参数，修正计算模型，进一步优化通风动力设施及控制管理模式。通过通风整体模型，对各种工况下通风效果进行优化研究。

2.1.3.2　技术关键

(1)需风量计算研究。通过汽车动态排放参数研究，给出适用于秦岭终南山公路隧道的汽车污染物基准排放量和各影响因素值，结合通风控制标准研究所给定的污染物浓度设计控制标准，计算隧道内不同时期各种运营状态下的需风量。

(2)隧道通风方案研究。针对秦岭终南山公路隧道工程实际情况，对可能出现的各种通风方案进行筛选，提出合理的通风方案，并进行验证。在选定通风方案的基础上，研究各细部参数的影响敏感性，进一步优化通风系统。

2.1.4　主要研究成果

针对秦岭终南山特长公路隧道建设的关键技术问题，通过大量室内模拟试验和现场试验，结合数值模拟计算，历时 5 年，主要在 10 个方面取得主要成果，这些成果不仅有力的支持了秦岭终南山特长公路隧道的建设，也对我国特长公路隧道的决策和建设有着重要的指导意义，现总结如下：

(1)首次现场实测了我国在用车辆的汽车 CO 和烟雾排放量；并结合我国汽车工业规划和国内现状，确定了汽车 CO 和烟雾基准排放量；修正了海拔高度、道路纵坡、交通流量及其相关因素和技术进步因子在需风量计算中的取值。

(2)给出了特长公路隧道洞内卫生控制标准的计算方法；推荐了秦岭终南山公路隧道和辅助洞室内空气中 CO 控制浓度限值。

(3)根据各特征年高峰小时交通量、洞内机动车 CO、HC 排放强度，分别计算出各年限隧道内污染物浓度分布；模拟竖井和洞口排放污染质的扩散状态，评估了竖井、洞口排风对环境的影响，提出了竖井设计建议。

(4)引入网络通风计算理论，建立了各种通风动力(交通风、机械风、自然风和火风压)计算模型，在此基础上研编了公路隧道复杂通风网络仿真程序；针对秦岭终南山公路隧道各种可能的通风系统，进行自然分风计算、通风工况模拟，为方案比选研究、风机控制模式研究提供数据。

(5)建立了一套适合特长公路隧道的通风物理模型试验系统。通过对该系统基本性能的测试试验，证明了物理模型试验系统的稳定性和可靠性。运用该模型试验系统进行了秦岭终南山公路隧道 3 竖井纵向通风方案的验证和通风系统局部优化研究。

(6)开发出基于 Matlab 语言的公路隧道纵向通风设计计算平台。运用该软件实现了秦岭终南山公路隧道纵向通风分段的自由组合计算。

(7)针对竖井送排式通风方案、小竖井无动力通风方案、列车活塞风利用方案和利用铁路平导送风方案等进行了比选计算。特别就两竖井和三竖井送排式通风方案，借用物理模型试验系统和数值仿真平台进行了方案验证，更进一步明确了三竖井送排式通风方案。

(8)进行了联络风道局部压力损失、隧道主体送排风口间短道流态、射流风机升压效率、紧急停车带几何形状、隧道进出口段交叉流态和竖井进出口区域交叉流态等的模拟分析；在物理模型试验系统上也进行了竖井底部中隔板高度优化试验、竖井送排风口优化试验和通风短道长度试验等。提出了局部结构优化建议。

(9)采用隧道网络仿真计算程序进行风机选型研究和各工况下风机开启工况的模拟，就风机开启各不同工况下所允许通过的交通量及交通组成进行计算分析，并对风机控制提出建议。同时，进一步验证了通风系统的合理性，也为后续机电控制提供依据。

(10)开展了对喷射混凝土衬砌通风沿程阻力系数的现场测试，得出其沿程阻力系数取值为 0.051～0.053。在隧道两端洞口建立了长期观测气象站，进行了长达一年的连续观测，获得了隧道两端洞口气象基本参数；在秦岭隧道内进行洞内气温、湿度、风向、风速现场测试，得到秦岭终南山隧道洞内气温分布与洞外气温变化的规律，为计算自然风压提供数据。

2.2 汽车动态排放参数研究

2.2.1 概述

由于缺乏我国山岭公路隧道汽车污染物基准排放量和各影响因素的实测资料，在公路通风设计中常采用国外标准的推荐值，而且是国外20世纪80年代的测试结果。为获得在我国地理环境下，在用汽车污染排放水平以及各因素的影响程度，从而为准确推算秦岭终南山公路隧道通风量提供依据，迫切需要测试和归纳我国在用汽车的基准排放量和各影响因素规律。

2.2.2 汽车排放因子的试验研究

根据《公路隧道通风照明设计规范》(JTJ 026.1—1999)要求并参考国外公路隧道通风设计规范，汽车排放因子中CO和烟雾排放量是确定通风量的主要依据。由于汽车车型和技术状况差异，其排放量相差较大。因此研究汽车排放因子的排放量需采用单车路试和台架试验法、隧道内实测法。

2.2.2.1 CO的基准排放量

单车测试是在大型转鼓底盘测功机上模拟道路运行工况，CVS采样测定不同车速下汽车的排放量，试验设备如图2-1。

图2-1 转鼓底盘测功机

1)单车排放试验结果分析

单车排放试验时选择了三种类型的在用轻型汽车在交通试验场汽车排放室进行的，试验车情况见表2-1。

本次试验环境及气象条件完全满足GB 14761—1999试验要求。试验时用德国申克公司生产的48in(1in≈0.025 4m)大型转鼓底盘测功机模拟实际道路运行工况，CVS采样法采集被测汽车的尾气样品，送入排气分析仪分析测定样品中CO、HC、NO_x的浓度，同时测定汽车尾气的排放量，从而计算出在每一车速下汽车单位里程的排放量。分析试验结果见表2-2。

试验车型基本情况　　表 2-1

试 验 车 型	SANTANA2000	HFJ6350	BJ1041
燃油供给形式	电控燃油喷射	化油器	化油器
排气净化装置	三元催化	无	无
发动机型号	AFE	462Q	492QA
发动机排量	1.8L	2.445L	0.797L
最大输出功率	72kW	28kW	55kW
最高车速	172km/h	95km/h	98km/h
累积行驶里程	58 730km	18 472km	47 628km
是否大修	否	否	否
技术状况	良好	良好	良好
备 注			

三种车型不同速度下 CO 排放质量　　表 2-2

速度(km/h)	40		70		100(90)	
车　型	g/km	m^3/(km · veh)	g/km	m^3/(km · veh)	g/km	m^3/(km · veh)
SANTANA2000	2.073	0.001 66	0.642	0.000 514	0.137	0.000 11
HFJ6320	1.67	0.001 34	1.23	0.000 984	(1.11)	0.000 89
BJ1040	1.67	0.001 34	1.03	0.000 824	(0.89)	0.000 712
平均	1.804	0.001 44	0.967	0.0 00 774	0.712	0.000 57

试验结果表明，随着车速的增高，CO 的排放量呈减少趋势。汽油车 CO 排放量由汽车挡位、发动机转速以及负荷点的共同作用来决定。满负荷时，由于燃烧不完全，生成的 CO 量增加；中等负荷时，混合气略稀，燃烧效率最高，CO 减少；在怠速和小负荷时，CO 显著增多。当发动机转速增加时，由于加强了燃烧室内混合气的紊流，改善了混合和燃烧，使排气中的 CO 浓度降低。当车速增加时，节气门开度增大，虽然排气量上升，由于空燃比的增大，使得 CO 的生成减少，这时就有可能使 CO 的排放量减少。单车排放的试验结果基准排放量普遍偏低。

2)隧道内设点监控试验结果分析

交通部资助项目“公路汽车污染物排放因子的研究”课题组于 1995 年在甘肃七道梁山岭隧道、龙泉山隧道和西安北路隧道进行了在隧道内设点监控试验。试验时关闭全部的通风系统，在隧道内均布采样点，用 1 000ml 铝膜气袋抽取样气，用不分光红外分析仪分析气袋样气中 CO 的浓度，同时观测记录各采样点处的风速、温度、湿度和大气压等气象条件，在隧道口处统计交通量以及车型分布。利用建立的公路隧道空气质量模型确定的平均单车 CO 排放量见表 2-3。

公路隧道内设点监控试验平均单车 CO 排放量　　表 2-3

隧　道	隧 道 形 式	道 路 种 类	隧道海拔高度(m)	平均车速(km/h)	平均单车 CO 排放量	
					g/(km · veh)	m^3/(km · veh)
七道梁隧道	单洞双向行车	山岭隧道路	2 288	40.02	41.86	0.033 5
西安北路隧道	单洞双向行车	城市公路	400	45	33.28	0.026 6
龙泉山隧道	双洞单向行车	高速公路	610	62	28.73	0.023 0

3)道路试验结果分析

道路试验选择平坦的一级路面——北郊草滩路(坡度不超过 0.3%)，试验时对车辆按载重量的标准进行配载，在车辆以不同的速度等速运行下测试，选择晴朗无风的天气以减少环境温度、湿度和大气压力的变化对测量结果造成的影响。车辆基本情况见表 2-4。

试验车辆基本情况　　表 2-4

试验车型	SANTANA 轿车(1)	SANTANA 轿车(2)	三峰面包车	四达面包车	奥拓微型轿车
燃油供给形式	化油器	化油器	化油器	化油器	化油器
排气净化装置	无	无	无	无	无
发动机型号	JV	JV	4Y	2Y	
发动机排量	1.6L	1.6L	L	L	0.8L
最大输出功率	62.7kW	62.7kW			
最高车速	169km/h	169km/h			
累积行驶里程	213 547km	245 372km	19.2 万 km	35 万 km	77 894km
是否大修	发动机大修	发动机大修	无	大修两次	无
技术状况	良好	良好	大修极限	接近报废	发动机不良
备注	新化油器	化油器未清洗	准备修理	计划报废	

试验及数据处理结果见表 2-5。

SANTANA 轿车公路试验一氧化碳排放试验结果　　表 2-5

车速(km/h)	排放量[m³/(km·veh)]	车速(km/h)	排放量[m³/(km·veh)]
20.689 655 17	0.003 381 67	56.962 025 32	0.002 493 80
29.363 784 67	0.005 422 12	68.441 064 64	0.001 898 71
39.215 686 27	0.004 041 16	78.260 869 57	0.002 132 15
50.420 168 07	0.003 467 20		

4)CO 基准排放量

通过上述三种试验,结合日本、瑞士、挪威等国隧道基准排放量标准,初步确定 CO 基准排放量为 0.007m^3/(km·veh)。

2.2.2.2 烟雾基准排放量

选择了轻型和中型两种共四辆车进行了实车道路运行试验。试验车的基本情况见表 2-6。为了能较好的反映在用车实际运行过程中的烟雾排放水平,采用在实际道路上应用 AVL Dismoke4000 透光式烟度计对车辆不同速度下等速运行的烟雾排放进行检测,同时检测其油耗量和空燃比。

试验车的基本情况　　表 2-6

车型	轻型车	中型车				
	全顺 JX6541D-H 进口发动机	亚星 JS6820C32D1 进口发动机	亚星 JS6980 国产发动机	金龙 国产 发动机	东风 EQ151 玉柴发动机	东风 EQ1091D 南充发动机
输出功率	67.6kW	118 kW	106.6 kW	74 kW	100kW	88kW
发动机排量	2.771L	6.000L	6.131L	3.97L		
整备质量	2 125kg	6 500kg	7 580kg	4 300kg	5 800kg	4 490kg
乘员人数	15 人	30 人	45 人	28 人	5 500kg	5 000kg
总行驶里程	8 300km	25 840km	94 280km	38 300km	213 097km	263 570km
技术状况	良好	良好	良好	良好	一般	排放超标
备注			高压泵校验		高压泵校验	发动机大修

因为影响汽车烟雾排放量的主要因素有:车辆的载荷、道路状况车速以及气候条件等,因此在试验时对车辆按载质量的标准进行配载,选择平坦的一级路面北郊草滩路(坡度不超过 0.3%,与秦岭高速公路隧道的路面基本吻合),车辆以不同的速度等速通过试验路段,连续进行检测,选择晴朗无风的天气

以减少环境温度、湿度和大气压力的变化对测量结果造成的影响，同时记录环境温度、湿度和大气压力。

由于试验是为秦岭隧道内汽车的烟雾基准排放量提供一个参考值，因此又在 312 国道穿越秦岭的牧护关隧道内用福特全顺 JX6541D-H 轻型柴油客车进行了模拟试验。牧护关隧道属于单洞双向交通公路隧道，全长 1.67km，最高点（北洞口）海拔高度为 1 240m，平均坡度 3％。试验时关闭所有风机，汽车以不同的车速通过隧道连续检测。为实现数据可比性，与《公路隧道设计规范》中提出的车辆烟雾排放量计算相关联，对车辆烟雾排放量进行归一化处理。分析试验结果见图 2-2 和图 2-3。

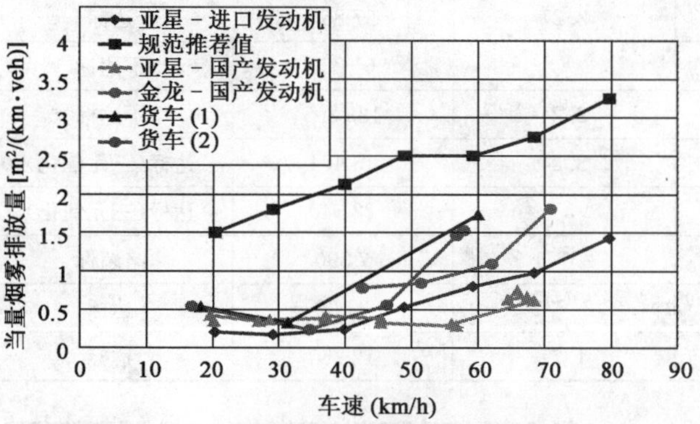

图 2-2　五部中型柴油车烟雾排放量与运行车速关系

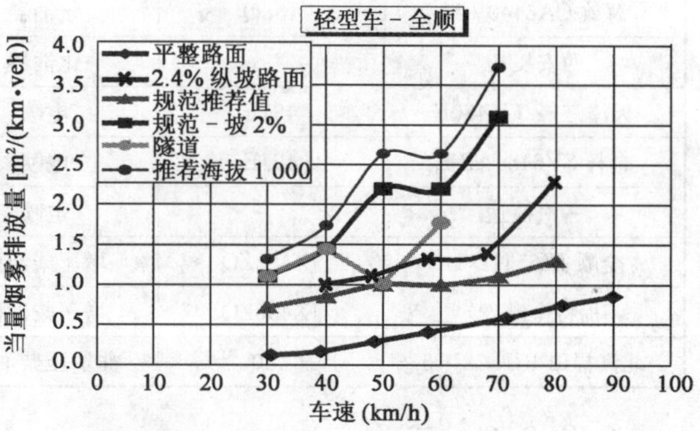

图 2-3　轻型柴油车平路及上坡试验烟雾排放量与运行车速关系

从图中可以明显地看出：平坦道路上试验的柴油车烟雾基准排放量均低于《公路隧道通风照明设计规范》(JTJ 026.1—1999)规范给定的值，而隧道内的轻型柴油车的测试分析值与规范给定的值基本一致。因此柴油车烟雾排放量可以选取 2.0。

2.2.3　海拔高度对汽车排放影响的试验研究

终南山公路隧道北口高程 900m，南口高程 1 050m，因此必须考虑海拔高度的影响。由于海拔高度的增高使大气压力降低，空气密度下降，因之使汽车发动机进气量减少，发动机汽缸内的混合气变浓。这一现象除直接导致车辆动力性降低之外，还使柴油车和汽油车污染物排放量发生变化。

在《公路隧道通风照明设计规范》(JTJ 026.1—1999)中，所推荐的考虑烟雾的海拔高度修正系数参考并采用了日本《道路トンネル技術基准》数据。是日本建设省土木研究所 1968 年 3 月试验的结果；CO 的海拔高度修正系数参考的瑞士隧道委员会的标准是 20 世纪 80 年代的试验结果。经过近二三十年的汽车工业科学技术进步以后，结果会发生怎样的变化？是否适应我国国情？这不仅涉及隧道通风方案中的参量设计，还对高海拔地区公路沿线环境保护有关方案决策以及环境评价具有重要意义，所以必须用试验方法来研究确定。

2.2.3.1　样本来源

由于试验数据是为秦岭特长隧道汽车排污模型建立而采集的，因此试验是在越秦岭山的 210 国道沣峪口至垭口段，其海拔跨度为 400～2 000m。试验时在隧道所处的高度区域 800～1 300m 内，海拔高度每上升 100m 设一采样点，其他区域每上升 200m 设一采样点，共选取了 10 个采样点。试验现场图片见图 2-4。

图 2-4　试验现场

2.2.3.2　试验车型的选择

试验用车是在我国在用车辆中选择具有一定代表性的 10 辆汽车，按汽车发动机供油系统的不同，把汽油车分为化油器和电控燃油喷射，电喷车又分为装三元催化转化器和不装三元催化转化器型；柴油车分为增压柴油机和非增压柴油两种。要求试验车技术状况良好，汽油车怠速排放物 CO、HC 和柴油车自由加速烟度合格。所选试验车型见表 2-7。

试验车型基本情况一览表

表 2-7

车　型	发动机型号	供油系统类型	发动机排量(L)	累积行驶里程(km)	排放达标与否
桑塔纳 2000GLS	JV	化油器	1.8	99 637	达标
解放 CA6440 (1)	488Q	化油器	2.21	157 270	不达标
解放 CA6440 (2)	488Q	化油器	2.21	67 853	达标
西安奥拓		化油器		61 230	不达标
天津三峰 TJ6480E	491E	电喷	2.24	133 205	不达标
金杯 SY6480AB-E	491E	电喷	2.24	13 464	达标(三元催化)
一汽捷达		电喷		22 540	达标(三元催化)
全顺 JX6541D-H	JX493ZQ	增压柴油机	2.771	7 300	略超标
福特全顺(2)	JX493ZQ	增压柴油机	2.771	3 100	达标
北汽福田 BJIO28Jie6	480	非增压柴油机	1.71	12 780	达标

2.2.3.3　试验方法

对于汽油车选用意大利 PROTECH S. P. A. 生产的 FULX4005 型高级尾气分析仪(图 2-5)，按照《点燃式发动机汽车排气污染物排放限值及测量方法(双怠速法及简易工况法)》(GB 18285—2005)在各采样点测试汽车排放的 CO、HC 的浓度和对应的空燃比；柴油车试验时选用奥地利李斯特公司生产的 AVL Dismoke 4000 透光烟度计，按照《车用压燃式发动机和压燃式发动机汽车排气烟度排放限值及测量方法》(GB 3847—2005)在各采样点测试汽车自由加速的烟度值和消光系数 *K* 值。同时记录各采样点的实际海拔高度、大气压力、大气温度和湿度。试验时注意保持发动机在 80～90℃进行采样。

图 2-5　排放分析仪

2.2.3.4　试验结论

汽油车怠速 CO 排放量和柴油车自由加速烟雾排放量随海拔高度变化的拟合曲线可以求得汽车在不同海拔高度下 CO 和烟雾的排放浓度，见表 2-8。

不同海拔高度下汽车 CO 和烟雾排放量计算结果

表 2-8

车　型	排放物(%)	海拔高度(m) 400	600	800	1 000	1 200	1 400	1 600	1 800	2 000	备注
解放 CA6440	CO	1.924	2.180	2.436	2.693	2.949	3.206	3.461	3.718	3.974	化油器
桑塔纳 2000	CO	0.413	0.683	0.953	1.223	1.493	1.763	2.033	2.303	2.573	化油器
金杯面包	CO	0.316	0.344	0.372	0.400	0.428	0.456	0.484	0.512	0.540	电喷*
三峰面包	CO	4.365	4.491	4.621	4.754	4.891	5.031	5.176	5.326	5.479	电喷
一汽捷达	CO	0.554	0.667	0.780	0.893	1.006	1.119	1.232	1.345	1.458	电喷*
全顺 JX6541D-H	烟雾	71.22	72.00	72.78	73.56	74.34	75.12	75.90	76.68	77.46	柴油增压
福特全顺(2)	烟雾	32.36	34.81	37.26	39.71	42.16	44.61	47.07	49.53	51.98	柴油增压
北汽福田	烟雾	58.41	61.22	64.03	66.84	69.65	72.46	75.27	78.08	80.89	非增压

注：带“*”是指电喷加三元催化转化器。

由此可以得到试验车型的海拔高度修正系数，见表 2-9。

汽车排放物 CO 和烟雾的海拔高度修正系数　表 2-9

车　型	排放物(%)	海拔高度 (m)									备注
		400	600	800	1 000	1 200	1 400	1 600	1 800	2 000	
解放 CA6440	CO	1.000	1.133	1.266	1.400	1.533	1.666	1.779	1.932	2.065	化油器
桑塔纳 2000	CO	1.000	1.653	2.307	2.960	3.613	4.226	4.919	5.572	6.225	化油器
金杯面包	CO	1.000	1.089	1.178	1.267	1.356	1.445	1.534	1.623	1.712	电喷*
三峰面包	CO	1.000	1.029	1.059	1.089	1.121	1.153	1.186	1.220	1.255	电喷
一汽捷达	CO	1.000	1.204	1.408	1.612	1.816	2.020	2.224	2.428	2.632	电喷*
全顺 JX6541D—H	烟雾	1.000	1.011	1.022	1.033	1.044	1.055	1.066	1.077	1.088	柴油增压
福特全顺(2)	烟雾	1.000	1.079	1.158	1.237	1.316	1.395	1.474	1.553	1.632	柴油增压
北汽福田	烟雾	1.000	1.048	1.096	1.144	1.192	1.240	1.288	1.336	1.384	非增压

注：带“*”是指电喷加三元催化转化器，设海拔 400m 时修正系数为 1。

确定的汽油车和柴油车的平均海拔高度修正系数，见表 2-10。

汽油车 CO 排放量和柴油车自由加速烟雾排放量平均海拔高度修正系数　表 2-10

车　型	排 放 物	海拔高度 (m)								
		400	600	800	1 000	1 200	1 400	1 600	1 800	2 000
汽油车	CO	1.000	1.142	1.284	1.426	1.568	1.710	1.852	1.994	2.136
柴油车	烟雾	1.000	1.064	1.128	1.192	1.256	1.320	1.384	1.448	1.512

2.2.4　道路纵坡对汽车排放影响的试验研究

随着坡度的增加，柴油车烟雾排放量增大。在《公路隧道通风照明设计规范》(JTJ 026.1—1999)中，考虑了隧道内纵坡和车速因素对烟雾排放的修正系数，这些取值是参照国外 20 世纪 80 年代相关规范确定的。同样需试验研究我国现有在用柴油车烟雾排放量随道路纵坡的变化，为工程项目提供较为适用的参考数据。

为了验证探讨纵坡—车速对汽车排放量的影响，选择了普通桑塔纳轿车和福特全顺 JX6541D-H 客车等四种车型，表 2-11 是车型的基本情况。

试验车型的基本情况　表 2-11

车　型	发动机型号	供油系统类型	发动机排量(L)	累积行驶里程(km)	排放达标与否
普通桑塔纳	JV	化油器	1.8	70 642	达标
金杯 SY6480AB-E	491E	电喷	2.24	13 464	达标(三元催化)
韩国现代		电喷			达标(三元催化)
全顺 JX6541D-H	JX493ZQ	增压柴油机	2.771	7 300	略超标

汽油车试验是在西沣公路至沣峪口，选择了不同坡度的二级公路路段上进行，对三种汽油车在不同车速下进行了上、下坡排放对比试验；柴油车在蓝田汤峪路上进行对比试验。汽油车试验时采用直接挡通过规定长度的试验路段，选用意大利普鲁泰克公司生产的 FLUX4005 高级型尾气分析仪测试其 CO、HC、NO_x的浓度，进行分析比较。

2.2.5　交通流量参数及相关因素对汽车排放的影响

2.2.5.1　对《工程可行性专题报告》分析说明

西康公路是西北、华北通向重庆、四川等西部的大通道，是属于国家规划的“五纵七横”中的一纵向国道主干线中的一部分，秦岭终南山公路隧道又是其主要咽喉。从国道主干线实施时间表来看，预计到

2010年左右，通过秦岭终南山特长隧道的交通流量将会有一个较大的增加。按照《西安至安康公路秦岭终南山特长隧道工程可行性研究报告》的专题报告《西康公路秦岭终南山隧道交通量调查分析报告》中所作的交通流量的调查结果和分析预测。按照国家汽车工业产业发展政策以及近年来我国汽车工业和交通运输业的发展趋势分析表中的预测结果，可以看出《工程可行性专题报告》中的交通流量预测是可行的，但是交通流量预测中的车型分布不够合理，预测的中型货车比例过高，大型货车的比例过低，不符合我国汽车产业发展政策，另外，工程可行性专题报告中没有给出柴油车所占的比例。

2.2.5.2 小样调查分析结果

为了进一步搞清楚目前穿越秦岭的交通流构成及汽油、柴油车的比例，课题组2001年5月19日到29日对穿越秦岭的三条主要国道线G210、G108、G312过境车辆的构成、时间和车型以及汽、柴油车的比例进行了小样调查。每条国道线调查两天昼间(7:00～19:00时)的车流量时间分布及车型结构。

从调查结果看：三条线每天昼间车流量总计达2 636辆；车流量高峰期出现在上午10:00～12:00时和下午15:00～16:00时，低峰期在早上8点之前及中午12:00～14:00时，基本与工程可行性研究报告相符；但车型结构相差较大，在三条线上运行的大中型货车占总车辆数的41.2%，小型货车占6.8%，小客车占30.5%，大中型客车占21.6%(其中大型客车占7.2%)。从动力系统来看：柴油车占59.1%，汽油车占40.9%(其中化油器车占26.6%、电喷车占14.3%)。而工程可行性报告中货车占的比例太小，中巴车比例过大，另外还存在汽、柴油车不分的问题。

从小样调查来看由于西安至安康秦岭终南山铁路特长隧道的贯通，西安到安康铁路客运时间成倍缩短，大批客流被吸引到铁路运输上，所以造成中小型客车比例降低，大中型货车的比例大幅度提高。另外，由于312国道翻越秦岭山道路路面等级(二级路面)的提高，部分过境车辆被吸引到312国道上，因此312国道上大中型货车的比例达62.2%。

2.2.5.3 秦岭特长隧道远景交通流的车型构成和汽、柴油车的比例确定

由于西安市的交通枢纽作用在西部大开发中的重要性，可以与目前郑州市交通枢纽作用相比，且陕西省与河南省无论经济发展和地理位置都基本相近。所以，在确定远景交通流的车型构成和汽、柴油车的比例时我们借鉴了河南省已连通的高速公路交通流的构成比，结合课题组对翻越秦岭的G108、G210和G312国道线的小样调查结果对《西安至安康公路秦岭终南山特长隧道工程可行性研究报告》的专题报告《西康公路秦岭终南山隧道交通量调查分析报告》中所作远景交通量的车型构成比进行了调整，并给出了汽、柴油车的比例。

2.2.6 技术进步因子的分析确定

由我国执行汽车排放法规的时间和欧洲排放法规1、2、3号的限值一氧化碳和颗粒物下降幅度见表2-12和表2-13。

一氧化碳的下降幅度值 表2-12

年　限	2001年	2004年	2007年
国标限值(CO)	2.72g/km	2.2 g/km	1.0 g/km
降低比例	100%(基准)	降低20%	降低63%

颗粒物的下降幅度值 表2-13

年　限	2001年	2004年	2007年
国标限值(颗粒物)	0.14g/km(一类车)	0.08 g/km(一类车)	0.08g/km(全部车)
降低比例	100%(基准)	降低43%	降低43%

目前，按照规范规定，有害气体的基准排放量，是以1995年为起点，并按每年1%～2%的递减率计算获得的排放量作为设计年限的基准排放量的。若按每年递减1.5%，6年后(2001年)，汽车排放的有

害气体将降低 $1-(1-0.015)^6=9\%$；9 年后(2004 年)，汽车排放的有害气体将降低 $1-(1-0.015)^9=13\%$；12 年后(2007 年)，汽车排放的有害气体将降低 $1-(1-0.015)^{12}=17\%$。

从上面计算出的数据与表 2-12 中的数据相比，按照表中数据计算出的需风量将比按照规范中规定的排放量计算出的需风量小很多，从而使得按照给定的技术进步因子计算出的风机的功率比按照规范计算的风机功率降低很多。

2.2.7　小结

(1)在对发动机燃烧过程进行分析的基础上，应用燃烧热力学原理，所建立的柴油车碳烟排放量计算模型和汽油车 CO 排放量计算模型，经过发动机台架试验测试表明，误差不超过 5%，满足工程应用技术。

(2)在发动机台架污染环境模拟试验中，当使用相当于 CO 浓度为 200ppm 的公路隧道内污染气体时，与隧道外洁净空气相比，柴油车烟雾排放量平均增加了 15%～20%。

(3)依据中型车道路试验的数据，结合污染环境对烟雾排放量影响的模拟试验，在综合考虑相关因素的情况下，同时根据我国在用车辆技术状况，并考虑汽车工业发展，在隧道内海拔高度 400m 以下平路运行环境下，以 50～60km/h 中型柴油车的烟雾基准排放量，建议取为 $q_{vi}=2.1m^2/$(辆·km)。

(4)从汽油机台架模拟隧道污染环境试验结果可以看出，在汽油机的进气中，CO 浓度每增加 100ppm，废气中的 CO 排放上升 11%。

(5)依据本次比较结果，《公路隧道通风照明设计规范》(JTJ 026.1—1999)给出的 $q_{CO}=0.01m^3/$(辆·km)数据偏大。综合考虑道路和发动机台架模拟污染环境的试验结果，汽油车 CO 基准排放量建议值取为 $q_{CO}=0.007m^3/$(辆·km)。

(6)在大气压力、温度、湿度相关因素中，大气压力是影响柴油车烟雾排放的主要因素。随着海拔高度上升，增压和非增压柴油车的烟雾排放变化趋势都是一样的。

(7)从试验测试和统计分析结果可以看出，在大气压力、温度、湿度等环境因素中，大气压力是影响汽油车 CO 排放的主要因素。且各种类型的汽油车随着海拔高度的增高，CO 排放值均有增加。

(8) 柴油车上坡运行时的烟雾排放量明显高于平路运行时的排放量。在车速 60km/h 时，柴油车的烟雾排放量约是平路的 215%；在 60km/h 以下时这个差值基本相同；超过 60km/h 时烟雾排放量增加更大。

(9)虽然我国排放法规进程步伐很快，但必须同时强化公路隧道运行的科学管理，才能确保隧道的可靠通风；在进行计算取值时应予以注意。

2.3　通风控制标准

秦岭终南山公路隧道超长特性使得隧道在营运中机动车尾气污染及其控制问题变得相当复杂，部分环境设计指标也超出了现有相关的规范标准，需要进行深入的基础性研究。公路隧道机动车污染物排放产生的环境问题涉及隧道污染物浓度设计限值、隧道的通风方案、隧道竖井排放和隧道洞口排放对环境的影响等。

本研究的任务与目标是：①研究终南山公路隧道污染物浓度设计控制标准；②研究终南山公路隧道内污染物浓度分布。

2.3.1　隧道工程环境条件

终南山公路隧道的第二个排风竖井的排风口位于牛背梁自然保护区内，为一类环境保护要求；而其余两个竖井排风口避开了自然保护区，环境保护要求为二级。终南山公路隧道的南北洞口位于现已通车营运的西安至安康铁路交通运输产生影响的范围内，环境功能以水土保持为主，环境保护要求为二类。

2.3.2 污染物浓度控制标准

根据工程可行性研究，秦岭终南山公路隧道在营运过程中不允许有任何非专业人员在隧道内下车，更不允许非专业人员徒步经过隧道。所以，秦岭终南山公路隧道以非过人公路隧道考虑污染物控制标准。

2.3.2.1 污染物浓度控制标准的确定原则

在公路隧道内确定各种污染物浓度的允许限值是以保护隧道内行驶机动车里的人的健康、卫生和安全为根据的。

隧道内空气污染物主要来自过往于隧道的机动车的排放物，污染物因子有CO、HC、NO_X、TSP等。在公路隧道环境内，主要的空气质量控制标准仍是以CO建立的，同时也考虑使隧道能见度降低的其他污染物（如烟雾）。

2.3.2.2 污染物浓度控制标准研究现状

我国公路隧道CO设计标准限值在15年期间，经历了由低变高的过程，基本上与国际隧道CO设计标准的发展趋势相反。《公路隧道通风照明设计规范》(JTJ 026.1—1999)推荐的CO设计标准相当于美国和PIARC 70年代推荐值的水平。烟雾设计值与PIARC(1991年)烟雾推荐值相比之下，在行车速度为60～80km/h时，放宽了25%，在行车速度为100km/h时，放宽了30%。

2.3.2.3 公路隧道CO设计标准限值确定的剂量——反应理论依据

汽车排放的空气污染物主要有CO、NO_X、HC、CO_2和颗粒物（烟雾）等，它们对人体健康和行为的影响各不相同。其中CO对人体健康和人的反应能力影响是最突出的。能否将进入隧道机动车排放的污染物浓度稀释到对人体健康和行车安全的水平，是隧道环保设计与通风设计中计算所需新风量的主要依据之一。这个CO浓度的安全水平值即为设计标准。

医学研究表明，人体中生成COHb的多少与所在环境CO浓度、接触时间和呼吸速度有关。人体中2.5%的COHb浓度即可产生不良影响，引起人的时间间隔分辨力、视力、视力敏感度以及其他若干意识运动能力的降低。这些都被认为是在较高CO浓度下行车事故增加的原因。

2.3.2.4 秦岭终南山公路隧道CO浓度控制标准研究的主要结论

(1)若取[COHb]=2%。按秦岭隧道的环境参数得秦岭隧道CO浓度控制标准见表2-15。隧道内污染物浓度分布计算中采用的工程数见表2-14。

模拟试验计算中相关工程条件 表2-14

参数名	单位	参数值	说明
隧道长	m	18 020	
车道数	个	2	
交通流方向		2	
隧道横截面积	m^2	70.007	
断面当量直径	m	8.627	
路面坡度	%	0.3,1.1	上坡
		−0.3	下坡
通风竖井数	个	3	
洞口高程	m	896	北口（西安方向）
		1 026	南口（柞水方向）
平均车速	km/h	60～80	
西安/柞水交通量	%	50/50	
自然风	m/s	2.5	

推荐秦岭终南山公路隧道正常营运不同车速 CO 浓度控制标准　　表 2-15

正常营运条件	通过车速(km/h)	40	45	50	55	60	70	80	90
	经历时间(min)	27.03	24.03	21.62	19.66	18.02	15.45	13.51	12.01
	允许 CO 浓度(ppm)	69	77	84	93	101	117	133	150
阻塞情况(极端)	通过车速(km/h)	10 (JTJ 026.1—1999)				17～18 (日本)			
	经历时间(min)	108.024				61.728			
	允许 CO 浓度(ppm)	20ppm				32ppm			

(2)秦岭隧道常用辅助设施环境 CO 控制浓度限值为：若采用半日工作制(4h 连续工作时间)CO 浓度限值为 12ppm；若采用全日工作制(8h 连续工作时间)CO 浓度限值为 7.5ppm。

(3)竖井排放颗粒物、氮氧化物和非甲烷碳氢化合物的排放限值参考国家环境保护总局《大气污染物综合排放标准》(GB 16297—1996)执行。不同高度污染物的允许设计浓度限值见表 2-16。

竖井排风污染物允许排放量及浓度排放限值　　表 2-16

污　染　物	最高允许排放浓度(mg/m^3)	排气筒高度(m)	最高允许排放速率(kg/h) 一级	二级
非甲烷碳氢化合物	150	15	6.3	12
		20	10	20
		30	35	63
		40	61	120
氮氧化物	420	15	0.47	0.91
		20	0.77	1.5
		30	2.6	5.1
		40	4.6	8.9
		50	7.0	14
		60	9.9	19
颗粒物	150	15	2.1	4.1
		20	3.5	6.9
		30	14	27
		40	20	46
		50	36	70
		60	51	100

2.3.3　隧道内纵向污染物浓度分布模拟

2.3.3.1　隧道内空气质量方程

在公路上行驶机动车排出的空气污染物的扩散主要受到环境风的平流和大气湍流扩散的影响。采用直角坐标系，取 x 轴与平均风向一致，假定 x 方向的湍流扩散项与风速平流项相比可以略去，且当风速和公路上大量机动车组成的车流(fleet)的污染物排放强度在短时间内不随时间变化，则机动车排入大气的污染物浓度的分布遵从一维隧道内污染物浓度微分方程：

$$u(x)\frac{\partial c'_j(x)}{\partial x}=q'_j+\sum_{i=1}^{n}\alpha_i c'_{jb}\delta(x-x_i)-\sum_{l=1}^{m}\alpha_0 c'_j(x)\delta(x-x_l)-k_j c'_j(x) \tag{2-1}$$

2.3.3.2　隧道内纵向风速

隧道内纵向风速 $u(x)$ 的分布受竖井风量组织控制。但在隧道内任一点的风速必需满足流体连续方程：

$$\frac{du(x)}{dx}=\sum_{i=1}^{n}\alpha_{1i}\delta(x-x_i)-\sum_{j=1}^{m}\alpha_{oj}\delta(x-x_j) \tag{2-2}$$

其中：

$$\alpha_{1i}=\frac{Q_{sr}^{i}}{Ax_i}$$

$$\alpha_{oj}=\frac{Q_{SL}^{j}}{Ax_j}$$

2.3.3.3 隧道内机动车流污染物排放强度

进入隧道内机动车车流污染物排放强度表示为：

$$q_j^{(n)}=\frac{1}{3\ 600A}\sum_{i=1}^{3}(1-\xi_j)^{n-n_0}\alpha\lambda_{ij}(v)K_{ij}A_i^{(n)} \tag{2-3}$$

式中：$q_j^{(n)}$——预测 n 年 j 种污染物排放源强，mg/(m^3·s)；

n——预测年；

n_0——确定排放因子的基准年；

A——隧道横截面积，m^2；

K_{ij}——i 类机动车 j 污染物单车排放因子，g/(km·veh)；

$\lambda_{ij}(v)$——i 类单车 j 污染物排放因子的车速系数；

$A_i^{(n)}$——计算 n 年 i 分类型机动车小时交通量，veh/h，

ξ_j——机动车排放 j 种污染物技术进步折减因子，%；

α——海拔高度因子。

根据交通量、车型分类与排放因子，由式(2-3)计算得各特征年，高峰小时交通量时，隧道内机动车 CO、HC、NO_2 和 PM_3 排放强度。

2.3.3.4 终南山公路隧道内污染物浓度分布计算结果

根据隧道内风流组织确定的断面平均风速，污染物排放等，分别计算了在高峰小时交通量、营运近期(2020 年)和营运远期(2025 年)隧道内 CO、NO_2、HC 和颗粒物(PM_3)的浓度分布见图 2-6 至图 2-9。

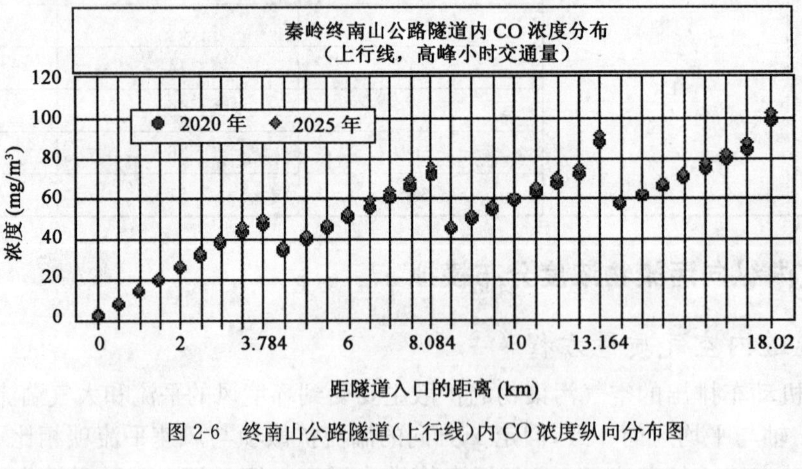

图 2-6 终南山公路隧道(上行线)内 CO 浓度纵向分布图

可见，由于竖井送排风作用，隧道内污染物浓度的分布以竖井位置成三角锯齿形态分布。受隧道内纵向气流的影响，污染物浓度的整体纵向分布仍是大三角形态分布，最大浓度出现在隧道排风口。隧道在实际营运中，洞内污染物浓度分布形态会随着竖井送排风、洞内射流风机的风流组织与进入隧道机动车数量及行驶速度不同而变化。在 2025 年高峰小时交通量条件下，洞内 CO、NO_2、HC 和 PM_3 最大浓度值(在洞口)分别为 102.55mg/m^3、28.87mg/m^3、11.65mg/m^3 和 7.81mg/m^3，未来 NO_2 和 PM_3 会成为敏感的空气污染物，值得设计中重视。

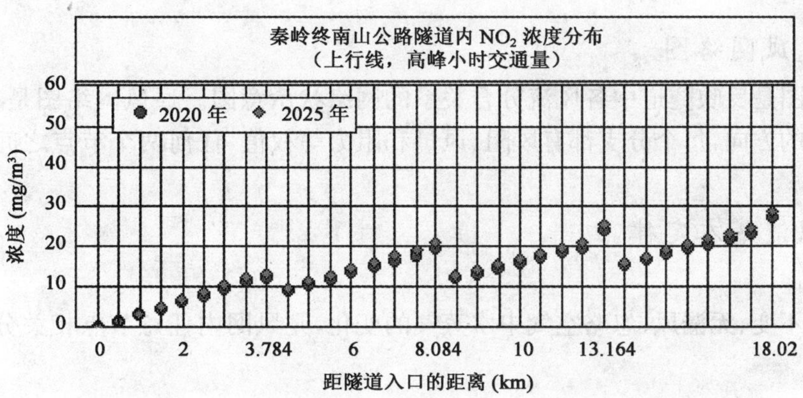

图 2-7 终南山公路隧道（上行线）内 NO_2 浓度纵向分布图

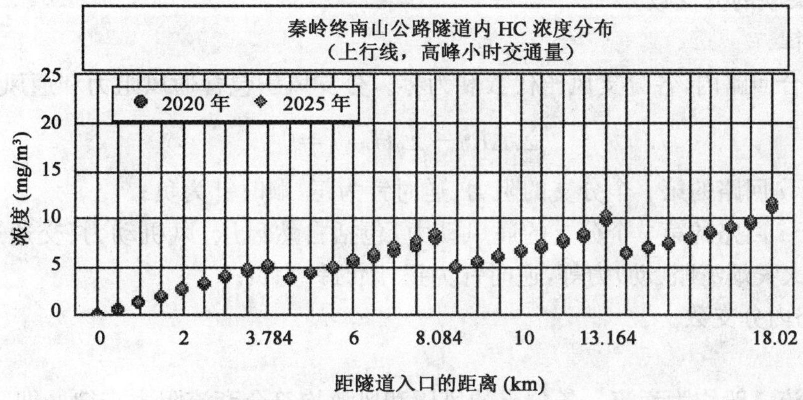

图 2-8 终南山公路隧道（上行线）内 HC 浓度纵向分布图

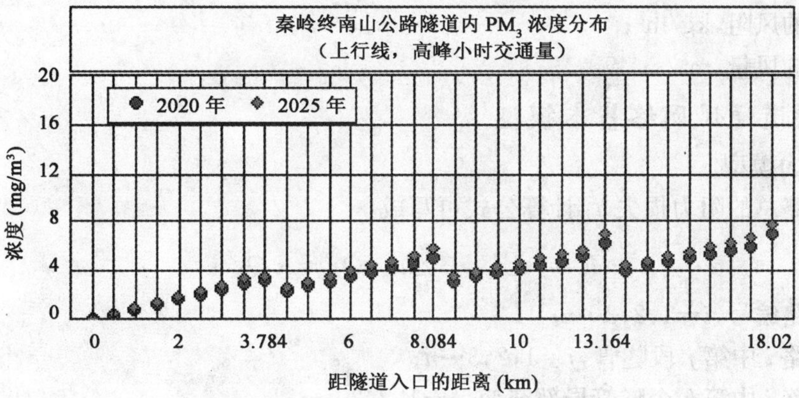

图 2-9 终南山公路隧道（上行线）内 PM_3 浓度纵向分布图

2.4 隧道复杂通风网络分析技术

2.4.1 通风网络理论

通风网络，是由表示通风系统内各风流路线及其分合关系的网状线路图与其赋权通风参数组成。隧道通风网络图是用图论的概念和方法来表示通风系统图的，并利用图论的理论和方法来分析通风系统。

2.4.1.1　通风网络图

隧道通风网络图是反映隧道中各风流分合关系的网络状示意图。通风网络图是有向赋权连通图，每个分支都有确定的方向，每个分支都有风阻、风量和阻力等权值，任何两个节点之间都至少存在一条有向路径。

2.4.1.2　风流基本定律

1)风量平衡定律

假定空气密度不变、无漏风、忽略空气中水蒸气的变化，则风网内任意节点相关分支的风量代数和为零，即：

$$\sum_{j=1}^{n} Q_{ij} = 0 \tag{2-4}$$

式中：Q_{ij}——与 i 节点相关联的分支 j 的风量。流入节点的分支风量为正，流出节点者为负；

n——点相关联的分支数。

2)风压平衡定律

风网的任何闭合回路内，各分支风压代数和为零。分支风压包含通风阻力和通风动力两部分。即：

$$\sum_{j=1}^{n} \Delta P_{ij} - \sum_{j=1}^{n} H_{ij动力} = 0 \tag{2-5}$$

式中：ΔP_{ij}——属于 i 回路的第 j 个分支的阻力，逆时针为正，顺时针为负；

$H_{ij动力}$——属于 i 回路的第 j 个分支的通风动力，包括自然风压、风机动力、交通通风力、风口升压力、火灾烟流阻(动)力等，逆时针为正，顺时针为负；

n——回路内分支数。

3)阻力定律

风路中正常风流一般均为紊流。各分支的风压和风量均符合紊流阻力定律。即：

$$\Delta P = RQ^2 \tag{2-6}$$

式中：ΔP——支路的通风压力或通风阻力，Pa；

R——支路的风阻，kg/m^7；

Q——支路的风量，m^3/s；

2.4.1.3　隧道通风网络基本模型

1)隧管通风阻力模型

第 i 段通风支路总的阻力损失 h_i 计算公式可写成：

$$h_i = \left(\sum_{j}^{n} h_{fj} + \sum_{k}^{m} h_{\xi k}\right) Q_i^{\,2} = R_i Q_i^{\,2} \tag{2-7}$$

式中：i——通风支路编号，$i=1,2,3\cdots n$；

j——通风支路 i 中第 j 段隧管，$j=1,2,3\cdots n$；

k——通风支路 i 中第 k 个隧管局部突变，$k=1,2,3\cdots m$；

R_i——通风支路 i 的风阻系数。

由于隧道内的气流运动在运营期间已进入完全紊流状态，沿程阻力系数 λ 和局部阻力系数 ξ 均为常数；空气密度随空气温度、湿度、气压的变化而变化，但隧道内空气密度变化不大，工程应用的仿真计算中可视为常量。故通风支路的风阻系数 R_i 可视为常量。

2)轴流风机风压风量曲线模型

单台轴流风机风压风量曲线（H—Q 曲线）的数学表达式，常用曲线拟合的方法获得。在 H—Q 曲线上选取足够点数的 H_i、Q_i 值，用最小二乘法拟合多项式，通式可写成：

$$H_f = b_1 + b_2 Q + b_3 Q^2 + \cdots\cdots + b_n Q^{N-1} \tag{2-8}$$

解算出系数 b_1、b_2、b_3…b_n，风机特性曲线的数学表达式也就确定了。

多台风机并联的特性曲线的数学表达式，只需按相同风压各风机风量相加的原则，对 $H—Q$ 曲线所选点的 H_i、Q_i值进行计算，再用最小二乘法拟合多项式，即可。

对于固定安装角下、转数一定的通风机，其体积流量不随海拔高度而变，即：$Q_Z=Q_0$。而风压随海拔高度的增加而降低，即风压与空气密度成正比，得：

$$H_Z=\frac{\gamma_z}{\gamma_0}H_0=k_zH_0 \tag{2-9}$$

式中：H_Z——轴流风机在海拔高度 Zm 处的全压，Pa；

H_0——轴流风机在海平面高度的全压，Pa。

3)交通风压模型

通风支路的交通通风力公式：

$$\begin{aligned}H_{ti}&=\frac{A_{mi}}{A_{ri}^3}\frac{\rho}{2}n_{i+}(Q_{ti(+)}-Q_{ri})^2-\frac{A_{mi}}{A_{ri}^3}\frac{\rho}{2}n_{i-}(Q_{ti(-)}+Q_{ri})^2\\&=T_{i+}(Q_{ti(+)}-Q_{ri})^2-T_{i-}(Q_{ti(-)}+Q_{ri})^2\end{aligned} \tag{2-10}$$

式中：$Q_{ti(+)}=v_{ti(+)}A_{ri}$，$Q_{ti(-)}=v_{ti(-)}A_{ri}$

H_t——交通通风力，Pa；

A_m——汽车等效阻抗面积，m^2；

A_r——隧道通风面积，m^2；

v_r——隧道内风速，m/s；

$v_{t(+)}$——与 v_r 同向的各工况车速，m/s；

$v_{t(-)}$——与 v_r 反向的各工况车速，m/s；

n_+——与 v_r 同向的车辆数。

4)射流风机升压力模型

第 i 段通风支路中，n 台射流风机总的升压力 H_{ji} 计算公式可写成：

$$H_{ji}=\sum_{k=1}^{n}H_{jk}=\sum_{k=1}^{n}\rho\cdot\frac{Q_{jk}}{A_j\cdot A_r^2}(A_rQ_{jk}-A_jQ_{rk})\cdot\eta \tag{2-11}$$

式中：H_{ji}——射流风机总的升压力，Pa；

i——通风支路编号，$i=1,2,3\cdots\cdots$；

k——通风支路 i 中第 k 个风机，$k=1,2,3\cdots n$。

2.4.2　通风网络数值模型建立

2.4.2.1　送排风口压力模型

送风口正方向通风升压力，记为 ΔP_{b1}：表示风流从送风口正方向，以较高的速度吹入隧道内时，在隧道风流正方向产生的通风升压力。一般情况下 $\Delta P_{b1}>0$，且数值较大，表示送风口方正向具有很强的通风升压力作用。

送风口反方向通风升压力，记为 ΔP_{b2}：表示风流从送风口正方向，以较高的速度吹入隧道内时，在隧道风流反方向(短道方向)产生的通风升压力。一般情况下 $\Delta P_{b2}<0$，且绝对值较大，表明风流沿送风口反方向流动的阻力较大。

排风口正方向通风升压力，记为 ΔP_{e1}：表示风流从隧道上风侧流入排风口时，风流在隧道通风正方向产生的通风升压力。一般情况下 $\Delta P_{e1}>0$，但数值较小，表示排风口正方向具有一定的通风升压力作用。

排风口反方向通风升压力，记为 ΔP_{e2}：表示风流从隧道上风侧流入排风口时，风流在隧道通风反方向产生的通风升压力。一般情况下 $\Delta P_{e2}<0$，但绝对值较小，表示风流沿排风口反方向流动具有一定

的通风阻力作用。

各量表示如图 2-10 及图 2-11 所示。

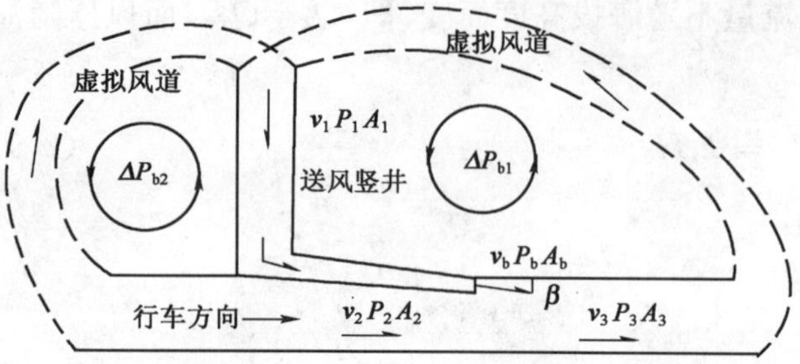

图 2-10　ΔP_{b1}、ΔP_{b2} 示意图

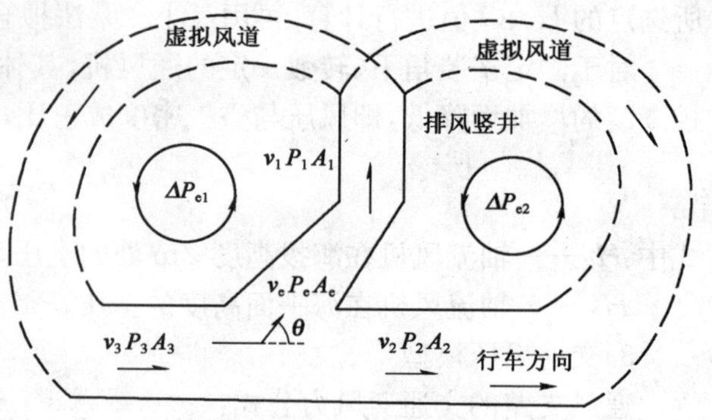

图 2-11　ΔP_{e1}、ΔP_{e2} 示意图

1)送风口正向压力模型

(1)送风口正向通风升压力

如图 2-12 所示,送风口正向动量关系简化模型如下,长虚线代表回路中省略部分(虚拟风道),送风口轴线与隧道轴线间夹角为 β,取图中短虚线包围的部分做控制体。断面②为隧道内风流流入面,断面③为风流流出面,假定在断面②上各处压强相等,即送风口压力 P_b 等于隧道内短道口压力 P_2 。

$$\Delta P_{b1}=P_3-P_b=\rho(v_2^2-v_3^2)+\rho K_b\frac{A_b}{A_r}v_b^2\cos\beta \tag{2-12}$$

值得注意的是,式(2-12)推导过程中,短道风流方向 v_2 取为正值,若短道出现反向窜流,即 $v_2<0$,则上式相应的变为:

$$\Delta P_{b1}=P_3-P_b=\rho(-v_2^2-v_3^2)+\rho K_b\frac{A_b}{A_r}v_b^2\cos\beta \tag{2-13}$$

因此,在此压力模型的计算机仿真程序迭代计算实现中,需带入风流方向符号。

(2)风网压力平衡方程

对于图 2-12 中虚线组成的风网回路,应用风流能量守恒定律,流出风网的动能与流入风网的动能之差等于回路内通风动力、送风口正向升压力与风网风阻之差:

$$\frac{\rho}{2}v_b^2-\frac{\rho}{2}v_3^2=\sum H_{动力}+\Delta P_{b1}-\sum\Delta P_{风阻} \tag{2-14}$$

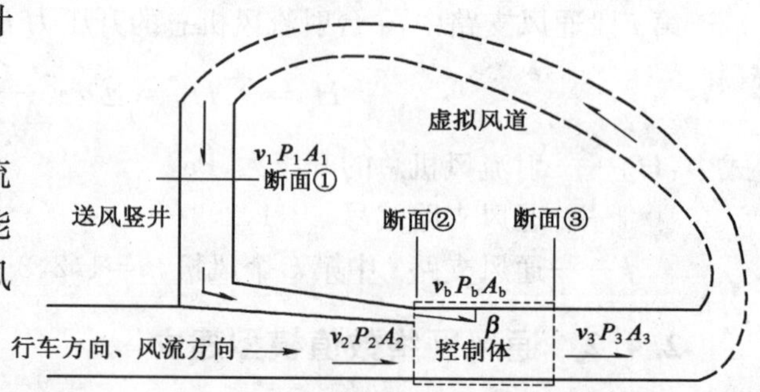

图 2-12　ΔP_{b1} 及送风口正向压力模型计算图

变换得:

$$\frac{\rho}{2}v_b^2-\frac{\rho}{2}v_3^2+\sum\Delta P_{风阻}-\sum H_{动力}-\Delta P_{b1}=0 \tag{2-15}$$

式(2-15)即送风口正向风网压力平衡方程,式中的风阻包括沿程风阻、局部风阻、自然风阻力、火灾风阻力等,通风动力包括轴流风机升压力、射流风机升压力、交通风升压力等。

2)送风口反方向压力模型

(1)送风口反向通风升压力

如图 2-13 所示,送风口反向动量关系简化模型如下,长虚线代表回路中省略部分(虚拟风道),送风口轴线与隧道轴线间夹角为 β。假定在断面③上各处压强相等,即送风口压力 P_b 等于隧道内短道口压力 P_3 。

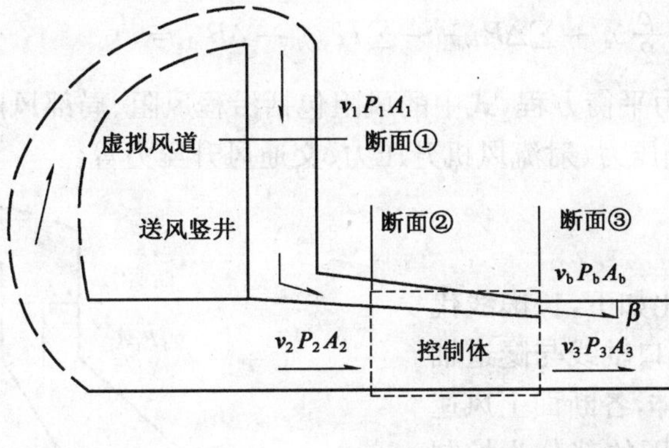

图 2-13 ΔP_{e2} 及送风口反向压力模型计算图

$$\Delta P_{b2}=P_2-P_b=-\rho K_b\frac{A_b}{A_r}v_b^2\cos\beta \tag{2-16}$$

(2)风网压力平衡方程

对于图 2-13 中虚线组成的风网回路，应用风流能量守恒定律，流出风网的动能与流入风网的动能之差等于回路内通风动力、送风口反向升压力与风网风阻之差：

$$\frac{\rho}{2}v_b^2+\frac{\rho}{2}v_2^2+\sum\Delta P_{风阻}-\sum H_{动力}-\Delta P_{b2}=0 \tag{2-17}$$

式(2-17)即送风口反向风网压力平衡方程，式中的风阻包括沿程风阻、局部风阻、自然风阻力、火灾风阻力等，通风动力包括轴流风机升压力、射流风机升压力、交通风升压力等。

同样需要注意，上式推导过程中，短道风流方向 v_2 取为正值，若短道出现反向窜流，即 $v_2<0$，则上式相应变为：

$$\frac{\rho}{2}v_b^2-\frac{\rho}{2}v_2^2+\sum\Delta P_{风阻}-\sum H_{动力}-\Delta P_{b2}=0 \tag{2-18}$$

因此，在此压力模型的计算机仿真程序迭代计算实现中，亦需带入风流方向符号。

3)排风口正向压力模型

(1)排风口正向通风升压力

如图 2-14 所示，排风口模型简化如下，长虚线代表回路中省略部分(虚拟风道)，排风口轴线与隧道轴线间夹角为 θ，先将风流视为理想流体，各断面上风速分速均匀，风压相等，取图中虚线包围的部分为控制体，风流从断面③流入，大部分从排风口断面④流出，少部分继续沿隧道方向从断面②流出。

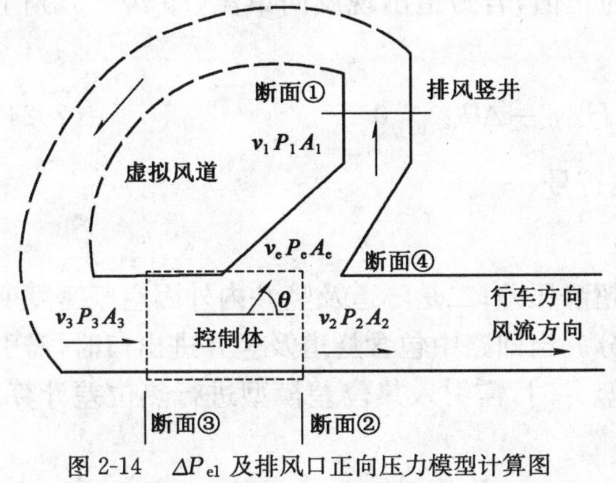

图 2-14 ΔP_{e1} 及排风口正向压力模型计算图

$$\Delta P_{e1}=P_e-P_3=\rho(v_3^2-v_2^2)-\rho K_e\frac{A_e}{A_r}v_e^2\cos\theta \tag{2-19}$$

同样需要注意，式(2-19)推导过程中，短道风流方向 v_2 取为正值，若短道出现反向窜流，即 $v_2<0$，则上式相应的变为：

$$\Delta P_{e1}=P_e-P_3=\rho(v_3^2+v_2^2)-\rho K_e\frac{A_e}{A_r}v_e^2\cos\theta \tag{2-20}$$

对于风流方向 v_3，同样需注意正方向。因此，在此压力模型的计算机仿真程序迭代计算实现中，亦需带入风流方向符号。

(2)风网压力平衡方程

对于图 2-14 中虚线组成的风网回路，应用风流能量守恒定律，流出风网的动能与流入风网的动能之差等于回路内通风动力、排风口正向升压力与风网风阻之差：

$$\frac{\rho}{2}v_3^2-\frac{\rho}{2}v_e^2+\sum\Delta P_{风阻}-\sum H_{动力}-\Delta P_{e1}=0 \tag{2-21}$$

式(2-21)即排风口正向风网压力平衡方程,式中的风阻包括沿程风阻、局部风阻、自然风阻力、火灾风阻力等,通风动力包括轴流风机升压力、射流风机升压力、交通风升压力等。

4)排风口反方向压力模型

(1)排风口反向通风升压力

如图 2-15 所示,排风口模型简化如下,长虚线代表回路中省略部分(虚拟风道),排风口轴线与隧道轴线间夹角为 θ,先将风流视为理想流体,各断面上风速分速均匀,风压相等,取图中虚线包围的部分为控制体,风流从断面③流入,一部分通过排风口断面④流出排风竖井,另一部分从断面②流入隧道短道方向。

$$\Delta P_{e2}=P_2-P_e=-\rho K_e\frac{A_e}{A_r}v_e^2\cos\theta \tag{2-22}$$

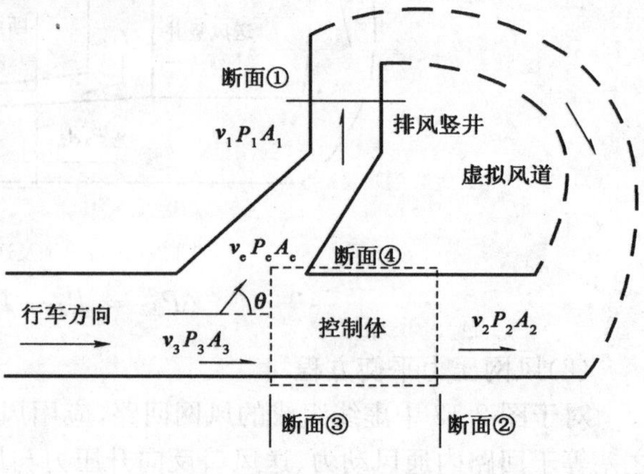

图 2-15 ΔP_{e2}及排风口反向压力模型计算图

(2)风网压力平衡方程

对于图 2-15 中虚线组成的风网回路,应用风流能量守恒定律,流出风网的动能与流入风网的动能之差等于回路内通风动力、排风口反向升压力与风网风阻之差:

$$-\frac{\rho}{2}v_e^2+\frac{\rho}{2}v_2^2+\sum\Delta P_{风阻}-\sum H_{动力}-\Delta P_{e2}=0 \tag{2-23}$$

式(2-23)即排风口反向风网压力平衡方程,式中的风阻包括沿程风阻、局部风阻、自然风阻力、火灾风阻力等,通风动力包括轴流风机升压力、射流风机升压力、交通风升压力等。

同样需要注意,上式推导过程中,短道风流方向 v_2 取为正值,若短道出现反向窜流,即 $v_2<0$,则上式相应变为:

$$-\frac{\rho}{2}v_e^2+\frac{\rho}{2}v_2^2+\sum\Delta P_{风阻}-\sum H_{动力}-\Delta P_{e2}=0 \tag{2-24}$$

因此,在此压力模型的程序实现中,亦需带入风流方向符号。

2.4.2.2 自然风压模型

自然风压包括两部分:一是隧道及竖井各进出口间的超静压差;二是隧道及竖井内外因空气密度变化而引起的热位差。因此,自然风压数学模型亦包括两部分。当回路中包含隧道及竖井进出口时,需引入超静压差模型进行超静压差计算,当回路中包含送排风竖井时,需引入热位差模型进行热位差计算;当两者都包含时,需引入两个模型同时考虑。

1)超静压差模型

$$\Delta P_{jin}=\sum N_+K\cdot\frac{\rho}{2}\cdot v_N^2-\sum N_-K\cdot\frac{\rho}{2}\cdot v_N^2 \tag{2-25}$$

式中:ΔP_{jin}——隧道进出口间的超静压差,Pa。

程序中需输入的基本计算参数如下:

N_+——与热位差作用方向一致的各风向频率;

N_-——与热位差作用方向相反的各风向频率,设计计算时 N_+、N_- 的取值可按最不利考虑,即取 $N_+=0,N_-=1$;

K——风向与洞口轴线夹角关系修正系数,在无足够的气象资料时,取值范围一般为 0.8~1.5;

v_N——洞外自然风速,可取年平均值,m/s。

2)热位差模型

送排式通风竖井内热位差自然风压的计算模型如下:

(1)海平面计算

海平面大气温度：

$$t_0 = t + t_h \cdot H$$

海平面大气密度：

$$\rho_0 = 3.484 \frac{P_0 - 0.3779 \cdot \phi \cdot P_s}{273.15 + t_0}$$

海平面空气常数：

$$R_0 = \frac{P_0 \times 1\,000}{\rho_0 \cdot (t_0 + 273.15)}$$

(2)地表点计算

地表计算点处空气常数：

$$R_h = \frac{P_h \times 1\,000}{\rho_h \cdot (t_h + 273.15)}$$

地表计算点处大气压力：

$$P_h = P_0 \cdot \left(1 - \frac{t_h \cdot H}{t_0 + 273.15}\right)^{\frac{g}{R_h \cdot t_h}}$$

(3)岩层温度计算

井底岩石温度：

$$t_r = t_0 + \frac{H_s - Z_0}{g_r}$$

井底气温：

$$t_{sd} = t_r + \Delta t$$

(4)送、排风井计算

送、排风井口大气压力：

$$P_{s1} = P_0 \cdot \left(1 - \frac{t_{hs1} \cdot H_{s1}}{t_0 + 273.15}\right)^{\frac{g}{R_0 \cdot t_{hsi}}}$$

送、排风井口气温：

$$t_{s1} = t_0 + t_h \cdot H_{s1}$$

送、排风井井底与井口温度差：

$$\Delta t_s = t_{sd} - t_{s1}$$

送、排风井内空气降温梯度：

$$t_{hs} = \frac{\Delta t_s}{H_{sj}}$$

送、排风井底大气压力：

$$P_{s2} = P_{s1} \cdot \left(1 - \frac{t_{hs} \cdot H_s}{t_{s1} + 273.15}\right)^{\frac{g}{R_0 \cdot t_{hs}}}$$

(5)竖井内热位差计算

①送风竖井内热位差：

$$\Delta P_{sf} = P_{s1} - P_{s2}$$

送风竖井内热位差 ΔP_{sf} 以方向向下(沿送风方向)为正，负值表示热位差为通风阻力。

②排风竖井内热位差：

$$\Delta P_{pf} = P_{s2} - P_{s1}$$

排风竖井内热位差 ΔP_{pf} 以方向向上(沿排风方向)为正，负值表示热位差为通风阻力。

程序所需输入的基本计算数据如下：

海平面气压 $P_0 = 101.3\text{kPa}$；

地表计算点处海拔 H(m)；

地表计算点处空气温度 t(℃)；

大气温降梯度 t_h（℃/m），一般可取 $t_h=(0.6\sim0.65)$℃/m；

常温带距地表深 Z_0，一般可取 $Z_0=20\sim30$m；

地热增深率 g_r（m/℃），一般可取 $g_r=30\sim100$ m/℃；

送、排风竖井井口海拔高程 H_{s1}（m）；

送、排风竖井井深 H_s（m）；

排风井底的气温与岩体温度之差 Δt_p，可取 $\Delta t_p=-(1\sim2)$℃；

送风井底的气温与岩体温度之差 Δt_s，可按实测资料取，或 $\Delta t_s=-(2\sim4)$℃。

3)隧道总自然风压模型

$$H_n=\Delta P_{jin}+\Delta P_{sf}+\Delta P_{pf} \tag{2-26}$$

式中，ΔP_{jin}，ΔP_{sf}，ΔP_{pf} 分别表示隧道进出口间的超静压差、送风竖井内热位差和排风竖井内热位差。

2.4.3 公路隧道通风网络仿真程序

2.4.3.1 公路隧道通风网络风量修正迭代式

利用修正的斯考德—恒斯雷迭代法求算公路隧道分风计算风量修正值的公式形式见式(2-27)。

$$\Delta Q_i'=-\frac{\sum_{j=1}^{n}\Delta P_{ij风阻}+\sum_{j=1}^{n}H_{ij自然}+\sum_{j=1}^{n}H_{ij火}-\sum_{j=1}^{n}H_{轴风机}-\sum_{j=1}^{n}H_{ij射风机}-\sum_{j=1}^{n}\Delta P_{ij风口}-\sum_{j=1}^{n}H_{ij交通}}{2\sum_{j=1}^{n}R_{ij}\left|Q_{ij}\right|+\sum_{j=1}^{n}\left|\frac{\partial\Delta H_{ij火}}{\partial Q_{ij}}\right|+\sum_{j=1}^{n}\left|\frac{\partial\Delta H_{ij轴风机}}{\partial Q_{ij}}\right|+\sum_{j=1}^{n}\left|\frac{\partial\Delta H_{ij射风机}}{\partial Q_{ij}}\right|+\sum_{j=1}^{n}\left|\frac{\partial\Delta P_{ij风口}}{\partial Q_{ij}}\right|+\sum_{j=1}^{n}\left|\frac{\partial\Delta H_{ij交通}}{\partial Q_{ij}}\right|} \tag{2-27}$$

式中：$\sum_{j=1}^{n}\frac{\partial\Delta P_{ij风口}}{\partial Q_{ij}}$ ——回路内送、排风口通风升压力在风量点的斜率；

$\sum_{j=1}^{n}\frac{\partial\Delta H_{ij火}}{\partial Q_{ij}}$ ——回路内火风压在相应边上风量点的斜率；

$\sum_{j=1}^{n}\frac{\partial\Delta H_{ij轴风机}}{\partial Q_{ij}}$ ——回路内各轴流风机在相应边上风量点的斜率；

$\sum_{j=1}^{n}\frac{\partial\Delta H_{ij射风机}}{\partial Q_{ij}}$ ——回路内各射流风机在相应边上风量点的斜率；

$\sum_{j=1}^{n}\frac{\partial\Delta H_{ij交通}}{\partial Q_{ij}}$ ——回路内各交通风压在相应边上风量点的斜率；

R_{ij} ——回路内各相应边的风阻；

Q_{ij} ——回路内各相应边的风量。

修正的斯考德—恒斯雷计算法的解算程序步骤可归纳如下：

(1)每一闭合回路选定一条分支为未知风量巷道，其他各分支的风量按风量平衡定律推定。

(2)拟定各分支第一次近似风量值。

(3)求第 i 个闭合回路未知风量分支的风量修正值 $\Delta Q_i'$。

(4)对该回路各分支风量进行修正，求各分支第二次近似风量：

$$Q_i''=Q_i'+\Delta Q_i'$$

(5)求第 $i+1$ 个闭合回路未知风量分支的风量修正值 $\Delta Q_{i+1}'$。

(6)对该回路各分支风量进行修正，求各分支第二次近似风量：

$$Q_{i+1}''=Q_{i+1}'+\Delta Q_{i+1}'$$

(7)重复上述计算步骤，直至风量差值小于给定值时为止。

2.4.3.2 风量迭代系数求解

风量迭代过程中，需解算回路风压平衡差，及各支路通风动力和风阻对风量的变化律。本节对网络程序中的各通风动力和阻力模型对风量求导，以得出风量迭代系数。

1)风口升压力迭代系数

(1)送风口正向网络回路

送风口正向网络回路风口斯考德—恒斯雷迭代系数为：

$$\frac{\partial \Delta P_{风口}}{\partial Q_{b}}=\frac{\partial \frac{\rho}{2}v_{b}^{2}}{\partial Q_{b}}+\frac{\partial \Delta P_{b1}}{\partial Q_{b}}=2\rho K_{b}\frac{Q_{b}}{A_{r}A_{b}}\cos\beta+\rho\frac{Q_{b}}{A_{b}^{2}} \tag{2-28}$$

(2)送风口反向网络回路

送风口反向网络回路风口斯考德—恒斯雷迭代系数为：

$$\frac{\partial \Delta P_{风口}}{\partial Q_{b}}=\frac{\partial \frac{\rho}{2}v_{b}^{2}}{\partial Q_{b}}+\frac{\partial \Delta P_{b2}}{\partial Q_{b}}=-2\rho K_{b}\frac{Q_{b}}{A_{r}A_{b}}\cos\beta+\rho\frac{Q_{b}}{A_{b}^{2}} \tag{2-29}$$

(3)排风口正向网络回路

排风口正向网络回路风口斯考德—恒斯雷迭代系数为：

$$\frac{\partial \Delta P_{风口}}{\partial Q_{b}}=\frac{\partial \Delta P_{e1}}{\partial Q_{e}}+\frac{\partial(-\frac{\rho}{2}v_{e}^{2})}{\partial Q_{e}}=-2\rho K_{e}\frac{Q_{e}}{A_{r}A_{e}}\cos\theta-\rho\frac{Q_{e}}{A_{e}^{2}} \tag{2-30}$$

(4)排风口反向网络回路

排风口反向网络回路风口斯考德—恒斯雷迭代系数为：

$$\frac{\partial \Delta P_{风口}}{\partial Q_{b}}=\frac{\partial \Delta P_{e2}}{\partial Q_{e}}+\frac{\partial(-\frac{\rho}{2}v_{e}^{2})}{\partial Q_{e}}=-2\rho K_{e}\frac{Q_{e}}{A_{r}A_{e}}\cos\theta-\rho\frac{Q_{e}}{A_{e}^{2}} \tag{2-31}$$

2)交通风压迭代系数

交通风压斯考德—恒斯雷迭代系数为：

$$\begin{aligned}\frac{\partial H_{ti}}{\partial Q_{r}}&=-\frac{A_{mi}}{A_{ri}^{3}}\rho\cdot n_{i+}(Q_{ti(+)}-Q_{ri})-\frac{A_{mi}}{A_{ri}^{3}}\rho\cdot n_{i-}(Q_{ti(-)}+Q_{ri})\\&=\frac{A_{mi}}{A_{ri}^{3}}\rho\cdot(n_{i+}-n_{i-})Q_{ri}-\frac{A_{mi}}{A_{ri}^{3}}\rho\cdot(n_{i+}+n_{i-})Q_{ti(+)}\end{aligned} \tag{2-32}$$

3)射流风机升压力迭代系数

射流风机升压力斯考德—恒斯雷迭代系数为：

$$\frac{\partial H_{ji}}{\partial Q_{r}}=-n\cdot\rho\cdot\frac{Q_{j}}{A_{r}^{2}}\cdot\eta \tag{2-33}$$

2.4.3.3　仿真程序开发

本程序采用 Visual Basic 面向对象可视化计算机语言编制，核心程序约 1150 条可执行语句。主程序界面如图 2-16 所示。

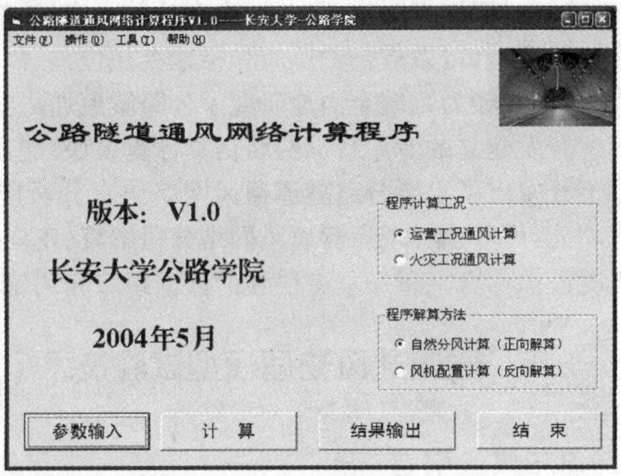

图 2-16　公路隧道通风网络计算程序主界面

1)程序流程图

程序有正常运营工况和火灾工况两大模块组成，分别具有正向解算和反向解算两大功能，因而可组合成以下四条程序流程，如图 2-17 所示。

2)计算参数的输入

本程序可采用对话框输入和文本文档输入两种形式。

3)计算过程的监控

为确保计算迭代过程的正确，本程序专门提供了计算迭代过程的打印输出，以供查询监控。输出方式仍提供两种：其一从屏幕直接打印显示输出；其二以 Windows Notepad 记事本文档的形式输出至硬盘文件。

4)计算结果的输出

计算结果的输出同样提供两种形式：一方面，部分主要参数直接从主界面屏幕打印显示输出，以供计算人员在计算过程中分析判断；另一方面，生成 Windows Notepad 记事本文档，存放详细的计算结果，供后续分析利用。

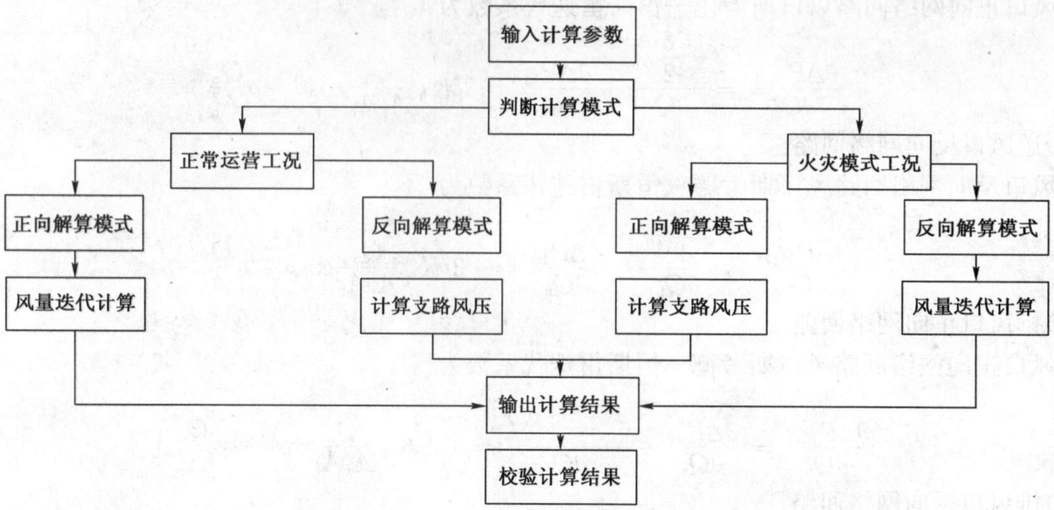

图 2-17　计算程序流程图

2.4.4　小结

主要研究结论如下：

(1)针对秦岭终南山公路隧道通风系统的计算难点，引入通风网络理论，建立了公路隧道送排风口的压力计算网络数学模型。模型建立中，在风口局部和回路中引入动量定律，分别推导了送风口正向、送风口反向、排风口正向、排风口反向的通风升压力(阻力)，建立送排风口网络模型，很好地解决了送排风口风流的方向性模拟，尤其是送风口高速喷射气流的升压力网络仿真问题。该模型使得通风网络技术应用于公路隧道竖井送排式通风仿真计算时，模拟工况与实际状况更为接近。

(2)对于深埋隧道，竖井深度高达数百米，地热温度对通风动力影响显著，建立了较为完善的通风网络地热模型，可以较好的反应包括地温热位差、洞口超静压差等自然风因素对通风系统的贡献作用。

(3)在较为系统全面地研究了公路隧道通风技术特点的基础上，利用通风网络基本理论及针对公路隧道开发建立的专用特殊网络仿真计算模块，建立了复杂公路隧道通风网络仿真分析整体模型，在此基础上开发出了复杂公路隧道通风网络仿真分析应用程序。该程序采用 Visual Basic 语言编写，包括三大功能，可分别实现运营通风网络分风解算(正向分析)、运营通风网络风机配置解算(反向分析)、火灾工况模拟计算。程序具有很强的数据跟踪和纠错功能。

2.5　隧道通风物理模型试验技术

2.5.1　引言

对于一个复杂的流动现象进行试验研究，试验中的可变因素很多，另外受试验条件的限制，多数不可能在实物上进行。因此，进行一项试验时，就会碰到诸如：如何更有效地设计和组织试验，如何正确处理试验数据，以及如何把模型试验结果推广到原型等一系列问题。量纲分析和相似理论为这些问题的解决提供了理论依据。对于复杂通风系统，理论计算和现场测试难以一一实现，且许多计算参数依赖性强，需要进行系统的模型试验，提供理论分析所需的基础参数，验证理论分析的可靠性与正确性。

2.5.2　隧道通风物理模型试验理论

1)流动相似性原理

两个流动相似，则两个流动对应点上同名物理量(如线性长度、速度、压强、各种力等)应具各自的比例关系。应满足两个流动的几何相似、运动相似和动力相似以及初始条件和边界条件的相似。

2)流体基本假定

对于公路隧道通风模型试验，大多数相似条件可以不作为主要因素，因此做以下假定：

(1)流体不可压缩；

(2)流体为等温流动；

(3)流体流动为稳定流；

(4)流体为连续介质。

3)相似性准则选取

通过以上假设，公路隧道通风可以理想化为黏性不变的不可压缩流体在重力场中有压管流运动。两个流动系统的动力相似条件可由无量纲形式的纳维-斯托克斯(Navier-Stokes)方程导出。结论表明要使两个几何相似的封闭系统中不可压缩流体动力相似，仅需该两个系统的雷诺数相同。

4)自模区的确定

自模区——对于黏性流体流动，按其临界雷诺数 Re 的数值分为第一自模区和第二自模区。黏性流体流动时，雷诺数 Re 大于第一临界值时的范围称做第一自模区。黏性流体流动时，雷诺数 Re 大于第二临界值时，流体流速分布、流动状态不再发生变化，且彼此相似，与雷诺数 Re 无关，称为第二自模区。

对于第一自模区，用拉格朗日准数 La 与雷诺准数 Re 无关时作为流动流体进入第一自模区的标志，如图 2-18 所示。当所研究区域流动流体的欧拉准数 Eu 与雷诺准数 Re 无关时，作为流动流体进入第二自模区的标志。如图 2-19 所示。

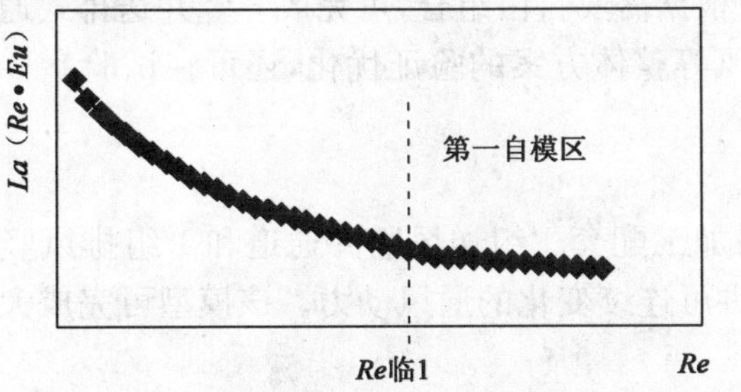

图 2-18　第一自模区的确定

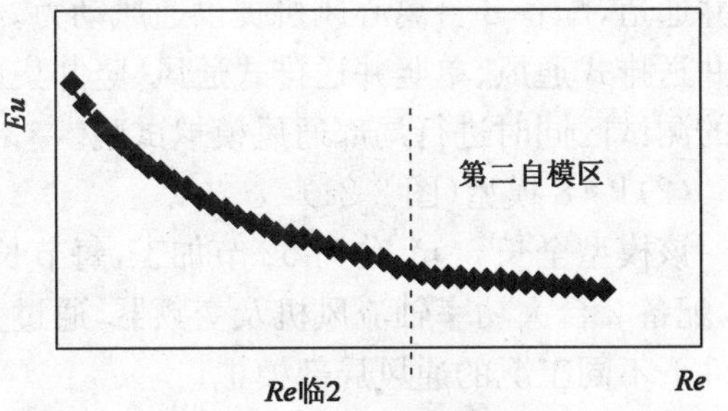

图 2-19　第二自模区的确定

对于研究对象，雷诺准数 Re 达到多少才能进入第二自模区，只有在模型建立后，通过试验才能得知。这给模型设计带来困难，设计模型时，要根据雷诺准数 Re 的第二临界值及风机的容量来确定模型尺寸。一般情况下，只能参照类似试验模型的雷诺数 Re 第二临界值近似地估计所要研究的试验模型雷诺准数 Re，也可以先做小模型求出雷诺数 Re 的第二临界值后，再设计正式模型。

确定第二自模区 $Re_{临2}$ 的试验过程：

(1)选择确定所研究的区域。

(2)在此区域内测定流体的速度 v、研究区域的压降 Δp 、选定区域的当量直径、流体的 ρ、μ 等物体参数。

(3)分别计算一组雷诺数 Re 和欧拉数 Eu，在直角坐标中将其描绘成曲线。

(4)当雷诺数 Re 和欧拉数 Eu 无关时，雷诺数 Re 即为第二临界雷诺数 Re 值。

对于较为复杂的流动，某一区域已进入自模区，并不意味着整个系统均已进入自模区。此时，只有确保所研究的区域进入自模区，才可保证研究的正确性。

2.5.3　隧道通风物理模型试验系统

2.5.3.1　公路隧道通风物理模型设计

1)模型率选取

公路隧道从整体上看是一个线状结构的建筑物，对于长大隧道更是如此。对于这种结构，若想对其进行缩尺模型试验，则必须在不同的方向上采用不同的比例尺，即变率模型。变率模型试验中变率的选取对试验结果的可信度和可修正性有着重要的影响。根据水工物理模型仿真试验，在进行河流的淤积或冲刷试验时，通常取模型变率不大于8。隧道通风物理模型试验中，变率的选取可参考水工模型试验，同时结合实际隧道和试验室条件进行选取。

2)模型材料的选择

从模型材料获取的便利性和试验观测需要的透视程度考虑，隧道模型选用无色有机玻璃制作隧道通风模型。试验前对常见的有机玻璃和透明塑料两种材料分别试制成一定比例的隧道模型，经试验对比测试，透明塑料不能满足试验的需要，且透明塑料模型安装困难，无法保证模型的稳定性，因此最终选用无色有机玻璃制作隧道通风模型。

3)模型制作与安装

整体制作隧道通风模型从生产工艺、运输、安装和经济性上讲是不现实的，为生产加工、运输和试验的方便性，将隧道模型分成0.6～2.0m长短段进行加工，其长度的确定与隧道模型的径向比尺密切相关，若模型尺寸较小，则模型分段长度取小值，若模型尺寸较大，则模型分段长度取大值。隧道模型分段制作，试验时进行组装，这样有利于对同一个隧道不同的通风方式进行对比试验。例如，通过隧道模型的不同组合，可以对半横向式通风和纵向式通风进行对比试验，其中对于纵向式通风，又可以对全射流、竖井集中送风、竖井集中排风、竖井送排式通风以及这几种方式的相互组合分别进行模型试验。

根据试验室条件和试验要求，加工了两套试验模型。

(1)1∶24模型(图2-20)

该模型全长107.10m，分为160节加工，每节长约70cm，另加工配套3组送风竖井通道和3组排风竖井通道，配备8台离心风机提供通风动力。该模型可根据需要自由组合，可完成3竖井送排式通风、2竖井送排式通风、单竖井送排式通风、竖井集中送(排)风等整体方案的验证优化，还可在试验室3个不同的测试区同时进行局部通风模拟试验。

(2)1∶8模型(图2-21)

该模型全长50m，分为52节加工，每节长约1m，另加工配套1组送风竖井通道和1组排风竖井通道，配备2台大功率轴流风机及变频器，通过变频器提供可连续变化的通风动力。该模型可完成大比尺条件下不同工况的通风局部模拟。

图2-20 通风物理模型(1∶24)

图2-21 通风物理模型(1∶8)

2.5.3.2 动力系统设计与选型

通过隧道通风模型需风量计算和模型沿程阻力损失计算，隧道通风模型送风井的沿程阻力损失大于排风井的沿程阻力损失，所以在送、排风井选择不同功率的风机。试验选用30kW风门可调式射流风机模拟隧道送风井的轴流风机，选用22kW风门可调式射流风机模拟隧道排风井的轴流风机，为精确控制两风机的风量和风压，为其各配备相同功率的变频器，变频器可精确到小数点后1位数字。选用

4kW 风门可调离心式送风机和排风机各两台。在隧道进风口处设置送风机和排风机各一台，模拟隧道进风口段的射流风机和自然风，在隧道排风口处设置送风机和排风机各一台，模拟隧道排风口段的射流风机和自然风。各风机性能参数如表 2-17 所示。

风机性能参数表　　表 2-17

风机类型	转速 (r/min)	推力 (N)	流量 (m^3/s)	输出速度 (m/s)	电机功率 (kW)	噪声声压 (dB)
SDS112K-4P-22	1 470	938	29	29.4	22	68
SDS112K-4P-30	1 470	1 140	32	32.5	30	70
L4-72S-6P-4	1 450	919	3.2	14.2	4	61
L4-72P-6P-4	1 450	836	3.4	17.3	4	64

2.5.3.3　数据采集系统设计与安装

在隧道通风模型试验中，通风模拟是一个动态过程，隧道模型内的风速、动压、静压等都是动态变化的数据，因此准确及时的数据采集关系到隧道通风模型试验的成败。试验数据采集监控系统是以工业化自控软件组态王 KingView 为基础设计开发的。

工业化自控软件组态王 KingView，可以方便的适应通风模拟试验所需的"数据监控和采集系统"，在任何需要的时候把隧道模型通风测试系统的动态信息及时地传送并记录到计算机中，这样就保证了信息的准确性和可靠性及数据的延时性。该系统具有良好的图形界面(图 2-22、图 2-23)。

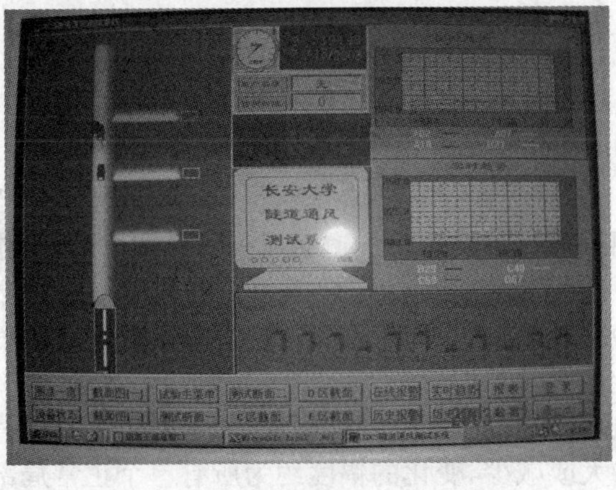

图 2-22　测试系统的主界面图

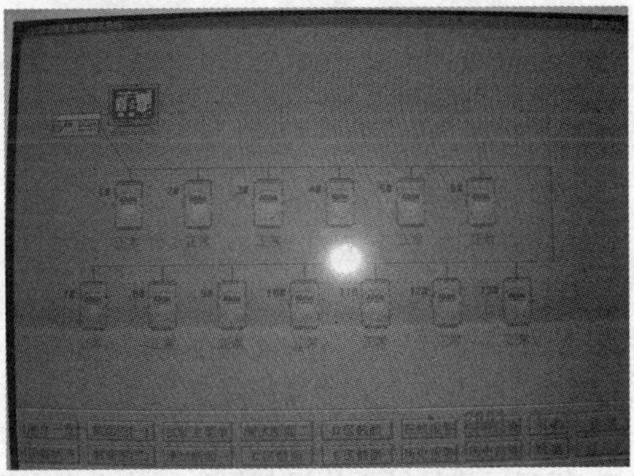

图 2-23　数据传输系统状态图

该系统输出结果可用 Microsoft 的 Excel 报表形式，不但方便数据的整理而且还可实现对象的链接和嵌入(OLE)。比如，可将 Excel 工作表嵌入 Word 文档，还可在 Excel 工作表中插入图形图像。

压力测量前端采用毕托管，可以分别测量全压、动压和静压。每一个测试断面中设置 3 个测点，分别位于隧道拱顶和两个边墙处。压电转换器固定在试验台一侧，在试验前用补偿式微压计进行标定，以保证其测量精度。通过屏蔽线把压电转换器连接到控制柜。

隧道通风物理模型系统和数据采集系统安装完后，为进一步测试在实际工况运行时系统的稳定性、实时性和可靠性，通过试验进行检测。试验结果表明，该测试系统运行稳定，采集数据准确、快速，能很好地满足试验要求。

2.5.3.4　阻力隔栅设计

秦岭终南山公路隧道原型高 7.60m，底宽 10.92m，全长 18 020m。试验取隧道通风模型比尺为：模型/原型＝1/24，对隧道原型进行竖井送排式通风的分段数量试验研究，则通风模型高 0.317m，底宽 0.455m，全长 750.8m。在室内模型试验中，隧道模型长度取 750.8m 几乎是不可能实现的。即使不考虑经济性条件，克服困难取隧道模型长度为 750.8m，在试验过程中风机风门开度、测点位置等的调整将浪费大量时间；压电转换器的上传信号是弱电信号，如此长距离传输将降低试验数据精度。因此隧道模型长度 750.8m 不可取。

针对秦岭终南山公路隧道通风整体模型试验，综合考虑变率模型法和等效模拟法的技术可行性、经济性、适用性等，选取等效模拟法进行通风物理模型试验。

应用等效模拟法进行隧道通风整体模型试验，需按摩阻等效理论，在模型隧道的适当部位安装可调节阻力隔栅，获得等效阻力而取得相应长度。因为阻力隔栅属于局部阻力性质，隧道正常通风段流体运动为稳定流，所以隔栅并不影响系统整体的流动相似。

由摩阻等效理论，可以推导等效摩阻系数计算公式。设等效模拟隧道通风模型段长为 L_m，摩阻损失系数为 λ_m，当量直径 D_m，模型断面平均流速为 v_m，隧道模型内空气密度为 ρ，则该段隧道通风模型阻力损失 ΔP_m为：

$$\Delta P_m = \lambda_m \cdot \frac{L_m}{D_m} \cdot \frac{1}{2}\rho v_m^2 \tag{2-34}$$

阻力隔栅损失系数为 ξ_f，则对模型流体通过阻力隔栅的压力损失 ΔP_f为：

$$\Delta P_f = \xi_f \cdot \frac{1}{2}\rho v_m^2 \tag{2-35}$$

因为要求摩阻等效，所以令：

$$\Delta P_m = \Delta P_f \tag{2-36}$$

把式(2-34)和式(2-35)带入式(2-36)得：

$$\xi_f = \frac{\lambda_m \cdot L_m}{D_m} \tag{2-37}$$

在比尺为模型/原型＝1/24 的隧道通风模型中，D_m＝0.36m，取 λ_m＝0.025，带入式(2-37)得：

$$\xi_f = 0.069\,4L_m \tag{2-38}$$

式中，L_m单位为 m。

针对秦岭终南山公路隧道通风整体模型试验，应用等效模拟法进行隧道通风整体模型试验时，按式(2-38)在隧道通风模型的稳定流段安装阻力隔栅，即可获得相应长度的等效阻力。隔栅的损失系数可参照《公路隧道通风照明设计规范》(JTJ 026.1—1999)中表 A.0.5-2 出入口隔栅损失系数与有效面积比的关系、表 A.0.5-3 金属网筛损失系数与有效面积比的关系，初步确定隔栅的有效面积。

当需要获得的隧道模型长度较大时，可以采用多组阻力隔栅串联。试验研究表明，如阻力隔栅直接连接，相互干扰的结果使局部损失可能出现大幅度的增大或减少，变化的幅度约为所有单个正常局部损失总和的 0.5～3 倍；如阻力隔栅之间有一段长度不小于 3 倍当量直径的连接段，干扰结果可以忽略。因此在比尺为模型/原型＝1/24 的隧道通风模型中采用多组阻力隔栅串联时，隔栅间距不应小于 1.08m，试验取隔栅间距为 1.4m。

阻力隔栅安装后，应在最外侧阻力隔栅以远不小于 $5D_m$距离处设置测点测量阻力损失，以确定等效长度。本模型取阻力隔栅以远 3.15m 设置测点，测点 1、测点 2 分别位于阻力隔栅的两侧，测点 1 位于上风侧。测量两点的静压 P_{f1}、P_{f2}，风速 v_1、v_2。由式(2-37)推导出：

$$\xi_f = \frac{P_{f1} - P_{f2}}{\frac{\rho}{6}(v_1^2 + v_2^2 + v_1 \cdot v_2)} \tag{2-39}$$

应用式(2-39)计算得到阻力隔栅与两测点间的沿程阻力和 ξ_f，由式(2-37)得：

$$L_m = 14.40\xi_f \tag{2-40}$$

则测点 1 和测点 2 的间距等效为隧道通风模型的长度 L_m，或由下式直接求得测点 1 和测点 2 之间的等效长度 L_m。

$$L_m = \frac{14.40(P_{f1} - P_{f2})}{\frac{\rho}{6}(v_1^2 + v_2^2 + v_1 \cdot v_2)} \tag{2-41}$$

根据摩阻等效理论，应用等效模拟法对秦岭终南山公路隧道通风整体模型试验的模型长度进行优化，在隧道模型的正常通风段安装多组阻力隔栅，获得等效阻力而取得相应长度；同时结合试验条件，选取隧道模型长度为107.10m。

2.5.4 隧道通风物理模型基本性能试验

2.5.4.1 动力系统试验

1)风机性能试验

在隧道通风模型送风井风机和排风井风机均开启工况下，通过风门调节，使短道风速满足要求，则排风段最大风速为9.73m/s，送风段最大风速为8.82m/s，均大于《公路隧道设计规范》(JTG D70—2004)中设计风速6～8m/s，所以选用30kW风门可调式风机模拟隧道送风井轴流风机，选用22kW风门可调式风机模拟隧道排风井轴流风机能满足隧道通风模型试验要求。

进出口风压均为大气压，进口只开功率为4kW风门可调离心式送风机，风门全开的工况下，隧道内风速为3.62m/s，《公路隧道通风照明设计规范》(JTJ 026.1—1999)中"一般可将自然风作为阻力考虑，自然风作用引起的洞内风速可取2～3m/s"。通过对风机风门的调节，可以使风速在此范围之内，从而用功率为4kW离心式送风机模拟隧道通风模型试验的自然风，可以满足试验要求。

2)变频器性能试验

在风机风门全开的工况下，使用功率为30kW变频器调节风机对隧道模型进行送风试验，结果表明该变频器能使隧道风速在0m/s和最大风速10.37m/s间变化，且能使风速稳定在任意点。在风机风门全开的工况下，使用功率为22kW变频器调节风机对隧道模型进行排风试验，结果表明该变频器能使隧道风速在0m/s和最大风速13.41m/s间变化，且能使风速稳定在任意点。所以两台变频器均能满足隧道通风模型试验要求。

3)风机开启顺序试验

在隧道通风模型送风井风机和排风井风机均开启，通过变频器调节，使短道风速满足要求，同时使排风段和送风段风速基本相等的工况下，选择隧道风速为4m/s、6m/s、7m/s和8m/s分别记录两变频器的数值，然后关闭风机变频器电源。在隧道通风模型内为静风的状态下，先开启排风机变频器至某一频率，待风速稳定后再开启送风机变频器至某一相应频率，记录从送风机变频器开启到隧道通风模型内风速稳定为止经历的时间。在隧道通风模型内为静风的状态下，先开启送风机变频器至某一频率，待风速稳定后再开启排风机变频器至某一相应频率，记录从排风机变频器开启到隧道通风模型内风速稳定为止经历的时间。

试验发现，先开启排风机工况的隧道通风模型内风速稳定所需的时间均大于先开启送风机工况，且隧道风速越大时间差别越大。先开启排风机工况下，未开启送风机前，送风段风向与隧道正常运营状态风向相反，送风机首先要克服逆向风流阻力，所以所需时间较长。因此在隧道运营通风中，若要开启轴流风机，应先开启送风机，然后开启排风机。

2.5.4.2 测试系统试验

1)毕托管性能试验

试验选取外径ϕ=10mm的L形毕托管作为压力测试元件，毕托管校准系数为0.5%。为测定毕托管的测试范围和稳定性，对毕托管与高精度热球式风速仪和热线式风速仪进行对比试验。试验结果表明，当风速大于3m/s时，毕托管误差较小，能够满足试验要求；当风速为2～3m/s时误差较大，测试结果可以使用。当风速小于2m/s时，测试结果极不稳定。因此在风速小于3m/s的区段，试验中用高精度热球式风速仪测量风速。

2)压电转换器性能试验

为测定压电转换器的精确度和稳定性，对校准后的压电转换器进行测试。结果表明量程0～800Pa压电转换器，当压差小于10Pa时，测试结果误差较大，但因该压电转换器测试点压差一般大于150Pa，所以对试验结果没有影响。量程0～200Pa压电转换器，当压差小于2Pa时，测试结果误差较大。当动压为2Pa时，风速约为1.8m/s，此时毕托管的误差较大，采用高精度热球式风速仪测量风速。

3)数据采集系统试验

通过试验验证,以工业化自控软件组态王 KingView 为基础设计开发的试验数据采集监控系统能实时监控,能自行设定数据采集间隔时间,能实时显示试验数据和数据曲线图,能调用任一时间段的试验数据,能对超出范围的数据报警,能存储、打印试验数据和数据曲线图。

2.5.4.3 模型摩阻损失系数试验

隧道通风物理模型采用透明有机玻璃制作,其摩阻损失系数约为 0.013,小于试验要求的 0.025。为使模型与原型摩阻损失系数相同,须对模型进行加糙处理,增大摩阻损失系数。则在模型中增设了用来增大阻力的阻力隔栅,因为阻力隔栅属于局部阻力性质,流体运动又具有"稳定性"特点,所以设置隔栅并不影响系统的流动相似。

试验参照《公路隧道通风照明设计规范》(JTJ 026.1—1999)中表 A.0.5-3 金属网筛损失系数与有效面积比的关系,选用铁丝网作为阻力隔栅对隧道通风物理模型进行加糙,确定隔栅的规格。为避免隔栅对测点稳定性的影响,测点设置在距隔栅 2.5m 处。选取测点 1,测点 2,测量测点 1 和测点 2 的静压和风速,则摩阻损失系数计算公式如下:

$$\lambda = \frac{6D(p_1 - p_2)}{\rho L(v_1^2 + v_2^2 + v_1 \cdot v_2)} \tag{2-42}$$

式中:p_1,p_2——上游与下游测点的静压,Pa;

v_1,v_2——上游点与下游点的平均风速,m/s;

ρ——空气密度,kg/m³;

L——两测点间距,m;

D——风道断面当量直径,m。

试验结果表明,该规格的铁丝网作为模型阻力隔栅的摩阻损失系数在 0.025 附近仅有微小波动,能满足试验要求。

2.5.4.4 模型断面风速试验

粗糙圆管紊流时均速度剖面的特征是,中间大部分区域平坦,边缘陡峭,雷诺数越高,中间平坦的区域就越大。隧道通风物理模型中流速分布与上述结论基本一致。试验中每一断面用三个毕托管进行量测。毕托管的插入深度可以在 15~550mm 间任意调节。预试验发现隧道中间部位流速较为平均,靠近壁面部分流速变化较大,所以取测点的插入深度为:20mm、50mm、100mm、200mm、350mm、550mm 六档进行测试,隧道横断面测点布置如图 2-24 所示。测点 2 位于拱顶,测点 1 和 3 位于两侧边墙。

取隧道通风模型内气流稳定区域的某一断面,测量该断面内各个点的风速,该断面距送排风口较远,风速稳定,距隧道界限相同距离时,风速基本相等,且随着距隧道界限距离的增加,风速稳定增加。

距隧道送风口较近处的隧道横断面风速图如图2-25所示,该断面距短道和送风口较近,受送风口

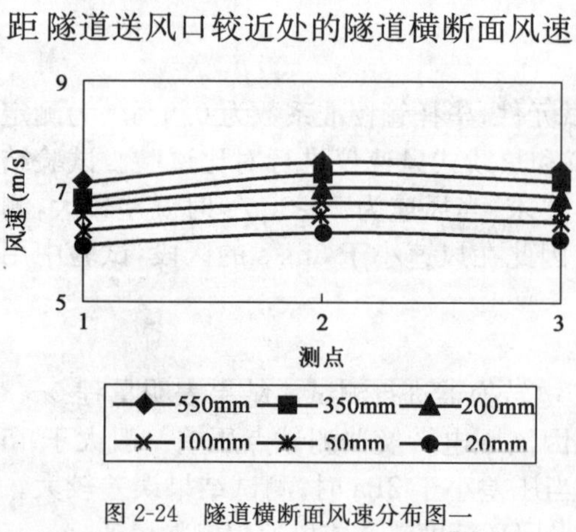

图 2-24 隧道横断面风速分布图一

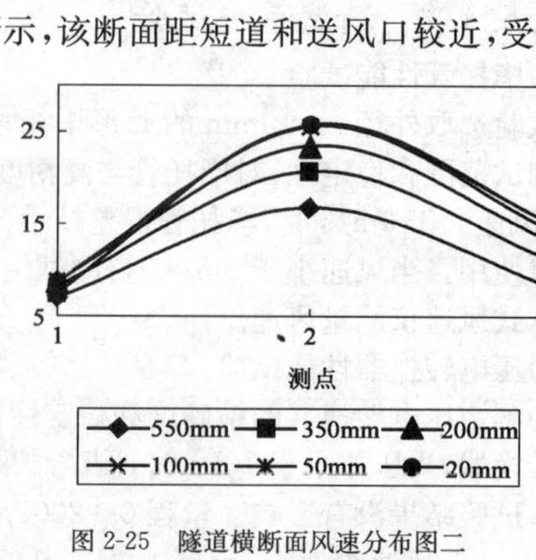

图 2-25 隧道横断面风速分布图二

影响，拱顶风速较大；而短道内风速很小，该断面尚未充分混合，所以风速差较大。隧道横断面测点布置图如图2-26所示。

隧道断面按距隧道边界的距离分成6个区域，如图2-27所示，对应六档测点20mm、50mm、100mm、200mm、350mm、550mm的风速，然后应用下式计算该断面平均风速。

$$\overline{V}=\frac{Q}{A}=\frac{\sum(v_i \times A_i)}{\sum A_i} \tag{2-43}$$

除距隧道送、排风口较近处和短道内，所指的隧道断面风速均为按式(2-43)计算所得的平均风速。

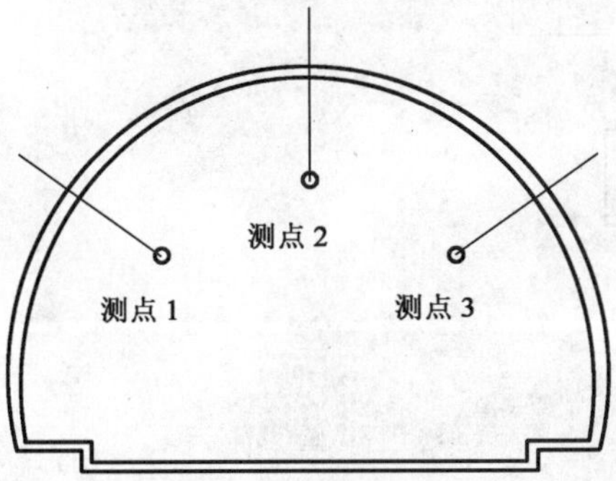

图2-26　隧道横断面测点布置图

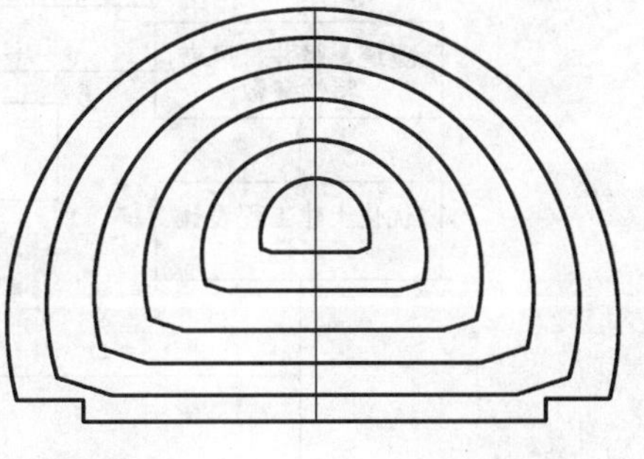
图2-27　隧道横断面等风速区域图

2.6　隧道通风方案研究

2.6.1　公路隧道通风设计方法

2.6.1.1　纵向通风常规计算方法

(1)需风量计算。稀释一氧化碳(CO)的需风量；稀释烟雾的需风量；稀释异味的需风量。

(2)竖井送排式纵向通风计算公式及设计判据：

公路隧道分段纵向通风的常规计算方法，根据现行《公路隧道通风照明设计规范》(JTJ 026.1—1999)，竖井送排式纵向通风计算公式及设计判定见相关内容。

2.6.1.2　纵向通风计算的Matlab/Simulink动态仿真

公路隧道纵向通风的常规计算方法只算出几种特殊工况的风机功率配置，这种计算对于新建隧道的通风系统设计和通风动力配置可以提供依据，而要提出运营通风动态管理方案、定量分析用电量随交通量的变化等特殊功能时，就显得力不从心了。本节建立了基于Matlab/Simulink的公路隧道纵向通风动态仿真程序，不仅可实现通风系统设计的风机功率配置，还可模拟运营期间的隧道随交通量变化的通风状态，实现风机开、停管理和隧道通风用电量预测。

仿真计算程序流程见图2-28。

隧道内每一个交通量对应一个污染物排放量或新鲜空气需求量，进而对应一个理论风机功率或用电量。通过拟合交通量在每一天的分布曲线则可得出相应的理论风机功率曲线和用电量曲线。

仿真算法采用4阶5级的变步长龙格库塔算法(ode45)。交通量分布曲线可直接给出，或采用各类源模块发生器，产生各种分布曲线，如正态分布随机数发生器、均匀分布随机数发生器，以及几种发生器的组合。

整个仿真计算过程由需风量日分布曲线、交通风压、射流风机升压力和单竖井轴流风机计算等功能模块组装而成。程序可实现的功能主要有：

(1)给出交通量的分布特征曲线(或数学模型)，可计算出隧道需风量的分布特征曲线；

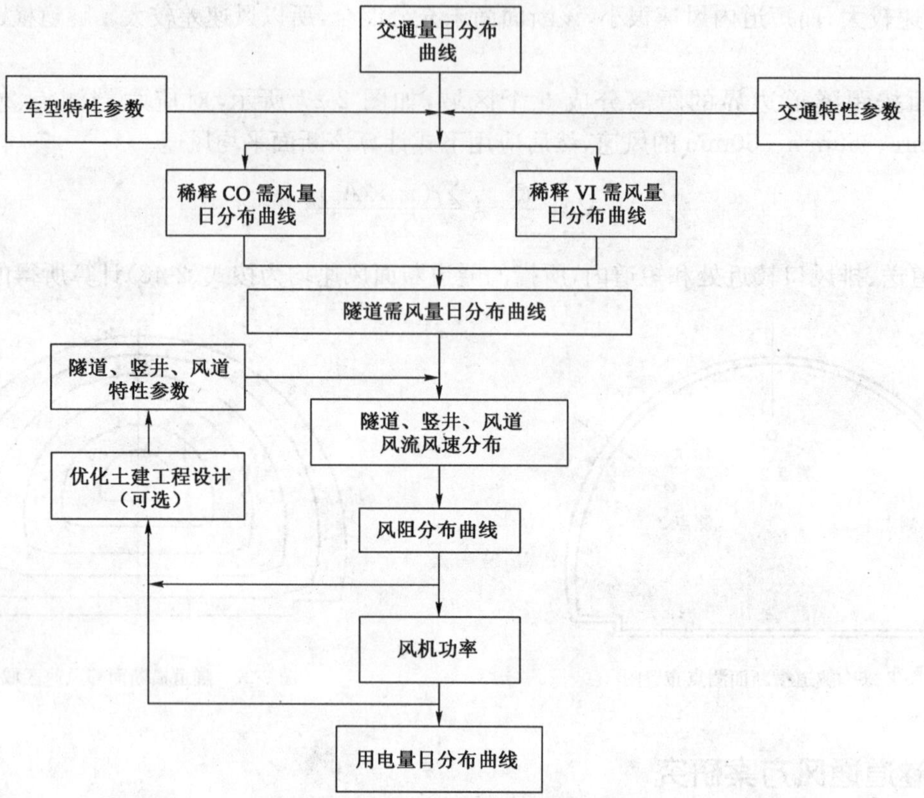

图2-28　仿真计算程序流程图

(2)进行隧道近、远期的通风计算和风机功率配置；

(3)计算隧道运营期间，全射流通风隧道内射流风机随交通量的变化而需开启的台数，进而精确推算运营期间风机开、停管理和隧道通风用电量预测；

(4)计算隧道多竖井送排式各段的轴流风机、射流风机所需功率曲线，完成轴流风机、射流风机等的通风系统配置。

当然，由于该仿真程序的风压计算建立在《公路隧道通风照明规范》推荐的常规计算公式基础之上，一方面它用于一般公路隧道通风系统分析和设计有较好的可靠性；另一方面，对于多竖井复杂通风系统，与常规计算一样需要做一些特殊的假定，因而对于多竖井复杂通风系统的仿真计算有很大的局限性。该程序充分利用了高级语言Matlab及其工程建模和动态仿真软件包Simulink结构化和可视化设计的优越性，根据模块化设计的思想，程序在进行公路隧道通风计算分析时具有很强的灵活性和适应性，但当通风系统变得复杂时，由于系统压力模式简化时人为因素较多，难以客观反应隧道内真实压力状况，因而进行复杂通风系统仿真分析时就显得力不从心。对于复杂通风系统可以借用通风网络仿真计算手段实现风量、风压的自平衡迭代，从而达到仿真之目的。

2.6.2　通风方案计算分析

在研究过程中，曾对半横向通风、横向通风、不同长度隧道的通风方案、利用相邻西康铁路隧道活塞风的通风方案、多个小竖井无动力通风方案等进行比较研究。这些方案或因不能满足规范要求，或土建费用过高，或无实施的可能均被否定。经比选，最终推荐三竖井送排风分段式纵向通风模式。

1)需风量计算研究

(1)需风量计算参数

根据规范，隧道需风量确定时，应对计算行车速度以下各工况车速按20km/h为一挡分别进行计算，并考虑交通阻滞状态，取其较大者作为设计需风量。考虑到秦岭终南山18.02km特长隧道具备完善的交通监控设施，认为车速 30km/h 以下可进行交通管制，保证不出现隧道全段 20km/h 以下车速怠速行驶的运行工况，因此计算工况车速分别取为 60km/h、40km/h、30km/h 及阻滞状态下平均车速 10km/h。交通阻滞状态下（车速 10km/h）计算长度为 1km。由于道路设计车速为 80km/h，课题研究中对 80km/h 的工况车速也作出计算，以供参考。

根据车辆基准排放量、污染浓度限值的研究成果，采用其推荐值，分段计算需风量后求和得出总需风量。

（2）主要结论

①按科研成果推荐值计算出的稀释 CO 需风量较按规范规定值大 150%，原因是科研成果推荐的 CO 的设计浓度限值远严格于规范规定值。

②上行线计算车速为 80km/h 时的需风量比车速 60km/h 时的需风量大近 30%。推荐上行线隧道最大计算车速取 60km/h，下行线隧道最大计算车速可取 80km/h。

③采用科研成果推荐值计算，上行线隧道内需风量由稀释 VI 控制，下行线隧道内需风量由稀释 CO 控制。不同汽柴比计算的上行线总需风量差别较小，而下行线总需风量差别达 10%～17%。

④按规范推荐参数计算时，隧道远景设计年限总需风量大于科研成果推荐值的计算结果，上行线总量大 31.6%，下行线总量大 15.4%。因此，按课题组推荐的 CO 基准排放量、CO 设计浓度限值、VI 的基准排放量等参数计算需风量，可明显减小通风系统配置规模。

⑤不考虑换气通风量，则按科研成果计算的上行线总需风量基本不变，而下行线总需风量可减少 32%～45%。

⑥根据前述结论，推荐各年限的设计需风量见表 2-18，表 2-19。

上行线（西线）各年限需风量表　　表 2-18

设 计 年 限	2010 年	2015 年	2020 年	2025 年
总需风量（m^3/s）及控制因素	295.073 稀释 VI 需风量 车速 60km/h	499.746 稀释 VI 需风量 车速 60km/h	722.563 稀释 VI 需风量 车速 60km/h	975.044 稀释 VI 需风量 车速 60km/h

下行线（东线）各年限需风量表　　表 2-19

设 计 年 限	2010 年	2015 年	2020 年	2025 年
总需风量（m^3/s）及控制因素	252.432 稀释 CO 需风量 车速 30km/h	378.988 稀释 CO 需风量 车速 30km/h	539.192 稀释 CO 需风量 车速 30km/h	715.757 稀释 CO 需风量 车速 30km/h

⑦交通阻滞工况下，阻滞段计算长度取 1km，隧道内各车道均以怠速行驶，平均车速为 10km/h，得到＋1.1%上坡段和－1.1%下坡段需风量分别为 38.06m^3/s 和 30.45m^3/s。

2）分段送排式纵向通风装机功率比较

（1）三竖井分段纵向通风方案上下行线两隧道均采用三竖井分段送、排风和射流风机调压相组合的纵向通风方式，方案平面示意图如图 2-29 所示。

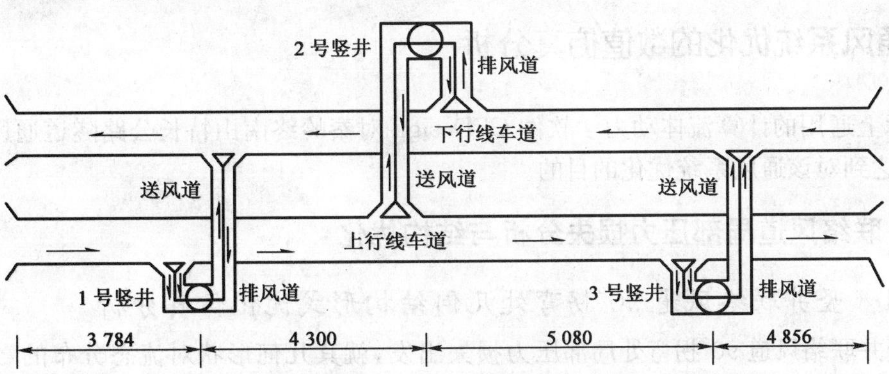

图 2-29　三竖井方案平面示意图（单位：m）

三竖井分段送排式纵向通风方案远期所需风机配置总功率为：上行线 6 232kW、下行线 5 198kW，总计 11 430kW。

(2)两竖井分段纵向通风方案上、下行线两隧道均采用两竖井分段送、排风和射流风机调压相组合的纵向通风方式。方案平面示意图如图 2-30 所示。两竖井分段送排式纵向通风方案远期所需风机配置总功率为：上行线 9 918kW、下行线 6 902kW，总计 16 820kW。

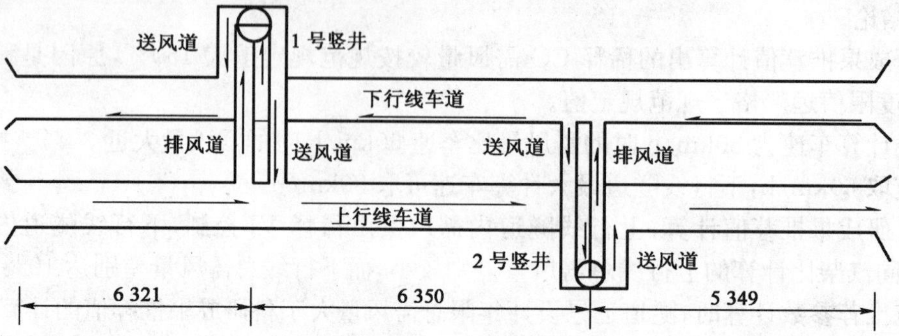

图 2-30　二竖井方案平面示意图(单位：m)

(3)结论

两竖井分段纵向通风方案风机装机功率较三竖井分段纵向通风方案大 5 390kW，约为三分之一。而竖井、联络风道的土建工程量比较接近。

2.6.3　主要结论

(1)按科研成果推荐值计算稀释 CO 需风量较规范规定值大 150%。

(2)上行线计算车速 80km/h 时的需风量比车速 60km/h 时的需风量大近 30%。推荐上行线隧道最大计算车速取 60km/h，下行线隧道最大计算车速可取 80km/h。

(3)采用科研成果推荐值计算，上行线隧道内需风量由稀释 VI 控制，下行线隧道内需风量由稀释 CO 控制。不同汽柴比计算的上行线总需风量差别较小，而下行线总需风量差别达 10%～17%。

(4)按规范推荐参数计算时，隧道远景设计年限总需风量大于科研成果推荐值的计算结果，上行线总量大 31.6%，下行线总量大 15.4%。因此，按课题组推荐的 CO 基准排放量、CO 设计浓度限值、VI 的基准排放量等参数计算需风量，可明显减小通风系统配置规模。

(5)不考虑换气通风量，则按科研成果计算的上行线总需风量基本不变，而下行线总需风量可减少 32%～45%。

(6)三竖井分段纵向通风方案优于两竖井分段纵向通风方案，故推荐秦岭终南山公路隧道采用三竖井分段纵向通风方案。

(7)小竖井自然通风方案、利用铁路 II 线隧道活塞风换气方案和半横向通风方案均难成立。

2.7　通风系统优化的数值仿真分析

采用国际上通用的计算流体动力学软件 CFDesign 对秦岭终南山特长公路隧道通风系统局部进行仿真分析，以达到对该通风系统优化的目的。

2.7.1　联络风道局部压力损失分析与结构优化

2.7.1.1　竖井联络风道 90°拐弯处几何结构形式优化仿真分析

从减小竖井联络风道 90°拐弯处局部压力损失出发，就其几何形状对流态分布的影响进行模拟分析，进而得出局部损失最小的几何形状。

根据现行的《公路隧道通风照明设计规范》(JTJ 026.1—1999)中的一般规定，送排风道在弯曲、折曲、扩径、缩径，分叉等变形处应采用曲线相连接，平稳过渡。结合设计院提供的几何参数，建立了拐角为90°的联络风道模型，采用CFD进行模拟计算，仿真模型见图2-31和图2-32。

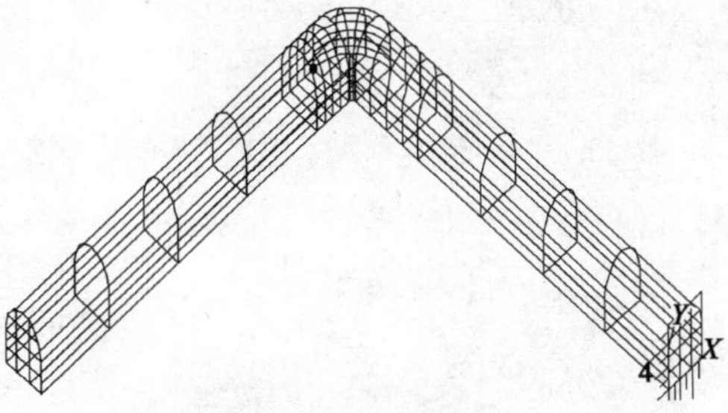

图2-31　计算模型图

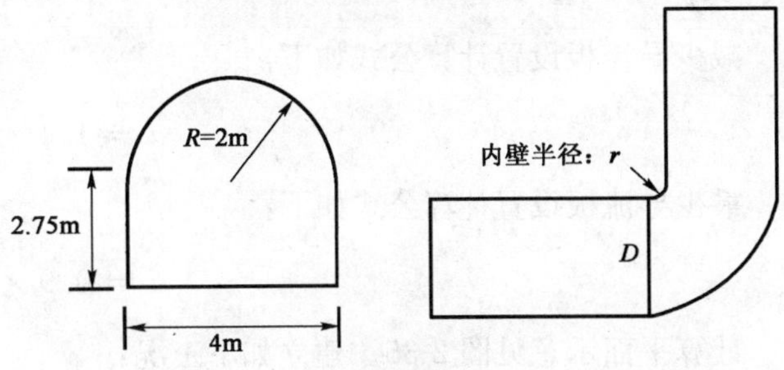

图2-32　模型平面示意

在后续模型建立过程中，不改变以上基本参数。仅在90°拐弯处通过调整风道内壁半径r以及风道外壁曲线长度来实现新模型的建立。联络风道内壁半径r分别取风道当量直径D的0倍、0.1倍、0.2倍、0.3倍、0.4倍、0.5倍和0.6倍共建立了7组模型，采用CFD进行计算并通过对计算结果的分析，确定出较佳的风道内壁半径r与风道当量直径D的比值。建立如下三种不同工况：(1)入口速度：25m/s；出口相对压强设置为0；(2)入口速度：20m/s；出口相对压强设置为0；(3)入口速度：10m/s；出口相对压强设置为0。

计算中采用如下拐弯压力损失系数计算公式：

$$\zeta_{压力损失系数} = \frac{p_{断面1全压} - p_{断面2全压}}{\frac{1}{2}\rho v_{平均}{}^2} \tag{2-44}$$

计算结果见图2-33。

综合比较以上计算结果并结合对速度云图、速度矢量图和压强云图的直观分析，可得如下结论：

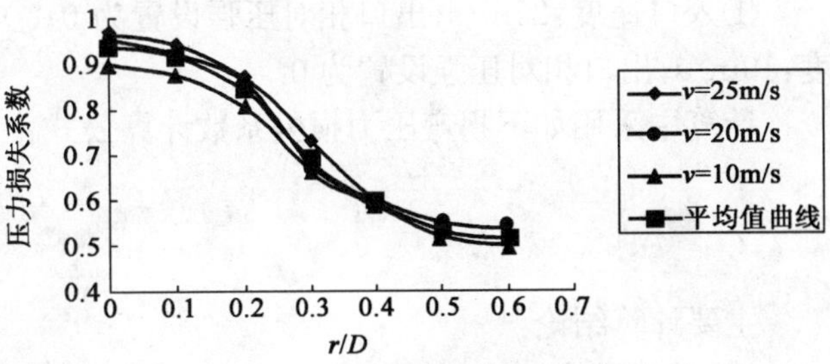

图2-33　r/D-$\zeta_{压力损失系数}$关系图

(1)总体上，联络风道拐弯处设置了内半径r后相对没有设置内半径的联络风道拐弯处局部压力损失要小；

(2)通过对速度云图的分析，可知联络风道在送排风的过程中，均出现涡流和偏流，是产生局部阻力的原因；

(3)当r/D(联络风道设置的内半径/风道断面当量直径)为0.6时，压力损失系数ζ最小即压力损失系数ζ随着r/D比值的增大而减小。

在给定的联络风道形式的基础上，建议r/D(联络风道设置的内半径/风道断面当量直径)应尽量取较大的值。

2.7.1.2　竖井联络风道90°拐弯处导流板数目的设置仿真计算研究

从改善竖井联络风道90°拐弯处涡流和偏流现象出发，就导流板对流态分布的影响进行模拟分析，进而得出局部损失最小的导流板安装数量。

导流板的设置分为：正常导流板设置、减少导流板设置和最少导流板设置三种情况。研究采用CFD方法对r/D=0.2、0.3、0.4、0.5以及0.6的设置正常导流板、减少导流板和最少导流板等的联络风道进行仿真计算分析，以确定出通风道所需导流板的合理数目以及设置导流板后拐弯处局部压力损失系数，模型见图2-34。

模型几何尺寸同设计院提供设计参数。参考现行《公路隧道通风照明设计规范》(JTJ 026.1—

1999)可得如下计算公式:

正常导流板设置计算公式如下:

$$a = 2.13 \times \left(\frac{r}{D}\right)^{-1} - 1 \tag{2-45}$$

减少导流板设置计算公式如下:

$$a = 1.4 \times \left(\frac{r}{D}\right)^{-1} \tag{2-46}$$

最少导流板设置计算公式如下:

$$a = 0.9 \times \left(\frac{r}{D}\right)^{-1} \tag{2-47}$$

计算平面示意见图 2-35。建立如下工况:

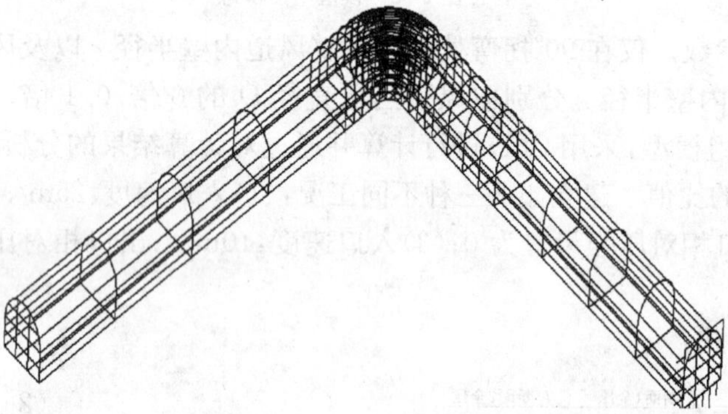

图 2-34 三维计算模型

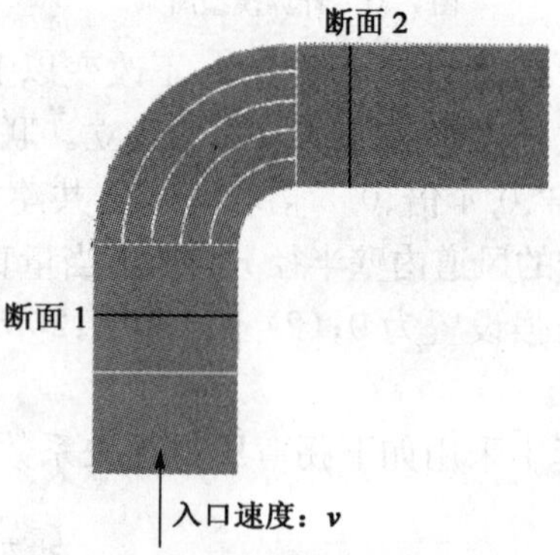

图 2-35 计算平面示意

①入口速度:25m/s;出口相对压强设置为 0;②入口速度:20m/s;出口相对压强设置为 0;③入口速度:10m/s;出口相对压强设置为 0。

计算中采用如下拐弯压力损失系数计算公式:

$$\zeta_{压力损失系数} = \frac{p_{断面1全压} - p_{断面2全压}}{\frac{1}{2}\rho v_{平均}{}^2} \tag{2-48}$$

主要计算结论:

(1)设置导流板后,可起到很明显的减少压力损失的作用。从计算所得的数据可比较出,减少的压力损失达 25%～45%;

(2)根据对计算速度云图、速度矢量图以及压强云图分析可知,加了导流板后可有效减少涡流和偏流现象,可有效减少局部压力损失达到节能的目的;

(3)对给定尺寸的联络风道计算可知采用最少导流板(r/D=0.3 时取减少导流板)计算出的压力损失系数最小,究其主要原因在于导流板设置过多会减小流体过流面积进而形成阻力。故建议在设计中采用设置最少导流板数目(r/D=0.3 时取减少导流板)以达到有效减少压力损失之目的。

说明:图 2-36 中,横坐标 0 代表不设置导流板的计算结果;1 代表设置最少数目导流板的计算结果;2 代表设置减少导流板的计算结果;3 代表设置正常数目导流板的计算结果。

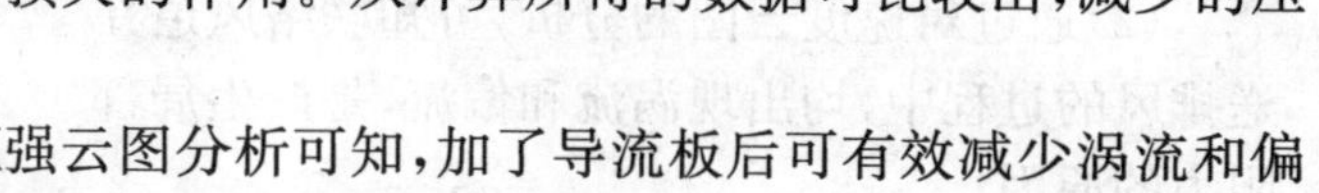

图 2-36 导流板数目-压力损失系数关系曲线

2.7.1.3 联络风道渐变段压力损失系数分析

采用风道断面积渐变的措施以满足设计的要求。运用计算流体动力学 CFD 的方法进行仿真模拟,确定出压力损失系数最小的渐变截面形状，也是联络风道优化的内容。

三维模型及平面图见图2-37及图2-38。

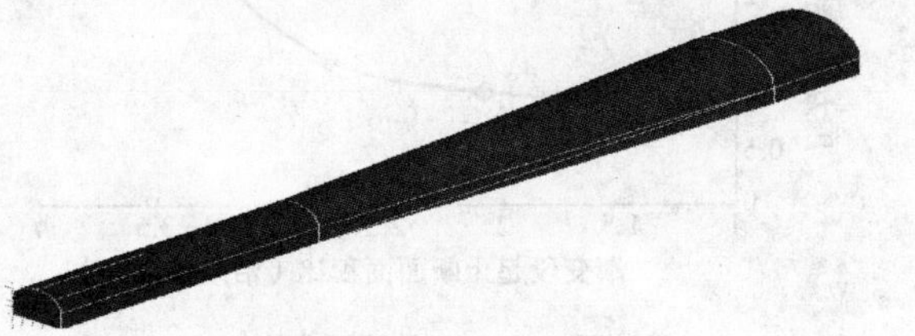

图2-37　三维几何模型

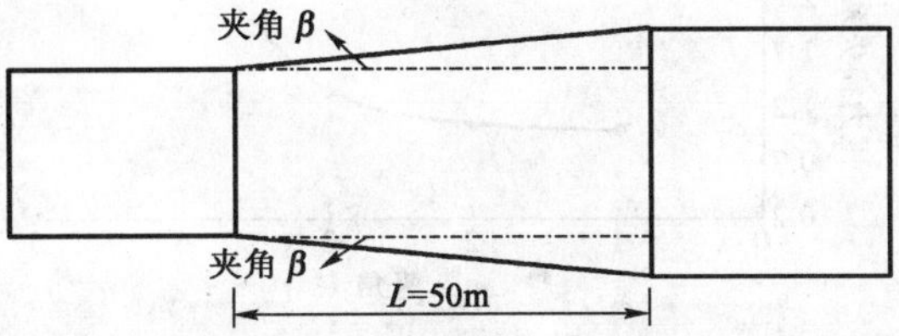

图2-38　模型平面简图

建模时采用不同β值，构成渐扩或渐缩的渐变段模型。

1)联络风道渐扩计算分析

共建立了4组模型对应β值分别为1°、2°、3°、4°，采用了CFDesign进行风道断面渐扩空气流动模拟计算，采集模型渐变通风道部分起止断面的速度值、静压值以及全压值等。采用如下公式计算压力损失系数：

$$\xi_{压力损失系数} = \frac{\Delta p_{压力损失}}{\frac{1}{2}\rho v^2_{起始面速度}} \tag{2-49}$$

同时有：

$$\Delta p_{压力损失} = p_{起始面全压} - p_{终止面全压} - p_{沿程损失}$$

$$面积比\ \alpha = 起始断面面积/终止断面面积$$

从散点图(图2-39、图2-40)可知α-ζ关系曲线分布呈倒抛物线形式。面积比为0.364，即β值取3°时，渐变段渐扩压力损失最小；面积比大于0.364或小于0.364时，对应的压力损失系数均较大。

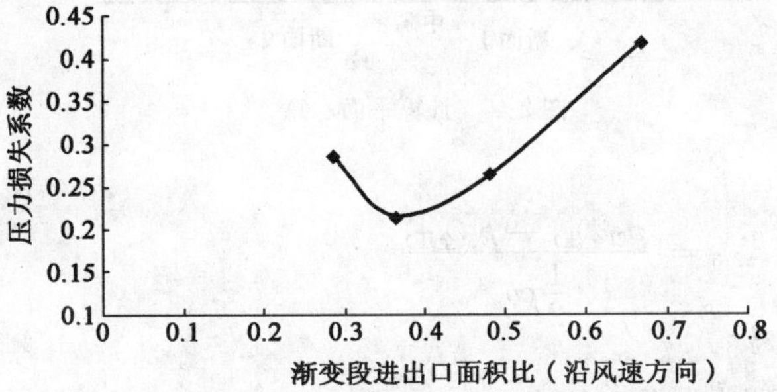

图2-39　α-ζ关系曲线

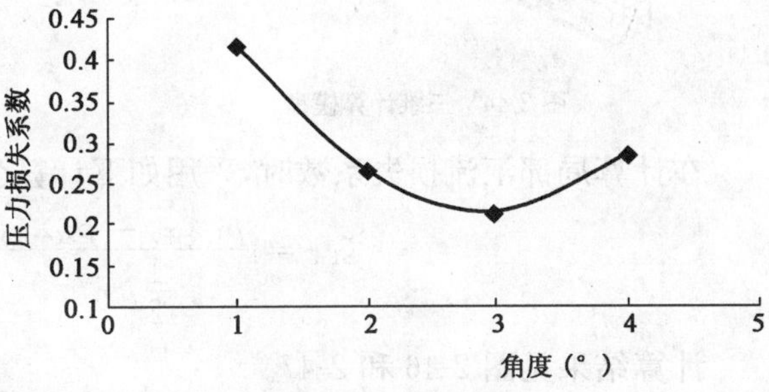

图2-40　β-ζ关系曲线

2)联络风道渐缩计算分析

几何参数以及计算工况同上。计算平面图如图2-41所示。

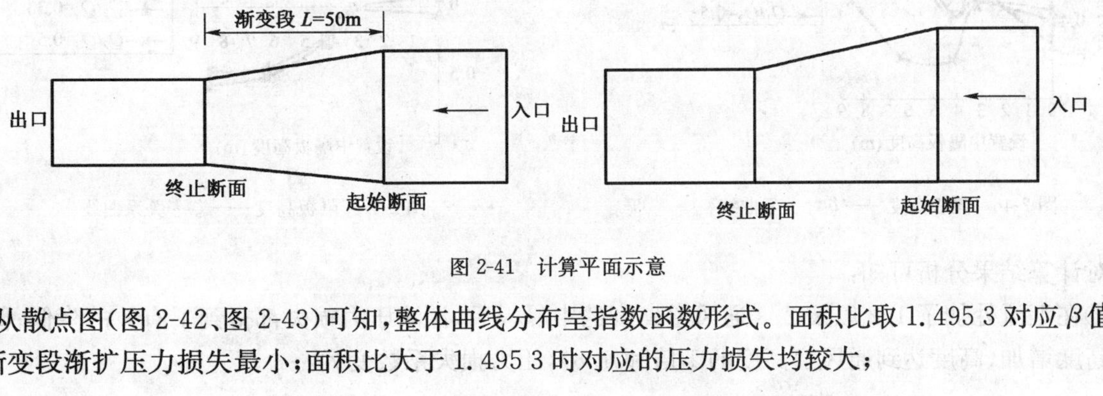

图2-41　计算平面示意

从散点图(图2-42、图2-43)可知，整体曲线分布呈指数函数形式。面积比取1.4953对应β值取1°时，渐变段渐扩压力损失最小；面积比大于1.4953时对应的压力损失均较大；

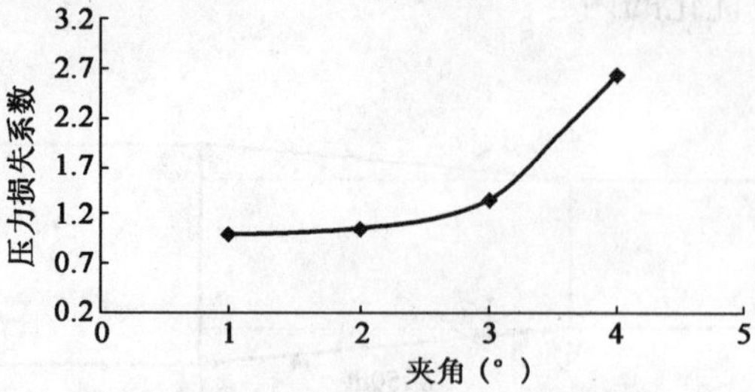

图 2-42　β-ζ 关系曲线

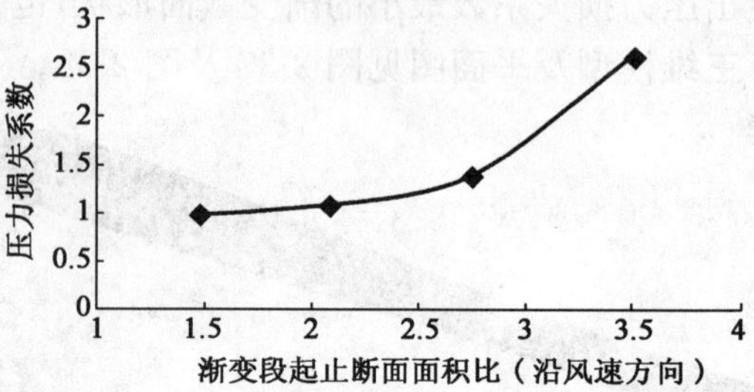

图 2-43　α-ζ 关系曲线

2.7.1.4　竖井底部分隔板合理高度设置仿真分析

秦岭终南山公路隧道通风系统设计中采用上下行隧道使用同一座竖井送排风的形式，出现了以下两种情况：①采用竖井送风时，新鲜气流在竖井底部出现分流；②利用竖井排风时，两股污染气流在竖井底部汇流。为防止上述分流和汇流点形成串流、偏流而影响整个系统失效，考虑在竖井底部设置一隔板。

根据设计院提供几何参数建立几何三维模型见图 2-44。仿真计算中，中隔板的高度分别取为通风道设计高度的 1/2、2/3、1 倍以及 4/3 共四种情况进行分析模拟。

1)排风竖井中隔板高度设置仿真计算

计算平面示意如图 2-45。边界条件如下：竖井出口设置相对压强为 0；联络风道入口处采用不同速度值。

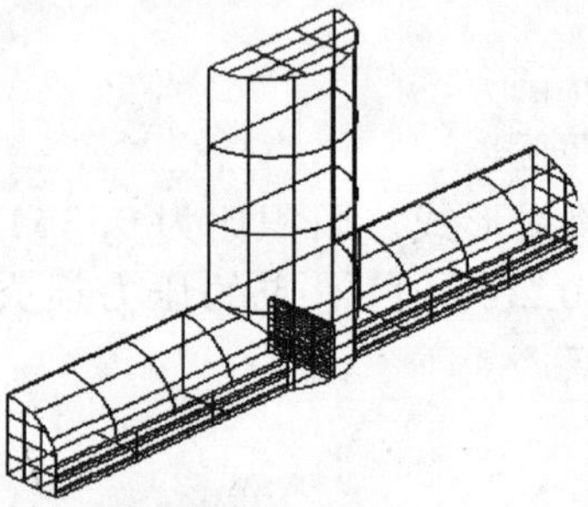

图 2-44　三维计算模型

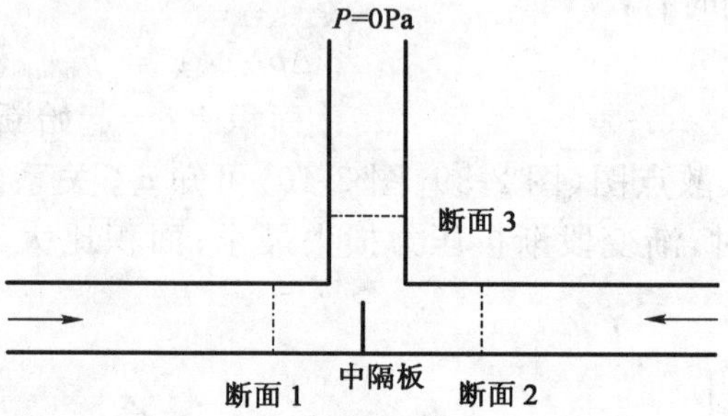

图 2-45　计算平面示意

在计算局部汇流损失系数时，采用如下计算公式：

$$\zeta_{1\text{-}3} = \frac{p_{1(\text{全压})} - p_{3(\text{全压})}}{\frac{1}{2}\rho v_3^{\ 2}} \qquad \zeta_{2\text{-}3} = \frac{p_{2(\text{全压})} - p_{3(\text{全压})}}{\frac{1}{2}\rho v_3^{\ 2}}$$

计算结果见图 2-46 和 2-47。

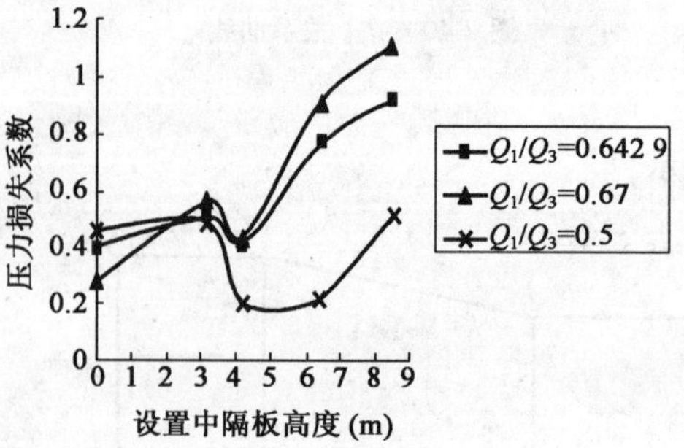

图 2-46　隔板高度—— $\zeta_{1\text{-}3}$ 关系曲线

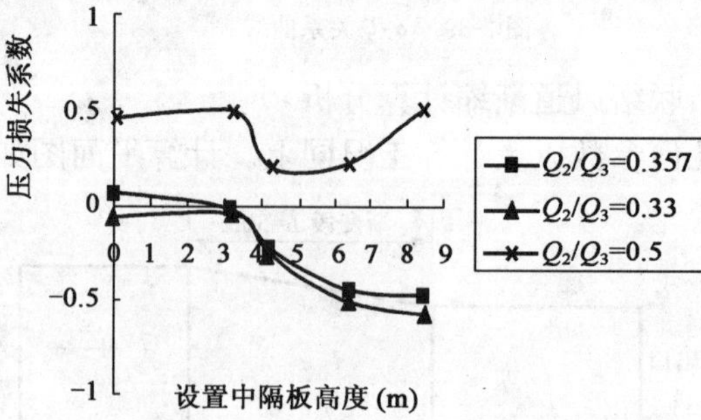

图 2-47　隔板高度—— $\zeta_{2\text{-}3}$ 关系曲线

对计算结果分析可知：

①在汇流处加了 1/2 以及 2/3 通风道高度的中隔板后，汇流压力损失都得到了有效的降低；但随中隔板高度增加(高度达到通风道高度的 1 倍和 4/3)，压力损失系数变大。

②设置中隔板后，汇流损失系数 $\zeta_{2\text{-}3}$ 一般均是出现负值表明对该通风段出现有利的“负压抽风”现象。

③可以比较出中隔板高度为通风道高度 2/3 的时候，压力损失较小，同时其“抽风”效应比较明显。

④当 $Q_1/Q_3 \neq Q_2/Q_3$ 时，竖井内部流体出现偏流，局部位置出现涡流现象。

2）送风竖井中隔板高度设置仿真计算

模型参数同上，计算平面示意见图 2-48。

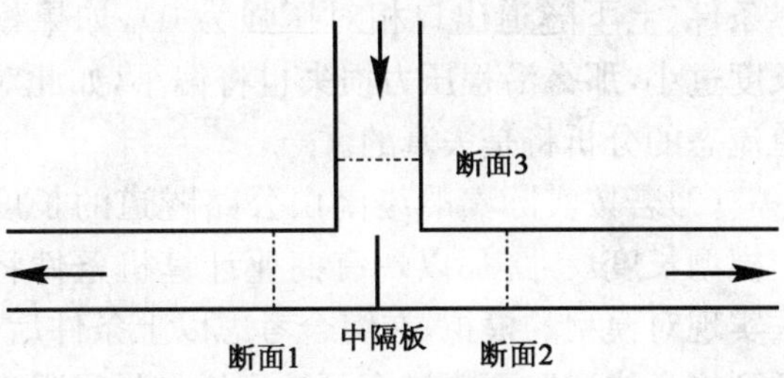

图 2-48　平面计算示意

边界条件：竖井入口给定一定速度；联络风道入口处采用不同速度值，相对压强均设置为 0。计算中截取如图 2-48 所示的三个不同断面的流速、流量以及压强值进行分析。在计算局部分流损失系数时，采用如下计算公式：

$$\zeta_{3\text{-}1} = \frac{p_{3(\text{全压})} - p_{1(\text{全压})}}{\frac{1}{2}\rho v_3^{\ 2}} \qquad \zeta_{3\text{-}2} = \frac{p_{3(\text{全压})} - p_{2(\text{全压})}}{\frac{1}{2}\rho v_3^{\ 2}}$$

计算结果见图 2-49 和图 2-50。

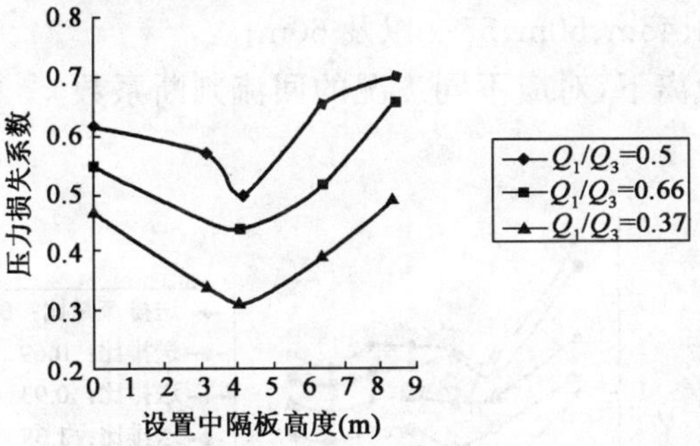

图 2-49　$\zeta_{3\text{-}1}$—L 关系曲线

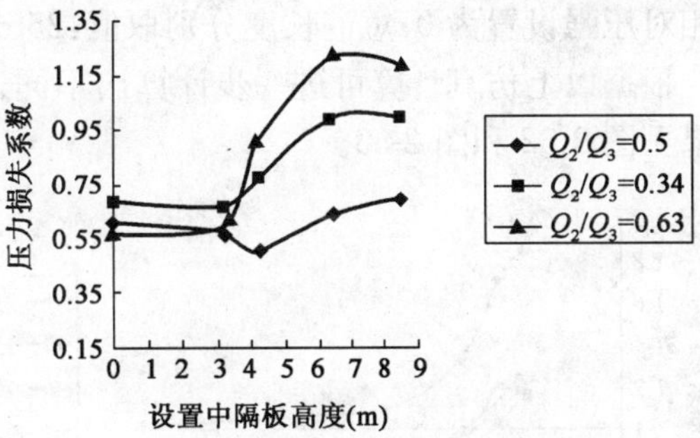

图 2-50　$\zeta_{3\text{-}2}$—L 关系曲线

对计算结果分析可知：

①当中隔板高度为通风道高度的 1/2、2/3 和 1 倍时，分流压力损失系数较小；当中隔板高度为通风道高度 4/3 时，分流压力损失系数变大。

②对速度云图的分析，发现在竖井与风道联络部分区域出现涡流和偏流现象，该现象的出现是造成局部压力损失的主要原因。因此在具体工程设计中可通过设置导流板以减小涡流和偏流从而达到减小压力损失的目的。

③综合计算结果，隔板高度可设置为联络风道高度 1/2。

2.7.2　送排风口间短道流态分析

采用竖井送排式通风方案进行通风中，不允许送风口与排风口之间出现回流现象，必须确定送风口与排风口之间的距离（即所谓的“短道长度”）。

《公路隧道通风照明设计规范》(JTJ 026.1—1999)借鉴了国外经验，特别是日本经验，规定短道的长度不得小于 50m。结合秦岭终南山特长公路隧道实际工程情况，采用 CFD 软件对可能影响短道流态的因素进行仿真计算。

2.7.2.1　送排风口距离 L 和竖井送排流量比 ϕ 对短道流态影响的仿真计算分析

送排风口距离 L 分别取 25m、35m、40m、45m、50m、55m 以及 60m。竖井送排流量比 ϕ 取值分别为 0.55、0.70、0.93、1.39 以及 2.78。根据以上数据一共建立 7 组模型，进行了 35 组计算。计算平面示意

见图2-51。在具体给定模型长度时,充分考虑到如下问题:

(1)考虑到送排风口升压作用以及给定的边界条件(上下隧道出口相对压强为0),如果模型长度过小,那么沿程压力损失也将偏小,如此对短道流态的分析将是失真的。

(2)若按实际秦岭终南山公路隧道的长度给定模型长度尺寸,那以现有商业计算机条件将无法实现对模型的模拟;在综合考虑以上条件后,考虑到提高隧道壁面粗糙度可达到增加沿程阻力的目的,而沿程阻力增加使得在给定边界条件下的模拟更接近实际运营通风时的情况。

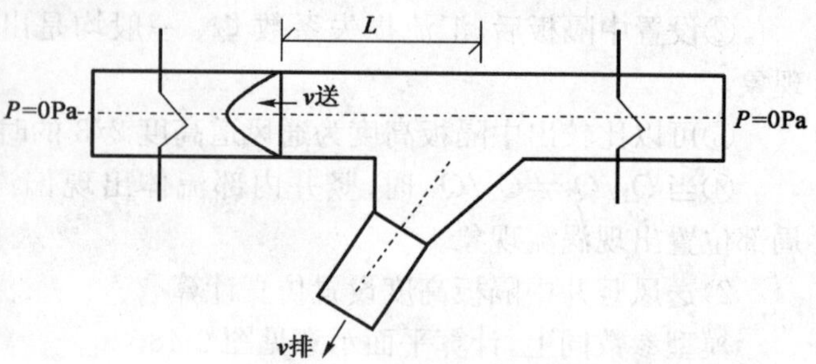

图2-51 计算平面示意

模型几何参数如下。

隧道断面面积:70m²;计算模型长度:300m;送风口面积:9.2m²;排风口面积:27.58m²;渐变段长度:35m;送风方向与隧道主体夹角β:10°;排风方向与隧道主体夹角θ:60°。

仿真计算中分别建立了5种不同工况进行计算。计算参数如下:

送风口风速:35m/s;排风口风速分别取值:5m/s、10m/s、15m/s、20m/s、25m/s;上、下游隧道进出口相对压强设置为0;短道长度分别取值:25m、35m、40m、45m、50m、55m以及60m;

根据以上仿真计算可进一步计算出不同送排风口距离下,对应不同工况的回流判断系数κ。计算结果见图2-52和图2-53。

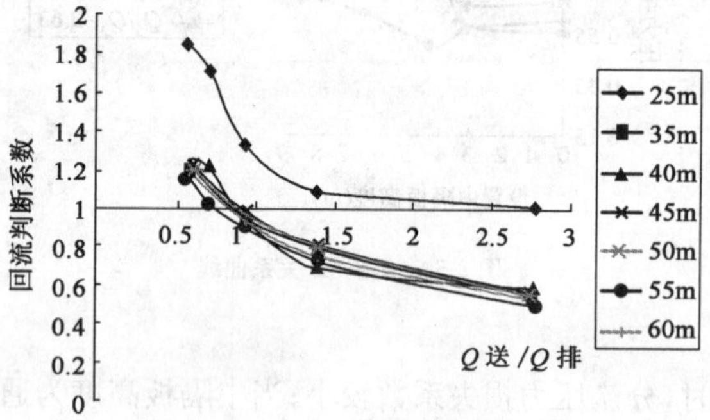

图2-52 送排流量比φ-κ关系

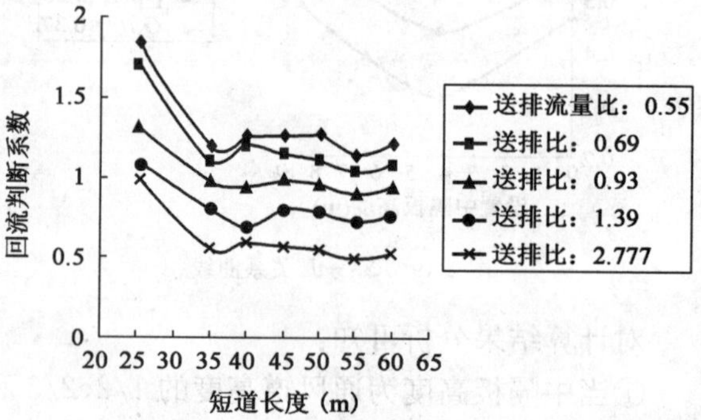

图2-53 长度L-κ关系

根据回流判断系数κ的定义可知,当回流判断系数κ小于1时,短道内没有出现回流现象;当回流判断系数κ大于1时,短道内出现回流现象。

通过对以上计算数据以及相关散点图的分析,可得出如下结论:

(1)短道出现回流的根本原因是因为隧道下游的压力大于上游隧道压力值,而且富余的压力值必须足够克服短道沿程阻力以及局部阻力(如汇流阻力);

(2)将排风道与隧道主体夹角θ设为小于90°后,显然加大了汇流阻力即如果短道内出现回流,则在给定土建结构形式下,所需要的富余压力值更大;

(3)当短道长度取25m时,在给定的5种工况下,短道内均出现回流现象;当短道长度取值大于25m时,则短道长度取值对短道流态没有直接明显影响;

(4)送排流量比ϕ取值大小对短道流态有直接影响:送排流量比ϕ越大,短道出现回流的可能性越小;反之,送排流量比ϕ越小,短道出现回流的可能性越大。计算表明:当送排流量比ϕ取值大于0.93后,短道内一般不容易出现回流现象。

2.7.2.2 短道流态影响因子方差分析

以上对可能影响短道流态的4个不同因子:送风方向与隧道主体夹角β、排风方向与隧道主体夹角

θ、送排风口距离 L 以及送排流量比 ϕ 进行了单独分析并得出有益通风设计的结论。

但必须注意到，隧道通风系统是在许多因素共同作用下运行的。从数学的角度，各个因素分别对通风系统存在影响；同时各个因素的交互作用对通风系统也应该存在着影响。而这种交互作用的影响有可能是占主导地位，即交互作用影响对通风系统流态可能起决定性作用。

因此可在以上大量计算的基础上，采集一定量的数据进行正交分析以期得出对通风系统设计有进一步指导意义的结论。但考虑到短道流态影响因子有 4 个，同时每一个因子又具有多种水平，比如送排风口距离 L 就有 7 个水平之多。如果对这些因子进行理论上的方差分析，则其计算公式将相当复杂，同时计算量也将是巨大的。为此可根据"正交试验设计"思想进行方差计算试验设计，计算中送风方向与隧道主体夹角 β 分别取 0°以及 10°，排风方向与隧道主体夹角 θ 分别取 60°以及 90°，送排风口距离分别取 35m 以及 60m。

根据收集的数据，可知共有 4 个影响因子，每个因子有 2 个水平。根据"正交试验设计"的思想进行正交表头设计。正交作用的方法拟采用 $L_{16}(2^{15})$ 二列间交互作用表。各个影响因子采用如下英文字母表征：

A：送风方向与隧道主体夹角 β；

B：排风方向与隧道主体夹角 θ；

C：送排风口距离 L；

D：送排流量比 ϕ。

具体表头设计情况如表 2-20 所示。

正交分析表头设计 表 2-20

列号	1	2	3	4	5	6	7	8	9	10	11	12
因子	A	B	AB	C	AC	BC		D	AD	BD		CD

表中 AB 表征送风方向与隧道主体夹角 β 与排风方向与隧道主体夹角 θ 交互作用对短道流态的影响；AC 表征送风方向与隧道主体夹角 β 与送排风口距离 L 交互作用对短道流态的影响；BC 表征排风方向与隧道主体夹角 θ 与送排风口距离 L 交互作用对短道流态的影响；AD 表征送风方向与隧道主体夹角 β 与送排流量比 ϕ 交互作用对短道流态的影响；BD 表征排风方向与隧道主体夹角 θ 与送排流量比 ϕ 交互作用对短道流态的影响；CD 表征送排风口距离 L 与送排流量比 ϕ 交互作用对短道流态的影响。

根据以上计算可得计算表 2-21。$F_A = S_A^2/S_E^2$ 服从自由度为(1,11)的 F 分布。给定 $\alpha = 0.05$，可查表得 $F_\alpha(1,11) = 4.84$。根据以上计算可得数据表 2-22、表 2-23。

计算结果分析如下：

(1)从计算结果可发现，$F_D > 4.84$，同时 $F_{AD} > 4.84$；说明送排流量比 ϕ 以及送风方向与隧道主体夹角 β 与送排流量比 ϕ 两个因子的交互作用对计算结果即短道回流有显著影响；

(2)单独就四个独立影响因子而言，根据计算结果，其影响大小依次分别为：因子 D 即送排流量比 ϕ 影响最大；其次为 C 即送排风口间的距离 L 影响次之但是不显著；随之为 A 即送风方向与隧道主体夹角 β，同样其影响也不显著；对计算结果影响最小的是因子 B 即排风方向与隧道主体夹角 θ；

(3)在各个因子的交互作用中，可知因子 A 与因子 B 的交互作用是相对比较明显的；即送风方向与隧道主体夹角 β 与排风方向与隧道主体夹角 θ 的交互作用对计算结果也存在一定影响；

(4)因此在通风系统设计中，必须注意调节好送排流量比 ϕ；同时对送排风口距离 L 也应该适当予以重视。根据计算结果，从保守的角度出发送排风口距离 L 取值大于 50m 是合适的，但是也不应过大，否则会短道污染，设计中取 56m 是合适的。

正交分析因子水平组合表 表 2-21

列号 / 试验号	1	2	3	4	5	6	7	8	9	10	11	12
	A	B	AB	C	AC	BC		D	AD	BD		CD
1	1	1	1	1	1	1		1	1	1		1
2	1	1	1	1	1	1		2	2	2		2
3	1	1	1	2	2	2		1	1	1		2
4	1	1	1	2	2	2		2	2	2		1
5	1	2	2	1	1	2		1	1	2		1
6	1	2	2	1	1	2		2	2	1		2
7	1	2	2	2	2	1		1	1	2		2
8	1	2	2	2	2	1		2	2	1		1
9	2	1	2	1	2	1		1	2	1		1
10	2	1	2	1	2	1		2	1	2		2
11	2	1	2	2	1	2		1	2	1		2
12	2	1	2	2	1	2		2	1	2		1
13	2	2	1	1	2	2		1	1	2		1
14	2	2	1	1	2	2		2	2	1		2
15	2	2	1	2	1	1		1	1	2		2
16	2	2	1	2	1	1		2	2	1		1

计 算 结 果 表 表 2-22

来 源	离 差	自 由 度	均 方 离 差	F 值
A	Q_A	1	$S_A^2 = Q_A/1$	$F_A = S_A^2/S_E^2$
B	Q_B	1	$S_B^2 = Q_B/1$	$F_B = S_B^2/S_E^2$
C	Q_C	1	$S_C^2 = Q_C/1$	$F_C = S_C^2/S_E^2$
D	Q_D	1	$S_D^2 = Q_D/1$	$F_D = S_D^2/S_E^2$
AB	Q_{AB}	1	$S_{AB}^2 = Q_{AB}/1$	$F_{AB} = S_{AB}^2/S_E^2$
AC	Q_{AC}	1	$S_{AC}^2 = Q_{AC}/1$	$F_{AC} = S_{AC}^2/S_E^2$
AD	Q_{AD}	1	$S_{AD}^2 = Q_{AD}/1$	$F_{AD} = S_{AD}^2/S_E^2$
BC	Q_{BC}	1	$S_{BC}^2 = Q_{BC}/1$	$F_{BC} = S_{BC}^2/S_E^2$
BD	Q_{BD}	1	$S_{BD}^2 = Q_{BD}/1$	$F_{BD} = S_{BD}^2/S_E^2$
CD	Q_{CD}	1	$S_{CD}^2 = Q_{CD}/1$	$F_{CD} = S_{CD}^2/S_E^2$
误差	Q_E	11	$S_E^2 = Q_E/11$	
总和	Q_T	21		

计 算 结 果 表　　表 2-23

来　源	离　　差	自 由 度	均 方 离 差	F　值
A	0.002 905 764	1	$S_A^2 = Q_A/1$	0.142
B	1.140 83E-05	1	$S_B^2 = Q_B/1$	0.002
C	0.009 033 45	1	$S_C^2 = Q_C/1$	0.440 52
D	0.464 744 59	1	$S_D^2 = Q_D/1$	22.662 6
AB	0.003 239 32	1	$S_{AB}^2 = Q_{AB}/1$	0.158 0
AC	0.001 070 15	1	$S_{AC}^2 = Q_{AC}/1$	0.052 2
AD	0.115 967 62	1	$S_{AD}^2 = Q_{AD}/1$	5.655 0
BC	2.742 9E-05	1	$S_{BC}^2 = Q_{BC}/1$	0.001 4
BD	0.001 099 5	1	$S_{BD}^2 = Q_{BD}/1$	0.053 6
CD	0.000 789 28	1	$S_{CD}^2 = Q_{CD}/1$	0.038 5
误差	0.225 577 77	11	$S_E^2 = Q_E/11$	
总和	0.824 466 281	21		

2.7.3　隧道进出口段交叉流态分析

秦岭终南山公路隧道南口，其上下行线中心距离仅有 30m，必须考虑上线出口排出的污染空气被下行线进口吸入隧道内。导致下行线隧道内污染空气浓度超标，影响到隧道运营的安全性。

2.7.3.1　上下行小间距隧道进出口处流态仿真模型的建立

根据秦岭终南山公路隧道南口实际情况，建立 1∶1 三维模型进行仿真分析。计算模型见图 2-54 和图 2-55。

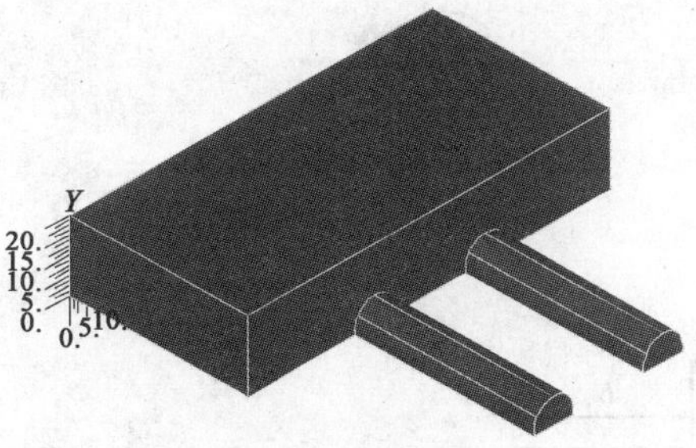

图 2-54　计算三维几何模型图

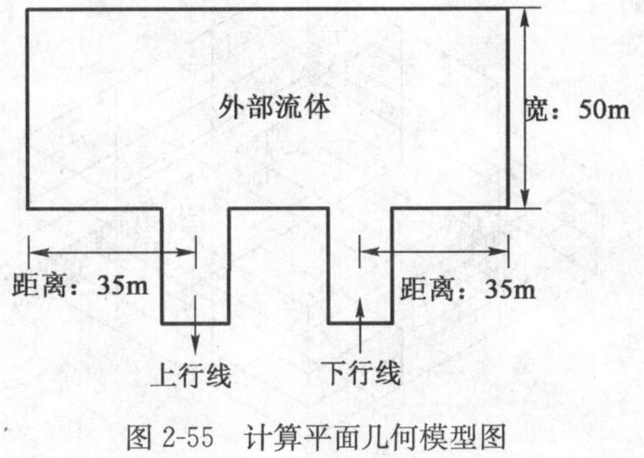

图 2-55　计算平面几何模型图

2.7.3.2　上下行小间距隧道轴线距离 30m 仿真计算分析

在 CFD 计算中建立多种工况进行计算。考虑自然风影响时，给定自然风速为 2m/s。

建立了 9 种不同工况对上下行双洞公路隧道轴线距离 30m 的洞口区域流态进行三维仿真分析；具体工况分为：上下行公路隧道进出口流量比值分别为 4、2 以及 1.3；同时在进出口流量比值为 1.3 和 2 的情况下，考虑自然风影响，假定自然风从公路隧道轴线的左右方向，以及从公路隧道洞口正面方向流动等各 3 种不同工况。

工况Ⅰ模拟计算结果如下，其余略。

计算参数：

下行线入口风速：8m/s；上行线出口风速：4m/s。

边界条件：外部流体范围与大气接触的 4 个面相对压强设为：0Pa。

计算结果如图 2-56 所示。

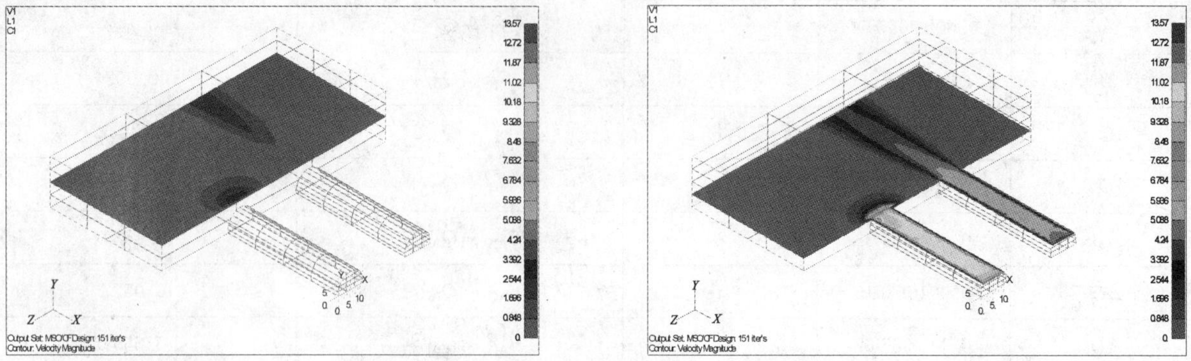

图 2-56　速度云图

计算结果分析及建议：

(1)上下行线隧道进出口流量比值大小对洞口区域流态会产生一定影响，但整体上影响不大；

(2)自然风对洞口区域流态产生影响较大。其中西风和南风可直接导致污染气体被重新吸入下行线隧道内，对隧道正常运营产生不良影响；当自然风为东风则阻止污染气体向下行线流动，从而避免了污染气体被重新吸入隧道主体内；

(3)建议在隧道南端进出口洞门处设置分隔墙以防止污染气体重新进入公路隧道内：

①分隔墙高度一般取 10m，长度应该大于 25m。

②分隔墙材料可采用钢筋混凝土，厚度取 20cm 即可。

2.7.4　竖井进出口区域交叉流态分析

根据设计院提供的设计资料，建立相应几何三维模型。采用 CFD 方法进行模拟仿真，以期得出竖井进、排风口防止相互污染的最小距离。在 CFD 中建立如下模型(图 2-57)。

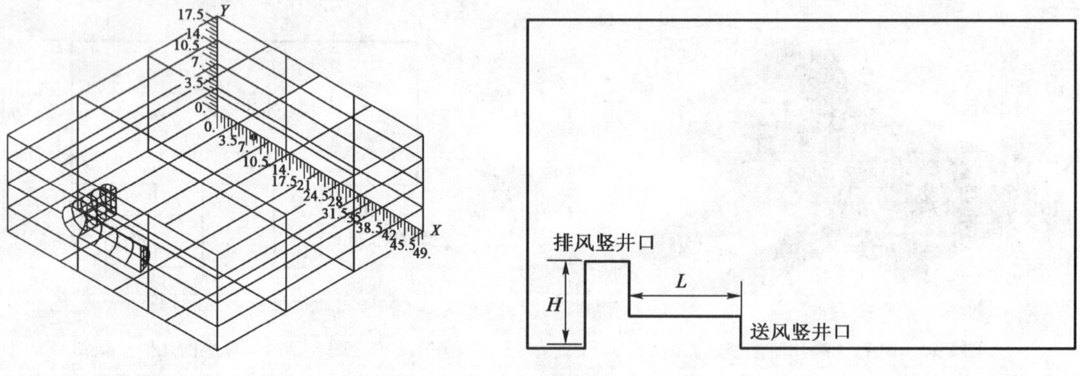

图 2-57　三维模型以及平面图形

H 值分别为：9m、5m 以及 3m。*L* 值分别取为：5m、10m 以及 15m。

排风速度分别取：15m/s、10m/s 以及 5m/s；送风速度取：12m/s。

自然风速为：2m/s。

2.7.4.1　不考虑自然风的仿真结果

计算结果以速度云图和速度矢量图给出。

(1)*L* 值取 5m 计算的结果(部分)，见图 2-58。

(2)*L* 值取 10m 计算的结果(部分)，见图 2-59。

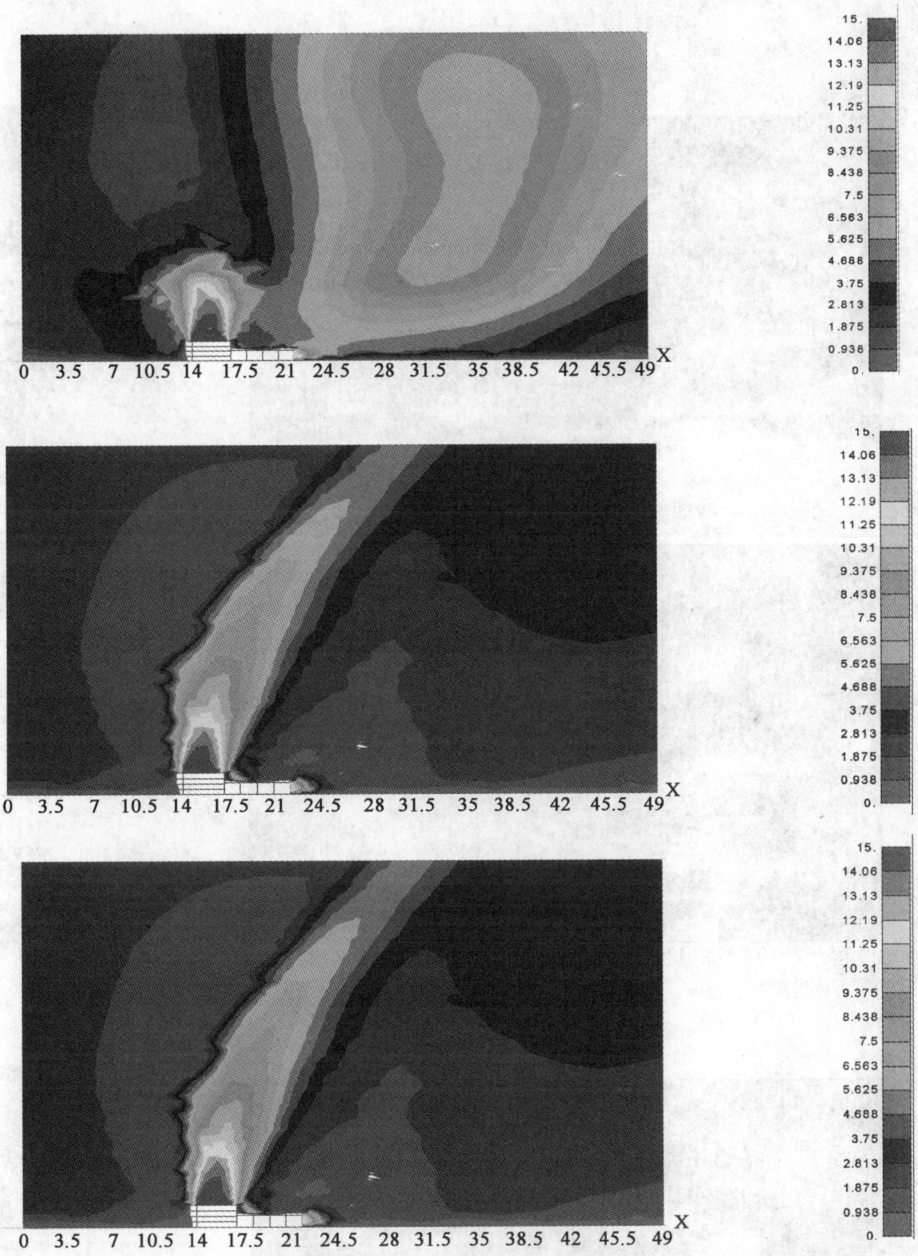

图 2-58　计算结果云图

(3)计算结果分析如下。

①在排风竖井口与送风竖井口中间出现一个负压区域。该区域的大小与排风竖井流量与送风竖井流量比值有关。该流量比值越大，负压区域也越大同时其负压值也越大。

②排风竖井口与送风竖井口中间负压区域的出现，造成了空气在横向上的流动(即流动方向与送风竖井送风方向垂直)，阻止了排风竖井排出的污染气体被送风竖井重新吸到公路隧道内。

③在不考虑自然风情况下，排风竖井口高于送风竖井口 5m，同时送风竖井口与排风竖井轴线距离大于 10m 是安全的，即可保证排风竖井的污染气体不会被送风竖井吸入。

2.7.4.2　考虑自然风仿真计算分析

考虑自然风最不利影响。自然风速：2m/s。

计算结果以速度云图给出(部分)，见图 2-60。

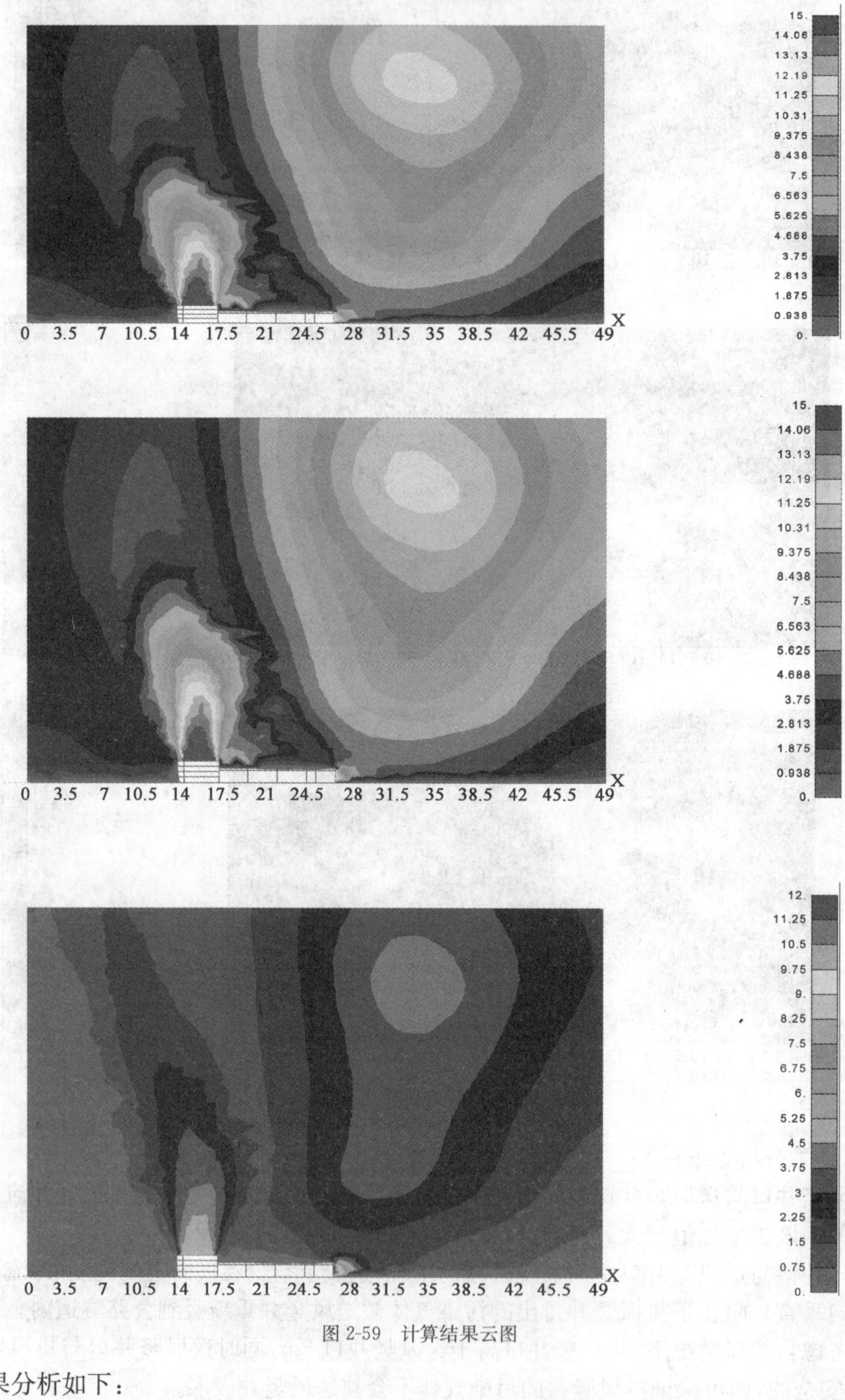

图 2-59　计算结果云图

计算结果分析如下：

①在最不利自然风作用下，当排风竖井流量与送风竖井流量比值大于 2.755 时，送排风竖井间不出现交叉污染现象；

②排风竖井高于送风竖井 5m 以上，同时送风竖井与排风竖井距离大于 15m，可保证送排风竖井之间不出现交叉影响现象。

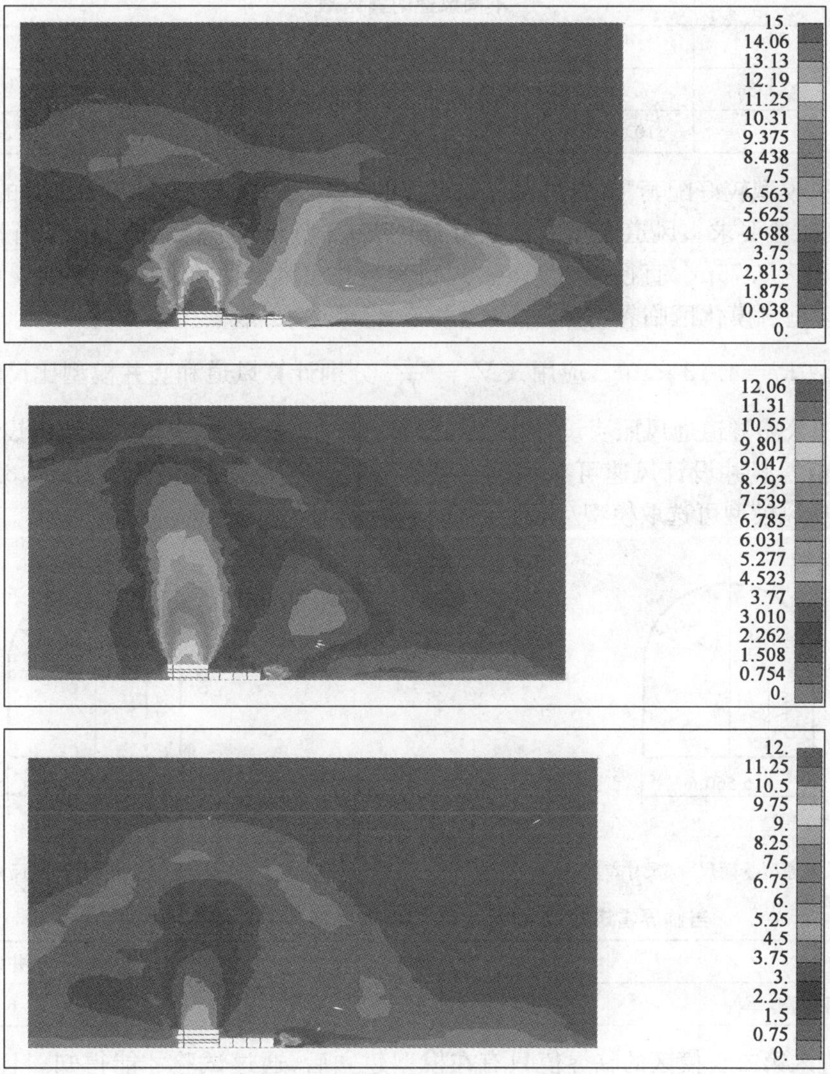

图 2-60　计算结果云图

2.8　通风系统优化的物理模型试验分析

2.8.1　概述

通过物理模型试验验证数值仿真结果，并在此基础上运用模型试验技术进行通风系统局部优化。主要对竖井底部设置的中隔板高度、排风口与隧道轴向夹角、送风口倾斜角度、送风口导流板长度、短道有效长度等进行研究。

2.8.2　竖井底部中隔板高度优化试验

2.8.2.1　风道和竖井模型率的选取

风道原型断面尺寸如图 2-61 所示，面积为 27.59m^2，当量直径为 5.56m。竖井原型尺寸面积为 47.76m^2，直径为 7.8m。取 $v_{空,20℃}=1.56\times10^{-5}m^2/s$。由公式 $Re=\frac{VD}{v}$ 计算风道和竖井不同风速下的雷诺数，结果如表 2-24 所示。

不同风速时雷诺数 表 2-24

风速(m/s)	1	2	3	4	5	6	7	8
风道 $Re(\times10^5)$	3.56	7.13	10.69	14.26	17.82	21.38	24.95	28.51
竖井 $Re(\times10^5)$	5.00	10.00	15.00	20.00	25.00	30.00	35.00	40.00

为使隧道通风模型较好配套，首先对风道和竖井的模型比尺为模型/原型＝1/8 的模型进行试验分析，看其能否达到试验要求。风道模型断面尺寸如图 2-62 所示，面积为 $0.43m^2$，当量直径为 0.70m。竖井模型尺寸面积为 $0.75m^2$，直径为 0.98m。风道和竖井通风模型的临界雷诺数 Re 参照模型/原型＝1/8 的隧道通风模型自模化区临界雷诺数 $Re=2.75\times10^5$ 选取，取安全系数为 1.5，则风道和竖井通风模型的临界雷诺数 $Re=4.13\times10^5$。应用式 $V=\frac{Re v}{D}$ 分别计算风道和竖井模型比尺的最小风速，结果如表 2-25 所示。《公路隧道通风照明设计规范》(JTJ 026.1—1999)中规定“风道内设计风速宜在 13～18m/s 范围内取值”，竖井设计风速可参照风道风速选取。因为 9.20m/s＜13m/s，6.57m/s＜13m/s，所以风道和竖井通风模型可选取模型/原型＝1/8 的模型比尺。

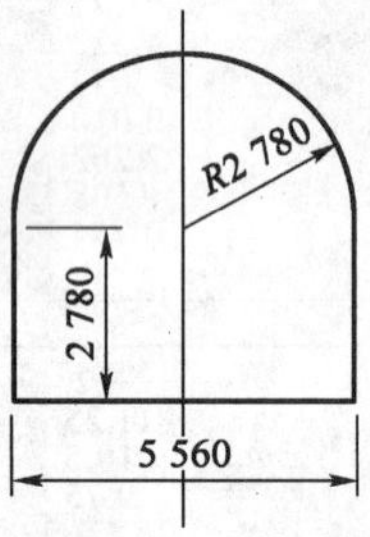

图 2-61 风道原型断面尺寸(尺寸单位:mm)

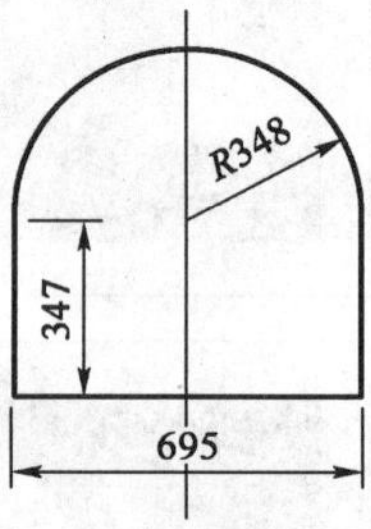

图 2-62 风道模型断面尺寸(尺寸单位:mm)

当临界雷诺数取 $Re=4.13\times10^5$ 时风道和竖井模型的风速 表 2-25

$Re=4.13\times10^5$	风道(1∶8)	竖井(1∶8)
风速(m/s)	9.20	6.57

雷诺数 Re 进入第二自模区的临界值只有在模型建立后，通过试验才能得知。且风道和竖井通风模型的临界雷诺数 Re 也不相同。下面采用试验法获取模型/原型＝1/8 的风道和竖井通风模型进入第二自模区临界雷诺数 Re 值。

选取风道通风物理模型作为研究区域，当量直径 $D=0.70m$，$\rho_{空,20℃}=1.205kg/m^3$，$v_{空,20℃}=1.56\times10^{-5}m^2/s$。测定风道通风模型 a、b、c、d 四个测点不同风速的静压和流速，应用式 $Re=\frac{VD}{v}$ 计算雷诺数 Re，应用式 $Eu=\frac{p}{\rho V^2}$ 计算欧拉数 Eu。在直角坐标系中以雷诺数 Re 为横坐标，以欧拉数 Eu 为纵坐标描绘成曲线，结果如图 2-63～图 2-66 所示，图中雷诺数为 $Re=1\times10^5$。

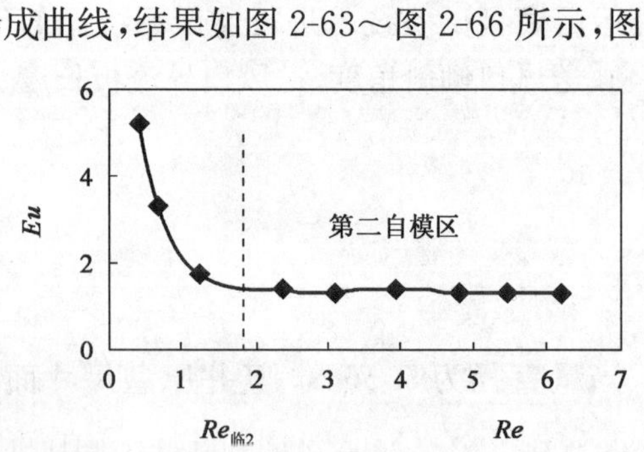

图 2-63 风道 a 测点 Re-Eu 图

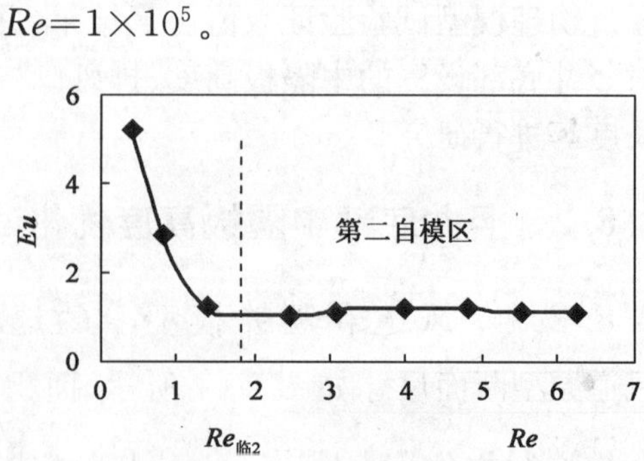

图 2-64 风道 b 测点 Re-Eu 图

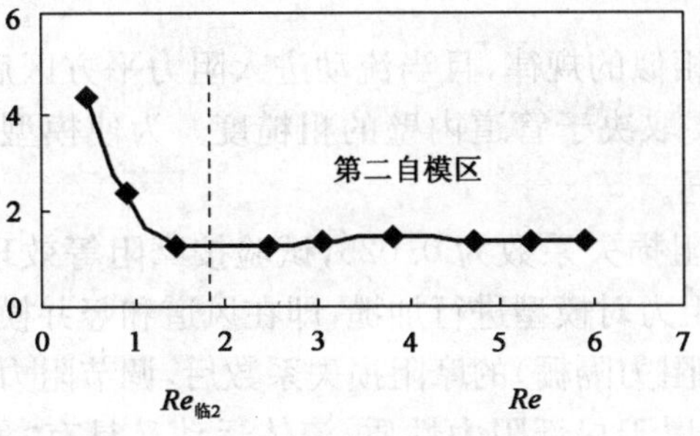

图 2-65　风道 c 测点 Re-Eu 图

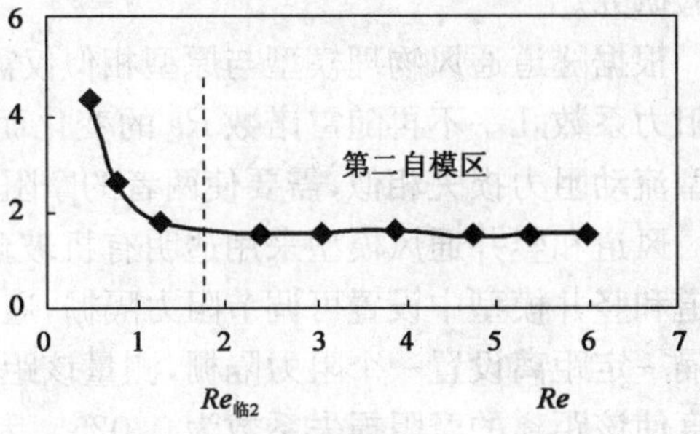

图 2-66　风道 d 测点 Re-Eu 图

通过对风道内 a、b、c、d 四点雷诺数 Re 和欧拉数 Eu 计算并作图，发现雷诺数 $Re<1\times10^5$ 时欧拉数 Eu 波动较大。通过四幅 Re-Eu 图可知，当雷诺数 $Re>1.80\times10^5$ 时，欧拉数 Eu 不再随雷诺数 Re 的增加而改变，表明已经进入第二自模区，故把雷诺数 $Re=1.80\times10^5$ 定为模型/原型＝1/8 风道通风模型的第二临界雷诺数 Re 值。进入第二自模区的临界风速为 $V=Rev/D=1.80\times10^5\times1.56\times10^{-5}/0.70=4.02\text{m/s}$。

选取竖井通风物理模型作为研究区域，则当量直径 $D=0.98\text{m}$，$\rho_{空,20℃}=1.205\text{kg/m}^3$，$v_{空,20℃}=1.56\times10^{-5}\text{m}^2/\text{s}$。测定竖井通风模型 a、b、c、d 四个测点不同风速下的静压和流速，应用式 $R_e=\dfrac{VD}{v}$ 计算雷诺数 Re，应用式 $Eu=\dfrac{p}{\rho V^2}$ 计算欧拉数 Eu。在直角坐标系中以雷诺数 Re 为横坐标，以欧拉数 Eu 为纵坐标描绘成曲线，结果如图 2-67～图 2-70 所示，图中雷诺数为 $Re=1\times10^5$。

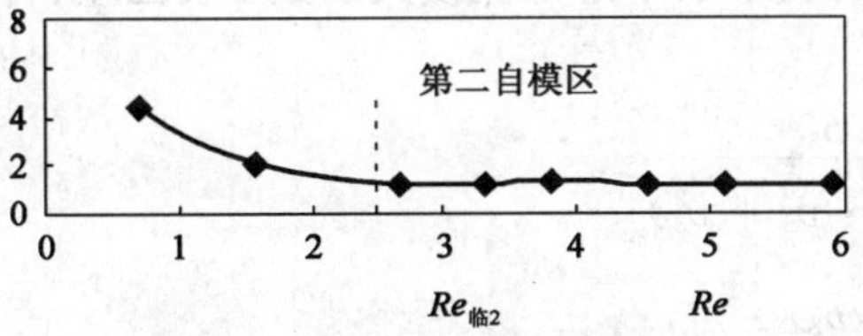

图 2-67　竖井 a 测点 Re-Eu 图

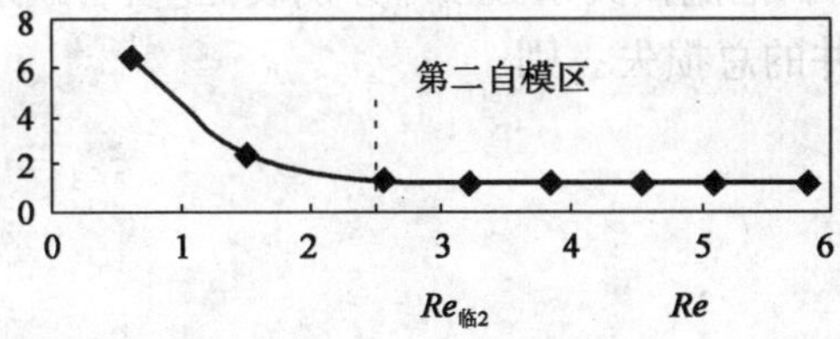

图 2-68　竖井 b 测点 Re-Eu 图

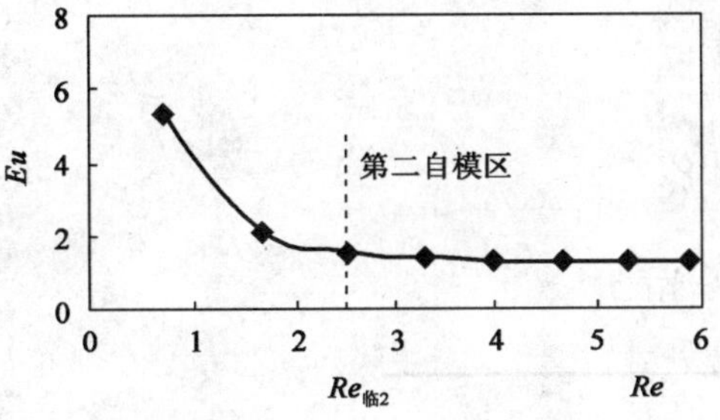

图 2-69　竖井 c 测点 Re-Eu 图

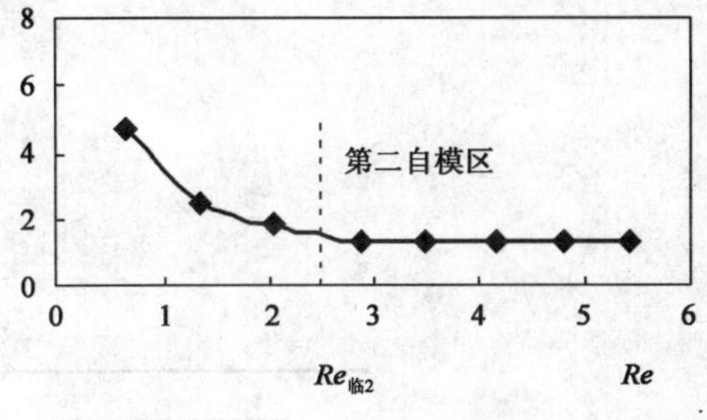

图 2-70　竖井 d 测点 Re-Eu 图

通过对竖井内 a、b、c、d 四点雷诺数 Re 和欧拉数 Eu 计算，由四幅 Re-Eu 图可知，当雷诺数 $Re>2.50\times10^5$ 时，欧拉数 Eu 不再随雷诺数 Re 的增加而改变，表明已经进入第二自模区，故把雷诺数 $Re=2.50\times10^5$ 定为模型/原型＝1/8 竖井通风模型的第二临界雷诺数 Re 值。进入第二自模区的临界风速为：

$$V=\frac{Rev}{D}=\frac{2.50\times10^5\times1.56\times10^{-5}}{0.98}=3.98\text{m/s}$$

通过试验，模型/原型＝1/8 的风道和竖井模型临界风速分别为 4.02m/s 和 3.98m/s，能够满足规范中设计风速 13～18m/s 的要求，所以取风道和竖井通风模型比尺为模型/原型＝1/8 对原型进行通风试验研究。

根据隧道通风物理模型与原型相似仅需雷诺数 Re 相似的规律，且当流动进入阻力平方区后，其沿程阻力系数几乎不再随雷诺数 Re 的变化而变化，而主要取决于管道内壁的粗糙度。为使模型流动和原型流动阻力损失相似，需要使两者的摩阻损失系数相同。

风道和竖井通风模型采用透明有机玻璃，取原型摩阻损失系数为 0.025，试验按摩阻等效理论，在风道和竖井模型中设置可调节阻力隔栅，通过获得等效阻力对模型进行加糙，即在风道和竖井模型中每间隔一定距离设置一个阻力隔栅，测量该距离（内含一个阻力隔栅）的摩阻损失系数后，调节阻力隔栅的密度使该距离的摩阻损失系数为 0.025。因为阻力隔栅属于局部阻力性质，流体运动又具有“稳定性”特点，所以设置隔栅并不影响系统的流动相似。

试验参照《公路隧道通风照明设计规范》(JTJ 026.1—1999)中表 A.0.5-3 金属网筛损失系数与有效面积比的关系，选用铁丝网作为阻力隔栅对隧道通风物理模型进行加糙，确定隔栅规格。为避免隔栅对测点稳定性影响，试验时把测点设置在两组隔栅中间。测量测点 1 和测点 2 的静压和风速，分别以 $\rho L(v_1^2+v_2^2+v_1\cdot v_2)$ 为 x 轴，以 $6D(p_1-p_2)$ 为 y 轴作图，则斜率为沿程阻力系数 λ。或按式 $\lambda=\dfrac{6D(p_1-p_2)}{\rho L(v_1^2+v_2^2+v_1\cdot v_2)}$ 计算模型摩阻损失系数 λ。通过试验，确定作为模型阻力隔栅的铁丝网规格和间距，使其摩阻损失系数为 0.025。

2.8.2.2 排风井底部中隔板高度优化试验

选用中隔板合理高度评价指标时，选用汇流损失系数作为评价指标。风道与竖井的连接方式如图 2-71 所示，左、右风道水平，竖井与风道垂直，且竖井与两风道在同一平面内。试验选取汇流损失系数 ξ_{1-3} 和汇流损失系数 ξ_{2-3} 分别表征左、右风道至竖井的压力损失，取总汇流损失系数 ξ 表征左、右风道至竖井的总损失。则：

$$\xi_{1\text{-}3}=\frac{p_1-p_3}{\dfrac{1}{6}\rho(v_1^2+v_1\cdot v_3+v_3^2)} \tag{2-50}$$

$$\xi_{2\text{-}3}=\frac{p_2-p_3}{\dfrac{1}{6}\rho(v_2^2+v_2\cdot v_3+v_3^2)} \tag{2-51}$$

$$\xi=\xi_{1\text{-}3}+\xi_{2\text{-}3} \tag{2-52}$$

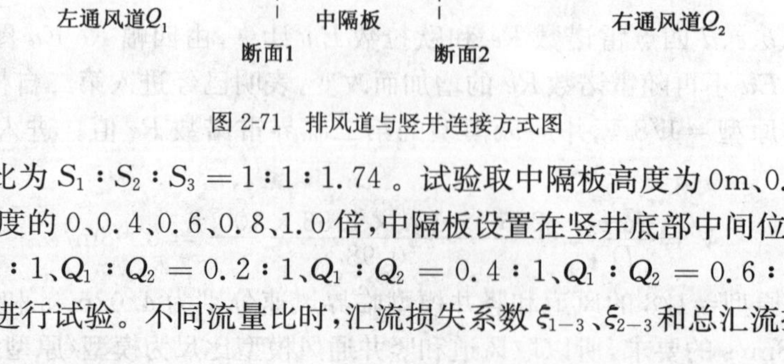

图 2-71 排风道与竖井连接方式图

风道与竖井面积比为 $S_1:S_2:S_3=1:1:1.74$。试验取中隔板高度为 0m、0.28m、0.42m、0.56m、0.70m，分别为风道高度的 0、0.4、0.6、0.8、1.0 倍，中隔板设置在竖井底部中间位置。取左右风道风量比分别为 $Q_1:Q_2=0:1$、$Q_1:Q_2=0.2:1$、$Q_1:Q_2=0.4:1$、$Q_1:Q_2=0.6:1$、$Q_1:Q_2=0.8:1$、$Q_1:Q_2=1:1$ 共 6 组进行试验。不同流量比时，汇流损失系数 ξ_{1-3}、ξ_{2-3} 和总汇流损失系数 ξ 见图 2-72、图和图 2-73 所示。

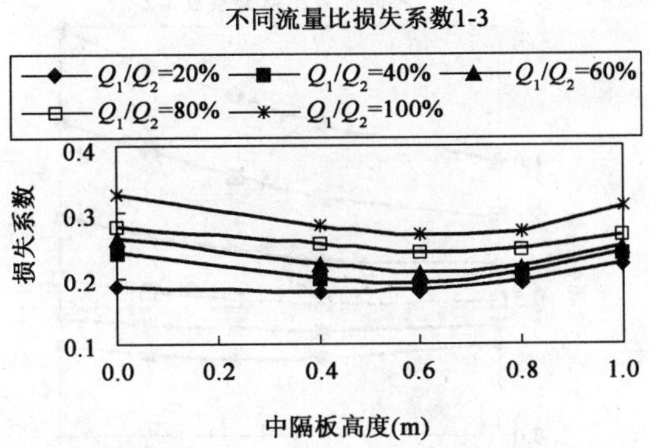

图 2-72　汇流损失系数 ξ_{1-3} 图

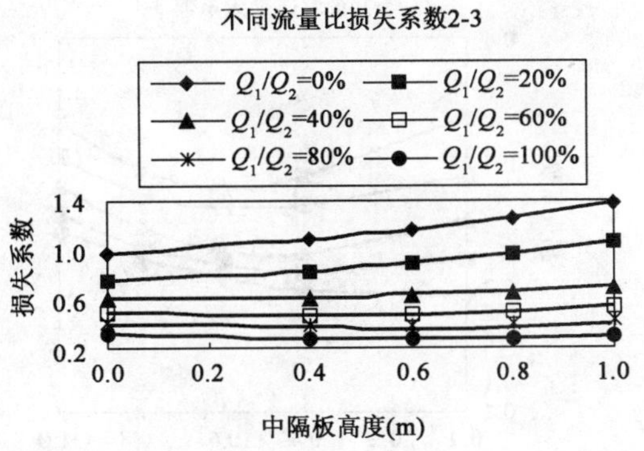

图 2-73　汇流损失系数 ξ_{2-3} 图

在公路隧道竖井送排式纵向通风中，上下行隧道排风量通常并不相等，上下行隧道共用竖井排风时，综合考虑两隧道排风量比值为 0.6～1 的各工况，中隔板高度宜取 0.55～0.65 倍风道高度。若两隧道的排风量比例不超过 0.8/1，则可把中隔板位置向风量小侧移动相应距离。

2.8.2.3　送风井底部中隔板高度优化试验

在选用中隔板合理高度评价指标时，选用分流损失系数作为评价指标。风道与竖井的连接方式如图 2-74 所示，左、右风道水平，竖井与风道垂直，且竖井与两风道在同一平面内。试验选取分流损失系数 ξ_{3-1} 和分流损失系数 ξ_{3-2} 分别表征竖井至左、右风道的压力损失，取总分流损失系数 ξ 表征竖井至左、右风道的总损失。则：

$$\xi_{3-1}=\frac{p_3-p_1}{\frac{1}{6}\rho(v_3^2+v_3\cdot v_1+v_1^2)} \tag{2-53}$$

$$\xi_{3-2}=\frac{p_3-p_2}{\frac{1}{6}\rho(v_3^2+v_3\cdot v_2+v_2^2)} \tag{2-54}$$

$$\xi=\xi_{3-1}+\xi_{3-2} \tag{2-55}$$

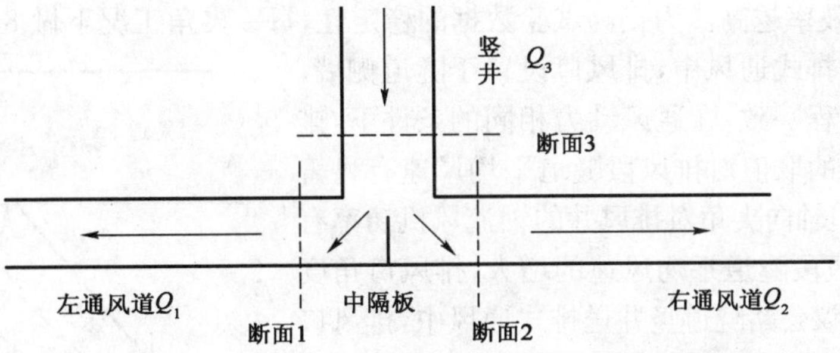

图 2-74　送风道与竖井连接方式图

风道与竖井的面积比为 $S_1:S_2:S_3=1:1:1.74$。试验取中隔板高度为 0m、0.28m、0.42m、0.56m、0.70m，分别为风道高度的 0、0.4、0.6、0.8、1.0 倍，中隔板设置在竖井底部中间位置。取左右风道风量比分别为 $Q_1:Q_2=0:1$、$Q_1:Q_2=0.2:1$、$Q_1:Q_2=0.4:1$、$Q_1:Q_2=0.6:1$、$Q_1:Q_2=0.8:1$、$Q_1:Q_2=1:1$ 共 6 组进行试验。不同流量比时，分流损失系数 ξ_{3-1}、ξ_{3-2} 和总分流损失系数 ξ 见图 2-75 和图 2-76 所示。

在公路隧道竖井送排式纵向通风中，上下行隧道需风量通常并不相等，上下行隧道共用竖井送风时，综合考虑两隧道需风量比值为 0.6～1 的各工况，中隔板高度宜取 0.45～0.55 倍风道高度。若两隧道的需风量比例不超过 0.8/1，则可把中隔板位置向风量小的一侧作相应移动。

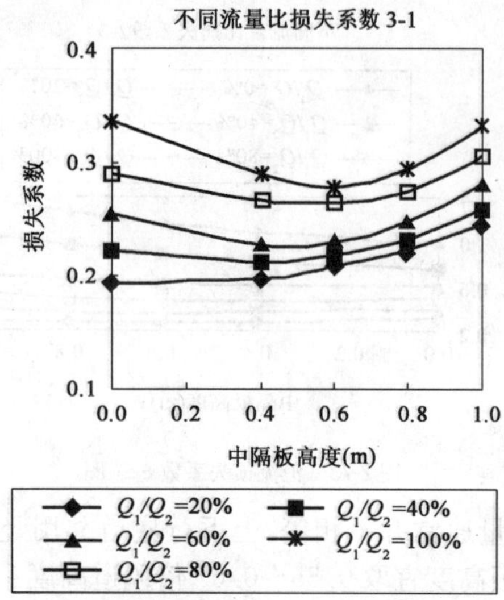

图 2-75　分流损失系数 ξ_{3-1} 图

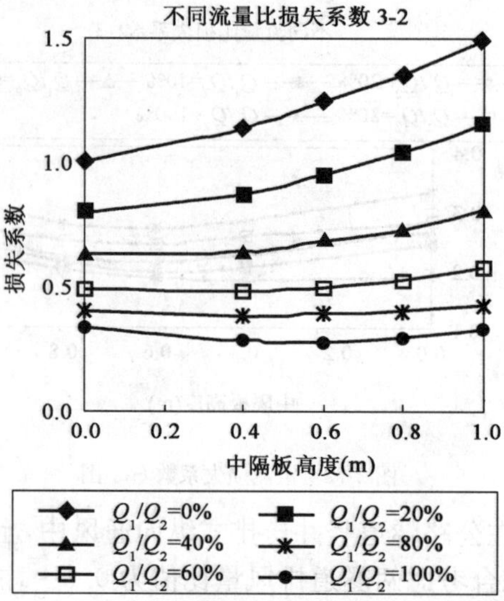

图 2-76　分流损失系数 ξ_{3-2} 图

2.8.3　竖井送排风口优化试验

2.8.3.1　竖井送排式通风排风口优化试验

取隧道通风模型比尺为:模型/原型=1/8。对隧道原型进行试验研究,排风口示意图如图 2-77 所示。

试验条件为:公路隧道竖井送排式通风,送风口设置在隧道拱部,送风口角度取 0°,排风口设置于隧道侧墙,底部与隧道检修道高程一致,排风口风向与主隧道轴线方向夹角为 θ,短道长度为 6.04 倍当量长度(短道当量长度为短道长度与隧道当量直径的比值)。在送排动力相同的工况下,仅改变排风口与隧道轴向夹角 θ。试验取夹角 θ 分别为 30°、45°、60°和 90°共 4 组不同角度进行试验。试验中取排风段无限远处隧道断面平均风速分别为 4m/s、5.5m/s 和 7m/s(不同平均风速时最佳排风口角度图线见分报告)共 3 个区段进行试验。在相同的通风动力条件下,无限远处隧道断面平均风速越大,排风能量损失越小,排风系统效率越高。为提高试验数据的稳定性,每一夹角工况下做 8 组试验。

公路隧道竖井送排式通风中,排风口设置于隧道侧墙,底部与隧道检修道高程一致,在通风动力相同的条件下,排风口与隧道轴向夹角的取值对排风段隧道平均风速有显著影响,即排风口与隧道轴向夹角对排风井的轴流风机功率有较大影响;且随着排风段隧道平均风速的增大,排风口角度的影响越大。因此建议公路隧道竖井送排式通风中,排风口与隧道轴向夹角宜取结构和安全性允许条件下的最小值。

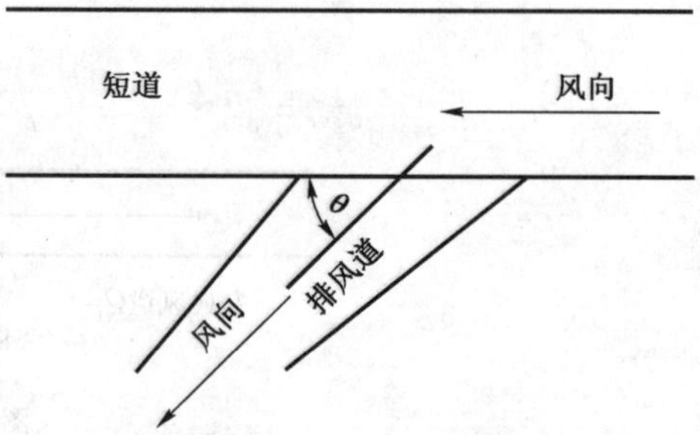

图 2-77　排风口示意图

2.8.3.2　竖井送排式通风送风口优化试验

公路隧道竖井送排式通风中,规范推荐选用送风口设置在隧道拱部,断面平均风速宜取 25～30m/s,送风方向宜与隧道轴线一致。当送风口设置在隧道拱部,送风风速与隧道夹角为 0°时,送风口的断面平均风速约为 25～30m/s,送风口下部风速小于 6m/s,送风口断面平均风速远大于隧道内送风口下部风速,所以形成贴壁射流。贴壁射流状态下,较多能量消耗在流体与壁面的摩擦中,转化为热能,从而降低通风效率,因此建议将送风口略向下倾斜,使其与隧道轴线成一定夹角,以降低能量损失,提高通风效率。但送风口倾斜角度较大时,因为送风口断面平均风速较高,所以高速风很快以一定夹角到达隧道内路面,也将降低通风效率。为降低能量损失,提高通风效率,需要通过模型试验确定合理的送风口倾斜角度。

试验取建设中的秦岭终南山特长公路隧道为试验原型,根据公路隧道通风物理模型设计中的论述,取隧道通风模型比尺为:模型/原型=1/8,对隧道原型进行试验研究,送风口模型横断面如图2-78所示。

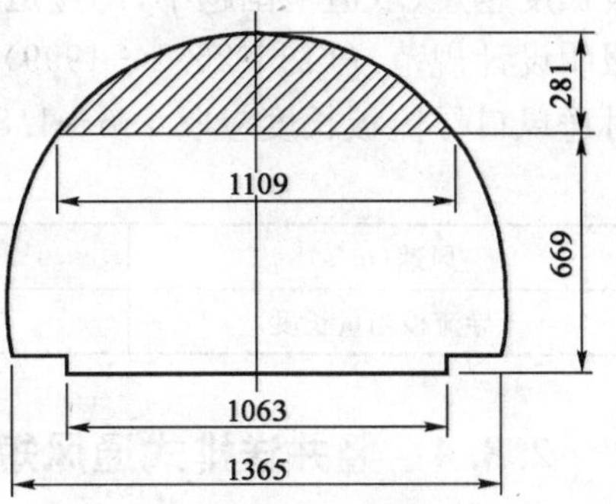

图2-78 送风口模型横断面尺寸(单位:mm)

试验条件为:公路隧道竖井送排式通风,排风口设置于隧道侧墙,底部与隧道检修道高程一致,排风口与隧道轴向垂直,短道长度为6.04倍当量长度(短道当量长度为短道长度与隧道当量直径的比值),送风口设置在隧道拱部。在送排动力相同的工况下,仅改变送风口角度。试验取送风段无限远处隧道断面平均风速为4m/s、5.5m/s、7m/s共3个区段分别进行试验。在相同的送风功率下,无限远处隧道断面平均风速越大,则射流能量损失越小,通风系统效率越高。试验把送风口角度分为0°、6°、10°和14°共4组不同角度进行试验,为提高试验数据的稳定性,每一送风口角度工况下做8组试验。

在公路隧道竖井送排式通风中,送风口设置在隧道拱部,送风口角度的取值取决于隧道断面平均风速。《公路隧道通风照明设计规范》(JTJ 026.1—1999)中"采用竖井送排式通风方式时,隧道设计风速宜取6~8m/s",此时送风口角度应取5°~6°。

2.8.3.3 竖井送排式通风送风口导流板优化试验

采用竖井送排式通风的已建公路隧道,送风口大都设置在隧道拱部,送风口与隧道轴向夹角为0°。参照前面研究结果可对送风口进行改造以降低能量损失,提高通风效率,从而降低通风运营费用。如果对送风口段进行整体改造,其工程费用较高;并且要长时间中断交通,社会影响较大。因此建议在出口处设置与隧道轴向成5°~6°夹角的导流板,其效果与送风口角度取5°~6°基本一致。送风口导流板示意图如图5-45所示。导流板起点在送风道的风口处,与隧道顶壁夹角为θ,导流板的长度为L,导流板最高凸点距隧道顶壁的高度为H,则$H = L \times \tan\theta$。为降低导流板H处的涡流损失,设置与隧道顶壁夹角为θ,长度为L的反向导流板。

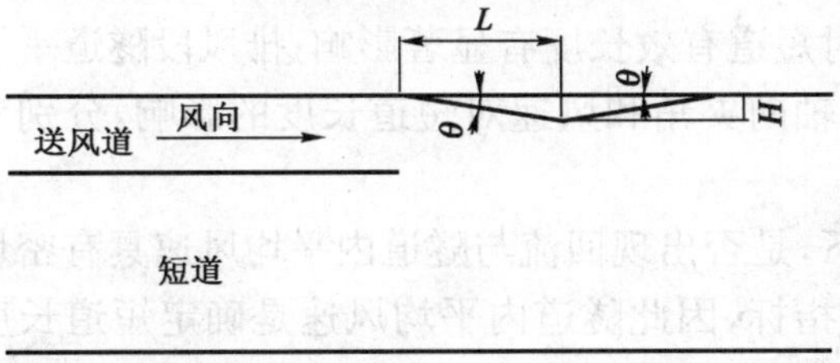

图2-79 隧道送风口导流板示意图

导流板与隧道顶壁夹角θ确定后,随着导流板长度的增加,导流板的高度亦随之增加,出风口风速流向变化越大,因此导流板有一个最佳长度取值范围。为提高通风效率,通过模型试验确定送风口导流板的合理长度。试验取送风口导流板位置如图2-79所示。

试验条件为:公路隧道竖井送排式通风,排风口设置于隧道侧墙,底部与隧道检修道高程一致,排风口与隧道轴向垂直,短道长度为6.04倍当量长度(短道当量长度为短道长度与隧道当量直径的比值),送风口设置在隧道拱部。试验中取送风段无限远处隧道断面平均风速为4m/s、5.5m/s、7m/s共3个区段分别进行试验。在相同的通风动力条件下,无限远处隧道断面平均风速越大,则射流能量损失越小,导流板效果越高。试验取导流板与隧道顶壁夹角$\theta=6°$,取导流板长度L为250mm、500mm、750mm、1 000mm共4组分别进行试验,则导流板高度H分别为26mm、52mm、79mm、105mm,导流板长度L与送风道高度的比值分别为0.89、1.78、2.67、3.56,文中称之为当量长度。为提高试验数据的稳定性,每一导流板的长度工况做8组试验。

由导流板当量长度试验结果可得,隧道断面平均风速约为4m/s时,曲线中部明显存在波峰,导流板长度宜取1.7~2.4倍当量长度;隧道断面平均风速约为5.5m/s时,导流板当量长度大于2.2时风速急剧下降,故导流板长度宜取1.6~2.1倍当量长度;当隧道断面平均风速约为7m/s时,曲线前段较为平缓,导流板当量长度大于1.9时风速迅速降低,能量损失急剧增大,所以导流板当量长度应小于1.9,故导流板长度宜取1.5~1.8倍当量长度。

公路隧道竖井送排式通风,送风口设置在隧道拱部,送风口导流板长度的取值取决于隧道断面平均风速。隧道断面平均风速与导流板当量长度对比如表2-26所示。隧道断面平均风速越高,送风口导流板长度越短、取值范围越小,即隧道断面平均风速越高,受送风口导流板长度影响越大。《公路隧道通风照明设计规范》(JTJ 026.1—1999)中"采用竖井送排式通风方式时,隧道设计风速宜取 6～8m/s。",此时送风口导流板长度应取 1.6～1.8 倍当量长度,导流板高度为送风口高度的 0.168～0.189 倍。

风速与导流板当量长度表 表 2-26

风速(m/s)	4.0	5.5	7.0
导流板当量长度	1.7～2.4	1.6～2.1	1.5～1.8

2.8.4 竖井送排式通风短道模型试验分析

在竖井送排式通风中,短道的流态非常复杂,从工程实际来说,短道流态分为窜流和回流两种,课题组研究区分两种流态时,给出了短道流态的表征量,且期望该量是一个无量纲的简单数值,进而结合试验方法研究外界因素对该量的影响。试验根据短道流动的特点,结合试验设备,确定主要考虑风量比例、送排风角度和短道长度三个因素,课题组设计了风量比例、送排风角度和短道长度三套试验方案。

公路隧道竖井送排式通风中,送风口设置于隧道拱部,送风方向与隧道轴向一致,排风口设置于隧道侧墙,底部与隧道检修道高程一致,排风方向与隧道轴向垂直。确定公路隧道竖井送排式通风短道长度时,应防止送、排风口间气流出现回流、短路,污染浓度过大等问题,并由此确定合理的短道长度。短道长度越长,其污染浓度越大,等效新鲜空气量越少,从这个意义考虑,送排风口间短道不宜过长;但从防止回流考虑,短道又不得过短。因此应综合分析确定合理值。

公路隧道竖井送排式通风中,送风口倾角的取值取决于隧道断面平均风速。试验发现在相同的通风动力和短道长度条件下,当送风口有倾角时短道内窜流量大于送风口无倾角的工况,即短道的有效长度减小。为研究送风口倾角对短道长度的影响,对不同风速时送风口倾角与短道有效长度进行模型试验研究。

公路隧道竖井送排式通风中,排风口设置于隧道侧墙,底部与隧道检修道高程一致,在相同的通风动力和短道长度条件下,试验发现排风口与隧道轴向夹角对短道有效长度有显著影响;排风段隧道平均风速对短道有效长度亦有较大影响。为研究排风口与隧道轴向夹角和风速对短道长度的影响,分别对其进行模型试验研究。

公路隧道竖井送排式通风中,在相同的短道长度条件下,是否出现回流与隧道内平均风速具有密切关系。而短道内是否出现回流是短道长度的一个重要控制指标,因此隧道内平均风速是确定短道长度的重要因素。为研究隧道平均风速对短道长度的影响,课题组开展了隧道短道模型试验研究。

2.8.4.1 短道流态表征

为表征短道流态,引入"短道因子"的概念,要使得短道因子是一个无量纲量必须将其定义为两个相同量纲物理量的比值,这里选择风量这个物理量。其定义如下:

在回流状态下,短道因子为 $$\Delta=-\frac{Q_{短}}{Q_{排}} \tag{2-56}$$

在窜流状态下,短道因子为 $$\Delta=\frac{Q_{短}}{Q'} \tag{2-57}$$

式中,$Q_{短}$、$Q_{排}$、Q'所代表的风量示于图 2-80。

从定义来看,短道因子的正负号表明了是否回流,其绝对值大小代表了短道风量所占的比例。回流状态下,短道因子越大,回流风量越小;窜流状态下,短道因子越大,窜流风量越大。

从直观上来看,根据短道因子的定义,分母不小于分子,其取值范围为[−1,1]。Δ=−1 时,短道完全回流;Δ=

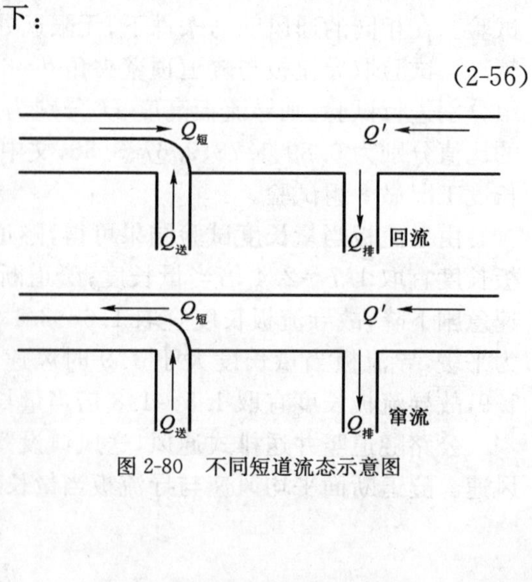

图 2-80 不同短道流态示意图

1 时，排风量等于零。上述状态属于极端不合理情况，对于实际应用没有价值，而且试验很难模拟某些极端状态。

下面用数学方法分析短道因子的试验取值范围。回流状态下，短道因子为：

$$\Delta = -\frac{Q_{短}}{Q_{排}} = -\frac{Q_{短}}{Q_{短} + Q'} = -\frac{1}{1 + \frac{Q'}{Q_{短}}} \tag{2-58}$$

根据实际情况至少有 $Q' > Q_{短}$，取极端情况，令 $Q' = Q_{短}$，得到下界值为 −0.5。

窜流状态下，短道因子为：

$$\Delta = \frac{Q_{短}}{Q'} = \frac{Q_{短}}{Q_{短} + Q_{排}} = \frac{1}{1 + \frac{Q_{排}}{Q_{短}}} \tag{2-59}$$

根据实际情况至少有 $Q_{排} > Q_{短}$，取极端情况，令 $Q_{排} = Q_{短}$，得到上界值为 0.5。两个极端情况应予排除，所以短道因子的试验取值范围为(−0.5,0.5)。

风量比例试验方案采用单竖井形式的小模型，试验段模型长度 35×70cm，短道长度 7×70cm，采用功率 4kW 的送、排风机，模型内设置有阻力格栅，以模拟沿程阻力。排风角度试验方案中，排风角度为 90°和 45°，其他参数与风量比例试验相同。短道长度试验方案中，模型短道长度分为 7×70cm，5×70cm，4×70cm，3×70cm，其他参数也与风量比例试验相同。图 2-81～图 2-83 为短道试验示意图。

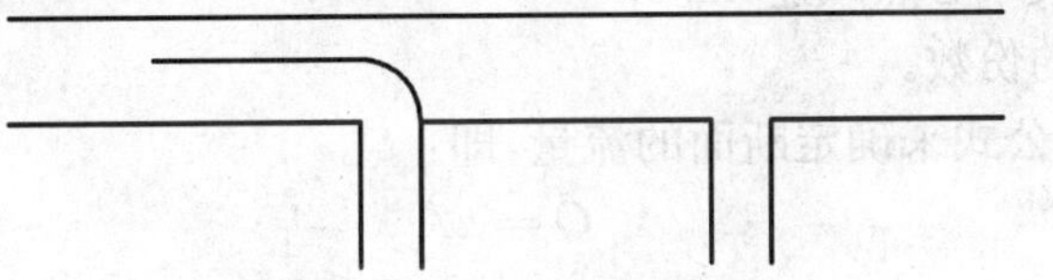

图 2-81　短道试验模型示意图

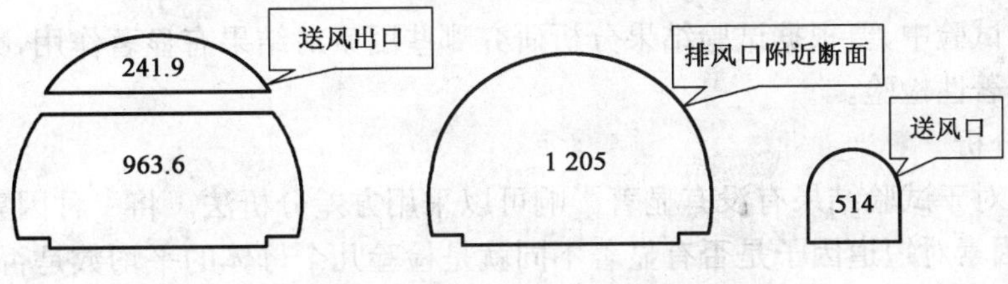

图 2-82　短道试验模型各断面示意图(单位：cm²)

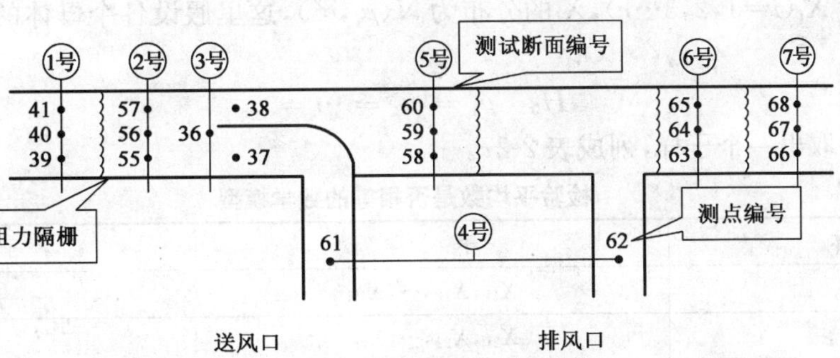

图 2-83　短道试验模型测点分布示意图

2.8.4.2　试验数据处理

1)测试断面物理量计算

试验中直接测试的数据有测试断面流体的动压、静压和全压，需要计算的物理量主要有断面平均风速和断面流量。

空气在模型中流动时，由于与壁面的摩擦以及空气的黏性，同一横断面上各点的风速是不同的。紊流风流在靠近边壁处有一层很薄的层流边层，该层流边层的厚度很小，且雷诺数越大，其厚度越小。这个靠近边壁处的层流边层称为边界层。在此边界层内，流体质点沿着近乎平行于管壁的弯曲轨迹运动。边界层内的空气速度叫做边界风速。在边界层外，即流道横断面的绝大部分，充满着紊流风流，其速度大于边界风速，并且从壁面向着轴心方向逐渐增大。在圆形截面的直线管道中，风流的最高风速出现在截面的轴心处。因此，在计算断面的平均风速时，首先应计算断面测试各点的风速，然后计算其平均值。风速计算可根据下面的公式：

$$v=\sqrt{\frac{2H_v}{\rho}} \tag{2-60}$$

式中：v——测点风速，m/s；

H_v——测点的动压，Pa；

ρ——空气密度，kg/m³。

将模型的断面分成若干个面积大致相等的小块，再逐块计算其中心点的风速，最后取平均值：

$$\bar{v}=\frac{v_1+v_2+\cdots+v_n}{n} \tag{2-61}$$

式中：$\bar{v}$——断面平均风速，m/s；

$v_1 v_2\cdots v_n$——各面积小块中心点风速，m/s；

n——面积小块的份数。

有了平均流速，可根据公式来确定断面的流量，即：

$$Q=\bar{v}A \tag{2-62}$$

式中：Q——断面平均风速，m³/s；

A——断面面积，m²。

2)显著性检验方法

在生产和科学试验中，要根据试验结果分析研究哪些因素对结果有显著作用，哪些因素没有显著作用，为此，要进行显著性检验。

(1)一元方差分析

讨论一种因素对于试验结果有没有显著影响可以采用方差分析法。将一种因素下的短道因子看作母体，要检验一种因素对短道因子是否有显著不同就是检验几个母体的平均数是否相等。在理论上，要检验几个母体的平均数是否相等需要加正态母体条件，从实际中抽象出数学模型。

设正态母体为 $X_i(i=1,2,3\cdots r)$，X_i的分布为 $N(\mu_i,\sigma^2)$，这里假设各个母体的方差相等。这样在 r 个母体上作假设：

$$H_0: \mu_1=\mu_2=\cdots=\mu_r$$

独立地从各母体中取出一个子样，列成表 2-27。

检验平均数是否相等的数学模型 表 2-27

母体	子样	子样平均
X_1	$X_{11},X_{12},\cdots,X_{1ni}$	$\overline{X}_1$
X_2	$X_{21},X_{22},\cdots,X_{2ni}$	$\overline{X}_2$
…	…	…
X_r	$X_{r1},X_{r2},\cdots,X_{rni}$	$\overline{X}_r$

显然，假设检验 H_0可用 t 检验法，只要检验任何相邻两个母体平均数相等就可以了。但是这样要做 $r-1$ 次检验，非常烦琐。为此，采用离差分解法。

(2)离差分解法

将每个子样看成一个组，记：

组内平均：

$$\overline{X}_i = \frac{1}{n_i}\sum_{j=1}^{n_i} X_{ij} \qquad i = 1,2\cdots r \tag{2-63}$$

总平均：

$$\overline{X} = \frac{1}{n}\sum_{i=1}^{r}\sum_{j=1}^{n_i} X_{ij} \quad 其中\ n = \sum_{i=1}^{r} n_i \tag{2-64}$$

因而总平均也可表示为：

$$\overline{X} = \frac{1}{n}\sum_{i=1}^{r} n_i \overline{X}_i \tag{2-65}$$

总离差平方和为：

$$Q_T = \sum_{i=1}^{r}\sum_{j=1}^{n_i}(X_{ij} - \overline{X}_i)^2 = \sum_{i=1}^{r}\sum_{j=1}^{n_i}(X_{ij} - \overline{X}_i)^2 + \sum_{i=1}^{r}\sum_{j=1}^{n_i}(\overline{X}_i - \overline{X})^2 \tag{2-66}$$

分别定义：

$$Q_E = \sum_{i=1}^{r}\sum_{j=1}^{n_i}(X_{ij} - \overline{X}_i)^2 \tag{2-67}$$

$$Q_A = \sum_{i=1}^{r}\sum_{j=1}^{n_i}(\overline{X}_i - \overline{X})^2 \tag{2-68}$$

式中，Q_E为组内离差平方和，Q_A为组间离差平方和。Q_E反映各组内部 X_{ij}由 σ^2引起的抽样误差，Q_A反映组间各母体平均数不同而引起的误差。从而有：

$$Q_T = Q_E + Q_A \tag{2-69}$$

计算 Q_E和 Q_A的方差 EQ_E和 EQ_A。为此，把 X_{ij}表示为：

$$X_{ij} = \mu + \delta_i + \varepsilon_{ij} \qquad j = 1,2\cdots n_j \tag{2-70}$$

因而：

$$EQ_E = \sum_{i=1}^{r}(n_i - 1)\sigma^2 = (n-1)\sigma^2 \tag{2-71}$$

$$EQ_A = \sum_{i=1}^{r} n_i \delta_i{}^2 + (r-1)\sigma^2 \tag{2-72}$$

根据分解定理可知：

$$F = \frac{S_A^2}{S_E^2} = \frac{\dfrac{Q_A}{r-1}}{\dfrac{Q_E}{n-r}} \tag{2-73}$$

服从自由度为 $(r-1, n-r)$的 F 分布，称 S_A^2为组间均方离差，S_E^2为组内均方离差。

给定显著水平 α，一次抽样后由子样值计算的 F 的数值，若：

$$F \geqslant F_\alpha(r-1, n-r)$$

则拒绝假设 H_0，即认为因素对试验结果有显著影响；若：

$$F \leqslant F_\alpha(r-1, n-r)$$

则接受假设 H_0，即认为因素对试验结果无显著影响。

计算 F 数值可用方差分析表，见表 2-28。

方差分析表 表 2-28

来　源	离差平方和	自 由 度	均方离差	F值
组间	$Q_A = \sum_{i=1}^{r}\sum_{j=1}^{n_i} n_i(\overline{X}_i - \overline{X})^2$	$r-1$	S_A^2	$F = \frac{S_A^2}{S_E^2}$
组内	$Q_E = \sum_{i=1}^{r}\sum_{j=1}^{n_i}(X_{ij} - \overline{X}_i)^2$	$n-r$	S_E^2	
总和	$Q_T = \sum_{i=1}^{r}\sum_{j=1}^{n_i}(X_{ij} - \overline{X})^2$	$n-1$		

3)一元回归分析

(1)线性回归模型及其检验

一元线性模型 $Y=\alpha+\beta x+\varepsilon$,其中 α、β 是常数,ε 服从正态分布 $N(0,\sigma^2)$。当 x 取固定值时,Y 服从正态分布 $N(\alpha+\beta,\sigma^2)$。两边取数学期望得 $EY=\alpha+\beta x$,若记 $y=EY$,则可改写为 $y=\alpha+\beta x$。

根据最小二乘法,选择参数 α、β 使得离差平方和 Q 最小。

$$Q=\sum_{i=1}^{r}(y_i-y)^2=\sum_{i=1}^{r}(y-\alpha-\beta x_i)^2=\min \tag{2-74}$$

令 Q 分别对 α 和 β 的两个一阶偏导数等于零,最后得到:

$$\beta=\frac{\sum_{i=1}^{n}(\overline{x}_i-\overline{x})(\overline{y}_i-\overline{y})}{\sum_{i=1}^{n}(\overline{x}_i-\overline{x})^2} \tag{2-75}$$

$$\alpha=\overline{y}-\beta\overline{x} \tag{2-76}$$

下面检验回归模型是否成立。严格地说,需要检验下列三点:①在 x 取各个固定值时,Y 都服从正态分布,而分布依赖于 x,且方差相同;②对各个 x 的值,Y 的数学期望是 x 的线性函数;③在 x 取各个值时,相应的 Y 值是相互独立的。可见,要严格检验线性回归这一假设确实不易。

近似地说,要检验线性回归模型是否成立,可以认为检验 x 与 y 是否有线性关系,也可认为检验假设 $H_0:\beta=0$ 是否成立。如果 H_0 成立,认为线性回归不显著;否则认为线性回归显著。

给定显著水平 α,一次抽样后计算得:

$$T=\frac{\beta\sqrt{\sum_{i=1}^{n}(x_i-\overline{x})^2}}{\sigma^*} \tag{2-77}$$

若:

$$T\geqslant t_{\alpha/2}(n-2) \tag{2-78}$$

则认为线性回归显著;若:

$$T\leqslant t_{\alpha/2}(n-2) \tag{2-79}$$

则认为线性回归不显著。

(2)可化为线性模型的曲线

在工程技术中,很多情况下两个变量的关系不是线性的相关关系,而是某种曲线的非线性关系。但是有些曲线可以转化为线性回归。这类曲线主要有四类:①双曲线;②幂函数曲线;③倒指数曲线;④对数曲线。只要对这些曲线方程作适当的变量代换就可以变成直线方程。

2.8.4.3 送排风量比例对短道流态的影响

1)试验方法

根据离心式风机的控制特点,将风机风量分为大、中、小三挡进行试验。这样共有 9 组,每组进行 3 次试验。通过试验得出不同排风量与送风量比例下各测试断面的动压、静压和全压。

2)试验数据整理

对试验数据进行整理,试验结果列于表 2-29 与表 2-30 中,变化曲线见分报告。

风机不同挡位下排风量与送风量的比例 表 2-29

排风机挡位 / 送风机挡位	大	中	小
大	2.48,2.51,2.49	2.36,2.34,2.28	0.54,0.33,0.63
中	2.64,2.57,2.60	2.47,2.39,2.34	0.67,0.39,0.59
小	3.77,4.41,5.05	3.54,4.13,4.98	0.91,1.06,1.12

风机不同挡位下对应的短道流态　　　　表 2-30

送风机挡位 \ 排风机挡位	大	中	小
大	回流	回流	窜流
中	回流	回流	窜流
小	回流显著	回流显著	窜流

2.8.4.4　竖井送排式通风送风口角度对短道长度影响

试验条件为：公路隧道竖井送排式通风，排风口设置于隧道侧墙，底部与隧道检修道高程一致，排风口与隧道轴向垂直，短道长度为 6.04 倍当量长度（短道当量长度为短道长度与隧道当量直径的比值，后同），送风口设置在隧道拱部。在送排风动力相同的工况下，送风口倾角取 6°。试验取无限远处隧道断面平均风速为 4m/s、5.5m/s和 7m/s 共 3 个区段分别进行试验，为提高试验数据的稳定性，每一风速工况下做 8 组试验，见图 2-84。

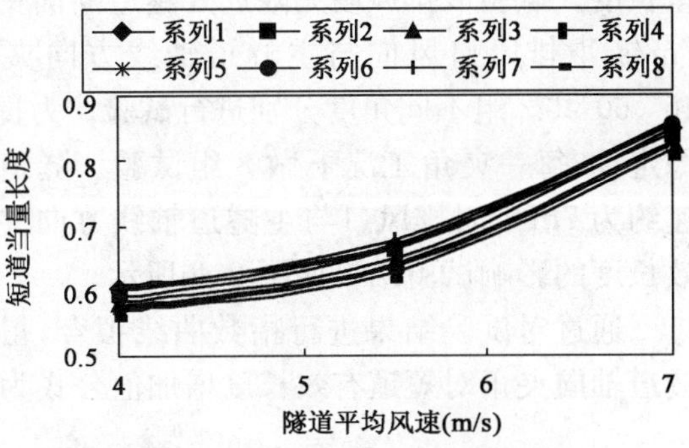

图 2-84　6°送风角对短道有效长度的影响

试验时，送风口与隧道轴线方向平行为基准，认为该工况时的短道有效长度与实际长度相等，为 6.04 倍当量长度。当送风口有倾角时，短道有效长度减小。

通过对试验结果进行二次多项式曲线拟合，得出短道有效长度减小值公式：

$$y = 0.024x^2 - 0.18x + 0.94 \tag{2-80}$$

送风口与隧道轴线夹角取 6°时风速对短道有效长度减小值可按式(2-80)计算。部分计算结果如表 2-31 所示。

送风口倾角对短道有效长度减小值　　　　表 2-31

风速(m/s)	4	5	6	7	8
短道当量长度	0.60	0.64	0.72	0.86	1.04

2.8.4.5　竖井送排式通风排风口角度对短道长度影响

1）排风口角度 30°时风速对短道长度的影响

试验条件为：公路隧道竖井送排式通风，送风口设置在隧道拱部，送风口角度取 0°，排风口设置于隧道侧墙，底部与隧道检修道高程一致，排风口风向与主隧道轴线方向夹角取 30°，短道长度为 6.04 倍当量长度。取排风段无限远处隧道断面平均风速为 4m/s、5.5m/s 和 7m/s 共 3 个区段分别进行试验。为提高试验数据的稳定性，在每一风速工况下做 8 组试验。排风口与主隧道轴线方向夹角 30°对短道有效长度的影响试验结果如图 2-85 所示。

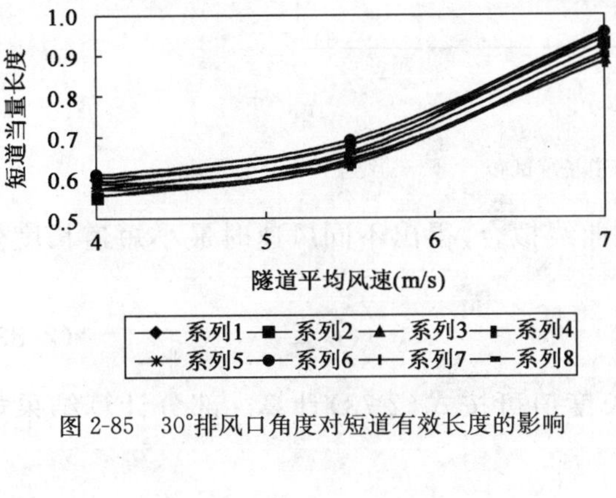

图 2-85　30°排风口角度对短道有效长度的影响

试验时，送风口与隧道轴线方向平行为基准，认为该工况时的短道有效长度与实际长度相等，为6.04倍当量长度。当排风口与隧道轴向夹角小于 90°时，短道有效长度增大。

通过对试验结果进行二次多项式曲线拟合，得出短道有效长度减小值公式为：

$$y = 0.032x^2 - 0.23x + 0.95 \tag{2-81}$$

排风口与隧道轴向夹角取30°时风速对短道有效长度增加值可按式(2-81)计算。部分计算结果如表2-32所示。

排风口与隧道轴向夹角对短道有效长度增加值　　表2-32

风速(m/s)	4	5	6	7	8
短道当量长度	0.54	0.60	0.72	0.91	1.16

2)风速7m/s时排风口角度对短道长度的影响

试验条件为:公路隧道竖井送排式通风,送风口设置在隧道拱部,送风口角度取0°,排风口设置于隧道侧墙,底部与隧道检修道高程一致,排风口风向与主隧道轴线方向夹角为θ,短道长度为6.04倍当量长度。试验取排风段无限远处隧道断面平均风速约为7m/s,取排风口风向与主隧道轴线方向夹角θ为30°、45°、60°共3组不同角度分别进行试验。为提高试验数据稳定性,每一夹角工况下做8组试验。隧道断面平均风速约为7m/s时排风口与主隧道轴线方向夹角对短道有效长度的影响试验结果如图2-86所示。

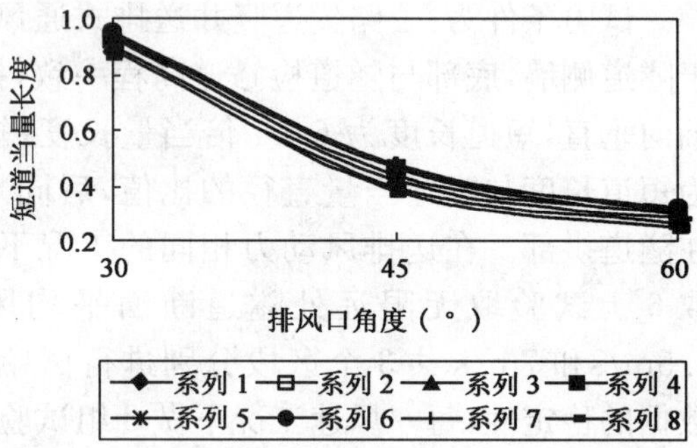

图2-86　风速7m/s排风口角度对短道有效长度的影响

通过对试验结果进行指数曲线拟合,得出排风口与隧道轴向夹角对短道有效长度增加值公式为:

$$y = 2.6e^{-0.036x} \tag{2-82}$$

排风段隧道内无限远处隧道断面平均风速为7m/s时,排风口与隧道轴向夹角对短道有效长度增加值可按式(2-82)计算。部分计算结果如表2-33所示。

风速7m/s排风口角度对短道有效长度增加值　　表2-33

排风口角度(度)	20	30	40	50	60	70
短道当量长度	1.27	0.88	0.62	0.43	0.30	0.21

2.8.4.6　竖井送排式通风隧道风速对短道长度影响

试验条件为:公路隧道竖井送排式通风,送风口设置于隧道拱部,送风方向与隧道轴向一致,排风口设置于隧道侧墙,底部与隧道检修道高程一致,排风方向与隧道轴向垂直。试验中取隧道断面平均风速分别为4m/s、5.5m/s和7m/s共3个区段测试最小短道长度,为提高试验数据的稳定性,每一风速工况做8组试验。不同风速时最小短道长度试验结果如图2-87所示。图中以短道当量长度为纵坐标,以风速为横坐标。

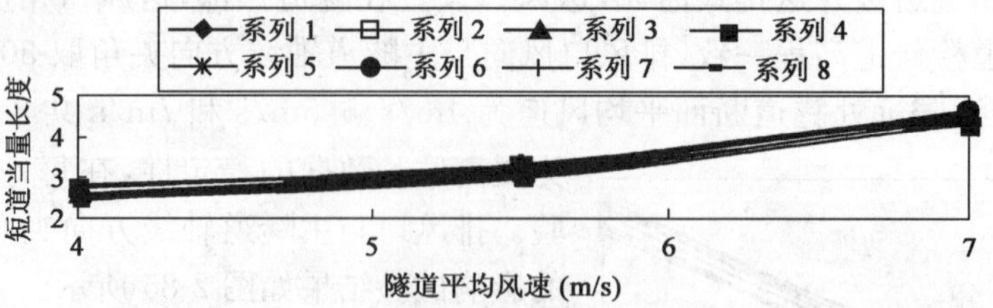

图2-87　不同风速时最小短道长度试验

通过对不同风速时最小短道长度试验结果进行指数曲线拟合,得出不同风速时最小短道长度公式为:

$$y = 1.22e^{0.18x} \tag{2-83}$$

排风方向与隧道轴向垂直时不同风速下最小短道长度值可按式(2-73)计算。部分计算结果如表2-34所示。

不同风速时最小短道长度　　表 2-34

风速(m/s)	4	5	6	7	8
最小短道当量长度	2.51	3.00	3.59	4.30	5.15

将本节的研究结果与《公路隧道通风照明设计规范》(JTJ 026.1—1999)关于短道长度的内容进行对比分析。秦岭终南山特长公路隧道为双洞单向交通隧道，采用竖井送排式纵向通风，隧道断面当量直径 8.63m。《公路隧道通风照明设计规范》(JTJ 026.1—1999)中规定，"采用竖井送排式通风方式时，隧道设计风速宜取 6m/s～8m/s。""应防止短道内出现回流，短道长度不得小于 50m"。最小短道长度试验结果与规范内容对比如表 2-35 所示。

最小短道长度试验结果与规范对比表　　表 2-35

隧道断面平均风速(m/s)		6	7	8
试验结果	短道当量长度	3.59	4.30	5.15
	短道长度(m)	31.0	37.1	44.4
规范短道长度(m)		50.0	50.0	50.0

隧道平均风速为 6m/s 时，试验结果最小短道长度为规范值的 62.0%，隧道平均风速为 7m/s 时，试验结果最小短道长度为规范值的 74.2%，隧道平均风速为 8m/s 时，试验结果最小短道长度为规范值的 88.9%。

隧道平均风速为 6m/s 时，试验结果最小短道长度与规范值差别较大，隧道平均风速为 8m/s 时，试验结果最小短道长度与规范值差值较小。所以在公路隧道竖井送排式通风中，短道长度可以根据隧道断面平均风速取值，不必要求相同。

公路隧道竖井送排式通风，推荐排风口设置于隧道侧墙，底部与隧道检修道高程一致，排风方向与隧道轴向夹角取 30°，送风口设置在隧道拱部，送风方向与隧道轴向夹角取 6°。综合考虑送、排风口角度和风速对短道长度的影响，在该工况下最小短道长度如表 2-36 所示。

最小短道长度取值表　　表 2-36

隧道断面平均风速(m/s)	5	6	7	8
短道当量长度	3.00	3.59	4.30	5.15
送风口角度影响值	−0.64	−0.72	−0.86	−1.04
排风口角度影响值	+0.60	+0.72	+0.91	+1.16

当排风方向与隧道轴向夹角取 30°，送风方向与隧道轴向夹角取 6°时，送、排风口对短道长度的影响值基本可以抵消，最大差值仅为 0.12 倍短道当量长度(隧道断面平均风速 8m/s 时)，仅为该风速时短道当量长度的 2.3%。所以在排风方向与隧道轴向夹角取 30°，送风方向与隧道轴向夹角取 6°时，可以不计送、排风口对短道长度的影响值。

2.8.5　主要结论

通风系统优化的物理模型试验分析主要结论如下：

(1)在公路隧道竖井送、排式纵向通风系统中，采用上下行隧道共用竖井排风，则两股污染气流在竖井底部交汇碰撞，形成汇流现象。通过隧道通风模型试验，应在排风竖井底部设置中隔板。中隔板可有效避免两股污染气流直接交汇冲撞，其隔离作用能够降低汇流压力损失，有利于污染气体排出。在两隧道排风量比值为 0.6～1 工况下，中隔板高度宜取 0.55～0.65 倍风道高度。若两隧道排风量比例小于 0.8/1，则可把中隔板位置向风量小侧移动相应距离。

(2)在公路隧道竖井送、排式纵向通风系统中，采用上下行隧道共用竖井送风，新鲜气流在竖井底部出现分流现象。通过隧道通风模型试验，建议在送风竖井底部设置中隔板。中隔板可有效分离气体，减少压力损失。两隧道需风量比值为 0.6～1 工况下，中隔板高度宜取 0.45～0.55 倍风道高度。若两隧道需风量比例不超过 0.8/1，则可把中隔板位置向风量小侧作相应移动。

(3)对竖井送排式通风排风口角度进行模型试验分析。公路隧道竖井送排式通风中，排风口设置于隧道侧墙，底部与隧道检修道高程一致，在通风动力相同的条件下，排风口与隧道轴向夹角的取值对排风段隧道平均风速有显著影响，即排风口与隧道轴向夹角对排风井轴流风机功率有较大影响；且随着排风段隧道平均风速增大，排风口角度影响越大。因此建议在公路隧道竖井送排式通风中，排风口与隧道轴向夹角宜取结构和安全性允许条件下的最小值。

(4)对竖井送排式通风送风口与隧道轴向夹角进行模型试验分析，得出最佳送风口角度。在公路隧道竖井送排式通风中，送风口设置在隧道拱部，隧道断面平均风速是送风口与隧道轴向夹角取值的重要影响因素。《公路隧道通风照明设计规范》(JTJ 026.1—1999)中“采用竖井送排式通风方式时，隧道设计风速宜取 6～8m/s。”，则送风口角度应取 5°～6°。

(5)采用竖井送排式通风的已建成公路隧道，送风口大多设置在隧道拱部，送风口与隧道轴向夹角为 0°。为提高通风效率、降低通风运营费用，应对送风口进行改造。如果对送风口段进行整体改造，其工程费用较高，并且要长时间中断交通，社会影响较大。因此宜在出口处设置与隧道轴向成 5°～6°的导流板，送风口导流板长度取值取决于隧道断面平均风速。隧道断面平均风速越高，送风口导流板长度越短、取值范围越小，即隧道断面平均风速越高，受送风口导流板长度影响越大。在隧道设计风速取 6～8m/s 时，送风口导流板长度应取 1.6～1.8 倍当量长度，导流板高度为送风口高度的 0.168～0.189 倍。

(6)确定合理的公路隧道竖井送排式通风短道长度时，应防止送、排风口间内气流出现回流、短路，污染浓度过大等问题，并由此确定合理的短道长度。短道长度越长，其污染浓度越大，等效新鲜空气量越少，从这个角度考虑，送排风口间短道不宜过长，但从防止回流方面考虑，短道又不得过短，因此应综合分析确定合理值。送排风流量比对于短道内风流的状态是有一定影响的，在风机控制时，应注意对送排流量比的控制。

①对竖井送排式通风短道长度进行模型试验分析，研究风速对短道长度影响，并给出最小短道长度公式。隧道平均风速是最小短道长度取值的重要影响因素，竖井送排式通风中最小短道长度随着隧道平均风速增大迅速增加。

②排风口与隧道轴向夹角对有效短道长度的影响进行模型试验分析，给出排风口与隧道轴向夹角取 30°时短道有效长度增加值公式和隧道排风段平均风速为 7m/s 时排风口角度对短道有效长度增加值公式。试验结果表明，若排风口与隧道轴向夹角小于 90°角时，应适当缩短短道长度。

③送风口与隧道轴向夹角对有效短道长度的影响进行模型试验分析，给出送风口与隧道轴向夹角取 6°时对短道有效长度减小值公式。送风口与隧道轴向夹角取 6°时，应适当增加短道长度。

④排风量与送风量比例在 0.33～1.12 时，短道区间不出现回流状态；排风量与送风量比例在 0.33～0.67 时，短道区间内存在偏流；比例在 0.91～1.12 时，短道区间内偏流减小；比例在 2.28～2.47 时，短道区间内偏流加剧，但偏流方向与比例在 0.33～0.67 时的相反；当比例继续增大时，偏流又逐渐减小；比例大于 3.5 时，偏流几乎消失；受喷流作用影响，送风出口附近的测试断面，其横断面上测点速度分布不均匀。排风量与送风量比例在 0.33～0.63 时，测试断面中间测点的风速较大，位于边墙两侧的测点风速大致相同。比例在 0.91～1.12 时，出现一侧偏流现象；比例超过 3.77 后偏流显著，但偏流方向与比例在 0.91～1.12 时相反。

2.9 通风参数现场测试分析

2.9.1 测试目的与测试方案

2.9.1.1 测试目的

秦岭终南山特长公路隧道规模庞大，通风系统复杂，许多通风设计和运营管理基础参数并无类似工程经验值可以参考，因而进行通风基础参数的现场测试很有必要。

秦岭终南山特长公路隧道贯穿中国南北气候分界线的秦岭山脉，单洞长达18 020m，南北洞口气候条件差异很大，隧道最大埋深超过1 600m，埋深超过100m的达到17 000m，占隧道总长度的94%以上。最高地温常年达35℃以上，竖井口及底部的气温对自然风压的形成影响十分明显，所以研究洞口两端气候条件、竖井口地表气温变化、隧道洞身内气温分布，是分析隧道通风系统自然风压的变化规律之必需。

喷钢纤维混凝土作为隧道永久衬砌的通风沿程阻力系数目前尚没有足够的资料可以参考，而通风阻力系数的取值对隧道通风系统的配置影响很大，因而需要进行现场测定。

2.9.1.2 测试方案

1)喷射混凝土衬砌风阻系数测试

通风沿程阻力的测定通常可分为气压计全压法和压差计法两种，通过对比分析，试验采用高精度压差计法测定。

测试纵断面布置如图2-88，1～2断面间总长654.5m。每个断面布设2个比托管，其中一个用于测试断面处动压；另外两个中间用皮管连接起来，用于测定1～2断面之间的静压差。各压力通过压力转换器(测量精度±0.5Pa，量程0～100Pa)和数字转换器(精度：0.2%FS)读数。

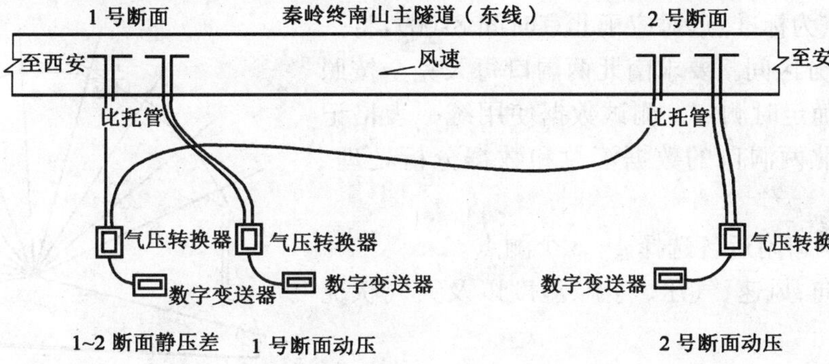

图2-88 测试纵断面布置示意图

取隧道内一定距离的测试断面1和测试断面2，由隧道内沿程压力损失公式 $h_{1,2}=\Delta p_{动}+\Delta p_{静}=\lambda\cdot\dfrac{L}{D}\cdot\dfrac{\rho}{2}\cdot v_r^2$，可得沿程阻力系数：

$$\lambda=\frac{\Delta p_{动}+\Delta p_{静}}{v_r^2}\cdot\frac{D}{L}\cdot\frac{2}{\rho}\tag{2-84}$$

式中：$\Delta p_{动}$、$\Delta p_{静}$——两测试断面间的动压差和静压差，Pa；

v_r——隧道内风速，m/s；

L、D——两测试断面间的距离、隧道当量直径，m；

ρ——隧道内空气密度，kg/m³；

$$\rho=\frac{3.484(P-0.377\,9\cdot\phi\cdot p_s)}{273.15+t}\tag{2-85}$$

式中：t——隧道内温度，℃；

ϕ——隧道内空气湿度，%；

p_s——饱和水蒸气的绝对分压力，Pa。

现场测试时测量两断面间的静压差 $\Delta p_{静}$、隧道内风速 v_r、断面1—2间距 L、隧道当量直径 D、隧道内温度 t、空气湿度 ϕ，饱和水蒸气的绝对分压力 p_s 可由查表求得。针对风速分布特点，测试点均布置在紊流核化区内，各测点位置及测点编号如图2-89所示。隧道测试段内每隔10m用隧道断面仪测定断面形状如图2-90所示(仅节选列出K65+500～K65+590的10组断面)。

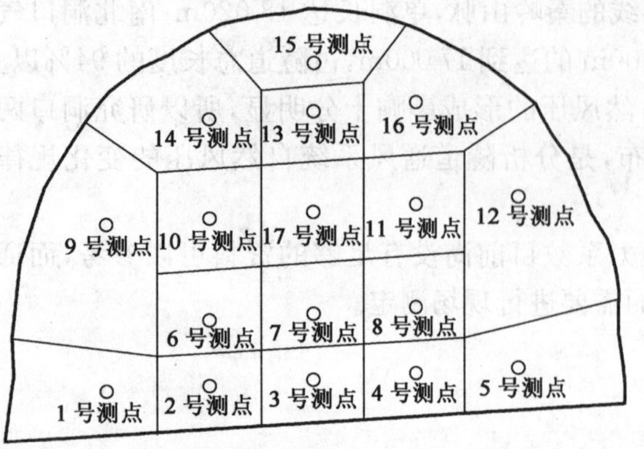

图 2-89 测点位置及测点编号图

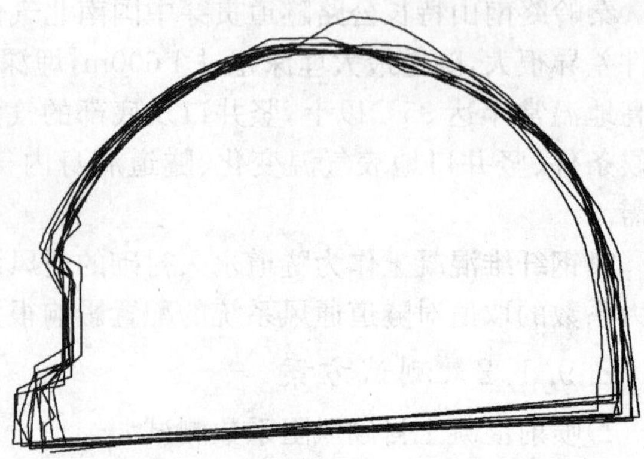

图 2-90 K65＋500～K65＋590(10 组)断面形状图

为了解隧道壁面粗糙程度，将上述断面延纵向大致均匀地划分为 12 个测点，如图 2-91 所示，量取相邻两断面在各点的相对凸凹值 d(mm)。

2)隧道洞口端气候环境测试

隧道南北洞口各常驻 1～2 人，进行为期 1 年的连续观测。测试频率采用国际通行气象测定的时间约定，以格林尼治零点为标准点(对应于北京时间 8:00)，将一天 24h 分为 4 个等分区间。要求南北两洞口每天完全按照规定时间要求，精确定时测定。测试数据使用统一表格记录，每月定期作南北两洞口的数据汇总和数据分析处理。测试情况如下：

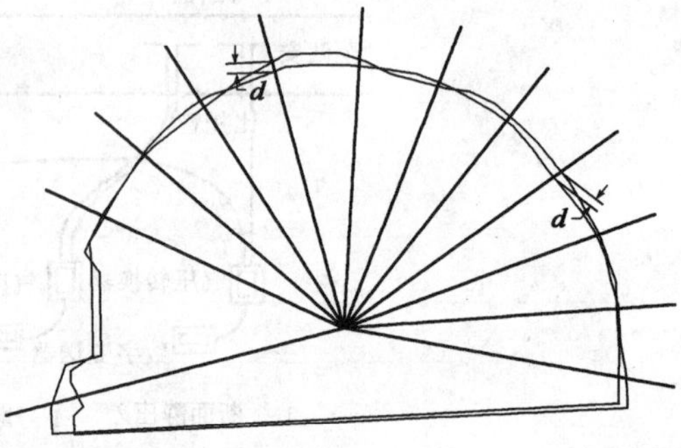

图 2-91 隧道壁面相对凸凹值 d 计算图

测试点：南北洞口附近各选择 4～5 个测点。

测试内容：风向、风速、气压、气温、湿度以及天气状况描述。

测试周期：进行为期 1 年的连续观测，观测期自 2003 年 6 月底至 2004 年 7 月初。

测试频率：于北京时间每天早晨 8:00、中午 14:00、晚间 20:00 各测试一次，必要时加测子夜2:00的数据。

3)隧道内气温现场测试分析

秦岭终南山特长公路隧道两洞口分别位于秦岭终南山南北面的青岔镇和营盘镇，与西康铁路线的两座单向秦岭特长铁路隧道基本平行，铁路西线和公路东线轴线距离南北分别为 30m 和 120m，公路铁路隧道规模、埋深及围岩类别基本相似。四座隧道平、纵面位置布置图分别如图 2-92 和图 2-93 所示。

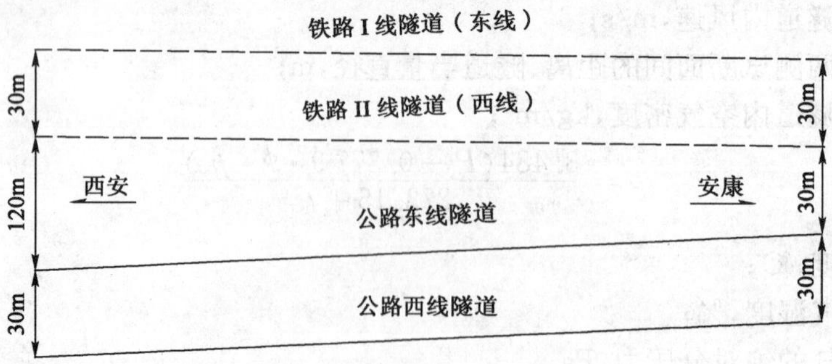

图 2-92 公路、铁路隧道平面位置布置示意图

隧道内气温测试选择在公路东线和铁路西线进行测试。先于 9 月初在公路东线隧道进行了现场测试，得出了隧道内地温分布规律的初步结论。同时测试中发现，公路隧道内气温受公路西线隧道施工影响较大，且公路东线隧道中车辆和变电设施多，影响气温、湿度的气候条件测试，而铁路西线隧道受干扰小，可反映隧道内气温的实际情况，故于 10 月份在铁路西线隧道内进行了一次现场气候条件的测试。

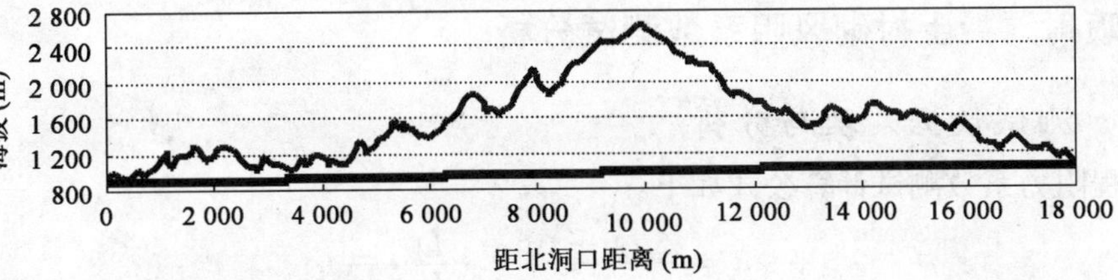

图 2-93 隧道位置地形分布图

试验现场测试内容包括气温、湿度和对应点的风速。测试方案采用沿隧道等距离分布 12～14 个测点，进行同时、连续观测的办法。公路东线和铁路西线的测点平面分布示意图分别如图 2-94 和图 2-95 所示，公路东线和铁路西线的测点横断面布置示意图分别如图 2-96 和图 2-97 所示。

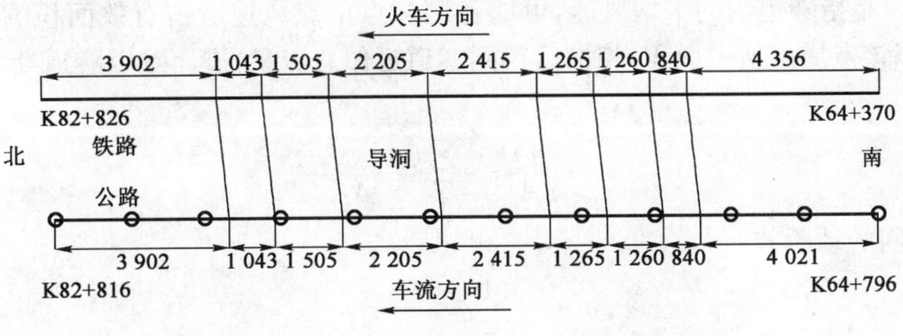

图 2-94 公路东线隧道纵向测点布置示意图(尺寸单位:m)

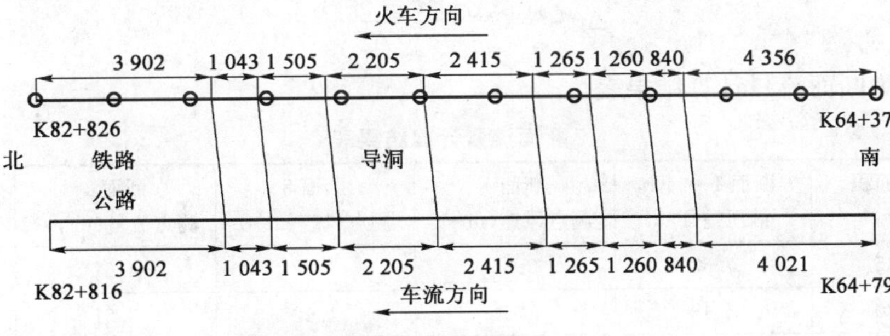

图 2-95 铁路西线隧道纵向测点布置示意图(尺寸单位:m)

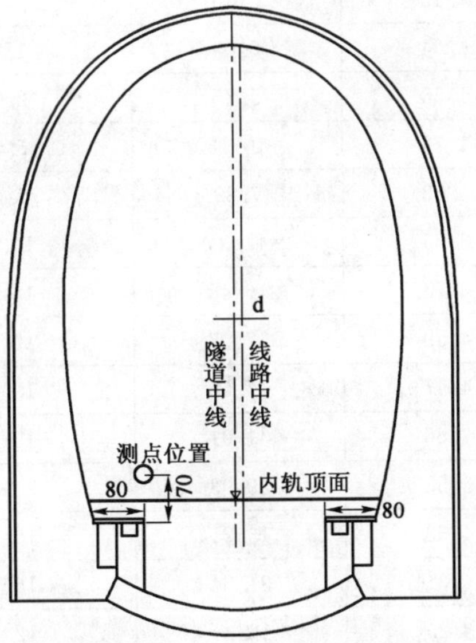

图 2-96 铁路隧道横断面测点布置示意图(尺寸单位:m)

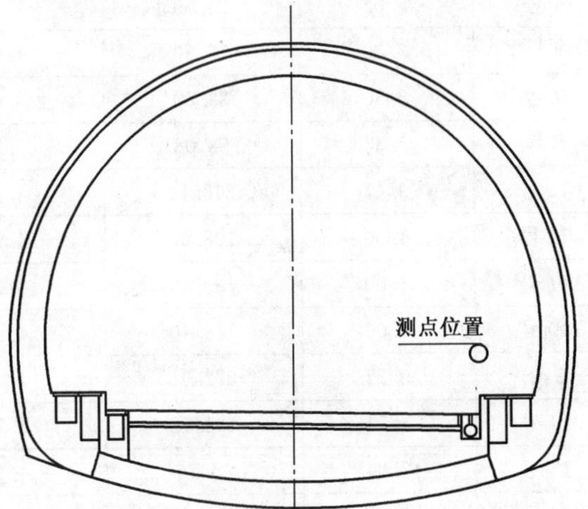

图 2-97 公路隧道横断面测点布置示意图

2.9.2 喷射混凝土衬砌风阻系数测试分析

2.9.2.1 测试数据处理与分析

隧道内沿程阻力系数测试计算公式如下：

$$\lambda=\frac{\Delta p_{动}+\Delta p_{静}}{v_{\mathrm{r}}^{2}}\cdot\frac{D}{L}\cdot\frac{2}{\rho} \tag{2-86}$$

式中：$\Delta p_{动}$、$\Delta p_{静}$——两测试断面间的动压差和静压差，Pa；

v_{r}——隧道内风速，m/s；

L、D——两测试断面间的距离、隧道当量直径，m；

ρ——隧道内空气密度，取 1.12 kg/m³；

隧道内风速 v_r 是指隧道内的平均风速，可取各测试点单点风速所占有效面积的加权平均，即利用各单点的风速乘以该点周围所占面积，相加后得到隧道近似总流量，进而除以隧道断面面积得断面平均风速：

$$v_{\mathrm{r}}=\frac{Q}{A}=\frac{\sum(v_i\times A_i)}{\sum A_i} \tag{2-87}$$

则断面 1—2 间的动压差：

$$\Delta p_{动}=\frac{1}{2}\rho v_{\mathrm{r2}}^{2}-\frac{1}{2}\rho v_{\mathrm{r1}}^{2} \tag{2-88}$$

同理，断面 1—2 间的静压差：

$$\Delta p_{静}=\frac{\sum(\Delta p_{静 i}\times A_i)}{\sum A_i} \tag{2-89}$$

表 2-37 所示为断面流量计算结果表。

断面流量计算结果表

表 2-37

测点编号	测点面积（m²）	断面 1—2 间静压差（Pa）	断面 1 测点风速（m/s）	断面 2 测点风速（m/s）	断面 1 测点流量（m³/s）	断面 2 测点流量（m³/s）
5 号	5.45	7.63	0.85	1.12	4.61	0.94
4 号	2.70	6.48	1.34	1.12	3.61	1.49
3 号	2.70	6.48	0.94	1.89	2.55	1.79
2 号	2.70	6.75	1.20	1.12	3.23	1.34
1 号	5.02	21.59	1.20	1.04	6.00	1.24
6 号	3.30	19.80	1.74	1.58	5.75	2.75
7 号	3.30	39.60	3.08	1.79	10.15	5.52
8 号	3.30	58.08	2.39	3.22	7.89	7.69
12 号	9.47	248.11	4.47	3.66	42.35	16.37
11 号	4.00	108.00	4.12	3.78	16.48	15.57
17 号	4.00	106.40	4.27	4.59	17.07	19.59
10 号	4.00	118.40	4.41	4.47	17.65	19.73
9 号	9.82	272.01	4.27	3.66	41.91	15.62
14 号	6.31	194.98	4.74	4.53	29.93	21.50
13 号	2.94	95.26	4.49	4.33	13.21	19.45
16 号	5.54	149.58	3.94	4.31	21.84	16.99
15 号	4.27	127.25	3.83	3.25	16.34	12.42
合计	78.82	20.127			260.551	179.988

隧道内平均风速：

$$v_{r1}=\frac{Q}{A}=\frac{\sum(v_i\times A_i)}{\sum A_i}=\frac{260.551}{78.82}=3.306\text{m/s}$$

$$v_{r2}=\frac{Q}{A}=\frac{\sum(v_i\times A_i)}{\sum A_i}=\frac{179.988}{78.82}=2.284\text{m/s}$$

则断面 1—2 间的动压差：

$$\Delta p_{动}=\frac{1}{2}\rho v_{r2}^2-\frac{1}{2}\rho v_{r1}^2=-3.199\text{Pa}$$

断面 1—2 间的静压差：

$$\Delta p_{静}=\frac{\sum(\Delta p_{静i}\times A_i)}{\sum A_i}=20.127\text{Pa}$$

从而可得测试段隧道壁面沿程阻力系数：

$$\lambda=\frac{\Delta p_{动}+\Delta p_{静}}{\left(\frac{(v_{r1}+v_{r2})}{2}\right)^2}\cdot\frac{D}{L}\cdot\frac{2}{\rho}=0.051$$

另外，通常可以认为，隧道 1/3 高度位置的风速近似等于隧道内平均风速。首先利用各测点的值，分别推算出横断面各测点沿程阻力系数，分析阻力系数的分布规律，计算过程如表 2-38 所示。

隧道各测点沿程阻力系数计算结果　　表 2-38

测试原始读数				数据处理结果				
测点编号	静压差	断面 1 动压	断面 2 动压	断面 1 风速	断面 2 风速	断面 1λ	断面 2λ	1—2 断面间 λ
初始	0.5	1.8	1.5					
5 号	1.4	2.2	2.2	0.85	1.12	0.030	0.017	0.023
4 号	2.4	2.8	2.2	1.34	1.12	0.025	0.036	0.030
3 号	2.4	2.3	3.5	0.94	1.89	0.050	0.012	0.031
2 号	2.5	2.6	2.2	1.20	1.12	0.033	0.038	0.035
1 号	4.3	2.6	2.1	1.20	1.04	0.062	0.083	0.073
6 号	6.0	3.5	2.9	1.74	1.58	0.043	0.052	0.047
7 号	12.0	7.1	3.3	3.08	1.79	0.029	0.084	0.056
8 号	17.6	5.0	7.3	2.39	3.22	0.070	0.039	0.054
12 号	26.2	13.0	9.0	4.47	3.66	0.030	0.045	0.038
11 号	27.0	11.3	9.5	4.12	3.78	0.037	0.044	0.040
17 号	26.6	12.0	13.3	4.27	4.59	0.034	0.029	0.031
10 号	29.6	12.7	12.7	4.41	4.47	0.035	0.034	0.035
9 号	27.7	12.0	9.0	4.27	3.66	0.035	0.048	0.041
14 号	30.9	14.4	13.0	4.74	4.53	0.032	0.035	0.033
13 号	32.4	13.1	12.0	4.49	4.33	0.037	0.040	0.039
16 号	27.0	10.5	11.9	3.94	4.31	0.040	0.033	0.037
15 号	29.8	10.0	7.4	3.83	3.25	0.047	0.065	0.056

可取隧道中下部的 6 号、7 号、8 号测点作为代表点，推算隧道的沿程阻力系数 λ，计算结果如表2-39 所示。

隧道沿程阻力系数　　表 2-39

测试原始读数				数据处理结果				
测点编号	静压差	断面 1 动压	断面 2 动压	断面 1 风速	断面 2 风速	断面 1λ	断面 2λ	1—2 断面间 λ
初始	0.5	1.8	1.5					
6 号	6.0	3.5	2.9	1.74	1.58	0.043	0.052	0.047
7 号	12.0	7.1	3.3	3.08	1.79	0.029	0.084	0.056
8 号	17.6	5.0	7.3	2.39	3.22	0.070	0.039	0.054
均值								0.053

即:取隧道中下部的 6 号、7 号、8 号测点作为代表点得到隧道内 $\lambda=0.053$

综合以上 2 种统计方法,得到隧道壁面沿程阻力系数 λ 分别为 0.051～0.053。

可以将上述试验测试结果同尼古拉兹公式对比:$\lambda=\dfrac{1}{(1.74+2\lg\dfrac{d}{2\Delta})^2}$,表 2-40 是不同的隧道壁面粗糙度时,尼古拉兹公式对应的壁面沿程阻力系数 λ:

尼古拉兹公式对应的沿程阻力系数　　表 2-40

Δ(mm)	50	60	70	80	90	100	110	120
λ	0.032	0.034	0.035	0.037	0.038	0.040	0.041	0.043
Δ(mm)	130	140	150	160	170	180	190	200
λ	0.044	0.045	0.046	0.047	0.048	0.049	0.051	0.052
Δ(mm)	210	220	230	240	250	260	270	280
λ	0.053	0.054	0.054	0.055	0.056	0.057	0.058	0.059
Δ(mm)	290	300	310	320	330	340	350	360
λ	0.060	0.061	0.062	0.063	0.063	0.064	0.065	0.066

测试结果相当于隧道平均壁面粗糙度 Δ＝190～210mm。

2.9.2.2　主要结论

综合以上分析可得,本次实测秦岭终南山隧道 K65＋500～K66＋154.5 喷射混凝土段通风沿程阻力系数 λ 位于 0.051～0.053;对应于尼古拉兹公式 $\lambda=\dfrac{1}{(1.74+2\lg\dfrac{d}{2\Delta})^2}$ 中,隧道壁面平均粗糙度 Δ＝190～210mm。此系数是现行《公路隧道通风照明设计规范》(JTJ 026.1—1999)中推荐运营隧道(模筑混凝土壁面,考虑照明灯具等附属设施的影响后)沿程阻力系数 λ＝0.02 的 2.55～2.65 倍。

测试区段内没有大型机械、台架和大的土石方堆积,但隧道东侧拱腰处挂有连续的施工用通风软管,两侧拱腰处均挂有施工电缆和施工照明灯,两侧拱角处有排水沟和施工供水管,隧道路面沿线有少许小堆的土石和泥堆,地面不够平整。与隧道将来的运营工况相比,隧道尚未安装照明灯具、交通信号灯、可变情报板、消防辅助设施等增大阻力的设施,但墙面与地面的平整度比一次衬砌及正规隧道路面差许多,对风阻有利有弊。

综上可认为测试结果是略偏于保守的,若秦岭终南山特长公路隧道以喷射混凝土作为隧道永久衬砌段,建议通风沿程阻力系数 λ 的设计值可取为 0.051～0.053。

2.9.3　隧道洞口端气候环境测试分析

测试主要结论如下:

(1)秦岭终南山特长公路隧道,南、北段洞口由于处于不同的气候带,夏季气温变化明显。变化曲线如图 2-98 和 2-99 所示。

(2)隧道南洞口气压相对北洞口端气压要低,从各月观测记录得到的日平均气压,南洞口大都要比北洞口气压低约 2 000Pa;在同一时间段内,南北洞口压强变化曲线大体一致,同时达到峰值或者最低值。秦岭特长公路隧道南、北洞外，压强基本持平，北洞口压强均值为 91 950Pa，南洞口压强为 90 450Pa。

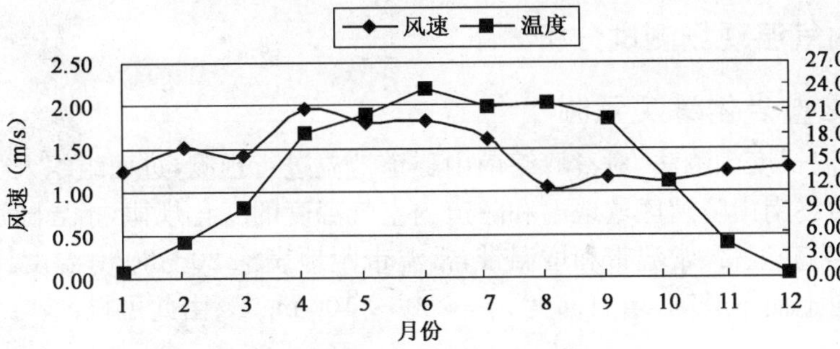

图 2-98　隧道北洞口段温度、风速年变化曲线

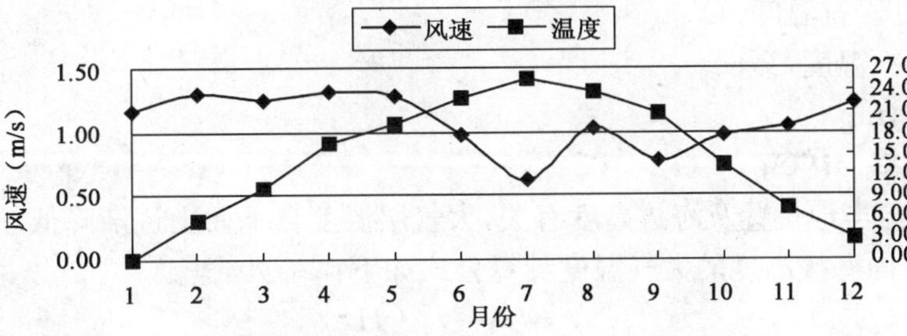

图 2-99　隧道南洞口段温度、风速年变化曲线

(3)从南北洞口气压年变化曲线图得出气压最高值出现在冬季，最低值出现在夏季，气压年变化值较大，北洞口压强最大值为 9 3670Pa 出现在冬季 12 月份，最低值为 90 950Pa，出现在夏季 7 月份；南洞口压强最大值为 92 170Pa，出现在冬季 12 月份，最低值为 89 840Pa，出现在夏季 7 月份。由于秦岭终南山特长公路隧道处于中纬度地区，南北洞口纬度的差异也导致气压的非周期性的变化，从各月压强变化曲线图可以看出处于高纬度地区的北洞口变化较处于低纬度的南洞口气压变化较明显。

(4)温度和湿度的相互影响变化较明显，当气温变化增高时，虽然蒸发加快，水汽压增大，但是饱和水汽压增大的较快更多，反使相对湿度减少。温度降低时相反，相对湿度增大。因此相对湿度的日变化和温度的日变化相反，其最高值基本上出现在温度较低的时候。

(5)相对湿度年变化比较特殊，由于秦岭终南山特长公路隧道两端洞口处于秦岭山脉不同植被环境中，南北气候环境迥异，南洞口具有明显的江南气候特征，而北洞口却具备西北干旱气候的特征，故两边的相对湿度具有明显的差异。总体来看，相对湿度出现双峰趋势。全年最湿在秋季 8 月～10 月(平均 80%)，而最干则出现在春季的 2 月～4 月(平均 59%)

(6)南、北洞口风向变化不是很明显，北洞口常年风向为西北风风向基本保持在隧道轴线保持±22.5°左右，与隧道成一定角度，不是正面对着隧道洞口，南洞口风向与隧道洞口成±30°角，在 11 月份风向有显著的变化，主要是因为西亚大陆季风南下的影响，这期间秦岭地区多雨，气温下降快。

(7)洞外自然风速一般比较小，北洞口风速多在 1～2m/s，均值为 1.3m/s。但是南洞口风速变化较大，最低值为 0.63m/s，最大值为 1.23m/s，均值为 0.98m/s。当铁路东线隧道内有列车通过时，由于活塞风的作用，西线隧道出口风速可达 4.8m/s。

(8)通过对隧道洞口温度和风速的测试，可以发现温度和风速成反向变化关系，风速大的时候，温度相对来讲就要降低。从下面的图形来看，比较明显看出温度和风速的变化趋势线变化规律。当南洞口风速为 0.5m/s 时，温度几乎高到 35℃。这也是符合气候变化的一般规律。

(9)隧道内的风速同隧道外的风速风向的关系是，风向相同时，大体上洞外风速的 50%～100%，平均为 60%～70%会吹入洞内。

(10)公路隧道洞外温差多在 5～15℃之间，隧道南北两端外界日气温变化很大，气温日较差(一天中气温最高值与最低值之差)分别达到 22.0℃和 19.5℃。但南北两洞口的日最高气温均高于洞内最高气温，温差达 2～8℃。

2.9.4 隧道内气温现场测试分析

2.9.4.1 隧道内岩体温度预测

研究首先选用地温梯度预测法，对秦岭终南山隧道地温进行预测，进而组织人员进行隧道内空气温度现场实测，得出秦岭终南山隧道区域地温和隧道内空气温度的变化规律，指导隧道通风防灾设计。

地层自上而下分为变温带、常温带和增温带，常温带距地表深 20～30m，温度比当地年平均气温高 1～2℃，增温带温度自上而下升高，增温梯度 $g_r = 30 \sim 100$ m/℃；由此可得：

$$t_r = t_0 + \frac{Z - Z_0}{g_r} \tag{2-90}$$

式中：t_r——Z_m 深度处岩石温度，℃；

t_0 ——恒温带岩石温度，℃；

Z——岩石深度，m；

g_r ——地热增温率，m/℃；

当地年平均气温与当地位置及海拔高度有关，大气层温度自下而上逐渐降低，一般有温降梯度 $t_h =$ (0.6～0.65)℃/m，不同海拔高度的大气温度计算公式如下：

$$t = t_0 - t_h \cdot H \tag{2-91}$$

式中：t——H 米高度处大气温度，℃；

t_0 ——海平面大气温度，℃；

t_h ——大气降温梯度，℃/m；

H——计算点海拔高程，m；

可得隧道内岩层温度均在 16℃以上，最高温度达 38℃，各沿程位置的岩层温度分布如图 2-100 所示。

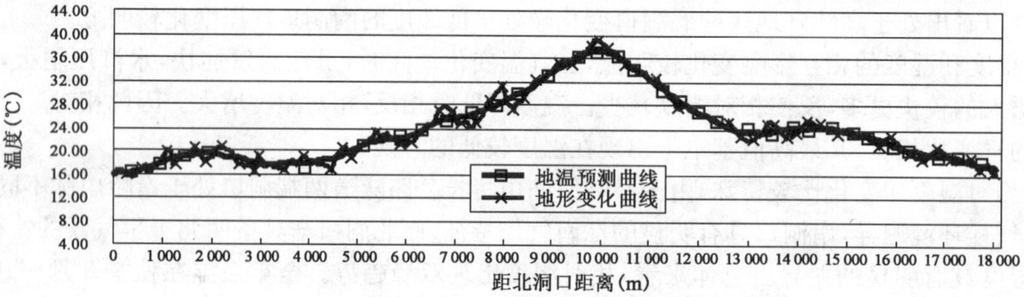

图 2-100 岩层温度分布图

2.9.4.2 岩体温度对隧道气温的影响

深埋隧道的高岩体温度直接导致隧道内的高气温压差。测试结果表明秋季 9 月、10 月，隧道内(主要指深埋区段)气温明显高于外界气温。9 月份公路东线隧道的现场测试中，对全隧道 20:00，2:00 和 8:00时间段前后进行了测试，得出隧道沿程气温分布如表 2-41 所示。

公路东线隧道沿程气温(℃)分布表

表 2-41

测点位置	北洞口外	1 600m	3 200m	4 800m	6 400m	8 000m	9 600m
20:00	16.5	21	23.8	22.8	25.6	23.9	26.4
2:00	16	18	21	23	25	24	26
8:00	15.5	17	20.5	20.8	21	23	25
测点位置	10 600m	12 080m	13 560m	15 040m	16 520m	18 000m	南洞口外
20:00	29.6	27.1	28.8	27	26	22.1	20
2:00	29.9	28.6	28.1	27	25.5	23	18
8:00	29	27	28.5	28	25.8	23.1	18.5

可以看出,自晚上20:00至早上8:00,隧道北洞口气温在 15.5～16℃,南洞口气温在 18～20℃,而隧道中部距离北洞口 9.6km 处和 10.6km 处气温分别达到 25～26.4℃和 29～29.9℃,比隧道两洞口气温高出 10℃以上。

9 月份隧道内外如此之大气温差别的原因主要有两方面:其一,测试时期隧道内有大量变配电设施、施工机械、运输车辆发热,引起气温升高;其二,隧道内岩体温度高于外界大气温度,隧道壁面岩层向流入隧道内的空气传热,引起气温升高,隧道中部岩层最高温度达 38℃,远高于隧道内气温,因此岩层温度是影响隧道内气温的主要因素。隧道区域岩体温度与隧道内气温的对比曲线图如图2-101所示。

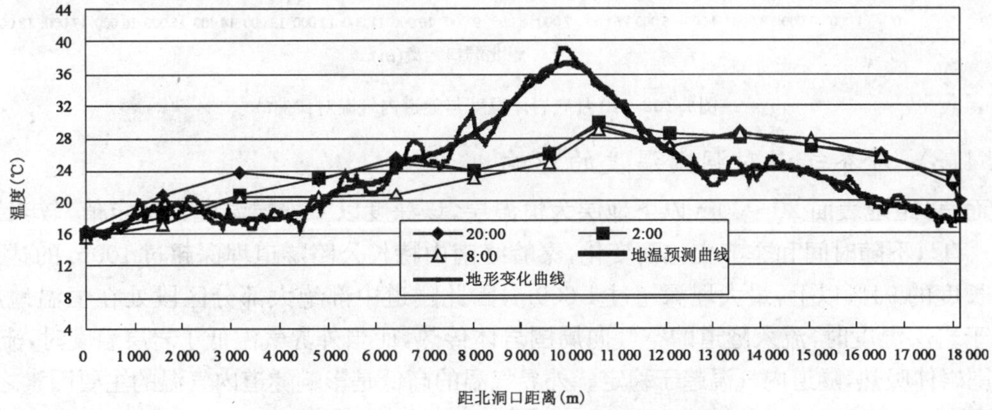

图 2-101　9 月份岩体温度与隧道内气温对比曲线

10 月份铁路西线隧道现场测试中,对全隧道沿程进行了 24h 连续观测,得到隧道内沿程的日平均气温分布如表 2-42 所示。

铁路西线隧道日平均气温分布表　　表 2-42

测点位置	北洞口外	0.1km	1.7 km	3.4 km	5.0 km	6.7 km	8.4 km
日平均气温(℃)	11.3	14.8	17.6	19.7	20.2	21.2	22.7
测点位置	10.1 km	11.8 km	13.5 km	15.1 km	16.8 km	18.4 km	南洞口外
日平均气温(℃)	22.5	22.3	20.0	16.4	13.4	12.0	12.0

由上表看出,洞内距北洞口 5.0～13.5km 段空气日平均温度大于 20℃,最高达 22.7℃,而南北两洞口日平均气温在 11～12℃,洞内深埋段气温较洞口气温高出 10℃左右。

隧道内岩层温度明显高于空气温度,各测点温度对比表如表 2-43 所示。

铁路西线隧道岩层温度与气温对比表　　表 2-43

测点位置	北洞口外	0.1km	1.7 km	3.4 km	5.0 km	6.7 km	8.4 km
岩层温度(℃)		16.1	19.2	17.7	20.8	22.2	30.2
日平均气温(℃)	11.3	14.8	17.6	19.7	20.2	21.2	22.7
测点位置	10.1 km	11.8 km	13.5 km	15.1 km	16.8 km	18.4 km	南洞口外
岩层温度(℃)	37.1	27.6	23.6	23.4	19.4	17.6	
日平均气温(℃)	22.5	22.3	20.0	16.4	13.4	12.0	12.0

除隧道入口段 3.4km 左右位置气温略高于岩层温度外,其余区段隧道内气温均低于对应位置的岩层温度,其长度占隧道总长的 90%以上,温度最大差值达 15℃。隧道内风流方向主要为由南向北流动,因而隧道南段气温明显低于岩层温度,而隧道北段气温接近甚至高于岩层温度,南段气温平均值亦明显低于北段值,南北分别为 17.8℃和 19.4℃。隧道区域岩体温度与隧道内气温的对比曲线图如图 2-102。

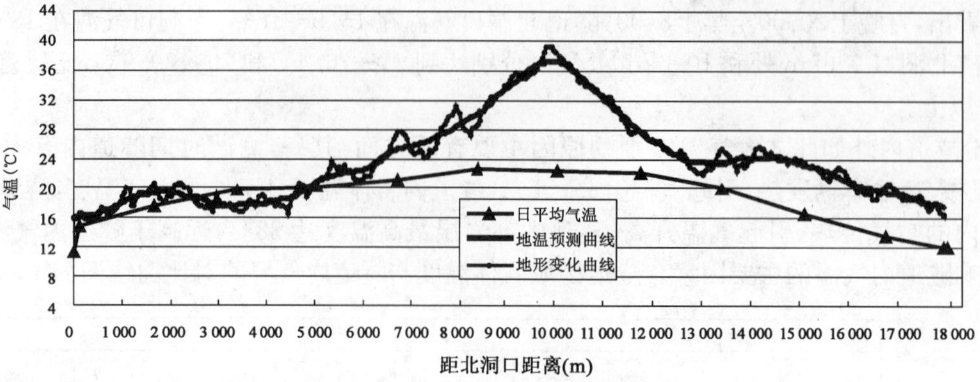

图 2-102 10 月底岩体温度与隧道内气温对比曲线

2.9.4.3 外界气温对洞内温度的影响

一般而言，距地表面 20～30m 以下地层为恒温层，该深度以下岩层温度为恒定值，较当地的年平均温度高 1～2℃，不随时间和季节变化而变化，秦岭终南山特长公路隧道埋深超过 100m 的达到17 000m，占隧道总长度的 94%以上，最大埋深超过 1 600m，因此隧道中部绝大部分区段处在恒温地层中。当外界气温高于岩层温度时，流入隧道的空气向周围岩体传热，而当外界气温低于岩层温度时，流入隧道的空气向从周围岩体吸热，隧道内气温趋于稳定。外界气温的高低是影响隧道内气温的主要因素之一。

10 月份铁路西线隧道现场测试时，洞内风速较小，一般在 0.5～1.5m/s 之间。温度测试结果表明，隧道外界日气温变化明显，北洞口处日最高和最低气温分别达 24.5℃和 4.5℃，温度差达 20.0℃；南洞口处日最高和最低气温分别达 25.0℃和 3.0℃，温差达 22.0℃；但是洞内日温差变化明显趋小，隧道中部距离北洞口 8.4km 处和 10.1km 处的日最高和最低气温均为 23.2℃和 22.0℃，温差仅为 1.2℃。南北两洞口最高温度较隧道中间段高 1～2℃，而最低温度较隧道中间段低 18～19℃。因此可以得出，在风速较小的情况下(如 0.5～2.0m/s)，外界气温的瞬时变化对隧道中部洞内气温影响较小，影响范围大致在隧道入口 2km 以内，超过 2km 的区段，洞内气温基本恒定，10 月份铁路西线隧道中部 9km 前后位置气温恒定在 22～23℃左右。

9 月份公路东线隧道测试期间，南北两洞口外界气温变化很小，无法分析外界气温变化对洞内温度的影响，因而在此不作讨论。

2.9.4.4 日气温变化分析

在任何地点，每一天的气温日变化，既有一定的规律性，又不是前一天气温日变化的简单重复，而是要考虑上述诸因素的综合影响。

10 月份于秦岭铁路西线隧道进行的气温现场测试，隧道沿程(包括南、北两洞口)布置 14 个测点，进行了 24h 的连续观测，每半个小时读数一次。各测点温度变化如图 2-103 所示。

图中 0.0km 曲线和 18.5km 曲线分别代表铁路西线隧道北洞口外和南洞口外 100m 位置处的气温值，其余曲线代表距北洞口相应距离点的洞内气温。

北洞口外日最高温度出现在下午 14:00，气温 24.5℃，日最低温度出现在早晨 4:30～6:00，气温 5.0℃，昼夜温差 19.5℃；南洞口外日最高温度出现在下午 14:00～15:00，气温 25.0℃，日最低温度出现在早晨 4:00～6:00，气温 3.0℃，昼夜温差 22.0℃。而隧道中部气温变化极小，以距离北洞口 8.4km 测点和 10.1km 测点为例，最高温度均为 23.2℃，最低温度均为 22.0℃，昼夜温差 1.2℃。且气温最高与最低点出现的时间具有不确定性，而与隧道内风速有关。隧道南口进风段洞口处气温和洞口外 100m 处几乎相等，而距离南口 1.6km 处，洞内气温昼夜差别就变得很小，最高气温 15.5℃，最低气温 11℃，昼夜温差仅 4.5℃。隧道北口主要是排风(测试时期洞内风流方向基本自南向北)，因而在洞内距离洞口 0.1km 处，最高气温 16℃，最低气温 13℃，昼夜温差仅 3℃。因而，昼夜温差变化的影响范围仅在距离洞口 2km 以外，而对于距离洞口超过 2km 的隧道中间段，昼夜温差变化很小。隧道洞口及中部昼夜温度变化对比表如表 2-44 所示。

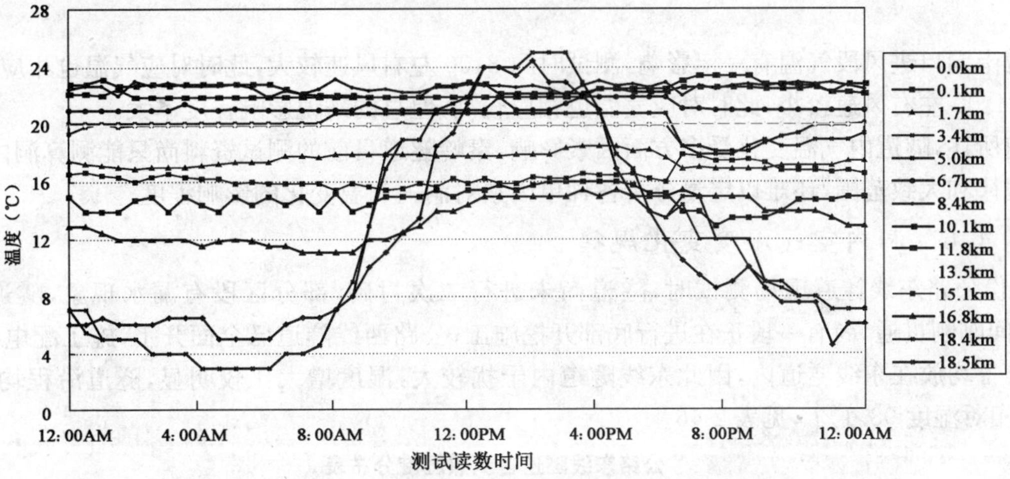

图 2-103　测点温度变化图

铁路西线隧道洞口及中部昼夜温度变化对比表　　　表 2-44

测点位置	北洞口外	距北洞口 8.4km 处	距北洞口 10.1km 处	南洞口外
最高气温及出现的时间	24.5℃ 14:00	23.2℃ 8:00	23.2℃ 1:00	25.0℃ 14:00
最低气温及出现的时间	5.0℃ 4:30	22.0℃ 6:00	22.0℃ 10:00	3.0℃ 4:00
昼夜温差	19.5℃	1.2℃	1.2℃	22.0℃

2.9.4.5　风速对气温变化的影响

风速对隧道内气温影响较大，深埋隧道的地层温度四季恒定，若假设隧道内风速为零，则洞内气温等于地层岩石温度。当外界风流吹入隧道内时（一般为冷空气），空气和隧道壁面发生热交换，空气温度升高而隧道壁面和岩层温度降低，隧道横断面温度变化曲线示意图如图 2-104 所示。

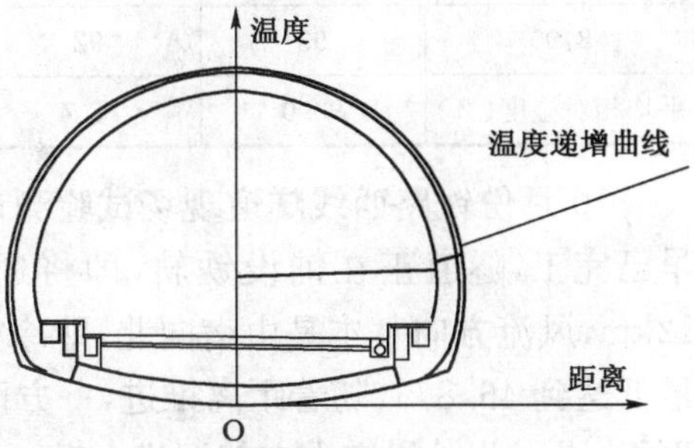

图 2-104　隧道横断面温度变化曲线

因而隧道内气温一般要低于岩层温度，风速越低两者温度差距越小，而风速越高两者温度差距越大。研究表明隧道内瞬时的风速变化对气温影响较小，洞内温度将恒定在某一特定范围之内。

10 月份铁路西线隧道现场试验测试时，洞内风速较小，隧道全段测试周期内最大风速 4.8m/s，出现在距离北洞口 0.1km 位置段（此时铁路东线隧道内有列车通过，洞内空气通过横通道从铁路西线北洞口排出，从而引起较大风速）。隧道全段各测点测试周期内平均风速最大值为 2.2m/s，出现在隧道南段的入口段（16.8km 和 18.4km 两测点分别对应距离南洞口 0.1km 和 1.6km 位置）。隧道全段的平均风速为 1.2m/s。如表 2-45 所示。

铁路西线隧道风速（m/s）分布表　　　表 2-45

测点距北洞口距离	−0.1km	0.1km	1.7km	11.8km	13.5km	16.8km	18.4 km	18.6 km
最大风速	1.5	4.8	0.5	2.9	3.8	4.2	4.0	2.4
平均风速	0.5	0.9	0.2	1.1	1.6	2.2	2.2	0.9

隧道中部和北洞口段(测试期间隧道内气流方向自南向北),洞内气温基本不随洞内风速变化而变化,洞内风速由于铁路东线列车行驶等因素影响而有较大变化,但变化多为瞬时的,因此对洞内气温影响很小。

隧道南洞口进风段气温有一定影响,测试时间 8:00 左右风速较大,此时对应气温也相应较低,而测试时间 14:00 左右风速较小,此时对应气温也相应较高,但总的来说影响程度不大。

如前所述,隧道内气温变化受多方面因素影响,秦岭隧道目前的测试资料尚只能测算洞内气温的总体变化规律和大致范围,还难以定量分析各种单因素对洞内气温变化的影响程度。

2.9.4.6 洞内空气湿度变化规律

9 月份公路东线隧道现场测试时,隧道尚未进行二次衬砌,部分区段有漏水现象,隧道中部 9~10km 之间刚刚贯通,尚有一段正在进行底部开挖施工;公路西线隧道已全面开工,施工配电设施、通风设施等设备均放在东线隧道内,因此东线隧道内干扰较大,湿度增大比较明显,隧道沿程均在 80%以上,平均相对湿度 93.1% ,见表 2-46。

公路东线隧道各测点湿度分布表

表 2-46

测点位置	北洞口外	0.1km	1.7 km	3.4 km	5.0 km	6.7 km	8.4 km
20:00	97	85	83	90	78.1	82.1	90
2:00	97.3	93	95.5	93.4	81.6	84.2	92.0
8:00	90	93	83.6	100	99.8	99	94
平均相对湿度(%)	94.8	90.3	87.4	94.5	86.5	88.4	92.0
测点位置	10.1 km	11.8 km	13.5 km	15.1 km	16.8 km	18.4 km	南洞口外
20:00	87	89	100	95	96.6	96.8	97
2:00	90.1	84.2	97.9	94	100	100	100
8:00	93	92	96	100	100	100	100
平均相对湿度(%)	90.0	88.4	98.0	96.3	98.9	98.9	99.0

10 月份铁路西线隧道现场试验测试时期,隧道已全线贯通超过一年时间,防水设施和二次衬砌也早已完工,隧道正在铺设铁轨,即将通车,因此隧道内空气湿度没有明显的增加,隧道从南口向内 12km,风流方向基本是由南向北,即冷空气由隧道南口吹入,进入隧道后不断升温,因而相对湿度下降,最低达到 46.8%,随着距离推进,一方面空气在隧道沿程吸收部分水汽,另一方面气温达到最高后出现下降,因而此段隧道内空气湿度上升。到达距离北洞口 5.0km 的位置,试验测试阶段,公路西线隧道由于施工原因,有一股湿度极高、近似饱和的污染空气排入试验测试的铁路东线隧道中,因而空气湿度剧增,达到近似饱和(相对湿度达 97.6%),而后自南向北湿度又缓慢降低,见表 2-47。

铁路西线各测点平均相对湿度分布表

表 2-47

测点位置	北洞口外	0.1km	1.7 km	3.4 km	5.0 km	6.7 km	8.4 km
平均相对湿度(%)	67.6	71.6	91.3	90.2	97.6	64.2	73.6
测点位置	10.1 km	11.8 km	13.5 km	15.1 km	16.8 km	18.4 km	南洞口外
平均相对湿度(%)	63.0	54.8	49.2	46.8	62.9	89.9	89.9

因而对于防排水效果良好的隧道,洞内空气湿度不大于洞外吹入隧道内的空气湿度。

2.9.4.7 主要结论

(1)秦岭隧道埋深大,对应区段的地热明显,隧道中部岩层温度高达 38℃,大部分区段都在 20℃以上。

(2)公路东线隧道 9 月份现场测试时期,洞内自然风速很小,测试期内最大风速 2.0m/s,平均风速

1.01m/s。

(3)公路东线隧道内气温明显高于外界气温，温差多在5℃以上。其原因一方面在于隧道地层温度高、洞内风速小，另一方面在于公路西线隧道施工供配电设备、施工机械、运输车辆等外界因素影响。

(4)公路东线隧道测试时洞内风流主要由北向南，从而使得隧道内南段气温明显高于北段，且南段洞内气温高于岩层温度，多数区段气温在25℃以上。

(5)公路东线隧道测试时洞内未施做防水层和二次衬砌，隧道内空气相对湿度明显偏大，均在80%以上，平均相对湿度达93.1%。加之洞内温度高，使得汽车由外驶入隧道时，极易在前挡风玻璃上形成水雾。

(6)铁路西线隧道内日平均气温明显高于洞口外界气温，温差多在5～10℃之间。但南北两洞口的日最高气温均高于洞内最高气温，温差达2～8℃。

(7)铁路西线隧道测试时期，隧道南北两端外界日气温变化很大，气温日较差(一天中气温最高值与最低值之差)分别达到22.0℃和19.5℃。而隧道中部日气温变化极小，气温日较差仅1.2℃。

(8)昼夜温差变化在隧道内的影响范围仅在距离洞口2km以外，而对于距离洞口超过2km的隧道中间段，昼夜温差变化很小。测试表明距离隧道南口进风段的1.6km测点处，洞内气温日较差仅4.5℃，而对于出风段的隧道北口，在洞内距离洞口0.1km测点处，气温日较差仅3℃。

(9)铁路西线隧道测试时期，隧道内自然风速小，多在1～2m/s，均值为1.2m/s。当铁路东线隧道内有列车通过时，由于活塞风的作用，西线隧道出口风速可达4.8m/s。

(10)秦岭特长隧道内，洞内风速的瞬时变化对洞内气温影响甚小，且影响范围仅在距离洞口2～3km区段，隧道中部区段气温基本保持恒定。

(11)铁路西线隧道测试时期，隧道已完成衬砌施工数月，防水效果较好，由于洞内空气温度高，使得隧道大部分区段相对湿度较洞外小，多在50%～80%。

2.10 通风系统工况模拟研究

2.10.1 概述

秦岭终南山公路隧道通风系统的规模之宏大在国内外实属罕见，如何有效地管理、合理地使用，使之达到经济运营状态，将是今后面临的重要课题。为了能解决好以上问题，就要求在安装风机前能够对风机安装后的运行情况进行研究分析，以便能够做到有的放矢地制订风机管理预案。

风机安装之前，有必要通过工作状况的模拟以及工况点的模拟计算，一方面检验所选的风机是否可以满足隧道对需风量的要求；另一方面确定在不同风机组合的情况下通风系统内的风量分配情况，并与不同时期不同行车速度下的需风量进行对比，确定在什么时期什么样的情况下大致应该如何开启风机是可以满足要求的，并且是较为经济的。

在通风系统模拟中，根据秦岭终南山特长公路隧道的情况，建立了与之相符合的复杂的通风网络模型，并结合秦岭终南山特长公路隧道施工图，按照规范的要求以及课题组所做的数值仿真和物理模型试验的结果对网络图中各支路的风阻进行了计算，并将计算出的风机的较大的风压或风机的特性曲线代入程序中，解算在自然风压、交通风压、风机风压共同作用下公路隧道网络中各支路的风量以及风机的工况点。通过对模拟结果的分析，确定风机特性曲线及风机不同组合的适应性及经济性。

2.10.2 通风系统网络模型的建立

2.10.2.1 风机特性曲线的确定

根据不同工况下，通风系统需提供的风量和风压分布散点图，确定秦岭终南山隧道各风路较为适合的风机特性曲线。

具体的做法为：

(1)将隧道上下行线各联络风道的通风量和所需风机提供的风压列出来;

(2)做出能够包罗这些点的二次曲线,作为联络风道中风机并联后的特性曲线;

(3)根据不同联络风道中布置的风机台数的不同,计算出单台风机的特性曲线,从而确定出上下行线中不同联络风道中单台风机的特性曲线,然后将一台风机的特性曲线进行分挡,确定出风机不同挡位时的特性曲线,如图 2-105～图 2-107 所示。

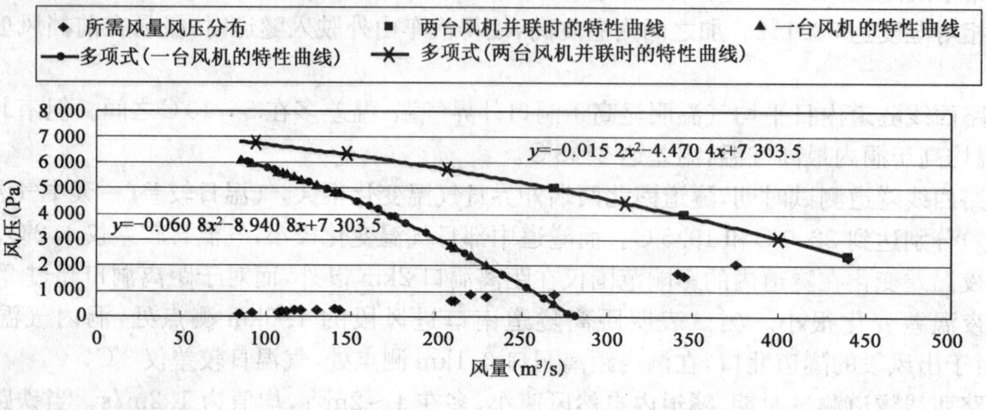

图 2-105　上行线 1 号竖井排风道中风量风压分布及风机并联特性曲线

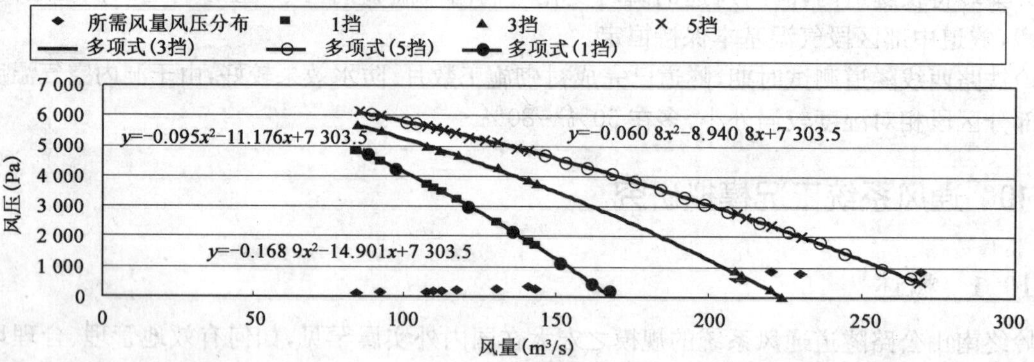

图 2-106　上行线 1 号竖井排风道中风机特性曲线及分挡特性曲线

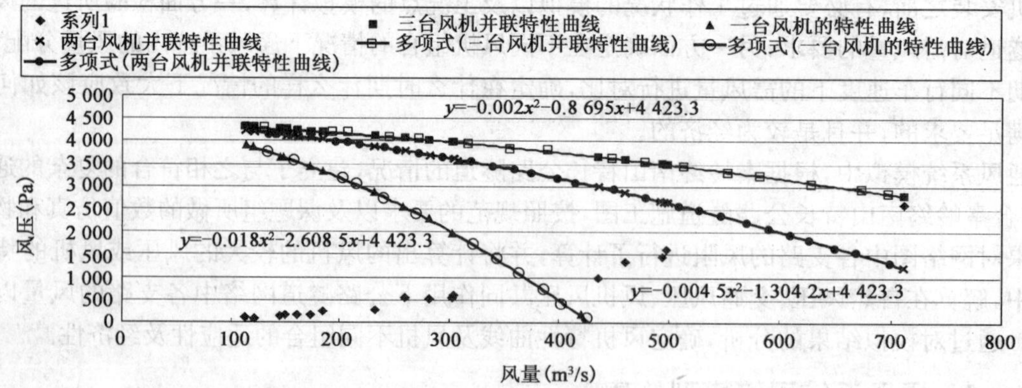

图 2-107　上行线 1 号竖井送风道中风量风压分布及风机并联特性曲线

2.10.2.2　隧道通风系统网络模型的构成

为了能够利用课题组的网络通风仿真程序对秦岭隧道进行风机的工作组合以及风机的工况模拟,针对秦岭终南山隧道通风系统建立了秦岭终南山隧道通风系统网络模型,见图 2-108。

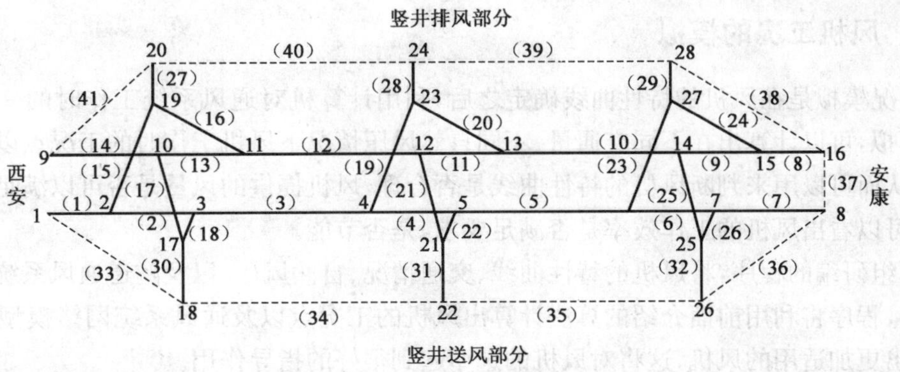

图 2-108　秦岭终南山隧道通风系统网络图

2.10.3　风机工作状况的模拟

秦岭终南山公路隧道整个通风系统中将要安装 32 台轴流风机。这么多台轴流风机，在进行隧道供风时风机开启的组合有很多种，如何对风机进行组合供风才能够即满足隧道需风量的要求，又能够最大限度地节约能源，需通过大量模拟计算优化后才能确定。

根据计算出的所需风机提供的最大风压，将通风系统中联络风道中的风机的风压分为高、中、低三挡，分别对只开启 1 号竖井联络风道中的风机、只开启 2 号竖井中的风机、只开启 3 号竖井中的风机、1 号和 2 号竖井中的风机同时开启、2 号和 3 号竖井中的风机同时开启、1 号和 3 号竖井中的风机同时开启，以及三竖井中的风机同时开启的情况进行了通风计算，得出了在不同的风机组合的情况下以及风机提供的不同的风压下，隧道中各支路的供风量。通过对比分析，从满足需风量要求和节约能源两方面给出了结论，对隧道建成后风机的开启组合给出了一定的建议。

对模拟计算结果进行分析，主要结论如下：

(1)通过模拟计算和分析可以看出按照以上给出的风机所提供的压力，通过隧道上下行三竖井中送排风道的风机开启的不同组合，基本上可以满足隧道上下行各段在 2035 年以前的各种工况下的需风量要求。

(2)隧道中开启风机的组合是否合理对隧道运营期间能源的节省有很大的影响，当只开启一个竖井中的送排风道的风机就可以满足隧道需风量的要求时，最好开启 2 号竖井送排风道中的风机。这样不但从计算结果可以看出是比较合理的，也证明了规范中要求单竖井送排式通风系统其竖井尽量在隧道中部的要求的合理性。

(3)当隧道中的交通量较大，开启一个竖井中的风机无法满足要求时，可以开启两个或三个竖井中的风机进行供风。根据计算所得到的数据，同时开启 1 号和 3 号竖井中的风机时，风量的浪费最少，最经济。

(4)隧道竖井送排风道中的风机应具备多个挡位，在一定时期，挡位固定，通过调节风机组合来进行供风，使提供的风量既能够满足需风量的要求，又做到尽量不要浪费。当三竖井中的风机同时开启时仍不能满足需风量的要求时，就要对风机的挡位进行调节，将部分风机或全部风机的挡位调高一挡进行供风。至于怎样调节，应根据当时的情况具体安排。

(5)为了节约能源，应使风机的工况点尽量处于效率较高的范围内，这样就要求，在风机安装好之后，对风机进行适当的调节，不断校正，使之最终满足适用、经济的要求。

(6)因为秦岭终南山隧道的通风方式为三竖井送排式通风，在设计时，整个隧道最终将布置 32 台轴流风机，因为需风量的增长需要一个过程，所以不可能一开始就能用得了这么多的风机。所以，如果一开始就将所有的风机都安装上，就必定会有部分风机在很长一段时间内无法使用。故而，课题组认为风机的安装应分阶段逐步完成。但是在风机安装前应对风机的安装有一个较为详细的计划，包括将来实施二期工程、三期工程的初步方案都应包括在内，以免造成浪费和损失。

2.10.4 风机工况的模拟

风机的工况模拟是在风机的特性曲线确定之后，利用计算机对通风系统工作时的一种模拟。通过风机的工况模拟，可以计算出在不同交通量、不同自然风压情况下风机工作时的工况点以及风网内各支路中的风量，从而可以用来判断风机的特性曲线是否合理，风机提供的风量是否可以满足隧道需风量的要求，同时还可以看出风机的工作效率是否满足要求，是否节能。

利用课题组研编的程序，将风机的特性曲线、交通情况、自然风压，以及隧道通风系统的边界条件等输入计算机中，程序将利用前面介绍的算法计算出风机的工况点以及通风系统网络模型内各支路的风量，从而确定出更加适用的风机，这将对风机的选型起到很好的指导作用。

通过对只开启 2 号竖井送排风道风机、1 号和 3 号竖井送排风道风机同时开启、三竖井中的风机同时开启等工况下不同风机台数、不同风机挡位和不同风机组合下风网的模拟计算，得出了隧道中的风量分配情况，如图 2-109 所示。

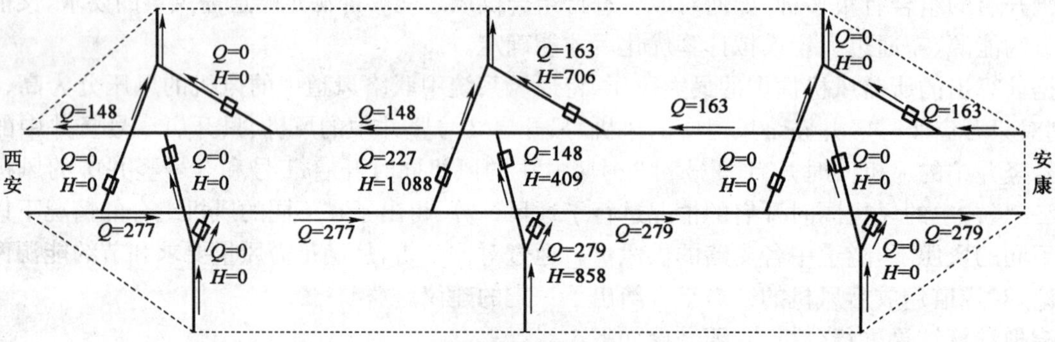

图 2-109 隧道内竖井送排风道风机风量、风压以及隧道各段风量举例图

研究主要结论如下：

(1)通过对秦岭终南山公路隧道风机的工况模拟，可以看出本课题组所推荐的上下行各不同风道的风机的特性曲线，是可以满足目前隧道通风的需要的。

(2)通过模拟可以看出，在设计风机和使用风机的过程中，送排风道风机特性曲线的匹配是非常重要的，如果匹配的好则可以节约能源同时满足隧道通风的要求，反之，要满足通风的需要就会产生的浪费。

(3)可以看出，使用不同的风机组合、不同的风机台数以及不同的风机的挡位，在隧道中，提供的风量是不同的，而且是有一定规律的。比如，在只使用 2 号竖井送排风道的风机供风的情况下，风道中的所有风机全部满载使用时上行线可基本满足 2025 年以前隧道需风量的要求，下行线可满足 2020 年以前隧道的需风量要求；在三竖井送排风道的风机组合使用的情况下，当每个风道中只开启一台风机最大挡时上行线可基本满足 2025 年以前隧道需风量的要求，下行线可满足 2025 年以前隧道的需风量要求。通过以上两个模拟的情况来看，就说明在通风系统的施工以及风机的安装是应该分期进行的，否则将造成大量的设备闲置，造成浪费。

(4)通过风机工况的模拟，可以得到，在不同的交通量下，不同的自然风压下，风机在不同组合下供风时，风机的风量以及风机的风压(风机的工况点)，从而确定风机的功率，可以帮助业主对通风运营后的运营费用作一个初步的估计。同时，由于知道了风机的风压和风量，也很容易知道风机的效率，可以指导在实际操作中对风机进行控制，以便使风机的使用效率最大化。

2.11　交通量分析及风机控制研究

2.11.1　概述

公路隧道建成之后，隧道的通风系统提供的新鲜空气量是否可以满足隧道需风量的要求，取决于隧道中稀释 CO 和 VI 所需的新鲜空气量，如果供风量大于稀释 CO 和 VI 所需的新鲜空气量，则隧道通风满足需风量的要求；否则，就不满足隧道通风的要求，则需要加大对隧道的供风量。

然而，CO 和 VI 的排放量除了与隧道本身的性质有关外(隧道坡度、长度，隧道所在地的海拔，隧址的温度、压强等)，直接由通过隧道的车辆数、车辆组成以及汽柴比(汽油车与柴油车的比值，后同)来决定。那么在隧道建成之后，是否可以直接利用交通量及交通组成来决定隧道的需风量以及供风量，从而对风机进行控制呢，这就要求对交通组成以及汽柴比等因素对汽车通过隧道时需风量的影响程度进行适当的计算和分析，从而得到能够指导实践的结论。同时为了能够在隧道运营期间尽量地节约能耗，就要求对隧道运营后的风机控制进行必要的研究。

为了能够对隧道通风中交通组成对隧道通风的影响进行量化处理，本课题组经过细致的研究，提出了求解交通量可行性线性解的方法。利用这一方法，与前一份报告中风机工况模拟的结论相结合，确定出在各种不同风机开启组合、不同风机工况点下隧道中所允许通过的交通量和交通组成，并对计算结果进行了必要的分析，得出的结论对风机控制、安装及使用有一定的指导意义。

2.11.2　交通量分析的方法及理论

2.11.2.1　风量平衡方程的建立

通常在进行需风量的计算时，是按照《公路隧道通风照明设计规范》(JTJ 026.1—1999)上有关需风量计算公式计算的。这里，将规范上的公式略作改动，如下所列：

$$n_1q_1+n_2q_2+n_3q_3+n_4q_4+n_5q_5+x_1=Q \tag{2-92}$$

$$n_1q'_1+n_2q'_2+n_3q'_3+n_4q'_4+n_5q'_5+x_2=Q \tag{2-93}$$

式中：q_i——每辆 i 类车通过隧道时稀释 CO 的需风量(m^3/s)(其中包括小货车、中型货车、大货车、大中型客车、小客车)；

q'_i——每辆 i 类车通过隧道时稀释 VI 的需风量，m^3/s；

n_i——i 类车的小时交通量，辆/h；

x_1、x_2——风量预留值，m^3/s；

Q——供风量，m^3/s。

显然，$\sum_{i=1}^{5}n_iq_i$、$\sum_{i=1}^{5}n_iq'_i$分别为隧道中通过$\sum_{i=1}^{5}n_i$辆车时的稀释 CO 和 VI 的需风量，x_1、x_2 的值应不小于零，即 $Q>\sum_{i=1}^{5}n_iq_i$。

2.11.2.2　风压平衡方程的建立

根据《公路隧道通风照明设计规范》(JTJ 026.1—1999)的要求，公路隧道中风压力应保持平衡，即阻力之和应等于动力之和。在公路隧道中，阻力主要是隧道的沿程阻力、局部阻力以及风流的动能损失，统称为隧道的阻抗；动力主要是交通风压力以及风机风压力；此外，还有自然风压力，此力有可能是动力也有可能是阻力，视情况而定。

$$\Delta p_r=RQ^2 \tag{2-94}$$

$$R=(1+\xi_e+\lambda_r\cdot\frac{L}{D_r})\frac{\rho}{2\cdot A_r^2} \tag{2-95}$$

$$\Delta p_t = \frac{A_m}{A_r} \cdot \frac{\rho}{2} \cdot n_+ \cdot (v_{t(+)} - v_r)^2 - \frac{A_m}{A_r} \cdot \frac{\rho}{2} \cdot n_- \cdot (v_{t(-)} + v_r)^2 \tag{2-96}$$

式中：R ——风阻，kg/m^7；

Δp_r ——通风阻抗力，Pa；

Δp_t ——交通通风力，Pa；

A_m ——汽车等效阻抗面积，m^2；

A_r ——隧道断面积，m^2；

n_+ ——隧道内与风流方向同向车辆数；

n_- ——隧道内与风流方向反向车辆数；

L ——隧道长度，m；

ξ_e——局部阻力系数；

ρ ——空气密度，kg/m^3；

v_r ——隧道设计风速，m/s。

由式(2-96)可得求解交通风压力的另一种表达式：

$$\Delta p_t = n_{1+}s_1 + n_{2+}s_2 + n_{3+}s_3 + n_{4+}s_4 + n_{5+}s_5 - n_{1-}s'_1 - n_{2-}s'_2 - n_{3-}s'_3 - n'_4 - s_4 - n_5 s'_5 \tag{2-97}$$

式中：n_{i+} ——与风流方向同向的 i 类车小时交通量；

n_{i-} ——与风流方向反向的 i 类车小时交通量。

$$s_i = \frac{A_{cs}\varepsilon_{cs}}{A_r} \cdot \frac{\rho}{2} \cdot \frac{L}{3\,600 \times \nu_{t(+)}}(v_{t(+)} - v_r)^2 \quad 或 \quad s_i = \frac{A_{cl}\varepsilon_{cl}}{A_r} \cdot \frac{\rho}{2} \cdot \frac{L}{3\,600 \times v_{t(+)}}(v_{t(+)} - v_r)^2 \tag{2-98}$$

$$s'_i = \frac{A_{cs}\varepsilon_{cs}}{A_r} \cdot \frac{\rho}{2} \cdot \frac{L}{3\,600 \times v_{t(-)}}(v_{t(-)} + v_r)^2 \quad 或 \quad s'_i = \frac{A_{cl}\varepsilon_{cl}}{A_r} \cdot \frac{\rho}{2} \cdot \frac{L}{3\,600 \times v_{t(-)}}(v_{t(-)} - v_r)^2 \tag{2-99}$$

式中：A_{cs} ——小型车正面投影面积，可取 2.13m^2；

ε_{cs} ——小型车空气阻力系数，可取 0.5；

A_{cl} ——大型车正面投影面积，可取 5.37；

ε_{cl} ——大型车空气阻力系数，可取 1.0。

s_i 与 s'_i 的取值根据车型的不同由上式计算而得。

若为单向交通则式(2-97)简化为：

$$\Delta p_t = n_1 s_1 + n_2 s_2 + n_3 s_3 + n_4 s_4 + n_5 s_5 \tag{2-100}$$

风压平衡方程式如下：

$$\Delta p_j + \Delta p_t + \Delta p_m - x_3 = RQ^2 \tag{2-101}$$

式中：Δp_j ——风机提供的风压，Pa；

Δp_m ——自然风压，Pa，当是动力的时候为正，阻力的时候为负；

x_3 ——风压控制数，x_3 不小于零，Pa。

2.11.2.3　交通量可行性线性解的提出

求解交通量可行性线性解是一种确定交通量和交通组成的方法，即在风机工况点一定的情况下，利用解线性方程的方法求解出适合此种情况下的隧道中允许通过的不同交通量及交通组成的方法。在做交通量的线性解时，就是为了求出在特定的风机风压下，特定的供风量下，隧道中所能通过车辆的数目以及车辆的组成，从而在配置风机时能够使风机更加适合不断变化的交通量以及交通组成的需要，提高风机的使用效率，在最大限度地节约能源的基础上满足隧道通风的要求。

通过上面已经建立的风量平衡方程以及风压平衡方程，通过联立方程(2-92)、(2-93)、(2-100)和(2-101)以及对方程组的变换，可以得到下列矩阵方程：

$$\begin{bmatrix} q_1 & q_2 & q_3 & q_4 & q_5 \\ q_1' & q_2' & q_3' & q_4' & q_5' \\ s_1 & s_2 & s_3 & s_4 & s_5 \end{bmatrix} \cdot \begin{bmatrix} n_1 \\ n_2 \\ n_3 \\ n_4 \\ n_5 \end{bmatrix} + \begin{bmatrix} 1 & 0 & 0 \\ 0 & 1 & 0 \\ 0 & 0 & -1 \end{bmatrix} \cdot \begin{bmatrix} x_1 \\ x_2 \\ x_3 \end{bmatrix} = \begin{bmatrix} Q \\ Q \\ RQ^2 - \Delta p_m - \Delta p_j \end{bmatrix} \tag{2-102}$$

由式(2-102)可以推得:

$$\begin{bmatrix} x_1 \\ x_2 \\ x_3 \end{bmatrix} = \begin{bmatrix} 1 & 0 & 0 \\ 0 & 1 & 0 \\ 0 & 0 & -1 \end{bmatrix}^{-1} \cdot \left(\begin{bmatrix} Q \\ Q \\ RQ^2 - \Delta p_m - \Delta p_j \end{bmatrix} - \begin{bmatrix} q_1 & q_2 & q_3 & q_4 & q_5 \\ q_1' & q_2' & q_3' & q_4' & q_5' \\ s_1 & s_2 & s_3 & s_4 & s_5 \end{bmatrix} \cdot \begin{bmatrix} n_1 \\ n_2 \\ n_3 \\ n_4 \\ n_5 \end{bmatrix} \right) \tag{2-103}$$

在此矩阵方程中,Q、Δp_j 如前所述,均是已知的,q_i、q_i'、s_i、Δp_m 都是可以求出的,所以此矩阵方程中有8个变量,必须给出8个变量的值,然后求出其他3个满足此矩阵方程的变量。显然,x_1、x_2、x_3、n_1、n_2、n_3、n_4、n_5 全部为不小于零的数。在式(2-102)中,给出任意组成的交通量值,通过矩阵方程求得 x_1、x_2、x_3 的值,只要满足 x_1、x_2、x_3 全部不小于零就得到了一组满足条件的交通量,如此往复下去就可以得到无穷多组满足要求的交通量的值。

上面的矩阵方程还可以转换为如下形式:

$$\begin{bmatrix} q_1 & q_2 & 0 \\ q_1' & q_2' & 0 \\ s_1 & s_2 & -1 \end{bmatrix} \cdot \begin{bmatrix} n_1 \\ n_2 \\ x_3 \end{bmatrix} + \begin{bmatrix} q_3 & q_4 & q_5 & 1 & 0 \\ q_3' & q_4' & q_5' & 0 & 1 \\ s_3 & s_4 & s_5 & 0 & 0 \end{bmatrix} \cdot \begin{bmatrix} n_3 \\ n_4 \\ n_5 \\ x_1 \\ x_2 \end{bmatrix} = \begin{bmatrix} Q \\ Q \\ RQ^2 - \Delta p_m - \Delta p_j \end{bmatrix} \tag{2-104}$$

由式(2-104)可以推得:

$$\begin{bmatrix} n_1 \\ n_2 \\ x_3 \end{bmatrix} = \begin{bmatrix} q_1 & q_2 & 0 \\ q_1' & q_2' & 0 \\ s_1 & s_2 & -1 \end{bmatrix}^{-1} \cdot \left(\begin{bmatrix} Q \\ Q \\ RQ^2 - \Delta p_m - \Delta p_j \end{bmatrix} - \begin{bmatrix} q_3 & q_4 & q_5 & 1 & 0 \\ q_3' & q_4' & q_5' & 0 & 1 \\ s_3 & s_4 & s_5 & 0 & 0 \end{bmatrix} \cdot \begin{bmatrix} n_3 \\ n_4 \\ n_5 \\ x_1 \\ x_2 \end{bmatrix} \right) \tag{2-105}$$

可以通过式(2-105),给定 x_1、x_2、n_3、n_4、n_5 来求出满足要求的 x_3、n_1、n_2 从而确定在固定供风量 Q、固定风机风压 Δp_j 下的各种车型的交通量。

2.11.3 单车稀释 CO、VI 的需风量计算

针对秦岭终南山特长公路隧道的情况,按照规范规定的计算公式,本课题组对不同类型车辆单车经过秦岭终南山公路隧道上下行线各段的需风量进行了计算。在计算过程中,根据课题组以前的研究成果,q_{vi}取2.0,q_{co}取0.01,CO折减系数取1.4,各类车的汽柴比按照中铁第一勘察设计院提供的汽柴比,列于表2-48。

各种柴油车比例表　　表2-48

项目 车型	柴油车比例(%)	项目 车型	柴油车比例(%)
小型客车	0	中型货车	85
大中型客车	85	大型货车(含拖挂车)	100
小型货车	50		

2.11.4 秦岭终南山公路隧道通风可适应的交通量组成分析

课题组在前面的风机工况模拟计算中，已经对给定的轴流风机特性曲线下的风机在不同挡位、不同组合下隧道通风系统中各支路的供风情况以及风机的工况点给出了计算图表。现在将利用交通量可行性线性解的理论，对风机开启不同挡位和不同组合下的供风量以及风机风压能满足的交通量和交通组成作一计算和分析。

在计算过程中，根据前面工况模拟计算出的隧道各段的供风量和风机的风压，确定出满足通风要求的通过隧道各段的交通量及交通组成，再计算出该工况供风与需风的差，如供需风差值大于零则供风可以满足需求，供需风差值越接近零说明越经济。

计算分析的主要结论：

(1)相同的供风量条件下，因车辆组成不同可允许通过的最大交通量相差近 6 倍，说明交通组成对隧道中的需风量影响很大。

(2)只开启部分风机时(如 2 号竖井的或 1 号和 3 号竖井的)，隧道 4 个通风段能满足的最大交通量不相等，说明某些通风段会出现供风量不足，某些通风段会出现供风量过剩。

(3)当开启 3 个竖井风机，隧道各段均能满足相同最大交通量。

2.11.5 秦岭终南山公路隧道风机控制计算与分析

2.11.5.1 风机控制的必要性

当隧道建成之后运营之时，如何能够使驾乘人员在如此长的隧道中有一个比较好的环境至关重要。而要提供一个比较好的环境，风机的控制又是必不可少的，风机的控制无非两点：第一，风机提供的风量是否可以满足隧道需风量的要求，此点必须满足。第二，风机提供的风量是否经济，即风机提供的风量不易过大，以免造成浪费，因为隧道运营期间的运营费用是非常昂贵的，在运营期间应当尽量节约能源。

2.11.5.2 风机控制的思路

课题组认为风机控制的思路应该是将前馈式通风控制和反馈式通风控制相结合的通风方式。两种通风方式互为补充，互相呼应。通过前馈式通风控制对隧道中的交通量及交通组成进行预测，并通过预测的交通量和交通组成计算出隧道中各段的需风量从而对风机进行控制。

通过反馈式控制，对隧道中各段的 CO 和 VI 浓度进行检测，就可以验证前馈式通风控制对风机的控制是否可以满足隧道需风量的要求；从而对前馈式通风控制系统进行调整。由于通风控制这部分内容不在本研究范围之内，课题组仅给出上述简短的建议。

本项目的监控技术研究课题组提出了利用交通量进行前馈式控制的方法。应监控技术研究承担单位重庆交通科学研究院的要求，本课题组按照设计单位铁一院提供的汽柴比和 2020 年的交通组成以及课题组提出的风机的特性曲线，计算出风机控制如表 2-49 所列。

2.11.5.3 风机控制计算和分析

1)“单位车辆”需风量的提出

为了研究的需要，课题组提出了“单位车辆”需风量的概念，所谓“单位车辆”需风量就是指在一定的汽柴比、一定的交通组成的情况下，单位车辆通过某段隧道所需要的新鲜空气量。

2)风机控制计算

(1)计算参数

设计院提供的汽柴比以及交通组成列于表 2-49。

汽柴比及交通组成

表2-49

车种	小货车	中货车	大货车	小客车	大中客车
交通组成比例(%)	17.03	20.7	16.66	26.35	19.25
汽柴比(%)	50	85	100	0	85

“单位车辆”通过隧道上下行各段的需风量列于表2-50。

单位车辆通过上下行各段高风量

表2-50

通过上行线各段需风量(m^3/s·辆)							
	第一段	第二段	第三段	第四段	第一二段	第三四段	第二三段
稀释CO需风量	0.172	0.221	0.253	0.206	0.393	0.459	0.474
稀释VI需风量	0.329	0.404	0.463	0.341	0.733	0.805	0.867
需风量	0.329	0.404	0.463	0.341	0.733	0.805	0.867
通过下行线各段需风量(m^3/s·辆)							
	第一段	第二段	第三段	第四段	第一二段	第三四段	第二三段
稀释CO需风量	0.155	0.182	0.202	0.198	0.337	0.400	0.385
稀释VI需风量	0.253	0.268	0.297	0.354	0.521	0.651	0.565
需风量	0.253	0.268	0.297	0.354	0.521	0.651	0.565

(2)只开启2号竖井送排风道中风机控制

计算结果列于表2-51。

只开启2号竖井送排风道中风机计算结果

表2-51

	风机组合及挡位	供风量(m^3/s)		单位车需风量		各段最大交通量		最大交通量
		一二段/三四段		一二段/三四段		一二段/三四段		
上行线	送排风道中一台一挡	277	279	0.733	0.805	378	347	347
	送排风道中一台三挡	344	347	0.733	0.805	469	431	431
	送排风道中一台五挡	398	396	0.733	0.805	543	492	492
	送排风道中两台五挡	528	508	0.733	0.805	721	631	631
	送排风道中风机满载	564	541	0.733	0.805	770	672	672
下行线	送排风道中一台一挡	148	163	0.521	0.651	284	250	250
	送排风道中一台三挡	158	194	0.521	0.651	303	298	298
	送排风道中一台五挡	204	216	0.521	0.651	392	332	332
	送排风道中两台五挡	272	268	0.521	0.651	522	412	412
	送排风道中风机满载	300	306	0.521	0.651	576	470	470

计算结果分析：

通过表2-51可以看出，当只开启2号竖井中送排风道中风机时，上行线最多可以满足672辆“单位车辆”通过，下行线最多可以满足470辆“单位车辆”通过。

当上行线交通量为0～347辆/h时，下行线交通量为0～250辆/h时开启2号竖井送排风道中一台风机一挡即可满足隧道供风的要求。当上行线交通量为347～378辆/h时，下行线交通量为250～284辆/h时，2号竖井送风道中风机开启一台三挡，排风道中风机开启一台一挡；当上行线交通量为378～431辆/h时，下行线交通量为284～298辆/h时，送排风道中的风机开启一台三挡；当上行线交通量为431～469辆/h时，上行线2号竖井排风道中的风机开启一台三挡，送风道中的风机开启一台五挡；当上行线交通量为469～492辆/h时，下行线交通量为300～332辆/h时，送排风道中的风机开启一台五挡；当上行线中交通量为492～543辆/h时，下行线交通量为332～392辆/h时排风道中风机开启一台五挡,送风道中应开启两台风机组合供风;当上行线交通量为 543～631 辆/h 时,下行线交通量为 392～412 辆/h 时,送排风道中应将两台风机组合开启;当上行线交通量为 631～672 辆/h 时,下行线交通量为 412～470 辆时,排风道中风机应开启两台五挡,送风道中风机应满载开启。

(3)开启 1 号和 3 号竖井送排风道中风机的控制

计算结果列于表 2-52。

开启 1 号和 3 号竖井送排风道中风机计算结果 表 2-52

	风机组合及挡位	供风量(m^3/s)			单位车需风量			各段最大交通量			最大交通量
		第一段	二三段	第四段	第一段	二三段	第四段	第一段	二三段	第四段	
上行线	送排风道中一台一挡	162	332	198	0.329	0.867	0.341	493	383	580	383
	送排风道中一台三挡	210	399	244	0.329	0.867	0.341	639	460	715	460
	送排风道中一台五挡	254	418	281	0.329	0.867	0.341	773	482	823	482
	送排风道中两台五挡	421	594	377	0.329	0.867	0.341	1 281	685	1 104	685
	送排风道中风机满载	420	669	416	0.329	0.867	0.341	1 278	771	1 218	771
下行线	送排风道中一台一挡	84	170	263	0.253	0.565	0.354	332	301	742	301
	送排风道中一台三挡	107	207	315	0.253	0.565	0.354	423	367	889	367
	送排风道中一台五挡	130	237	357	0.253	0.565	0.354	514	420	1 008	420
	送排风道中两台五挡	203	300	429	0.253	0.565	0.354	802	531	1 211	531
	送排风道中风机满载	243	313	412	0.253	0.565	0.354	960	554	1 163	554

计算结果分析:

通过表 2-52 可以看出,当只开启 1 号和 3 号竖井中送排风道中风机时,上行线最多可以满足 771 辆"单位车辆"通过,下行线最多可以满足 554 辆"单位车辆"通过。

当上行线交通量为 672～685 辆/h,下行线交通量为 470～531 辆/h 时,开启 1 号和 3 号竖井送排风道中两台风机五挡即可满足隧道供风的要求(上行线 1 号竖井排风道中只需开启一台风机五挡,3 号竖井送风道中风机只需开启一台三挡;下行线 3 号竖井排风道中风机只需开启一台一挡,1 号竖井送风道中风机只需开启两台进行组合供风)。当上行线交通量为 685～771 辆/h,下行线交通量为 531～554 辆/h 时,1 号和 3 号竖井送风道中风机开启满载开启,即可满足需风量的要求(上行线 1 号竖井排风道中只需开启一台风机五挡,3 号竖井送风道中风机只需开启一台五挡;下行线 3 号竖井排风道中风机只需开启一台一挡,1 号竖井送风道中风机只需开启两台进行组合供风)。

(4)开启三竖井送排风道中风机的控制

计算结果见表 2-53。

开启三竖井送排风道中风机计算结果 表 2-53

	风机组合及挡位	供风量(m^3/s)				单位车需风量				各段最大交通量				最大交通量
		第一段	第二段	第三段	第四段	第一段	第二段	第三段	第四段	第一段	第二段	第三段	第四段	
上行线	送排风道中一台一挡	162	295	364	199	0.329	0.404	0.463	0.341	493	730	786	583	493
	送排风道中一台三挡	210	330	396	245	0.329	0.404	0.463	0.341	639	817	855	718	639
	送排风道中一台五挡	255	397	460	282	0.329	0.404	0.463	0.341	776	983	993	826	776
	送排风道中两台五挡	426	584	735	382	0.329	0.404	0.463	0.341	1 296	1 446	1 587	1 119	1 119
	送排风道中风机满载	424	673	731	420	0.329	0.404	0.463	0.341	1 290	1 666	1 578	1 230	1 230

续上表

	风机组合及挡位	供风量(m^3/s)				单位车需风量				各段最大交通量				最大交通量
		第一段	第二段	第三段	第四段	第一段	第二段	第三段	第四段	第一段	第二段	第三段	第四段	
下行线	送排风道中一台一挡	85	160	160	261	0.253	0.268	0.297	0.354	336	598	539	737	336
	送排风道中一台三挡	268	198	197	315	0.253	0.268	0.297	0.354	1 059	740	663	889	663
	送排风道中一台五挡	131	222	224	351	0.253	0.268	0.297	0.354	518	829	754	991	518
	送排风道中两台五挡	263	252	286	394	0.253	0.268	0.297	0.354	1 039	941	963	1 112	941
	送排风道中风机满载	259	272	302	395	0.253	0.268	0.297	0.354	1 024	1 016	1 017	1 115	1 016

计算结果分析：

通过表2-53可以看出，当同时开启三竖井中送排风道中风机时，上行线最多可以满足1 230辆"单位车辆"通过。下行线最多可以满足1 016辆"单位车辆"通过。

当上行线交通量为771～1 119辆/h，下行线交通量为554～941辆/h时，将三竖井送排风道中两台风机组合供风即可满足隧道供风的要求。当上行线交通量为1 119～1 230辆/h，下行线交通量为941～1 016辆/h时，三竖井送排风道中风机满载开启即可满足需风量的要求。

2.11.6　小结

(1)通过以上对秦岭终南山特长公路隧道上行线各不同供风情况下的交通量计算和分析，可知，交通量组成对隧道需风量的影响很大，故而，当隧道建成运营期间，应对通过隧道的交通量及交通组成进行定期的测量和预测，这一方面可以推测出隧道中的CO和VI的排放量从而确定风机的供风量用来指导当时的风机控制；另一方面，这也可以积累大量的交通量资料，用来预测未来的交通量及交通组成情况，为未来的风机控制提供较为接近实际的交通量资料。

(2)风机的控制归根到底是隧道通风系统中风机提供的新鲜空气量是否大于稀释通过隧道中的汽车排出的CO和VI所需的风量值。由于隧道中的交通量以及交通组成是不确定的，所以在进行交通量及交通组成检测的同时，还应该在隧道中由专人或设置专门的设备对CO和VI的浓度进行检测，一方面可以直接指导对风机的控制，另一方面可以检查通过交通量及交通组成的前馈式风机控制的准确性，这对前馈式通风控制是一个必要的补充。

(3)经过上面的计算和分析可知风机控制的思路应该是将前馈式通风控制和反馈式通风控制相结合的通风方式。两种通风方式互为补充，互相呼应。通过前馈式通风控制对隧道中的交通量及交通组成进行预测，并通过预测的交通量和交通组成计算出隧道中各段的需风量从而对风机进行控制。通过反馈式控制，对隧道中各段的CO和VI浓度进行检测，看前馈式通风控制对风机的控制是否可以满足隧道需风量的要求，一方面对前馈式通风控制进行检查；另一方面可以通过对CO和VI浓度的检测，对前馈式通风控制系统进行调整。

(4)经过计算得到了在一定交通组成、一定汽柴比和特定风机特性曲线下的风机控制表，说明风机的控制是可以使用交通量、交通组成和不同类车的汽柴比作为控制参数进行控制的。

2.12　主要成果

2.12.1　主要研究结论

2.12.1.1　汽车动态排放参数研究

汽车排放因子及其影响因素值的确定是计算隧道需风量的前提。研究主要通过调研、现场测试和室内试验等手段，研究了汽车排放因子及在海拔、道路纵坡、交通量参数及相关因素和技术进步因子等影响下，排放因子的变化规律。主要结论如下：

(1)通过实际道路开放环境和发动机台架模拟污染环境试验，研究确定了隧道环境下柴油车动态烟雾基准排放量选取 2.0 m^3/(km·veh)；

(2)在大型转鼓底盘测功机上模拟道路运行试验、CVS 采样，结合实际动态环境的道路试验以及模拟隧道污染环境下的发动机台架试验，研究确定了隧道环境下汽油车动态 CO 基准排放量为 0.007 m^3/(km·veh)；

(3)通过在山岭不同海拔高度下的实际测试，确定了随着海拔高度的升高，柴油车烟雾排放量、汽油车 CO 排放量的变化规律，并建立了计算模型。

(4)通过发动机台架开放环境、模拟隧道污染环境、道路开放环境以及实际隧道环境下的试验，确定了不同车速下柴油车烟雾排放量随坡度变化的规律以及汽油车 CO 排放浓度随坡度变化的规律。

2.12.1.2　隧道通风控制标准及环境评价

隧道通风控制标准是隧道需风量计算的重要依据，研究主要结论如下：

(1)秦岭终南山公路隧道以非过人公路隧道考虑污染物浓度控制标准。

(2)确定秦岭终南山公路隧道内各种污染物浓度控制标准的原则，为隧道内行驶机动车里的人的健康、卫生和隧道的营运安全提供保障。

(3)我国公路隧道 CO 设计控制标准在 15 年期间，经历了由低变高的过程，基本上与国际隧道 CO 设计标准的发展趋势相反。1999 年编制的《公路隧道通风照明设计规范》推荐的 CO 设计标准相当于美国和 PIARC70 年代推荐值的水平。烟雾设计浓度限值与 PIARC(1991 年)烟雾推荐值相比，在行车速度为 60～80km/h 时，放宽了 25%；在行车速度为 100km/h，放宽了 30%。

(4)取[CoHb]＝2%，按秦岭隧道的环境参数得秦岭隧道 CO 浓度控制标准见表 2-54。

推荐秦岭终南山公路隧道正常营运时不同车速 CO 浓度控制标准　　表 2-54

正常营运条件	通过车速(km/h)	40	45	50	55	60	70	80	90
	经历时间(min)	27.03	24.03	21.62	19.66	18.02	15.45	13.51	12.01
	允许 CO 浓度(ppm)	69	77	84	93	101	117	133	150

(5)在秦岭隧道常用辅助设施环境 CO 浓度控制标准为：若采用半日工作制(4 h 连续工作时间)，CO 浓度限值为 12 ppm；若采用全日工作制(8 h 连续工作时间)，CO 浓度限值为 7.5ppm。

2.12.1.3　秦岭终南山公路隧道通风方案比选研究

针对秦岭终南山公路隧道多竖井复杂通风的特点，引入通风网络理论，建立了网络数值仿真分析模型，研编了公路隧道网络通风系统计算程序，并应用于隧道通风方案的比选研究。在常规计算和仿真计算的基础上，研究了以雷诺数相似准则为基础、以自模区理论为核心的隧道通风模型率设计方法，给出了完整的隧道通风模型设计方法，在此基础上建立了隧道通风物理模型试验系统，在试验系统上进行了通风方案的比选和验证研究。主要研究结论如下：

1)通过对秦岭终南山公路隧道不同建设长度多种通风方案的比选研究，有力地支持了秦岭终南山公路隧道工程的方案决策。研究主要结论如下：

(1)秦岭终南山特长公路隧道通风方式宜采用分段纵向式；半横向方式除 A1K(隧道全长 11 145m)方案外，其他方案不能满足规范对车道风速的要求，不能采用；全横向方式的通风系统土建费用、运营费用均很高，不易采用；服务平洞送风半横向方式除在 A1K 方案中可作为分期修建的近期方案外，因其车道风速超规范、气流组织复杂、土建费用高于其他方案，不可采用；

(2)A2K(隧道全长 13 175m)方案、AK 方案(隧道全长 18 020m)的竖井分段纵向通风方案可行，其中 AK 方案中的三竖井分段通风方案较两竖井分段通风方案更优；A1K 方案的两竖井分段纵向通风方案，因牛背梁的存在难以合理划分通风道长度，很难讲其是否优于 A1K 方案中半横向通风方案。

(3)所有分期修建的近期方案装机量远大于同期修建的远期方案装机量，后期会有大量通风、供电设备闲置，造成浪费；如前期一条隧道按远期方案安装通风设备，能满足到 2015 年交通量的使用要求，从设备能够充分利用、避免浪费的角度考虑，秦岭终南山隧道通风方案宜采用先后修建分期运营的方法实施。

2)对秦岭终南山公路隧道需风量开展研究，比较了依据设计规范和科研成果各参数对隧道需风量的影响，依照科研成果给出了隧道需风量。

(1)CO 的基准排放量

科研成果推荐的单车 CO 基准排放量远小于规范规定值。该单项因素使得按课题组科研成果的需风量较规范规定值小 60%以上。

(2)VI 的基准排放量

科研成果推荐的单车 VI 基准排放量略小于规范规定值。该单项因素使得按课题组科研成果的需风量比规范值小 20%。

(3)CO 的设计浓度限值

科研成果推荐的 CO 的设计浓度限值远小于规范规定值。该单项因素使得按课题组科研成果的需风量较规范规定值大 150%。

(4)设计车速对需风量的影响

设计车速直接影响隧道需风量大小，本研究计算工况车速分别取 80km/h、60km/h、40km/h、30km/h。研究表明，不论按规范推荐的参数计算还是按科研单位推荐的参数计算，按汽柴比 I 计算还是按汽柴比 II 计算，上行线计算车速 80km/h 时的需风量比车速 60km/h 时的需风量大近 30%。课题组推荐上行线隧道最大计算车速取 60km/h，下行线隧道最大计算车速可取 80km/h。

(5)汽柴比对需风量的影响

隧道上、下行线不论按规范推荐的参数计算还是按科研单位推荐的参数计算，稀释 CO 的需风量按汽柴比 I 计算时比按汽柴比 II 计算时小 17.2%，稀释 VI 的需风量按汽柴比 I 计算时比按汽柴比 II 计算时大 24.3%。

按汽柴比 I 计算时，上行线隧道内需风量由 VI 控制，而按汽柴比 II 计算时，隧道内需风量由 CO 控制。

上行线总需风量差别较小，而下行线总需风量差别达 10%～17%。这将直接影响到通风系统和通风机械的配置规模，因此合理确定交通流中车辆的汽柴油车型比例意义重大。课题组推荐汽柴比 I，其通风系统配置规模要小于汽柴比 II 的配置规模。

(6)设计规范和科研成果的总需风量对比

当按汽柴比 I，按规范推荐的 CO 基准排放量、CO 设计浓度限值、VI 的基准排放量等参数计算时，隧道远景设计年限总需风量大于课题组推荐的参数计算结果，上行线总量大 31.6%，下行线总量大 15.4%。当按汽柴比 II，按规范推荐的 CO 基准排放量、CO 设计浓度限值、VI 的基准排放量等参数计算时，隧道远景设计年限总需风量大于课题组推荐的参数计算结果，上、下行线总量均大 26.5%。因此，按课题组推荐的 CO 基准排放量、CO 设计浓度限值、VI 的基准排放量等参数计算需风量，可明显减小通风系统配置规模。

(7)关于换气通风量的考虑

课题组建议不考虑换气通风量，则该单项因素使得按课题组科研成果的上行线总需风量基本不变，而下行线总需风量可减少 32%～45%。

(8)根据推荐的参数取值，对秦岭终南山 18km 隧道上、下行线各不同设计年限的需风量作出计算，得出在 30km/h、40km/h、60km/h、80km/h 及交通阻塞等各种车速工况下，隧道内 2010 年、2015 年、2020 年、2025 年稀释 CO 和 VI 的需风量。并根据前述研究，秦岭终南山上行线 1.1%坡度上坡隧道不考虑 80km/h 车速，而用最大车速 60km/h 来控制，此时上行线隧道各设计年限的总需风量减少 29.6%左右；而下行线主要为－1.1%下坡，80km/h 车速不成为控制因素。推荐各年限的设计需分量见表2-55和表 2-56。

上行线(西线)各年限需风量表　　表 2-55

设 计 年 限	2010	2015	2020	2025
总需风量(m^3)及控制因素	295.073 稀释 VI 需风量 车速 60km/h	499.746 稀释 VI 需风量 车速 60km/h	722.563 稀释 VI 需风量 车速 60km/h	975.044 稀释 VI 需风量 车速 60km/h

下行线(东线)各年限需风量表　　表 2-56

设 计 年 限	2010	2015	2020	2025
总需风量(m^3)及控制因素	252.432 稀释 CO 需风量 车速 30km/h	378.988 稀释 CO 需风量 车速 30km/h	539.192 稀释 CO 需风量 车速 30km/h	715.757 稀释 CO 需风量 车速 30km/h

(9)交通阻滞工况下，阻滞段计算长度取 1km，隧道内各车道均以怠速行驶，平均车速为 10km/h，得到＋1.1%上坡段和－1.1%下坡段需风量分别为 38.06m^3/s 和 30.45m^3/s。

3)对历次专家咨询会议提出的各种方案(小竖井无动力通风方案、列车活塞风利用方案和利用铁路平导送风方案等)开展研究，针对三竖井分段纵向通风方案和两竖井纵向通风方案，展开深入研究分析，推荐采用三竖井分段纵向通风方案。主要结论如下：

(1)依靠多竖井进行通风是行不通。在 40 个小竖井的情形下，还需要配合一定的机械动力进行通风，才能满足最有利的情况下隧道的通风要求。在春、夏、秋大部分时节里，自然风压远没有冬季大，利用 40 个小竖井肯定是行不通的，这样就需要开挖更多的竖井。从前面的计算，可以知道开挖 40 个小竖井的工程费用很高，这样与三竖井方案比较就没有优势了，加之竖井开挖会带来的施工技术、整个隧道稳定性、环保等一系列问题，即使开挖了 40 个或更多竖井，隧道正常运营下通风也很难以保证。这是因为自然风不仅受地温影响，还与其他许多因素有关。2003 年 3 月下旬，课题组在终南山隧道进行实地考察，发现自然风方向反复，且变化频率很快，这样自然风的负面效应就更加显著。风流方向反复无常就无法保证隧道内的污染空气及时排出。

(2)列车活塞压力影响的范围很小，在外界条件对通风有利的情况下，公路隧道绝大部分的通风都满足不了要求，所以单纯依靠列车活塞作用进行通风是行不通的。

(3)铁路平导送风方案隧道下行线所需风机功率 8 395.5 kW，比三竖井分段纵向通风方案要多 61.5%；火车活塞压力对风流的影响是很大的，而这种影响随火车行驶的位置不同而变化，这种情况下隧道部分段满足不了通风要求。火车的这种负面效应，靠风机是难以克服的；铁路平导送风方案隧道内风流从 K75＋342 位置处分向流动，从南洞口至该位置，隧道内风流与行车方向相反。这种风流方式在火灾情况下极为不利，不便于火势的控制和救援工作。

(4)通过计算分析得出三竖井分段纵向通风方案所需风机功率小于两竖井分段纵向通风方案。

4)通过数值模拟计算和物理模型试验验证了三竖井分段纵向通风方案的优越性。

试验表明把隧道分为 2 个通风区段，所需的通风动力太大，同时隧道内风速大于规范要求。把隧道分为 3 个通风区段，能降低隧道风速，但竖井和风道中的风速仍然较高。把隧道分为 4 个通风区段能降低隧道风速，同时较大程度上减小风道和竖井风速，能大量降低通风动力，节省后期运营成本。

2.12.1.4　通风系统优化研究

1)借助计算流体动力学软件 CFDesign 对隧道系统中的联络风道局部压力损失、隧道主体送排风口间短道流态、射流风机升压效率、紧急停车带几何形状、隧道进出口段交叉流态和竖井进出口区域交叉流态进行了数值仿真分析，提出了结构设计和优化建议，主要结论如下。

(1)联络风道 90°拐弯处土建形式采用的 $\frac{r}{D}$($\frac{\text{内壁半径}}{\text{风道当量直径}}$)值越大，局部压力损失系数越小；在拐弯处设置一定数目的导流板可以有效减少压力损失。计算结果表明导流板设置的数目不需太多，多则减少有效过流面积反而会提高局部压力损失。一般采用规范建议的减少导流板数目以及最少导流板数目设置。

(2)竖井底部设置一定高度的隔板可有效减少汇流和分流压力损失：分流时，中隔板高度设置为联络风道高度的1/2时局部分流压力损失最小；汇流时，中隔板高度设置为联络风道高度2/3时局部汇流压力损失最小。

(3)计算得出联络风道渐变段局部压力损失系数。当联络风道渐扩，渐变段起止面积比取值0.364时，压力损失最少；当联络风道渐缩，渐变段起止面积比取值越大则对应压力损失也越大。

(4)确定轴流风机与联络风道连接形式。部分连接时压力损失要比较完全连接大很多，根据计算差值最大达33.05%。

(5)确定了对短道流态影响的四个主要因素，并给出较佳的土建几何形式：送风角度取值10°较佳，排风角度取值60°较佳。影响短道回流的主要因素是送排流量的比值，而送排风口距离大小对短道回流影响不是很大，在实际工程中，当送排风口距离大于35m即可满足要求。

(6)对射流风机升压效率进行具体分析，确定不同的$\frac{Z}{D_j}$($\frac{\text{风机轴线与拱顶距离}}{\text{射流风机叶轮直径}}$)值，以及射流风机送风角度和双射流风机之间横向距离对升压效率的影响。计算表明，当送风角度取5°时能够极大提高升压效率。同时随着$\frac{Z}{D_j}$值的增大，射流风机升压效率也在变大。双射流风机之间横向距离值越大，射流风机升压效率也越大。

(7)对紧急停车带土建形式进行优化，采用45°曲线渐变形式要比采用90°和45°直线渐变形式通风效果更优，相比较能够极大减少局部压力损失。

(8)对上下行双线小间距隧道洞口区域流态进行分析。计算结果表明在考虑自然风不利影响情况下，洞口区域容易出现交叉感染。因此从保守角度出发建议在洞口区域设置一定高度和长度的隔墙以避免上下行双线小间距隧道洞口段流态交叉感染的出现。

(9)对竖井进出口区域流态分析表明在考虑不利自然风影响条件下，竖井送排风口轴线距离一般必须大于15m，同时排风竖井高程必须大于送风竖井口5m以上以防止污染空气被重新吸入隧道主体内。

2)在物理仿真模型上进行了竖井底部中隔板高度、竖井送排风口和通风短道长度等的优化试验，给出了设计建议值，主要结论如下。

(1)公路隧道竖井送排式纵向通风系统中，采用上下行隧道共用竖井排风，则两股污染气流在竖井底部交汇碰撞，形成汇流现象。通过隧道通风模型试验，应在排风竖井底部设置中隔板。中隔板可有效避免两股污染气流直接交汇冲撞，其隔离作用能够降低汇流压力损失，有利于污染气体排出。在两隧道排风量比值为0.6～1工况下，中隔板高度宜取0.55～0.65倍风道高度。若两隧道排风量比例小于0.8/1，则可把中隔板位置向风量小侧移动相应距离。

(2)公路隧道竖井送排式纵向通风系统中，采用上下行隧道共用竖井送风，新鲜气流在竖井底部出现分流现象。通过隧道通风模型试验，建议在送风竖井底部设置中隔板。中隔板可有效分离气体，减少压力损失。两隧道需风量比值为0.6～1工况下，中隔板高度宜取0.45～0.55倍风道高度。若两隧道需风量比例不超过0.8/1，则可把中隔板位置向风量小侧作相应移动。

(3)公路隧道竖井送排式通风系统中，排风口设置于隧道侧墙，底部与隧道检修道高程一致，在通风动力相同的条件下，排风口与隧道轴向夹角的取值对排风段隧道平均风速有显著影响，即排风口与隧道轴向夹角对排风井轴流风机功率有较大影响；且排风段隧道平均风速越大，排风口角度影响越大。因此建议在公路隧道竖井送排式通风系统中，排风口与隧道轴向夹角宜取结构和安全性允许条件下的最小值。

(4)在公路隧道竖井送排式通风系统中，送风口设置在隧道拱部，隧道断面平均风速是送风口与隧道轴向夹角取值的重要影响因素。《公路隧道通风照明设计规范》(JTJ 026.1—1999)中“采用竖井送排式通风方式时，隧道设计风速宜取 6～8m/s”，则送风口角度应取 5°～6°。

(5)采用竖井送排式通风的已建成公路隧道，送风口大多设置在隧道拱部，送风口与隧道轴向夹角为 0°。为提高通风效率、降低通风运营费用，应对送风口进行改造。如果对送风口段进行整体改造，其工程费用较高，并且要长时间中断交通，社会影响较大。因此宜在出口处设置与隧道轴向成 5°～6°的导流板，送风口导流板长度取值取决于隧道断面平均风速。隧道断面平均风速越高，送风口导流板长度越短、取值范围越小；即隧道断面平均风速越高，受送风口导流板长度影响越大。在隧道设计风速取 6～8m/s 时，送风口导流板长度应取 1.6～1.8 倍当量长度，导流板高度为送风口高度的 0.168～0.189 倍。

(6)确定合理的公路隧道竖井送排式通风短道长度时，应防止送、排风口间内气流出现回流、短路，污染浓度过大等问题，并由此确定合理的短道长度。短道长度越长，其污染浓度越大，等效新鲜空气量越少，从这个意义考虑送排风口间短道不宜过长；但从防止回流方面考虑，短道又不得过短，因此应综合分析确定合理值。

①对竖井送排式通风短道长度进行模型试验分析，研究风速对短道长度影响，并给出最小短道长度公式。隧道平均风速是最小短道长度取值的重要影响因素，竖井送排式通风系统中最小短道长度随着隧道平均风速增大迅速增加。

②排风口与隧道轴向夹角对有效短道长度的影响进行模型试验分析，给出排风口与隧道轴向夹角取 30°时短道有效长度增加值公式和隧道排风段平均风速为 7m/s 时排风口角度对短道有效长度增加值公式。试验结果表明，若排风口与隧道轴向夹角小于 90°时，应适当缩短短道长度。

③送风口与隧道轴向夹角对有效短道长度的影响进行模型试验分析，给出送风口与隧道轴向夹角取 6°时对短道有效长度减小值公式。送风口与隧道轴向夹角取 6°时，应适当增加短道长度。

2.12.1.5 隧道关键通风参数的现场测试

通风参数现场测试主要包括三项：喷射混凝土作为永久衬砌沿程阻力系数测试、隧道洞口端气候环境测试和隧道内气温现场测试，主要测试结论如下：

1)建议终南山特长公路隧道喷射混凝土作为隧道永久衬砌段，通风沿程阻力系数 λ 的设计值取为 0.051～0.053。

2)洞口端气候环境测试

(1)秦岭终南山公路隧道南、北段洞口由于处于不同的气候带，夏季气温变化明显。

(2)隧道南洞口气压相对北洞口端气压要低，从各月观测记录得到的日平均气压南洞口多要比北洞口气压低约 2 000Pa；在同一时间段内，南北洞口压强变化曲线大体一致，同时达到峰值或者最低值。秦岭特长公路隧道南、北洞外，压强基本相持平，北洞口压强均值为 91 950Pa，南洞口压强为 90 450Pa。

(3)从南北洞口气压年变化曲线图得出气压最高值出现在冬季，最低值出现在夏季，气压年变化值较大，北洞口压强最大值为 936.7hPa 出现在冬季 12 月份，最低值为 909.5hPa，出现在夏季 7 月份；南洞口压强最大值为 921.7hPa，出现在冬季 12 月份，最低值为 898.4hPa，出现在夏季 7 月份。由于秦岭特长公路隧道处于中纬度地区，南北洞口纬度的差异也导致气压的非周期性的变化，从各月压强变化曲线图处于高纬度地区的北洞口变化较处于低纬度的南洞口气压变化较明显。

(4)温度和湿度的相互影响变化较明显，当气温变化增高时，虽然蒸发加快，水汽压增大，但是饱和水汽压增大的更快，反使相对湿度减少。温度降低时相反，相对湿度增大。因此相对湿度的日变化和温度的日变化相反，其最高值基本上出现在温度较低的时候。

(5)相对湿度年变化比较特殊，由于秦岭终南山特长公路隧道两端洞口处于秦岭山脉不同植被环境中，南北气候环境迥异，南洞口具有明显的江南气候特征，而北洞口却具备西北干旱气候的特征，故两边的相对湿度具有明显的差异。总体来看，相对湿度出现双峰趋势。全年最湿在秋季八月～十月(平均 80%)，而最干则出现在春季的 2 月～4 月(平均 59%)

(6)南、北洞口风向变化不是很明显，北洞口常年风向为西北风风向基本保持在隧道轴线呈±22.5°

左右，与隧道成一定角度，不是正面对着隧道洞口，南洞口风向与隧道洞口要呈±30°角，在11月份风向有显著的变化，主要是因为西亚大陆季风南下的影响，这期间秦岭地区多雨，气温下降快。

(7)洞外自然风速多比较小，北洞口风速多在1～2m/s，均值为1.3m/s。但是南洞口风速变化较大，最低值为0.63 m/s，最大值为1.23 m/s，均值为0.98 m/s。当铁路东线隧道内有列车通过时，由于活塞风的作用，西线隧道出口风速可达4.8m/s。

(8)温度和风速成反相变化关系，风速大的时候，温度相对来讲就要降低，风速小的时候，温度会相对升高，如当南洞口风速为0.5m/s时候，温度几乎高到35℃。

(9)风向相同时，大体上洞外风速的50%～100%，平均为60%～70%会吹入洞内。

(10)公路隧道洞外温差多在5～15℃之间，隧道南北两端外界日气温变化很大，气温日较差(一天中气温最高值与最低值之差)分别达到22.0℃和19.5℃。但南北两洞口的日最高气温均高于洞内最高气温，温差达2～8℃。

3)隧道内气温现场测试分析

(1)秦岭隧道埋深大，对应区段的地热明显，隧道中部岩层温度高达38℃，大部分区段都在20℃以上。

(2)公路东线隧道9月份现场测试时期，洞内自然风速很小，测试期内最大风速2.0m/s，平均风速1.01m/s。

(3)公路东线隧道内气温明显高于外界气温，温差多在5℃以上。

(4)公路东线隧道测试时洞内风流主要由北向南，从而使得隧道内南段气温明显高于北段，且南段洞内气温高于岩层温度，多数区段气温在25℃以上。

(5)公路东线隧道测试时洞内未施做防水层和二次衬砌，隧道内空气相对湿度明显偏大，均在80%以上，平均相对湿度达93.1%。加之洞内温度高，使得汽车由外驶入隧道时，极易在前挡风玻璃上形成水雾。铁路西线隧道测试时期，隧道已完成衬砌施工数月，防水效果较好，由于洞内空气温度高，使得隧道大部分区段相对湿度较洞外小，多在50%～80%。

(6)铁路西线隧道内日平均气温明显高于洞口外界气温，温差多在5～10℃之间。但南北两洞口的日最高气温均高于洞内最高气温，温差达2～8℃。

(7)铁路西线隧道测试时期，隧道南北两端外界日气温变化很大，气温日较差(一天中气温最高值与最低值之差)分别达到22.0℃和19.5℃。而隧道中部日气温变化极小，气温日较差仅1.2℃。

(8)昼夜温差变化在隧道内的影响范围仅在距离洞口2km以外，而对于距离洞口超过2km的隧道中间段，昼夜温差变化很小。测试表明距离隧道南口进风段的1.6km测点处，洞内气温日较差仅4.5℃，而对于出风段的隧道北口，在洞内距离洞口0.1km测点处，气温日较差仅3℃。

(9)铁路西线隧道测试时期，隧道内自然风速小，多在1～2m/s，均值为1.2m/s。当铁路东线隧道内有列车通过时，由于活塞风的作用，西线隧道出口风速可达4.8m/s。

(10)秦岭特长隧道内，洞内风速的瞬时变化对洞内气温影响甚小，且影响范围仅在距离洞口2～3km区段，隧道中部区段气温基本保持恒定。

2.12.1.6 提出了通风工况模拟设计方法，进行了秦岭终南山特长公路隧道通风系统工况模拟

针对不同交通量、不同车辆组成等交通工况，采用隧道通风网络仿真计算程序进行风机选型研究和各工况下风机开启工况的模拟，主要研究结论如下。

(1)隧道中开启风机的组合是否合理对隧道运营期间能源的节省有很大的影响，当只开启一个竖井中的送排风道的风机就可以满足隧道需风量的要求时，最好开启2号竖井送排风道中的风机。这样不但从计算结果可以看出是比较合理的，也证明了规范中要求单竖井送排式通风系统其竖井尽量在隧道中部的要求的合理性。

(2)当隧道中的交通量较大，开启一个竖井中的风机无法满足要求时，可以开启两个或三个竖井中的风机进行供风。当开启两个竖井中的风机进行供风时，通过计算所得到的数据，同时开启1号和3号

竖井中的风机,风量的浪费最少,最经济。

(3)隧道竖井送排风道中的风机应具备多个挡位,在一定时期,挡位固定,调节风机组合来进行供风,使提供的风量既能够满足需风量的要求,又做到尽量不要浪费。当三竖井中的风机同时开启时仍不能满足需风量的要求时,就要对风机的挡位进行调节,将部分风机或全部风机的挡位调高一档进行供风。至于怎样调节,应根据当时的情况具体安排。

(4)为了节约能源应使风机的工况点尽量处于效率较高的范围内,这样就要求,在风机安装好之后,对风机进行适当的调节,不断校正,使之最终满足适用、经济的要求。

(5)因为秦岭终南山隧道的通风方式为三竖井送排式通风,在设计时,整个隧道最终将布置32台轴流风机,因为需风量的增长是需要一个过程的,所以不可能一开始就能用得了这么多的风机。如果一开始就将这么多的风机全部安装上,将必定有部分风机在很长一段时间内无法使用。故而,课题组认为风机的安装应分阶段逐步完成。但是在风机安装前应对风机的安装有一个较为详细的计划,包括将来实施二期工程、三期工程的初步方案都应包括在内,以免造成今后不必要的浪费和损失。

(6)通过对秦岭终南山公路隧道风机的工况模拟,可以看出课题组所推荐的上下行各不同风道的风机的特性曲线,是可以满足目前隧道通风的需要的。

(7)通过模拟可以看出,在设计风机和使用风机的过程中,送排风道风机特性曲线的匹配是非常重要的,如果匹配得好则可以在节约能源的同时满足隧道通风的要求,反之,要满足通风的需要就要产生浪费。

(8)通过风机工况的模拟,可以得到,在不同的交通量下,不同的自然风压下,风机在不同组合下供风时,风机的风量以及风机的风压(风机的工况点),从而确定风机的功率,可以帮助业主对通风运营后的运营费用作一个初步的估计。同时,由于知道了风机的风压和风量,也很容易知道风机的效率,可以指导在实际操作中对风机进行控制,以便使风机的使用效率最大化。

2.12.1.7 提出了交通量可行性线性解方法,进行了交通量分析并给出了风机控制建议

针对风机开启的各种不同工况,利用交通量可行性线性解的方法,对通过隧道的交通量及交通组成进行了计算和分析,并给出了风机控制的建议,主要研究结论如下:

(1)通过对秦岭终南山特长公路隧道上行线各不同供风情况下交通量的计算和分析,可知,交通量组成对隧道需风量的影响很大,故而,当隧道建成运营期间,应对通过隧道的交通量及交通组成进行定期的测量和预测,这一方面可以推测出隧道中的CO和VI的排放量从而确定风机的供风量用来指导当时的风机控制;另一方面,这也可以积累大量的交通量资料,用来预测未来的交通量及交通组成情况,为未来的风机控制提供较为接近实际的交通量资料。

(2)风机的控制归根到底是隧道通风系统中风机提供的新鲜空气量是否大于稀释通过隧道中的汽车排出的CO和VI所需的风量值。由于隧道中的交通量以及交通组成是不确定的,所以在进行交通量及交通组成检测的同时,还应该在隧道中由专人或设置专门的设备对CO和VI的浓度进行检测,一方面可以直接指导对风机的控制,另一方面可以检查通过交通量及交通组成的前馈式风机控制的准确性,这对前馈式通风控制是一个必要的补充。

(3)经过交通量及交通组成的计算和分析可知,风机控制的思路应该是将前馈式通风控制和反馈式通风控制相结合的通风控制方式。两种通风控制方式互为补充,互相呼应。通过前馈式通风控制对隧道中的交通量及交通组成进行预测,并通过预测的交通量和交通组成计算出隧道中各段的需风量从而对风机进行控制。通过反馈式控制,对隧道中各段的CO和VI浓度进行检测,一方面可以验证前馈式通风控制对风机的控制是否可以满足隧道需风量的要求,对前馈式通风控制进行检查;另一方面也可以通过对CO和VI浓度的检测,对前馈式通风控制系统进行调整。

(4)经过计算得到了在一定交通组成、一定汽柴比和特定风机特性曲线下的风机控制表,说明风机的控制是可以使用交通量、交通组成和不同类车的汽柴比作为控制参数进行控制的。

2.12.2 进一步工作建议

(1)开展通风系统整体效果评价,进一步验证通风方案的合理性;
(2)开展运营通风效果现场测试与评价。

本章参考文献

[1] T. Nakayuki, S. Asanuma, M. Sato, etal. A simulation system for various longitudinal ventilation tunnels. 9th International Conference on the Aerodynamics and Ventilation of Vehicle Tunnels,1997.

[2] S. Matsumoto, T. Fujita, T. Nakaynkiu, etal. The Dynamic Ventilation Characteristics of the KAN-ETSU Road Tunnel. 8th International Symposium on the Aerodynamics and Ventilation of Vehicle Tunnels,1993.

[3] Japan Highway Public Corporation, Mitsubishi Electric Corporation. Research of a Simulation System for a Ventilation Facility in a Highway Tunnel,1997.

[4] Jafari. M. J. A Predictive Support Tool for Road Tunnel Ventilation Control, A thesis for Ph. D, University of Dundee, Civil Engineering Dept. Dundee, UK,1997.

[5] Ohashi, A. Mizuno, I. Nakabori, etal. A new ventilation method for the Kan-etsu road tunnel. Proc. 4th ISAVVT, Cranfied, U. K. BHRA Fluid Engineering Centre,1982.

[6] Nadel Charles. Overview of the Central Artery/Tunnel (CA/T, Boston, Ma) Project and the Tunnel Ventilation Methodologies Employed to Ensure Public Safety and to Maintain Acceptable Internal Tunnel Air Quality. Proc. the Air & Waste Management Assiciations Annual Meeting & Exhibition,1997.

[7] Bellasio, R. Modelling traffic air pollution in road tunnels. Atmospheric Environment,1997. Vol. 31(10):1539-1551.

[8] Chang T. Y., S. W. Modzelewski, J. M. Nordeck etal. Tunnel Air Quality and Vehicle Emissions. Atmospheric Environment. Vol. 16(6):1011-1016,1982.

[9] Weingartner E. C., Keller, W. A. Aerosol emission in a road tunnel. Atmospheric Environment,1986. Vol. 31(3):451-462.

[10] Oettl Dietar. A simple model for the dispersion of pollutants from a road tunnel portal. Atmospheric Environment, 2002. Vol. 36(18):2943-2953.

[11] 中华人民共和国行业标准. JTG D70—2004 公路隧道设计规范. 北京:人民交通出版社,2004.

[12] 中华人民共和国行业标准. JTJ 026.1—1999 公路隧道通风照明设计规范. 北京:人民交通出版社,1999.

[13] 郑道访. 公路长隧道通风方式研究,北京:科学技术文献出版社,2000.

[14] 郑道访. 对《公路隧道设计规范》中有关通风条文的探讨. 世界隧道,1998,NO.5:14-16.

[15] 邓顺熙,董小林. 我国山岭公路汽车 CO、HC 和 NO_X 排放系数. 环境科学,2000,Vol. 21(1):127-131.

[16] 邓顺熙,刘人通. 公路隧道汽车质量模式及应用. 西安公路交通大学学报,2000,Vol. 31(3):451-462.

[17] 冯炼,赵海恒. 双线铁路隧道内空气污染浓度的数值分析. 西南交通大学学报,1996,Vol. 32(2):521-525.

[18] 蒋维楣,朱宏贵. 城市交通隧道汽车废气排放环境影响的实验研究. 环境科学学报,1998 Vol. 18

(2):188-193.

[19] John O. Bickel, T. R. Kuesel, E. H. King. Tunnel Engineering Handbook. (Second Edition), Chapman & Hall, 388-389.

[20] Committee on Biological Effects of Environmental Pollutants: Carbon Monoxide, National Academy of Sciences, Washington D. C., 1977.

[21] G. M. 马斯特斯(美国). 环境科学技术导论. 北京:科学技术出版社,1985,183.

[22] Coburn, R. F., R. E. Forster, P. B. Kane, Considerations of the Physiological Variable That Determine the Blood Carboxyhemoglobin Concentration in Man, J. clinical Invest,1965, Vol. 44 1899-1910.

[23] 铁道第一勘察设计院. 秦岭终南山特长公路隧道工程可行性研究报告,2002.

[24] 王英敏. 矿内空气动力学与矿井通风系统. 北京:冶金工业出版社,1994.

[25] 张兴凯. 地下工程火灾原理及应用. 首都经济贸易大学,1997.

[26] 徐瑞龙. 通风网络理论. 北京:煤炭工业出版社,1993.

[27] 冯炼,刘应清. 地铁通风网络的数值分析. 中国铁道科学,2002. 1.

[28] RICHARD BETTIS,Controlling smoke in tunnel fires,Fire Prevention,June 1995.

[29] SKUMAR、GCOX,Mathematical modeling of fires in road tunnels [A],Proceedings of the 5th International Symposium on the Aerodynamics & Ventilation of Vehicle Tunnels [C], Lille, France,1985,BHRA,the Fluid Engineering Centre.

[30] JDIAZ,FKRAMESBERGER,Safe and economic ventilation of a motorway tunnel [A],Proceedings of the 5th International Symposium on the Aerodynamics & Ventilation of Vehicle Tunnels [C],Lille,France,1985,BHRA,the Fluid Engineering Centre.

[31] JohnDay, IanSweetland, REDUCING PORTALE-MISSIONS FROM TUNNELS ECONOMICALLY,Ventilatoren Sirocco Howden,2001.

[32] ADMartegani,GPavesi,An experimental study on long itudinal ventilation system,CICC,1993.

[33] Purser, D. A.,Toxicity assessment of combustion products,The SFPE Handbook of Fire Protection Engineering, Third Edition, Society of Fire Proection Engineers, Bethesda, Maryland, 2002.

[34] 苑郁林. 通风网络理论在公路隧道运营通风设计中的应用. 公路,2003. 4.

[35] 付修华,吕和林,杨其新,钟新樵. 特长隧道竖井通风模式下火灾模型试验方案研究. 西部探矿工程,2003. 7.

[36] 曾艳华,李永林,何川,关宝树. 隧道通风网络及调节. 西南交通大学学报,2003. 4.

[37] 曾艳华,何川,关宝树. 有竖井隧道自然风压的研究. 地下空间,2003. 3.

[38] 曾艳华,关宝树. 平行导坑通风计算的研究. 中国公路学报,2002. 7.

[39] 刘艳荣. 列车活塞风对隧道通风系统运行状态的影响. 工程建设与设计,2003. 4.

[40] 张玮,钟汉枢. 公路隧道交通通风力研究. 广西交通科技,2003. 4.

[41] 戴国平. 英法海峡隧道空气动力学及通风系统介绍. 铁道建筑,2001. 1.

[42] 麦继婷,陈春光. 秦岭特长隧道内温度预测. 西南交通大学学报,1998. 4.

[43] 魏军政,赵秋林,蔡英杰. 秦岭终南山特长公路隧道纵向分段式通风设计. 西南交通大学学报,2002.

[44] Heskestad, G.,Fire Plumes, Flame Height, and Air Entrainment. The SFPE-handbook of Fire Protection Engineering,Third Edition. Society of Fire Proection Engineers,Bethesda,Maryland,2002.

[45] Jan Saveur. Special Issue: Immersed and Floating Tunnels,Chapter 6: Hazard Analysis. Tun-

nelling and Underground space Technology ,Vol. 12, 1997.
[46] 中华人民共和国国家军用标准. GJB 180—86 低速风洞飞机模型设计规范. 1996.
[47] 中华人民共和国国家军用标准. GJB 1061—91 高速和低速风洞测力实验精度指标. 1991.
[48] 日本土木学会. 日本山岭隧道技术规范及解释. 关宝树译. 北京:中国铁道出版社,1980.
[49] 汪燮之. 实用隧道工程学. 大公国图书公司,1984.
[50] 铁道部第二勘察设计院. 铁路隧道运营通风. 北京:中国铁道出版社,1983.
[51] 李宁军. 公路隧道施工百问. 北京:人民交通出版社,2003.
[52] 吕康成. 公路隧道运营设施. 北京:人民交通出版社,1999.
[53] 金学易,陈文英. 隧道通风及隧道空气动力学. 北京:中国铁道出版社,1983.
[54] 郑道访. 公路长隧道通风方式研究. 北京:科学技术文献出版社,2000.
[55] 吴望一. 流体力学. 北京:北京大学出版社,1983.
[56] 孙详海. 流体力学. 上海:上海交通大学出版社,2000.
[57] 张也影. 流体力学. 北京:高等教育出版社,1986.
[58] 易家训. 流体力学. 章克本等译. 北京:高等教育出版社,1983.
[59] 景思督,张鸣远. 流体力学. 西安:西安交通大学出版社,2001.
[60] 周光炯,严宗毅,等. 流体力学. 北京:高等教育出版社,2000.
[61] 姜兴华,禹华谦,等. 流体力学. 成都:西南交通大学出版社,1999.
[62] 费翔麟. 高等流体力学. 西安:西安交通大学出版社,1989.
[63] 孔珑. 工程流体力学. 北京:水利电力出版社,1992.
[64] 禹华谦. 工程流体力学. 成都:西南交通大学出版社,1999.
[65] 李诗久. 工程流体力学. 北京:机械工业出版社,1990.
[66] 钱汝鼎. 工程流体力学. 北京:北京航空航天大学出版社,1989.
[67] 高殿荣,吴晓明. 工程流体力学. 北京:机械工业出版社,1999.
[68] 潘文全. 流体力学基础. 北京:机械工业出版社,1980.
[69] 朱一锟. 流体力学基础. 北京:北京航空航天大学出版社,1990.
[70] 王致青. 流体力学基础. 北京:高等教育出版社,1987.
[71] J W 戴莱,D R F 哈里曼. 流体动力学. 郭子中,陈玉璞,等译. 北京:人民教育出版社,1981.
[72] 郭荣良,郭清南,等. 流体力学及应用. 北京:机械工业出版社,1992.
[73] L. 普朗特,等著. 流体力学概论. 郭永怀,等译. 北京:科学出版社,1981.
[74] L M. 米尔恩,等著. 理论流体动力学. 李裕立译. 北京:机械工业出版社,1984.
[75] H. 兰姆著. 理论流体动力学. 游镇雄,等译. 北京:科学出版社,1990.
[76] G. 巴契勒著. 流体力学引论. 沈青,贾复译. 北京:科学出版社,1997.
[77] 赵学端,廖其奠. 粘性流体力学. 北京:机械工业出版社,1983.
[78] 章梓雄,董曾南. 粘性流体力学. 北京:清华大学出版社,1998.
[79] 朱自强. 应用计算流体力学. 北京:航空航天大学出版社,1998.
[80] 傅德薰. 计算流体力学. 北京:高等教育出版社,2002.
[81] 清华大学水利学教研组. 水力学. 北京:人民教育出版社,1980.
[82] 吴持恭. 水力学. 北京:高等教育出版社,2002.
[83] 黄元平. 矿井通风. 徐州:中国矿业学院出版社,1986.
[84] 张国枢. 通风安全学. 徐州:中国矿业大学出版社,2000.
[85] 吴中立. 矿井通风与安全. 徐州:中国矿业大学出版社,1989.
[86] 王英敏. 矿井通风与安全. 北京:冶金工业出版社,1979.
[87] [波]布德雷克著. 王省身译. 矿井通风学. 北京:中国工业出版社,1964.

[88] [日]平松良雄著.刘运洪,等译.通风学.北京:冶金工业出版社,1981.
[89] C J.霍尔著.侯运广,等译.矿井通风工程.北京:煤炭工业出版社,1988.
[90] 王英敏.矿内空气动力学与矿井通风系统.北京:冶金工业出版社,1986.
[91] 淮南煤炭学院通风安全教研室.矿井通风技术测定及其应用.北京:煤炭工业出版社,1980.
[92] 沈阳煤矿设计研究院.矿井巷道通风摩擦阻力系数表(试行),1985.
[93] 马方武.汽车空气动力学.北京:机械工业出版社,1993.
[94] 杜广生.汽车空气动力学.北京:中国标准出版社,1999.
[95] 傅立敏.汽车空气动力学.北京:机械工业出版社,1998.
[96] 黄向东.汽车空气动力学与车身造型.北京:人民交通出版社,2000.
[97] 周美立.相似学.北京:中国科学技术出版社,1993.
[98] 周美立.相似系统论.北京:科学技术文献出版社,1994.
[99] 徐挺.相似方法与应用.北京:机械工业出版社,1995.
[100] 曲祖源.工程研究基础.武汉:武汉理工大学出版社,2002.
[101] 戚昌滋,徐廷.对应方法学.北京:中国建筑工业出版社,1988.
[102] 列兹尼亚科夫 A E.相似方法.王承斌译.北京:科学出版社,1984.
[103] 左东启,等.模型试验的理论和方法.北京:水利水电出版社,1984.
[104] [俄]A M 诺吉德.相似理论与因次理论.官信译.北京:国防工业出版社,1964.
[105] [俄]谢多夫 JIN.力学中的相似方法和量纲理论.沈青,等译.北京:科学出版社,1982.
[106] [美]L 克罗柯.定常气体动力学的一维处理方法.徐华舫译.北京:科学出版社,1985.
[107] 许定奇,等.科学实验导论.北京:石油大学出版社,1989.
[108] 高永卫.实验流体力学基础.西安:西北工业大学出版社,2002.
[109] 南京水利科学研究院,等.水工模型试验.北京:水利电力出版社,1985.
[110] [日]江守一郎,等.模型实验的理论和应用.郭廷玮译.北京:科学出版社,1984.
[111] 屠兴.模型实验的基本理论与方法.西安:西北工业大学出版社,1996.
[112] 颜大椿.实验流体力学.北京:高等教育出版社,1992.
[113] 恽起麟.实验空气动力学.北京:国防工业出版社,1991.
[114] 王铁成,等.空气动力学实验技术.北京:国防工业出版社,1986.
[115] 陈克城.流体力学实验技术.北京:机械工业出版社,1985.
[116] 徐华舫.空气动力学基础.北京:国防工业出版社,1982.
[117] 恽起麟.风洞实验.北京:国防工业出版社,2000.
[118] 盛森芝,等.流速测量技术.北京:北京大学出版社,1987.
[119] 戴昌晖,等.流体流动测量.北京:航空工业出版社,1991.
[120] 伍荣林,王振羽.风洞设计原理.北京:北京航空学院出版社,1985.
[121] 伍思根.实验空气动力学.北京:航空工业出版社,1996.
[122] 艾伦·波普.低速风洞试验.彭锡铭译.北京:国防工业出版社,1977.
[123] 李昌华,金德春.河工模型试验.北京:人民交通出版社,1981.
[124] 李德寅,王邦楣,等.结构模型实验.北京:科学出版社,1996.
[125] 恽起麟.风洞实验数据的误差与修正.北京:国防工业出版社,1996.
[126] 肖明耀.实验误差估计与数据处理.北京:科学出版社,1980.
[127] 周秀银.误差理论与实验数据处理.北京:北京航空学院出版社,1981.
[128] 赵特伟.实验数据的处理与分析.北京:中国铁道出版社,1981.
[129] 罗星.测量误差及数据处理.北京:中国计量出版社,1984.
[130] 钱学森,于景元,等.一个科学的新领域——开放的复杂巨系统及其方法论.自然杂志.1990,13(1).

[131] 蒋树屏.我国公路隧道建设技术的现状及展望.交通世界,2003.
[132] 刘伟,袁雪戡.欧洲公路隧道运营安全技术对我国公路隧道建设的启示.公路隧道,2001.
[133] 王明年,杨其新,等.秦岭终南山特长公路隧道网络通风研究.公路交通科技,2002.
[134] 高孟理.隧道射流通风与防灾.中国公路学报,1998.
[135] 轩辕啸雯,严金秀.我国大陆隧道及地下工程修建技术现状.岩石力学与工程学报,1999.8增刊.
[136] 戴国平.英法海峡隧道空气动力学及通风系统介绍.铁道建筑,2001,1.
[137] 蒋树屏.公路隧道竖井送排通风模式及工程应用.世界隧道,1998,4.
[138] 郑文龙.台湾隧道工程之过去、现况及展望.岩石力学与工程学报,1999,8增刊.
[139] 兰利敏(译).公路隧道通风的模拟与量测.隧道及地下工程,1998,3.
[140] 金学易(译).长隧道的通风及冷却.隧道译丛,1980,3.
[141] 郑道访,等.公路长隧道纵向研究文集.西南交通大学,1998.
[142] 高孟理.中梁山隧道通风的模型试验研究.公路,1994,10.
[143] 罗衍俭.长大公路隧道通风系统的选择.公路,1998,8.
[144] 赵金锐,蔡小杨,等.长大公路隧道不同纵向通风方式的应用.广东公路交通,1998增刊.
[145] 耿殿富.公路隧道营运通风.西部探矿工程,2003,9.
[146] 汤乾忠,杜放.中梁山隧道纵向通风的效益分析.公路,1994,9.
[147] 孙一坚,杨昌智,等.铁路双线隧道通风模型试验研究.湖南大学学报,1994,6.
[148] 杨昌智,孙一坚.铁路双线隧道通风的空气动力特性研究.湖南大学学报,1997,4.
[149] 谢永利,方磊,等.长大公路隧道通风仿真模拟试验技术的研究.长安大学研究报告,2003,10.
[150] 高智.粘性流体力学研究的若干进展.中国科学院院刊,1998,13(3).
[151] 赵坚.新加坡隧道和地下工程建设概况.岩石力学与工程学报,1999,8增刊.
[152] 张国枢.矿井通风系统总风阻影响因素及降低途径.淮南矿业学院学报,1993,3.
[153] 张玮,钟汉枢.公路隧道交通通风力研究.广西交通科技,2003,4.
[154] 王晓雯,蒋树屏.公路长隧道纵向组合通风计算方法及应用.中国公路学报,1996,9.
[155] 杜广生,等.箱式载货汽车模型风洞试验技术的研究.汽车技术,1996,9.

第3章 防灾救援技术研究

3.1 概述

3.1.1 特长公路隧道的通风模式

秦岭终南山特长公路隧道为一次建成的四车道双洞（分为东线、西线）高速公路隧道，长18.02km，计算行车速度80km/h。建筑限界净高5m，净宽10.50m，其中行车道宽2×3.75m；为充分利用行车道，保证行车安全，在行车道两侧各设0.50m的路缘带及0.25m的余宽；考虑检修通行的需要，在隧道内两侧各设宽度为0.75m的检修道，高于路面0.40m。该高速公路隧道在距铁路隧道进口南450m、西120m处进洞，进口高程为896.9m，西线隧道洞内以2.83km长、0.3%的上坡，11.7km长、1.1%的上坡，接以3.6km长、0.3%的下坡，在小峪街铁路隧道出口西侧30m出洞，出口高程为1 025.4m。东线隧道与西线隧道坡度相同。

距离秦岭终南山特长公路隧道进口610m左右，有一长隧道，即青岔隧道，该隧道左线长1 275m，右线长1 362m。由于两隧道相距较近，从防灾角度看，应该作为一个整体隧道来考虑，由此可见，秦岭终南山特长公路隧道防灾设计长度为四车道双洞19.382km。目前，世界上已建成的10km以上特长公路隧道的通风模式见表3-1。

世界特长公路隧道通风模式

表3-1

隧道名称	长度(m)	通风方式	竖井数(个)	井深(m)	斜井数(个)	斜井长(m)	最大通风长度(m)
勃朗峰(Mt. Blanc)	11 600	横向					1 450
弗雷瑞斯(Frejus)	12 901	横向	1	735/7.4	1	705/5.8	2 345
圣哥达(St. Gotthard)	16 918	横向	2	522/6.6 303/5.6	2	513/5.95 896/5.75	1 597
阿尔贝格(Arlberg)	13 927	横向	2	736/7.7 218/8.3			2 470
格兰萨索(Gran Sasso)	10 173 10 170						
关越 I(Kan-Etsu)	10 920	纵向	2				3 735
关越 II(Kan-Etsu)	11 010	纵向	2				3 735
居德旺恩(Gudvanga)	11 400						
Folgefonn	11 100						
Aurland-Laerdal	24 500	纵向			1		18 000
坪林(Pinglin)	12 900	纵向	3				
Hida	10 750						

由表3-1可见，在长度15km以上的两座隧道中，挪威的Aurland-Laerdal采用了纵向式通风，但该隧道日交通量很小，而且车型主要是小汽车，早期修建的St. Gothard隧道，年卡车通过量达120万辆，采用了横向式通风。

本次秦岭终南山特长公路隧道的两管隧道都将采用分段纵向式通风，考虑防灾要求，在两管隧道之间将设置大量联络横通道，这与Aurland-Laerdal单洞隧道分段纵向式通风相比，在火灾模式下，将有本质区别。因此，从防灾通风角度来看，这是世界上15km以上双洞隧道首次采用该种通风模式。

3.1.2　特长公路隧道的防灾研究概况

特长公路隧道一般在设计、施工、运营过程中，防灾救援都是其考虑的重点。但是，在特长公路隧道的运营期间，仍然会发生灾难性事故。就世界上已建成的10km以上隧道来说，勃朗峰(Mt. Blance)隧道在1999年3月24日发生了火灾，死亡41人，36辆汽车被毁。圣哥达(St. Gothard)隧道一度曾被认为是欧洲最安全的隧道，但在2001年10月24日也发生了火灾，造成6人死亡。可见，对特长公路隧道来说：第一，防灾技术研究深度还很不够；第二，防灾技术特别困难；第三，一旦发生火灾，直接和间接损失都非常巨大。为此，世界各国都在积极开展特长公路隧道防灾技术研究。

1999年PIARC在总结了世界各国隧道防灾技术研究成果基础上，组织了16个国家23个隧道防灾技术研究方面的专家编著了《Fire and Smoke Control in Road Tunnels》。该专著从8个方面论述了隧道防灾技术研究的最新成果，主要包括：①火灾及烟气的控制目标；②火灾风险和火灾通风设计；③烟气蔓延；④研究方法；⑤用于烟火控制的隧道通风设备；⑥紧急出口与其他安全设施；⑦隧道火灾反应与耐火性能；⑧火灾应急管理。这8个方面的内容基本涵盖了隧道防灾技术的主要内容。

从目前的研究手段来看，主要有模型试验、数值分析等多种手段。世界各国隧道火灾模型试验具体情况见表3-2。

世界各国进行的火灾试验　　表3-2

时间	试验机构	试验隧道	试验内容/结论
1965	瑞士公路隧道安全委员会	Ofenegg隧道，把隧道距入口190m处进行了封闭	测试的内容包括温度、空气流速、气体浓度(CO和O_2)和可见度
1970	英国火警研究站与格拉斯哥隧道消防队	格拉斯哥隧道火灾试验	烟雾扩散
1974	日本	宫古线某隧道内	运行列车的着火试验，认为列车着火后再运行15min是安全的
1975	奥地利	Zwenberg隧道	测试的内容包括温度、气体浓度(CO、CO_2、NO_x和O_2)、不透明度和燃烧率
1980	日本公共事业研究协会(PWRI)	700m长的导洞和3 300m长的公路隧道	测试了纵向空气流速的影响
1982	日本建设省土木研究所	某实际隧道内	隧道内使用水喷淋系统的效果以及对火灾的影响
1985	德国	盖尔森基兴—俾斯麦市的地铁隧道	得出在不同通风方式和火灾荷载条件下温度与火灾持续时间的关系
1989	中国广州铁路局科研所、中国铁科院西南所	四川华蓥山矿务局救护大队的训练巷道1∶3断面模拟试验	探索长隧道的消防方法
1990～1992	西欧9国联合试验	Repparfjord隧道，长达2.3km的采矿导洞中进行	测试的内容包括空气和墙壁的温度、流速、不透明度、气体浓度、烟雾运动
1993	中国铁科院西南分院	四川芙蓉矿务局救护消防大队训练巷道	易燃液体在密闭空间内燃烧时间的测定
1993～1995	美国	长850m的Memorial隧道	全横向通风方式和纵向通风方式防灾

这些试验取得了许多重要的基础性数据，但也有一些缺陷，主要表现在：

(1)正如《Fire and Smoke Control in Road Tunnels》所表述的那样，所有试验研究都是针对单洞隧道进行的，没有考虑横通道的影响，也没有考虑另一个隧道的影响，更没有考虑竖井或斜井的影响。

(2)《Fire and Smoke Control in Road Tunnels》认为：隧道火灾试验不但要采集稳态数据，而且要采集瞬态数据，瞬态数据更重要。为了采集瞬态数据，这些试验基本都是应用人工进行数据采集的。1990～1992年西欧9国联合试验中(EUREKA 499)的挪威 Repparfjord 隧道试验，试验在一个废弃的长达2.3km的采矿导洞中进行，共进行了21组，沿着隧道和燃料荷载的内侧共布置了大约400名观测者。1993～1995年美国 Memorial 隧道试验，试验在位于西弗吉尼亚的一条废弃的长850m的公路隧道中进行，采用柴油燃烧床模拟火灾进行了大约91组试验，测试了全横向通风方式和纵向通风方式两种情况，隧道内共布置了1 450名观测者。《Fire and Smoke Control in Road Tunnels》认为这些试验的测量系统需要改进。

自20世纪80年代以来，计算机仿真已经成为研究隧道火灾越来越普遍的方法。最主要的原因就是计算机的快速发展，以及同火灾试验相比需要的经费更加合理，而且也可以得到其他方式无法得到的详细数据。

现今解决隧道火灾的必需工具是实体模型，即CFD模型。这种技术把隧道内部空间划分成很多小单元，在这些小单元里，流体热力学平衡方程可以用有限元法或有限体积法来求解。每一个小单元都可以得出结果。这些结果包括风速、温度以及烟的浓度等。目前，对于隧道火灾数值分析主要采用一维、二维、三维模型，很少采用区域模型。PIARC调查结果见表3-3。

不同国家使用的数值分析程序

表3-3

方法	方法名称	创造者	使用者	评价
一维模型	VENDIS-FS	INERIS，法国	INERIS，法国	
	MFIRE	美国矿务局，美国	VTT，芬兰	
	SES	Parsons Brinckerhoff，美国	Parsons Brinckerhoff，美国	
区域模型	TUNNEL	TNO，英国海军协会	TNO，英国海军协会	废弃(1988年)
	BRI2	BRI，日本	VTT，芬兰	
	FAST	NIST，美国	NIST，美国	不用于隧道
	FASIT	利兹大学，英国	利兹大学，英国	
	CIFI	CSTB，法国	CSTB，法国	用于房建
CFD 二维和三维法	VESTA	TNO，英国海军协会	TNO，英国海军协会	发展中
	CHAMPION		Delft Univ. Techn，英国海军协会	废弃
	PHOENICS	CHAM，英国	Univ. Graz，奥地利；INERIS，法国；VTT，芬兰	
	JASMINE	CHAM和FRS，英国	火灾研究局，英国；Univ. Lund，瑞典	PHOENICS为基础
	FLOW3D	原子能管理局，英国	原子能管理局顾问，英国；HSE，英国；Mott Mac Donald，英国；CETU，法国；Univ. Graz，奥地利	
	FLUENT	流体公司，美国	FOA，瑞典	
	STORM	ADAPTIVE，美国	SCETAUROUTE，法国	
	FIRR	AVI，奥地利	Univ. Graz，奥地利	
	FURNACE	澳大利亚	Univ. Sydney，澳大利亚	

《Fire and Smoke Control in Road Tunnels》认为在用CFD法进行烟雾控制系统的设计之前，有必要先进行一些真实的火灾试验，并以这些火灾试验数据为基础，再进行火灾设计；不能忽视的还有做现场火灾试验的试验者的经验，这些经验有助于保证计算结果的质量。

在进行隧道火灾数值分析时，需要研究以下问题：火源的模拟、辐射热传递模拟、隧道衬砌边界条件模拟、隧道进出口边界条件模拟等。

对于一维、二维、三维模型的选择：为了模拟长大隧道或复杂地下网络工程发生火灾的情况，使用一维或二维的简化模型来模拟。对于局部复杂结构，可以采用三维模型来模拟。

总的来说，目前世界各国对于隧道火灾的研究主要集中在以下几个方面：

(1)火灾及烟气控制的目标：主要包括火灾危害的种类、人能忍受的温度、最低能见度、火灾产生的有毒气体、最快逃生时间等。

(2)火灾风险和火灾通风设计：主要包括火灾发生频率、火灾温度、风速等设计参数。

(3)烟气蔓延：主要包括烟气扩散及蔓延速度、烟气逆流影响等。

(4)研究方法：主要包括模型试验(1∶1模型试验、运营前或运营中的隧道火灾试验、小比例尺模型试验)、数值分析等。

(5)用于烟火控制的隧道通风设备：主要包括通风方式、通风装置要求、通风控制技术等。

(6)紧急出口与其他安全设施：主要包括紧急出口、火灾探测系统、灭火器、消防供水、自动喷淋灭火系统、紧急电话、闭路电视(CCTV)、扬声器、无线通信等。

(7)隧道火灾反应与耐火性能：主要包括材料遇火反应、隧道结构的耐火性能、设备的耐火性能等。

(8)火灾应急管理：主要包括火灾应急计划制订原则、防火测试等。

3.1.3 本项目研究内容

由上述分析可以看出，对特长公路隧道防灾技术研究，世界各国已经做了很多基础性工作，但研究的深度仍然不能满足特长隧道防灾设计要求。主要集中在以下几点：

(1)所进行的研究都是单洞隧道，没有考虑横通道的影响，也没有考虑双洞通风的相互影响。

(2)没有考虑特长隧道设多竖井或斜井等分段通风情况。

(3)没有考虑特长隧道进出口高差大的影响。

(4)所进行的火灾试验主要采用大量的人工采集数据，没有采用高速数据量测和采集系统进行数据瞬态同步采集。

(5)没有进行火灾截流效应研究。

(6)没有进行多竖井多通道多进出口的隧道火灾模式下网络通风研究。

(7)没有进行特长公路隧道防灾救援设计方法研究。

(8)没有进行多竖井多通道多进出口双洞特长公路隧道防灾救援预案制订方法研究。

鉴于此，本次结合秦岭终南山特长公路隧道，立项对特长隧道运营防灾技术进行研究。主要研究问题：

(1)建立国内外长大公路隧道火灾数据库。

(2)建立公路隧道火灾数值模型，进行火灾数值模拟计算。

(3)提供隧道火灾物理模型试验成果，供终南山隧道防灾设计施工和运营使用。

(4)完成隧道火灾模式下的通风技术研究。

(5)对公路隧道火灾监控和报警系统进行选型。

(6)建立一套适合我国国情的终南山公路隧道火灾救援体系。

(7)建立一套公路隧道衬砌结构火灾损伤评定方法。

(8)建立装运易燃、易爆和危险品车辆进入隧道的安全运输管理办法。

3.2 火灾数据库系统

本次研究在收集和研究国内外交通隧道火灾案例的基础上，利用现代电子计算机技术，建立了国内外交通隧道火灾数据库系统。该系统可为长大公路隧道防灾的设计、研究提供参考，为长大隧道实现现代化的安全运营管理提供基础性的支持。

通过各种手段（相关文献、历史记录、网络）和实地的调研，共获得隧道火灾案例83起。采用一定的手段对上述众多资料进行了整理和归类，剔粗取精，并按上述二维表格进行归类。其中公路隧道火灾为27起，铁路隧道火灾18起，地铁火灾26起，还有12起隧道用途情况不详。下面着重对公路隧道火灾起因、隧道长度、损失情况、起火车型等方面进行分析。具体统计结果见表3-4。

不同因素下火灾频率　　表3-4

起火类型		隧道火灾次数(起)	不同因素比例(%)	隧道火灾频率(次/km)
车型	载危险品货车	3	11.1	
	油罐车	2	7.4	
	普通货车	15	55.6	
	公共汽车	4	14.8	
	小汽车	3	11.1	
使用	电路故障	5	18.5	
	紧急停车制动	1	3.8	
	碰撞	8	29.6	
	货物	5	18.5	
	漏油	1	3.7	
	其他过失	3	11.1	
	不详	4	14.8	
长度	≤500m	4	25.0	0.003 10
	500～1 000m	1	6.25	0.001 30
	1 000～3 000m	3	18.75	0.000 45
	＞3 000m	8	50	0.000 11

通过表3-4统计分析，可以看出：

(1)在车型影响因素中：普通货车引起的火灾比例高达55.6%，小汽车和公共汽车分别为11.1%和14.8%，危险品和油罐车由于本身车流量就小，故发生的频率也相对较低。因此，在日常的隧道运营中应该加强对普通货车的管理，同时应该对危险品和油罐车进行疏导控制。

(2)在使用影响因素中：碰撞引起的火灾比例高达29.6%，车载货物和电路故障引起的火灾比例次之，都为18.5%，原因可能是隧道内车辆速度较高，驾驶员安全意识缺乏。

(3)在长度影响因素中：火灾次数基本上随着隧道长度的增加而增大，3 000m以上的长大隧道发生火灾的比例高达50%。因为长大隧道较长，所以发生的频率较高，并且长大隧道一旦发生火灾，救援工作非常困难，造成的损失也比较严重。应该特别注意长大隧道的行车安全和消防管理工作。

(4)公路隧道火灾平均发生率不超过25次/(10^8辆·km)；城市隧道火灾发生率要比其他隧道高；有40%的监测隧道没有发生火灾。法国隧道火灾统计见表3-5。

法国隧道火灾统计

表 3-5

火灾类别		火灾情况(10^8辆·km)
客车	有一定重要性的火灾	1～2
没有装载危险物品的卡车	有一定重要性的火灾	8
	对隧道有一定损害的火灾	1
	非常严重的火灾	0.1～0.3(估计)
运输危险物品的卡车	重要火灾	2(估计)
	有危险物品的火灾	0.3(估计)

(5)根据法国车辆火灾研究资料表明,普通道路上发生的火灾次数要比隧道里发生的要少,但是这个结果需要收集更多的信息和不同机构的分类方法进行更正。此外,并不是所有的普通火灾都会导致像隧道中的情况一样严重。车辆火灾的危险有增长趋势,在隧道中,由于陡峭的上坡地段发动机持续的加热和下坡地段长时间的制动引起温度升高容易造成火灾。在法国隧道的调查中,发现一个新通车的隧道在开始一段短时间内,火灾发生的可能性较大,当驾驶员对隧道环境熟悉后,火灾发生的频率就变得很低了。

(6)在隧道中造成事故和破坏的因素中,火灾只占一小部分。德国和瑞士的研究数据表明,500处隧道的破坏中仅有1%是由火灾造成的,而20处事故中大约有10%是由火灾造成的。在法国里昂的两座隧道中(Tunnel Fourviere、Tunnel La Croix Rousse),大约40%(6处)的火灾被灭火器灭掉了,仅有约60%的火灾事故的处理需要消防队员的支援。

(7)一些主要的燃烧能量释放的实例见表3-6。

燃烧能量释放的实例

表 3-6

车辆类型	大致释放能量(MJ)	备注
私人小汽车	3 000～3 900	用于芬兰的火灾试验
私人小汽车	6 000	用于 EUREKA 火灾试验
Plastic car	7 000	
公共汽车	41 000	
TIR fire load	65 000	
重载货车	88 000	
装 $50m^3$ 汽油的油罐车	1 500 000	荷兰假定的火灾

(8)EUREKA在挪威和芬兰进行的火灾试验中,以及来自布鲁塞尔和最近的法国CETU建议中的PIARC数据表明,在隧道中发生火灾后,最大热量的释放会持续一段时间,具体数据见表3-7。

热释放量

表 3-7

车辆类型	大致释放能量(MW)	车辆类型	大致释放能量(MW)
1辆小客车	2.5	1辆货车	15
1辆大客车	5	1辆公共汽车	20
2～3辆客车	8	1辆有货物的客车	20～30

对于大货车特别是装有危险物品的车辆释放的热量更大,EUREKA货车火灾试验表明,释放热量会有一个短时间的高峰期,其值可达到100～120MW。

(9)引起隧道结构最高温度见表3-8。

最 高 温 度 表 3-8

车 辆 类 型	最高温度(℃)
客车	400
公共汽车和小卡车	700
重载货车(有易燃物但不是汽油和其他危险物品)	1 000
油罐车(一般情况)	1 200
油罐车(特殊情况,如排水不畅、渗漏严重)	1 400

如果火焰直接接触边墙,那么温度更高。

(10)温度时态图见图 3-1。

(11)产生的烟气:PIARC Brussels 报道中假设的由客车、公共汽车、卡车引起的火灾烟气体积的变化情况被 EUREKA 火灾试验证明。新近的 CETU 建议包括多辆卡车和油罐车的情况。具体产烟量见表 3-9。

产 烟 量 表 3-9

车 辆 情 况	烟流(m^3/s)			CO_2产生速度(EUREKA-tests)(kg/s)	CO 产生速度(kg/s)
	PIARC1987	EUREKA tests	CETU(proposal)1996		
客车	20				
载人的有篷车		30		0.4～0.9	0.02～0.046
2～3 辆客车			30		
1 辆有篷货车			50		
载有危险品的、公共汽车或载货汽车	60	50～60	80	1.5～2.5	0.077～0.128
重载货车				6.0～14.0	0.306～0.714
汽油油罐车	100～200		300		

(12)能见度:与烟气密切相关的能见度是通过光密度和 CO_2 的集中程度来衡量的,对烟流温度进行修正后,光密度和 CO_2 的集中程度呈线性关系。当 10m 范围内光密度达不到 $0.13m^{-1}$时,就需要提供照明。在 EUREKA 试验中,CO_2 集中的危险值大约仅 0.05%～0.3%,观察到的由燃料燃烧产生的 CO_2 含量在 2%～16%。因此,在火灾下风向产生浓烟的地方能见度极低。

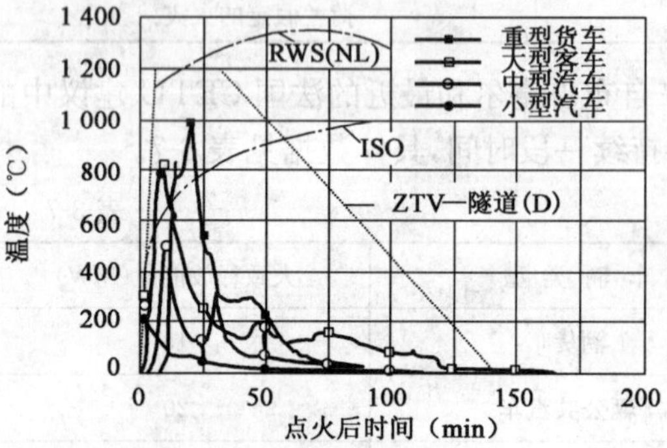

图 3-1 温度时态图

(13)以上结果只是建立在搜集不尽完备的资料基础之上,因此具有一定的局限性。要得到比较完善的统计结果,还必须不断地搜集大量的第一手资料,进行综合统计比较分析。

3.2.1 模块设计

该系统包括下列模块,相应要求实现的功能如下:

(1)数据库管理模块

该模块实现对数据库的载入以及数据源的添加、删除和更改等。

(2)数据库操作模块

该模块实现对数据库的查询、排序等操作。可方便地以各种方式对数据库进行复杂的查询和排序操作,并可以将查询、排序结果以一定的格式输出到终端(屏幕、打印机等)或文件中。

3.2.2　数据库设计

本数据库采用目前常用的 New Orlens 方法进行设计，其流程图如图 3-2 所示。

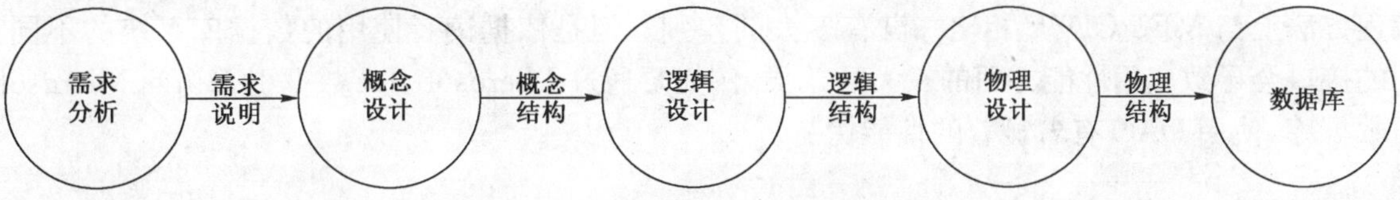

图 3-2　New Orlens 数据库设计流程图

在该阶段，采用 E-R 法(Entity-Relationship Approach)按下列步骤进行：设计局部 E-R 模型；设计全局 E-R 模型；全局 E-R 模型的优化。如下所示：实体—隧道火灾事故；属性—隧道名称、所属国家、火灾原因及概况、时间、伤亡人数及损失情况、隧道长度、备注。

E-R 法数据库关系图如图 3-3 所示。

现在流行的数据库模型有层次模型、网状模型、关系模型以及面向对象的数据库模型。其中，由于关系模型结构简单、规范，一个关系就是一个二维数据表格，结构灵活方便，数据独立性强；同时由于基于功能强大的关系代数，可以把二维表任意分割和组装，随机地构造出各式各样的用户需要的表格关系，因此本数据库采用关系型数据库模型。

(1)关系模式

隧道火灾事故(隧道名称、所属国家、火灾原因及概况、时间、伤亡人数及损失情况、隧道长度、备注)。

(2)关键字

关键字是指能唯一标志一个关系的元素而又不含有多余属性的字段。

(3)关系表

建立的隧道火灾事故关系表如表 3-10 所示。

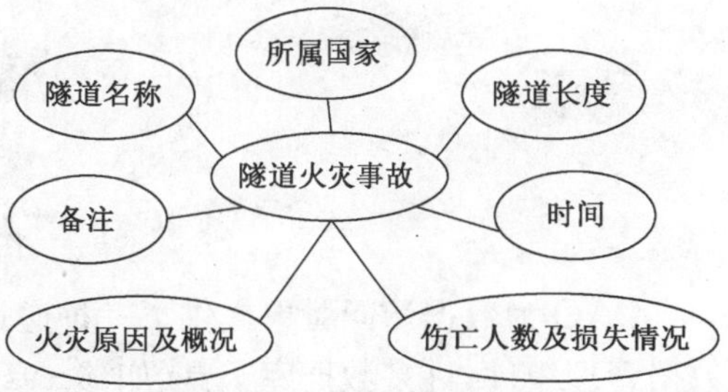

图 3-3　E-R 法数据库关系图

隧道火灾事故关系　　表 3-10

隧道名称	所属国家	火灾原因及概况	时间	伤亡人数及损失情况	隧道长度	备注

3.2.3　系统设计

3.2.3.1　操作系统

Windows 系列操作系统(Windows 95/98/NT/2000/XP 等)是目前广泛使用的微机操作系统，它是真正的完全 32 位操作系统，具有全新的内存管理、调度管理和进程管理方式，以及具有全新的系统体系结构和用户界面。这为大型、复杂的数据库管理应用系统的开发和运行提供了优良、可靠的环境。

在基于 Windows 的平台下，本系统以 Visual C＋＋6.0 为开发平台，研制了隧道火灾数据库系统，该系统可以为隧道防灾提供既有事故资料的查询、分析等功能。

3.2.3.2　开发流程

依据软件工程的思想，采用传统的“瀑布模型”，遵循“分析—设计—编码—测试”的基本流程。首先，确定程序要实现的功能；然后确定程序的总体结构和每个模块的内部逻辑结构，接着进行编码，使设计的内容通过计算机语言在机器上实现；最后，进行程序的全面测试。其对应的瀑布模型基本流程图如图 3-4 所示。

3.2.3.3 开发平台

程序系统以 Visual C++6.0 为开发平台。Visual C++6.0 对数据库编程具有非常友好的支持，它拥有多种数据库访问方式，其中包括 ODBC、DAO、ADO 等。其中 MFC DAO(Data Access Objects)在编程方法上与 MFC ODBC 相比并没有多大的差别。但是依据读者使用的数据库系统的不同，选择不同的接口会导致应用性能方面的较大的差异，例如要通过 Microsoft Jet 数据引擎访问 Microsoft Access 数据库，使用 DAO 有着显著的性能优势。

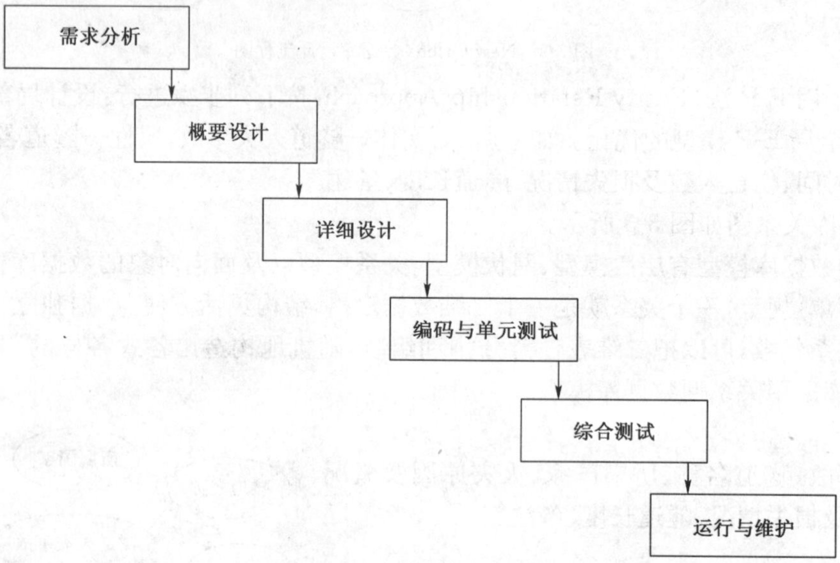

图 3-4 瀑布模型基本流程图

DAO 为数据访问对象提供了一种通过程序代码创建和操纵数据库的机制。Microsoft Jet 是一种数据管理组件，许多数据库工具(如 Access 和 Visual Basic 等)都是通过它实现的，同时，通过 Jet 引擎可以访问数据库中的数据和数据库中的结构定义。DAO 通过 Microsoft Jet 数据引擎提供了一套对象，包括：数据库对象(Database)、表定义对象(TableDef)、查询定义(QueryDef)和记录集对象(Recordset)等。与 MFC ODBC 类对应的 ODBC API 的处理相似，MFC 通过一套类(MFC DAO)封装了 DAO 的功能，即与 DAO 对象对应，MFC DAO 提供了对应的封装类，这种封装是比较彻底的但并不是完全一对一的。说到底，MFC DAO 是通过 Microsoft Jet 数据引擎来访问系统和用户数据库中的数据的。

一般来说，基于 DAO 的 MFC 类比基于 ODBC 的 MFC 类处理能力更强。主要出于下述理由：

(1)在某些情况下可以获得更好的性能，特别是在访问 Microsoft Jet(.mdb)数据库时；

(2)与 ODBC 兼容；

(3)DAO 允许对数据库进行有效检查；

(4)DAO 允许用户说明表与表之间的关系。

鉴于 DAO 的上述特性，本数据库系统采用该种访问方式，主要通过类 CDaoDatabase、CDaoRecordset来实现。

3.2.4 系统实现

3.2.4.1 系统界面

系统采用 Windows 标准的视窗界面，整个系统的界面由主窗口、多文档子窗口(分割窗口)和多个对话框组成。其中，主窗口用来管理整个系统的资源(图标、菜单等)，其最顶上是带系统图标的标题行；接下来是系统菜单条；再下来是工具条：在主窗口的最底部为状态提示行，用来显示当前系统和操作的状态。工具条采用 Windows 以及国际上标准的数据库系统按钮图标，当用户把鼠标光标停在工具条按钮上数秒后，按钮下方便会出现该按钮的功能提示字条，同时在状态栏显示该按钮功能的简短说明。工具条按钮与菜单相同，因此常把菜单项做成工具条按钮，使用工具条可以加快操作速度，提高使用效率，同时也使操作更加方便、直观。当菜单和工具条状态可用时显示方式是实的，不可用时是灰色的。系统运行界面如图 3-5 所示。

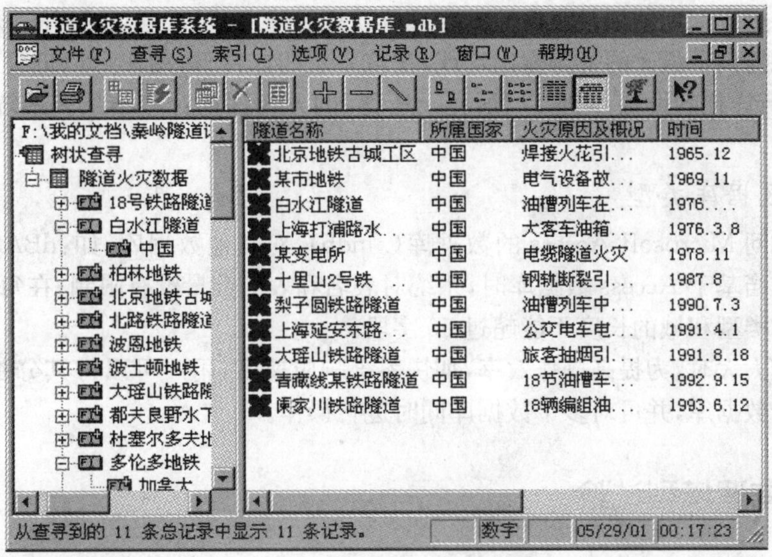

图 3-5　系统运行界面

当对一个载入的数据库进行操作时，系统会弹出各种子窗口和对话框与用户交互。子窗口主要用来显示数据库的查询条件和查询结果，而对话框则是用来输入控制参数和显示操作的提示信息。

本隧道火灾数据库系统用户界面友好，操作直观、灵活、方便，用户无须经过专门的培训，在说明书的简单指导下即可熟练地进行查询、排序、添加、删除、修改等操作。

3.2.4.2　操作方式

本系统具有非常直观、灵活、方便的操作方式。如果用户要进行一般的查询操作，则只需用鼠标操作就能得到所需的结果，而不需要从键盘输入任何参数。对于有特殊要求的查寻，也只需要从键盘输入少量的数据。

3.2.4.3　查询方法

本系统设计了两种全新的查寻方法。一种是树状查询法，这种方法根据树状结构，一级一级地进行查询。树状结构犹如一棵倒立的树，根结点在上，支(子)结点在下，叶结点为最后结点。因此，不管什么时候用户都可以方便地知道自己是处于哪一级结点上的查询，用户也可以很方便地返回上一级结点或到达下一级结点。对于有特殊要求的查询，用户也可很方便地自己重新设计树状结构查询的结点及顺序，从而快速查询到满足条件的记录。

另一种是自定义查询法，该法首先需要用户通过对话框来构造查询条件，然后执行该查询条件即可得到用户需要的记录集。用户自定义的查询条件可以存盘，以备下次使用，也可局部修改后再使用。这种查询方法支持用户根据需要构造相当复杂的查询条件，比如：构造需要同时进行多表的查询，或者用户对某些域(字段)有特殊要求的查询。

为了进行快速查询和排序，系统提供了索引功能，用户可以随时进行索引操作。

3.2.4.4　图形、图像和文本的处理

系统提供了与 Windows 下图像处理系统、字处理系统、CAD 系统以及诸如 Photoshop 等软件系统的接口功能。通过这些接口，当用户需要查看某条记录对应的图像或文本时，只需用鼠标左键双击该记录，这时系统自动启动相应的处理软件，把图像或文本读入，等待处理。这样，用户就可以在图形、图像

处理以及文本处理系统中借助其提供的强大功能对图像、文本进行各种复杂的操作，如：编辑、转换格式或打印输出等。当退出相应的处理系统后，即可返回本数据库系统的当前状态，用户可继续当前的操作。

3.2.4.5 打印预览及打印

系统支持用户把查询到的记录集进行打印预览或打印输出，同时也支持将图形、图像信息进行打印预览或打印。系统提供了强大的打印输出功能，在该系统的支持下，用户可以方便地对打印设备、打印格式、打印介质进行详细的设置，同时以“所见及所得”的方式预览打印结果。系统支持所有 Windows 下的打印输出设备。

3.2.4.6 数据库类型

系统可直接访问 Microsoft Access 的数据库(.mdb)，对其他数据库，如：dBASE、FoxPro 等，经过转换后也可访问。当基于 Access 数据库时，系统对表名和表的数量没有限制；在每一个表中，域(字段)名、域的数量、域的类型和域的长度不能超过 50 字段。

当一个数据库太大时，为提高操作效率，加快系统响应速度，用户可以将其分割成多个库。本系统允许同时打开多个数据库，并可对多个数据库同时进行操作。

3.3 火灾物理模型试验

3.3.1 隧道火灾试验研究现状

对特长公路隧道防灾技术研究，世界各国已经做了很多基础性试验研究。根据 PIARC 统计，目前，世界上关于火灾试验总共有三大类，即：等比例模型试验、在运营前或运营时的隧道中进行试验、小比例模型试验。

3.3.1.1 等比例模型试验

(1)高速公路隧道的主要火灾试验项目

到目前为止，关于高速公路隧道的主要火灾试验项目如下：

①Ofenegg 隧道(1965 年，瑞士)试验：进行这项试验的目的是为了研究瑞士的 60 个隧道工程在火灾情况下的通风量。试验以 Ofenegg 铁路隧道作为场地，把隧道距入口 190m 处进行了封闭，采用 6.6～95m^{2}的汽油燃烧床模拟了大约 11 组火灾。测试的内容包括温度、空气流速、气体浓度(CO 和 O_2)和可见度。

②Zwenberg 隧道(1975 年，奥地利)试验：这项试验的决定与奥地利两项主要的高速公路工程有关。共测试了纵向通风方式和半横向通风方式两种系统，一共进行了 30 组火灾试验，燃烧床从 6.8m^{2}直到 13.6m^2。测试的内容包括温度、气体浓度(CO、CO_2、NO_x和 O_2)、不透明度和燃烧率。

③PWRI 试验(1980 年，日本)：这项试验是由公共事业研究协会(PWRI)采用 700m 长的导洞和 3 300m长的公路隧道进行的。火源点采用汽油燃烧床(4m^{2}试验 10 组，6m^{2}试验 2 组)、客车(试验 6 组)和公共汽车(试验 6 组)来模拟。把火灾期间隧道内的自然条件与紧急情况下需风量结合起来进行考虑，测试了纵向空气流速的影响。

④Repparfjord 隧道(1990～1992 年，挪威)试验：这项试验是在 Repparfjord 隧道[一个废弃的长达 2.3km 的采矿导洞(毛洞、横断面变化范围为 30～40m^2)]中进行的，共集中了 9 个欧洲国家的人员参与(这些试验是 EUREKA 499 火灾隧道工程的基础)。试验花费经费在 1 千万美元左右，采用铁路和地铁车辆、客车、载货车辆及按要求分级的火灾(庚烷燃烧和木材堆燃烧)共进行了 21 组模拟试验，沿着隧道和燃料荷载的内侧共布置了大约 400 名观测者。测试的内容包括空气和墙壁的温度、流速、不透明度、气体浓度、烟雾运动等等。

⑤Memorial 隧道(1993～1995 年,美国)试验:这项试验是由联邦公路管理局和马塞诸塞州波士顿 Artery 隧道工程共同提供经费而进行的,试验花费的经费约为 4 千万美元。试验在位于西弗吉尼亚的 Memorial 隧道(一条废弃的长 850m 的公路隧道)中进行,采用柴油燃烧床模拟火灾进行了大约 91 组试验,获得的热量释放量从 10MW($4.5m^2$)变化到 100MW($44.4m^2$)。测试了全横向通风方式和纵向通风方式两种,隧道内共布置了 1 450 名观测者,每组试验收集了大约 4 百万个数据。

(2)现有试验的不足

通过这些试验,获得了很多有价值的基础资料,但也存在下面一些缺陷:

①这些试验收集的资料有助于解释有关火灾的发展现象,但难以推导出普遍规律,这是由于在每个课题中所做的试验组数都是相对较少的,因为从事这样的试验耗资巨大(EUREKA 隧道大约 1 千万美元,Memorial 隧道大约 4 千万美元),因此试验的组数就有所限制。同时,这些试验的目的也不是为了研究这种关系而进行的。

②由于试验隧道长度有限,坡度较小,因此没有考虑高程差对火灾的影响。

③在上述试验中,所有的测试项目主要是针对热释放率、温度、烟雾浓度、有害气体浓度、风速、能见度等,没有进行压力测试,因此,对火风压的研究几乎是空白。

④这些试验研究都是以单隧道为对象而进行的,没有考虑横通道的影响,也没有考虑双隧道通风的相互影响。

⑤这些火灾试验隧道长度有限,因此,没有考虑特长隧道设多竖井或斜井等分段通风情况。

⑥这些火灾试验主要采用大量的人工采集数据,没有采用高速数据量测和采集系统进行数据采集。

3.3.1.2 在运营前或运营时的隧道中进行试验

根据 PIARC 统计,这项试验在世界范围内还进行得较少。一般进行这项试验有两个目的:

第一,运营前试验是为了证明在发生火灾的情况下排烟系统是否能够正常工作。这项试验近期的发展说明了通风的效率与通风风量和通风操作方式两者均有关联。因为这点从来没有被有关建议或是规范所论述,所以为了对火灾(火灾点位置、热释放率、自然通风等)做出最佳反应,进行详细而明确的研究是很有必要的。

第二,运营时试验是为了检验隧道操控者遇到火灾情况时如何做出反应。试验也可以与火灾消防演习和救援评价联系起来。

这两个方面在 PIARC 公路隧道委员会于 Marrakech 世界公路大会所做的报告中都有所论述。为了确定火灾情况下的预案,报告建议在隧道运营前进行试验,而为了锻炼隧道操控者和消防队员,隧道运营期间也应进行试验。

目前,世界上只有 Puymorens 和 Chamoise 隧道进行过这样的试验。一般来说,这种火灾试验火灾规模较小,不会超过 5MW,在采用小轿车模拟火灾试验期间,曾观测到 7～8MW 的峰值,但是仅持续很短的一段时间。在 Puymorens 隧道中,火灾历时大约 30min,但收集数据、检查测量系统、等待燃烧床冷却、重新填充庚烷总共需要 1 个小时的时间。在 Chamoise 隧道试验期间,曾测得了每种火灾情况下的逆流层距离。

总的来说,在运营前或运营时的隧道中进行试验,主要是为制订火灾预案而进行的,同时也为火灾消防演习和救援评价服务,因此,在长大隧道中,PIARC 推荐采用这种试验方法。

3.3.1.3 小比例模型试验

PIARC 认为:这种试验的目的是为了体现发生在隧道内部的火灾发展现象。与等比例模型试验相比,这种方法会节省大量的时间和金钱。由于其能够用激光或是染色的流体来显现烟雾,因此它的结论也是令人信服的。然而,对于隧道设计,却很少提及这种试验。目前,小比例模型用来表征横向通风拱顶吊板上活门排烟的效率或是控制烟雾逆流层出现的非空间规律的确定。

在小比例模型试验中，目前主要开展的模型试验有以下 3 种。

(1)热力模型：这种技术主要由真实火灾的不同火源组成，它表述了热量与墙壁之间的热传递，但是不能够控制与原型相同的热辐射(即火源放热量)。这种模型非常清楚地表达了逆流距离、坡度、热释放以及与墙壁间的热交换之间的关系。

(2)等温变化模型：在这种模型中，火源是用轻气体和空气或者是氮气的混合物来模拟的。这些模型不能描述与墙壁之间的热交换，通常用这种模型来模拟逆流层长度。同时，用这种模型来模拟横向通风中阀门调节对烟雾扩散效应的影响也是非常有效的。

(3)水力模型：水力模型不能体现与不同密度有关的浮力作用(重力是一个常数)，这些区别仅限于液态。因此，对应释放的热量很低，更高的热量释放率只能基于一些假定来进行模拟，而这些假定实际上都是无效的。通常使用的流体都是咸水或掺有酒精的水，盐水导致模型的几何参数倒置(重的液体从模型的顶部注入来模拟火焰)。

由此可见，小比例模型试验中，热力模型和等温变化模型都是研究隧道火灾的有效方法。

由上分析可见，本次以秦岭终南山特长公路隧道为依托，进行 2 条隧道带 3 条横通道和 2 条竖井的火灾模型试验，同时试验采用有效支持分布式实时控制的串行通信网络—CAN 现场总线系统，进行现场实时数据采集和数据分析整理，在国际上还没有先例。

3.3.2 相似关系

在进行火灾模型试验时，通过几何相似、流动相似、温度场相似和压力场相似，可以保证火灾试验的相似性。

(1)原型隧道与试验模型隧道的几何相似比例尺为 4.8∶1。

(2)试验中的流动相似可不必考虑雷诺准则，而只需保证摩阻系数也即相对粗糙度相等即可。在保证几何相似的前提下，只要使模型流动进入充分发展的紊流即可。

(3)试验中保证等风速即可以满足温度场分布相似的要求。

(4)由于对风流产生影响的重力因素，在海拔高程相差不大的时候，影响是极其微弱的，故可认为压力场相似。

综上所述，在忽略某些次要因素的条件下，当满足流动边界几何相似、流动充分发展为紊流以及风速相等的条件时，可以保证火灾模型试验的相似性。

3.3.3 试验模型

试验场设在西南交通大学峨嵋校区内，占地约 4 000m^2。场地平整，用电、用水方便，远离教学区，各方面都能满足试验的要求。

3.3.3.1 模型安装

根据试验研究要求，结合秦岭终南山特长公路隧道的实际情况，整个试验模型分 3 部分组成，即隧道模型、横通道模型、竖井模型。

(1)隧道模型安装

模型隧道共设 2 条，一条为主隧道，一条为辅助隧道，隧道长度均为 109m，坡度按 1%设置。主隧道内放置燃烧床，点火试验在其内部进行，辅助隧道仅作为通风使用。

主隧道采用钢筋混凝土管段模拟。管段内径 1.8m，壁厚 15cm，混凝土等级为 C20，管道底部铺设混凝土垫层，断面形状为马蹄形。由于模型安装过程中基础的施工、管段的吊装和接缝的处理均严格按照相关的标准进行，保证了模型的密封性和耐久性。辅助隧道采用机砖砌成，洞形为马蹄形，内外侧均用混凝土抹面，保证了模型的密封性和耐久性。隧道模型安装完毕情况如图 3-6 所示。

(2)横通道安装

为了进行通风组织试验，在主隧道和辅助隧道之间设置了横通道。为了模拟隧道上下坡的影响，共设置了 2 组横通道，每组横通道共 3 条。其中第一组(1～3 号)供下坡方向隧道试验使用，第二组(4～6 号)供上坡方向隧道试验使用，在使用其中一组时封闭另一组。横通道的材料与主隧道相同，为 C20 的钢筋混凝土管段。横通道内径为 0.5m，与主隧道和辅助隧道呈 40°连接，在靠近主隧道端设有上下开关的阀门。

横通道施工情况见图 3-7。

图 3-6　隧道模型安装完毕情况

图 3-7　横通道施工情况

(3)送排风竖井安装

送排风竖井安装位置如图 3-8 所示。

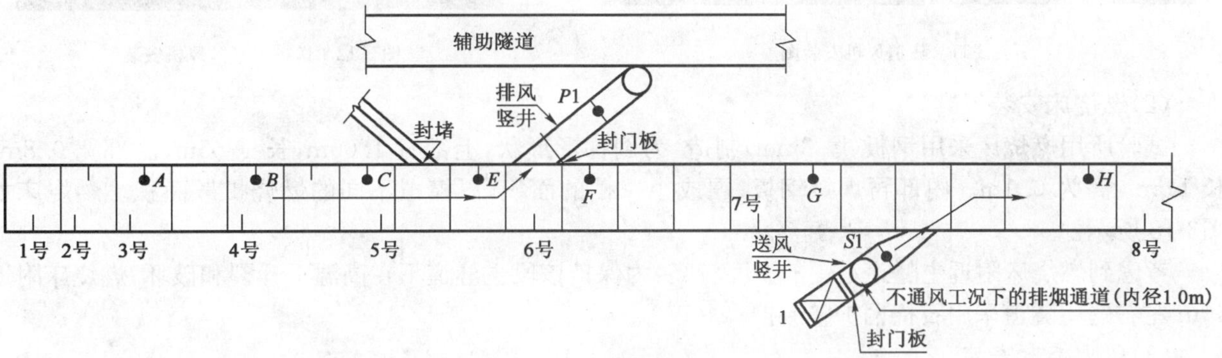

图 3-8　送排风竖井平面布置图

排风竖井设在原主隧道 E、F 断面中间，且位于主、辅隧道之间，与主隧道净距约为 3m。排风竖井内径为 1m，高度取为 10m、15m、20m 三种。其中竖井下部 6m 高利用机砖砌成，并通过内壁面加粗或加设格栅，满足相似比。同时，备 1～1.5m 长的铁皮管 10 节，根据试验要求，将竖井加长到要求的高度。

送风竖井(排风、送风竖井间距为 10m)设在主隧道 G、H 断面之间，距 G 断面 2m。送风竖井采用内径 1m、长 3.3m 的铁皮管制作。

送排风竖井安装过程如图 3-9、图 3-10 所示。

3.3.3.2　设备安装

(1)风机安装

①隧道风机安装。

为方便火灾模拟，在隧道两端洞口附近各设一个送风道，分别安装风机。同时，在隧道两端洞口处各装一道密封门。当一侧风机运行时，则关闭该侧的密封门，开放另一侧的密封门。风机的安装形式见图 3-11。风机选用 2 台 11kW 的混流式风机。

②送排风竖井风机安装(图 3-12)。送风竖井风机选用 1 台 11kW 的混流式风机。排风竖井风机选用 1 台 30kW 的混流式风机。

图 3-9　送风竖井安装过程

图 3-10　排风竖井安装过程

图 3-11　隧道风机安装图

图 3-12　送排风竖井风机安装

(2)燃烧床安装

试验所用燃烧床采用钢板(厚 3mm)制造,为倒梯形形状,上部宽 1.00m,长 1.65m,底部宽 0.8m,长 1.5m,高为 0.1m。内部再焊接钢板,围成小一档的面积,以模拟不同的燃烧扩散面积。燃烧床如图3-13 所示。

考虑到燃烧床附近主隧道承受的温度较高,为保护该段主隧道不在高温下开裂和破坏,燃烧床附近 40m 左右的主隧道采用石棉网护壁保护。

(3)风阻格栅安装

出于以下考虑,在主隧道与风道连接处前方以及竖井附近安设风阻格栅。

①把风流在进入主隧道试验段前调整均匀、稳定。

②延长模型模拟的隧道长度。

模型设计时主隧道两端延长长度各按 120m(原型隧道)考虑,经计算风阻格栅的通风有效面积比设计为 0.81。风阻格栅安装如图 3-14 所示。

图 3-13　燃烧床

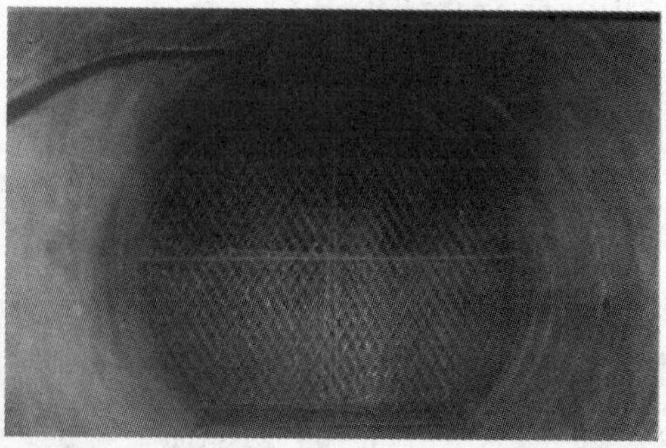

图 3-14　风阻格栅安装

(4)导流片安装

由于风道与主隧道斜交,为保证吹入主隧道的风流均匀、顺直,在风道与主隧道相交的前端加设导流片。

3.3.4 测试断面及测点布置

3.3.4.1 试验测试参量

根据研究目的的要求,试验共测试了7项内容,其中温度、风速、风压采用计算机采集,烟层厚度、火焰情况采用人工观察,大气压、大气温度、大气湿度采用人工测读。具体试验测试参量如图3-15所示。

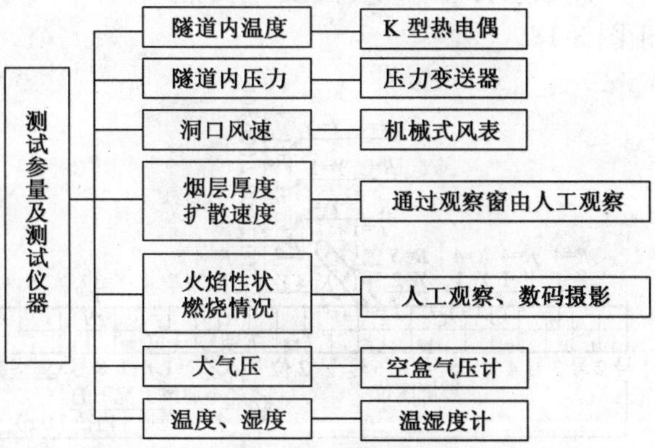

图3-15 测试参量及测试方法

3.3.4.2 基础试验测试断面布置

试验设测温断面、测压断面及测速断面各13个,依次编号为$A\sim M$,其中A、B、C、E、F、G、H、I、K、M10个断面位于主隧道内,D、J、L3个断面位于横通道内。

测点数分布如下:温度量测点49个,压力量测点18个,速度量测点18,烟层厚度观察点11个。

图3-16为沿上坡方向通风时主隧道测试断面布置情况。燃烧床设在B断面与C断面之间,距B断面2m。辅助隧道在出口布置一个断面,采用人工测读风速。

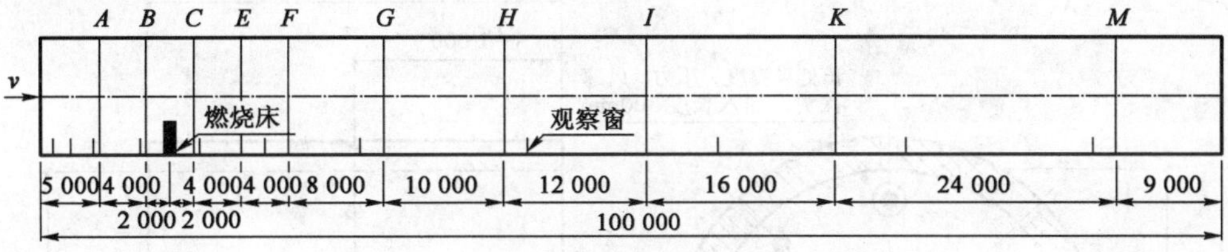

图3-16 模型测试断面布置(尺寸单位:mm)

当沿下坡方向通风时,由设在另一端洞口的风机供风,通风方向为$M \rightarrow A$。此时,燃烧床设在K断面与M断面之间,距K断面2m。

3.3.4.3 通风组织试验测试断面布置

在主隧道和横通道中,设测温断面、测压断面各13个(依次编号为$A\sim M$),其中A、B、C、E、F、G、H、I、K、M10个断面位于主隧道内,D(或D')、J(或J')、L(或L')3个断面位于横通道内。辅助隧道在出口布置一个断面,采用人工测读风速。

测点数分布如下:温度量测点49个,压力量测点18个,速度量测点18,烟层厚度观察点11个。测试断面布置示于图3-17。

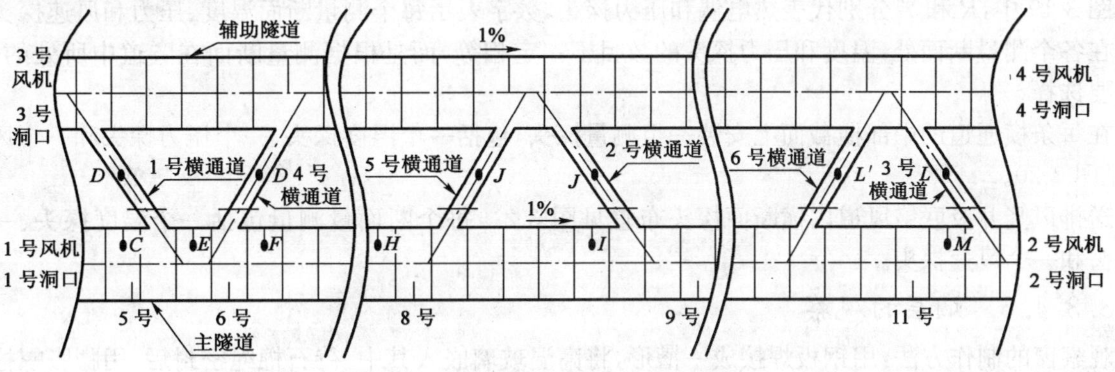

图3-17 横通道与主隧道连接示意图

3.3.4.4 竖井试验测试断面布置

试验设测温断面 15 个，测压、测速断面各 14 个。其中，主隧道布置测试断面 10 个；进风竖井布置测试断面 1 个，位于联络风道上；出风竖井布置测试断面 4 个，其中联络风道内布置 1 个，竖井内布置 3 个。

测点数分布如下：温度量测点 45 个，压力量测点 16 个，速度量测点 16 个。测试断面布置示于图 3-18。

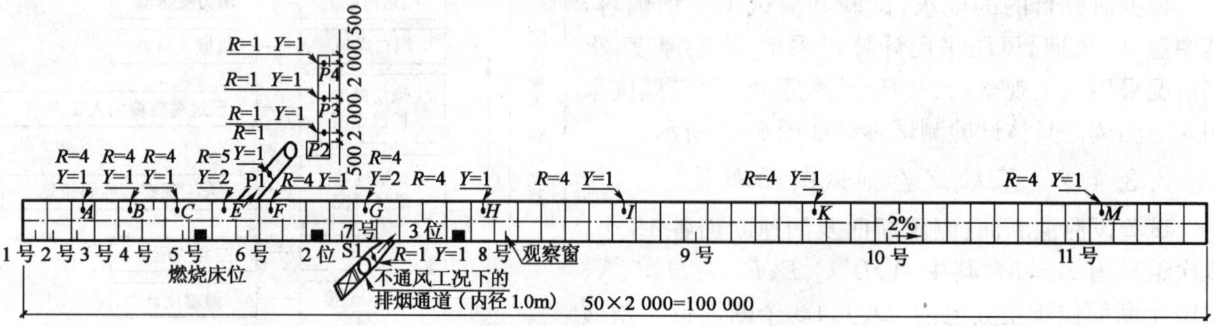

图 3-18 竖井火灾模型试验测点布置图（尺寸单位：mm）

3.3.4.5 横断面测点布置

主隧道横断面上测点布置如图 3-19 所示。

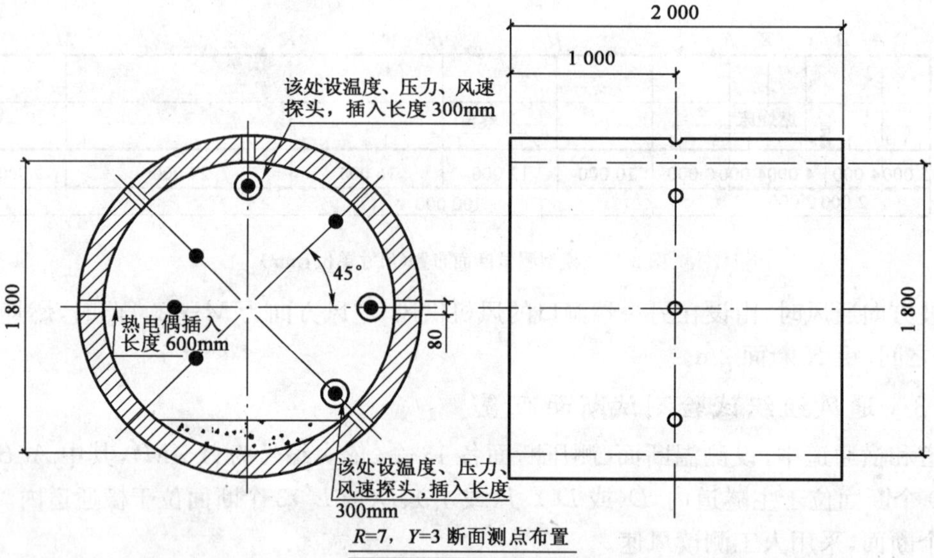

图 3-19 测量断面探头的各种布置形式（尺寸单位：mm）

图 3-19 中，R 和 Y 分别代表热电偶和压力探头，数字表示每个测量断面温度、压力和风速探头的数目。在各个测量断面处，温度和压力探头的数目不一定相等，而是根据测量断面在隧道中所处的位置，按需要选择。

在每条横通道的中部横截面上安装一组测量探头，包括一个温度探头、一个压力探头和一个风速探头，见图 3-20。

送排风竖井及联络风道内横断面探头布置见图 3-21，每个断面量测量包括一个温度探头、一个压力探头和一个风速探头。

3.3.4.6 烟层的观察

观察窗的制作方法：用钢板焊接成一槽形，将高温玻璃嵌入其中，待石棉绳密封后，用膨胀螺栓固定在管壁上，见图 3-22。

本次共设观测断面 11 个，采用人工观测，每个观测窗 2 人，一人观测，一人记录。为便于分析，11 个观测窗采用同时观测记录，采用秒表记录时间。

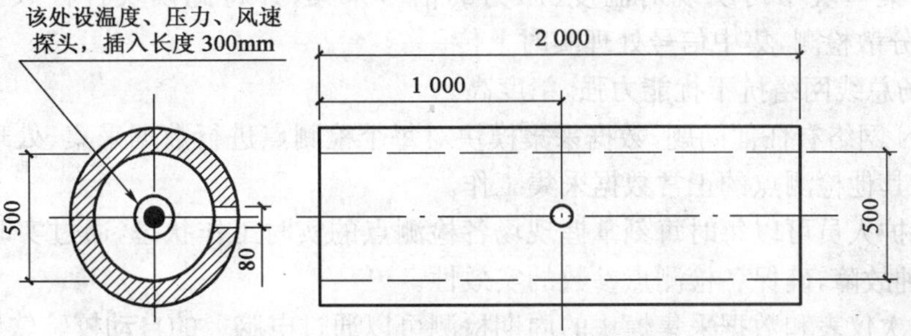

图 3-20 横通道中测量断面探头的布置形式(尺寸单位:mm)

a) b)

图 3-21 竖井和联络风道中测量断面探头的布置形式

图 3-22 烟层观察窗示意图

3.3.4.7 测试仪器

试验测试仪器清单如表 3-11 所示。

试 验 仪 器 清 单 表 3-11

设备名称	型 号	数 量	单 位	精 度	备 注
压力探头	—	36	只	0.1Pa	探测全压和动压
热电偶	K 型	55	只	0.05℃	探测温度
补偿导线	K 型	700	m		延长热电偶冷端
普通导线	BVR1.0mm	2 000	m		传送信号
引压管	ϕ16×2 无缝钢管	800	m		连接测压探头和变送器
温湿度计	272 型	1	台	0.1℃	测量试验环境的温湿度
数显风表	—	1	台	0.1m/s	风机调试及风速监测
机械风表	—	1	台	0.1m/s	风机调试及风速监测
秒表	—	20	只		计时
空盒气压表	—	1	只	1hPa	测量当地大气压(1hPa=100Pa)

3.3.5 量测系统

3.3.5.1 系统的特点

由于测点数量多，要求数据采集速度快，准确性高，传统的人工采集方法难以胜任。试验数据采集系统采用有效支持分布式控制和实时控制的串行通信网络—CAN 现场总线系统。该系统采用双绞线作为通信载体，采用短帧结构进行传输，检错、抗干扰能力强，数据传输速度快。系统具有如下优点：

(1)在数据采集模块中可实现对温度、压力的信号采集，并将此模块各种数据保存在该模块的E2ROM中，实现分散检测，集中信号处理实时上传。

(2)CAN现场总线网络抗干扰能力强，精度高。

(3)不管CAN网络有任何问题，数据采集模块对每个检测点进行数据采集、处理和保存，一个检测点有问题，不影响其他检测点的正常数据采集工作。

(4)管理和维护人员可以每时每刻掌握现场各检测点的实时工作状态，通过实时报警，及时处理现场设备出现的各种故障，确保各检测点参数的实效性。

(5)对现场一次仪表和数据采集模块的周期检测可以通过电脑上的自动校验软件进行，减轻了仪表维护人员的工作强度。

(6)系统自动整理汇集数据运行参数，按用户要求的报表格式，可定时或不定时打印报表，供试验数据分析、处理。

(7)现场总线系统是分布式采集检测系统，如果某一个采集模块出现故障，不影响整个系统的运行；组态软件有自诊断功能，它会提示操作人员及时检修、维护现场仪表。

3.3.5.2 系统构成

整个量测系统包括上位机(即计算机)、数据采集器、压力变送器、通信线路、电源、稳压器等，具体组成见表3-12。

量测系统组成 表3-12

设备名称	型号	数量	单位	备注
采集器	ELON—2400	22	台	采集数据，处理并上传
转换卡	ELON—2300N	1	块	带连接线
开关电源	SR—S55D	1	台	提供24V给ELON—2400
直流电源(24V)	—	36	台	为风压变送器供电
数据采集软件	—	1	套	实时数据显示，记录
压力变送器	—	36	台	变换压力信号为电信号
电子计算机	TCL品牌机	1	台	作为主控制台

量测系统构成示意图如图3-23所示。

3.3.5.3 系统调试

(1)引压管堵塞和漏气的检测

为保证压力的准确传送，在引压管(连接变送器和压力传感器的无缝钢管)的施工过程中，采取如下措施防止引压管的堵塞和漏气。

①采用无缝钢管，氧焊连接。

②连接完成后，用打气泵加压逐根吹气，检查是否堵塞和将管内的杂质吹出。

③涂刷肥皂水检查管段是否漏气，重点是接头部分。

(2)接线检查

基于考虑到接线部位接触良好和位置对应，对系统的所有线路，逐个进行了检查。

①对所有测温探头，逐个用加热设备加热，检查测温探头的性能和所得数据的可靠性、准确性。

②对测压系统通过输入标准压力信号进行测试。

(3)数据采集器的调试、校正和设定

运行调试程序及系统通讯地址设定，如图3-24、图3-25所示。

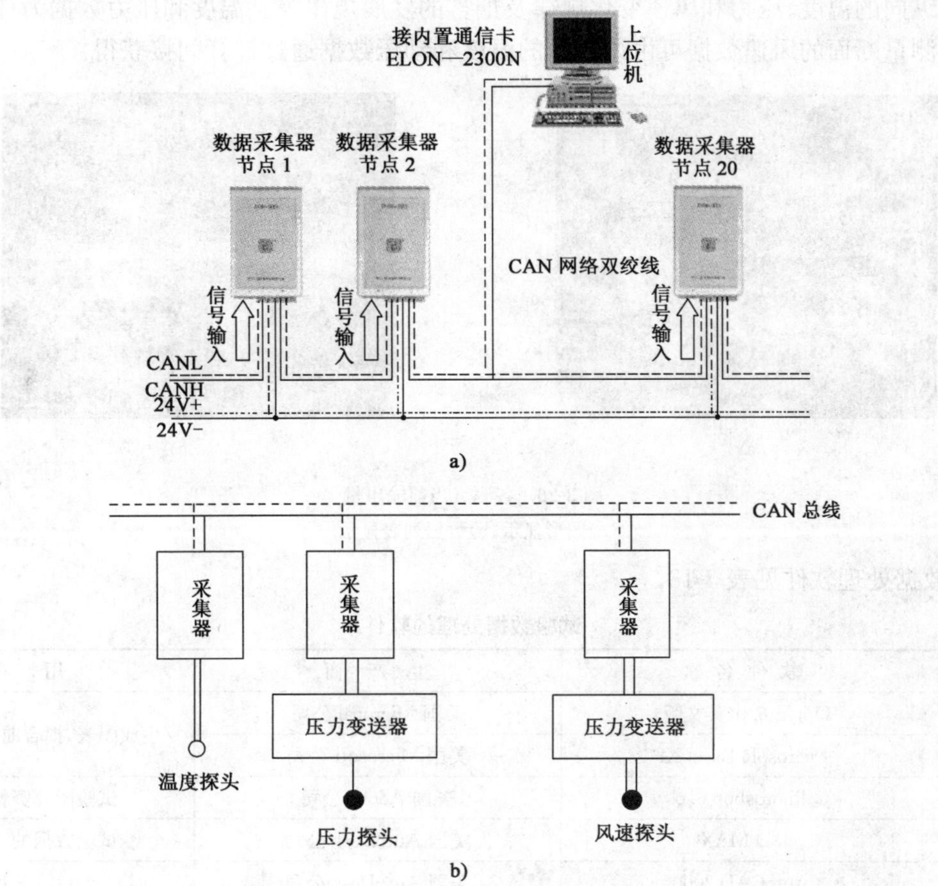

图 3-23　量测系统构成示意图

a)数据采集系统布线示意图(通信卡内置);b)数据采集探头与 CAN 网络连接图

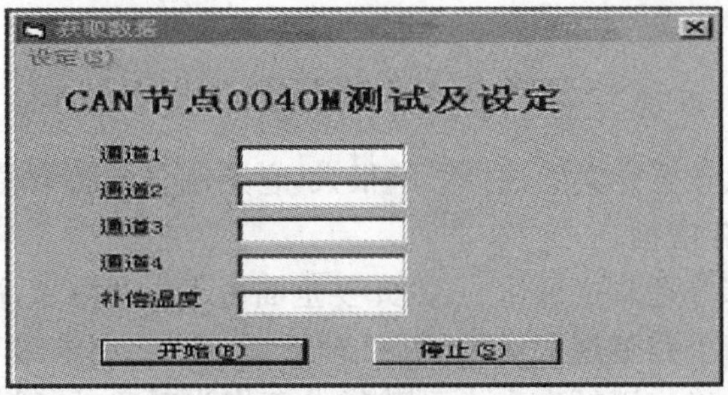

图 3-24　调试程序

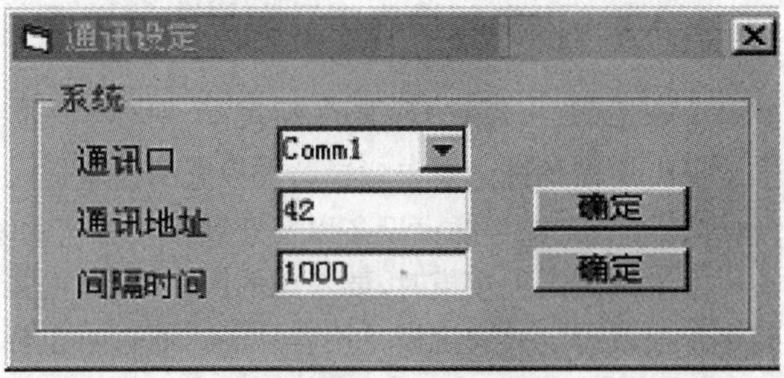

图 3-25　系统通讯地址设定

①通讯口:选择“Comm1”(若转换连线其他接口,则选择对应端口)。

②通讯地址:根据该采集卡的地址码(假设为“42”),在编辑框中输入相应的地址数据(如“42”)。

③间隔时间:根据实际情况,可在 1～1 000ms 中任选,然后确定。

(4)计算机采集系统

计算机可以实时采集各测点当前输出量,见图 3-26。

3.3.5.4　数据处理和分析

由于试验结果数据量庞大,处理方法要求先进,因此,为提高数据处理的效率,所有数据都利用计算机通过专业的数据处理软件进行处理和分析。

试验数据的处理包括洞口风速变化,主隧道、横通道及竖井各个测量断面的温度、压力和风速变化情况，沿隧道纵向的温度、压力和风速变化规律及烟雾的发展规律等。温度和压力数据为计算机直接采集获得，各个测量断面的风速数据可由该断面的温度和动压数据通过计算间接获得。

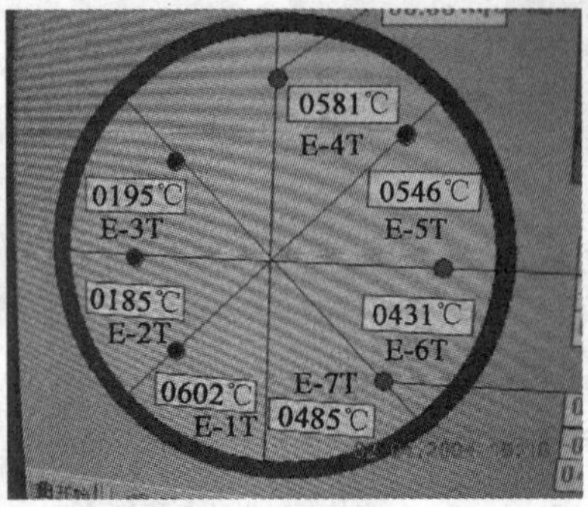

a)

b)

图 3-26 各测点当前输出量

a)图形显示；b)数据列表显示

采用的数据处理软件见表 3-13。

试验数据处理的软件　　表 3-13

序　号	软 件 名 称	生 产 商	用　途
1	Origin 6.0(英文版)	美国 Microcal 公司	生成图表，拟合曲线，趋势分析
2	Microsoft Excel XP	美国 Microsoft 公司	
3	Photoshop 6.0	美国 Adobe 公司	试验图片资料的处理
4	3D MAX	美国 AutoDesk 公司	试验数据的三维模拟
5	AutoCAD 2000	美国 AutoDesk 公司	生成工程图
6	Microsoft Word XP	美国 Microsoft 公司	文整
7	Visual C++ 6.0	美国 Microsoft 公司	编制数据处理程序

3.3.6 火灾规模确定及燃烧剂的选择

3.3.6.1 火灾规模的确定

火灾规模的确定对于隧道防灾设施的设置以及通风救援方案的选择影响很大，它是制订预防策略、设计防火体系、选用防火设备以及开展相关工作的基础和依据。

由于确定火灾规模时，要考虑的因素很多，而且大部分是非定量化的，因此要全面考虑上述因素，准确地预报或设定火灾规模是不容易的。通过对世界各国公路隧道火灾的调研，对于禁止或限制油罐车及装有易爆、易燃危险品车辆通过的隧道，其火灾规模的确定以轿车和大型载货卡车作为对象，一般将火灾规模分为 3 个等级，分别是：

(1)1 辆轿车着火(相当于 60L 汽油)。

(2)1 辆载货卡车着火(相当于 150L 汽油)，车上装有木材、塑料制品等可燃物，燃烧时引起大量烟雾。

(3)2 辆载货卡车(包括 2 辆公共汽车)相撞起火(相当于 300L 汽油)。

根据实际火灾情况，本次火灾试验的火灾规模根据放热量的相似，按 3 个等级设定，并分别命名为 A、B、C。

A 规模，采用 10L 柴油，1L 汽油，15kg 木材模拟。

B 规模，采用 24L 柴油，1L 汽油，30kg 木材模拟。

C 规模，采用 48L 柴油，2L 汽油，50kg 木材模拟。

3.3.6.2 升温方式及燃烧剂的选择

根据隧道火灾案例统计和世界各国全尺寸火灾试验典型火灾规模统计结果：小型客车燃烧汽油的扩散范围约为 $2m^2$，公共汽车或一般的货物汽车燃烧时汽油的扩散范围约为 $8m^2$。同时，考虑燃料能够充分燃烧的因素，试验所用燃烧床采用钢板（厚 3mm）制造，为倒梯形形状，上部宽 1.00m，长 1.65m，底部宽 0.8m，长 1.5m，高为 0.1m。内部再焊接钢板，围成小一档的面积，以模拟不同的燃烧扩散面积。

公路隧道发生火灾时，燃烧的油料一般为柴油、汽油。根据多种组合试验，最终试验的燃烧材料以烟雾较高的柴油为主，同时，加入适量的汽油和木材。其中，汽油是为增加起火的容易性，木材用以模拟车内可燃物并兼作发烟材料。木材的用量根据燃烧时间、燃烧温度以及产生烟气浓度情况通过预试验来加以确定，柴油的用量根据火灾规模确定。

3.3.7 试验过程

试验流程如图 3-27 所示。

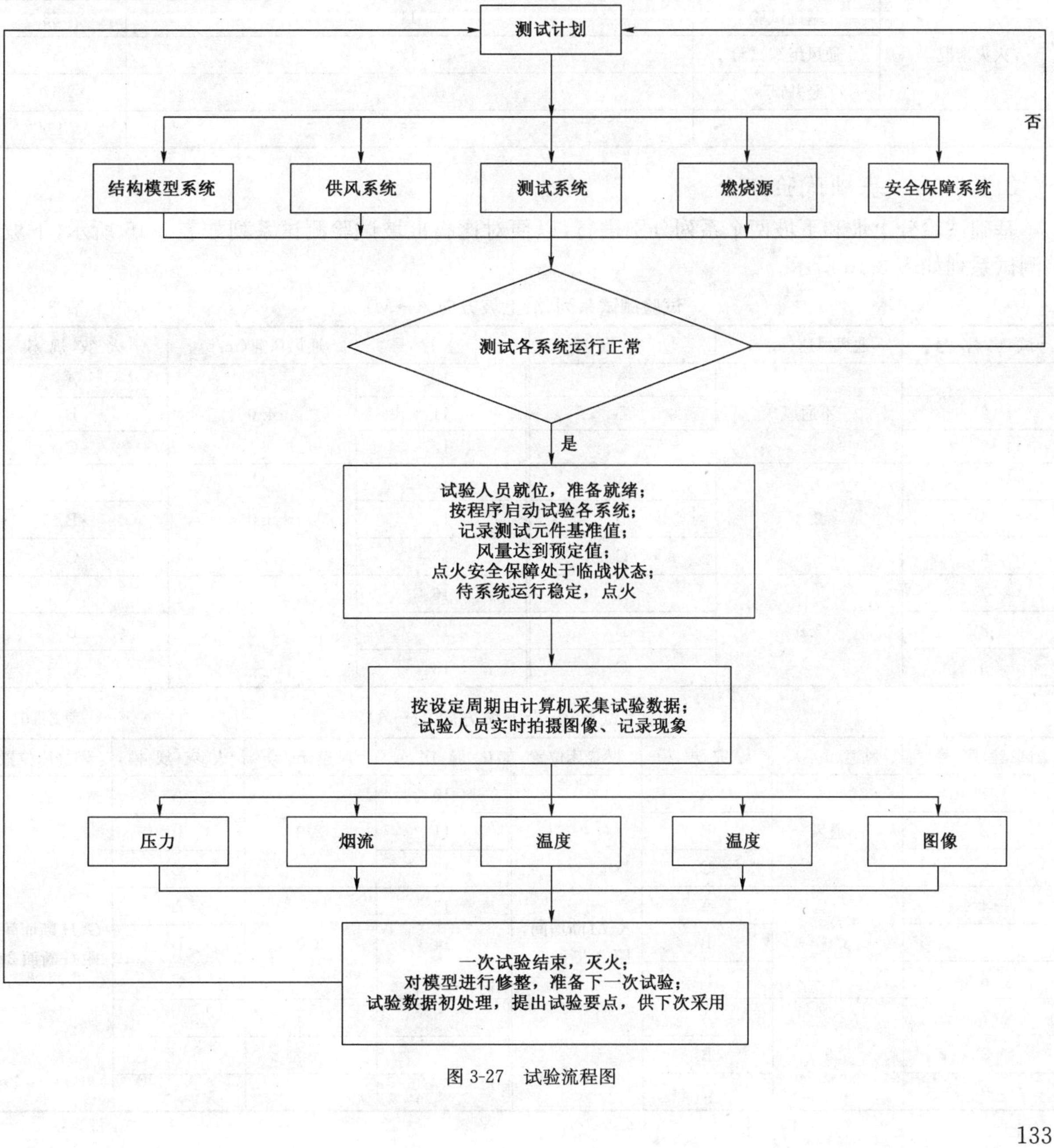

图 3-27 试验流程图

3.3.8 试验系列

3.3.8.1 试验情况

本次共进行了三大类火灾试验，分别是：

(1)基础试验，即一个单洞试验，这在国外已有进行，但一般只进行了燃烧状态、温度、风速、烟流等测试，没有进行风压测试。本次除了进行燃烧状态、温度、风速、烟流等测试外，还进行了风压测试。

(2)通风组织试验，目前在国内外还没有进行过火灾模式下的通风组织试验。

(3)竖井试验，目前在国内外也没有进行过竖井对火灾的影响试验。

本次共进行了55种不同火灾规模、火源位置、通风条件的试验工况，试验组数达124组，具体试验情况见表3-14。

试验情况列表　　表3-14

试验分类		试验工况(不同火灾规模、火源位置、通风条件)	试验组数
火灾情况	基础试验	11	33
	通风组织试验	17	34
	竖井试验	27	57
合计		55	124

3.3.8.2 基础试验组合

基础试验分上坡和下坡两个系列分别进行，以便对比。上坡试验测试系列如表3-15所示，下坡试验测试系列如表3-16所示。

试验测试系列(沿上坡方向 $A \rightarrow M$)　　表3-15

试验序号	通风风速(m/s)	火灾规模	试验序号	通风风速(m/s)	火灾规模
1	不通风	A	10	4.0	A
2		B	11		B
3		C	12		C
4	2.0	A	13	5.0	A
5		B	14		B
6		C	15		C
7	3.0	A	16	6.0	A
8		B	17		B
9		C	18		C

试验测试系列(沿下坡方向 $M \rightarrow A$)　　表3-16

试验序号	风速(m/s)	火灾规模	燃烧床位置	试验序号	风速(m/s)	火灾规模	燃烧床位置
1	不通风	A	K、M断面间，距K断面2m	10	2.0	A	G、H断面间，距G断面2m
2		B		11		B	
3		C		12		C	
4	3.0	A		13	5.0	A	
5		B		14		B	
6		C		15		C	
7	5.0	A					
8		B					
9		C					

3.3.8.3 通风组织试验组合

通风组织试验组合考虑了秦岭终南山隧道的实际运营风速及其方向性，同时考虑按自然通风状态、运营通风状态和火灾通风状态进行组合试验。

秦岭终南山隧道两线各段初步估计风速见图3-28。

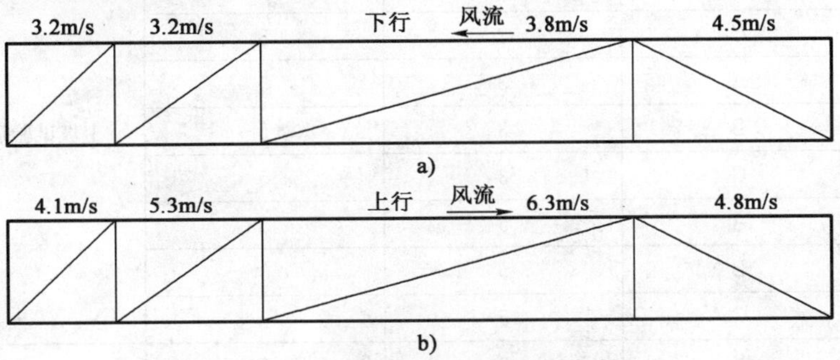

图3-28 秦岭隧道两线各段初步估计风速

a)东线(左线)要素：西安端洞口里程K64+796，安康端洞口里程K82+816，L=18 020m；b)西线(右线)要素：西安端洞口里程YK64+825，安康端洞口里程YK82+845，L=18 020m

根据秦岭终南山隧道两线各段初步估计风速，上行线风速基本在4～6m/s之间，下行线风速基本在3～5m/s之间，为此，选取有代表性的风速组合，按A、B、C级的火灾规模，分别进行上、下坡方向的试验。

下坡试验主隧道风流从2号洞口吹向1号洞口，辅助隧道风流从3号洞口吹向4号洞口，燃烧床位于1号横通道和2号横通道之间。

上坡试验主隧道风流从1号洞口吹向2号洞口，辅助隧道风流从4号洞口吹向3号洞口，燃烧床位于5号横通道和6号横通道之间。

通风组织试验进行的主要试验组合见表3-17。

通风组织试验组合　　表3-17

序号	火灾规模	风速(m/s)		横通道启、闭情况
		主隧道	辅助隧道	
1	A	3	3	下坡试验启、闭2号和3号横通道
2	B	3	3	
3	C	3	3	
4	A	3	5	
5	B	3	5	
6	C	3	5	
7	A	5	3	
8	B	5	3	
9	C	5	3	
10	B	3	3	下坡试验启、闭1、2、3号横通道
11	B	3	5	
12	B	5	3	
13	B	0	3	
14	B	3	0	
15	B	2	5	
16	B	3	6	
17	B	5	6	

续上表

序　号	火灾规模	风速（m/s）		横通道启、闭情况
		主隧道	辅助隧道	
18	A	3	3	上坡试验启、闭4号和5号横通道
19	B	3	3	
20	C	3	3	
21	A	3	5	
22	B	3	5	
23	C	3	5	
24	A	5	3	
25	B	5	3	
26	C	5	3	
27	B	3	3	上坡试验启、闭4～6号横通道
28	B	3	5	
29	B	5	3	
30	B	0	3	
31	B	3	0	
32	B	2	5	
33	B	3	6	
34	B	5	6	

试验主要模拟火灾发生后救灾和疏散情况下的工况，即在实际隧道火灾情况下，一般只开启火灾上游的横通道，火灾下游横通道始终处于关闭状态。为此，试验过程中只启闭火灾上游的横通道，而封闭火灾下游的横通道，以免烟雾扩散到另一条隧道，影响其正常运营。

为了了解在火灾下游的横通道打开情况下火灾的发展和烟流的流动，在每种风速组合下进行了一组B规模的火灾试验，在这组试验中同时启闭3个横通道，以便了解下游横通道开启后对隧道火灾的影响。

3.3.8.4　竖井试验组合

竖井试验考虑不同火灾规模、通风风速、火灾位置以及竖井高度的影响，试验总的组合工况共有以下4种。

工况一：关闭通风系统情况

研究在不同火灾规模、不同火灾位置以及不同竖井高度下，隧道及竖井内温度、压力、烟雾以及火风压的分布状况。

工况二：通风情况（取规范规定的火灾工况时的排烟速度2～3m/s）

研究在不同火灾规模、不同火灾位置、不同竖井高度以及送排风竖井开启/关闭情况下，隧道及竖井内温度、压力、烟雾以及火风压的分布规律。

工况三：通风情况（研究送、排风机的相互影响）

研究不同火灾规模、不同火灾位置、不同竖井高度下，送风和排风风机取不同的通风速度组合时，隧道及竖井内温度、压力、烟雾以及火风压的分布规律，以及送、排风机的相互影响。

工况四：正常运营工况（研究正常运营工况下，竖井附近的速度、压力分布状况）

研究不同竖井高度下，送、排风竖井取不同的速度组合时，隧道及竖井内压力、风速的分布规律和两者的相互影响。

总的试验组合如表3-18所示。

竖 井 试 验 组 合

表3-18

序 号	试验组合				
	风速(m/s)	燃烧床位置	火灾规模	竖井开/关	竖井高度(m)及风速(m/s)
1	不通风	Ⅰ位	A	排风竖井:开 送风竖井:开	排风竖井:10 送风竖井:3.3
2			B		
3			C		
4		Ⅱ位	A	排风竖井:开 送风竖井:开	排风竖井:10 送风竖井:3.3
5			B		
6			C		
7		Ⅲ位	A	排风竖井:开 送风竖井:开	排风竖井:10 送风竖井:3.3
8			B		
9			C		
10	3	Ⅰ位	A	排风竖井:开 送风竖井:关	排风竖井:10 送风竖井:3.3
11			B		
12			C		
13		Ⅰ位	A	排风竖井:开 送风竖井:开	排风竖井:10 送风竖井:3.3
14			B		
15			C		
16		Ⅱ位	A	排风竖井:开 送风竖井:关	排风竖井:10 送风竖井:3.3
17			B		
18			C		
19			A	排风竖井:开 送风竖井:开	排风竖井:10 送风竖井:3.3
20			B		
21			C		
22		Ⅲ位	A	排风竖井:关 送风竖井:开	排风竖井:10 送风竖井:3.3
23			B		
24			C		
25			A	排风竖井:开 送风竖井:开	排风竖井:10 送风竖井:3.3
26			B		
27			C		
28	排风:3 送风:6	Ⅰ位	A	排风竖井:开 送风竖井:开	排风竖井:10 送风竖井:3.3
29			B		
30			C		
31		Ⅱ位	A	排风竖井:开 送风竖井:开	排风竖井:10 送风竖井:3.3
32			B		
33			C		
34		Ⅲ位	A	排风竖井:开 送风竖井:开	排风竖井:10 送风竖井:3.3
35			B		
36			C		
37	不通风	Ⅰ位	A	排风竖井:开 送风竖井:开	排风竖井:15 送风竖井:3.3
38			B		
39			C		

续上表

序　号	试验组合				
	风速(m/s)	燃烧床位置	火灾规模	竖井开/关	竖井高度(m)及风速(m/s)
40	3	Ⅰ位	A	排风竖井:开 送风竖井:关	排风竖井:15 送风竖井:3.3
41			B		
42			C		
43		Ⅱ位	A	排风竖井:开 送风竖井:关	排风竖井:15 送风竖井:3.3
44			B		
45			C		
46	不通风	Ⅰ位	A	排风竖井:开 送风竖井:开	排风竖井:20 送风竖井:3.3
47			B		
48			C		
49	3	Ⅰ位	A	排风竖井:开 送风竖井:关	排风竖井:20 送风竖井:3.3
50			B		
51			C		
52		Ⅱ位	A	排风竖井:开 送风竖井:关	排风竖井:20 送风竖井:3.3
53			B		
54			C		
55	正常运营	—	—	排风竖井:10　送风竖井:3.3	
56			—	排风竖井:15　送风竖井:3.3	
57			—	排风竖井:20　送风竖井:3.3	

3.3.9 试验结果

本次秦岭终南山特长公路隧道防灾救援技术研究中，完成了基础试验、通风组织试验、竖井对火灾影响试验，共进行了55种不同火灾规模、火源位置、通风条件的试验工况，124组火灾试验。

试验中取得了大量的试验数据，最终试验结果如下。

3.3.9.1 基础试验结果

(1)火灾时隧道区域划分

根据火灾时烟流的流动状态和烟流对隧道的污染状态，可以将火灾时的隧道分为3个区域，在不同的区域，烟流最高温度呈现出不同的规律。

①火区上游。位于燃烧区域的上风侧，该区域不受火灾烟流污染，其风流结构和风流气体组分不受火灾的影响，但由于火灾的动力效应和火灾造成的通风系统结构的改变，其风流速度、温度、密度和静压等有一定的变化，但变化量很小。该区域是灭火和救护的安全通道。

②火区。有可燃物燃烧的分支段和火焰已到达的分支段的集合。在火区，火灾时期的烟流状态与火灾前的风流状态不同，一方面烟流温度升高，密度下降，另一方面烟流中CO、CO_2等有害气体的浓度升高，同时隧道段的阻力系数发生变化。

③火区下游。位于火区下风侧的所有被烟流污染的区域。其风流状态与火灾前发生显著的变化，烟流温度升高，密度下降，有毒有害气体浓度升高，隧道段阻力系数发生变化。在烟流流动过程中，其温度、密度、速度、气体组分和浓度等不断发生变化。

(2)火灾阶段划分

根据火灾烟流温度随时间的变化特点，隧道火灾过程可分为3个阶段。

①火灾发展阶段。在该阶段,供氧充足,一般为富氧燃烧,火势不断增大,烟流最高温度不断增高,烟流中的氧气浓度下降,CO_2、CO、H_2、CH_4(甲烷)等有毒有害气体的浓度增大。发展阶段的燃烧状态不稳定,风流流动状态为非稳定状态,所以沿程烟流温度随烟流最高温度的变化规律不明显。

②火灾稳定阶段。在该阶段,火势基本稳定,烟流最高温度变化很小,如果燃料充分且有供风,火势会一直持续下去。随着与火区距离的增加,烟流温度下降。离火区较近的一段隧道内,随火灾时间的增加,沿程烟流的温度梯度增大;离火区较远处的隧道,随火灾时间的增加,沿程烟流的温度梯度减小。

③火灾衰减阶段。在该阶段,火势逐渐减小,烟流的最高温度随时间的增加而下降,烟流中氧气的浓度升高,CO_2和CO的浓度下降。随着与火区距离的增加以及火灾时间的增加,烟流的温度和沿程烟流的温度梯度减小。

(3)火灾最高温度与通风风速、火灾规模的关系

由于隧道环境的特殊性,火灾时产生的高温烟气不易排出,温度急剧上升,可达到1 000℃以上。高温烟气是造成隧道火灾人员伤亡和设备、结构损坏的主要原因。

火源点风流温度大小主要取决于两个因素:一是燃烧物放出热量的多少;二是流过火源风量和风速的大小。另外火源温度还受燃烧规模、通风条件等多种因素的影响。

随着至火区距离的不同,最高温度、火灾规模以及通风风速三者之间的关系也不同。在火区附近,在同等火灾规模下,最高温度随通风风速的增大而减小;在同等风速下,最高温度随火灾规模的增大而增大。当远离火区时,在同等火灾规模下,最高温度先随通风风速的增大而增大,当风速达到2~3m/s后,最高温度随通风风速的增大而减小。同时,在相同风速下,最高温度虽然随火灾规模的增大而增大,但当火灾规模达到一定限度后,最高温度也达到一定限度。

当隧道中发生火灾时,尤其对于像终南山隧道这样的长大隧道,从减弱火灾的影响范围考虑,通风风速只要能阻止烟流形成逆流即可,不宜过大。此时火区的温度上升很多,会对衬砌以及内部设备造成极大的损坏。当通风风速增大后,由于风流带走热量,火区温度下降,但沿途温度增高,温度的影响范围扩大。

(4)温度随时间的变化规律

隧道内发生火灾时,燃烧从一个点或面开始,随着时间的推延,火焰向周围蔓延,火区延烧成一个区域,随着参与燃烧的可燃物数量逐渐增多,热量集聚增加,火灾烟流的温度也随之升高。

发生火灾时,隧道内温度的变化并不是按照标准温度—时间曲线逐渐上升,而是有一个急剧增加的过程。一般,在起火后的2~10min内,温度即达到最高。其中,温度的最高值与燃烧物种类、数量、燃烧延续时间、燃烧速度以及隧道本身的特征有关。

火灾进入稳定燃烧阶段后,其持续时间随火灾规模、通风风速以及燃料自由表面积的大小而变化。在同等条件下,火灾规模越大,火灾的持续时间越长;燃料的自由表面积越大,燃烧速度越快,则火灾的持续时间越短。同时,在同等条件下,随着通风风速的增大,火灾的持续时间缩短。

(5)温升梯度随时间的变化规律

温升梯度随时间的变化规律,尤其是火灾初期时的变化规律,对于秦岭终南山隧道的温度探测以及报警设备的选择和设定都具有重要影响。

经分析可知,火灾时隧道内温升梯度与最高温度并不是同时达到最大值。起火后,经过2~4min,温升梯度即达最高,之后断面温度才达到最高值。这是由于火灾初期温度上升速率较快,即温度的相对增长较快,但绝对数值并不达到最大。因此,当利用最高温度或最大温升梯度作为特征量来探测火灾时,应考虑到二者的不同步性。

(6)火灾时纵向温度分布

温度场在隧道纵断面方向的分布规律是:随着到火源点距离的增加,温度降低,且温降梯度逐渐减小。

在同等条件下,随着通风风速的增大,火灾区附近的温度下降,而沿程温度上升。因此,发生火灾

时，应降低隧道内的纵向风速，控制洞内温度上升的速度，减缓高温烟气向下游的传播速度，同时，位于下风口的人员和车辆应尽量利用车辆逃生，以加快撤离速度。

同等条件下，随着火灾规模的增大，温度场纵向影响范围也增大；随着距火区距离的增加，火灾规模对温度场分布的影响减弱。

由于烟囱效应，高温烟雾更易沿着上坡方向移动，因此，隧道坡度对于纵向以及横向温度分布也具有一定的影响。沿下坡方向通风时，温度分布与前述按上坡方向通风时的结果有一定的差异，后者温度的影响范围较前者要小一点，但差别不大。

由于火灾是一个动态变化的过程，因此其纵向温度分布也随着时间的变化而不断变化。发生火灾后，随着时间的推移，隧道内各个断面的温度都在逐渐上升，当火源点温度达到最高时，隧道内各点的温度也基本达到最高，之后，随着时间的持续，温度逐步下降。整个变化过程中，火源点的温度梯度较火区下游大，且随着远离火区，温度梯度有逐渐减小的趋势。

(7)火灾时横向温度分布

不通风状态下，火灾时，隧道断面上部为高温烟流向两端洞口移动，断面下部则为外界新鲜空气向洞内流入补充，在断面中部为高低温气流进行热传导和对流的紊流层。由于高温烟流较轻而上升，隧道底部有相对较冷的空气补充，因此，其温度的横向分布规律是拱顶最高，拱腰、边墙次之，底部最低。但最高温度并不在拱顶衬砌表面，而是在离拱顶不远的区域内，这是由于紧靠拱顶的区域内，高温烟流与温度较低的衬砌之间存在着热交换，故此区域内的烟流温度要稍低于离拱顶有一定距离的烟流温度。

在机械通风状态下，当通风风速≥2.0m/s 时，由于火焰被吹倾斜，火区下游附近一段距离内断面底部受火焰的烧烤，温度急剧上升，断面温度横向分布呈底部高，拱顶最低的规律。随着远离火区，由于高温烟气逐渐上升，断面温度的横向分布变为拱顶最高，拱腰、边墙次之，底部最低。同时，随着到火区距离的增加，横断面上温度的分布渐趋均匀。

经对比分析可知：在火区，随着通风风速的增加，断面底部温度逐渐增高，断面温度分布呈底部最高，拱顶最低的规律；火区下游，不论通风风速的大小，温度分布都呈拱顶高，底部低的规律。

随着火灾规模的增大，沿隧道纵向，各断面的温度均有升高，但温度横向分布规律不变。

由于火灾时，最高温度发生在拱顶，底板附近的温度相对较低，因此，隧道拱部应适当加厚衬砌和增加拱部钢筋保护层厚度，或者增加混凝土的耐火等级，同时，边墙以上的衬砌表面可以考虑采用防火涂料。隧道内照明灯具以及电缆在布置时应尽量避免布置在高温区，以确保安全；对于布设在侧壁的电缆以及通信线路等，应加设防火隔热材料。建议的电缆、通信线路的布置位置应为车道平面以下或设置专用的电缆隧道。由于火灾时的火势发展迅速，且隧道拱部温度高，增长速度快，因此隧道火灾温度探测元件应安装在路面以上 4.0m 左右的适当位置，以利快速监测到火灾。

(8)温度场的扩散速度与范围

拱顶处温度场的传播速度大于一人高处温度场的传播速度。

综合温度纵向分布和横向分布的试验成果，以及由此而得出的指导性结论，可以得出：当隧道发生火灾后，通风风速和火灾规模对温度场的扩散范围和扩散速度影响较大。在相同的火灾规模下，风速越小，温度扩散长度越短，温度的变化梯度越大；风速越大，温度扩散长度越长，但温度的变化梯度越小。在相同的风速下，火灾规模越大，温度的扩散长度越长，火灾规模越小，温度的扩散长度越短。以上坡试验 3.0m/s 风速为例，相对于试验隧道：A 规模时，一人高度处，其扩散范围为 4～8m；B 规模时，一人高度处，其扩散范围为 16m；C 规模时，一人高度处，其扩散范围为 38m。

由于随着通风风速的增大，温度场的扩散速度、扩散范围都在增大。因此，在采用纵向通风系统的秦岭隧道，当发生火灾时，为了便于下游车辆避难和控制温度、烟气的扩散，应降低隧道内的风速。同时，位于下游的人员和车辆应以快于温度传播的速度撤离隧道。这也正是采用纵向通风方式的隧道应按单向交通的原因。

可见，沿着上坡方向，烟流传播的范围较下坡方向远，影响范围大。

此外，以断面温度不超过 80℃为标准，相对于模型隧道，上坡试验中，在一人高度处，温度场向上游传播距离，在不通风状态下为 4m 以上；风速 1.5m/s 时为 4m；风速 2.0m/s、2.5m/s、3.0m/s 和 6.0m/s 时小于 4m。因此，当车辆在隧道中发生火灾时，为避免处于火区上游的车辆、人员受到高温的损害，其后续的车辆与其保持的停车距离应为 30m 以上。

对于秦岭终南山这样的长大公路隧道，由于两端洞口高程差较大，火灾时的烟囱效应十分明显。因此，火灾时尽量限制高温烟雾的扩散范围，是火灾通风方案制订的一个重要影响因素。

(9)火灾时隧道内风流压力的状态

隧道内压力紊动的强弱与火灾规模(燃料的多少)以及火焰燃烧的剧烈程度有关。火灾规模越大，火焰燃烧越强烈，压力紊动越强烈。火灾初期，随着火势的逐渐增大，压力紊动逐渐增大；稳定阶段，压力紊动也趋于稳定。

当燃料逐渐燃完，随着火势逐渐减小，压力的紊动渐趋平缓。随着火势的增大，隧道内火区以及火区下游的全压和动压较火灾前明显增大，而静压变化相对较小。随着火势的减弱，压力的增幅渐渐变小。

(10)火灾时隧道内风速的变化

对火区以及火区下游而言，由于燃烧产成的气体进入流经火区的风流，并且此流过火区的风流受热膨胀，火区以及火区下游烟流的速度较火灾前明显增大。

可以看出，点火后，风速在 2～8min 的时间内上升很快，较点火前风速明显增大，其增幅以及稳定阶段所持续的时间随通风风速、火灾规模的不同而变化，随着火势的渐渐减弱而趋于初始风速。沿上坡方向通风与沿下坡方向通风相比，前者风速的增量较大。

在不通风状态下，拱顶烟流从火区向两端洞口移动，而隧道断面下部为新鲜空气并由两端洞口向火区补充。

火区下游附近，拱顶烟流向两端洞口移动的速度最大可达到 3.5m/s，随着火势的逐渐减弱，其流速逐渐减小。然后由于火风压和自然风压的共同作用，洞内烟流以 1.0～2.0m/s 的速度向两端洞口扩散。坡度对不通风状态下烟流的扩散速度有很大的影响，沿上坡方向，由于火风压起推动烟流流动的作用，故烟流速度较大，约为 3.0m/s；沿下坡方向，火风压对烟流流动起阻碍作用，烟流速度较小，约为1.0m/s。

在机械通风状态下，由于燃烧的火焰占据隧道断面，因此火区拱顶的风速随着火灾的持续，增幅较大。如在 3.0m/s 通风风速，B 火灾规模下，在上坡试验中，其最大增幅可达 4.0～5.0m/s，同时，火区下游风速也有明显的增加，增幅约为 2.0m/s。

(11)节流效应烟流阻力

①节流效应烟流阻力的定义

火灾过程中，由于火焰的存在减小了火区段隧道的有效过流断面面积，且风流在火区受热膨胀，使得流过火区的风流阻力较火灾前明显增加，在火区附近形成一个局部阻力，这个局部阻力就像一个节流阀作用于流过火区的烟流。这种由于燃烧火焰阻碍烟流在隧道内的流动，以及由于烟流体积流量变化而产生的阻碍烟流流动的现象，称为火灾烟流的节流效应。由节流效应产生的阻力，称为火灾的节流效应烟流阻力。

②节流效应烟流阻力的影响因素

a. 通风风速。节流效应烟流阻力是随着通风风速的增大而增加的，其增长梯度随着通风风速的增大而减少。

b. 火灾规模。节流效应烟流阻力随火灾规模的增大而增大，其增长梯度随火灾规模的增大而减小。在火灾发展阶段，火区温度对节流效应烟流阻力的影响比较大，当火区温度较高时，节流效应增大。

(12)火风压

①火风压的定义

火风压是在倾斜坑道中，由于火灾前后风流密度与烟流密度的差异而引起的自然风压增量，也即烟流阻力中的浮力效应烟流阻力。对隧道而言，火风压相当于在其中安设了一系列具有相同能量的辅助通风机，具有推动或阻碍流体流动的作用。上坡方向，火风压对烟流起推动作用，下坡方向，火风压对烟流起阻碍作用。

②火风压的影响因素

a. 通风风速。火风压是随着通风风速的增大而增加的，其增长梯度随着通风风速的增大而减少。当通风风速不高时，其对火风压的影响较大。

b. 火区温度。火风压随火区温度的增大而增大，其增长梯度随火区温度的增大而减小。在火灾发展阶段，火区温度对火风压影响比较大，当火区温度较高时，对火风压的影响变小。

c. 隧道坡度及烟流蔓延长度。火风压是隧道坡度的一个单值递增函数。火风压随隧道坡度的增大而增大，其增长梯度随隧道坡度的增大而减小。发生火灾的隧道，其两端的高程差是影响火风压大小的一个关键因素，对于水平隧道，火风压为零。而对于长大隧道，即使坡度很小，如果不能很好地控制烟流的蔓延，则火灾时产生的火风压也是相当大的。

火风压随隧道中烟流蔓延长度的增加而增加，但增长梯度随着蔓延长度的增大而减小。当烟流蔓延到一定距离后，由于烟流温度下降到接近常温，此时，火风压基本为一定值，不再随蔓延长度的增长而增加。因此，发生火灾时，控制烟气的蔓延长度，对于减弱火风压对通风系统的影响是很关键的。

(13)烟流摩擦阻力及压力场变化对隧道通风系统的影响

由计算分析可知，火区烟流摩擦阻力与节流效应相比较，$h_f \ll h_j$，即火区的节流效应对烟流的作用比摩擦效应对烟流的作用大得多，摩擦阻力可以忽略不计。火区下游的摩擦阻力也较火风压的作用小得多。

在沿上坡方向通风时，火风压的作用是推动烟流流动，而当沿下坡方向通风时，火风压作为阻力出现，阻碍烟流的流动。

压力场变化对通风系统的影响可概括为：

①由于火灾过程本身是一个随时间而不断变化的动态过程，则燃烧温度、烟流密度、火风压以及烟流阻力也是动态变化的，它们对隧道通风系统的影响也是动态的。这些参数之间的相互影响、相互制约使得火灾时隧道内的风流状态非常复杂。

②火灾时通风阻力的变化会导致隧道主要通风机的工况发生变化，导致隧道内正常的通风网络发生紊乱。

③火灾时，在火风压等动力的作用下，高温烟雾可能发生回流，沿着上坡方向蔓延，危及避难的车辆和人流，致使灾害扩大。

④由于火灾时，隧道要被关闭，此时隧道的交通风力会失去，可能导致烟雾发生逆流，会对火区上游的车辆和人员造成损害。

⑤对于双洞单向交通的隧道，在人流和车流的疏散和组织过程中，两个隧道之间的横通道要打开，此时，两个隧道的通风系统会相互影响，在火灾动力的作用下，高温烟雾可能蔓延到另一隧道内，致使灾害范围扩大。

(14)火灾时隧道内烟雾的扩散规律

隧道内发生火灾后，不论火灾规模的大小，都会产生大量的浓烟，向隧道内扩散，在很短的时间内(20～30s)即充满整个隧道断面，使得隧道内的能见度降到1m左右。

不通风状态下，高温热烟气流沿隧道上部向两端洞口移动，新鲜空气则沿着隧道下部向火区移动，随着燃烧的持续，烟层逐渐加厚。

表3-19为火灾试验中观察到的在不通风状态下，不同火灾规模时，烟流纵向的扩散速度以及烟层厚度的变化情况。可以发现，在不通风状态下，烟雾的纵向扩散速度为1～2m/s；同等条件下，温度越高，烟流的纵向流速越大。烟雾厚度的扩散速度在A火灾规模下，约为2cm/s；在B火灾规模下，约为3～4cm/s。烟层厚度的扩散随火灾规模的增大(表现为燃料的增多)而变快。

不通风状态下,烟雾的扩散速度　表3-19

序号	火灾规模	烟流纵向扩散速度(m/s)	烟流厚度的扩散速度(cm/s)
1	A	0.95	2.1
2	B	1.04	3.8

开始通风后,由于风流的紊动,隧道内很快便充满烟雾。鉴于上述的烟雾扩散规律,隧道内布置的信号设施和紧急救援设备的高度应不超过成人的眼睛水平,约1.7m,以利在隧道内能见度降低的情况下,尽可能快地发现并利用这些设施。隧道发生火灾后,如何快速有效地排除高温烟气,这是在设计中必须加以重点考虑的问题。

从防灾的观点来看,应力求避免用任何通风系统向隧道上部引入风流。因为在发生火灾时,这个风流并不能将烟雾稀释到人们可以忍受的程度,而只能增加必须处理的烟量,而且这个风流还能使本来就不稳定的烟层下降到低处。

由于射流风机的工作特性,火灾时,开动射流风机会扰乱烟层,使得拱顶烟雾混入隧道下部,增加隧道下部的烟雾浓度,降低能见度和通视距离,影响人员、车辆的逃生以及火灾救援工作。因此,可考虑将风机分段集中布置。

(15)火灾时隧道内烟雾的控制

总结火灾试验的成果可知:随着火灾规模的扩大,产生的烟雾越多,温度也相对越高,则制止回流所要求的风速也越高;坡度对于临界速度也具有明显的影响,沿下坡方向通风的隧道,制止烟雾逆流的临界速度大于水平的隧道和沿上坡方向通风的隧道。因此,火灾时,为了便于火区上游车辆、人员的安全逃生,同时控制烟气的流动,火灾初期,隧道内需要很快在纵向建立起2～3m/s的纵向风速。

3.3.9.2　通风组织试验结果

(1)横通道启闭对火灾时横通道内风速的影响

①火灾上游横通道内风速

在火灾发生前,影响横通道风速大小的主要因素是主、辅隧道的风速差。通过横向比较可以发现,主隧道与辅助隧道的风速之差越大,风流从横通道流向辅助隧道的趋势也越大,同理,辅助隧道与主隧道的风速之差越大,则风流从横通道流向主隧道的趋势越大。

②火灾下游横通道内风速

火灾下游的横通道受辅助隧道的风机的风压影响较大,其风速方向都是从辅助隧道吹向主隧道,火灾的发生和发展对火灾下游横通道的风速大小影响不大,点火前后和火灾过程中风速没有出现明显的变化。

火灾下游横通道打开后,辅助隧道的风量减小,风压也受到损失,因此将影响到火灾上游的两个横通道的风速大小,增加了这两个横通道的风流流向辅助隧道的趋向。如果这两个横通道的风流原来是流向辅助隧道的,则风速将增大;如果是流向主隧道的,则风速将减小,甚至有可能使原来流向主隧道的风流改变为流向辅助隧道。

(2)横通道启闭对火灾时隧道内温度场的影响

①火区的温度变化

由于横通道的打开和关闭,导致了主隧道和辅助隧道内风量的变化,流过火区的风速有可能增大,也有可能减小。

如果打开横通道后从火灾上游两个横通道流入主隧道的风量小于流入辅助隧道的风量,则主隧道内流过火区的总风量将减小。在主隧道通风风速保证火区是充分燃烧的前提下,经过对比分析,可以得出如下结论:

a.如果在火灾发展到高峰以前火区的风量增加,则火区的温度上升曲线将变得平缓,火区最高温度减小。

b.如果在火灾发展到高峰以前火区的风量减小，则火区的温度上升曲线将变得陡峭，火区最高温度增大。

c.在火灾进入衰减阶段后，如果火区的风量增大，则火区的温度下降曲线将变得陡峭；如果火区的风量减小，则火区的温度下降曲线将变得平缓。

d.在整个火灾过程中，如果流过火区的风量一直是增加的，则火灾持续时间将缩短；如果流过火区的风量一直是减小的，则火灾持续时间将延长。

由于打开火灾下游横通道后的火区风量要比关闭时小，因此在其他条件相同的情况下，打开火灾下游横通道后的火区最高温度将比关闭时增大，火灾的持续时间将延长。

②火灾下游的温度变化

在只打开火灾上游横通道的情况下，火灾下游离火区较远的地方的温度变化规律与火区的变化规律是相似的。

火灾下游横通道的启闭对火灾下游的温度有显著的影响。在火灾规模相同，通风风速相同的情况下，打开火灾下游的横通道后，在火区下游、该横通道上游之间各点的最高温度与不打开该横通道时相比要大，其最高温度上升的原因与火区最高温度上升的原因是相同的。

在其他条件相同的情况下，打开火灾下游的横通道后，该横通道下游各点的最高温度与不打开横通道时相比，并没有一定的大小关系。

虽然从火灾下游横通道流入的冷风流使该横通道下游各点的最高温度下降，但这个最高温度同时受到火区的最高温度的影响，因此火灾下游的横通道下游各点的最高温度与不打开此横通道时相比，有可能增大，也有可能减小。

(3)通道启闭对火灾时隧道内压力场的影响

由于横通道的打开和关闭，原来各自独立的主隧道和辅助隧道具有连接通道，这会导致两条隧道原来的压力场发生变化，成为一体的两条隧道进行压力场重新分配，形成新的压力平衡。压力场重新分配的最直接的结果就是风流以一定的方向和一定的风速流过横通道，并导致主隧道和辅助隧道不同段的风速发生改变。

隧道内各点的压力是由于自然大气压、风机升压、风流所流经路程的风阻压降后所共同形成的。横通道在主隧道和辅助隧道的两个端口，其压力是由两套通风系统形成的，在一般情况下，这两个端口的压力不会恰好相等。

当横通道开启后，风流就会从压力大的一端流向压力小的一端，隧道原来单一的风流路线就具有分支。如果隧道的一段是有风流流入的，则这段隧道内的风速变大，风压值增大；如果隧道的一段是有风流流出的，则这段隧道内的风速减小，风压受到损失，将减小。在有些地段，其上游具有多个横通道，既有风流流入，又有风流流出，那么这些地段的风速和风压值有可能增大，也有可能减小，取决于风流流入造成的风量增大和风流流出造成的风量减小之比。

在隧道发生火灾以前，横通道开启以后，短时间内两条隧道形成的新压力场就达到平衡，横通道和隧道各处的风速也达到稳定状态。火灾发生后，由于火灾的节流效应造成通风阻力增加，将阻碍风流的流动；火灾所形成的火风压在上坡时推动风流的流动，下坡时阻碍风流的流动。火灾发生后是不断发展变化的，因此火灾对压力场的影响也是不断变化的，开启横通道后形成的新压力场很难达到稳定的平衡状态，横通道和隧道内各处的风速也是不断变化的。

(4)横通道启闭对火灾时隧道内烟雾扩散的影响

在进行通风组织试验时，主隧道内都建立起了足够大的风速，火灾上游的横通道引起的火区风速增大或减小只是对烟雾向火灾下游扩散的速度产生影响，试验中没有发生烟雾的逆流现象，因此在火灾上游是没有受到烟雾污染的。

在火灾上游具有多个横通道时，为了保证不发生烟雾逆流现象，使火灾上游的车辆和人群安全逃生，必须确保横通道开启后主隧道的风量损失不至于太大，使流过火区的风流的风速大于2～3m/s。在火灾下游，当火灾发生后，由于风流的紊动，隧道整个断面内很快即充满烟雾。

在相同通风风速、相同火灾规模下，当火区的风速增大时，火灾下游的烟雾扩散速度也增大；当火区的风速减小时，火灾下游的烟雾扩散速度也随之减小。

在打开火灾下游的横通道后，从该横通道流入的风流使主隧道风量增大，也加快了烟雾向火灾下游扩散的速度。火灾下游的烟雾扩散速度增大对火灾下游的车辆和人群逃生是不利的，因此在保证火区烟雾不发生逆流的前提下，应尽量减小火灾下游的通风风速，当车辆和人群都已疏散完毕后，才可以增大通风风速把烟雾尽快排出隧道。

(5)横通道启闭对辅助隧道通风状态的影响

由于火灾发生后从主隧道没有热风流流入辅助隧道，因此火灾对辅助隧道的温度场几乎是没有影响的，辅助隧道仍维持原来的常温状态，主隧道火灾发生后不会因为温度的上升而对辅助隧道的运营产生干扰。

横通道开启以后，由于有风流从横通道流入或流出辅助隧道，会使辅助隧道各段的风速发生变化，并造成辅助隧道内的风压增大或减小。辅助隧道的风速增大和减小的幅度都是不大的，不会对辅助隧道的运营产生太大的影响。

在试验中发现，当主隧道的通风风速大于一定值(2～3m/s)时，火灾发生后烟雾不会发生回流。因此，不论火灾上游横通道的风向和风速大小如何，都不会对辅助隧道产生烟雾污染。

因此，在有一条隧道发生火灾后，必须确保火灾下游的横通道是关闭的。如果在救援疏散过程中不得不打开火灾下游的横通道，那么应该确保火灾下游横通道的风速方向是从非火灾发生隧道流向火灾发生隧道的，避免烟流污染非火灾发生隧道，以保证该隧道的正常运营，为车辆和人群的逃生以及救援工作创造有利条件。这一点可以通过在横通道内安设射流风机等措施来得到保证。

3.3.9.3　竖井试验结果

火灾时，随着通风风速(对应于送排风竖井不同的开启状况)、火灾规模、火灾位置以及由于竖井高度不同导致的火风压的不同，隧道、竖井间短道及竖井内温度场的分布差异很大，而且随着时间的推移，其分布发生显著变化。研究不同工况时温度场、压力场及速度的分布对于特长公路隧道通风设备的选型、排烟组织方案的制订都具有重要的意义。

根据竖井送排式纵向通风的特点，将试验模型分为 3 个区段：排风区段，排风竖井左侧区段；送排风竖井间短道，排风竖井与送风竖井之间的短道；送风区段，送风竖井右侧区段。在不同的区段，温度场、压力场及速度场呈现出不同的规律。

(1)温度随时间变化规律

①不通风工况

可见，随着火灾点的不同，隧道内最高温度出现的区域不同，温度随时间的变化规律也不同。处于位置Ⅰ(位于排风区段)时，当关闭两侧洞门，只留小孔送入新鲜空气时，烟流主要由排风竖井排出，短道及火源点与排风竖井间温度很快升高，升高幅度拱顶最大约 200℃；而排风区段、送风区段由于烟流流动速度减缓，温度下降。处于位置Ⅱ(位于送排风竖井间短道)时，当关闭两侧洞门时，拱顶温度几乎没有变化，但由于烟气的积聚，一人高处温度升高。处于位置Ⅲ(位于送风区段)时，当关闭两侧洞门时，送风段拱顶温度很快下降，降幅最大约 200℃，而排风段、短道温度均上升。此外，对于一人高处而言，关闭两侧洞门后，不论燃烧点处于何处，温度均有上升。

②排风 3m/s 送风 0m/s

燃烧床处于位置Ⅰ时，E4 在整个燃烧过程中温度最高，最高达到 650℃以上，其次是 C1，最高达到 300℃，除开 E4 点外其他点位温度比 E4 温度低 50%以上。可以发现在燃烧的发展阶段和稳定阶段，燃烧床右边(排风竖井端)等距离的拱顶点比燃烧床左边等距离的拱顶点温度高；而在燃烧衰减阶段，燃烧床右边等距离的拱顶点比燃烧床左边等距离的拱顶点温度低。其原因是：由于在燃烧的发展阶段和稳定阶段，竖井火风压作用特别明显，而在燃烧衰减阶段，火风压渐渐减小。

燃烧床处于位置Ⅱ时，F1 在整个燃烧过程中温度最高，最高达到 350℃以上，其次是 G1 最高达到 300℃。通过对 A、B、C 规模火灾情况研究，发现在燃烧的发展阶段和稳定阶段，燃烧床左边（排风竖井端）等距离的拱顶点比燃烧床右边等距离的拱顶点温度高；而在燃烧衰减阶段，燃烧床左边等距离的拱顶点比燃烧床右边等距离的拱顶点温度低。其原因是：由于在燃烧的发展阶段和稳定阶段，竖井火风压作用特别明显，而在燃烧衰减阶段，火风压渐渐减小。

③排风 3m/s 送风 3m/s

燃烧床处于位置Ⅰ时，E4 在整个燃烧过程中温度最高，最高达到 650℃以上，其次 F1、C1 温度变化较大，而其他点位温度基本没有变化。

一人高处点位中，E1 温度最高，最高温度高达 350℃，其次是 F1，C4 受到小的波动，其他点位基本无变化。

燃烧床处于位置Ⅱ时，F1 在整个燃烧过程中温度最高，而 G1 与 E4 温度变化基本相同，C1 温度受到较小波动，其他点位温度变化极小。说明火焰产生高温浓烟大部分向左移动并从排烟竖井排出。

一人高处点位中，G4 温度最高，最高温度高达 150℃，其他点位温度波动较小。

燃烧床处于位置Ⅲ时，H1 在整个燃烧过程中温度最高，最高达到 300℃以上，其次是 I1、K1、M1 等。而在燃烧的发展的各个阶段，燃烧床左边（离排风竖井端）的拱顶点温度基本没有变化。高温烟流主要从右洞口排出，而极少部分从排风竖井排出，竖井火风压在燃烧床处于位置Ⅲ时对火灾影响极小。

同样一人高处点位中，E1 温度最高，最高温度高达 250℃以上，其次是 I4、K4、M4 等。在燃烧的发展的各个阶段，燃烧床左边（离排风竖井端）的一人高处点温度基本没有变化。

④排风 3m/s 送风 6m/s

燃烧床处于位置Ⅰ时，E4 在整个燃烧过程中温度最高，最高达到 550℃以上，其次 F1 温度变化较大，而其他点位温度基本没有变化。

一人高处点位中，E1 温度最高，最高温度高达 250℃，其次是 F1，G4 受到小的波动，其他点位基本无变化。

燃烧床处于位置Ⅱ时，G1 在整个燃烧过程中温度最高，而 F1 温度受到较大波动，其他点位温度变化极小。说明火焰产生高温浓烟大部分向左移动并从排烟竖井排出。

一人高处点位中，G4 温度最高，最高温度高达 250℃，其他点位温度波动较小。

燃烧床处于位置Ⅲ时，H1 在整个燃烧过程中温度最高，最高达到 250℃以上，其次是 I1、K1、M1 等。而在燃烧的发展的各个阶段，燃烧床左边（离排风竖井端）的拱顶点温度基本没有变化。高温烟流主要从右洞口排出，而极少部分从排风竖井排出，竖井火风压在燃烧床处于位置Ⅲ时对火灾影响极小。

同样一人高处点位中，E1 温度最高，最高温度高达 250℃以上，其次是 I4、K4、M4 等。在燃烧的发展的各个阶段，燃烧床左边（离排风竖井端）的一人高处点温度基本没有变化。

(2)温度随通风工况变化规律

隧道火灾有一个急剧增长的过程，一般在 2～10min 的时间内即爆发成灾，达到最高温度，进入稳定燃烧阶段。同时，随着火灾规模的增大，火源点达到的最高温度增高，燃烧持续时间增长。随着火灾点的不同，隧道内最高温度出现的区域不同，温度随时间的变化规律也不同。

(3)纵向温度变化规律

由于燃烧引起的冷热空气对流和隧道壁面对于流经其中的高温火烟的冷却作用，使得热烟气流的热量被空气及非燃烧物质（主要是隧道壁面）所吸收而使其温度沿程下降。因此，在纵断面方向温度场的总体分布规律是：随着到火源点距离的增加，温度在降低，且下降的梯度在逐渐减小。但对于竖井附近一段区域，由于部分烟流从排风竖井排出，同时，部分新鲜冷空气由送风竖井送入，因此，在不同火灾位置、不同通风工况、不同火灾规模、不同竖井高度时，温度纵向分布表现出不同的特点。

当火灾点处于不同的位置时，隧道（包括两竖井间短道）内的纵向温度分布规律基本相同，但对于同一个断面，其最高温度随火灾点位置不同而不同，火灾点不同时，最高温度出现的区域也不同。同时，火灾规模对温度的纵向分布有很大影响。在同等条件下，随着火灾规模的增大，沿隧道轴向，各断面温度均有上升，尤其是在火灾点附近一段区域，非常明显。

当送风风机开启后，引起烟流紊乱，致使高温烟流层不再沿隧道拱顶流动，而是整个隧道受到影响。随送风风速增大，火灾温度降低，但沿程温度上升，因此当隧道发生火灾时，一定要控制送风风机的风速及风机组合，最大限度创造逃生条件，并使火灾损失降至最低。

(4)温度随火灾规模变化规律

在同等通风工况下，最高温度随火灾规模增大而增大，温度影响范围随火灾规模增大而有一定增加。

(5)横向温度变化规律

根据前期基础试验研究成果，当离开火源点一定距离后，温度横向分布的总体规律是：拱顶最高，拱腰、边墙次之，底部最低。但最高温度并不在拱顶衬砌表面，而是在离拱顶不远的区域内。同时，随着距火区距离的增加，横断面上温度的分布渐趋均匀。隧道横向温度分布与平均风速、隧道结构、烟流传热性质、围岩导热性质、风流初始状态等有关。随着火灾规模的增大，沿隧道纵向，各断面的温度均有升高，但温度横向分布规律不变。

(6)温度随竖井高度变化规律

综合不同高度竖井数据，可以发现，竖井高度对隧道及短道内温度纵向分布及扩散范围具有明显的影响，随着竖井高度的增高，火风压增大，烟流扩散范围减少。

(7)压力随通风工况变化规律

在不通风工况下，火灾时，热烟气流沿隧道拱顶向两侧洞口方向蔓延，下部为新鲜空气从两侧洞口向火源处补充。随隧道风速增大，隧道内负压增大。

(8)压力传播随竖井高度变化规律

综合不同高度竖井试验结果可知，竖井高度对于隧道内压力场分布具有明显的影响。随着竖井高度的增加，火风压增加，竖井排烟能力增强，隧道内负压增加。

(9)风速传播随通风工况变化规律

总体规律是随风机风速增大，隧道内风速增大。

(10)风速传播随竖井高度变化规律

综合不同竖井高度试验数据可以看出，点火后，隧道内风速上升很快，较点火前明显增大，其增幅随火灾规模的不同而变化。之后，随着火势的渐渐减弱而趋于初始风速。同时，竖井高度对烟流速度有较大的影响，随着竖井高度的增加，隧道内烟流最高速度增大。

(11)短道内压力的分布规律

①压力随通风工况变化规律

可以发现，不通风工况下短道内形成负压最小，当开启排风风机和送风风机后，随短道风速增大，短道内负压增大。

②压力传播随竖井高度变化规律

综合不同高度竖井试验结果可知，竖井高度对于短道内压力场分布具有明显的影响。随着竖井高度的增加，火风压增加，竖井排烟能力增强，短道内负压增加。

(12)短道内风速传播的分布规律

①风速传播随通风工况变化规律

总体规律是随风机风速增大，短道内风速减小。随送风风机风速增大，竖井形成负压增大，竖井排烟能力增强，通过短道的高温烟流减少，通过短道的烟流速度减小。

②风速传播随竖井高度变化规律

综合不同高度竖井试验数据可以看出，点火后，短道内风速上升很快，较点火前明显增大，其增幅随火灾规模的不同而变化。之后，随着火势的渐渐减弱而趋于初始风速。同时，竖井高度对烟流速度有较大的影响，随着竖井高度的增加，短道内烟流最高速度增加。

(13)竖井内温度随通风工况变化规律

处于位置Ⅰ时，排风段3.0m/s，送风段6.0m/s工况下，排风竖井内温度最高；排风段3.0m/s，送风段3.0m/s工况其次；排风段3.0m/s，送风竖井关闭工况最低。同时，根据《公路隧道通风照明设计规范》(JTJ 026.1—1999)中对轴流风机的规定："当隧道内发生火灾时，轴流风机应能在环境温度为250℃情况下可靠运转60min以上，恢复常温后，轴流风机不需大修即可投入正常运转"，可见，在设计的最大火灾规模下，除排风3m/s送风6m/s工况外，其他工况下，竖井内最高温度都未超过250℃；而在排风段3.0m/s，送风段6.0m/s工况下，排风竖井内有7～8min的时间温度超过250℃。

火灾发生在排风段时，随送风风速增大，竖井内温度升高，为保护风机房设备，送风风速不宜大于6m/s。

处于位置Ⅱ时，不通风工况下，排风竖井内温度最高；排风段3.0m/s，送风段6.0m/s工况温度最低。当火灾发生在竖井间短道，随送风风速增大，竖井内温度降低。

燃烧床处于位置Ⅲ时，除不通风工况下，烟流从排风竖井排出，温度升高外，在其他工况下，烟流全部从右侧洞口排出，竖井温度没有变化。

(14)竖井内温度随时间变化规律

①不通风工况

在位置Ⅰ时，由于沿途热量的损失，送风竖井烟流温度较排风竖井温度要低；在位置Ⅲ时，送风竖井烟流温度较排风竖井温度要高。在位置Ⅱ时，当关闭两侧洞门后，送风竖井温度降低，而排风竖井温度很快上升，竖井内烟流速度增大。同时，随着火灾规模的增大，送、排风竖井内烟流温度升高。

②排风3m/s送风0m/s

由于排风风机的抽吸，点火后，竖井内很快充满浓烟，温度迅速升高，在不到10min的时间内即达到了最高温度。同时，随着火灾规模的增大，最高温度增大。

③排风3m/s送风3m/s

燃烧床位于位置Ⅰ、Ⅱ时，点火后，热的烟气流从排风竖井排出，竖井内温度上升很快。同时，随着火灾规模的增大，排风竖井内最高温度增大。在同等规模下，火灾点位于位置Ⅰ时，排风竖井内最高温度较位置Ⅱ时高。送风竖井由于新鲜冷空气的不断流入，温度略有下降。

燃烧床位于位置Ⅲ时，烟流全部由右侧洞口排出，排风竖井内温度基本没有变化。

④排风3m/s送风6m/s

燃烧床位于位置Ⅰ、Ⅱ时，点火后，热的烟气流从排风竖井排出，竖井内温度上升很快。同时，随着火灾规模的增大，排风竖井内最高温度增大。在同等规模下，火灾点位于位置Ⅰ时，排风竖井内最高温度较位置Ⅱ时高。送风竖井由于新鲜冷空气的不断流入，温度略有下降。

燃烧床位于位置Ⅲ时，烟流全部由右侧洞口排出，排风竖井内温度基本没有变化。

(15)竖井内温度随距离变化规律

燃烧床处于位置Ⅰ时，排风段3.0m/s，送风段6.0m/s工况下，排风竖井内温度最高；排风段3.0m/s，送风段3.0m/s工况其次；排风段3.0m/s，送风竖井关闭工况最低。

燃烧床处于位置Ⅱ时，不通风工况下，排风竖井内温度最高；排风段3.0m/s，送风段6.0m/s工况温度最低。

燃烧床处于位置Ⅲ时，不通风工况竖井内温度最高，其他工况竖井温度没有变化。

(16)竖井内温度随竖井高度变化规律

综合不同高度竖井试验数据可知，竖井高度对于温度场分布具有明显的影响，随着竖井高度的增大，竖井排烟能力增强，竖井内温度明显增高。

(17)竖井内压力随通风工况变化规律

随着送风风速增大，竖井内负压增大，竖井排烟能力增强。

(18)竖井内压力随竖井高度变化规律

综合不同高度竖井试验结果可知,竖井高度对于隧道内压力场分布的影响是:高度增加,负压增加。

(19)竖井内火风压变化规律

随竖井高度增加,火风压增大。

(20)竖井内风速随通风工况变化规律

与动压分布规律类似,隧道内烟流速度随燃烧的持续不断变化。总体流动规律是:上部为热的烟气沿拱顶向两侧洞口移动,下部为新鲜空气流向火源。

火灾发生在位置Ⅰ时,竖井内烟流速度随送风风速增大而增大;火灾发生在位置Ⅱ时,送风风速增大对竖井内烟流速度影响不大,各种通风工况下,竖井内烟流速度在5m/s左右。

(21)竖井内风速随竖井高度变化规律

综合不同高度竖井试验数据可以看出,点火后,竖井内风速上升很快,较点火前明显增大,其增幅随火灾规模的不同而变化。之后,随着火势的渐渐减弱而趋于初始风速。同时,竖井高度对烟流速度有较大的影响,随着竖井高度的增加,竖井内烟流最高速度增大。

3.4 火灾数值模拟

3.4.1 火灾数值模拟现状及思路

世界上已经有十多个国家进行了隧道火灾试验。火灾试验能够客观真实地反映火灾的发展规律,但是火灾试验也有一些明显的弱点,如代价高、周期长、工况有限、只能考虑主要因素、测点有限等,对于连续场的研究,显得数据量不够丰富。

与火灾试验相比,火灾数值模拟有以下优点,如代价低、周期短、可以考虑各种工况和各种因素、可以得到各种场的连续分布、数据翔实。火灾数值模拟可以得到各种参量的瞬态结果和稳态结果。

但是,火灾数值模拟也有以下缺陷,如初始参数选取的可靠性、边界条件设置的合理性、火源模拟的正确性等。

为了克服火灾数值模拟的缺陷,一般做如下考虑:进行一定量的必要的火灾试验;对上述火灾试验进行数值分析,并不断地调整初始参数、边界条件和火源模拟方式等输入条件,经反复计算,使计算结果与试验结果相符;上述的输入条件可以作为其他工况的输入条件,对其他工况进行数值模拟,获得所有研究工况的数值解。

本次研究采用了这一思路,即首先进行了多种工况的火灾模型试验,并获得了温度、风速、压力等试验结果;然后通过三维数值分析,进行反复试算,不断地调整输入条件,使三维计算结果与试验结果相符,从而确定计算方法和输入条件;以该计算方法和输入条件对实际隧道实际火灾进行数值分析,最终获得实际隧道各种实际火灾的数值解。

在实际隧道火灾三维计算中,分别对基础火灾研究、通风组织研究以及竖井通风研究进行了不同风速情况下的稳态场和瞬态场的三维数值分析,研究采用CFD场模拟方法。

3.4.2 数值模拟系统

目前,已经提出了许多用于火灾数值计算的数学模型,如单区域模型(One-zone Model)、多区域模型(Multiple-zone Model)和场模型(Field Model)。

运用计算机对火灾进行模拟中,火灾模型包括不确定性模型和确定性模型两大类。不确定性模型主要包括统计模型和随机模型。而出于定量分析和计算的需要,火灾过程的确定性模型更受关注。确定性模型包括:专家系统、区域模拟、网络模拟、场模拟、混合模拟。

由于火灾过程的复杂性,根据所模拟的现象、研究层次和方法的不同,应用确定性模型时,一般应用较多的为区域模型(Zone Model)和场模型(Field Model)2种。

火灾的场模拟研究,也即CFD模式(Computational Fluid Dynamics),是利用计算机求解火灾过程中各参数(如速度、温度、组分浓度等)的空间分布及其随时间的变化,是一种物理模拟。场模拟的理论基础是自然界普遍成立的质量守恒、动量守恒、能量守恒以及化学反应定律等。自从1983年Kumar首先建立火灾场模型以来,出现了许多场模拟的大型通用商业软件和火灾专用软件。通用商业软件以STAR-CD、PHOENICS、FLUENT、CFX等为代表,都具有非常友好的用户界面形式和方便的前后处理系统。用于火灾数值模拟的专用软件有瑞典Lund大学的SOFIE、美国NIST开发的FDS和英国的JASMINE等,它们的特点是针对性较强。场模拟可以得到比较详细的物理量的时空分布,能精细地体现火灾现象,但是需要较高的计算机能力和较长的运算时间。

进行火灾的CFD数学模拟,可区分为直接数值模拟法(Direct Numerical Simulation, DNS)、雷诺平均法(Reynolds Averaged Navier-Stokes Equation Modeling, RANS)、大涡模拟法(Large Eddy Simulation,LES)3种。

本次数值模拟研究采用雷诺平均法。流动采用三维紊流高雷诺数(κ—ε/High Reynolds Number)的κ—ε流动稳态模型,并且考虑火灾时由于大温差带来的比较显著的浮升力影响。计算采用常用的SIMPLE算法。

3.4.3 计算条件

3.4.3.1 基础火灾模拟

(1)试验隧道火灾数值模拟

基础试验模拟长为100m的试验隧道稳态和瞬态的温度场、速度场、压力场、浓度场,并与试验结果相互验证,为实际隧道火灾的数值模拟研究打下基础。

①试验隧道参数

试验隧道长100m,坡度为1%,隧道断面直径1.8m。洞口尺寸如图3-29所示。

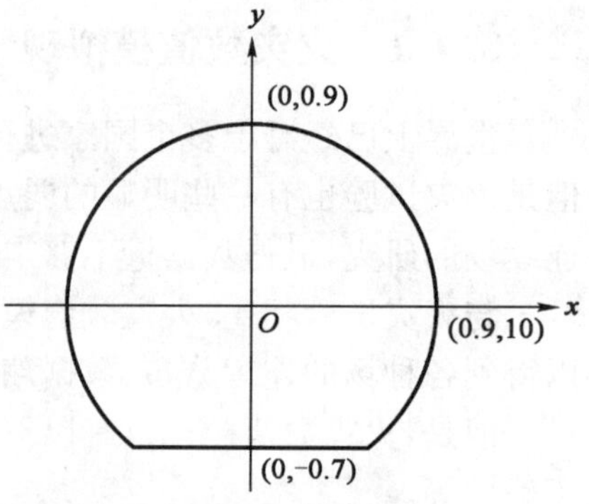

图3-29 洞口尺寸示意图

②计算模型坐标与网格的建立

计算模型采用直角坐标系,坐标原点(0,0,0)位于隧道入口圆心处,如图3-30所示。对于沿隧道上坡方向通风的情况,隧道的通风入口面位于$z=0$的平面。沿z轴正方向,隧道以1%的坡度向上倾斜延伸100m,并取末端为出口。

模型计算网格的划分为:沿隧道长度方向(即z方向)网格的划分如图3-30所示,横断面网格的划分如图3-31所示。

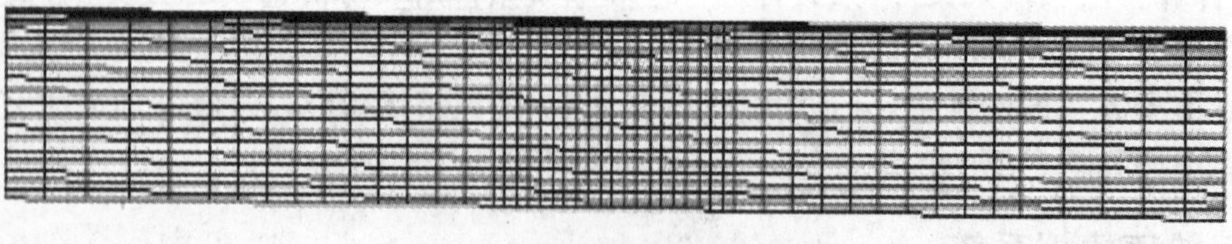

图3-30 z方向网格的划分

③火源位置

火灾的火源中心位于隧道内距通风入口30m处。

(2)实际隧道火灾数值模拟

本次计算取2 200m实际隧道进行火灾数值模拟,分别进行了稳态场和瞬态场的三维数值分析,主要研究隧道火灾温度场、速度场、压力场、浓度场等。

①实际隧道参数

本次模拟计算只考虑火源附近及其下游 2km 范围内的火灾发展状况。计算区域为 2.2km，隧道坡度取 1.1%，洞口示意图如图3-32所示。

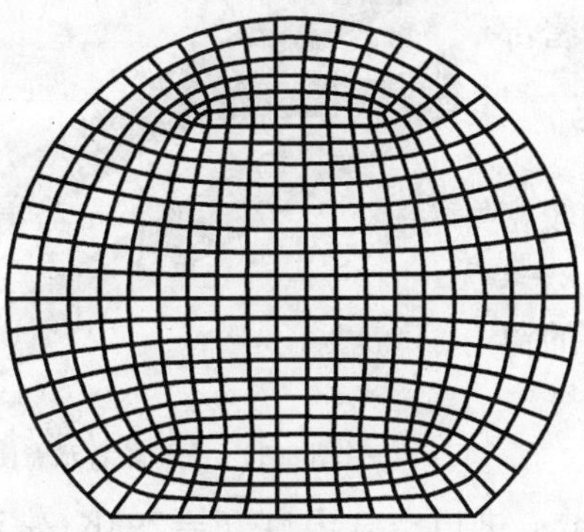

图 3-31 横断面网格的划分

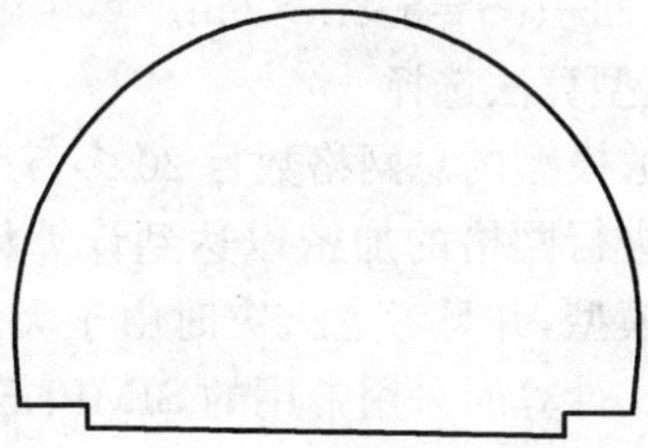

图 3-32 洞口示意图

②计算模型坐标的建立

火源上游截面洞口视为通风入口，位于直角坐标系中 $z=0$ 的平面，坐标系原点(0,0,0)位于该洞口地面中点。沿 z 轴正方向，隧道以 1.1%的坡度向上倾斜延伸 2.2km，并取该处截面洞口为出口。

③火源位置

火源中心位于 $z=203$m 处。

3.4.3.2 通风组织模拟

通风组织模拟选取火区上游的两个横通道进行计算分析，一个靠近火区，一个远离火区。两个横通道的风速方向既可以从主隧道吹向辅助隧道，也可以从辅助隧道吹向主隧道。

通风模拟试验模型整体网格几何尺寸见图 3-33。图 3-34 为一个横通道连接主隧道及辅助隧道的局部放大图。

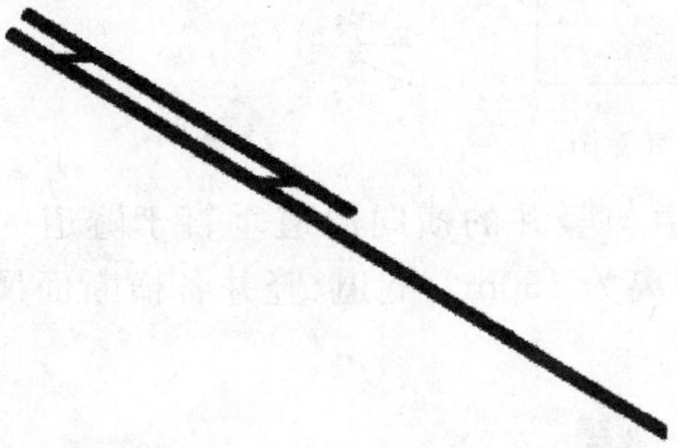

图 3-33 通风模拟试验模型几何尺寸示意图

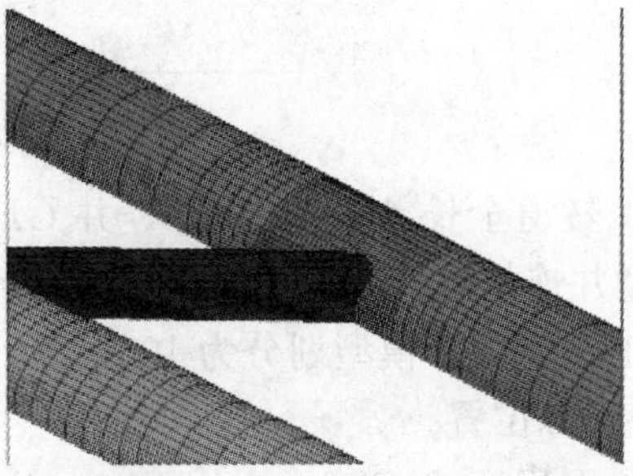

图 3-34 局部放大示意图

(1)建模尺寸取值说明

模型中左侧隧道(下行线)为发生火灾隧道，火区距第二个通道 100m，其车辆行驶方向向下。右侧隧道(上行线)行车方向向上。在具体的模型计算仿真过程中，取下行线出口到横通道的距离为 500m，此距离可以满足火灾充分发展的要求。为了使入口的空气在到达横通道以前就已发展充分，需要入口到横通道有一定的距离，分别取上、下行线入口到横通道的距离为 65m、50m。上行线的出口到横通道的距离为 85m。

隧道断面几何尺寸按照所给施工图进行建模，坡度按设计值选取。

(2)坐标系设定

对于坐标系的选取，隧道断面的水平方向为 x 轴方向，向上为 y 方向，隧道轴线向外为 z 方向，坐标原点在火源处。

为方便叙述，分别定义沿上行线车辆行驶方向的两横通道为横通道 1 和横通道 2。

(3)火源位置及设定

火源位置如图3-35所示。火灾发生在下行线，从发生火灾的位置到最近横通道的距离为100m(如图3-35，右下角网格加密部分)。火源面积：$S=5.3\text{m}\times6\text{m}$。

(4)模型算法选择

横通道模型的总网格数目20多万个，在速度变化较大和较密集的区域进行网格的加密以达到计算精度要求。流动采用$\kappa-\varepsilon$流动稳态模型，并且考虑火灾时由于大温差带来的比较显著的浮升力影响。计算时采用常用的SIMPLE算法。

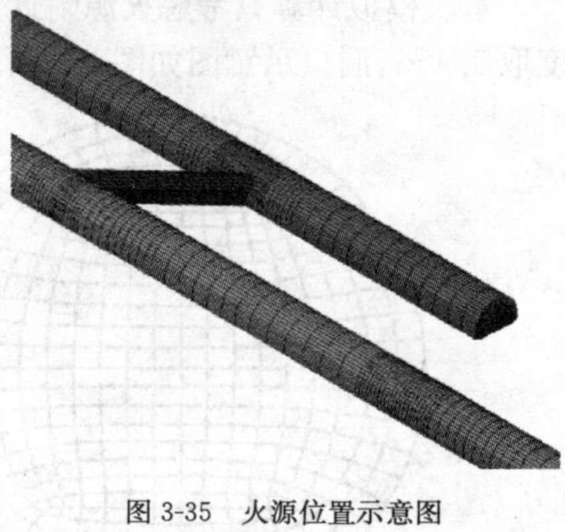

图3-35　火源位置示意图

(5)模拟工况

上行线与下行线的入口均采用风速$v_1=-3\text{m/s}$、$v_2=3\text{m/s}$，进口空气温度$T=293\text{K}$(常温20℃)，压力为一个标准大气压。

3.4.3.3　竖井通风模拟

秦岭终南山特长公路隧道全长18.04km，双洞单向交通，采用三竖井纵向通风方式。本次数值模拟过程中选取的是2号竖井附近下行隧道(交通方向为由A到B)的一段(如图3-36所示，其中大写字母表示边界，小写字母表示节点)。

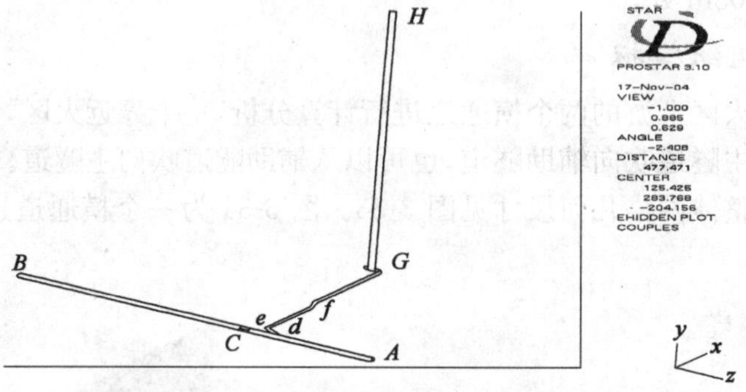

图3-36　网格模型几何尺寸示意图

模拟隧道全长$AB=550\text{m}$，竖井$GH=700\text{m}$，连接隧道与竖井的横向通道垂直于隧道的距离为300m，竖井连接风道与隧道交汇中心d距隧道一端A的距离为150m。隧道、竖井各横断面尺寸严格按照施工图要求。模型划分为10万多个网格单元。

(1)火源位置

火源面积：5.3m×6m。

火源位置：火源中心距A断面170m，距坐标原点20m(图3-37)。

(2)坐标系设定

如图3-36所示，沿隧道由B到A为z轴正方向，沿竖井由下至上为y轴正方向，沿连接风道由e到f为x轴正方向，坐标原点o(如图3-38所示)位于隧道与连接风道交汇中心处隧道横断面底边中点。

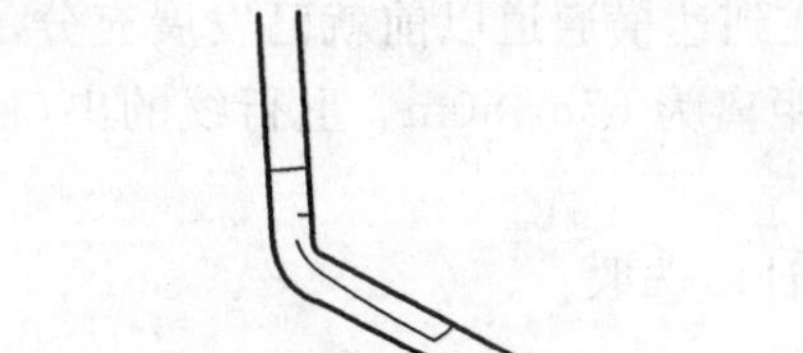

图3-37　火源位置示意图

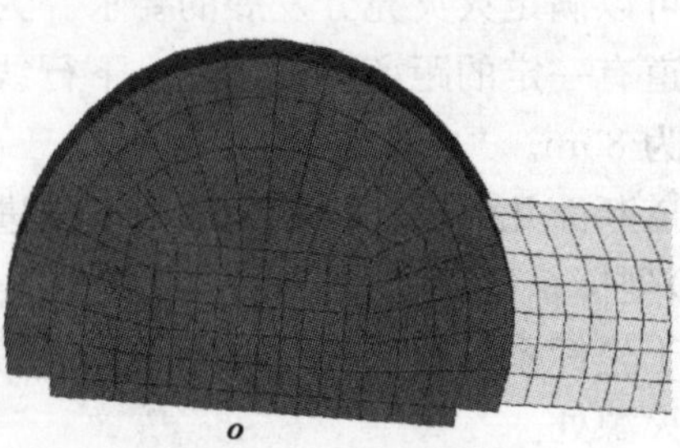

图3-38　坐标原点示意图

(3)边界描述

边界 A:隧道进口　　　边界 B:隧道出口

边界 C:射流送风口　　边界 G:竖井底部进风口

边界 H:竖井出风口

(4)模拟计算方法

本次模拟过程采用的是 SIMPLE 算法,紊流模型选用的是高雷诺数 $\kappa-\varepsilon$ 模型,并且考虑火灾时由于大温度差带来的比较显著的浮升力的影响,采用三维模型。

3.4.4　计算系列

3.4.4.1　试验隧道火灾数值模拟

(1)稳态模拟工况

通风入口处的风速矢量垂直于入口断面,分别取风速为 0.0m/s、1.0m/s、2.0m/s、3.0m/s、4.0m/s、5.0m/s、6.0m/s,温度为 293K,密度为 1.2kg/m^3 的空气,并分别考虑沿上坡方向和沿下坡方向通风两种情况;火源面积为 $S=0.9\text{m}\times0.92\text{m}$。

(2)瞬态模拟工况

入口通风矢量 $W(t)=3\text{m/s}$ 垂直于入口断面,风流温度 $T(t)=293\text{K}$,风流密度 $\rho(t)=1.2\text{kg/m}^3$,火源面积 $S(t)=0.9\text{m}\times0.92\text{m}$。

3.4.4.2　实际隧道火灾数值模拟

(1)稳态模拟工况

通风入口处的风速矢量垂直于入口断面,分别取风速为 2.0m/s、3.0m/s、4.0m/s、5.0m/s、6.0m/s,温度为 293K,密度为 1.2kg/m^3 的空气,火源面积为 $S=6\text{m}\times5.31\text{m}$。

(2)瞬态模拟工况

入口通风矢量 $W(t)=3\text{m/s}$ 垂直于入口断面,风流温度 $T(t)=293\text{K}$,风流密度 $\rho(t)=1.2\text{kg/m}^3$,火源面积 $S(t)=6\text{m}\times5.31\text{m}$。

本次共模拟计算了 21 组情况,具体模拟计算情况见表 3-20。

隧道火灾模拟情况　　表 3-20

序 号	工 况	计算情况	隧 道 情 况	通风风速(m/s)	备 注
1	基础火灾研究	稳态计算	试验隧道(包括上行、下行两个方向,单隧道)	0.0	
2				1.0	
3				2.0	
4				3.0	
5				4.0	
6				5.0	
7				6.0	
8		瞬态计算		3.0	
9		稳态计算	实际隧道(包括上行、下行两个方向,单隧道)	2.0	
10				3.0	
11				4.0	
12				5.0	
13				6.0	
14		瞬态计算		3.0	

续上表

序 号	工 况	计算情况	隧 道 情 况	通风风速(m/s)	备 注
15	通风组织研究	稳态计算	实际隧道(包括上行、下行两个方向隧道,两个横通道)	3.0	网格加密,总网格数目20多万
16～21	竖井通风研究	稳态计算	实际隧道(包括一条隧道,一个竖井,一个连接风道)	3.0	总网格数目10多万

3.4.5 计算结果

针对基础火灾、通风组织以及竖井通风等工况进行了不同风速情况下的稳态场和瞬态场的三维数值分析。模拟计算取得了大量的数据资料,具体成果如下。

3.4.5.1 试验隧道火灾稳态模拟计算结果

(1)通风速度为2m/s时的速度场

图3-39为通风速度2m/s的轴线纵断面速度场,从图中看,沿隧道高度方向即y方向的速度分布为下部低、上部高。同时从图上可观测到,由于火源处高温烟气向上运动碰到隧道壁而产生顶棚射流,从而使得热烟气被迫下沉,但由于强烈的浮力效应,最终使烟气逐渐上升并沿隧道向出口方向流动。火源下游风速大于入口风速2m/s,这是由于风流经过火区受热膨胀后,受到火风压的影响而引起风速增加。

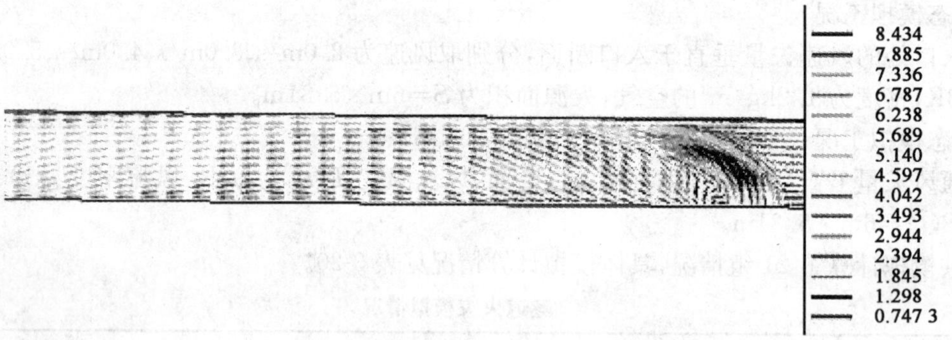

图3-39 2m/s通风速度下轴线纵断面速度场(单位:m/s)

图3-40为位于$y=0.1$m水平截面上的z方向分速度场。从图中可看出z方向分速度在火源下游的开始段,两侧速度较中间高,接下来的一段距离发展成中间速度比两侧高,最后剩下的至出口这段范围速度才趋于均匀。

表3-21列出了各通风风速下,隧道轴线纵断面上位于$z=50$m和$z=100$m(出口)处的平均速度。

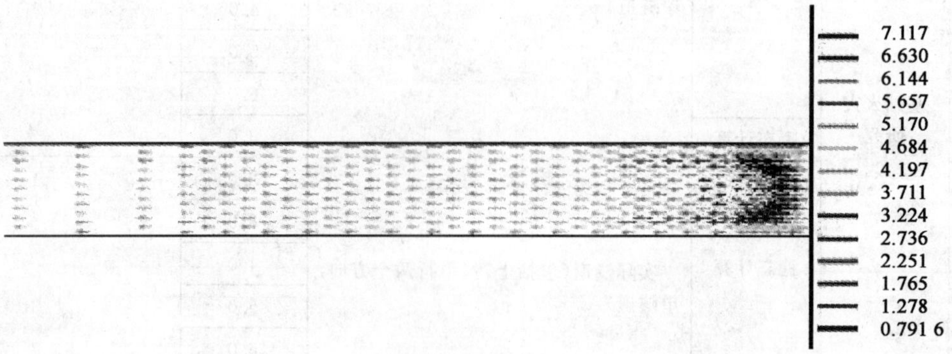

图3-40 $y=0.1$m水平截面上的z方向分速度场(单位:m/s)

各通风风速下隧道轴线的 z 方向分速度平均值(单位:m/s)　　表 3-21

位置 z (m)	风　速　(m/s)					
	1.0	2.0	3.0	4.0	5.0	6.0
50	3.3	4.6	5.7	6.8	7.5	8.7
100	2.9	3.6	5.0	6.4	7.4	8.7

(2)温度场计算结果

如图 3-41 为通风速度为 2m/s 时,温度为 215℃的三维等温面。从图中可以看出,火灾下游的温度场空间分布极为复杂,等温面为形式各异的多面曲面,这就需要多角度地对比分析,才能较为全面地把握火灾的温度分布变化规律。

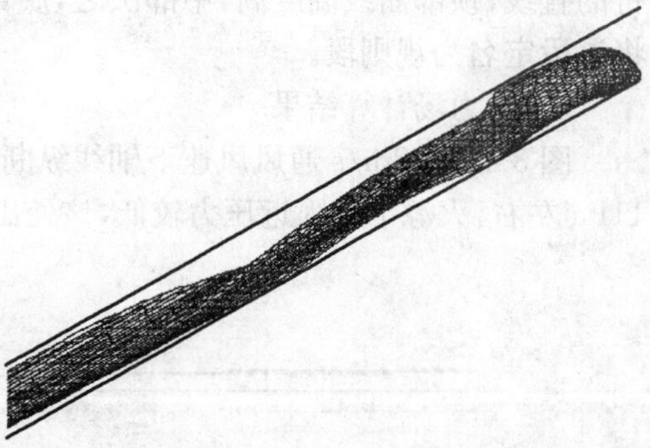

图 3-41　2m/s 通风风速下温度为 215℃的三维等温面

(3)不同通风速度对火灾温度场的影响

总体来讲,在有通风的情况下,火源下游的烟气逐渐被冷却,随着通风风速的增加,烟气温度越低,被冷却的效果越好。随着通风速度的增加,火焰向后倾斜越大,延伸越长。表 3-22 列出了各通风风速下,隧道轴线纵断面上位于 $z=50$m 和 $z=100$m(出口)处的平均温度。

各通风风速下平均温度(单位:℃)　　表 3-22

位置 z (m)	风　速　(m/s)					
	1.0	2.0	3.0	4.0	5.0	6.0
50	360	257	180	150	130	120
100	280	190	150	130	110	100

(4)温度场发展趋势

①纵断面温度分布

从轴线($x=0$)纵断面温度分布看,沿隧道高度方向,即 y 方向的温度分层总体上是从底面到顶棚,温度逐渐增高。但从轴线两侧($x\neq0$)的纵断面来看,要远离火源一定距离后才是上高下低,也即温度发生偏移。

②水平截面温度分布

比较隧道水平截面上的温度分布图,可发现这样一个规律:在 x 方向,虽然火源位于中心轴线上,但在火源下游的开始段距离范围内,中心区域却是相对低温区,相对高温区反而分布在两侧靠近壁面处,将该段定名为"两侧高温段"。不同通风情况下,它将随通风速度的增大而增长。然后,接下来的一段距离发展为中心区域温度相对两侧温度高,该段长度也是随风速的增大而增大,定名为"中心高温段"。最后剩下的至出口这段范围温度分布才趋于均匀,定名为"均匀段",且这种温度分布状况在 z 方向的长度范围随通风速度的增大而拉长。

③横截面的温度分布

在不同风速下,除了温度的变化不同,其各段的长度也不一样。表 3-23 列出了各通风风速下此 3 段的变化范围。

各通风风速下温度分段范围(单位:m)　　表 3-23

区间 z (m)	风　速　(m/s)					
	1.0	2.0	3.0	4.0	5.0	6.0
两侧高温段	31～38	31.5～46	32.5～53	34～60	36～67.5	37.5～77
中间高温段	38～47	46～60	53～73	60～85	67.5～100	77～
均匀段	47～100	60～100	73～100	85～100		

④隧道壁附近的温度分布

沿隧道壁附近取3个位置,分别靠近隧道壁底部、中部和顶部。火源下游前一段距离内,3个位置的温度分布不规则,呈波动曲线,且相互交错,3个位置的温度高低比较不能一概而论,要视其在z轴上的所处位置而定,定名为不规则段。该段在z轴上的长度范围随通风风速的增大而增大,且曲线的波动随通风风速的增大而减缓。接下来至出口的后一段隧道内,3个位置的温度变化基本上呈3条相互平行的直线,顶部曲线温度高,中部次之,底部最低。随着通风风速的增加,3个位置间的温差随之减小,将该段定名为规则段。

(5)压力场计算结果

图3-42为2m/s通风风速下轴线纵断面静压图,图中可见火灾上游的压力最高,上下游平均压差为11Pa左右,火源下游附近压力较低,该处出现回流。

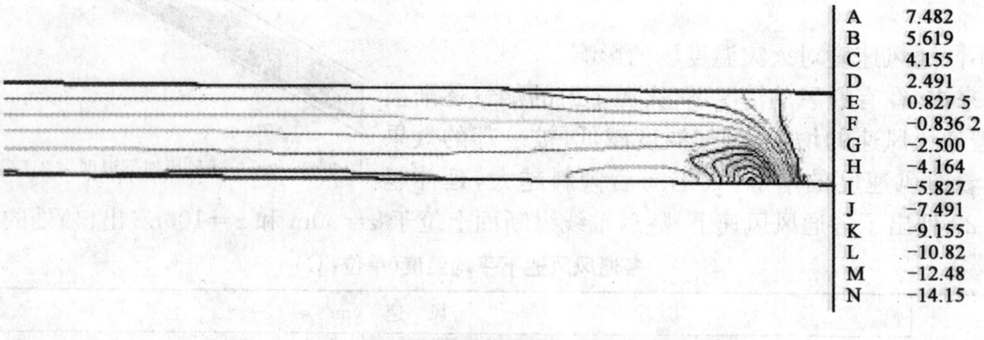

图3-42 2m/s通风风速下轴线纵断面静压图(单位:Pa)

(6)通风速度为2m/s时的浓度场

①CO浓度场

图3-43为2m/s通风风速下轴线纵断面CO浓度场,从图中看,沿隧道高度方向,即Y方向的浓度总体为上高下低。

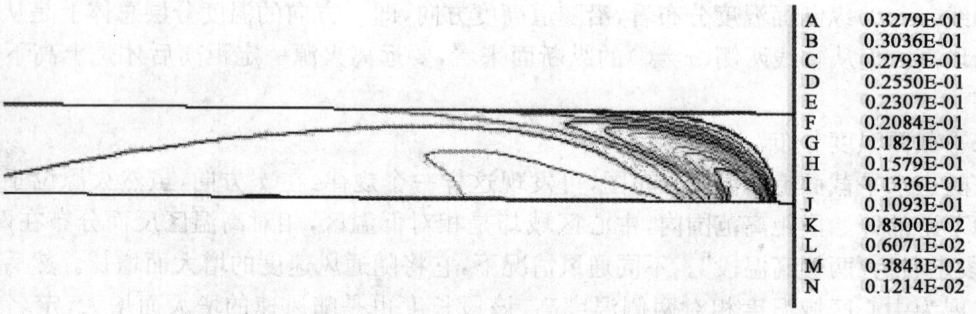

图3-43 2m/s通风风速下轴线纵断面CO浓度场(质量百分比)

②O_2浓度场

图3-44为2m/s通风风速下轴线纵断面O_2浓度场,从图中看,沿隧道高度方向,浓度总体为下高上低。

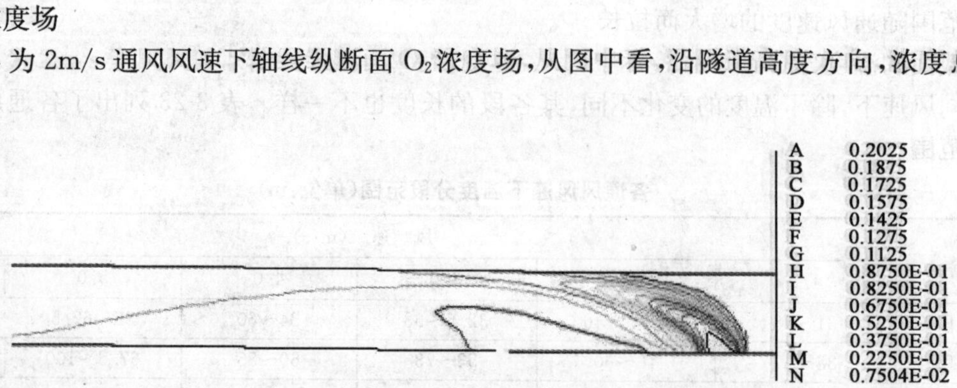

图3-44 2m/s通风风速下轴线纵断面O_2浓度场(质量百分比)

(7)不同通风风速下火灾烟气浓度场发展趋势

在隧道横截面上取3个典型位置A、B、C,位置尺寸示意图如图3-45所示。

①CO浓度场

同一通风风速下,在火源及附近火区烟气CO浓度分布为:位置B处最高,C处最低,A处居中;之后发展成C处高,A处次之,B处低,随着烟气的流动,各位置间的浓度差不断减小并渐渐趋于均匀一致。比较不同风速下的曲线图可看出,随着通风风速的增加,送入的空气量越多,稀释CO的效果越好。

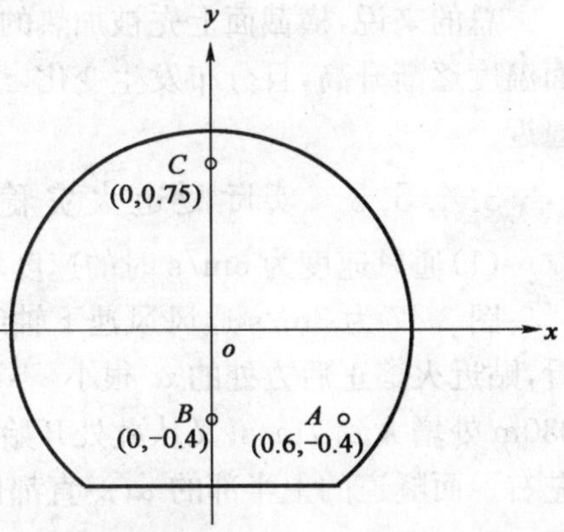

图3-45 典型位置示意图

②O_2浓度场

同一通风风速下,在火源及附近火区烟气O_2浓度分布为:位置C处最高,B处最低,A处居中;之后发展成B处高,A处次之,C处低,随着烟气的流动,各位置间的浓度差不断减小并渐渐趋于均匀一致。比较不同风速下的曲线图可看出,随着通风风速的增加,送入的空气量愈来愈多,O_2浓度越高。

(8)通风速度为2m/s时的密度场

图3-46为通风速度2m/s下轴线纵断面密度场,从图中看,沿隧道高度方向,即y方向的密度分布基本上是从底面到顶棚逐渐减小;沿长度方向,即z方向看,火源处密度最小,由于火源下游的烟气逐渐被冷却,从而烟气密度经过火区后逐渐增大。

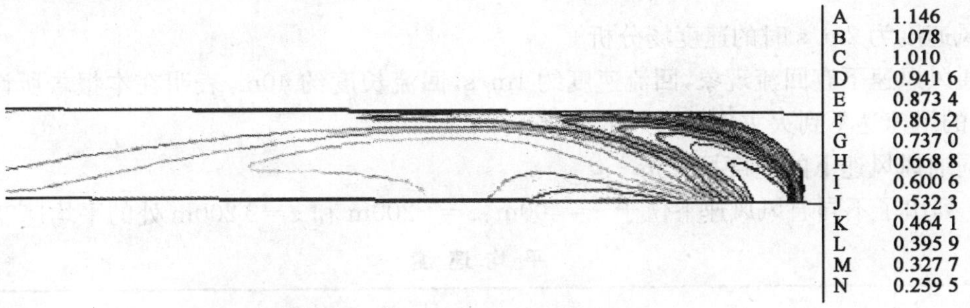

图3-46 2m/s通风风速下轴线纵断面密度场(质量百分比)

另外图中还可观察到,火源下游密度小于上游密度。这是由于风流经过火区受热膨胀而引起密度减小。

(9)不同通风速度下火灾密度场的发展趋势

在火源下游的开始第一段短距离内,两侧密度较中间高;接下来的第二段距离发展成中间密度比两侧高,最后剩下至出口的第三段范围密度才趋于均匀。第一、二段的长度随通风风速的增加而增加。此三段的长度分布状况与温度场的相似。

另外,从总体来看,随着通风风速的增加,火源下游烟气密度随之增大。

(10)坡度对火势发展的影响

前面已提到,当风速为0m/s时,由于浮力的作用,火势明显向上坡发展。但进行机械通风时,由于隧道长度较短,坡度的影响不明显。我们对下坡方向也进行了不同通风风速(0~6m/s)下的稳态数值模拟,模拟结果表明,当风速为1m/s时,速度场、温度场非常相似。只是在速度数值上稍有差别,上坡方向的速度较下坡方向的大,从温度场分布可看出,下坡方向通风时,其回流较明显一些,长度为4m左右,上坡方向为3.2m左右。当风速大于1m/s时,速度场、温度场、浓度场等基本一致。

3.4.5.2 试验隧道火灾瞬态模拟计算结果

通风风速3m/s时的温度场,随着时间的增长,热量不断积累。在3m/s的强制通风下,高温烟气快速向下游蔓延,由刚开始的沿拱顶延伸发展成烟气下沉充满整个横断面并向前推进到出口的过程。

总的来说，横截面上先被加热的是拱顶，随着时间推移，高温烟气不断对其进行对流换热，整个横截面温度逐渐升高，且分布发生变化，经过一定的时间段后，分布形式才基本确定，并以该种分布朝稳态逼近。

3.4.5.3 实际隧道火灾稳态模拟计算结果

(1)通风速度为3m/s时的速度场分析

图3-47为3m/s通风风速下轴线纵断面上的z方向分速度w的分布图。从隧道下半部的分布来看，贴近火焰正后方处的w很小，不到1m/s。随着远离火源，w逐渐增大，到距离火源约30m，即$z=230$m处增大到7m/s；又从此处开始，沿着隧道下游方向逐渐减小，至$z=2\ 200$m处出口，减小到4m/s左右。而隧道的上半部的w一直都比下半部大。

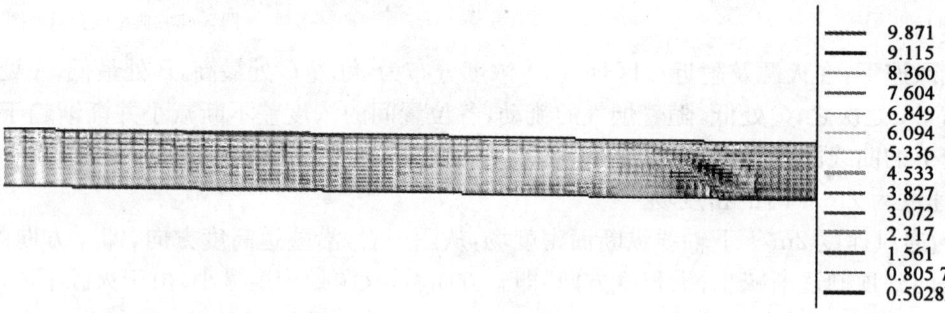

图3-47 3m/s通风风速下轴线纵断面w分布图(单位：m/s)

(2)通风速度为2m/s时的速度场分析

2m/s通风风速下有回流现象，回流速度约1m/s，回流长度约40m，表明在本报告所设定的火灾规模下，2m/s的风速达不到火灾应急通风的要求。

(3)不同通风风速下的速度场分析

表3-24列出了不同通风风速下位于$z=400$m、$z=1\ 200$m和$z=2\ 200$m处的平均速度。

平均速度 表3-24

位置z (m)	风速 (m/s)				
	2.0	3.0	4.0	5.0	6.0
400	5.1	6.7	8.1	9.0	9.9
1 200	3.8	4.7	5.8	7.2	8.0
2 200	3.0	4.1	5.2	6.1	7.3

(4)通风速度为3m/s时的温度场

图3-48为3m/s风速下轴线纵断面温度分布，图中可见，顶棚温度高达400℃，地面附近温度超过100℃。

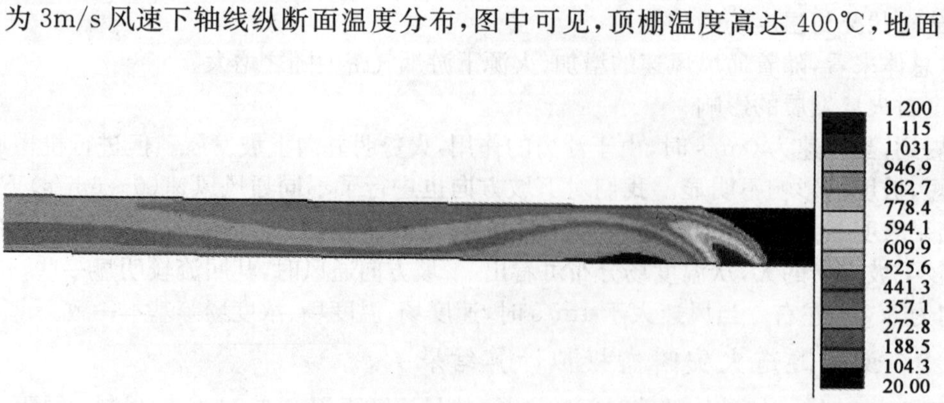

图3-48 3m/s通风风速下轴线纵断面温度分布(单位：℃)

(5)不同通风风速下的温度场

表 3-25 列出了不同通风风速下位于 $z=400m$、$z=1\ 200m$ 和 $z=2\ 200m$ 横截面上位置 a 的温度。

各通风风速下位置 a 的温度(单位:℃)　　表 3-25

位置 z (m)	风 速 (m/s)				
	2.0	3.0	4.0	5.0	6.0
400	290	220	200	160	135
1 200	175	140	122	105	95
2 200	88	78	70	65	60

由于纵向通风速度增大,从而火源下游,各温度曲线值均有所降低,曲线波动也减弱了。

(6)压力场计算结果

由于火灾将引起较大的压力差,对于上坡隧道,该压力差起动力作用,对于下坡隧道,该压力差起阻力作用。

3.4.5.4 实际隧道火灾瞬态模拟计算结果

由不同位置处的温度变化图可以看到,隧道内各个断面上的各点对温度的反映是不同的,即引起的最高温度不同,但规律是相似的,即都有一个快速增长阶段,最后趋于稳定。

3.4.5.5 通风组织数值模拟计算速度场

从计算结果可以看出:没有形成烟气逆流层,没有烟气通过横通道到达上行线。

(1)模型气流流动总体情况

火灾发生后,由于火源的出现使得火源所在区域的阻力发生变化,也即火风压产生一定的影响。隧道中的气流流动速度在压力变化的同时也发生变化。

(2)下行线气流流动情况

对于下行线,气流在经过横通道 2 入口后,有部分空气经横通道 2 到达上行线,则越过横通道 2 后下行线气流速度减小。当流经横通道 1 入口时,有部分上行线气流经横通道 1 流入到下行线,则越过横通道 1 后下行线气流速度增大。气流通过火源位置发展充分,并受火风压影响,速度进一步增大。

(3)上行线气流流动情况

对于上行线,气流流经横通道 1 入口后,由于部分空气由横通道 1 流入下行线,则越过横通道 1 后上行线的流量减小,从而导致该段流速减小。经过横通道 2 后,有部分下行线气流经横通道 2 流入到上行线,则越过横通道 2 后上行线气流速度增大。

(4)横通道中的速度方向与分布

横通道 1 中的气流流动方向是由上行线流向下行线。在横通道 1 与下行线隧道交接处的内侧有一旋涡区产生。横通道 2 的气流流动方向是由下行线流向上行线。

(5)各断面速度分布情况

火灾产生的烟气在高温作用下,最高速度可达 12m/s。

在 3m/s 的隧道入口风速的作用下,上升气流和火焰被吹斜,所以没有烟气逆流层的形成,烟气将全部向下游扩散。在靠近火源下游的地方,有一涡流区域。

由于火风压以及其产生的气体的影响,气流速度大小在流经火源并发展充分后明显增大。速度分布将在火源下游 50m 附近开始向稳定方向发展,气流混合程度减小。

3.4.5.6 通风组织数值模拟计算温度场

整个模型中,温度分布的变化主要体现在火源附近位置及其扩散区域,其他区域的温度为常温。在火灾发生和扩散区间,在紧邻火源下游处出现一个涡流区,其温度比靠近拱顶的烟气温度低。

在火区下游大约 100m 处,温度分布开始分层均匀。由于燃烧引起的冷热空气对流和隧道对于高温气流的冷却作用，火灾温度场的纵向分布基本满足：随着到火区距离的增加，温度降低，其下降的梯度逐渐减小。

在远离火区的一定距离(15m)左右开始，温度分布还没有分层。由于高温烟气逐渐上升和气流的充分发展，在距火源100m后，温度才有较明显的分层。

3.4.5.7 通风组织数值模拟计算压力场

压力变化主要发生在横通道的前后。在靠近横通道沿着气流的流动方向处，压力变化较复杂。

对于上行线，压力的分布为两头低中间高。在火源附近的压力总体分布沿着气体流动方向减小。不同于温度分布的是，通过火源后压力分布变化主要集中在隧道的底部，且随着距火源距离的增大，在30m附近分布就已逐渐达到分层均匀。其中，所示的压力均为相对压力，压力参考点为下行线上游的入口，因此出现了负压问题。

3.4.5.8 竖井通风速度场计算结果

如果在A处给定一个3m/s的通风速度吹向B，则火灾发生后的烟气有2种去向：竖井出口H和隧道另一端出口B。

基于这一点，其他边界条件设置如下。

H：出风量为总风量的85％　　B：出风量为总风量的15％

C：进风风速为16m/s　　G：进风风速为15.92m/s

(1)隧道部分

图3-49为3m/s通风风速下隧道纵断面速度分布图。从图中我们可以看到，从火源发生处，烟气速度达到10m/s左右；在火源上方，遭到了通风气流的阻挡，不断被卷吸到隧道上部的烟气中，形成旋涡；旋涡逐渐向前推进，沿隧道纵向范围逐渐扩大，直至离火源中心20m($z=0$)出，通风气流完全占据整个端面，气流速度达到稳定状态。同时，在火源后面的气流以3m/s的速度从隧道下部流向火源，一部分形成小旋涡。

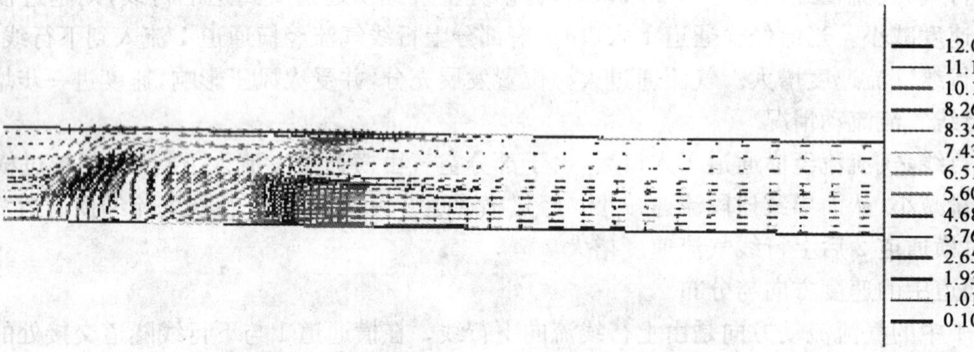

图3-49　隧道纵断面($x=0$m)速度分布(单位：m/s)

图3-50为3m/s通风风速下隧道水平断面速度分布图。从火源上游($z>-20$m)部分来看，速度总体呈现中间低、两边高的趋势，速度方向吹向火源，且随着向火源的逐步推进，速度逐渐减小。从火源下游($z<-20$m)来看，一方面，由于火源处在隧道中央，并没有完全占据隧道横断面，所以来自火源后方的两股气流从火源两侧流过，在火源前方不远处汇合，使得火源至汇合点之间出现局部涡流区；另一方面，刚形成的交汇流由于竖井的抽吸作用，与隧道通风方向相反，气流在连接风道($z=0$)处再次汇合，出现强烈卷吸。

对隧道横断面位置(即$z=-20$m、-15m、-10m、0m、10m、30m)处的横断面速度分布图进行对比分析，可以看到：

①火源中心断面处，火焰直向上冒，随着向上的扩散，速度方向逐渐偏转，并且随着烟气的向前推进，逐渐形成左右两个基本对称的涡流。

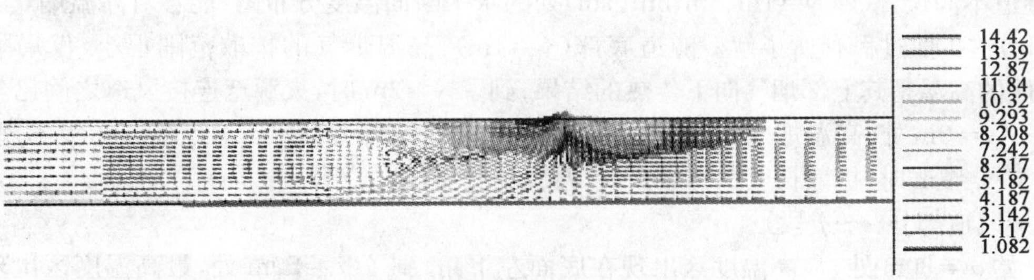

图 3-50 隧道水平断面($y=0$m)速度分布(单位:m/s)

②由于竖井的抽吸作用,随着烟气的向前进一步推进,两个涡流逐渐呈现不对称,在 $z=0$ 处,两涡流已经合并成一个完整的涡流;但整个断面速度分布极不均匀,靠近连接风道侧速度超过 20m/s,而相反一侧速度很小,大多不超过 5m/s。

③合并后,速度又逐渐变均匀,但整体速度逐渐减小,到 $z=30$m 处,速度已减至 4m/s 左右,分布基本均匀。

沿隧道长度方向($-40\text{m}<z<50\text{m}$)区段内,于 $x=0$m、$y=4$m 处,对烟气速度在 x、y、z 三个方向的分量 u、v、w 随长度的变化情况进行分析,可以得到:

①u 主要受竖井的抽吸作用影响,在连接风道($z=0$m 左右)处达到了最大值。

②w 在连接风道左侧,由于火源燃烧的影响,在火源附近($z=-20$m 左右)达到最大值;随后逐渐衰减,但到了快接近连接风道($z=-12$m 左右)处,由于竖井抽吸作用影响再度开始增加,在连接风道左侧壁面附近达到第二个峰值;之后在连接风道范围内,由于竖井的抽吸作用,w 方向继续减小,气流主要从竖井流走。在连接风道右侧,由于风流速度与坐标设定相反,故速度值为负。当 $z=20$m 后气流基本达到平稳,维持-3m/s 左右的速度。

③v 的变化情况与 w 类似,只是在经过连接风道后,v 方向速度基本为零,主要是 w 方向的速度。

(2)竖井部分

计算结果表明:最大速度接近 50m/s,出现于连接风道拐角靠近壁面附近,范围很小。这主要是由于气流流向突然改变,未来得及改变方向的气流与拐角处外壁相撞,产生相对滞留,使得靠近内壁面处流道受到压缩而形成的。来自于正常运行隧道的气流和来自火灾隧道的烟气在竖井底部相遇后,互相对抗,速度有所增大,并在竖井右下部形成一个涡流区。之后,随着烟气上升速度逐渐减小,最后达到稳定,竖井中速度为 30m/s 左右。

从底部横断面速度分布图中,可以清楚看到两股气流相遇后逐渐混合的过程:两股气流在竖井底部相遇后,一开始出现分层,冷热气流各占一边,随着气流的上升,逐渐形成旋涡;进一步,旋涡中心区域的横向速度逐渐减小,直到横向速度为零;而之后中心处没有横向速度的质点越来越多,范围越来越大,在 $y=30$m 处,基本上形成了统一向上的速度,混合过程基本完成。

(3)连接风道部分

连接风道中心纵断面速度分布图中表明,在拐角附近(e 处),速度分布极不均匀,从上至下速度由高到低,上边速度高达 50m/s,下边最小速度 25m/s;之后速度分布逐渐趋向均匀,最后稳定速度为 40m/s 左右。刚越过拐角处($x=30$m),横断面内速度分布很不均匀,而且在风道四周出现一个大的环流,随着烟气的向前推进,环流逐渐变弱,在该段连接风道中段($x=70$m),环流基本消失。

3.4.5.9 竖井通风温度场计算结果

(1)隧道部分

从隧道不同位置(即 $x=0$m、2m、-2m、4m、-4m)的纵断面温度分布图可以看到,在 x 方向火源中央处($-2\text{m}<x<2\text{m}$),高温烟气在竖井的抽吸作用下,只向一个方向扩散,而到了 $x=4$m、-4m 处时,高温烟气在向着连接风道扩散的同时,也向火源前方呈现小范围扩散,并且显示出了不对称性。

通过隧道不同位置(即 $y=1$m、3m、5m、7m)处的水平断面温度分布图,能够对高温烟气在隧道高度方向(y 方向)的扩散过程有所了解。隧道底部($y=1$m),高温烟气的扩散范围很小,仅局限于火源附近,隧道两侧的高温是其上部烟气向下传热的结果;到了 $y=2$m 时,火源至连接风道之间已经布满高温烟气;而到了 $y=5$m 处,高温烟气已经跨越过连接风道,进一步向前蔓延,温度场分布极不规则;最后继续向上,到了 $y=7$m 时,扩散长度达到最大值,温度场分布层次分明。

(2)连接风道部分($e\sim f$ 段)

在刚开始 $x=30$m 处,最高温度区出现在底面左下角;到了 $x=50$m 处,最高温度区出现在底面右下角;继续往前,到了 $x=70$m 处,最高温度区已经离开底面,出现在右侧壁面;最后,过了 $x=90$m 以后,最高温度区稳定在拱顶右侧。

而造成这种现象的原因,就是在前面速度分布中提到的出现在风道断面四周壁面附近的烟气的环流流动。

(3)竖井部分

从竖井横断面($y=5$m、15m、20m、45m、100m、200m、400m)处的温度分布图,我们可以看到:

①来自正常运行隧道的气流(温度为 20℃)与来自火灾隧道的高温烟气(温度为 130℃)共同进入半圆形排风竖井,两股气流在隧道底部相遇后开始混合,随着气流的上升,热量传递越来越充分,整个断面的温度分布越来越均匀,整体温度逐渐降低。

②气流到竖井高度 400m 处时,最高温度为 90℃,最低温度为 80℃,整个断面温差仅为 10℃左右。

③从横断面温度分布我们可以看到,至两股气流相遇后,一开始 10m 以下,互不相让,呈现“对抗状”;随着向上发展,在 10～30m 之间,由于气流出现涡流,所以温度分布也呈“旋涡状”;之后 30～400m 之间,涡流逐渐瓦解,但气流仍有交错,等温面呈现“扭曲状”;最后,400m 以上部分,横向交错彻底消失,温度分布呈现比较规则的“层状”。

3.4.5.10 竖井通风压力场计算结果

从静压分布图(图 3-51)来看,竖井底部出现压力最小值,且为负值;从竖井底部向上,由连接风道通往隧道压力逐渐增大,在竖井出口和隧道内的静压达到最大,基本为标准大气压。从总压分布图(图 3-52)来看,则是隧道总压力最大,从隧道向连接风道,然后向竖井底部,再沿竖井向上,压力一直在降低,竖井出口压力达到最小值。

图 3-51 静压分布

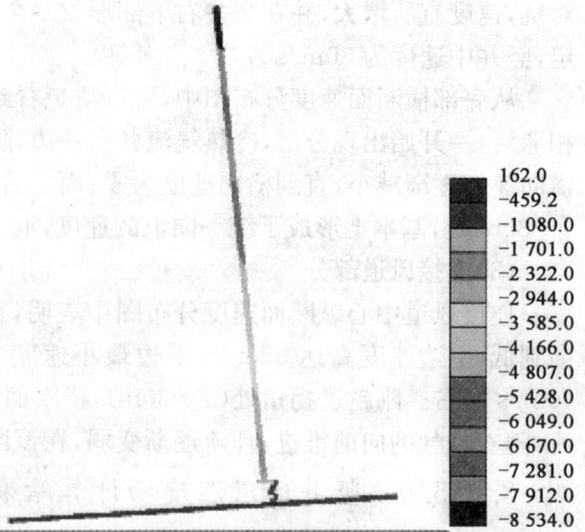

图 3-52 总压分布

可以看到隧道中总压呈现两边高,中间低的态势,但在中间低压段,又有三个局部低压区:一个是由于射流送风口附近气流旋涡所致;另一个就是火源燃烧所致;还有一个就是连接风道附近,由于竖井抽吸所致。

3.4.5.11 竖井通风不同边界条件比较

(1)不同通风速度的比较

其他边界条件同上，具体设置如下。

H:出风量为总风量的 85% *B*:出风量为总风量的 15%

C:进风风速为 16m/s *G*:进风风速为 15.92m/s

计算结果：

通风风速分别为 2m/s、3m/s、4m/s 的情况下，对隧道中心纵断面的速度分布图进行比较，发现其分布的趋势是相同的，只是烟气与通风气流相遇的位置随着通风速度的增大而越靠近火源侧，另外出现涡流的范围也逐渐缩小。不同通风风速下回流区的具体长度见表 3-26。

不同通风风速下回流区的具体长度 表 3-26

通风风速(m/s)	2	3	4
回流区长度(m)	38.5	31.0	16.0

(2)隧道出口 *B* 与竖井出口 *H* 风量分配比例的影响(通风风速保持 3m/s 不变)

①边界条件 1

B:出风量为总风量的 25% *H*:出风量为总风量的 75%

G:进风风速为 15.92m/s *C*:进风风速为 16m/s

根据 *B* 与 *H* 出风量分别为总风量的 25%和 75%时的速度和温度分布情况，与以前(*B* 为 15%、*H* 为 85%)相比，一方面，由于隧道中向 *B* 端的烟气流量增加，出现在火源左侧的高温区明显增长；另一方面，虽然火源右侧的烟气量减少，但是竖井的排烟速率也有所下降，因此回流区长度 36m，比 *B* 为 15%、*H* 为 85%情况下 31m 的回流区有所增长。

②边界条件 2

B:标准大气压 *H*:标准大气压

G:进风风速为 15.92m/s *C*:进风风速为 16m/s

B 与 *H* 都是标准大气压时风量自然分配情况下的速度和温度分布情况，与前面风量分配(*B* 为 15%、*H* 为 85%)的情况基本相同，回流区长度也差不多。这样从另一个角度说明，*B* 为 15%、*H* 为 85%的风量分配比较符合实际。

(3)射流送风口 *C* 的影响

边界条件：

B:标准大气压 *H*:标准大气压

G:进风风速为 15.92m/s *C*:关闭

A:通风速度为 3m/s，方向吹向 *B*

B 与 *H* 设置为标准大气压的压力边界情况下，关闭射流送风口 *C* 时的温度分布情况，与前面相比，烟气扩散范围增大，回流区长度和厚度均有所增加，扩散到上游的烟气已经蔓延到了隧道中部。因此，开启射流送风口 *C* 对于减少烟气向上游蔓延是有利的。

(4)竖井中央设置挡板的影响

秦岭终南山特长公路隧道为双洞单向交通设计，上行隧道与下行隧道的排风是通过共同的排风竖井来实现的。因此，一旦在某个隧道中发生火灾，在另一个隧道的排风系统关闭的情况下，火灾烟气会不会通过共同的排风竖井蔓延到另一个没有发生火灾的隧道，需不需要在竖井中央设置挡板以阻止烟气的蔓延，就成了一个很有必要考虑的问题。因此，在本次模拟中，也专门针对该情况进行了数值模拟计算，计算结果如下。

由于受所建立的网格限制，模拟过程中的挡板位置没能设置在正中位置，使得常温气体进入侧横断面小于高温烟气进入侧。另外，两股气体都以比较高的速度流向竖井底部，由于竖井为半圆形，再加上挡板的阻挡，使得气流转向的空间比较狭小。尤其是常温气体侧，气流受阻所产生的横向涡流几乎占据了挡板左右的大部分空间，直向上的气流流道受到急剧压缩，因此，常温气流侧，小范围内出现了超过70m/s的高速。由于气流经过挡板区后，挡板两侧的速度较高，因此越过挡板区后，两股气流没有马上混合，而是经过一段“惯性区”后，才开始逐渐混合的。

3.5 火灾模式下的通风技术

3.5.1 火灾模式通风技术介绍

针对秦岭终南山特长公路隧道的通风特点，火灾通风计算将运用基于通风网络理论的计算机程序进行。方法是将隧道通风系统简化为一通风网络图，拟定出不同的火灾发生工况（火灾发生地点），进行火灾通风计算。

实践发现，运用程序可以快速、准确、可靠地对风网进行分析，保证计算的全面和精确。同时，借助于计算机技术也可更加详细、逼真地模拟隧道在正常运营和火灾模式下的通风状况，为最终的通风设计提供有价值的参数并优化设计。

在已经过严格测试，并且在实际工程中得到应用的前一版本程序基础上，对程序的计算内核进行了进一步的优化和功能扩展，并将程序可视化，加入了前后处理模块。

对于通风网络中风流流动的一系列问题：如风流方向的判断、各边所流过的风量及稳定性、在某些灾害发生的情况下网络通风工况的变化、网络风流的控制、扇风机工况的分析和调节等，在相应的空气动力学原理和基本假定的基础上，很大程度地依赖于通风网络的结构特点。

3.5.2 火灾模式下纵向式通风基本理论

3.5.2.1 通风计算中的基本假定

在通风计算时对空气的性质作以下基本假定：

(1)流体是不可压缩的

当作用在流体上的压力发生变化时，随着压力的增加，流体的体积将减小，密度将增大，流体的这种特性称为压缩性。但在隧道通风计算中，由于通风压力一般都在常规范围内，其温度和压力变化也不大，流体体积的变化不足以影响计算结果的精度，隧道内的气体通常均假定为不可压缩体。

(2)流体的流动为稳定流

流体在流动的过程中，任一点的压力和流速不随时间而变化，即压力和流速只是流动点坐标的函数。

(3)流体视为连续介质，服从连续性定律

流体的连续性是指气流在沿流程各断面上通过的流体质量不变，即质量守恒定律。隧道内的气体是密度为常量的稳定流，即各断面上的流量不变。

(4)流体的流动遵守能量守恒定律

隧道内的气体在隧道内做渐变流动时，其压力与速度沿流程各断面的变化（包括摩擦阻力损失），服从能量守恒定律，即不可压缩流体的伯努利方程：

$$P_1 + Z_1\gamma_1 + \frac{v_1^2}{2g}\gamma_1 = P_2 + Z_2\gamma_2 + \frac{v_2^2}{2g}\gamma_2 + h_{1\sim 2} \tag{3-1}$$

3.5.2.2 纵向通风基本作用力计算式

(1)节流效应烟流阻力

当忽略火灾烟流摩尔质量的变化，节流效应烟流阻力为：

$$H_j=\frac{1}{2}\rho_1\left[v_1^2\left(\frac{1}{M_k}-1\right)+gh_m\cdot\cos\beta(1-M_k)\right] \tag{3-2}$$

节流效应烟流阻力由两部分组成：第一部分为$\frac{1}{2}\rho_1 v_1^2\left(\frac{1}{M_k}-1\right)$，它是由于烟流的温度变化和质量流量的变化引起的，形式与节流阀的局部阻力计算式相同，该部分是火焰对烟流的节流效应，即火焰占用了过流断面，使过流断面减小，烟流阻力增大，其大小与燃烧状态有关，与隧道形状无关；第二部分为$\frac{1}{2}\rho_1 gh_m\cdot\cos\beta(1-M_k)$，它是由于烟流流动过程中的温度变化引起的，该部分说明：由于隧道本身具有一定的高度，当烟流温度变化时，断面内的流束受力不均，使烟流受力，它是火灾烟流的湍流节流效应，其大小与隧道特性、燃烧状态和烟流的流动状态等有关。

(2)火风压计算

假定烟气流经隧道后，各点的气压值不变，此时，火风压按下式计算：

$$h_b=11.77\Delta z\frac{\Delta t}{T} \tag{3-3}$$

对于长大公路隧道，由于温度沿程变化，因此，在进行火风压的计算时，可以将火灾时的隧道分段，分别计算每一段的火风压值，然后叠加，如下式所示：

$$h_b=\sum h_{bi}=\sum 11.77\Delta z_i\frac{\Delta t_i}{T_i} \tag{3-4}$$

根据上述公式，发生火灾时，火风压对隧道的影响分为两种情况：一是火灾发生在离排风口远的主隧道中，影响仅局限于主隧道中；二是火灾发生在各底部排风口附近，火灾对竖井底部风道和竖井均产生影响，并考虑坡度影响。

发生火灾后，烟流温度增量用下式估算：

$$\Delta T=\Delta t_0\cdot e^{-\frac{c}{g}x} \tag{3-5}$$

当有新鲜空气流入时，新鲜空气与烟流的混合过程看做是绝热过程。然后计算混合后的气流的温度，进行火风压计算。

(3)摩擦阻力

火灾时期的隧道烟流摩擦阻力不等于火灾前的隧道气流摩擦阻力。烟流摩擦阻力与隧道风阻 R_a、烟流体积流量$(S_v)^2$、烟流密度和风流密度之比 ρ/ρ_a 成正比。当隧道的断面结构和面积不变时，温度越高，速度越大，烟流摩擦阻力也越大。计算公式为：

$$h_f=\sum\frac{R_a S^2\rho v^2}{\rho_a}L \tag{3-6}$$

对于长大公路隧道，由于烟流沿程变化，因此，在进行烟流阻力计算时，可以将火灾时的隧道分段，分别计算每一段的烟流阻力值，然后叠加，如下式所示：

$$h_f=\sum h_{fi}=\sum\frac{R_{ai}S_i^2\rho_i v_i^2}{\rho_{ai}}\Delta L_i \tag{3-7}$$

由计算分析可知，火区烟流摩擦阻力与节流效应相比较，$h_f\ll h_j$，即火区的节流效应对烟流的作用比摩擦效应对烟流的作用大得多，摩擦阻力可以忽略不计；火区下游的摩擦阻力也较火风压小得多。

(4)主隧道自然通风力

自然通风力是由于自然风的影响、气压差及温差所产生的压力差形成的通风力。根据隧道内自然风速 v_n 与通风气流速度 v 方向相同或相反，自然通风力对通风起辅助作用或阻碍作用。它由两部分组成，即沿程摩擦阻力和局部阻力。已知 v_n 时，自然通风力 ΔP_w 按下式计算：

$$\Delta P_w=\left(1+\xi_{in}+\lambda\frac{L}{D}\right)\cdot\frac{\rho}{2}v_n^2 \tag{3-8}$$

自然通风力的作用方向与 v_n 方向相同，设计计算时将自然通风力作为阻力考虑。

(5)摩擦阻力

通风气流以速度 u_r 在隧道及井筒中流动时，由于壁面摩擦而引起的阻力，简称为摩擦阻力，用 ΔP_λ 表示：

$$\Delta P_\lambda = \lambda \cdot \frac{L}{D} \cdot \frac{1}{2}\rho u_r^2 = R_\lambda \cdot Q^2 \tag{3-9}$$

ΔP_λ 总是对通风气流起阻碍作用，即与 v 的方向相反。

(6)局部阻力

风流流经突然扩大或突然缩小、转弯、交叉、汇合等状况，风速的大小和方向均会改变，所引起的压力损失，称为局部阻力，按下式计算：

$$\Delta P_\xi = \xi \cdot \frac{\rho}{2} \cdot v^2 = R_\xi \cdot Q^2 \tag{3-10}$$

ΔP_ξ 也对通风气流起阻碍作用，即与 v 的方向相反。

(7)射流风机的升压力

射流风机以高速吹出的风，将能量传递给隧道内的空气柱而引起纵向通风风流。一台射流风机的升压力为：

$$P_j = \frac{1}{2}\rho v_j^2 \cdot 2\varphi(1-\Psi)/k \tag{3-11}$$

设有 n_j 台射流风机，则射流风机的总升压力 ΔP_j 为：

$$\Delta P_j = n_j P_j \tag{3-12}$$

3.5.2.3 竖井送排与射流风机组合的纵向通风计算理论

(1)压力模式

竖井送排式纵向通风是通过竖井交换隧道空间的空气，达到排出污染气体同时送入新鲜空气的目的，由此加大纵向通风方式的适用长度。当竖井送排式通风难以达到洞内压力平衡时，采用射流风机与之组合，使之形成竖井与射流风机组合的通风方式，其压力模式为：

$$\Delta P_b + \Delta P_e + \Delta P_j \geqslant \Delta P_\lambda - \Delta P_t + \Delta P_w \tag{3-13}$$

排风口与送风口附近的压力模式如图 3-53 所示。

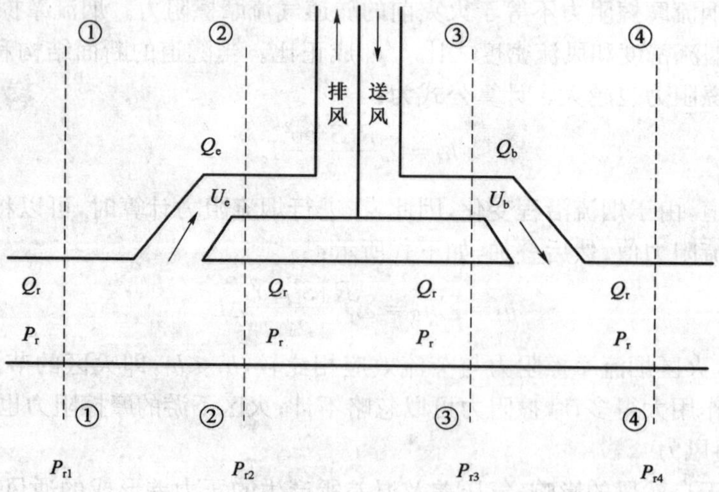

图 3-53　排风口与送风口压力模式图

排风口的升压力为：

$$\Delta P_b = P_{r2} - P_{r1} = 2 \cdot \frac{Q_e}{Q_{r1}}\left[\left(2 - \frac{K_e \cdot u_e}{u_{r1}}\right) - \frac{Q_e}{Q_{r1}}\right] \cdot \frac{\rho}{2} \cdot u_{r1}^2 \tag{3-14}$$

送风口的升压力为：

$$\Delta P_e = P_{r4} - P_{r3} = 2 \cdot \frac{Q_b}{Q_{r4}}\left[\left(\frac{K_b \cdot u_b \cdot \cos\beta}{u_{r4}} - 2\right) - \frac{Q_b}{Q_{r4}}\right] \cdot \frac{\rho}{2} \cdot u_{r4}^2 \tag{3-15}$$

(2)排风机、送风机所需风压

送、排风量确定后，送、排风机所需的全压力为：

排风机全压 $$(P_{TOT})_e = 1.1 \times \left(\frac{\rho}{2}u_e^2 + P_{de} - P_{se}\right) \tag{3-16}$$

送风机全压 $$(P_{TOT})_b = 1.1 \times \left(\frac{\rho}{2}u_b^2 + P_{db} + P_{sb}\right) \tag{3-17}$$

火灾情况下纵向通风基本作用力与运营情况下纵向通风基本作用力相比，失去了交通风力的作用，但却增加了节流效应和火风压的作用。其中，节流效应对于火灾情况纵向通风来说是阻力，节流效应烟流阻力是由于燃烧火焰的湍流和风流在火区受热膨胀引起的，它总是对烟流的流动起阻碍作用；火风压也就是烟流的浮力效应，它是火灾烟流在倾斜的隧道中流动时，由于流动过程中烟流温度不断下降，烟流密度不断增大，烟流位压也较火灾前风流位压发生很大的变化，因而产生浮力效应，形成对烟流的作用力。这种发生在倾斜的隧道内，由于火灾前的风流密度与火灾时期的烟流密度不同而引起的对火灾烟流的附加作用，称为火灾烟流的浮力效应。在上坡方向火风压对烟流的流动起推动作用，在下坡方向火风压对烟流的流动起阻碍作用。

3.5.3 隧道通风网络的基本理论

3.5.3.1 通风网络

通风网络图是表示隧道中风流沿着流向分叉、汇合或空间交叉的点、线组合图。通风网络可以清晰地表示出隧道各段、各竖井(也可为斜井和平峒)风流的相互关系，而避开实际各通风段、竖井的空间位置关系，因而更便于分析和解算通风问题。特别是对采用多竖井送排式纵向通风方式的秦岭终南山公路隧道，尤为实用。

3.5.3.2 通风网络中风流流动的基本规律

在正常情况下，风流在分支中近似呈稳定连续流动，多属于紊流状态。在任何形式的风网中，风流都遵循以下三个基本规律。

(1)风量平衡定律

对于通风网络中某一节点而言，按照连续性方程，流进节点的风量应等于流出该节点的风量。

(2)风压平衡定律

风网中任一网孔的风压代数和(顺时针方向风流的风压取正，逆时针方向取负值)应等于零。

(3)阻力定律

隧道分支中风流几乎全是稳定紊流，故通风阻力与风量的平方成正比。

3.5.3.3 简单风网中风流诸参数的关系

简单风网包括串联风网和并联风网。它们同样遵循风网中风流流动的基本规律，但又各有特点，具有各自的特殊规律。

(1)串联分支

①风量关系

顺次连接的串联分支，通过各分支的风量必然相同。若令 Q_1、Q_2、Q_3、Q_4、……、Q_n分别代表通过串联分支各分支的分风量，而Q代表通过串联分支的总风量，则：

$$Q_1 = Q_2 = Q_3 = \cdots = Q_n (\mathrm{m^3/s}) \tag{3-18}$$

上式表明，串联分支的总风量等于组成串联分支各分支的分风量。

②风压关系

若令 ΔP_1、ΔP_2、ΔP_3、ΔP_4、……、ΔP_n分别代表通过串联分支各分支的分风压，而ΔP代表串联分支

的总风压，根据能量叠加原理，则：

$$\Delta P_1+\Delta P_2+\cdots+\Delta P_n=\Delta P(\text{Pa}) \tag{3-19}$$

上式表明，串联分支的总风压等于各分支的分风压之和。

③风阻关系

根据以上两关系式和通风阻力定律可得，串联分支总风阻等于各分支风阻之和，即：

$$R_1+R_2+\cdots+R_n=R(\text{kg/m}^7) \tag{3-20}$$

(2)并联风网

①风量关系

若令 Q_1、Q_2 分别代表两条并联分支的分风量，而 Q 代表其总风量，根据风量平衡定律有：

$$Q=Q_1+Q_2(\text{m}^3/\text{s}) \tag{3-21}$$

②风压关系

若令 ΔP_1、ΔP_2 分别两条并联分支的分风压，而 ΔP 代表并联分支的总风压，根据风压平衡定律有：

$$\Delta P=\Delta P_1=\Delta P_2(\text{Pa}) \tag{3-22}$$

③风阻关系

若令 R_1、R_2 分别两条并联分支的分风阻，而 R 代表并联分支的总风阻，根据阻力定律有：

$$R=\frac{1}{\dfrac{1}{\sqrt{R_1}}+\dfrac{1}{\sqrt{R_2}}}(\text{kg/m}^7) \tag{3-23}$$

3.5.4 程序设计

本系统以 Visual C++为开发平台，研制了隧道火灾通风计算系统，该系统可以进行隧道火灾通风计算。采用可视化编程，进行交互式操作，使得程序使用更具有人性化，操作更加简单明了。程序可以读入 AutoCAD 的.DXF 格式的文件，借助于 CAD 强大的画图功能，从而使建模更加省时省力。同时，程序也具有一些简单灵活的图形操作功能以便对模型进行处理，使之更加完善。并且，系统实现了火灾情况下烟雾影响区段的自动查找并计算相应的火风压，以及竖井底部的升压力分支的自动查找与计算。

系统采用 Windows 标准的视窗界面，整个系统的界面(图 3-54)由主窗口、多文档子窗口(分割窗口)和多个对话框组成。

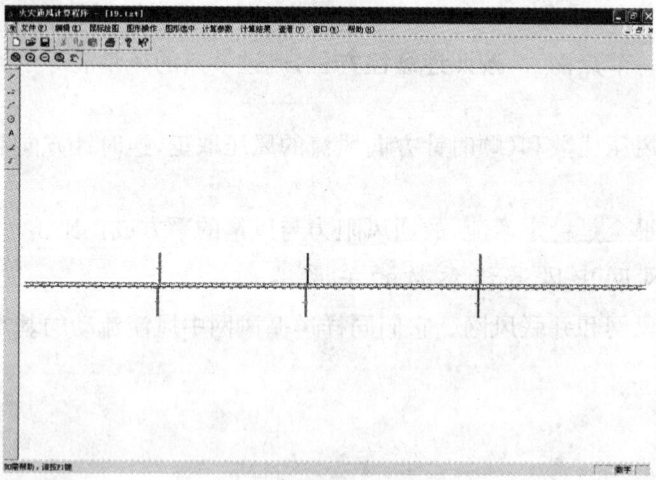

图 3-54 系统运行界面

3.5.5 火灾通风计算

3.5.5.1 设计计算

计算参数如下。

交通方向：东、西线近期、远期均为单向交通；

通风方向：西线近期、远期均为西安～柞水，东线近、远均为柞水～西安；

隧道断面积：东、西线均为 $A_r=70.443m^2$；

隧道当量直径：$D_r=8.682m$；

隧道长度 L_r 见表3-27：

隧道长度分段表（单位：m）　　表3-27

隧　道	西安端～1号竖井	1号竖井～2号竖井	2号竖井～3号竖井	3号竖井～柞水端
西线	3 901	4 314	4 949	4 854
东线	3 954	4 319	4 948	4 798

竖井1分隔为等面积两部分，$S_1=S_2=45.80m^2$；

竖井1当量直径：$D_{s1}=D_{s2}=6.60m$；

竖井1高度：$H_{s1}=190.44m$

竖井2分隔为等面积四部分：$S_1=S_2=45.80m^2$；

竖井2当量直径：$D_{s1}=D_{s2}=6.60m$；

竖井2高度：$H_{s1}=603.33m$；

竖井3分隔为等面积四部分：$S_1=S_2=45.80m^2$；

竖井3当量直径：$D_{s1}=D_{s2}=6.60m$；

竖井3高度：$H_{s1}=391.60m$；

1号竖井底部联络道：

Ⅰ联络道：$S=14.28m^2$，$D=4m$；

Ⅱ联络道：$S=18.89m^2$，$D=4.29m$；

Ⅲ联络道：$S=14.28m^2$，$D=4m$；

2号竖井底部联络道：

Ⅰ联络道：$S=18.89m^2$，$D=4.6m$；

Ⅱ—Ⅱ联络道：$S=22.31m^2$，$D=4.99m$；

Ⅲ联络道：$S_1=17.68m^2$，$D=4.12m$；

$S_2=21.70m^2$，$D=4.67m$；

3号竖井底部联络道：

Ⅰ联络道：$S=22.31m^2$，$D=4.99m$；

Ⅱ—Ⅱ联络道：$S=18.89m^2$，$D=4.60m$；

Ⅲ联络道：$S_1=21.70m^2$，$D=4.67m$；

$S_2=17.68m^2$，$D=4.12m$

风机前后联络风道面积：$F_3=7.07m^2$；

主风机环状面积：$F_4=4.35m^2$；

主隧道导流段及送风口面积：$S=16.913m^2$；

主隧道导流段及送风口当量直径：$D=4.28m$；

两隧道距离：40m；

横通道间距：约250m，共71条；

横通道与隧道中线夹角：人行横通道为90°，车行横通道为40°；

人行横通道 $S=4.14m^2$，$D=1.92m$；

行车横通道 $S=24.40m^2$，$D=5.16m$。

3.5.5.2 计算条件

秦岭终南山公路隧道由东、西线组成，两线间距为40m，隧道内每间隔250m设置一条人行横通道，每隔750m设置一条车行横通道。当一条隧道发生火灾时，火灾隧道上游的横通道全部打开，利用另一条隧道作为救援通道，进行救援和人员疏散。此时原来两条隧道相互独立的通风系统变成了一个相互联系的复杂的通风系统，需要进行网络通风分析。网络分析的目的是通过计算隧道每两条横通道之间发生火灾时，确定出合理的射流风机设置数量和位置，制订相应的火灾通风原则和人员救援预案。最后再将在不同着火点位置的射流风机数量和正常运营时所需要射流风机数量进行汇总，即为最后应该布置的射流风机的数量。

计算是基于下述情况进行的：

(1)由于两隧道间有71条横通道，在通风网络中，这些横通道为角联分支，风流的流动具有不稳定性。在火灾情况下，欲通过主隧道和横通道的阻力调节实现横通道的稳定流动，阻力调节的规模将很大，为简化计算，拟订火灾不蔓延的条件是：

①火灾段及上游一段隧道风流不发生反向。

②在火区上游开通所有横通道，要保证至少两条横通道风流由非火灾隧道流向火灾隧道。风速控制在2.0m/s以上，最大风速不超过10m/s。

即在满足上述两条的情况下，风流可以在其余横通道间自然分配。

(2)考虑到人员的撤离速度、不逆流的限制及火区下游最高温度，火灾计算风速为2～3m/s，火区下游主隧道段烟流由距离火区最近的排风井排出，以达到火灾时烟流蔓延距离最短的目的。风向由射流风机控制。

(3)火灾段考虑火灾节流效应和火风压的影响。节流效应阻碍风流的流动，火风压在上坡隧道推动风流的流动，在下坡隧道阻碍风流的流动。节流效应和火风压数值的大小与火灾段风流流速和火灾规模有关，计算按最不利情况取值，即火灾规模为C，风流速度为2～3m/s。

(4)各段隧道射流风机分散布置。

(5)自然风速均按不利情况$v=-2.5$m/s计算。

由于以上假定都是发生火灾时的最不利情况，所以基于以上假定计算出的射流风机数量，即为火灾情况下所需布置的最多数量的射流风机情况。其他情况下，只要合理地控制不同隧道段射流风机开启的数量，就可满足火灾通风的要求。

3.5.5.3 火灾区段划分

由于纵向通风隧道阻止火灾蔓延和烟雾扩散非常困难，故只能根据火灾时人员疏散组织进行隧道火灾区段划分。当隧道发生火灾时，火区下游人员自行驾车由隧道出口快速撤离隧道，火区上游人员弃车通过横通道进入非火灾隧道撤离。由于隧道火灾点是随机的，因此，火灾区段的划分应根据人员疏散和人员救助的可能性进行划分。根据本隧道特点，将两条横通道之间的隧道长度作为一个火灾区段是比较合理的，这也符合设备的布置和控制要求。

根据这一思想，秦岭终南山隧道东、西线各71个区段，共分为142个区段。隧道发生火灾后，由于火区上游横通道被打开，两隧道通风系统不再单一，而变为一个相互影响、相互作用的连通的复杂多变的通风网络系统，此时，隧道内失去交通风力，但火风压、火焰节流效应对隧道通风影响巨大。在这种情况下，常规通风计算理论已不能解决实际问题，必须采用网络通风理论进行设计。

3.6 公路隧道火灾报警系统

近几年来随着国家经济的高速发展，公路交通规划建设一直受到政府的高度重视，我国高等级公路的里程数也以惊人的速度在增加。由于我国地貌复杂多山脉、丘陵地带，在建设山岭高速公路中不可避免要建设大量的隧道，公路隧道内的防灾体系也在不断进行完善。公路隧道内选用哪种类型火灾探测器也是设计、施工、管理单位的一个难题。公路隧道火灾报警系统是监控系统的一个重要的子系统，它由火灾探测器、区域控制器、通信系统、集中火灾报警控制器、报警装置等组成，并与其他子系统集成到中控系统，为中控系统提供火灾信息。在火灾报警系统中，火灾探测器是其重要的组成部分。

火灾报警系统由中心控制室内的集中火灾报警控制器、隧道内火灾探测器、手动报警按钮、紧急电话、控制室、设备室以及变电站设备室的火灾探测器、连接电缆、配线、接线盒及必要的附件组成。

3.6.1　隧道中的火灾探测器

火灾探测器是火灾信号的传感元件，是整个火灾自动报警系统的最基本的组成部分，它是实现火灾的非电量测技术的关键。根据火灾发生的特点，目前较常用及成熟的有感烟、感温、感光等传感技术。在实际工程应用中，应根据不同的环境情况选用合适的探测器种类，以达到报警响应及时，减少误报警的发生。

公路隧道中最常见的火灾是汽车燃烧，其主要特征是耀眼的明火及强的辐射热(危险性在于汽车的动力燃料)且发展速度极快。公路隧道这种特殊的建筑物，终年阴冷且保持一定的风速(常年保持的风速为 2～10m/s)，并且一年四季环境温度变化较大，给测温方式检测火灾带来不稳定性及滞后性。线型感温探测器安装于隧道顶部，当其达到报警温度时，火灾已发展到相当规模，不利于早期消防灭火。交通运输部重庆公路科学研究所曾在该所的 200m 实验隧道中做过火灾试验，当时环境温度为 3℃，作点火试验用的汽油完全燃烧，隧道顶部的温度最高只能上升到 9℃。感烟型火灾探测器是现代建筑业内广泛应用的技术，但是隧道内环境污染较大，特别是汽车尾气的大量排放，对感烟火灾探测器会产生较大的误信号，且缩短仪器使用寿命。感光型火焰探测器对火焰发展速度快的汽车燃烧较为合适，它有较高的灵敏度和较短的响应时间，并且对隧道内风速的影响很小，但是隧道内污染较严重，所以火焰探测器应选用能抗高污损的专用探测器。现在国内公路隧道设计施工中常用的隧道火灾自动探测器按检测原理可分为两类，线型感温探测器和点型感光探测器。

线型感温探测器主要产品包括线型感温电缆、空气管差温探测器、红外线感烟火灾探测器、热敏电阻火灾探测器、分布式光纤感温探测器等。点型感光探测器主要产品有双波长火焰探测器等。

3.6.2　隧道火灾探测器应用情况

3.6.2.1　空气管线型感温火灾探测器

(1)主要适用范围

①公路、铁路和地铁隧道；

②多层地下和半开敞车库、船上运输甲板；

③月台、候机室；

④汽车及机车库；

⑤易燃气体、液体仓库；

⑥钻井平台；

⑦油漆车间；

⑧油罐、防爆区域、化工厂。

(2)隧道内应用

当空气管式线型感温火灾探测器安装在隧道内时，探测管尾端至隧道入口处的距离应大于 25m。

(3)主要存在问题

由于长期运行的空气管线路泄露、检查维修不方便等原因，空气管线型感温火灾探测器比其他类型探测器使用的场所较少，并且由于受到隧道内环境因素影响大，故不可避免会发生误报和漏报现象。

3.6.2.2 感温电缆火灾探测器

(1)探测器的适用场所

①电缆隧道、电缆竖井、电缆夹层、电缆桥架等;

②配电装置、开关设备、变压器、变电所、电机控制中心;

③各种皮带传送装置;

④控制室、计算机室的闷顶室内、地板下及重要设施的隐蔽处等;

⑤其他环境恶劣,不适合点型探测安装的危险场所。

(2)探测器的安装原则

①传感电缆必须以连续的、无抽头或分支的连续布线方式安装,并严格按照国家规范要求进行。

②防火分区的划分依据规范进行,结合探测区域的特征和环境温度,决定传感电缆使用的长度和回路数。

③感温电缆接口模块安装时一定要正面放置且盒盖上的螺钉必须拧紧。

④传感电缆与接口模块间可以采用信号电缆连接,要求绝缘电阻大于1 500MΩ,电缆的内阻小于100Ω。

(3)存在问题

由于采用定温原理,故环境温度改变时容易引起误报和漏报。不可恢复式感温电缆的原理决定了其一旦报警,就必须更换,增加了使用成本。可恢复式感温电缆,这类探测器由于采用了较为准确的阻挠变化比较方式,故十分容易受电磁干扰影响,最大问题就是抗电磁干扰能力差,而隧道在行车过程中会产生强大的电磁干扰,从而引起误报。

现在该火灾探测器应用的实例不多。

3.6.2.3 红外线感烟火灾探测器

线型光束感烟探测器与点型减光式光电感烟探测器的工作原理是一样的,只是烟不必进入点型光电探测器的采样室中,在保护空间任何地点上的烟都可能使红外光束衰减。线型光束探测器在一个最长100m的线路上可代替若干只点型感烟探测器,因此,点型光电感烟探测器能使用的场合,线型探测器都可以使用。但作为工程应用要考虑多方面因素,例如需要比较保护场所空间大小、建筑结构特点、装置成本、使用维修成本、环境的影响等各种情况。根据工程实践经验,线型光束感烟探测器较适宜安装于下列场所:

(1)无遮挡大空间的库房、博物馆、纪念馆、档案馆、飞机库等。

(2)古建筑、文化保护的厅堂馆。

(3)发电厂、变配电站等。

(4)隧道工程。

但下列场所不宜使用线型光束探测器:

(1)在保护空间有一定浓度的灰尘、水汽粒子且粒子浓度变化较大的场所。

(2)有剧烈振动的场所。

(3)有日光照射或强红外光辐射源的场所。

3.6.2.4 热敏电阻火灾探测器

安装基本原则如下:

(1)传感电缆必须以连续的、无抽头或分支的连续布线方式安装,并严格按照国家规范要求进行。

(2)测分区的划分依据规范进行,结合探测区域的特征和环境温度,决定传感电缆使用的长度和回路数。

(3)复位感温电缆接口模块安装时一定要正放且盒盖上的螺钉必须拧紧。

(4)传感电缆与接口模块间可以采用信号电缆连接,要求绝缘电阻大于1 500MΩ,电缆的内阻小于100Ω。

3.6.2.5　光纤光栅感温火灾探测器

目前该火灾探测器由于费用比较昂贵以及维修不方便，故在国内应用得比较少。

3.6.2.6　双波长火灾探测器

(1)设计指导

根据《日本道路公团隧道设计要领》的要求，并结合日本能美防灾株式会社的双波长探测器的特性，制订该产品的设计方法。

①设置间距：每隔 45m 设置一台双波长火焰探测器。

②安装高度：通常在检修道上方 1.5～2m 处设置，在确保全监视保护下，降低工程造价。合理的安装高度可减缓污染，方便维护。

(2)布点原则

控制中心大楼内以智能感烟/温探测器（点式）密布探测方式设置；隧道专用火灾探测器用于车行隧道暗埋段、沉管段内，敷设于管段侧壁或管顶上；线型感温（定温缆式）探测器用于电缆通道及疏散通道内，敷设于高压缆上部和疏散通道的顶部。在车行隧道暗埋段及电缆通道、疏散通道设置的隧道专用火灾探测器，双波长火灾探测器以不超过 45m 的范围一只、线型感温（定温缆式）探测器以电缆长度不超过 200m 长线形和分段环形方式为原则进行布置；双波长火灾探测器设置与消火栓箱（矩形段）及电磁阀控制箱（圆形段）一一对应，实现与消防按钮、水喷雾区的消防报警联动。

3.6.3　秦岭终南山隧道火灾报警系统推荐

3.6.3.1　国内外隧道火灾探测器选择实例

许多国家在关于使用自动火灾检测系统方面持怀疑态度，并觉得伪警报是一个较为严重的问题。下面是一些国家火灾探测器使用情况。

(1)澳大利亚：所有长度超过 1 500m 的隧道均配备了火灾检测系统。通常安装的是线型热探测器。澳大利亚所获得的经验表明，综合使用火灾探测器与闭路电视系统非常有效，一旦检测系统发出伪警报，则闭路电视系统会对其进行检验。

(2)比利时：两条隧道（Liefkenshoek 以及 Tijsmans）配备了火灾探测器。这两种火灾监测器属于点式探测器，用来检测异常温度变化。只有专用来运输危险货物的隧道才配备这些探测器。这些探测器向警察发出警报，使警察能够采取必要的措施。

(3)丹麦：Guldborgsund 隧道在顶棚上每隔 10m 的地方配有一个火灾探测器，该系统为温度激发型。警报会导致隧道关闭，并且向消防部分发出警报。人们认为，火灾监测器并没有火灾报警器重要，火灾报警器可以从隧道中紧急控制面板上启动，隧道中的机动车驾驶员也可以使用移动电话发出紧急呼叫。

(4)法国：法国境内，没有隧道配备了火灾检测系统。今天，法国通过 CO 以及不透明性指示计（一旦烟雾浓度达到最高的通风要求，则自动启动）来检测火灾。如果配备了闭路电视，则可以通过闭路电视和紧急电话来检测火灾。法国打算在非 24h 有人值守的半横向隧道中配备火灾监测器。如果在此类隧道中检测到了火灾情况，那么，如今所安装的系统将开始从顶棚鼓吹新鲜空气，并促使烟雾层次化。火灾监测器预期也将被安装在运送危险物资的隧道中，尤其是在较长双行线隧道中。火灾探测器将确定火灾的方位，从而确保启动适当的远程控制烟雾开孔。

(5)德国：在所有长度超过 350m 的隧道中，均需要使用自动火灾报警器。探测器必须能够检测出相当于 20L 汽油燃烧的火灾情况。

(6)意大利：意大利的一些隧道中配备了火灾探测器。这些隧道配备了不同阻抗的电缆。该系统用于 Frejus 隧道以及 M5 和 M24 上的隧道。火灾探测器安装在较长的双行线隧道以及较短的交通繁忙的双行线隧道。重要的是本系统要能够启动预设的通风配置。意大利的铁路已经在 Genoa-Principe 地铁站测试了光导纤维检测系统。

(7)日本:在日本,使用的是火焰监测器。这些探测器能够根据典型火焰的不同频率与光谱分布特性来检测燃烧情况。在长度超过 10 000m 的较长隧道以及交通繁忙的较短隧道中需配备此类探测器。当启动探测器时,隧道操作人员将关闭隧道,并向隧道员工以及消防部门发出警报,同时,将通风系统启动为火灾模式并为隧道中的人员指明撤离路线。所有的安装设施均利用在开口锅中 0.5m² 的汽油燃烧情况进行了测试。

(8)挪威:无隧道配备了火灾探测器。由于这些系统成本高昂,并且隧道中车流量较低,因此,并未考虑使用这些系统。在新修建的 24km 长的 Laerdal 隧道中,将要对火灾探测器系统进行评估。

(9)英国/荷兰:在这两个国家的隧道中并未使用火灾探测器。由于火灾检测系统的不可靠性与高昂的价格,这两个国家综合使用了闭路电视系统、可视度检测设备以及交通探测器,从而指明发生事故的时间。

(10)美国:在公路隧道火灾检测方面,使用了许多系统,包括闭路电视系统、交通探测器与火灾探测器。交通探测器用以识别交通量的变化;闭路电视系统则用于核实事故情况。在使用了火灾探测器的情况下,需要使用线型火灾探测器。

3.6.3.2 设备选型

表 3-28 表明了对 6 种不同类型的火焰检测系统进行测试而得出的结论。该测试是在瑞士(1992年)的 Mositunnel 进行的,涵盖不同火灾区域的 8 种测试,并包括汽油与酒精 2 种火源。

利用酒精与汽油燃烧进行测试而发出警报前的时间　　表 3-28

测试编号	7	8	9	10	11	12	13	14
火源	酒精	酒精	酒精	酒精	汽油	汽油	汽油	汽油
火灾面积(m^2)	1	2	3	4	2	0.6	1	2
同轴感温电缆	—	—	—	—	0:34	—	1:44	0:22
线型温度传感器	—	5:18	4:09	1:35	—	1:50	1:21	0:40
线型烟雾探测器电缆	—	4:51	—	4:52	0:02	0:03	0:02	0:03
光导纤维传感器	3:34	4:50	1:10	1:08	0:42	1:05	0:52	0:33

我们分别从以下几个方面对以上 5 种火灾探测器进行详细的比较,选择适合秦岭终南山隧道使用的火灾探测器。

(1)误报和漏报

火灾自动报警系统能够探测到大多数的火灾。热敏电阻火灾探测器是基于热以及热比的增加而工作,即同时具有定温和差温性能,在经过校准后,系统很少发出误报或漏报。双波长火灾探测器是根据火灾的火焰一边燃烧一边放射的光按周期变化,通过探测器的电带状过滤器检测火焰特有频率(1～15Hz)的原理判断是否发生火灾的。火灾的火焰所放射的光的光谱分布情况与自然光或各种人工照明灯(环境光)的光谱不同,探测器正是对一般照明用环境光的光学输入相对光谱和车辆火灾或汽油火灾的相对光谱进行比较而进行判断的,误报漏报少。红外线感烟火灾探测器是基于烟雾的探测器很早就能发出信号工作的,但是,由于柴油机车所排放出的烟雾的缘故,因此误报较多。感温电缆定温火灾探测器由于只是具有定温的性能,当环境温度改变时容易引起误报和漏报。空气管线型差温火灾探测器同样也是由于只具有差温性能,所以受隧道内环境影响比较大,容易引起误报和漏报。光纤光栅感温火灾探测系统有多级温度报警和多级温差报警功能,可根据实际需要灵活地设定多种报警条件,因此也不容易引起误报和漏报。

(2)响应时间

隧道发生火灾后最重要的一个参数就是时间,所以报警系统的响应时间是一个比较重要的参数,从表中很容易可以看出红外线感烟火灾探测器响应时间最短为 5～10s,光纤光栅感温火灾探测系统次之为 20s,感温电缆火灾探测器和热敏电阻火灾探测器的响应时间大致相当约 30s,空气管线型火灾探测器最慢为 1min。双波长火灾探测器灵敏度高，0.5m^2 汽油火灾在 30s 内报警。

(3)费用

隧道中的火灾探测器必须定期维护，空气管线型火灾探测器和光纤光栅火灾探测器以及红外线感烟火灾探测器维修费用都比较高而且维修不方便，感温电缆火灾探测器可恢复型使用费用低，不可恢复型一旦发生火灾就要更新，使用费用较高。热敏电阻火灾探测器可以重复使用，故使用费用和维修费用都比较低。

(4)普及性

目前国内使用较多的就是热敏电阻火灾探测器，但是双波长火灾探测器具有逐渐普及的势头。

综上所述，我们推荐秦岭终南山隧道火灾探测器选用抗干扰性好、误报漏报少、费用低、响应时间较短的热敏电阻火灾探测器或者是双波长火灾探测器。

另外还在秦岭终南山隧道中装备自动事故监测系统即闭路电视摄像机以及专用数据处理系统来检测停止行驶的车辆、较缓慢的交通情况等。我们将其作为监测火灾的备用方法，当火灾探测器发出火灾报警的声光报警信号时，闭路电视的监测人员通过监测系统快速间接地进行火灾情况确认：一旦车辆停止行驶，则燃烧的车辆就被当作交通事故而检测，相应的闭路电视摄像机将在控制中心自动播放事故现场情况，同时，操作人员将很容易辨认火灾情况，以便将误报和漏报降低至最低的情况，最大限度地保障隧道内车辆和行人的生命财产安全。

3.7　公路隧道防灾救援体系

在长隧道救援体系设计中，主要应解决好以下几个问题：即救援组织规划、消防系统、火灾情况下的通风组织、火灾情况下的行车组织、防灾救援预案的制订方法等。其中，防灾救援预案的制订尤为重要，主要包括防灾救援总原则、设备控制原理、设备控制基准、设备控制顺序、预案形式等。

3.7.1　救援组织

救援组织规划一般包括救援梯队的组织形式、救援工作流程组织安排。

对于长大公路隧道而言，救援梯队的组织形式一般按两级或三级考虑。影响隧道火灾量级并影响生命安全的主要参数是“时间”，隧道火灾的初期灭火工作不容忽视。在国内外隧道救援组织设计上，隧道火灾的初期灭火工作一般由发生火灾车辆的驾乘人员（第一梯队）和隧道管理人员、警察（第二梯队）实施，第三救援梯队由地面（或隧道）专业消防人员组成。从一些隧道火灾实例和典型火灾实验的资料来看，专业救援队伍到达火灾现场的时间不宜超过 10min，否则，将给救援和灭火工作带来很大的困难。

隧道一旦发生火灾，应尽量在火灾初期灭火，防止隧道内充满烟雾而使避难环境恶化，同时对使用者提供确切的情报，防止车辆驶向火灾现场并对驶向隧道出口的车辆给予正确的引导，使其安全撤离失火隧道。秦岭终南山隧道救援工作可按图 3-55 的流程组织实施。

3.7.2　消防系统

不同规模的火灾以及火灾发展的不同阶段，灭火的方式和手段均应区别对待。建议秦岭终南山公路隧道消防系统采用固定式灭火和移动式灭火相结合的方案。其中，固定式灭火系统推荐使用常规消火栓和水成膜灭火器相结合的综合形式。消火栓和水成膜灭火器的布置间距不宜过长，一般以 50m 为标准。移动式灭火设施主要包括地面消防车和自反应灭火器。

针对秦岭终南山特长公路隧道的特点，课题组经研究认为，以 2 辆载货汽车起火为最不利火灾，以此为主要依据来进行其消防系统的设计较为合适。装载易燃易爆和危险品的车辆通过一系列管理办法，杜绝其在隧道发生火灾的可能性。

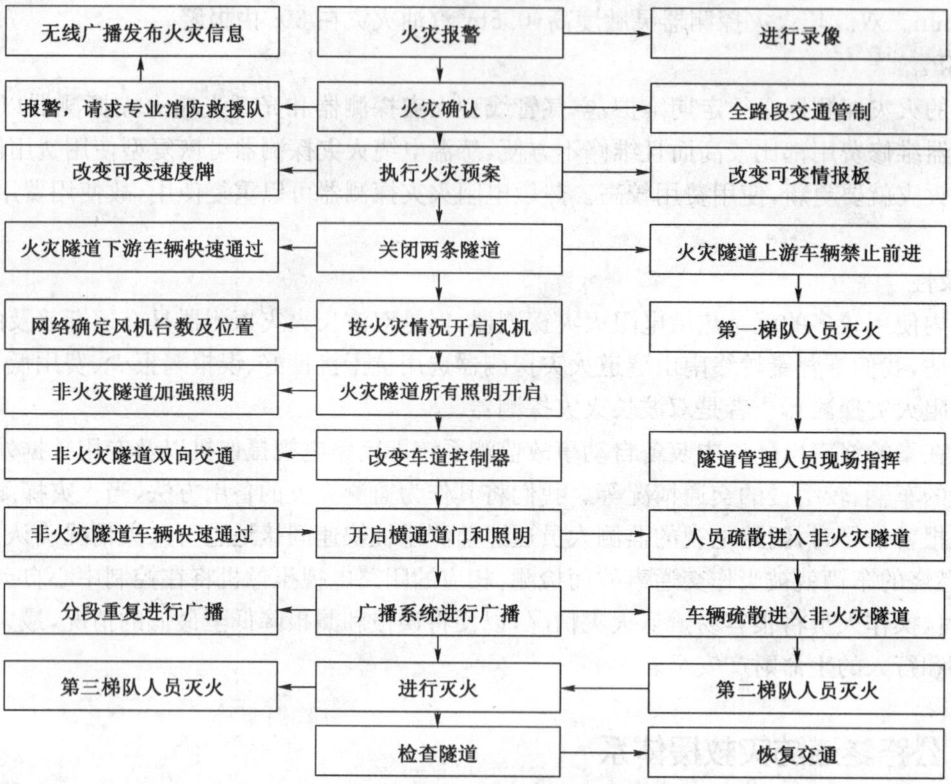

图 3-55　隧道火灾时的对应流程

3.7.3　火灾情况下的通风组织

当火灾发生后，火灾隧道按火灾救援风速通风，另一隧道主风机按正常运营通风，用射流风机保证打开的联络通道处火灾隧道的风压小于正常运营隧道风压，使火灾隧道的烟雾和高温气体不蔓延到另一隧道。

该方案是目前纵向通风的长大公路隧道常用的火灾通风模式。如果射流风机能保持空气流畅，那么被阻塞在火源后的车流就能处在无烟的环境中。

对于火灾救援风速的确定主要应考虑以下几个方面：在救援风速下，烟气不发生回流，确保火区的温度不十分高，温度的传播距离不能太远。从火灾模型试验的结果来看，在试验所选的不同火灾规模下，烟气刚好不发生回流现象时的风速约为 2m/s。但在供风风速为 2m/s 时，火区的温度相对很高。将火灾救援风速确定为 3m/s 左右较为合适。

火灾情况下的风流组织应视逃生和灭火救援工作的进度分阶段实施。当发生火灾后首先应调整风机运行状态，采用救援风速控制火灾的发展和烟气流动方向，待隧道内逃生人员全部安全撤离后，启动排烟通风组织系统。排烟通风组织系统的机械通风应根据火灾点的位置选择不同的通风方向，排烟的基本原则是使烟气沿较近的竖井排出。

3.7.4　火灾情况下的行车组织

火灾情况下，关闭两条隧道，禁止车辆继续驶入隧道，隧道管理人员立即进入隧道，组织疏散、救援、灭火。一般情况下，行车组织原则如下：

火区附近(即火源上游一个车行横洞的间距)，采用弃车逃生。

火区较远处(即火源上游一个车行横洞的间距以后)，在确认非火灾隧道车流完全驶离后，组织火灾上游车流由车行横通道进入非火灾隧道，采用方式为：离火区最近的车行横通道附近车辆最先撤离，然后是离火区第二近的车行横通道附近车辆撤离，以此类推，直到火灾隧道车辆撤离完毕。

总的来说，车流组织必须在有序的情况下进行，即必须有现场指挥。

3.7.5 防灾救援预案

3.7.5.1 总原则

秦岭终南山特长公路隧道的防灾救援设计，坚持预防、报警、监控、疏散、救援和灭火的基本思路，贯彻以下总原则：

(1)以人为本，预防为主，防消相结合

以对隧道内人员危害最小为秦岭终南山特长公路隧道的防灾救援设计的最高原则，建立防止火灾隐患的检测、管理、行车的安全保障体系以及火灾报警、救援和灭火的防范体系，其在软硬件上要作以下考虑。

软件包括：正常行车规章制度、非火灾异常情况的处理预案、载有危险品车辆的检测和行车管理办法、日常监控管理制度、报警和消防系统的检查和维护制度等。

硬件包括：设备和电缆的耐火设计、车行横通道的布置间距和与主隧道的连接方式、人行横通道的布置间距和与主隧道的连接方式、设备布置方式、监控报警系统、消防设备、危险品车辆检测设备等。

(2)监控有效，措施有力，疏散有序，助救与自救相结合

建立高标准的人员助救和自救设施和办法，其在软硬件上要作以下考虑。

软件包括：火灾情况下的组织和执行预案、火灾情况下的通风预案、火灾情况下的行车组织预案、火灾情况下的疏散救援预案、火灾情况下的灭火预案。

硬件包括：警报设施、逃生通道标志、引导设施、自救设备、助救设施、灭火设施等。

(3)早期发现、及时灭火，移动式和固定式灭火相结合

侧重早期灭火，将火灾扑灭于爆燃之前的5～10min，最大限度地降低损失；其在软硬件上要作以下考虑：

软件包括：火灾的早期灭火和爆燃灭火预案、灭火通风组织预案、灭火方式预案、消防队伍工作方案、组织消防演习。

硬件包括：智能移动灭火设施、固定灭火设施等。

本火灾预案适用于双洞单向交通隧道，且仅考虑隧道内只有一处发生火灾。

3.7.5.2 控制原理

防火分区划分：由于纵向通风隧道阻止火灾蔓延和烟雾扩散非常困难，故只能根据火灾时人员疏散组织进行隧道防火分区划分。当隧道发生火灾时，火区下游人员自行驾车由隧道出口快速撤离隧道，火区上游人员弃车通过横通道进入非火灾隧道撤离。由于隧道火灾点是随机的，因此，防火分区的划分应根据人员疏散和人员救助的可能性进行划分。根据本隧道特点，将两条横通道之间的隧道长度作为一个防火分区是比较合理的，这也符合设备的布置和控制要求。

根据这一思想，秦岭终南山隧道共分为148个防火分区。隧道发生火灾后，由于火区上游横通道被打开，两隧道通风系统不再单一，而变为一个相互影响、相互作用的连通的复杂多变的通风网络系统，此时，隧道内失去交通风力，但火风压、节流效应对隧道通风影响巨大。在这种情况下，常规通风计算理论已不能解决实际问题，必须采用网络通风理论进行设计。本预案就是根据这一理论制订的。

3.7.5.3 控制基准

(1)开启火灾上游所有人行横通道和车行横通道，以利于人员利用非火灾隧道疏散。

(2)阻止烟雾逆流，考虑火灾下游温度扩散速度，保持火区附近风速2～3m/s。

(3)根据火灾时期的参数，应用网络通风理论确定风机开启的台数及风机正、反转(风机所形成的风流方向与车行方向一致时为正转，否则为反转)。

(4)开启所有照明灯具，以便进行疏散救援。

(5)根据火区位置开启交通、广播、摄像等相关设备。

3.7.5.4 控制顺序

(1)当隧道内火灾检测器、手动报警按钮、紧急电话发出火灾报警信号时,“监控中心值班人员”立即将监测画面切换至相应的摄像机监测区段进行火灾验证并录像(火灾自动报警系统只要发生火灾报警信号,系统就立即自动进行录像,无须人工确认),当确认发生火灾后,立即向“监控中心负责人”报告火灾案情,请求执行火灾预案;得到“监控中心负责人”授权后,“监控中心值班人员”立即执行相应的火灾预案,即隧道控制系统由正常情况下的系统控制方式转入相应火灾情况下系统控制预案,进行通风、照明、交通系统联动控制。同时,报告路政执法大队、火警119、交警110、急救120等相关单位,并请求相关单位派专业人员到现场负责指挥、调度以及进行人员救援和火灾灭火工作。工作人员到达火灾现场的时间应该控制在10min之内,尽可能地在火灾形成前疏散出隧道内人员,并将火灾扑灭。

(2)关闭隧道禁止车辆继续驶入隧道,并发布火灾信息。即两隧道洞口的四显信号灯均显示为“红灯”禁止通行,可变限速标志显示为“0”,可变情报板显示为“隧道火灾,禁止通行”。隧道管理人员立即进入隧道,组织疏散、救援、灭火。

(3)按照火灾情况下开启相应的风机,进行火灾通风,阻止烟雾逆流。开启隧道内所有的照明系统便于救火及人员的逃生。

(4)火灾上游的车道控制器沿行车方向改红灯禁止车辆继续前行。非火灾隧道车道控制器改为双向交通模式,即将非火灾隧道内左车道的车道控制器沿原来的行车方向依次将原来的绿灯改为红灯后,再将背向行车方向的车道控制器由红灯开启为绿灯。火灾下游的车道控制器不变。

(5)在上一步完成约1.5~2min后,开启上游所有横通道门,打开横通道指示器。火灾上游人员弃车,从横通道进入到非火灾隧道进行疏散。并且保证紧靠火区的至少一条横通道的风流是由非火灾隧道流向火灾隧道,避免烟雾污染正常隧道的环境,从而对行人造成伤害。横通道照明与横通道门联动控制,即门开灯亮。

(6)广播系统进行广播,引导人员进行疏散。

(7)在人员疏散完成后,组织相关人员进行灭火,当火势不能控制时,等待专业消防队。

(8)专业消防队进行灭火。

(9)灭火后,由交警部门和高速公路管理部门进行现场勘察,共同研究决定两隧道采用何种交通控制模式。

3.7.5.5 预案制订

以终南山左线隧道第6区段发生火灾时为例(表3-29)不失其一般性,说明预案情况。

预案卡号:ZH-H-W-6。

预案类别:火灾。

预案名称:终南山隧道第6区段火灾控制预案。

执行条件:YK65+548~YK65+817之间发生火灾。

其他说明:两条隧道关闭,开启上游横通道,东线改为双向交通。

执行步骤　　表3-29

序号	设备类别	设备名称	执行操作	备注
1	摄像机	QLYTVC5,QLYTVC6,QLYTVC7,QLYTVC8	录像	
2	四显信号灯	TS1,TS4	红灯	
		TS2,TS3	绿灯	
3	可变情报板	CMS1,CMS2	隧道火灾,禁止通行	
		YCMS1,YCMS2,YCMS3,YCMS4,YCMS5,ZCMS1,ZCMS2,ZCMS3,ZCMS4,ZCMS5	隧道火灾,尽快驶出	
4	信号灯	QLYLS31,QLYLS41,QLYLS11,QLYLS21,QCYLS51,QCYLS61,QCYLS31,QCYLS41,QCYLS11,QCYLS21	绿灯开为红灯	

续上表

序号	设备类别	设 备 名 称	执 行 操 作	备 注
5	射流风机	QLYFJ4,QLYFJ5,QLYFJ6,QLYFJ7,QLYFJ8,QLYFJ9,QLYFJ10,QLYFJ11,QLYFJ12,QLYFJ13,QLYFJ14,QLYFJ15,QLYFJ17,QLYFJ18,QLYFJ26,QLYFJ27,QLYFJ28	开启	
6	照明灯	X 入口加强 1,X 入口加强 2,X 入口加强 3,X 入口加强 4,X 基本照明 1,X 基本照明 2,X 应急照明,X 出口加强 1,X 出口加强 2,D 入口加强 1,D 入口加强 2,D 入口加强 3,D 入口加强 4,D 基本照明 1,D 基本照明 2,D 应急照明,D 出口加强 1,D 出口加强 2	开启	
7	信号灯	QCYLS12, QCYLS22, QCYLS32, QCYLS42, QCYLS52, QCYLS62,QLYLS12,QLYLS22,QLYLS32,QLYLS42,QLYLS52, QLYLS62, QLYLS72, QLYLS82, QLYLS92, QLYLS102, QLYLS112, QLYLS122, QLYLS132, QLYLS142, QLYLS152, QLYLS162, QLYLS172, QLYLS182, QLYLS192, QLYLS202, QLYLS212, QLYLS222, QLYLS232, QLYLS242, QLYLS252, QLYLS262, QLYLS272, QLYLS282, QLYLS292, QLYLS302, QLYLS312, QLYLS322, QLYLS332, QLYLS342, QLYLS352, QLYLS362, QLYLS372, QLYLS382, QLYLS392, QLYLS402, QLYLS412, QLYLS422, QLYLS432, QLYLS442, QLYLS452, QLYLS462, QLYLS472, QLYLS482, QLYLS492, QLYLS502, QLYLS512, QLYLS522, QLYLS532, QLYLS542, QLYLS552, QLYLS562,QCZLS12,QCZLS22,QCZLS32,QCZLS52,QLZLS12, QLZLS32,QLZLS52,QLZLS72,QLZLS92,QLZLS112,QLZLS132, QLZLS152, QLZLS172, QLZLS192, QLZLS212, QLZLS232, QLZLS252, QLZLS272, QLZLS292, QLZLS312, QLZLS332, QLZLS352, QLZLS372, QLZLS392, QLZLS412, QLZLS432, QLZLS452, QLZLS472, QLZLS492, QLZLS512, QLZLS532, QLZLS552	红灯	
		QLYLS51, QLYLS61, QLYLS71, QLYLS81, QLYLS91, QLYLS101, QLYLS111, QLYLS121, QLYLS131, QLYLS141, QLYLS151, QLYLS161, QLYLS171, QLYLS181, QLYLS191, QLYLS201, QLYLS211, QLYLS221, QLYLS231, QLYLS241, QLYLS251, QLYLS261, QLYLS271, QLYLS281, QLYLS291, QLYLS301, QLYLS311, QLYLS321, QLYLS331, QLYLS341, QLYLS351, QLYLS361, QLYLS371, QLYLS381, QLYLS391, QLYLS401, QLYLS411, QLYLS421, QLYLS431, QLYLS441, QLYLS451, QLYLS461, QLYLS471, QLYLS481, QLYLS491, QLYLS501, QLYLS511, QLYLS521, QLYLS531, QLYLS541, QLYLS551, QLYLS561, QCZLS11, QCZLS31, QCZLS51, QLZLS11,QLZLS21,QLZLS31,QLZLS51,QLZLS71,QLZLS91, QLZLS111, QLZLS131, QLZLS151, QLZLS171, QLZLS191, QLZLS211, QLZLS231, QLZLS251, QLZLS271, QLZLS291, QLZLS311, QLZLS331, QLZLS351, QLZLS371, QLZLS391, QLZLS411, QLZLS431, QLZLS451, QLZLS471, QLZLS491, QLZLS511,QLZLS531	绿灯	
		QLZLS551, QLZLS561, QLZLS541, QLZLS521, QLZLS501, QLZLS481, QLZLS461, QLZLS441, QLZLS421, QLZLS401, QLZLS381, QLZLS361, QLZLS341, QLZLS321, QLZLS301, QLZLS281, QLZLS261, QLZLS241, QLZLS221, QLZLS201, QLZLS181, QLZLS161, QLZLS141, QLZLS121, QLZLS101, LZLS81,QLZLS61,QLZLS41,QCZLS61,QCZLS21,QCZLS41	绿灯开为红灯	
		QLZLS562, QLZLS542, QLZLS522, QLZLS502, QLZLS482, QLZLS462, QLZLS442, QLZLS422, QLZLS402, QLZLS382, QLZLS362, QLZLS342, QLZLS322, QLZLS302, QLZLS282, QLZLS262, QLZLS242, QLZLS222, QLZLS202, QLZLS182, QLZLS162, QLZLS142, QLZLS122, QLZLS102, QLZLS82, QCZLS42,QCZLS62,QLZLS22,QLZLS42,QLZLS62	红灯开为绿灯	
8	横通道门	QCCM,QLRM1,QLRM2,QLCM1	开启	滞后 7 步,1.5～2min
	横通道指示器	QLYCE1,QLYME3,QLYME2,QLYLS33,QLYME1,QCYME,QCYCE,QCYLS33	绿灯	
9	广播	QLY1, QLY2, QLY3, QLY4, QLY5, QLY6, QLY7, QLY8, QLY9,QLY10,QLY11,QLY12,QLY13,QLY14,QLY15,QLY16, QLY17,QLY18,QLY19,QLY20,QLY21,QLY22,QLY23,QLY24, QLY25,QLY26,QLY27,QLY28,QLY29,QLY30,QLY31,QLY32, QLY33,QLY34,QLY35,QLY36,QLY37,QLY38,QLY39,QLY40	附近发生火灾请尽快撤离	

本次共制订防灾救援预案148条，为便于操作，全部采用了卡片形式。

3.8 隧道衬砌结构火灾损伤评定办法及修复加固技术

3.8.1 隧道火灾损伤评定现状

国内外隧道火灾事故的大量实例表明，火灾过后，隧道结构均会产生不同程度的损坏，这主要是由于高温导致衬砌结构材料以及一定范围内围岩的物理性能和力学性能的改变。尽管这些改变不一定会使衬砌结构完全丧失承载能力，但却大大降低了隧道使用的安全性和使用寿命，所以火灾事故后，及时对衬砌结构的受损状态进行快速有效的检测、合理判断其损伤等级并提出相应的加固补强措施，对保证隧道运营的安全具有十分重要的现实意义。

隧道火灾具有独特的性质。对已发生的火灾的隧道调查表明，隧道火灾损坏主要是烧坏支护结构拱部及边墙，拱部较边墙严重，一般衬砌损坏厚度为10～20cm，约为隧道衬砌总厚度的1/3～1/2。衬砌结构的破坏表现为衬砌结构严重变形、开裂、衬砌混凝土爆裂剥落(剥落深度10～20cm)，衬砌混凝土强度降低，衬砌结构的整体性受到破坏。严重的情况会造成拱顶掉落，边墙倒塌，进而造成整个隧道坍塌。

国内外非常重视混凝土结构火灾烧损鉴定和修复的研究工作。1984年国际建筑协会成立CIBW14工作组，广泛开展建筑火灾烧损鉴定和修复领域内的研究工作。前苏联、奥地利、德国、英国、美国、法国等国家均进行了大量的试验研究，并发表了大量的科研论文，制定了火灾后建筑物鉴定与修复加固的有关法规。1984年英国铁路管理局对遭受火灾的Summit隧道结构和通风竖井进行了灾后定量勘察评定和修复加固，取得了成功。国内，江苏省建筑科学研究院在1991年完成了“建筑物火灾后结构受损鉴定及修复加固方法”，公安部四川消防所1990年底完成了“钢筋混凝土建筑结构火灾烧损程度鉴定技术的研究”，清华大学、同济大学、西南交通大学、铁科院等单位均进行了有关混凝土结构火灾性能方面的试验研究，积累了一定的科研数据。但是，上述试验研究主要集中在地面建筑物上，地下建筑物特别是隧道建筑物的研究几乎为空白。

3.8.2 隧道火灾温度判定

构件内部温度场的评估主要有两种途径，一种火灾后利用现场残留物检查、超声波检测、回弹法、钻芯取样、岩相鉴定等方法，综合运用上述措施，获得火灾过程中构件表面和内部各点曾经经历的温度在空间上的分布规律。另一种途径是根据建筑物内的现实指标，如可燃烧物的数量和分布、通风条件、边界热工性能及隧道尺寸等，通过数值计算再现隧道火灾的温度发展过程及构件内的温度历程，也可以在隧道气体温度－时间曲线的基础上，直接计算构件内的温度历程。

3.8.3 高温下与高温后钢筋和混凝土的力学性能

高温下与高温后钢筋和混凝土的力学性能分析是钢筋混凝土结构火灾反应及火灾后结构损伤评估与修复加固的基础。到目前为止，国内外对高温下与高温后钢筋和混凝土的力学性能进行了大量的试验研究，同时通过微观结构分析对宏观试验结果的产生机理进行了一定的解释。

试验结果表明，高温下钢筋和混凝土的力学性能总体上呈现随温度升高逐渐劣化的趋势，主要表现为随温度升高，钢筋和混凝土的强度和弹性模量逐渐降低(其中弹性模量的降低速率通常比强度更大)，混凝土的峰值应变逐渐增大，混凝土的单轴应力—应变曲线越来越扁平，钢筋和混凝土的黏结强度下降，极限滑移量增加，混凝土的徐变明显加快。

从静力角度考虑，火灾后构件力学性能的降低包括强度下降和刚度减小两个方面。强度受损无疑将降低构件的承载能力，而刚度的变化则会引起结构各部分的内力重分布，并可能导致较大的构件变形。受火严重部位混凝土的软化使得受弯时梁断面不再保持平面。

3.8.4　国内外火灾损伤评估概况

火灾虽然会对混凝土结构造成不同程度的损伤，但结构经过修复加固通常还是可以继续使用的。因此，正确评估火灾后混凝土结构的损伤程度，并据此制订科学合理的修复加固策略就显得十分重要。对于非地震区的火灾损伤结构，评估内容主要是指结构的剩余静力性能；而对于地震区的火灾损伤结构，除静力性能之外，剩余抗震性能也是重要的评估内容之一。

结构物火灾调查及安全性评估，欧美各国均针对火灾后建筑结构受损程度及耐火等进行研究。美国混凝土学会（American Concrete Institute，ACI）于1958年成立火灾研究室，进行火灾后结构物损伤的研究，其研究室配备一栋大型中央自动控制系统的实验室，实验室内设置延烧梁、楼板及墙等构件的专用瓦斯高温炉，对混凝土结构耐火研究的成果丰硕。

日本的防火研究开始于20世纪30年代，目前设有研究及检测机构9个，耐火试验室2 581m^2，大型火场实验室4 963m^2及室外火场试验9 000m^2。另外，加拿大国家研究委员会（National Research Council Canada，NRCC）有一个专门研究火灾的实验室，拥有包括墙、板、柱的专用瓦斯高温炉，可执行多项耐火试验。尤其柱炉备有高吨位的油压系统，加温时可施加轴向应力以仿真全尺寸柱行为的实际情形，1984年曾与ACI合作完成钢筋混凝土柱的耐火行为研究。英国混凝土学会（the British Concrete Institute，BCI）曾于1978年提出一篇专门针对火灾后混凝土结构物评估与喷射混凝土修补的建议，其文中所建议的几种定量评估火灾后混凝土结构物性能的方法迄今仍然被广泛使用。

中国台湾火灾工程的研究方面，1988年由台湾科技大学几位学者教授开始进行火灾后混凝土构件行为的研究，成效卓著。1993年台湾建筑研究所曾提出《建筑物防火性能检验测试及应用研究五年计划》，并于台北县五股乡设立防火研究室，投入大量人力及物力积极进行相关研究。

3.8.5　隧道火灾评估

根据混凝土结构建筑物火灾评估程序，对秦岭终南山隧道按照下述方法进行火灾评估。隧道火灾评定，包括隧道火灾后检查和隧道现场试验两个方面。隧道检查是指对火灾隧道各部分的技术状态进行详细的调查研究，借以评估隧道火灾后的现状，为隧道的使用及维修加固提供必要的依据。隧道现场试验是指通过火灾后隧道现场试验，量测隧道结构性能的参数，如强度、变形、沉降、应变、裂缝、剥落等，从而分析得出其结构的强度、刚度、耐火性能及整体的稳定性，据以评估火灾后隧道的支护承载能力。

隧道火灾具体评估程序见图3-56。

隧道结构受损程度随火场情况不同，往往差异很大，因此，可将现场勘察分为初勘和复勘两个阶段。

初勘的主要任务是收集火灾中燃烧物的数量、燃烧及温度分布情况、各构件受损部位等内容，并进行资料分析，初步判断构件受损是否影响结构安全，并大致分为轻微损坏、中度损坏和严重损坏3级。初勘结果判定为轻微损坏者，构件经适当修复即可恢复使用；中度损坏者则须进行复勘；严重损坏时构件应予以拆除。

复勘主要任务是针对初勘结果为中度损坏的构件做详细调查，进一步评估构件受火程度，并进行各种必要的试验。复勘的结果大致有3种：安全、可能有危险、有危险。对前者可按评估流程继续进行；有危险的构件应立即拆除；可能存在危险的构件则建议进行安全鉴定。

一般来说，隧道火灾事故属重大交通事故，在事故处理过程中，现场云集各方面的专家，这些专家经验丰富，知识结构全面，判断能力强，因此专家知识的采集容易，可信度大，专家系统较易建立。目前，实用的评估专家系统仍在研究发展中。

隧道衬砌结构火灾损伤评定分级建议见表3-30。

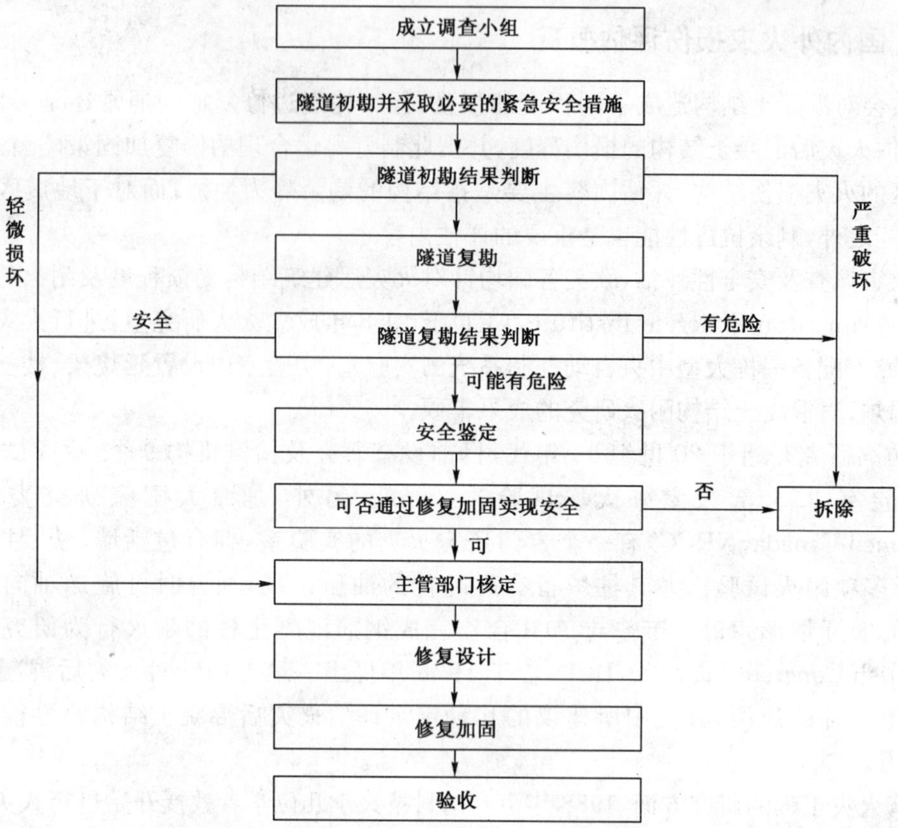

图 3-56　隧道火灾评估程序

隧道衬砌结构火灾损伤评定分级建议表

表 3-30

损伤程度	损伤指标特征									
	损伤深度（cm）	酥松深度（cm）	剥落深度（cm）	衬砌混凝土残余强度比	结构残余支撑能力（%）	混凝土衬砌超声波速比	温度指标		表面特征	
							火灾温度（℃）	燃烧时间（h）	混凝土表面颜色	烧伤区混凝土特征
轻度损伤(Ⅰ)	3～6	2～4	基本无	＞0.7	＞85	＞0.8	400 500 600	5～14 1～3 0～3	烟熏黑色	表层混凝土有轻微损伤，整体结构基本无破坏，烧伤区域混凝土组织结构基本保持原状
中度损伤(Ⅱ)	6～12	4～7	0～3	0.5～0.7	70～85	0.5～0.8	600 700 800 900	3～19 0～19 0～11 0～1	混凝土烟熏黑色略带浅红色	表层混凝土剥落和烧酥，烧损的混凝土组织结构发生变化，呈赭红色，结构表面有局部 0.5～2mm 裂纹
严重损伤(Ⅲ)	12～20	7～12	3～7	0.36～0.5	55～70	0.3～0.5	900 1 000 1 100 1 200	1～35 0～26 0～16 0～6	灰白色略带浅红色	表层混凝土剥落和烧酥较为严重，有 2～3cm 厚的烧酥层，混凝土组织结构发生了显著变化，结构表面有部分 0.5～2mm 裂纹
极度损伤(Ⅳ)	20～30	12～30	7～15	0.2～0.36	40～55	0.1～0.3	1 200 1 300 1 400 1 500	6～49 0～39 0～30 0～20	灰白色	表层混凝土剥落和烧酥极为严重，烧酥层厚度大于 4cm，混凝土组织结构发生了变质，结构表面部分＞2mm 裂纹
破坏(Ⅴ)	＞30	＞30	＞15	＜0.2	＜40	＜0.1	1 200 1 300 1 400 1 500	＞49 ＞39 ＞30 ＞30	灰白色	大量破坏性贯穿裂纹，混凝土烧酥，结构局部失稳

3.8.6　隧道火灾后修复加固

火灾后隧道修复加固工作，包括养护维修、加固和改建 3 个方面。养护维修是灾后一项经常性的工作，一旦隧道产生小的灾后损坏，就必须及时处理，由养护道班工人对损坏缺陷进行修理。养护维修对控制火灾损伤的扩大具有积极的意义。加固是通过加强(加大)隧道支护结构和对火灾重大病害进行彻底的整治来提高隧道支护承载能力的措施。加固分为临时性加固和永久性加固。为了维持隧道临时通车采用的临时加固称为临时性加固；能长期保留加强隧道结构支护承载能力作用的加固称为永久性加固；本报告主要阐述永久性加固。改建是指对隧道进行拓宽，净空面积加大，全部支护结构更换，或者隧道路线改变等措施。

隧道火灾后损伤程度评估分级条件下的衬砌结构修复加固建议方案见表 3-31。永久性加固措施可以概括为四大类：

(1)喷射混凝土加固，含喷浆、素喷混凝土、钢纤维混凝土、钢筋喷混凝土等。

(2)锚喷网混凝土，喷混凝土同(1)，锚杆国内普遍采用砂浆锚杆、迈式锚杆等，钢筋网国内普遍采用 A3 圆钢 ϕ6～8mm，间距为 150～300mm。

(3)钢架(格栅钢架)加固，国内普遍采用凿槽嵌入衬砌方式。

(4)重建(复合)衬砌加固，根据火灾模拟试验及工程调查表面，隧道火灾受损严重集中在拱部，重建加固以拱部为主，局部采用重建衬砌方法进行处理。

火灾后隧道衬砌结构修复加固建议方案　　表 3-31

损伤程度	修复加固方案	支护参数
轻度损伤(I)	素喷混凝土	清理表面或局部喷浆或喷混凝土 5～8cm 防护
中度损伤(II)	钢纤维(网)喷混凝土	钢纤维喷混凝土厚度 5～10cm； 网喷混凝土厚度 5～12cm； 素喷混凝土厚度 5～15cm
严重损伤(II)	单筋喷混凝土	素喷或网喷或钢纤维混凝土，厚度为 15～25cm，钢筋采用 A3 钢筋焊接，ϕ6～8cm 圆钢，钢筋间距为 100～200mm，局部设加强锚杆 ϕ22@100cm
极度损伤(IV)	套拱(花拱)喷混凝土	凿除残余衬砌后，喷射混凝土厚度 15～30cm；网或钢纤维混凝土厚度 20～25cm；设钢架(格栅)支护，钢架间距 1～2m，局部设锚杆 ϕ22@100cm
破坏(V)	局部重建	采用模筑混凝土厚度 30～50cm； 或采用网＋锚杆＋钢架＋喷混凝土＋复合衬砌； 衬砌背后进行回填注浆，富水段铺设防水板

3.9　装运易燃易爆和危险品车辆进入隧道的安全运输管理办法

公路运输安全是公路运输工作的生命线，然而公路运输总是在具备了一定社会的和物质的、内部的和外部的条件下进行的。这些条件相互联系和相互作用，形成公路交通运输的基础环境，与公路运输安全有着直接的关系。

凡具有爆炸、易燃、毒害、腐蚀、放射性等危险性质，在运输、装卸、生产、使用、储存、保管过程中，于一定条件下能引起燃烧、爆炸，导致人身伤亡和财产损失等事故的化学物品，统称为化学危险物品。目前常见的、用途较广的有 2 200 余种。

3.9.1 国内外交通隧道采取的对策

(1)上海延安东路水下隧道

延安东路隧道不允许通过装载易燃、易爆物品的车辆或油罐车。

(2)成渝公路隧道

成渝公路隧道严禁装载油罐和易燃、易爆化学物品的车辆通过隧道。

同时,要求乘客和驾驶员不得在隧道内吸烟;不得携带明火物质进入隧道;隧道进出口设岗卡,由交通警察指挥车辆进出,严格控制隧道内的交通量,防止阻塞和交通事故;隧道内设警卫和巡视人员,保证交通管理制度及章程得以正确执行。

(3)勃朗峰(Mont. Blanc)公路隧道

勃朗峰(Mont. Blanc)公路隧道要求运送危险品的车辆只能在指定时间内由安全车辆引导通过隧道。同时以立法的形式规定小车的最小间距应为50m,大车最小间距为100m,并有相应车速限制与监视;大客车和重型载货汽车应安排距离警告设备;应在隧道内设置交通信号灯,必要时在隧道外设置可控禁行标志;强制采用车队警告电子设备等措施,提高运营的安全性。

(4)荷兰公路隧道

随着荷兰公路交通量的逐步增长,道路隧道也逐步增多,而交通事故尤其是火灾事故的危险性也逐步增多;再考虑到大量的、种类越来越多的危险品常常由公路隧道运输,尤其是当维尔塞(Velser)隧道由于火灾事故导致不可弥补的损失后,荷兰提出了一系列的安全措施和防灾方法。

其中荷兰提出的判断模型(Design Model)具有非常重要的意义。

并非所有的危险品都可安全地在隧道内通过。可是通过绕行线也常有很大的危险,因为那些危险品常通过人口稠密的区域,而那里的道路不适应于繁重的运输。

采用判断模型可决定上述危险物品的运输是通过隧道或是绕道,从而使承担的风险最小。

两种方案之间的选择,在许多方面是不同的。例如:线路的长度、路面的类型、区域人口的稠密度和特种建筑的存在等。在统计模型上理想的情况是收集共同部分并汇集,以便做出两种方案间的定量比较。

3.9.2 交通隧道危险物品运营消防管理措施

危险货物运输需要有一整套严密而科学的管理制度来保证安全,否则,危险货物存在的火灾隐患,将会在运输中造成爆炸或火灾,故应加强消防管理。

1)易燃和可燃液体运输的防火管理

美国对于装运易燃和可燃液体的罐车,除了要求罐车结构符合现代安全标准,做到罐车状态完好,不漏气又维修良好以外,对于罐车装卸提出了严格要求。

(1)考虑到罐车装卸站有可能发生溢油事故,要求一级液体(闪点低于37.8℃的液体)罐车装卸站,应与该装卸站的其他建筑设施和最近的建筑红线相距至少7.6m,并要求装卸站地面平坦,设有排水道、拦河围堤或自然地面坡度来阻挡溢油,以防溢油流淌到装卸站的其他部分或其他设施上引起火灾。

(2)罐车装油时,在装运一级液体时,或者把二级、三级液体装进上次装过一级液体的罐车时,为了防止发生静电火花,必须采取接地措施。

(3)在可能存在杂散电流的场所,罐车装卸时,必须采取预防杂散电流的措施。

(4)许多液体(如汽油、喷气发动机燃料、甲苯、轻油等),在液体表面能造成危险的静电电荷,如果在液体表面存在易燃蒸汽与空气的混合物,在遇到高静电放电时,会产生爆炸或着火。罐内因静电发生爆炸或着火的最普遍原因是由于过分振动(即液体搅动),故在有易燃蒸汽的地方装油时,在装油管道完全淹没在油中之前,装油速度应不超过$0.91m \cdot s^{-1}$,以减少静电。

(5)易燃液体受热即膨胀,在正常温度范围内,汽油温度每增加5.6℃,体积约膨胀0.06%,丙酮、乙烷基乙醚和某些膨胀系数大的其他易燃液体,温度的升高造成液体体积膨胀更大。为了避免运输中液体随温度升高流出来，应严格控制罐内液体的充装高度。

2)压缩气体和液化气体公路运输的防火管理

(1)罐车装罐

罐车充装前应有专人对罐车按安全要求进行检查。对以下故障未进行妥善处理的不得充装：罐车超过检查期限；罐体外表腐蚀严重或有明显损坏、变形；附件不全、损坏、失灵或不符合安全规定；罐车内气体含氧量超过 3%；罐车内没有余压且未判明罐车内残留物料品种以及残留物重量不明确；罐体密封性能不良或各密封面及附件有泄漏；罐车走行部分或制动部分超期未检修。

罐车充装过程中，应有可靠的导除静电措施，同时控制充装速度，以防装罐速度过快产生大量摩擦静电。

由于液化石油气受热膨胀使蒸汽具有压缩气体的作用，液体膨胀又压缩蒸汽，造成液化石油气随着温度的升高，发生很危险的压力增长(在这种情况下，附加热量很小就会使压力大大增长)，故要求液化石油气不得装入过多。装入罐车的适宜数量在相当程度上随液化气品种和影响温度等的不同而不同，应符合规定要求。

(2)罐车检修

为了防止有破损罐车在运输途中发生泄漏引起火灾，应按规定做好罐车的检修工作，并对各次检修作出详细记录存档。凡是停用时间超过一年的罐车，应按大修内容重新进行检查，必要时，应做全面技术鉴定。考虑到火灾、脱轨、撞车等重大事故有可能使罐车破损，若发生这些事故，进行事故分析和全面检查后，应提出罐车修理的方案。

3)化学物品运输的防火管理

为了防止化学物品在运输中发生火灾、爆炸以及环境污染等事故，美国要求在陆上、水上或空中运输的危险性化学物品，一定要符合美国交通部的规章。这些规章中包括容器的构造、包装的方法、每件化学物品包裹的重量、商标、标签、载量、布告以及车辆的行程等。

美国安全运输化学物品的原则如下：

(1)容器的材料不与化学物品发生反应或被分解。

(2)在同一外部容器内，禁止存放有可能发生危险性化学反应的几种化学药品。

(3)在正常运输条件下，加包装的有毒和放射性化学物品不会危害人体健康，而且在发生意外或其他不正常情况时不会泄漏出来。

(4)装运化学物品的容器，要留出足够的预留空间，以便在能预料的情况下，满足液体膨胀达到最大时的需要。

(5)限制在容器破裂或渗漏时跑出化学物品的数量，这可以通过限制单个容器最大尺寸来达到。

(6)给容器加上垫子，使容器破碎的可能性降到最低限度。

4)爆炸物质运输的防火管理

爆炸性物质或物品不应使用货物集装箱、汽车和铁路货车装运，但货物集装箱、汽车和货车在结构上确实可用的除外。例如，货物集装箱是用现行的国际安全集装箱公约规定的板材制成的，并且进行过如下的详细直观检查。

(1)货物集装箱、汽车和货车装载爆炸物之前应进行检查，以确保其中没有残留先前的货物，并保证车辆结构是适于运用的，内部底板和壁面没有突出物品。

(2)在结构上适于运用是指：货物集装箱、汽车和货车的结构部件，例如货物集装箱的顶和底的侧梁、顶和底的端梁、门栏和门头板、底板横向构件、角支柱和角装置等没有严重的缺陷。结构部件中的严重缺陷是：凹痕或弯曲的深度大于 19mm(不考虑长度)；结构部件有裂纹或断裂；顶和底的端梁或门头板的拼接不正确(例如部分搭接)；顶或底的任一个侧梁或任一个门栏或角支柱的拼接多于 2 处；门折叶和金属器具失灵、扭曲、损坏、丢失或不起作用；垫圈和密封垫不密封；货物集装箱的整体变形，以致妨碍了吊装设备精确对位，从而难于把货物集装箱安放和固定到底盘、汽车或货车上，或进入舱内。

(3)此外不论何种材料的集装箱、汽车和货车的任何零部件,老化(例如生锈的金属侧墙或分解了的玻璃纤维)后都是不能使用的。然而正常的损耗,包括氧化(生锈)、轻微的凹痕和划痕及不影响坚固性的损害,部件完整能防风雨等,则是可以使用的。

5)危险货物运输的防火安全规定

国外公路(如日本、德国等)运输危险货物均要求遵守危险物品运输法。如德国公路的危险物品运输法,列有利用各种交通工具运输危险货物的基本法规,并考虑运输安全和环保。德国交通部长还公布了国内和境外公路运输危险货物的规定,规定中对危险货物的运输方式、罐车的结构、危险货物的等级划分、运输中发生事故应采取的措施、违规行为的处罚等作了明确规定。

为了确保隧道的防火安全及设施状态良好,国外公路还对通过隧道货物列车装运的货物品种严加限制。如欧洲隧道公司在货运业务中,禁止运送某些货物,其中包括核燃料、石油及其他可燃或有毒物品。

3.9.3 装运易燃易爆品车辆通过秦岭隧道的安全运输管理办法

引起隧道火灾的原因是多种多样的,但概括起来主要集中在:隧道电气线路或电器设备短路起火;汽车化油器燃烧起火;紧急停车制动时制动器起火;汽车交通事故起火和车上装载的易燃物品爆炸起火等几个方面。分析世界各国发生的交通隧道火灾可以发现,由于车上装载易燃物品爆炸起火而引发火灾的频率是相当高的,而且,由于易燃、易爆物品燃烧猛烈、扑救困难,因此,造成了巨大的人员和财产损失。根据本课题研究成果,制订了装载易燃易爆物品车辆通过秦岭隧道的安全管理办法如下。

1 总 则

第一条 为了加强消防监督管理,预防和减少火灾,保护社会财产和人身安全,保障车辆安全通过隧道,根据有关法律、法规,结合秦岭终南山特长公路隧道(以下简称秦岭隧道)实际,特制订本办法。

第二条 本办法仅适用于秦岭终南山特长公路隧道,其他特长公路隧道可参照执行。

第三条 凡通过秦岭隧道的车辆除了应遵守本办法外,尚应遵守国家和交通运输部现行的有关标准、规范。

第四条 为加强秦岭隧道的防火安全管理,贯彻"预防为主,防消结合"的消防方针和"防患于未然"的思想,确保载有易燃易爆物品的车辆安全通过隧道,主要包括人、设备、管理三个方面。

第五条 维护隧道公共消防安全,保护消防设施,预防和扑救火灾,是全隧道使用人员共同的责任,是每个隧道使用人员应尽的义务。

第六条 本办法未包括的事宜,按交通运输部有关规定执行。

第七条 本办法解释权为秦岭终南山特长公路隧道管理部门所有。

2 基本制度

第八条 岗位责任制:秦岭终南山特长公路隧道管理部门对预防易燃易爆物品火灾的安检人员制订岗位责任制,明确工作内容、权利及责任,实行持证上岗。

第九条 工作记录制度:安检人员除了对允许及限制通过的易燃易爆物品车辆的安全状态进行记录外,还需对隧道内的报警设备、消防设备、监控系统等做好记录,并及时总结,尽早发现问题,反映问题。

第十条 预报制度:安检人员发现火灾隐患时,应及时向隧道管理部门反应,并立即组织有关人员清除火灾隐患。

第十一条 奖惩制度:对于业务水平突出且工作一贯认真负责或发现排除了重大火灾隐患的有功人员,应给予立功奖励。对于工作不负责任或业务水平不合格或工作失职造成损失者,视情节轻重,给予警告、罚款、记过、留职查看、开除等处分,直至追究刑事责任。

第十二条 总结分析制度:每月要认真填写和编制安全报表,总结和分析本月秦岭终南山特长公路隧道的安全情况,对检查发现的火灾隐患逐件登记备案。

第十三条　定期演练制度：秦岭终南山特长公路隧道管理部门应定期组织安检人员、驾驶员及地方消防部门进行火灾消防救援演练，提高大家对隧道防火重要性的认识，熟悉消防设备的使用，了解防灾预案的程序，提高紧急情况下的消防救援能力。

第十四条　定期检修制度：建立和健全每个季度对隧道内设备实行大规模地检修校核工作，确保信号、通信供电设备可靠性，保证通信、信号、供电线路的畅通，并加强行车安全设施维修保养工作，提高安全保障能力。

第十五条　定期培训制度：以全面提高职工队伍的素质为根本措施，大力抓好职工的全员培训，特别要抓好关键岗位以及在职人员的培训。关键岗位以及在职人员两年应进行一次专业培训，以进行知识更新，不断提高工作人员的业务素质。

第十六条　部门间的沟通制度：秦岭终南山特长公路隧道管理部门应与地方消防部门加强工作联系，共同研究与解决易燃易爆物品车辆通过秦岭终南山特长公路隧道的预防救援问题，共同建立严密的防火安全体系，并就制订的消防救援程序，经常性地进行试验。

第十七条　消防组织：秦岭终南山特长公路隧道内应根据易燃易爆物品火灾的特性建立健全有效的消防组织，配备足够的消防器材，并定期对设备进行检查和更换，保持设备的正常运转。同时，需根据可能的火灾事故制订对应的消防救援预案。

3　载有易燃易爆物品车辆的安全检查

第十八条　秦岭终南山特长公路隧道管理部门应在隧道两端设立易燃易爆物品检查站。检查站应包括检查区域和检查完毕临时停车区域2个隔开的部分，并有通畅的道路与隧道入口及路网连通。检查站一般可与隧道收费站综合考虑，确定其位置及大小。

第十九条　检查站应设置足够的危险品检查设备，并定期检查维修。安检人员应熟练掌握各类危险品的检测设备和检测方法。

第二十条　检查站要求具备完善的照明、报警、消防、防爆、避雷以及消除静电的安全设施和防灾措施：

(1)普通电气元件启动时，易产生点火花，故检查站的照明设备、电器设备应专门设置，采用防爆、防静电类型的设备。除经常检查外，每年应至少进行2次绝缘测试，发现可能引起打火、短路、超负荷、发热和绝缘不良时，需立即修理。

(2)需具备消防水池、灭火器、消火栓等消防设备。

(3)需设置自动报警和联动灭火系统。

(4)需设置避雷针、避雷网等防止雷电直击引起火灾。

(5)需设置防静电设施，危险品车辆需设置接地设施。

(6)加强火源管理，检查站区域内严禁吸烟、用火、放烟花爆竹和使用信号弹以及手机。

第二十一条　危险品车辆临时在检查站停放时，应分区存放，分别设置对应的防灾设备：

(1)爆炸品区。

(2)综合性危险货物区。

(3)放射性物品区。

第二十二条　危险品检查站的功能：

(1)检测危险品车辆存在的安全隐患，并进行补救和加强，内容包括：

①装载易燃易爆物品车辆防火安全措施是否达到良好状态。

②装载易燃易爆物品车辆和集装箱等设施是否符合危险品运输的有关规定。如车厢、底板必须平坦完好，周围栏板必须牢固；机动车排气管必须装有有效的隔热和熄灭火星的装置，电路系统应有切断总电源和隔离电火花的装置。

③危险品货物包装是否合乎标准，如包装和容器的封口是否符合所装危险品的性质，封缄、捆扎是否严密、牢固，包装上是否具备国家规定的“危险品标志”。

④相关部门出具的证明是否齐全。

(2)临时停放易燃易爆物品车辆以及组织车辆安全通过隧道。

第二十三条 易燃易爆物品车辆通过隧道的安全标准：

(1)隧道交通监控、通风、照明、报警及消防等系统运行状态良好。

(2)危险品车辆装载、包装符合标准，安全措施得当。

(3)通过时间适当，周围环境情况合适。

第二十四条 安检人员应严格按照隧道管理部门制订的安全标准，根据易燃易爆物品车辆的安全状况，从经济、安全、社会等方面综合权衡装载易燃、易爆物品车辆通过隧道和绕行两种方案所带来的风险，按下面3种情况处理：

(1)允许通过。装载第九类物质的车辆允许通过。

(2)限制通过。装载第一类、第二类、第三类、第四类、第五类、第六类、第八类物质的车辆视其采取的安全措施严格限制通过。

(3)禁止通过。装载第一类、第七类物质的车辆禁止通过隧道。检测确定后应立即要求车辆离开检查站，绕道行驶。

第二十五条 隧道管理部门有权要求运送危险品的车辆提供关于所载货物的学名、别名、理化特征、主要成分、包装方法、运输注意方法、危险性等参数，以及车辆所采取的安全保障措施。

第二十六条 隧道管理部门应对临时停放车辆的驾驶员及货物押运员进行短暂的培训，讲解隧道内的运输须知，防灾设备的使用以及紧急情况下的消防救援方法。

4 易燃易爆物品车辆通过隧道时的消防管理

第二十七条 主要设备的维修保养工作要坚持分级负责，部门归口管理原则，责任明确，并建立相应的分级制度。

第二十八条 管理部门职责是：领导和组织易燃易爆物品车辆通过隧道的预防火灾工作和安全管理工作，并组织安检人员学习有关规章制度，提高业务素质。总结经验，开展评比，实行奖惩，全面提高管理水平。

第二十九条 在火灾易发季节以及重大节日，管理部门组织专门力量，开展消防宣传教育和安全检查，做好消防工作。

第三十条 加强统一领导，实行综合治理，把安全生产纳入现代化管理轨道应特别注意抓好一下5个环节：

(1)以车辆安全特别是客车的安全为重点，从调查研究入手，对安全部门的关键人员、关键部位、薄弱环节、隐患处进行分析，明确责任，实行目标管理。

(2)把推广新技术、新工艺作为保证安全管理的重要措施，充分发挥科技人员和广大职工的聪明才智，不断提高行车安全系数和有关设备的质量。

(3)建立健全层层保护的安全责任制和纵横交错的安全监察体系，经常掌握人员设备和安全生产的动态，发现问题及时解决，使安全达到可控制状态。

(4)加强思想工作，使职工能够心情舒畅、精力集中地投入到工作中。

(5)在抓好软件的同时也要抓好硬件，按照管理权限逐级负责、系统负责。

第三十一条 隧道管理部门的安全监察办公室定期对隧道的安全工作进行检查和评估，并根据隧道的运行情况提出新的措施、方法。

第三十二条 秦岭终南山特长公路隧道内专职的安检人员负责隧道内以及车辆进入隧道前的安全检查工作，以便尽早发现火灾隐患。安检人员上岗前需经过隧道消防的专业培训，合格后持证上岗，并保持人员的相对稳定。安检人员2年应进行一次专业培训，以进行知识更新。安检人员的职责为：

(1)隧道内消防设施以及可能出现安全隐患的设施(如电气线路、监控系统、照明系统等)的日常检查维修。

(2)车辆进入隧道前的安全检查。安检人员应根据检查结果,确定对装有易燃易爆物品的车辆是允许、限制或禁止通过隧道,并妥善安排车辆的停放及通过时间、次序。

(3)易燃易爆物品车辆通过隧道时的组织、协调和安全监控。

5 易燃易爆物品车辆通过隧道时的防灾措施

第三十三条 随着工业的发展,危险品的种类和运量在逐年增大,使得如何识别危险品,如何确定其安全等级,如何采取合适的安全措施变得困难起来。因此,隧道管理部门应建立危险货物安全信息管理系统,提供信息查询、安全决策及紧急救援预案等服务,以提高隧道的现代化管理水平。

第三十四条 允许及限制通过的易燃易爆物品车辆只能在指定的时间内由隧道管理部门的安全车辆引导通过隧道,其通过时间应根据交通量的情况,选择在车辆稀少的时候通过。

第三十五条 易燃易爆物品车辆通过隧道时,隧道安检人员、中控室应实时监控车辆的运行状况,及时发现问题。隧道内报警、消防、通风等系统应做好应急准备。

第三十六条 结构方面的措施:

(1)秦岭终南山特长公路隧道洞口两侧应设置防护栏,洞口应具备良好的照明设备和明显的标志及防护设施。

(2)隧道内需设置足够的横向坡度以利排水,保持路面干燥。

(3)隧道内需设置集油槽及可燃液体疏导沟,使得泄漏出的易燃液体限制在小范围内,降低易燃液体的蒸发,从而降低爆炸的危险性。

第三十七条 行车管理方面的措施:

(1)客货车道分离。安检重点为货车,客货车分道后,客车的运行更为通畅。

(2)禁止在隧道内抽烟和携带明火等。

(3)隧道内不得随意停车和超车。货车间距应保证在100m以上。

(4)禁止酒后驾车。

第三十八条 秦岭终南山特长公路隧道区域内建立专用的无线通信网络系统,保证在安全监控或紧急情况下,驾驶员、消防人员与中控室间的良好通信。驾驶员、隧道内的安检人员可以随时接受到中控室的指导信息,同时,也可通过无线对讲机及隧道内设置的紧急电话等与中控室联系。

第三十九条 隧道内应设置应急能源供应。应急能源供应可由备用的电源或发电机提供,应为隧道照明、通风、交通控制、通信等重要的系统提供足够的能源。

第四十条 紧急情况下易燃易爆危险品的扑救:

(1)根据货物性质,采用正确的方法组织扑救。对易燃液体、铝铁熔剂,不准用水扑救;对爆炸品,不准用砂土覆盖;剧毒品、腐蚀性物品或燃烧时会产生有毒气体的物品,抢救人员应采取防毒、防腐蚀措施。

(2)各类危险品的扑救措施:

①扑救易燃固体火灾时,一般应用开花水枪喷水或用泡沫、CO_2灭火器扑救。但对一些金属粉末、金属有机化合物、氨基化合物和遇湿易燃品着火时,严禁用水、泡沫和酸碱灭火器。

②扑救易燃液体火灾时,一般应用喷雾水降温和干粉、1211灭火器、泡沫灭火器扑灭。

③扑救易燃气体火灾时,一般应用喷雾水降温或用CO_2、干粉、1211灭火器扑灭。同时,在扑救前应逐渐降低内部压力,以防负压回火爆炸。

④扑救易燃气体火灾时,一般应用喷雾水降温或用CO_2、干粉、1211灭火器扑灭。

⑤扑救爆炸品火灾时,一般应用大量的水冷却降温,严禁用沙土等重物进行覆盖。

⑥不得使用与扑救物品性质相抵触的灭火器材。

(3)发生火灾的危险品车辆,必须彻底扑灭,特别是对棉花、麻、毛等类物品,要彻底检查,消灭潜伏火种。

(4)采取隔离措施,防止易爆物品引起灾害扩大。

3.10 主要成果

本课题以世界第二长的秦岭终南山特长公路隧道为依托，对特长公路隧道防灾救援技术进行了深入研究，攻克了特长公路隧道防灾救援技术中的关键技术难题，将成果直接应用于秦岭终南山特长公路隧道设计施工和运营管理中，保证了依托工程的顺利进行与圆满完成，获得了一套系统完善的创新性研究成果。

3.10.1 建立我国公路隧道防灾救援技术研究试验基地

该基地能模拟多隧道多横通道多竖(斜)井共同作用的各种复杂火灾工况，能模拟各种通风风速组合，能实时高速自动同步采集多断面多测点火灾温度、风速、风压瞬态参量，并能对试验数据自动进行分析和处理。该试验基地的建立，为我国公路隧道防灾救援技术研究打下了坚实基础，主要特点如下。

(1)试验设施：由1条主隧道、1条辅助隧道、3条横通道和2条竖井组成，隧道坡度可调，横通道位置可调，竖井高度可调。

(2)试验类型：单隧道火灾试验、多隧道火灾模式下通风组织试验、多竖井在火灾模式下对隧道通风组织影响试验。

(3)通风能力：可实现0～6m/s的不同风速组合试验。

(4)火灾规模：可实现多种规模的火灾试验。

(5)采集参数：包括温度、压力、风速、烟层厚度、烟层扩散速度的瞬态量。

(6)参数精度：温度0.1K、压力0.1Pa、风速0.01m/s。

(7)测点数量：352个，根据试验要求可自由扩展。

(8)参数实时自动采集系统：采用有效支持分布式控制和实时控制的串行通信网络—CAN现场总线系统，可实现多断面多测点多瞬态参数高速同步采集。

(9)数据自动分析和处理：采用先进的Origin6.0软件系统，对瞬态试验数据自动进行分析和处理。

3.10.2 公路隧道火灾模式下温度分布及发展规律

(1)隧道火灾区域划分

隧道内发生火灾后，根据通风方向，沿纵向可以将隧道分为3个区域，即火区上游、火区和火区下游。火区和火区下游是能对人员、车辆、设备、结构直接造成损害的区域。

(2)火区温度变化规律

①隧道火灾过程的3个阶段

按火区最高温度随时间的变化规律，隧道火灾过程可以分为3个阶段，即发展阶段、稳定阶段和衰减阶段。由于发展阶段火势相对而言较小，因此，应尽可能在发展阶段发现火警，并实施救援，同时，车辆和人员也需在该阶段内疏散。

②最高温度变化规律

隧道火区温度有一个急剧增加的过程，一般在起火后的2～10min内，温度即达到最高。

③温度梯度变化规律

隧道火区温升梯度与火区最高温度并不同时达到最大值。起火后，经过2～4min，温升梯度即达最高，之后温度才达到最高值。

④通风风速对最高温度的影响

隧道火区最高温度受火灾规模和通风风速影响很大，同等火灾规模下，最高温度随风速的增大而减小；同等风速下，最高温度随火灾规模的增大而增大。试验测得最高温度 T_1 见表3-32。

试验测得的最高温度 T_1　　表 3-32

序号	通风风速(m/s)	火灾规模	最高温度(℃)
1	自然通风	A	699.8
2		B	694.4
3	2.0	A	389.6
4		B	404.5
5		C	641.0
6	3.0	A	255.9
7		B	420.4
8		C	795.4
9	5.0	A	816.4
10		B	964.6
11		C	738.9
12	6.0	A	907.9
13		B	906.4
14		C	1 022.9

⑤最高温度在横断面上分布

隧道火区最高温度在横断面上当通风时位于隧道下部。

(3)火区上游温度变化规律

①对于纵向式通风，在整个火灾过程中，当通风风速总是小于 2m/s 时，高温烟流将产生回流。此时，回流长度决定火区上游温度分布范围。

②在整个火灾过程中，通风风速总能保持大于 2m/s 时，高温烟流将不会产生回流，此时，火灾对上游的影响距离不超过 30m，主要是热辐射影响。

(4)火区下游温度变化规律

①火区下游温度的扩散速度与此段的通风速度相当。下坡段风速越来越小，需要增加动力；上坡段风速越来越大，可以减小动力。

②火区下游 150m 范围内处于涡流状态，隧道横断面温度分布处于中心温度高、两侧温度高，再中心温度高、两侧温度高的交替过程。150m 以后，隧道横断面温度分布处于分层状态，拱部高，下部低。

③同等火灾规模下，火区下游最高温度先随通风风速的增大而增大，当风速超过 2～3m/s 后，最高温度随通风风速的增大而减小；在同等风速下，最高温度随火灾规模的增大而增大。

④火区下游温度分布

在一定的通风风速下，火区下游最高温度在 250℃以上的区段长度在 800m 左右。一人高度处，火区下游最长在 2 500m 左右温度达到人可忍受的程度。具体温度分布见表 3-33。

各通风风速下隧道一人高度处温度　　表 3-33

火区下游位置(m)	风速(m/s)				
	2.0	3.0	4.0	5.0	6.0
200	290	220	200	160	135
1 000	175	140	122	105	95
2 000	88	78	70	65	60

⑤火区下游隧道沿程温度分布简化计算公式

$$\Delta T = \Delta t_0 \cdot e^{-\frac{c}{g}x}$$

⑥火灾模式下温度随时间变化的计算公式

$$T=(T_0-0.1365\sqrt{t})+(T_t-T_0+0.1365\sqrt{t})\mathrm{EXP}\left(-0.293\frac{x}{\sqrt{t}}\right)-0.0003x$$

3.10.3 公路隧道火灾模式下烟流分布及发展规律

(1)对于纵向式通风,在整个火灾过程中,当通风风速总是小于 2m/s 时,高温烟流将产生回流。通风风速总能保持大于 2m/s 时,高温烟流将不会产生回流。

(2)不通风情况下,烟雾的纵向扩散速度为 1～2m/s,温度越高,其纵向扩散速度越快,烟雾在厚度方向的扩散速度约为 2～4m/s。

(3)在纵向通风情况下,烟流的扩散速度与此段的通风速度相当。下坡段风速越来越小,需要增加动力;上坡段风速越来越大,可以减小动力。在整个隧道内,烟雾弥漫,隧道内的能见度降到 1m 左右。

(4)CO 浓度场,在横断面上总体为上高下低,最高大于 10%。O_2浓度场,在横断面上总体为下高上低,最低小于 16%。隧道通风不能将 CO 浓度降到可接受的程度,也不能将 O_2浓度提高到可接受的程度。

(5)烟流密度场,沿隧道横断面从底面到顶部逐渐减小。沿长度方向,火源处密度最小,由于火源下游的烟气逐渐被冷却,从而烟气密度经过火区后逐渐增大。

3.10.4 公路隧道火灾模式下节流效应烟流阻力的计算理论

节流效应烟流阻力是由于燃烧火焰的湍流和风流在火区受热膨胀引起的。通过分析火区烟流的动量变化和能量变化,可得出节流效应烟流阻力的计算方法。

节流效应烟流阻力的计算公式为:

$$h_j=\frac{1}{2}\rho_1\left[v_1^2\left(\frac{1}{M_k}-1\right)+gh_m\cdot\cos\beta(1-M_k)\right]$$

3.10.5 公路隧道火灾模式下火风压计算理论

假定烟气流经隧道后,各点的气压值不变,此时,火风压按下式计算:

$$h_b=11.77\Delta z\frac{\Delta t}{T}$$

对于长大公路隧道,由于温度沿程变化,因此,在进行火风压的计算时,可以将火灾时的隧道分段,分别计算每一段的火风压值,然后叠加,如下式所示:

$$h_b=\sum h_{bi}=\sum 11.77\Delta z_i\frac{\Delta t_i}{T_i}$$

3.10.6 公路隧道火灾模式下烟流摩擦阻力的计算理论

火灾时期的隧道烟流摩擦阻力不等于火灾前的隧道气流摩擦阻力。烟流摩擦阻力与隧道风阻 R_a、烟流体积流量$(S_v)^2$、烟流密度和风流密度之比 ρ/ρ_a 成正比。当隧道的断面结构和面积不变时,温度越高,速度越大,烟流摩擦阻力也越大。其计算公式如下:

$$h_f=\sum\frac{R_aS^2\rho v^2}{\rho_a}L$$

对于长大公路隧道,由于烟流沿程变化,因此,在进行烟流阻力计算时,可以将火灾时的隧道分段,分别计算每一段的烟流阻力值,然后叠加,如下式所示:

$$h_f=\sum h_{fi}=\sum\frac{R_{ai}S_i^2\rho_iv_i^2}{\rho_{ai}}\Delta L_i$$

3.10.7　特长公路隧道分段通风模式下的火灾通风设计方法

特长公路隧道分段通风模式下的火灾通风设计方法如图 3-57 所示。

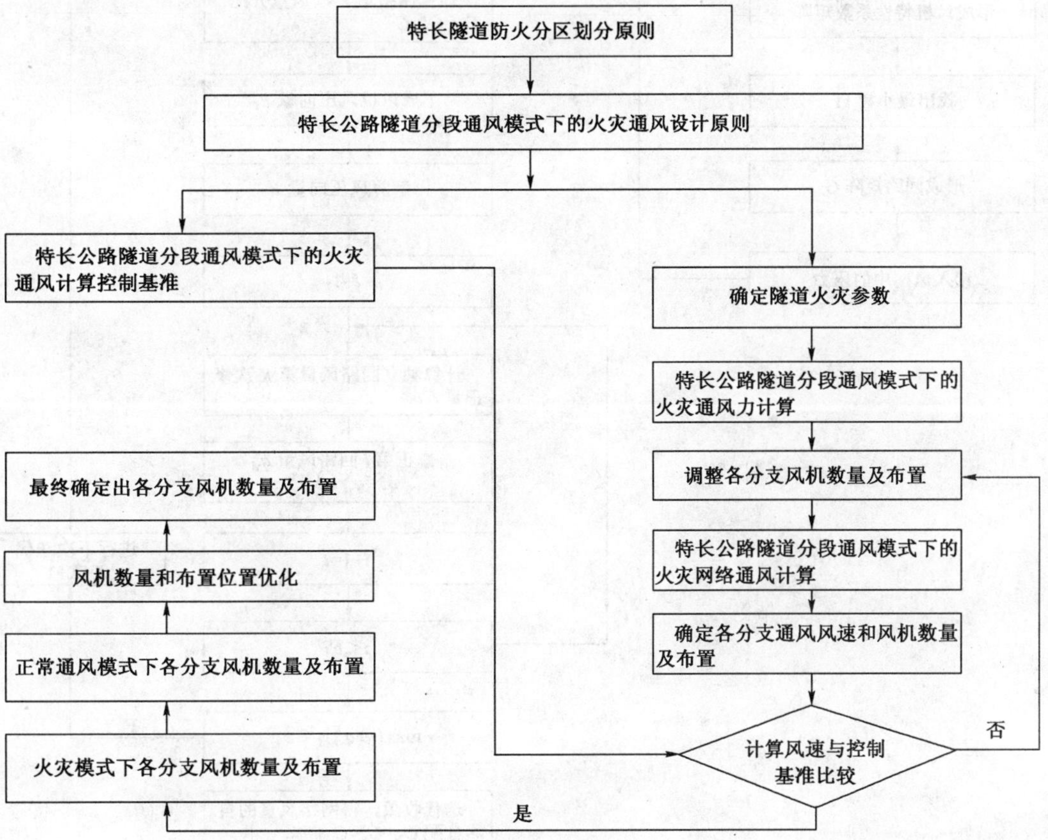

图 3-57　火灾通风设计方法

3.10.8　公路隧道火灾网络通风成套软件系统研制

针对特长公路隧道火灾通风特点，研制了一套专用于特长公路隧道火灾网络通风的成套软件系统（流程图见图 3-58）。系统具有以下功能：

(1)系统设置了与 CAD 系统接口，即首先采用 CAD 绘制隧道通风网络图，然后直接导入本系统，系统可以显示该通风网络图，并可以对通风网络图进行可视化修改。

(2)系统自动对通风网络进行处理，包括最小树的查找，回路矩阵的形成，最终自动组集方程组。

(3)系统可在通风网络中自动模拟火灾节流效应阻力和追踪火风压，并可模拟射流风机和轴流风机作用。

(4)系统自动求解方程组，最终给出各分支风速和需要的风机数量及风机布置。

3.10.9　公路隧道火灾模式下通风组织原则

根据公路隧道火灾疏散救援特点，火灾模式下通风组织基本原则如下：

(1)火灾模式下通风至少分为 2 个阶段

①疏散救援阶段通风，以控制风量分配为主。

②灭火阶段通风，以控制温度分布为主。

(2)疏散救援阶段

①火灾点距竖井较远

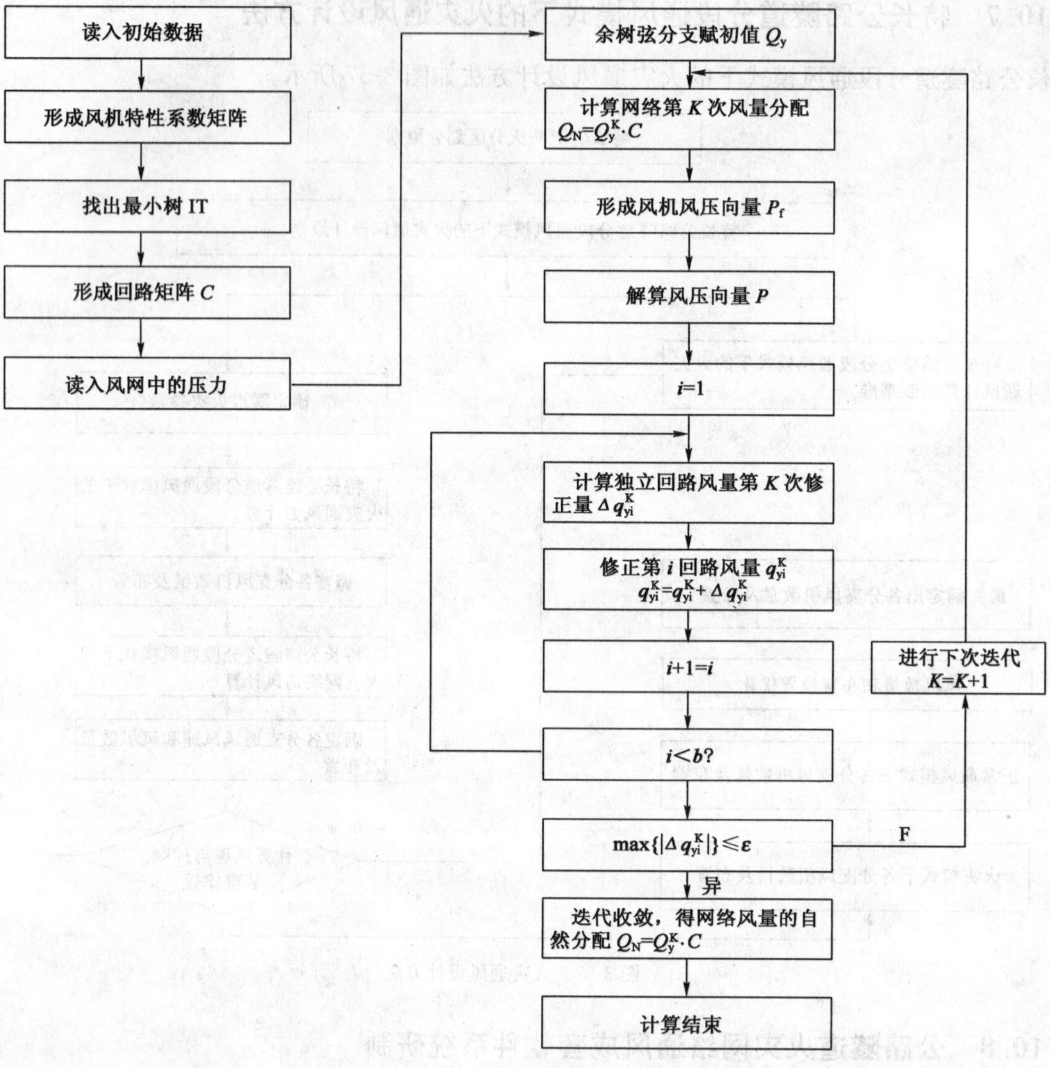

图 3-58　流程图

火区上游横通道全部开启，火区下游横通道全部关闭。火区风速控制在 2.0～3.0m/s；上坡隧道取小值，下坡隧道取大值。火区上游接近火区的 1～2 条横通道风流方向为从非火灾隧道流向火灾隧道。风速控制在 2.0m/s 以上，最大风速不超过 10m/s。

尽量保持火区附近的非火灾隧道风速大于火灾隧道的风速，特别是火区附近上游。

②火灾点在排风口附近

开启排风竖井风机，按最大能力排烟。

③火灾点在短道内

关闭排风竖井和送风竖井风机，采用射流风机维持火区风速 2.0～3.0m/s。

④火灾点在送风口附近

开启送风竖井风机，维持火区风速 2.0～3.0m/s。

(3)灭火阶段

①火灾点距竖井较远

关闭全部横通道。开启所有风机，按最小排烟路径排烟。

②火灾点在排风口附近

开启排风竖井风机，按最大能力排烟，同时开启送风竖井风机。

③火灾点在短道内

开启排风竖井和送风竖井风机。排风竖井风机用低速，隧道内风速3.0m/s的供风量；送风竖井风机用高速，隧道内风速6.0m/s的供风量。

④火灾点在送风口附近

开启送风竖井风机，按最大能力排烟。

3.10.10 公路隧道风机布置原则

(1)公路隧道风机布置总原则是：5km以下尽量考虑风机两端集中布置为主，5km以上尽量考虑风机分散布置。

(2)根据正常通风要求，确定风机数量。

(3)以满足正常通风要求布置风机。

(4)根据火灾通风要求，修正风机数量，适当考虑风机安全储备量。

(5)根据满足火灾通风要求对风机位置进行局部调整。

(6)射流风机考虑抗250℃。

(7)轴流风机在考虑降温措施后，也可按抗250℃进行风机选型，不考虑降温措施，可考虑按抗400℃进行风机选型。

3.10.11 公路隧道火灾模式下风机控制措施

(1)当隧道发生火灾后，根据火区位置，按公路隧道火灾模式下通风组织原则，对风机实施控制。

(2)控制顺序为：先调整火灾隧道风机，再调整非火灾隧道风机。

(3)控制策略为：先调整射流风机，再调整主风机。

(4)控制指标为：以各区段风速控制为主。

3.10.12 公路隧道火灾模式下防灾救援预案

(1)防灾救援的总原则

坚持预防、报警、监控、疏散、救援和灭火的基本思路，贯彻以下总原则：以人为本，预防为主，防消相结合；监控有效，措施有力，疏散有序，助救与自救相结合；早期发现，及时灭火，移动式和固定式灭火相结合。

(2)防火分区划分

根据人员疏散和人员救助的可能性进行防火分区划分，为此，将两条横通道之间的隧道长度作为一个防火分区，这也符合设备的布置和控制要求。

(3)控制流程

①当隧道内火灾检测器、手动报警按钮、紧急电话发出火灾报警信号时，"监控中心值班人员"立即将监测画面切换至相应的摄像机监测区段进行火灾验证并录像(火灾自动报警系统只要发生火灾报警信号，系统就立即自动进行录像，无须人工确认)，当确认发生火灾后，立即向"监控中心负责人"报告火灾案情，请求执行火灾预案；得到"监控中心负责人"授权后，"监控中心值班人员"立即执行相应的火灾预案，即隧道控制系统由正常情况下的系统控制方式转入相应火灾情况下系统控制预案，进行通风、照明、交通系统联动控制。同时报告路政执法大队、火警119、交警110、急救120等相关单位，并请求相关单位派专业人员到现场负责指挥、调度以及进行人员救援和火灾灭火工作。工作人员到达火灾现场的时间应该控制在10min之内，尽可能地在火灾形成前疏散出隧道内人员，并将火灾扑灭。

②关闭隧道禁止车辆继续驶入隧道，并发布火灾信息。即两隧道洞口的四显信号灯均显示为"红灯"禁止通行，可变限速标志显示为"0"，可变情报板显示为"隧道火灾，禁止通行"。隧道管理人员立即进入隧道，组织疏散、救援、灭火。火灾上游的车道控制器沿行车方向改红灯禁止车辆继续前行。

③按照火灾模式下通风组织开启相应的风机，进行火灾通风，阻止烟雾逆流。开启隧道内所有的照

明系统便于救火及人员的疏散。

④非火灾隧道车道控制器改为双向交通模式，即将非火灾隧道的左侧车道的车道控制器沿原来的行车方向依次将原来的绿灯改为红灯后，再将背向行车方向的车道控制器由红灯开启为绿灯。火灾下游的车道控制器不变。

⑤在上一步完成1.5～2min后，开启上游所有横通道门，打开横通道指示器。火灾上游靠近火区一个防火分区人员弃车，其他防火分区可组织车辆，从横通道进入到非火灾隧道进行疏散。并且保证紧靠火灾点的至少一条横通道的风流是由非火灾隧道流向火灾隧道，避免烟雾污染正常隧道的环境，从而对行人造成伤害。横通道照明与横通道门联动控制，即门开灯亮。此步需要在火灾形成前完成，即监测到火灾信息后10min内完成。

⑥广播系统进行广播，引导人员进行疏散。

⑦在人员疏散完成后，尽量关闭上游横通道，组织相关人员进行灭火；当火势不能控制时，等待专业消防队。

⑧专业消防队进行灭火。

⑨灭火后，由交警部门和高速公路管理部门进行现场勘察（初勘和复勘），共同研究决定两隧道采用何种交通控制模式。

控制流程见图3-59。

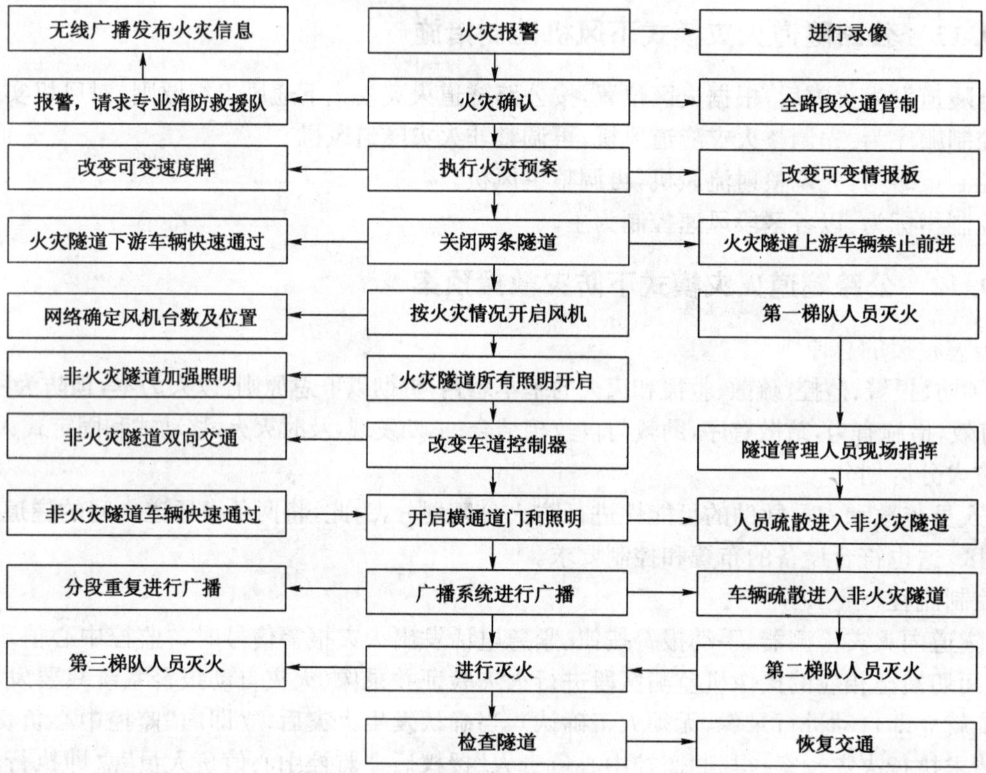

图3-59 控制流程

(4)火灾控制预案制订

根据上述条件，按防火分区制订火灾控制预案，为便于使用，采用卡片形式。其基本构成如下：

①卡号中说明：ZH——终南山隧道，H——火灾工况，W——西线，E——东线，最后为区段号。

②预案卡号：ZH—H—W—1。

③预案类别：火灾。

④预案名称：终南山隧道X区段火灾控制预案。

⑤执行条件：YKxxx＋xxx～YKxxx＋xxx之间发生火灾。

⑥其他说明:东、西线隧道均关闭。

⑦执行步骤:控制步骤列表。

3.10.13 公路隧道火灾报警系统的适用条件和选型原则

(1)火灾报警系统构成

公路隧道火灾报警系统由中心控制室内的集中火灾报警控制器、隧道内火灾探测器、手动报警按钮等组成。其中,最关键的设备是隧道内火灾探测器。

(2)火灾探测器的适用条件

隧道内环境非常特殊,如距离长、潮湿、粉尘大、噪声高、振动大和电磁干扰严重、有腐蚀性气体等。目前适用于隧道的探测器有:空气管线型感温火灾探测器、感温电缆火灾探测器、红外线感烟火灾探测器、热敏电阻感温火灾探测器、光纤光栅感温火灾探测器、双波长火焰探测器。具体指标见表3-34。

线型差温探测器的系统指标

表3-34

参数	测温精度	灵敏性	响应时间	误报漏报	监测距离	抗干扰性	费用	普及性	其他
空气管线型差温火灾探测器		7.5℃/min 15℃/min 30℃/min	<1min	一般	20~100m	隧道内环境因素影响大	高	较少	空气管线路泄露,检查维修不方便
感温电缆定温火灾探测器	±10%	68℃±10% 85℃±10% 105℃±10% 138℃±10%	<30s	容易	<200m	抗电磁干扰能力差	较高	一般	不可恢复感温电缆成本高,可恢复式感温电缆抗电磁干扰能力差
红外线感烟火灾探测器		60% 35% 20%	5~10s	容易	<100m	抗车辆尾气以及潮湿空气和电磁干扰差	较高	较少	受到车辆排出烟雾潮湿腐蚀性的气体和严重的电磁影响大
热敏电阻火灾探测器	±1℃	10℃/min 20℃/min 30℃/min	<30s	少	<200m	受环境影响少	低	广泛	
光纤光栅感温火灾探测器	±5℃		≤20s	少	<10km	受环境影响少	昂贵	极少	维护困难,造价很高。目前在国内应用的例子不多
双波长火灾探测器			<30s	少	<200m	受环境影响少	低	渐趋广泛	

(3)火灾探测器选型原则

火灾探测器选型可从以下4个方面进行:

①误报和漏报

火灾自动报警系统能够探测到大多数火灾。热敏电阻火灾探测器具有定温和差温性能,在经过校准后,系统很少发出误报或漏报。双波长火灾探测器是根据火灾的火焰一边燃烧一边放射的光按周期变化,通过探测器的电带状过滤器检测火焰特有的频率(1~15Hz)的原理判断是否发生火灾的。火灾的火焰所放射的光的光谱分布情况与自然光或各种人工照明灯(环境光)的光谱不同,探测器正是对一般照明用环境光的光学输入相对光谱和车辆火灾或汽油火灾时检测器的相对光谱进行比较,而进行判断的,误报漏报少。红外线感烟火灾探测器是基于烟雾的探测器很早就能发出信号,但是,由于柴油机车所排放出的烟雾的缘故,因此误报较多。感温电缆定温火灾探测器由于只是具有定温的性能,当环境温度改变时容易引起误报和漏报。空气管线型差温火灾探测器同样也是由于只具有差温性能,所以受隧道内环境影响比较大，容易引起误报和漏报。光纤光栅感温火灾探测系统有多级温度报警和多级温差报警功能，可根据实际需要灵活地设定多种报警条件，因此，也不容易引起误报和漏报。

②响应时间

隧道发生火灾后最重要的一个参数就是时间，所以报警系统的响应时间是一个比较重要的参数，从表3-34中很容易可以看出红外线感烟火灾探测器响应时间最短为5～10s，光纤光栅感温火灾探测系统次之为20s，感温电缆火灾探测器和热敏电阻火灾探测器的响应时间为30s，空气管线型火灾探测器最慢为1min。双波长火灾探测器灵敏度高，0.5m^2 汽油火灾在30s内报警。

③费用

隧道中的火灾探测器必须定期维护，空气管线型火灾探测器和光纤光栅火灾探测器以及红外线感烟火灾探测器维修费用都比较高而且维修不方便，感温电缆火灾探测器可恢复型使用费用低，不可恢复型一旦火灾就要更新，使用费用较高。热敏电阻火灾探测器可以重复使用，故使用费用和维修费用都比较低。

④普及性

目前，国内使用较多的是热敏电阻火灾探测器，但是双波长火灾探测器也具有普及的势头。光纤光栅感温火灾探测器在化工领域使用较多，隧道工程中正在试验。

(4)秦岭终南山隧道火灾探测器推荐

综上所述，秦岭终南山隧道火灾探测器可选用抗干扰性好，误报漏报少，费用低，响应时间较短的热敏电阻火灾探测器或者是双波长火灾探测器。对于光纤光栅感温火灾探测器应进行充分的试验研究后才可考虑是否选用。另外，闭路电视系统可作为监测火灾的备用方法，可以通过闭路电视监视和确认火灾，以便将误报和漏报降低至最低程度，最大限度地保障隧道内行车安全。

3.10.14 公路隧道衬砌结构火灾损伤评定方法及加固措施

(1)火灾对隧道结构的损伤主要包括混凝土损伤、钢筋损伤、混凝土和钢筋黏结力损伤。研究表明：

①混凝土受灾温度低于300℃时，强度损失甚微；火灾温度在300～400℃时强度降低10%～20%；400℃以上混凝土强度下降很快，表面开始出现裂缝；600℃左右表面裂缝贯通，构件混凝土保护层的黏结力遭到破坏，强度大幅度下降；800～900℃则强度几乎完全丧失。火灾后混凝土的塑性增加，弹性模量与强度间关系不再遵从常温下的关系式。

②影响高温下与高温后钢筋力学性能的因素主要有钢筋种类、加热方式、冷却方式等。钢筋的屈服强度随温度升高呈下降趋势，小于200℃时不明显，高于200℃时，强度开始下降。非预应力钢筋在550～600℃时，强度下降50%左右，预应力钢筋在高温下强度下降比非预应力钢筋要快，在400℃左右时，其强度损伤达50%。

③火灾后钢筋与混凝土的黏结力的变化取决于温度、钢筋种类等。螺纹钢筋在350℃左右时，与混凝土的黏结力几乎没有降低；到450℃左右时约降低25%；700℃时降低80%。光圆钢筋与混凝土的黏结力在高温下比螺纹钢筋要降低得多，在100℃左右时光圆钢筋与混凝土的黏结力降低约25%，到450℃时则完全丧失黏结力。试验研究还表明，钢筋混凝土火灾温度达到600℃以上时，混凝土保护层与钢筋之间的黏结力遭到破坏，纵向钢筋的销栓作用亦减少。

由此可见，对于素混凝土，火灾温度不超过300℃时，结构安全。对于钢筋混凝土，火灾温度超过200℃时，结构安全就会受到影响。

(2)火灾对隧道结构损伤评估方法，根据混凝土结构火灾评估程序，对秦岭终南山隧道火灾进行评估，流程如下：

①隧道火灾后初勘。初勘的主要任务是收集火灾中燃烧物的数量、燃烧及温度分布情况、各构件受损部位等内容，并进行资料分析，初步判断构件受损是否影响结构安全，并大致分为轻微损坏、中度损坏和严重损坏3级。初勘结果判定为轻微损坏者，构件经适当修复即可恢复使用；严重损坏时构件应予以

拆除；中度损坏者则须进行复勘。

②隧道火灾后复勘。复勘主要任务是针对初勘结果为中度损坏的构件做详细调查，进一步评估构件受火程度，并进行各种必要的试验。衬砌混凝土强度的现场测定有无损检测和破损检测2类方法。无损检测方法可分为机械、物理以及物理与机械综合进行3种方法。机械检测方法主要有敲击法、撞击法、枪击法、回弹仪法等；物理的检测方法有共振法、超声波探测仪法、红外热像技术等。如果无损检测不能满足评估要求，在隧道现场可以取样做加载试验来测定受损混凝土的实际强度，即破损检测。这种检测方法的优点是既能做强度试验，又能做弹性模量与密度试验，测定结果比较符合实际情况，隧道火灾现场比较适合采用这种方法。这种方法主要有混凝土钻芯取样及试验、混凝土烧失量试验、压汞孔隙试验等。混凝土烧失量试验是目前推估混凝土最高受火温度的较准确方法，除非有更好的方法出现，否则复勘时应以烧失量试验为主，其他方法为辅。复勘的结果大致有3种：安全、可能有危险、有危险。对前者可按评估流程继续进行；有危险的构件应立即拆除；可能存在危险的构件则建议进行安全鉴定。

(3)隧道火灾后修复加固。火灾后隧道修复加固工作，包括养护维修、加固和改建3个方面。养护维修是灾后一项经常性的工作，一旦隧道产生小的灾后损坏，就必须及时处理，由养护道班工人对损坏缺陷进行修理。养护维修对控制火灾损伤的扩大具有积极的意义。加固是通过加强(加大)隧道支护结构和对火灾重大病害进行彻底的整治来提高隧道支护承载能力的措施。加固分为临时性加固和永久性加固。为了维持隧道临时通车采用的临时加固称为临时性加固；能长期保留加强隧道结构支护承载能力作用的加固称为永久性加固。改建是指对隧道进行拓宽，净空面积加大，全部支护结构更换，或者隧道路线改变等措施。隧道火灾后损伤程度评估分级条件下的衬砌结构修复加固建议方案。永久性加固措施可以概括为四大类：

①喷射混凝土加固，含喷浆、素喷混凝土、钢纤维混凝土、钢筋喷混凝土等。

②锚喷网混凝土，喷混凝土同(1)，锚杆国内普遍采用砂浆锚杆、迈式锚杆等，钢筋网国内普遍采用A3圆钢ϕ6～8mm，间距为150～300mm。

③钢架(格栅钢架)加固，国内普遍采用凿槽嵌入衬砌方式。

④重建(复合)衬砌加固，根据火灾模拟试验及工程调查表明，隧道火灾受损严重部位主要集中在拱部，重建加固以拱部为主，局部采用重建衬砌方法进行处理。

3.10.15　装运易燃易爆和危险品车辆进入隧道的安全运输管理办法

凡具有爆炸、易燃、毒害、腐蚀、放射性等危险性质，在运输、装卸、生产、使用、储存、保管过程中，于一定条件下能引起燃烧、爆炸，导致人身伤亡和财产损失等事故的化学物品，统称为化学危险物品。目前常见的、用途较广的有2 200余种。

国家技术监督局曾于1986年、1990年先后发布了《危险货物分类和品名编号》(GB 6944—1986)和《危险货物品名表》(GB 12268—1990)，将危险物品分为9个大类，并规定了危险货物的品名和编号。

第1类：爆炸品；

第2类：压缩气体和液化气体；

第3类：易燃液体；

第4类：易燃固体、自燃物品和遇湿易燃品；

第5类：氧化剂和有机过氧化物；

第6类：毒害品和感染性物品；

第7类：放射性物品；

第8类：腐蚀品；

第9类：其他易燃物品。

各类危险品的特征及一般扑救措施见表3-35。

危险品的类别、特征及一般扑救措施 表 3-35

类别	类的名称	项的名称	基本特征	一般扑救措施
第1类	爆炸品	整体爆炸物品 抛射爆炸物品 燃烧爆炸物品 一般爆炸物品 不敏感爆炸物品	受高热、摩擦、撞击、震动或其他外界作用，能够发生剧烈化学反应，瞬间产生大量气体和热量，形成巨大的压力，对周围环境造成破坏	泄漏：及时用水润湿，撒以松软物后轻轻收集； 有着火危险：转移或隔离； 注意：禁用酸碱灭火器或沙土，可用水或其他灭火器
第2类	压缩气体和液化气体	易燃气体 不燃气体 有毒气体	受到热、撞击或强烈震动时，易于引起容器的破裂爆炸，或气体泄漏而酿成火灾或中毒等事故	泄漏：立即拧紧阀门或容器浸入冷水或石灰水中； 着火：洒冷水或浸入水中
第3类	易燃液体	低闪点易燃液体 中闪点易燃液体 高闪点易燃液体	具有较高的易燃性，表现为具有较低的闪点，在常温下易于被明火或火花引燃。易燃液体具有较高的挥发性，以及流动和扩散性，容易引起燃烧、爆炸和中毒事故	泄漏：干沙土覆盖后扫除干净； 着火：一般不宜用水
第4类	易燃固体、自燃物品和遇湿易燃品	易燃固体 自燃物品 遇湿易燃物品	易燃固体燃点低，对热、撞击和摩擦敏感，易于被外部火源点燃，燃烧速度快，燃烧时散发出有毒有害气体或烟雾固体物质。自燃物品燃点低，在空气中易于被氧化并放出热量，而自行着火燃烧。遇湿易燃物品与水接触可发生自燃	注意：对于一些金属粉末、金属有机化合物、氨基化合物等着火时，禁止用水、泡沫、CO_2 和酸碱灭火剂
第5类	氧化剂和有机过氧化物	氧化剂 有机过氧化物	氧化剂在遇到可燃物质时会引起激烈的化学反应，甚至发生燃烧、爆炸，最低也能加速燃烧反应。有机过氧化物易燃、易爆、易分解，对热、震动或摩擦极为敏感	泄漏：扫除干净后用水冲洗； 注意：过氧化钠着火时，禁止用水扑救
第6类	毒害品和感染性物品	毒害品 感染性物品	毒害品进入人、畜肌体后，能与肌体组织发生作用，破坏人、畜的正常生理功能，引起肌体暂时的或永久的病理状态，甚至死亡。感染性物品含有会使人或动物致病的活性微生物，能够引起病态，甚至致人、畜死亡	泄漏：谨慎收集，被污染车辆等需清洗； 着火时：对遇水发生危险反应的毒害品，不能用水扑灭；对无机氰化物不能用酸碱灭火器
第7类	放射性物品		会不断发射出各种射线，这些射线不为人的感官所觉察。过量的照射可能引起机体损伤；此外，有些放射性物质具有极强的化学毒性	立即向有关部门报告，由安全防护人员处理
第8类	腐蚀品	酸性腐蚀品 碱性腐蚀品 其他腐蚀品	接触人体后能够灼伤人体组织，并对金属等物品能够造成损坏。散发出的刺激性气体，对眼睛、黏膜会造成伤害，吸入后会对呼吸道造成严重的损害	泄漏：撒上干沙土，扫除干净后用水冲洗
第9类	其他易燃物品	如木材、布匹、纸张、禽兽毛绒、炭黑、煤粉等		

本次根据课题研究成果，制订了装载易燃易爆物品车辆通过秦岭隧道的安全管理办法。

本管理办法包括总则、基本制度、载有易燃易爆物品车辆的安全检查、易燃易爆物品车辆通过隧道时的消防管理、易燃易爆物品车辆通过隧道时的防灾措施等五个部分，概括了装载易燃易爆物品车辆通过秦岭隧道所可能遇到的各种危险情况和预防处理办法。

建议根据易燃易爆物品车辆的安全状况，从经济、安全、社会等方面综合权衡装载易燃、易爆物品车辆通过隧道和绕行两种方案所带来的风险，按三种情况处理：

(1)允许通过。装载第9类物质的车辆允许通过。

(2)限制通过。装载第1类、第2类、第3类、第4类、第5类、第6类、第8类物质的车辆视其采取的安全措施严格限制通过。

(3)禁止通过。装载第1类、第7类物质的车辆禁止通过隧道。检测确定后应立即要求车辆离开检查站,绕道行驶。

建议在秦岭隧道两端设置危险品检查站,同时进行停车场、绕行通道规划和设计。

建议限制通过的易燃易爆物品车辆采用由安全车引导定时通过的策略。

3.10.16 公路隧道防灾救援体系

(1)秦岭终南山特长公路隧道作为一条重要隧道,由于距离西安和柞水较远,其救援梯队按两级考虑较为合适,即第一梯队为驾乘人员,第二梯队为隧道专业消防人员,为此应组建隧道专业消防队。

(2)消防系统,建议秦岭终南山公路隧道消防系统采用固定式灭火和移动式灭火相结合的方案。其中,固定式灭火系统推荐使用常规消火栓和水成膜灭火器相结合的综合形式。消火栓和水成膜灭火器的布置间距不宜过长,一般以50m为标准。移动式灭火设施主要包括地面消防车和自反应灭火器。针对秦岭终南山特长公路隧道的特点,课题组经研究认为,以2辆载重货车起火为最不利火灾,以此为主要依据来进行其消防系统的设计较为合适。装载易燃易爆和危险品的车辆通过一系列管理办法,杜绝其在隧道发生火灾的可能性。

(3)秦岭终南山公路隧道火灾通风组织:当火灾发生后,火灾隧道按火灾救援风速通风,另一隧道主风机按正常运营通风,用射流风机保证打开的联络通道处火灾隧道的风压小于正常运营隧道风压,使火灾隧道的烟雾和高温气体不蔓延到另一隧道。隧道火灾模式下的风机数量和布置位置按网络通风计算确定。

(4)秦岭终南山公路隧道火灾情况下的行车组织:火灾情况下,关闭两条隧道,禁止车辆继续驶入隧道。行车组织如下:火区下游车辆自行快速驶出隧道,火区附近(即火区上游第一个防火分区),采用弃车逃生。火区较远处(即火源上游其他防火分区),在确认非火灾隧道车流完全驶离后,组织火灾上游车流由车行横通道进入非火灾隧道,采用方式为:离火区最近的防火分区附近车辆最先撤离,然后是离火区第二近的防火分区附近车辆撤离,以此类推,直到火灾隧道车辆撤离完毕。总的来说,车流组织必须在有序的情况下进行,即必须有现场指挥。

(5)秦岭终南山公路隧道防火分区划分,根据火灾时人员疏散组织情况及设备布置和控制要求,将两条横通道之间的隧道长度作为一个防火分区。根据这一思想:秦岭终南山隧道共分为142区段。

(6)秦岭终南山公路隧道火灾安全控制原则:开启火灾上游所有的人行横通道和车行横通道,以利于人员利用非火灾隧道疏散。阻止烟雾逆流,考虑火灾下游温度扩散速度,保持火灾点附近风速2.0~3m/s。根据火灾时期的参数,应用网络通风理论确定风机开启的台数及风机正、反转方式。开启所有照明灯具,以便进行疏散救援。根据火灾点位置开启交通、广播、摄像等相关设备。

(7)秦岭终南山公路隧道火灾救援预案,结合秦岭终南山隧道142个防火区段,分别制订了142条救援预案,为便于使用,救援预案采用卡片形式。该救援预案包括设备的控制顺序、控制流程、控制方法。目前,该救援预案已被应用于秦岭终南山隧道机电控制设计中。

本章参考文献

[1] 王明年,赵秋林.秦岭终南山特长公路隧道防灾方案研究.公路,2000(11).

[2] 王明年,何林生,吴永清.隧道智能监控中心计算机系统.公路交通科技,2001(2).

[3] 王明年,杨其新,曾艳华,等.秦岭终南山特长公路隧道网络通风研究.公路交通科技,2002(4).

[4] 王明年,杨其新,曾艳华,等.终南山特长公路隧道火灾模式下网络通风研究.地下空间,2002(1).

[5] 王明年,杨其新,袁雪戡,等.公路隧道火灾温度场的分布规律研究.地下空间,2003(3).

[6] 王明年,杨其新,袁雪戡,等.公路隧道火风压场变化的模型试验研究.公路交通科技,2004(3).
[7] 杨其新,等.长大双洞公路隧道火灾模式下横通道风流研究.地下空间,2004(2).
[8] 杨其新,阎治国.秦岭终南山公路隧道火灾模型试验研究.广西交通科技,2003(3).
[9] 西南交通大学.国内外隧道火灾实例调研报告.2001.
[10] 闫治国,杨其新.数据库技术在秦岭隧道防灾设计中的应用.公路交通科技,2002(4).
[11] 曹智明,等.秦岭终南山隧道火灾通风组织试验方案研究.公路,2003(7).
[12] 闫治国,杨其新,等.秦岭特长公路隧道火灾温度场分布试验研究.地下空间,2003(2).
[13] 曹智明,等.秦岭隧道火灾模式下的通风组织试验方案研究.地下空间,2003(2).
[14] 付修华,杨其新,刘化冰.秦岭特长公路隧道防火安全体系的探讨.广西交通科技,2003(3).
[15] 付修华,杨其新,刘化冰.对公路隧道火灾防灾救援安全策略的思考.公路交通科技,2004(3).
[16] 闫治国,等.长大公路隧道火灾温度场分布试验研究.东南大学学报,2005(1).
[17] 闫治国,杨其新,朱合华.秦岭特长公路隧道火灾试验研究.土木工程学报,2005(11).
[18] 闫治国,杨其新,朱合华,等.易燃易爆物品车辆通过长大隧道的防火对策.地下空间,2005(2).
[19] 付修华,等.隧道竖井通风下火灾模型试验方案研究.西部探矿工程,2003(7).
[20] 王婉娣,等.公路隧道火灾三维数值模拟.制冷与空调,2004(1).
[21] 冯炼,王婉娣,杨其新,等.公路隧道火灾模式下烟流的稳态分析.地下空间,2004(3).
[22] 郭春,王明年,周仁强.Fire Accident Relief and Disaster Prevention Response Technology of Fortes Road Tunnel,The 3rd International Symposium on Modern Mining & Safety Technology,2008.
[23] 郭春,王明年,李玉文,等.公路隧道通风CO、烟雾基准排放量折减率研究.公路交通科技,2008(10).
[24] 郭春,王明年,周仁强.公路隧道火灾中火区节流效应理论及试验研究.四川建筑科学研究,2009(2).
[25] 郭春,王明年,周仁强.特长公路隧道全射流通风方式火灾网络计算研究.筑路机械与施工机械化,2007(11).
[26] 郭春,王明年.安徽旺竹园毗邻公路隧道增设明洞照明方案研究.照明工程学报,2007(3).
[27] 郭春,岳亭龙,王明年.公路隧道火灾中火区火风压研究.辽宁工程技术大学学报,2008(S1).
[28] 郭春,王明年,周仁强.特长公路隧道火灾探测器选型分析//2006年公路隧道营运管理与安全国际学术会议论文集.重庆:重庆大学出版社,2006.
[29] 郭春,王明年,高旭.渝合高速公路北碚隧道防灾救援控制预案研究//2006年四川省公路学会隧道学术交流会论文选集.成都:西南交通大学出版社,2006.
[30] 郭春,王明年,施洪乾.高速公路毗邻隧道及隧道群火灾模式下的控制预案研究//重庆公路隧道群建设技术研讨会论文集,2008.
[31] 于丽,王明年,郭春.秦岭特长公路隧道火灾温度场的数值模拟.土木工程学报,2007(6).
[32] 王明年,郭春,施洪乾.高速公路毗邻隧道及隧道群的定义研究//重庆公路隧道群建设技术研讨会论文集,2008.
[33] 高旭,王明年,郭春.重庆西山坪隧道机电与监控系统设置研究//2006年四川省公路学会隧道学术交流会论文选集.成都:西南交通大学出版社,2006.
[34] 周仁强,王明年,郭春.隧道结构火灾损伤等级评定研究//2006年公路隧道营运管理与安全国际学术会议论文集.重庆:重庆大学出版社,2006.
[35] 赵海东,王明年,郭春.长大公路隧道的防灾救援研究//2007年全国公路隧道学术交流会论文集,2007.
[36] 施洪乾,朱文,郭春.高速公路隧道交通事故发生机理研究//重庆公路隧道群建设技术研讨会论文集,2008.

[37] 郭春.深埋特长高速公路隧道通风关键技术研究.西南交通大学博士论文,2008.
[38] 曾艳华.长大公路隧道通风技术研究.西南交通大学博士论文.
[39] 周仁强.长大公路隧道火灾模式下通风及控制技术研究.西南交通大学硕士论文.
[40] 闫治国.长大公路隧道火灾研究.西南交通大学硕士论文.
[41] 曹智明.双洞长大公路隧道火灾模式下的通风组织研究.西南交通大学硕士论文.
[42] 付修华.长大双洞公路隧道防灾救援安全体系研究.西南交通大学硕士论文.
[43] 陶双江.竖井对长大公路隧道火灾影响的模型试验研究.西南交通大学硕士论文.
[44] 王婉娣.长大公路隧道火灾通风三维数值模拟研究.西南交通大学硕士论文.
[45] 邹金杰.竖井对隧道火灾影响的三维数值模拟研究.西南交通大学硕士论文.
[46] 梅志荣,等.隧道结构火灾高温损伤现场模拟试验研究.岩土工程学报,1999.
[47] 赵成刚,等.隧道火灾温度场数值模拟和试验研究.铁道学报,1997(5).
[48] 李卫,等.高温下混凝土的强度和变形性能研究.建筑结构学报,1993(2).
[49] 彭立敏,等.铁路隧道衬砌结构火灾损伤检测手段和方法,1998(4).
[50] 刘宝权,等.隧道衬砌灾后加固设计,专隧4012参考图,1996(8).
[51] 中华人民共和国行业标准.JTJ F60—2009 公路隧道施工技术规范.北京:人民交通出版社,2009.
[52] 中华人民共和国行业标准.JTJ 026.1—1999 公路隧道通风照明设计规范.北京:人民交通出版社,2000.
[53] 敬登虎.火灾后钢筋混凝土承重结构的概念评估与处理措施.建筑技术,2005.
[54] 刘金龙,等.Visual C++ 6.0类参考详解.北京:清华大学出版社,1999.
[55] 阳国贵,等.ORACLE数据库管理与使用教程.长沙:国防科技大学出版社,1998.
[56] 同志工作室.Visual C++ 6.0开发技巧与实例教程.北京:人民邮电出版社,2000.
[57] 张健沛.数据库原理及应用系统开发.北京:中国水利水电出版,1999.
[58] 汤庸.结构化与面向对象软件方法.北京:科学出版社,1998.
[59] 杜红秀.火灾混凝土结构红外热像检测技术研究.上海:同济大学材料科学与工程学院,1997.
[60] 林志明,等.火灾混凝土损伤诊断的进展.建筑材料学报,2002.
[61] 袁宏永,等.大空间室内火灾早期自动探测与定位研究.自然灾害学报,1995,4(2).
[62] 荆仁杰,等.计算机图像处理.杭州:浙江大学出版社,1998.
[63] 边肇祺,等.模式识别,北京:清华大学出版社,1988.
[64] 陈南.智能建筑火灾监控系统设计.北京:清华大学出版社,2001.
[65] 王再英,等.楼宇自动化系统原理与应用.北京:清华大学出版社,2001.
[66] 赵坚行.燃烧的数值模拟.北京:科学出版社,2002.
[67] 陶文铨.数值传热学(2版).西安:西安交通大学出版社,2001.
[68] 范维澄.计算燃烧学.合肥:安徽科学技术出版社,1989.
[69] PIARC Committee on Road Tunnels (C5), Fire and Smoke Control in Road Tunnel,1999.
[70] Alfred Haack. Fire Protection in traffic Tunnel-Initial Finding from Large-scale Tests Tunnelling and Underground Space Technology,1992.
[71] A. Butcher el. Computer-Aided Mine Ventilation planning,14th Modeling and simulation Conference,Pittsburgh PA,April 23,1983.
[72] The British concrete institute. Assessment and repair of fire2damaged concrete structures,technical report No. 33 [R]. London: The British concrete institute,1990.
[73] Rosenfeld Digital Picture Processing,Academic Press,1976.
[74] J. F. Middleton Developments in Flame Detectors,Fire Safety Journal,6(1983).

[75] Beylkin G. ,Coifman、R. and Rokhlin, V. Fast Wavelet Transform and Numerical Algorithms. Commun, Pure and Appli. Math 1991.

[76] IEI. VESDA E70-D Intelligent Addressable HSSD Detector Operator's Handbook. IEI, 1992.

[77] National Fire Protection Association, NFPA 92B Guide for Smoke Management Systems in Malls, Atria, and Large Areas, 2000.

[78] William N. Brook, P. E. . Predicting the Position of the smoke Layer Interface Height Using NFPA 92B Calculation Methods and a CFD Fire Model, ASHRAE Journal, Vol, 1, 414-425, 1999.

[79] E. G. Butcher, A. C. Parnell. Smoke Control in Fire Safety Design, London , E. & F. N. Spon, 1979.

[80] K. H. Yang, J. N. Lee. Analysis of Performance-based Smoke Management System Design in a Shopping Mall. International Journal on Architectural Science, 2001.

[81] Chow W. K. , W. K. Wong, On the Simulation of Atrium Fire Environment in Hong Kong Using Zone Models, Journal of Fire Science, Vol, 11, 3-51, 1993.

[82] A. Y. Elghazouli, B. A. Izzuddin, A. J. Richardson. Numerical Modeling of the Structural Fire Behaviour of Composite Buildings, Fire Safety Journal, Vol, 35, 279-297, 2000.

[83] Ray Sinclair. CFD Simulation in Atrium Smoke Management System Design, ASHARE Journal, Vol, 1, 711-719, 2001.

第4章 监控技术研究

4.1 概述

4.1.1 任务概述

秦岭终南山特长公路隧道全长18.02km，为上、下行线双洞双车道，是世界在建公路隧道规模第一，已建公路隧道长度第二，技术标准为高速公路的双洞4车道隧道，为保证秦岭终南山隧道的安全运营，2001年，交通部西部项目办设立了《秦岭终南山特长公路隧道关键技术研究》科研项目，本课题为该项目的子题二《秦岭终南山特长公路隧道监控技术研究》内容的总结。

4.1.2 主要研究内容

研究内容主要包括：

(1)隧道交通监控设施配置原则与方法研究；

(2)隧道交通控制技术研究；

(3)隧道通信控制网络研究；

(4)隧道通风、照明控制系统研究；

(5)供电自动管理系统研究；

(6)隧道监控系统软件开发研究。

4.1.3 考核目标、主要经济技术指标

课题考核目标为建立监控系统的配置原则，建立交通异常自动检测算法，建立以交通量、车速、CO浓度为控制指标的通风控制模式，建立以交通量、车速、照度为控制指标的照明控制模式，实现供配电管理自动化；采用现场总线技术进行监控，完成监控软件的编制等6项内容。通过本课题的研究，解决了秦岭终南山公路隧道的硬件配置合理化、软件应用国产化，并初步走向智能化的基本问题。

4.2 隧道交通监控设施配置原则与方法研究

4.2.1 概述

在国内，根据隧道长度、单洞年平均交通量和事故率，《高速公路隧道监控系统模式》(GB/T 18567—2001)中将隧道分为A、B、C、D四个等级，系统设施包括车辆检测器、能见度检测器、CO浓度检测器、风速风向检测器、亮度检测器、摄像机、超高车辆检测器、火灾自动检测器、手动报警按钮、紧急电话、车道控制器标志、交通信号灯、可变情报板、可变限速标志、有线广播和有线广播隧道监控站共16项设施，其中，风速风向检测器、超高车辆检测器、可变情报板和有线广播对于A级隧道属于可选设施。

在日本和欧洲，都是根据隧道长度和单洞年平均交通量，将隧道分为5级，日本系统设施包括应急电话、按钮式通报装置、火灾检测器、灭火器、洒水装置、消防栓、给水栓、指引标示板、人行横坑、车行横坑、紧急停车弯、人行步道、闭路电视摄影机、交通标志、车道管制标志、可变信息标志、限速可变标志、车辆检测器、超速检测器、CO检测器、氮氧化物检测器、烟尘浓度检测器、超高检测器、限高门架共24项，与国内相比，增加了消防设施（包括灭火器、洒水装置、消防栓、给水栓）、避难设施（包括人行横坑、车行横坑、紧急停车弯、人行步道）和氮氧化物检测器，最高级别没有可选设施。

在欧洲，系统设施包括永久照明、安全照明、电源供应、紧急电话、无线广播、扬声器、紧急停车站、CCTV（闭路电视）、可变信息板、隧道封闭设备、拦截车辆设备、控制车辆高度设备、控制中心、自动事件检测、火灾监测、人工报警、自动报警设备、通风、灭火器、水龙头、水源供应、火灾预防结构和装备、紧急人行道、紧急出口、救援服务的紧急通道、紧急走廊、路旁停车处、紧急行车道、营救避难所和入口消防队共30项，比日本包括的内容更多，增加了通风、照明、无线广播、隧道封闭设备、拦截车辆设备和自动事件检测设备，其系统更加完善，最高级别可选设施包括拦截车辆设备、紧急行车道、营救避难所和入口消防队。

由上述可见，各国在设施配置上基本相同，但由于考虑的因素不同，分类的方法不同，故系统规模配置的等级也不同。国外考虑了交通组织、道路功能、地形特征，分的更细、更合理。我国则没有考虑这些问题。例如，同样是高速公路，即使交通条件、地形条件都相似，但如果一条是国家主干道，一条是地方道路，则系统配置上显然应该有差异。此外，无论国内还是国外，都没有考虑经济基础对监控系统规模的影响。在国外发达国家，这一问题还不突出，但在国内，由于地域广阔，经济发展极不平衡，因此有必要引入可靠性的概念，结合项目所在地的实际情况，在安全与经济中寻找平衡点。另一方面，在设施设置方法上，也存在一些差异，国内CCTV（闭路电视）间距为不大于150m，CO/VI《公路隧道通风照明设计规范》（JTJ 026.1—1999）规定的间距为300～500m，《高速公路隧道监控系统模式》（GB/T 18567—2001）规定在弯道处和距出口100～150m处设置；在日本，CCTV（闭路电视）间距为150～200m，欧洲一般为200m，CO/VI间距为600～700m，和车行横洞间距差不多。国内在CCTV（闭路电视）上的设置方法不仅带来建设规模的增加，更重要的是增大了维护工作量，使得为了更换摄像设备而封洞的时间与次数增加，降低了运输效益，并由于维修期间必须实行双向交通而增加了安全隐患；对于CO/VI，国内仅在弯道处和距出口100～150m处设置环境检测设备，这样不能满足火灾工况通风控制的要求。

4.2.2 公路隧道监控系统配置原则

目前，世界各国对隧道监控设施采用的技术和标准各不相同，但有两个共同点，其一，各国都是按照隧道长度、交通量和事故率对隧道进行分类，不同的是国内分为4类，国外分为5类；其二，各国都没有考虑经济发展水平的影响。

隧道监控系统是为了预防事故、减少事故和处理事故。从预防的角度出发，应考虑事故和火灾发生的概率，从控制的角度出发，应考虑发生事故或火灾时进行交通疏散需要的时间，这两个因素都与交通量和交通流特性相关。交通流中在一定时间内到达的车辆数有其随机性，但也有规律性。研究表明，这种规律属离散型分布。统计表明，泊松分布适用于低流量、无干扰的车流状态；二项分布适用于交通比较拥挤，车辆行驶自由度较大，通过较为均匀的交通流；负二项分布适用于车辆到达量波动较大的交通流。对于公路隧道，交通流一般服从泊松分布或二项分布，在洞内关闭一段时间车辆形成排队然后又放行时，交通流可能服从负二项分布。根据交通流到达时间研究隧道交通安全性，主要是为了分析在某一时间间隔内有两辆以上车到达的概率，若其低于某一值，则认为一般不会发生车辆尾撞或侧撞，以上3种分布的表达式如下：

(1)泊松分布

$$P(x)=\frac{(\lambda t)^{x}e^{-\lambda t}}{x!} \qquad (x=0,1,2,\cdots) \tag{4-1}$$

$$P(0)=e^{-\lambda t}$$

$$P(1)=\lambda t P(0)$$
$$P(2)=\lambda t P(1)/2$$

式中：$P(x)$——t 期间内到达 x 辆车的概率；

λ——单位时间内到达的车辆数，veh/s；

t——每个计数周期的持续时间，s。

(2)二项分布

$$P(x)=C_n^x P^x q^{n-x}(x=0,1,2,\cdots,n) \tag{4-2}$$
$$P(0)=(1-P)^n$$
$$P(1)=\frac{nP}{1-P}P(0)$$
$$P(2)=\frac{(n-1)P\cdot P(1)}{2(1-P)}$$

式中：$P(x)$——n 次观测中到达车辆数为 x 的概率；

n——观测次数，为正整数；

P——在一次观测中到达一辆车的概率，$P=\frac{\lambda t}{n}$；

q——在一次观测中没有一辆车到达的概率，$q=1-P$。

(3)负二项分布

$$P(x)=\frac{(x+K-1)!}{(K-1)!x!}P^K q^K \tag{4-3}$$
$$P(0)=P^K$$
$$P(2)=\frac{(K+1)q}{2}P(1)$$

式中：x——在观测到达第 K 辆车之前，未到车辆的观测周期数，$K+x$ 为总观测周期数；

$P(x)$——要求车辆到达数为 K 的频率为 P 时，未到车辆观测周期所出现的概率；

K——观测周期车辆到达数，为正整数；

P——观测周期中车辆到达数的频率，$P<1$；

q——观测周期中车辆未到达数的频率。

从交通安全的角度考虑监控系统规模，主要是在一定的置信度下，车辆不会发生尾撞与超车引起侧撞(超车距离不够，前导车减速或制动，来不及回到右车道)。因此，车辆的到达时间间隔应小于某一最小安全时间间隔 T，其可按下式计算：

$$T=t_{i1}+\frac{t_{i2}}{z}+\frac{3.6v_i}{254(\varphi\pm i)}-\frac{3.6v_{i-1}^2}{254(\varphi\pm i)v_i}+\frac{3.6l_i}{v_i} \tag{4-4}$$

式中：t_1——驾驶员的反应时间；

t_2——制动器作用时间；

v_i——前导车速度；

v_{i-1}——后车速度；

l_i——前后车的初始距离；

φ——路面附着系数；

i——道路纵坡。

由于驾驶员的反应时间为 0.3～1.0s，制动器作用时间为 0.2～0.9s，若略去 t_2'，则：

$$t_1+\frac{t_2}{2}=(0.4\sim1.45)\text{s} \tag{4-5}$$

当 $v_i=v_{i-1}$ 时：

$$T = t_1 + \frac{t_2}{2} + \frac{3.6}{v_i} l_i \tag{4-6}$$

取 $l_i=5$m，这时，不同速度时的 T 如表 4-1 所示。

最小安全间隔 T 表 4-1

v	10	15	20	25	30	35	40	45	50	55	60	65	70
v_i/v	1.8	1.2	1.9	0.72	0.6	0.51	0.45	0.4	0.36	0.33	0.3	0.28	0.26
T	2.2～3.25	1.6～2.65	1.3～2.35	1.12～2.17	1～2.05	0.91～1.96	0.85～1.90	0.8～1.85	0.76～1.81	0.73～1.81	0.7～1.75	0.68～1.73	0.66～1.71

对于公路隧道，设计车速一般为 80km/h，平均速度应为 30～60km/h，故 T 应为 0.7～2.05s，考虑到小型车通行能力为 1 800veh/h，即平均车头时距为 2s，T 可取 2s，其相当于 2.05s 的 98%，是比较保守的取值。若考虑到在计算 T 时假定了前导车与跟踪车车速相同，而不利的情况是跟踪车车速大于前导车速，故更保守地考虑 T 可取 2.5s。

取置信度为 0.5，即在 ΔT 时间内，95%以上不会有两辆以上车同时到达，这时，不同 Δt 对应的交通量如表 4-2 所示。

置信度为 0.5 的交通量 表 4-2

Δt(s)	1.5	2.0	2.5	3.0	3.5
交通量(veh/h)	925	700	550	475	400

设高峰小时系数为 k，以 AADT 表示日平均交通量，Q 表示高峰小时交通量，则：

$$\text{AADT} = Q/k \tag{4-7}$$

若取 $\Delta t=2$，$k=0.12$，则 AADT＝5 833veh/d。

也就是说，一般情况下，单向日平均交通量小于 5 833veh/d 时，从不发生尾撞事故，没有必要设置交通监控系统。若取 $\Delta t=2.5$s，则 AADT＝4 583veh/d。图 4-1 所示为交通量和时间之间的关系图。

4.2.3 公路隧道监控系统配置方法研究

4.2.3.1 环境信息采集系统

环境信息包括能见度、CO 浓度、风速风向和亮度 4 项内容，其目的是为了了解隧道的实时环境情况是否满足规范要求，为驾乘人员提供良好的行车环境。环境信息检测设备包括能见度检测仪、CO 浓度检测仪、风速风向检测仪和亮度检测仪。隧道环境状况与交通量、隧道长度、车速和交通组成有关。环境控制工况分为正常交通工况、阻塞工况和火灾工况 3 种情况，因此，环境检测设施布设应同时满足这 3 种工况环境控制的要求。鉴于此，能见度、CO 浓度和风速风向检测设施，应采用分段布设的方法，以车行横通道为界，将每两条车行横通道之间的范围作为一个检测单元，设置一套能见度、CO 浓度和风速风向检测设施。

4.2.3.2 交通信息采集系统

交通信息采集系统应能实时检测隧道中各项交通参数，如车辆数、车速、占有率等。依据国外交通监控系统经验，在隧道中合理的检测器布设间距为 300～750m。

4.2.3.3 应急电话系统

国际路协(PIARC)于 1983 年建议都市地区高交通量隧道每 50m 设一台应急电话，山区长隧道则每 300m 设一台，日本及法国均采用 200m 间隔设置标准，瑞士及德国以 150m 为设置标准，奥地利设置间距为不大于 250m。我国目前采用 200～300m 间隔为设置标准。在总长不足 200m 的隧道中不设应急电话。

4.2.3.4　闭路电视监视系统

目前，隧道闭路电视系统均采用对隧道全部路段进行完全的可视性监视。国内标准规定摄像机间距为100～150m，而国外一般为200m，并结合隧道线形考虑具体间距，事实上，间距取决于摄像机的焦距和隧道线形（下面的内容将详细说明这一点），间距过短，不仅增加了成本，而且带来维护量的增加，更换设备将阻碍交通。此外，当CCTV和视频车辆检测相结合时，需考虑功能要求，当交通量小时，仅将进出口的摄像机信号送入视频处理器即可，这时仅用于交通信息统计，当要检测交通异常时，应根据交通量确定间距，一般不应大于750m，当要检测火灾时，则应将所有摄像机信号传输给视频处理器，进行无盲区检测。

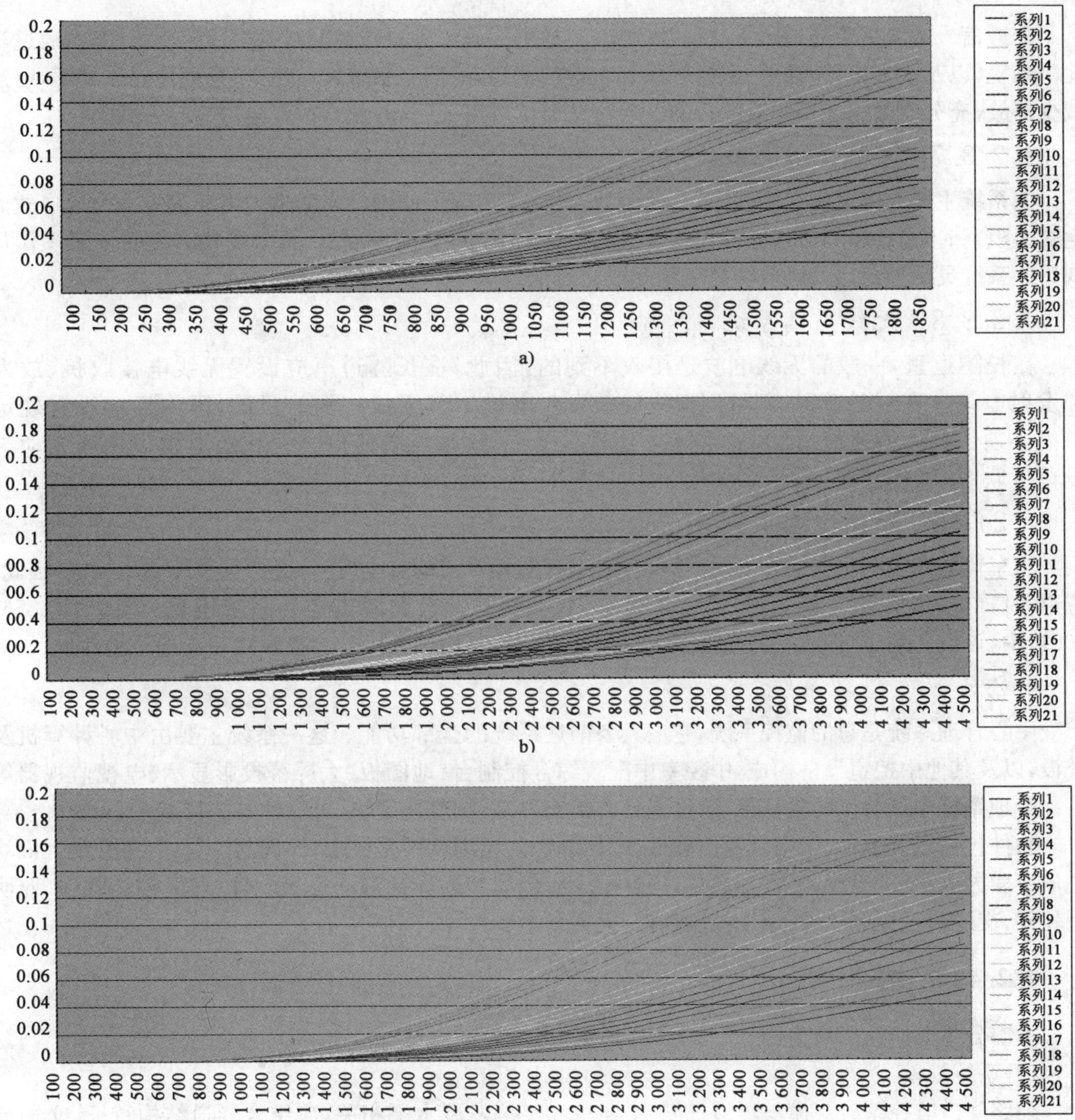

图4-1　交通量—时间关系图

a)两车道；b)三车道；c)四车道

4.2.3.5 火灾自动报警系统

目前,国内采用的火灾自动报警设备有光纤传感器、热敏合金线传感器、双波长火焰传感器、感温电缆传感器、紫铜管传感器5种。国内的实践证明,紫铜管传感器不适应国内隧道火灾检测。在实体隧道中,对光纤传感器、热敏合金线传感器、双波长火焰传感器和感温电缆传感器做了报警试验,试验表明:①双波长火焰探测器报警位置准确,报警时间为20s左右;②感温传感器与双波长火焰探测器报警时间差不多;③对比试验表明,热敏合金线传感器报警时间最短,这类传感器对各类火灾都能报警,但由于隧道内有风,存在报警位置可能不准确的现象,就光纤传感器和热敏合金线传感器而言,前者不设下位机,当隧道太长时,可分为几个段落设置。

4.2.3.6 交通信号系统

交通信号系统用于隧道正常交通及火灾、交通事故施工等特殊情况时的交通控制,计算机通过车辆检测系统,以及火灾报警、通风、照明等系统获得的信息,对信号系统发布指令,合理地控制交通,可达到减少事故,充分有效地使用隧道的目的。通过交通信号可关闭、开放或改变隧道运行方式。

4.2.3.7 有线广播系统

该系统主要在隧道内车辆阻塞、交通事故、火灾等情况下使用。当隧道内由于火灾或交通事故而发生交通阻塞时,监控中心必须立即组织灭火或指挥疏导车辆、治理混乱、抢救受伤人员。值班操作员可利用此系统灵活地传递公路养护施工状况或交通信息。

4.2.3.8 无线广播系统

在长隧道里,一般的无线电波是接收不到的,因此,在长隧道里应设置无线电接收机、放大器和发射电缆。在短隧道里,则可用天线代替发射电缆进行无线广播。目前,国内标准没有规定隧道内必须保证无线通信,且大多数情况下都不设,一般是无线通信公司在隧道建设期间主动与建设单位联系,以便共建。

4.2.3.9 超高检测系统

当车辆的高度超过隧道净高时,不仅会影响到车辆本身的安全,还将会严重破坏隧道设施,因此,在隧道入口前应设有超高检测器,以便加以管制。在《高速公路隧道监控系统模式》(GB/T 18567—2001)中,该设备属于可选设备,在隧道入口处设置。超高检测器可分为机械式和自动检测两种。

4.2.3.10 管理系统

中心管理系统是总的监控系统,它应具备前述系统的全部功能。这一系统主要由中心计算机及其外设,以及其他中控室设备构成,中控室中配置综合控制台、地图板、大屏幕投影显示、电视监视器等设备。管理系统中最关键的是软件,软件应具有扩充容易,响应速度快,可靠性高的特点。

软件包括系统软件、网络及通信软件、应用软件。应用软件是核心,界面需汉化,人机交换界面均为图形界面方式,要求美观、易管理操作,内容至少应包括交通异常自动检测软件、通风控制软件、照明控制软件、交通信号控制软件、速度控制软件、火灾预案软件等。

4.2.4 小结

本部分主要研究成果为:

(1)系统规模

公路隧道监控系统规模与隧道长度、交通量和经济发展水平相关,应结合隧道结构特征、交通流特征和交通组成特征,确定安全系数(即置信水平),寻找安全与经济这间的平衡点,对于单向交通隧道,当交通量小于700veh/h时,监控策略应以监视为主。

(2)系统配置方法

系统配置应采用功能设计法,按照系统功能要求确定系统设施,关键功能应有冗余;系统设施布设应采用分段设计的思想，将两个车行横洞之间的范围作为一个监控单元，设置监控设施，以满足正常工况与火灾况的运营要求；系统集成应按照系统可靠度的要求，确定结构形式（串联结构、并联结构或混合结构）。

4.3 公路隧道交通控制技术研究

4.3.1 概述

本部分研究内容主要包括以下两个方面：①交通异常自动检测算法研究；②隧道交通控制方法研究。

4.3.2 公路隧道交通流调查与分析

课题组对成渝高速公路中梁山隧道、缙云山隧道就正常交通和异常交通进行了调查。调查采用录像法，根据录像资料进行计算机处理与分析。主要结论如下：

(1)交通量具有一个普遍规律：出口交通量＞入口交通量＞隧道交通量，交通量出现峰值的时间具有延迟性，一般顺序是入口—隧道—出口。

(2)在交通异常情况下，异常发生时，车速下降，异常解除后，车速开始上升。

(3)异常交通每分钟到达车辆数呈负二项分布。

(4)入口地点速度小于出口地点速度。

4.3.3 交通异常自动检测算法研究

误报率、检测率和检测时间是评价算法优劣的 3 个指标，但一般都难以测算，除非有专门的模拟程序，故一般可用检测参数、滤波方法、预测方法和算法原理来评价算法的好坏。因此，检测参数的选取、滤波方法和预测方法的研究，是交通异常自动检测算法研究的重点。

4.3.3.1 交通参数选择

1)影响交通参数选择的因素

表 4-3 给出了目前常用的几种算法所采用的交通参数。

几种常用算法交通参数表　　表 4-3

项　目	交通流量	速　度	密　度	占有率
指数平滑法	√＊	√＊	√＊	√＊
加利福尼亚法				√
HIOCC 法				√
互相关法			√	
简化的卡尔曼滤波法	√			
灾变法		√		√

注：√＊表示选择任意一个。

由表 4-3 可见，在这些参数中，以占有率应用最为广泛，交通量与速度次之，密度由于难以检测而应用较少；采用一个变量作为交通参数的较多，采用两个或多个变量作为交通参数的较少。

究竟采用哪个或哪几个变量作为交通参数，应从多方面去考虑，采用一个变量作为交通参数最经济，但可靠性较差，例如，数据遗失或失真；不同的变量在反映交通流变化时的能力不同，因此，应对交通变量对交通流变化的敏感性进行分析。

综上所述，选择交通参数，主要应考虑：①参数的敏感性；②系统的可靠性。

2)参数的敏感性分析

参数的敏感性是相互比较而言的。

设有一时间序列 X，$X=\{x(1),x(2),\cdots,x(n)\}$，序列 X 的算术平均值 $\bar{x}_t$、方差 σ_x^2、调和中项 $\bar{x}_a$ 及

均值 $\overline{x}$ 与 $\overline{x}_s$ 的关系分别如式(4-8)～式(4-11)所示。

$$\overline{x}_t=\sum_{i=1}^{n}x(i)/n \tag{4-8}$$

$$\sigma_x^2=\sum_{i=1}^{n}(x(i)-\overline{x}_t)^2/n \tag{4-9}$$

$$\overline{x}_a=n/(\sum_{i=1}^{n}1/x(i)) \tag{4-10}$$

$$\overline{x}_s=\overline{x}_t-\sigma_x^2/\overline{x}_t \tag{4-11}$$

(1)占有率与速度的敏感性比较

设有 n 个采样间隔，每次采样的交通流量 Q、时间平均速度 V_t，空间平均速度 V_s、占有率 O_{ct}、密度 K 的时间序列分别为：

$$Q=\{q(1),q(2),\cdots,q(n-1),q(n)\}$$

$$V_t=\{v_t(1),v_t(2),\cdots,v_t(n-1),v_t(n)\}$$

$$V_s=\{v_s(1),v_s(2),\cdots,v_s(n-1),v_s(n)\}$$

$$O_{ct}=\{o_{ct}(1),o_{ct}(2),\cdots,o_{ct}(n-1),o_{ct}(n)\}$$

$$K=\{k(1),k(2),\cdots,k(n-1),k(n)\}$$

设第 i 个间隔有 $m(i)$ 辆车，第 j 辆车的速度为 $s(j)$，从而有

$$v_t(i)=\sum_{j=1}^{m(i)}s(j)/m(i) \tag{4-12}$$

①占有率。设采样间隔长为 T，对于通过型检测器，根据占有率定义有：

$$o_{ct}(i)=[\sum_{j=1}^{m(i)}L_j/v_s(j)]/T \tag{4-13}$$

式中，L_j 为第 j 辆车的车长。

设 L 为平均车辆长度，ΔL_j 为 L_j 与 L 之差，则有：

$$o_{ct}(i)=[L\sum_{j=1}^{m(j)}1/v_s(j)]/T+[\sum_{j=1}^{m(j)}\Delta L_j/s(j)]/T \tag{4-14}$$

假设 1：$[\sum_{j=1}^{m(j)}\Delta L_j/s(j)]/T=0$，则：

$$o_{ct}(i)=[L\sum_{j=1}^{m(j)}1/s(j)]/T \tag{4-15}$$

由式(4-9)可得：

$$\sum_{j=1}^{m(i)}1/v_s(j)=m(i)/v_s(i) \tag{4-16}$$

把式(4-16)代入式(4-15)可得：

$$o_{ct}(i)=L\times q(i)/v_s(i) \tag{4-17}$$

由于：

$$q(i)=k(i)\times v_s(i) \tag{4-18}$$

故式(4-8)又可写作：

$$o_{ct}(i)=L\times k(i) \tag{4-19}$$

设 n 个间隔的平均占有率为 $\overline{O}_{ct}$，平均密度为 $\overline{K}$，从而有：

$$\overline{O}_{ct}=L\times\overline{K} \tag{4-20}$$

②速度。假设 2：

$$\frac{v_t(i)}{\overline{V}_t}=\frac{\sigma_t(i)}{\sigma_t} \tag{4-21}$$

$$\frac{v_s(i)}{\overline{V}_s}=\frac{\sigma_s(i)}{\sigma_s}$$

其中：

$$\sigma_t(i)=\sum_{j=1}^{m(i)}\{[S(j)-v_t(j)]^2/m(i)\}^{1/2} \tag{4-22}$$

(4-23)

式中，$\bar{V}_t$ 为 n 个时间间隔的时间平均速度，根据式(4-11)、式(4-21)可推出：

$$\frac{v_t(i)}{\bar{V}_t}=\frac{v_s(i)}{\bar{V}_s} \tag{4-24}$$

式中，$\bar{V}_s$ 为 n 个时间间隔的空间平均速度。

③敏感性分析。设前 $n-1$ 个间隔没有异常，第 n 个采样间隔有异常发生，构造如下变量：

$$R(O_{ct},V_t)=\frac{[o_{ct}(n)/\bar{O}_{ct}]}{[v_t(n)/\bar{V}_t]}=\frac{[k(n)\cdot L/\bar{K}\cdot L]}{v_s(n)/\bar{V}_s}=\frac{k(n)\cdot\bar{V}_s}{\bar{K}\cdot v_s(n)} \tag{4-25}$$

显然，若 $R(O_{ct},V_t)<1$，则异常发生时占有率参数比速度参数敏感，若 $K(Q_{ct},V_t)=1$，则二者等效，否则，速度参数比占有率参数敏感。

由式(4-19)～式(4-21)及式(4-24)可得：

$$R(O_{ct},V_t)=\frac{q(n)\cdot\bar{V}_s^2}{\bar{Q}\cdot {v_s}^2(n)} \tag{4-26}$$

由式(4-19)，式(4-26)又可写作：

$$R(O_{ct},V_t)=\frac{k(n)\cdot\bar{V}_s}{\bar{K}\cdot v_s(n)} \tag{4-27}$$

当异常发生时，密度将增加，而车速将下降，这正如 Hall 等人在分析了美国 Burlington 高速公路 30s 交通流数据后所指出的那样，“当异常发生时，占有率从非阻塞区移到高密阻塞区，在占有率过渡期间(约 1min)，速度有一个突然的下降(20～50km/h)”，因此，$v_s(n)<\bar{V}_s$，$k(n)>\bar{K}$，故式(4-27)大于1，从而，在异常发生期间，占有率参数更敏感。

(2)交通量与占有率的敏感性比较

$$R(O_{ct},Q)=\frac{[o_{ct}(n)/\bar{O}_{ct}]}{[q(n)/\bar{Q}]} \tag{4-28}$$

由式(4-23)、式(4-24)、式(4-28)可得：

$$R(O_{ct},Q)=\frac{k(n)\cdot\bar{Q}}{q(n)\bar{k}} \tag{4-29}$$

由式(4-22)，式(4-29)又可写作：

$$R(O_{ct},Q)=\frac{\bar{V}_s}{V_s(n)} \tag{4-30}$$

当异常发生时，由于 $v_s(n)<\bar{V}_s$，故 $R(O_{ct},Q)>1$，从而，在异常发生期间，交通量参数比占有率参数更敏感。

综合以上分析可知，在异常发生期间，交通量参数最敏感，占有率次之，速度参数最不敏感，因此，从参数的敏感性与异常检测算法的可靠性考虑：

(1)当交通异常检测系统配有闭路电视(CCTV)时，对于检测器自身故障而无法收集到交通信息，或交通参数失真而引起系统异常检测故障的情况，由于可通过 CCTV 监视道路上的交通营运状态，故从经济性考虑，可选择单参数进行异常检测。

(2)当交通异常检测系统没有配置闭路电视(CCTV)时，从系统的可靠性角度考虑，应采用多参数进行异常检测，根据不同交通参数的敏感性，赋予其不同的权值，以便进行综合评判。

3)检测器间距确定

影响检测器间距的因素主要有期望的检测时间、交通量及车流平均速度，当异常发生时，下游将形成扩展波，上游将形成冲击波，冲击波将向异常地点的上游发展，其强度取决于异常的严重性、横向位置、环境与几何条件。

设交通量为 Q(veh/s)，车流平均速度为 V(m/s)，以下标 1 代表异常发生前，下标 2 代表异常发生后，两个相邻检测站间间距为 L_d(m)，异常发生时，离上游检测站的距离为 x(m)，异常发生后 T_d(s)冲击波和扩展波传播到上游和下游检测站，根据交通流理论，冲击波波速 V_w 为：

$$V_w = \frac{Q_1 - Q_2}{Q_1/V_1 - Q_2/V_2} \tag{4-31}$$

令：

$$Q_2 = \gamma \times Q_1 \tag{4-32}$$

$$V_2 = \beta \times V_1 \tag{4-33}$$

当 $\beta \neq 0$ 且 $\gamma/\beta \neq 0$ 时，式(4-31)又可写作：

$$V_w = \frac{1-\gamma}{1-\gamma/\beta} \cdot V_1 \tag{4-34}$$

对单车道情况，若车辆抛锚，则车道将完全堵塞，设阻塞密度为 K_j，则式(4-31)可写作：

$$V_w \frac{Q_1}{Q_1/V_1 - K_j} \tag{4-35}$$

异常车的前导车在 T_d 内的行程为：

$$X_1 = V_1 \times T_d \tag{4-36}$$

当 $V_w < 0$ 时，将形成阻塞，冲击波以 V_w 的速度相对于车行道向上游传播，在 T_d 内的行程为：

$$X_2 = V_w \times T_d \tag{4-37}$$

当 $V_w \geqslant 0$ 时，将不形成阻塞。

无论算法采用单截面法还是双截面法，只要上游或者下游检测站检测到交通流参数的变化，算法都将对异常作出响应，最不利的情况是异常车位于两个相邻检测站的中间，从而，检测站间隔最大值为：

$$L_d = 2 \times \max(X_1, X_2) \tag{4-38}$$

目前，国外的算法所适用的检测站间的间距为 500～5 000m，按照上式确定检测站间距，首先需计算 X_1 和 X_2，其受到车流的平均速度、交通量、交通参数对异常时交通状态的反应时间 T_d 的影响，对于多车道情况，当交通量小时，即使发生异常，堵塞了一条车道，也不会发生阻塞，检测站间距受正常交通时车流的平均速度制约；当交通量较大或单车道情况下，异常发生时，若 $V_w < 0$ 且其绝对值大于正常交通时车流的平均速度，则检测站间距由冲击波波速来确定，由于一般要求在异常发生后 3min 左右内应检测出异常，因此，参数 T_d 可取为 1.0min(假设采样间隔长为 30s，算法在异常发生后平均两个采样间隔里作出响应)；参数 V_1 对确定检测站间的间距影响很大，比较保守的设计是取接近阻塞状态时车流的平均速度，例如，取 $V_1 = 40$km/h，则检测站间的间距可大致确定为不大于 1.3km。

4.3.3.2　滤波

滤波是从包含着误差(意味着干扰、噪声)的数据(或信号)中提取需要的信息。在交通异常检测中，数据的不准确性会使信号异常，妨碍检测，或形成类似异常的交通模式，引起误报；此外，由于交通并不是“同质”过程，未处理的交通数据短期的非同质性，常常类似于异常模式，数据滤波可以滤掉不合理的波动，使异常检测算法免于把这些随机波动信号作为异常。目前，在交通异常检测中常用的滤波器都是线性滤波器，主要有低通(Low-Pass)滤波器(LP)与卡尔曼滤波器。低通滤波器显然不能满足工程需要，卡尔曼滤波器则存在稳定性问题。根据长期的经验，可以通过较好地确定初值，在工程应用中得到解决；对于老化缺陷，可以通过建立自适应滤波——这也是目前系统控制中应用与探讨的一个热门领域，而得到解决，或者通过改变滤波增益矩阵的计算方法，如“冻结”增益矩阵、对协方差矩阵进行加权、采用与卡尔曼滤波器原理相同的平方根滤波器，如波特滤波器、协方差因子分解滤波器等，来避免滤波发散问题，本课题则提出了新型的滤波器——幂函数滤波器。

由于需确定噪声特性与状态转移矩阵，因此，有必要探讨新型的滤波器。

(1)幂函数滤波器的基本形式

设 n 次采样的时间序列 X 为：

$$X = \{x_1, x_2, \cdots, x_n\} \tag{4-39}$$

X 的滤波序列为 Y：

$$Y = \{y_1, y_2, \cdots, y_n\} \tag{4-40}$$

第 i 个采样间隔的滤波值为：

$$y_i = [\frac{1}{k}\sum_{j=i-k+1}^{i} x_j^{\alpha}]^{1/\alpha} \tag{4-41}$$

或：

$$y_i = \left[y_{i-1}^{\alpha} + \frac{1}{k}(x_i^{\alpha} - x_{i-k}^{\alpha})\right]^{1/\alpha} \tag{4-42}$$

显然，式(4-39)可看作 x_i 的滤波值等于 x_{i-1} 的滤波值的 α 次方，加上 x_i^{α} 与 x_{i-k}^{α} 之差与一个权系数 β 之积，然后再开 α 次方，故式(4-42)又可写作：

$$y_i = [y_{i-1}^{\alpha} + \beta(x_i^{\alpha} - x_{i-k}^{\alpha})]^{1/\alpha} \tag{4-43}$$

由式(4-43)可见，幂函数滤波器是非线性形式的滤波器，i 时刻滤波值与 $i-1$ 时刻的滤波值、$i-k$ 时刻的采样值相关，受两个参数 α 与 β 的制约，β 反映了 i 时刻的采样值相对 $i-k$ 时刻的采样值的变化所采用的权重，α 反映了对各相关因素所采用的综合权重，采用两个参数，使得其更能反映数据结构的变化及其相互关系，当 $\alpha=1, k=1$ 时，幂函数滤波器类似于单指数平滑滤波器。

(2)参数取值对滤波值的影响

参数 β 对 y_i 的影响，取决于第 i 个采样间隔采样值与第 $i-k$ 个采样间隔采样值间的关系，这可由式(4-41)，y_i 对 β 求偏导看出：

$$\frac{\partial y_i}{\partial \beta} = \frac{1}{\alpha} \cdot y_i^{1-\alpha} \cdot (x_i^{\alpha} - x_{i-k}^{\alpha}) \tag{4-44}$$

参数 α 对 y_i 的影响，主要取决于数据结构的形式，也就是数据间的相互关系，这可从式(4-45)看出(y_i 对 α 求偏导)：

$$\frac{\partial y_i}{\partial \beta} = \frac{y_{i-1}^{\alpha}\ln(y_{i-1}) + \beta[x_i^{\alpha}\ln(x_i) - x_{i-k}^{\alpha}\ln(x_{i-k})] - y_i^{\alpha}\ln(y_i)}{\alpha \cdot y_{i-1}^{\alpha}} \tag{4-45}$$

(3)结论

①若 $x_i > x_{i-k}$，则 y_i 随着 β 的增大而增大，若 $x_i < x_{i-k}$，则 y_i 随着 β 的增大而减小。这是因为：

若 $\alpha > 0$，当 $x_i > x_{i-k}$ 时，则 $x_i^{\alpha} - x_{i-k}^{\alpha} > 0$，从而，式(4-44)$>0$，$y_i$ 随着 β 的增大而增大；当 $x_i < x_{i-k}$ 时，则 $x_i^{\alpha} - x_{i-k}^{\alpha} < 0$，从而，式(4-44)$< 0$，$y_i$ 随着 β 的增大而减小。

若 $\alpha < 0$，当 $x_i > x_{i-k}$ 时，则 $x_i^{\alpha} - x_{i-k}^{\alpha} < 0$，从而，式(4-44)$>0$，$y_i$ 随着 β 的增大而增大；当 $x_i < x_{i-k}$ 时，则 $x_i^{\alpha} - x_{i-k}^{\alpha} > 0$，从而，式(4-44)$< 0$，$y_i$ 随着 β 的增大而减小。

②幂函数滤波器对信息的采用，不是使用所有的已知信息，而是采取了"取头取尾"的方法，具有"遗忘"性，以某一基值 y_m^{α} 反映数据的趋势量，以 m 个"尾"数据与 m 个"头"数据的差异反映数据的趋势变化量，m 越大，说明数据趋势变化越复杂。

③当数据结构变化不大时，趋势变化量受 β 的影响不大，从而，若主要关心数据结构是否有变化时(对异常检测尤其如此)，可采用较大的 β 值，以加大趋势变化量的权重；当主要关心数据的趋势量(采样值减去噪声)时，应取较小的 β 值。

④参数 α、β 选取不同的值，幂函数滤波器可以成为低通滤波器或中值滤波器。

⑤改变参数 k，可以由滤波值发现数据结构的变化。

⑥一般地，滤波值随着 α 的增大而增大。

4.3.3.3　预测

在此，主要研究灰色系统的新型生成方法与预测方法。

对于灰色预测，类加生成与背景值选取是灰色系统理论的两个关键方法与步骤。类加生成提高了数据的利用率，这与时间序列参数的极大熵谱估计方法基本上是异曲同工的；均值生成是对新息与老息赋予同一权重，不同于时间序列的指数平滑法重老息而轻新息，卡尔曼滤波法新息与老息的权重取决于噪声特性。

类加生成是一种数据处理手段，灰色系统理论认为，反映事物本质的特征量，其统计数据既含有确切信息，又含有未知信息，按照灰色系统理论探讨事物发展的内在规律，是通过对历史数据求和(类加生成)、建立灰微分方程、白化、参数识别等来实现。类加生成的目的是突出统计数据，反映事物的规律性，降低随机性，从而探讨事物的发展规律，作为一种数据处理手段，其应具有非唯一性。基于此，本文提出指数生成法与对数生成法，以更好地突出统计数据，反映事物的规律性，而降低随机性。

1)灰色系统的新型生成方法

(1)指数生成法

定义 4：序列 $x^{(0)}$ 在 k 时的一次指数类加生成为：

$$x^{(1)}(k)=\sum_{m=1}^{k}[x^{(0)}(m)]^{q} \tag{4-46}$$

式中，q 为参数，与之相对应的一次指数类减生成为：

$$x^{(0)}(k)=[x^{(1)}(k)-x^{(1)}(k-1)]^{1/q} \tag{4-47}$$

(2)对数生成法

定义 5：序列 $x^{(0)}$ 在 k 时的一次对数类加生成为：

$$x^{(1)}(k)=\sum_{m=1}^{k}\ln[x^{(0)}(m)] \tag{4-48}$$

与之相对应的一次对数类减生成为：

$$x^{(0)}(k)=\exp[x^{(1)}(k)-x^{(1)}(k-1)] \tag{4-49}$$

以上两种生成方法与邓聚龙教授提出的生成方法的不同之处在于，在对原始数据加工再利用时，邓先生的类加生成法对每个原始数据赋予相同的权重，而对数类加生成法与指数类加生成法对每个数据所赋予的权重是以该数据的大小为基础，前者是指数类加生成法 $q=1$ 的特例；对数类加生成法要求每个原始数据大于零，而邓先生的类加生成法只要求原始数据非负即可。

2)基于新型生成方法的预测方法

通过对原始数据进行类加生成，使得有限的原始数据信息得到浓缩与升华，更突出了其规律性，降低了其随机性。不同的类加生成方法，只是对原始数据的处理手段不同，而对灰色系统理论建模所要求的有关条件并未发生改变，但对事物发展的规律性以及未来发展变化的范围能得到更广阔与深刻的了解，因而，在此仅以 GM(1,1)模型为例，说明两种生成方法对参数的估计公式。

设生成序列 $x^{(1)}$ 满足 CM(1,1)模型，背景值取 $z^{(1)}$，即

$$z^{(1)}(k)=0.5[x^{(1)}(k)+x^{(1)}(k-1)]$$

通过最小二乘法辨识参数 a、b，以差分代替微分，且因等间隔取样，$\Delta t=1$，故有：

$$\Delta x^{(1)}(k)/\Delta t=\Delta x^{(1)}(k)$$

即：

$$\Delta x^{(1)}(k)/\Delta t=x^{(1)}(k)-x^{(1)}(k-1) \tag{4-50}$$

(1)指数生成法

根据指数生成法的定义有：$\Delta x^{(1)}(k)/\Delta t=[x^{(0)}(k)]^{q}$

可写作：

$$\begin{bmatrix}[x^{(0)}(2)]^{q}\\ [x^{(0)}(3)]^{q}\\ \vdots\\ [x^{(0)}(n)]^{q}\end{bmatrix}=\begin{bmatrix}-z^{(1)}(2) & 1\\ -z^{(1)}(3) & 1\\ \vdots & \\ -z^{(1)}(n) & 1\end{bmatrix}\cdot\begin{bmatrix}\bar{a}\\ \bar{b}\end{bmatrix}$$

令：

$$Y_n = \{[x^{(0)}(2)]^q, [x^{(0)}(3)]^q, \cdots, [x^{(0)}(n)]^q\}^{\mathrm{T}} \tag{4-51}$$

$$B = \begin{bmatrix} -z^{(1)}(2) & 1 \\ -z^{(1)}(3) & 1 \\ \vdots & \\ -z^{(1)}(n) & 1 \end{bmatrix} \tag{4-52}$$

从而有：

$$\begin{bmatrix} \bar{a} \\ \bar{b} \end{bmatrix} = (B^{\mathrm{T}}B)^{-1}B^{\mathrm{T}}Y_n \tag{4-53}$$

式中，$\bar{a}$、$\bar{b}$ 为参数 a、b 的估计值。

(2)对数生成法

同理，令：

$$Y_n = \{\ln[x^{(0)}(2)], \ln[x^{(0)}(3)], \cdots, \ln[x^{(0)}(n)]\}^{\mathrm{T}}$$

则对数生成法的参数 a、b 亦可用式(4-53)来估计。

(3)GM(1,1)的解

GM(1,1)的解的通式可表示为：

$$\overline{x^{(1)}}(k) = c \cdot \exp(-\bar{a} \cdot k) + \bar{b}/\bar{a} \tag{4-54}$$

式中，c 为待估参数；$\overline{x^{(1)}}(k)$为序列 $x^{(0)}$一次生成序列 $x^{(1)}$ 的模型计算值。

令：

$$S = \sum_{i=1}^{n}[x^{(1)}(i) - \overline{x^{(1)}}(k)]^2$$

显然，c 的优化值$\bar{c}$ 的条件为 $\mathrm{d}S/\mathrm{d}c = 0$，从而有：

$$\bar{c} = \frac{\sum_{i=2}^{n} x^{(1)}(i) \cdot \exp(-\bar{a} \cdot k)}{\sum_{i=2}^{n} \exp(-\bar{a} \cdot k)} \tag{4-55}$$

由指数生成法与对数生成法的定义，还原后的模型计算值$\overline{x^{(0)}}$为：

①指数生成法

$$\overline{x^{(0)}}(k) = \{\bar{c} \cdot [\exp(-\bar{a} \cdot k) - \exp(-\bar{a} \cdot (k-1))]\}^{1/q} \tag{4-56}$$

②对数生成法

$$\overline{x^{(0)}}(k) = \exp\{\bar{c} \cdot [\exp(-\bar{a} \cdot k) - \exp(-\bar{a} \cdot (k-1))]\} \tag{4-57}$$

4.3.3.4　阈值确定

1)样本量的确定

(1)从预测方法考虑

本文主要应用灰色理论和时间序列进行预测。

由于两点确定一条直线，三点定圈，故按照灰色理论的 GM(1,1)模型进行预测，则样本量应不小于 4，若考虑二阶 GM 模型，则样本量应不小于 5。

Samir A. Ahmaed 和 Allen R. Cook 曾采用时间序列法的 ARIMA(0,1,3)模型进行交通参数预测，考虑到在我国道路上，车型种类多，车辆性能差异大，交通流复杂的特点，应采用更复杂的 ARIMA 模型预测，因而，样本量应不小于 7。若考虑模型考核或者自适应滤波，则样本量应不小于 50。

综上所述，从预测方法考虑，样本量应不小于 7。

(2)从检测方法考虑

由于应在异常发生后 3min 内将异常检测出来，故仅考虑样本中最多含有两个异常值的情形，表 4-4 给出上述检测方法对样本量的要求。

不同异常值检测方法样本量范围　　表 4-4

序号	统计量		单个	两个	备注
1	Grubbs 统计量		≥3	10～20	n>20 后临界值变化不大
2	Dixon 统计量		3～25	3～25	
3	离差平方和统计量		3～25	3～25	
4	极差统计量		2～20		n>20 后临界值变化不大
5	偏态统计量 B_1		≥5		
6	峰态统计量 B_2		≥7	≥20	
7	统计量 L_k		≥4	≥5	
8	统计量 E_k		≥4	≥5	
9	样本分位值法	A_n、A_1	6～27	6～27	
		MAS		6～27	

2)相对阀值

相对阀值是指所构造的检测交通参数值随机变化的统计量的临界值，其大小取决于参差的分布形态与所选取的显著水平的大小。

(1)分布检验 x

前述异常检测方法是建立在参差服从正态分布的基础上，因此，要确定阀值应先对参差的分布形态进行检验，当参差不服从正态分布时，再进行特殊处理。

检验样本是否服从正态分布的方法很多，日本学者竹内启与藤野和建于 1975 年，奥野中一于 1976 各发表了一篇报告，对于几种主要的正态性检验方法，用若干典型的非正态分布进行了大量的模拟试验，比较了各种方法的检验功效，结论是：偏态、峰态检验和夏皮罗检验最为有效，偏态、峰态检验要求大样本，否则效果不好，此外，该方法的计算量也较大，而正态性检验的夏皮罗—威尔克(Shapiro-Wilk)法对样本量没有要求，用小样本也能得到较好效果，并且计算简便，故本文采用该方法。

夏皮罗检验的原理是：

设 $x_1,x_2,\cdots,x_{n-1},x_n$ 是来自正态总体 N(0,1)的随机样本，X_0 是 X 自小到大的顺序统计量，即：

$$X_0 = \{x(1),x(2),\cdots,x(n)\}$$

又，$E[x(i)]=m(i),1\leqslant i\leqslant n,\mathrm{cov}[(i),\ x(j)]=v_{ij},i\geqslant 1,j\leqslant n$，如果总体服从 $N(\mu,\sigma^2)$ 分布(μ、σ^2 均未知)，$y(1)\leqslant y(2)\leqslant\cdots\leqslant y(n)$ 为它的顺序统计量，那么，$y(i)=\mu+\sigma x(i)$，于是：

$$y(i) = \mu + \sigma m(i) + \varepsilon(i),1 \leqslant i \leqslant n \tag{4-58}$$

式中，$\varepsilon(i)$ 是期望为零的随机变量，在总体服从正态分布成立下，$y(i)$ 与 $m(i)$ 之间应该具有式(4-58)的线性关系，利用这个特点就可进行正态性检验。

具体做法为，构造统计量 W：

$$W=\frac{\left\{\sum_{i=1}^{\frac{n}{2}}a_{n+1-i}[y(n+1-i)-y(i)]\right\}^2}{\sum_{i=1}^{n}[y(i)-\bar{y}]^2} \tag{4-59}$$

若 $W>W(n,\alpha)$，则在显著水平 α 下，样本服从正态分布。

(2)相对阀值

当序列符合正态分布时，相对阀值等于应检测方法的临界值(即置信系数)，当序列不符合正态分布时，应对临界值进行修正。

构造统计量 U：

$$U = |V_d|/\sigma$$

式中，V_d 为参差，σ 为均方差。

设显著水平为 α，置信系数为 K，对于一些常用的已知分布，在 α=0.05 和 α=0.01 时的置信系数如表 4-5 所示。

置信系数表　　表 4-5

分布	正态	三角	直角	椭圆	均匀	反正弦	双三角	未知分布
$\alpha=0.05$	1.96	1.89	2.02	1.76	1.64	1.410	1.378 4	$3.4+C_s$
$\alpha=0.01$	2.58	2.20	2.10	1.98	1.71	1.414	1.407 1	

注：C_s为偏倚系数。

由表 4-5 可见，正态分布置信系数最大，置信系数越大，误报率越低，但同时检测率也随之下降，会发生"判有为无"的错误。在工程上，一般采用$\alpha=0.05$，例如，Samir A. Ahmed 和 Allen R. Cook 的异常检测算法中采用的置信系数为 2，这约相当于$\alpha=0.05$，然而，误报率仍然较高，这可能是因为：

①显著水平偏大；

②序列不符合正态分布，可能是置信系数大于正态分布的其他未知分布；

③预测精度不高，滤波不理想，未能较好地提取趋势项，随机项中含有较大的趋势项分布；

④选择置信系数时，没有考虑样本量的影响。

在这些原因中，对于符合正态分布的序列，原因③、④是主要的，例如，$K=2$ 约相当于$\alpha=0.05$，样本量为 8 时的置信系数，然而，若样本量为 7，则对应的置信系数应为 1.938。

对于不符合正态分布的序列，鉴于误报率较高这一事实，则应取较大的置信系数，这等价于取正态分布时较小的显著水平。

综上所述，置信系数取值如下：

$$K=\begin{cases}E(n,0.05)\text{，序列符合正态分布}\\ [E(n,0.05),E(n,0.01)]\text{，序列不符合正态分布}\end{cases} \tag{4-60}$$

式中，$E(n,\alpha)$是样本量为n，显著水平为α时的临界值。

3)绝对阈值

绝对阈值是区分阻塞与非阻塞状态的临界值，调查表明，非阻塞时的最大占有率约为 25%，车速为 50～70km/h，Fred L. Hall 和 Deanna Barrow 根据实测数据，回归出如下交通量与占有率之间的关系：

$$\ln(Q)=\begin{cases}5.385+0.81371\ln(O_{ct})\text{，晴天}\\ 5.352+0.7969\ln(O_{ct})\text{，雨天}\end{cases} \tag{4-61}$$

式中：Q——交通量，veh/(h·车道)；

O_{ct}——占有率，%。

当实际交通量超过式(4-61)的计算值时，认为交通状态可能处于阻塞状态。

由式(4-61)可见，非阻塞状态时，交通量与占有率之间的关系为指数关系，其是经验公式，该公式的缺陷为没有考虑交通组成、道路设计标准的影响，而这两个因素在我国道路交通中作用尤其突出。表 4-6 的计算结果也表明，该公式不适合于我国的道路与交通情况，因此，需探讨适合于我国道路与交通情况的交通量与占有率之间的关系式。

由于交通量远离阻塞状态时，速度变化不大，当交通量接近阻塞状态时，车速下降较快，故采用德雷克等人提出的正态曲线速度—密度模型，即：

$$V=V_f\cdot\exp\left[-\frac{1}{2}\left(\frac{K}{K_j}\right)\right]^2 \tag{4-62}$$

式中：K——密度；

K_j——阻塞密度。

考虑到密度等于占有率除以常数，从而有：

$$\ln(Q)=\ln\left(\frac{V_f}{L}\right)+\ln(O_{ct})-\frac{1}{2}\left(\frac{O_{ct}}{O_j}\right)^2 \tag{4-63}$$

式中：Q——交通量，veh/s；

V_f——自由车速，m/s；

O_{ct}——占有率；

O_j——阻塞时的占有率；

L——车辆平均长度，m。

若取 $L=10\text{m}$，$V_f=80\text{km/h}$，$O_j=0.40$，则由式(4-63)求得的 O_{ct} 为 25%时的临界交通量为 1 645veh/h。

交通量计算表[veh/(h·车道)]　　　　表 4-6

占有率(%)	5	10	15	20	25
晴天	808	1 420	1 975	2 496	2 944
雨天	761	1 322	1 826	2 297	2 744
百分比(%)	94.18	93.10	92.46	92.03	91.05

4.3.3.5　异常检测算法

异常检测设施的配置不同，系统目标也就不同。当系统配有闭路电视时，系统目标把检测率放在首位，误报率则次之。因为，即使算法有较大的误报率，也可通过闭路电视加以确认，从而充分发挥系统的检测功能与救援保障功能；当系统没有配置闭路电视时，检测率与误报率同等重要，或者误报率更重要。这时，适当降低检测率是可以容忍的，因为，有些次要异常事件即使未能检测出来，关系也不大。

另一方面，由于是否有异常，取决于交通参数是否大于相对阈值，而相对阈值是一定显著水平 α 下的置信系数，例如，统计量超过 $\alpha=0.05$ 时的置信系数，这时，认为有异常，但对 $\alpha=0.01$ 时，则可能认为没有异常；再次，统计量略小于相对阈值，这时，也认为没有异常，若连续几个采样间隔都是如此，则仍然认为没有异常，显然，不考虑统计量与相对阈值的接近程度，是不合适的。最后，按不同的参数进行异常检测，也可能得到不同的结果。图 4-2 所示为异常检测流程图。

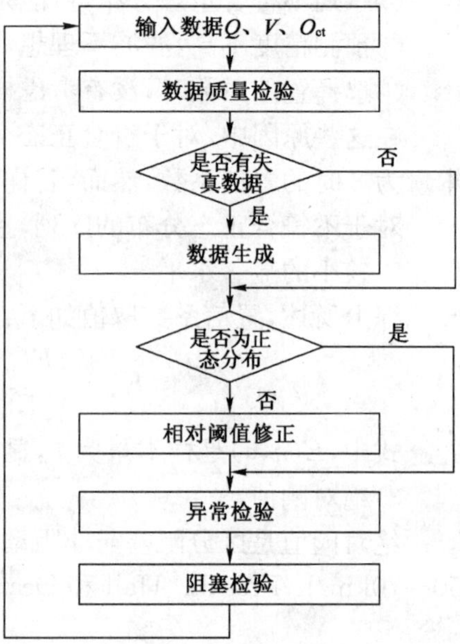

图 4-2　异常检测框图

鉴于此，在异常检测时，应对各种结果进行综合评价，图 4-3 给出了本文提出的组合算法流程图，下面讨论如何进行评价。

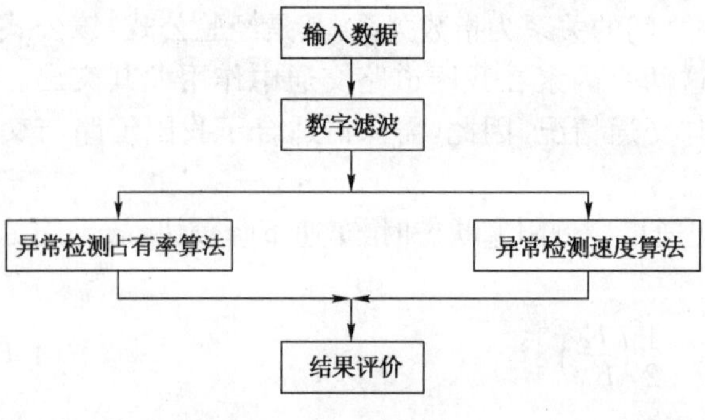

图 4-3　异常检测的组合算法

设统计量为 E_x，相对阈值的下限值为 E_{min}，即，若 $E_x<E_{min}$，则认为没有异常，对 $E_x>E_{min}$ 的情况进行评价，设评语集合为 U：

$$U=\{U_1,U_2,U_3,U_4\} \tag{4-64}$$

或：

$$U=\{\text{无异常},\text{可能有异常},\text{很可能有异常},\text{有异常}\} \tag{4-65}$$

设因素集为 V，考虑两个因素——速度(V_1)与占有率(V_2)，即：

$$V=\{V_1,V_2\} \tag{4-66}$$

设因素 V_1 在评语等级 U_j 所对应的相对阈值的上限值与下限值分别为 $E_{max}(i,j)$ 与 $E_{min}(i,j)$，因素 V_i 在评语等级 j 的隶属函数为 $\mu[j,\ E_x(i)]$，其符合正态分布，即：

$$\mu[j,E_x(i)]=\exp\left[-\left(\frac{E_x(i)-\bar{E}(i,j)}{C(i,j)}\right)\right]^2 \tag{4-67}$$

式中，$C(i,\ j)$为常数。

$$\bar{E}(i,j)=0.5[E_{max}(i,j)+E_{min}(i,j)] \tag{4-68}$$

令：

$$\exp\left[-\left(\frac{E_{\max}(i,j)-E_{\min}(i,j)}{2C(i)}\right)\right]^2 = 0.5 \tag{4-69}$$

从而，由式(4-69)可求得 $C(i)$，由式(4-63)可求得模糊关系矩阵 R 的各元素 r_{ij}，表4-7给出了样本量为13时，Grubbs统计量检测异常上述各参数的推荐值。

设 V 上的模糊子集为 A，其代表了各因素在模糊评判中所起作用的大小。

$$A = (a_1, a_2) \tag{4-70}$$

采用"加权平均型"综合评判，即M(. ，＋)模型，从而可得评判结果矩阵 B：

$$B = A \cdot R \tag{4-71}$$

其中，B 的第 j 个元素 b_j 为：

$$b_j = \min\{1, \sum_{i=1}^{2} a_i \cdot r_{ij}\} \tag{4-72}$$

异常评价参数相对阈值推荐表 表4-7

等　级	最 大 值	最 小 值	差　值	中　值	C
1	2.320	2.000	0.320	2.160	0.19
2	2.557	2.320	0.237	2.438	0.14
3	2.776	2.557	0.219	2.666	0.13
4	3.043	2.776	0.267	2.910	0.16

按照最大隶属度原则，通过比较矩阵 B 各元素的大小，可对是否有异常作出判断，当系统配置有闭路电视时，若评判结果为等级3或等级4，则报警；当系统没有配置闭路电视时，若评判结果为等级4，则报警，若评判结果为等级2或等级3，则考虑上个采样周期的评判结果，当上个采样周期的评判结果为等级2或等级3时，则报警，否则，不报警。

4.3.4 隧道交通阻塞影响分析

4.3.4.1 隧道交通流特性

隧道交通流可分为正常交通流与异常交通流两种状态。交通管理的目标主要在于通过检测交通异常(闭路电视监视及交通异常自动检测)、处理异常交通及防止异常交通发生来提高公路运输效率。隧道交通异常现象主要包括以下3个方面：

(1)由于停车引起隧道通行能力不足，形成车辆排队，降低运输效率；

(2)慢行车辆引起交通拥挤；

(3)火灾引起交通中断。

现象(2)对交通营运造成的危害，除限制低速车上路外，几乎是无可奈何的事情。现象(1)与现象(3)的交通流特性相似。严重的停车事件也可能形成短期交通中断，故在此主要分析由于异常交通事件引起一个洞子交通中断时的交通流特性。

设隧道长度为 L，正常交通时，交通量、车速、密度分别为 Q_1(veh/h)、V_1(km/h)、K_1(veh/km)；异常交通时，交通量、车速、密度分别为 Q_2(veh/h)、V_2(km/h)、K_2(veh/km)；疏散交通量、车速、密度分别为 Q_3(veh/h)、V_3(km/h)、K_3(veh/km)。异常位置位于距隧道前端洞口 PL 处，W_1 为排队车辆向隧道尾端延长的速率，W_2 为疏散率，发生异常 t_1(h)后，管理者发现异常并采取控制措施，经 t_2(h)疏导完阻塞交通流，控制策略有关闭隧道与不关闭隧道，从而，发生交通异常时隧道交通流较常出现的模式有以下4种。

(1)模式1($W_1<0, W_2<0, V_2>0$)

该模式交通流特性表现为交通量不是很大，仅由于产生交通异常，使隧道的通行能力下降，造成交通拥挤，但该交通异常不是火灾，从而没必要关闭隧道，交通异常一经排除，就会较快疏导交通，恢复正常运行。

(2)模式 2($W_1<0,W_2<0,V_2=0$)

该模式交通流特性表现为交通量较大,由于产生交通异常,使隧道的通行能力下降,造成交通拥挤,或者交通量虽然不是很大,但该交通异常是火灾,从而必须关闭隧道,在交通异常排除后,就会较快疏导交通,恢复正常运行。

(3)模式 3($W_1<0,W_2>0,V_2>0$)

该模式交通流特性表现为交通量较小,但大于单车道的通行能力,由于产生交通异常,使隧道的通行能力下降,造成交通拥挤,但该交通异常不是火灾,从而没必要关闭隧道,交通异常一经排除,就会很快疏导交通,恢复正常运行。

(4)模式 4($W_1<0,W_2>0,V_2=0$)

该模式交通流特性与模式 3 相似,不同的是交通异常是火灾,故必须关闭隧道,交通异常一经排除,就会很快疏导交通,恢复正常运行。

4.3.4.2 交通疏散特性

根据交通流理论,由图 4-4～图 4-7 的几何关系可推出如下公式(式中 W_1、W_2均取正值)。

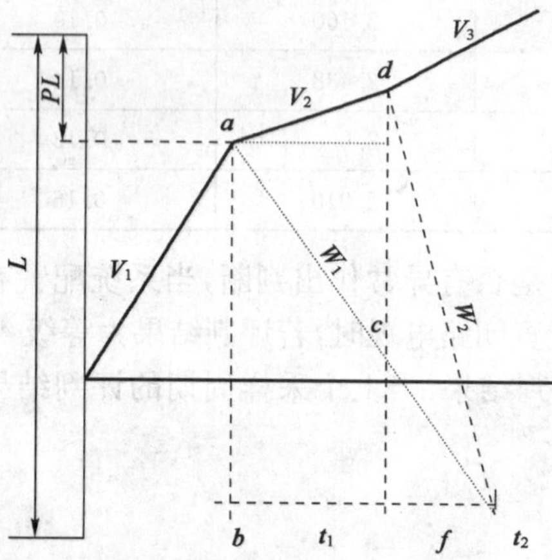

图 4-4 模式 1 车辆轨迹图

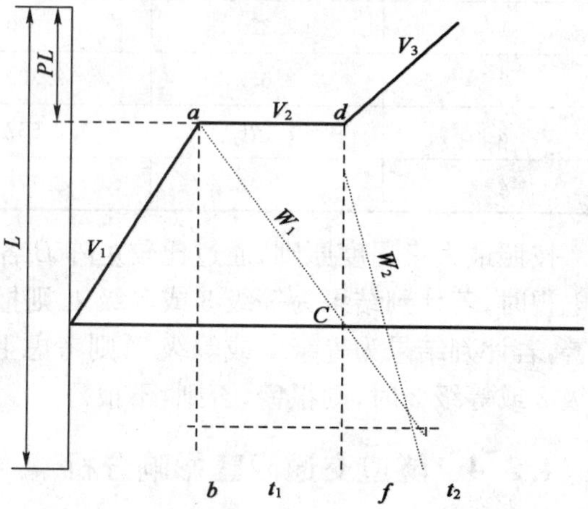

图 4-5 模式 2 车辆轨迹图

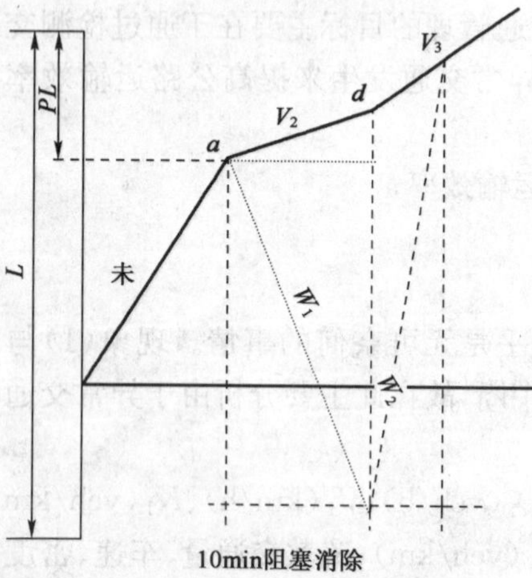

图 4-6 模式 3 车辆轨迹图

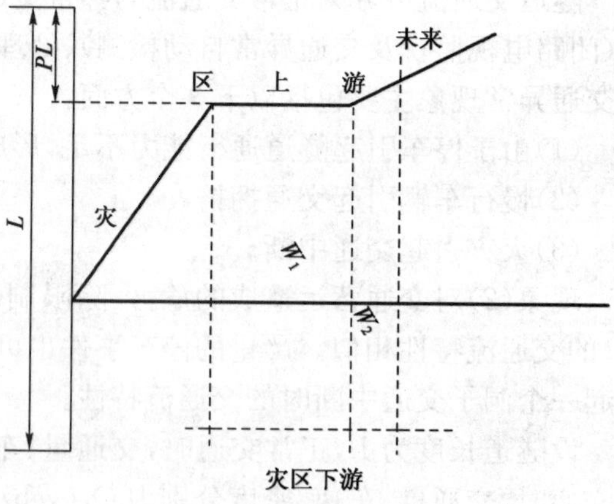

图 4-7 模式 4 车辆轨迹图

(1)疏散时间

对模式 1 与模式 2:

$$t_2=(W_1+V_2)t_1/(W_2-W_1) \tag{4-73}$$

对模式 3 与模式 4:

$$t_2=(W_1+V_2)t_1/(W_2-V_3) \tag{4-74}$$

(2)最大排队长度

无论那种模式,最大排队长度皆为:

$$L_q = t_1(V_2 + W_1) \tag{4-75}$$

(3)延误

对模式1与模式2:

$$d = t_1 t_2 (W_2 + V_2) K_2 / 2 \tag{4-76}$$

对模式3与模式4:

$$d = t_1 t_2 (W_2 + V_2 + W_1 - V_3) K_2 / 2 \tag{4-77}$$

(4)道内的车辆数

当关闭隧道时,无论哪种模式,隧道内的车辆数都可按下式计算:

$$n = K_2 t_1 (V_2 + W_1) + K_1 (1-p) L - K_1 t_1 (V_2 + W_1) \tag{4-78}$$

(5)疏散交通量

疏散交通量为隧道内的车辆数与疏散时间之比,即:

$$Q_3 = n / t_2 \tag{4-79}$$

把 t_2 的计算公式及 W_2 中的 K_3 换成 Q_3/V_3,并代入上式可推得:

$$Q_3 = [-b + (b^2 - 4ac)^{1/2}]/(2a) \tag{4-80}$$

对模式1与模式2:

$$a = (W_1 + V_2) t_1 / V_3$$
$$b = n(1 + W_1/V_3) - (W_1 + V_2) t_1 K_2$$
$$c = -n(Q_2 + W_1 K_2)$$

对模式3与模式4:

$$a = (W_1 + V_2) t_1 / V_3$$
$$b = -(W_1 + V_2) t_1 K_2$$
$$c = n(Q_2 - V_3 K_2)$$

4.3.4.3 交通参数对交通流指标的影响分析

由式(4-73)和式(4-74)可见,疏散时间与异常检测时间、正常交通时的交通量与密度、异常交通时的交通量与密度及疏散流量等参数有关,而疏散流量除与正常交通时的流量与密度有关外,还与隧道长度及异常位置有关。因此,理论分析疏散时间和这些参数的关系,即使推得公式,也是复杂而不实用的。为此,就以下几种状态进行数值计算(按单车道通行能力为1 200veh/h):

状态1　　$L=2, t_1=3, V_2=25, V_3=45, Q_1=1\,300 \sim 2\,100, p=0.1 \sim 0.8$;

状态2　　$L=2, p=0.1, V_2=25, V_3=45, Q_1=1\,300 \sim 2\,100, t_1=2 \sim 10$;

状态3　　$p_1=0.1, t_1=2, V_2=25, V_3=45, Q_1=1\,300 \sim 2\,100, L=2 \sim 10$。

由计算结果可知:

(1)疏散时间随疏散车速的增加而减少,随交通量的增加而增加,随检测时间的增加而增加,随隧道长度的增加而增加,随正常车速的增加而减小,疏散时间随异常位置、隧道长度、检测时间及交通量的变化率比较均匀。

(2)延误随交通量的增加而增加,随检测时间的增加而增加,随隧道长度的增加而增加,异常位置越靠近末端洞口,延误越小,延误随异常位置、隧道长度、检测时间的变化率比较均匀,当交通量大于1 700veh/h时,随着交通量的增加,延误增加率增大。

(3)排队长度随交通量的增加而增加,当交通量大于1 700veh/h时,排队长度的增长率增大。

隧道交通流控制,主要有关闭一个洞、另一个洞改为双向行驶,关闭一条车道和一个洞双向行驶、另一个洞单向行驶两种情况。上面已经讨论了最后一种情况,关闭一条车道的情况一般是该车道被堵塞或检修时采用，不需讨论，在此仅就关闭隧道情况进行讨论。

关闭隧道对交通性能指标的影响分析：在交通参数对交通流指标的影响分析中，假定不关闭隧道和关闭隧道时可得到类似的结论。本文将不关闭隧道与关闭隧道的结果相比，分析了疏散时间随异常位置的变化率、延误随异常位置的变化率、疏散时间随检测时间的变化率、延误随检测时间的变化率、疏散时间随隧道长度的变化率、延误随隧道长度的变化率、排队长度随交通量的变化率，由计算结果可得到以下结论：

(1)当异常位于隧道洞口附近(500m)时，不关闭隧道对疏散时间影响不大，而关闭隧道比不关闭隧道疏散时间会长 13%～21%；异常越靠近出口，关闭隧道使疏散时间增长的影响越大。

(2)当异常越靠近隧道前端洞口时，关闭隧道时延误越小，当交通量小于 1 600veh/h 时，不需关闭隧道，反之则应关闭隧道，否则，延误会增加 7%～717%。

(3)检测时间越长，关闭隧道时疏散时间越长。

(4)当检测时间越短时，关闭隧道时延误越小，当交通量小于 1 600veh/h 时，无需关闭隧道，反之则应关闭隧道，否则，延误会增加 9%～731%。

(5)隧道长度越长，关闭隧道时疏散时间越短，交通量越大，关闭隧道时疏散时间越短。

(6)隧道长度越长，关闭隧道时延误越小，当交通量小于 1 600veh/h 时，无需关闭隧道，反之则应关闭隧道，否则，延误会增加 9%～767%。

(7)只要关闭隧道，排队长度就会显著增加。

4.3.5 隧道控制技术研究

公路隧道交通工况可分为火灾异常、故障阻塞异常、周期性交通拥挤异常及正常运营 4 种情况。对于异常情况，其危害程度及处置方案受异常位置、交通量、方向不均匀系数等的影响，若隧道为单向双车道双洞隧道，一般有 40 种工况，若不考虑双向交通量不均匀因素中量的差异，常用的有 24 种工况(表 4-8)，三车道的双洞隧道，则有 34 种运营工况(表 4-9)。

双车道双洞隧道交通运营工况表 表 4-8

交通工况	道路状态描述			异常原因				交通量特征						备注
异常状态模式	堵塞车道数			火灾	拥挤	故障	正常	交通量均匀	交通量不均匀	正常隧道流量		异常隧道流量		
	0	1	2							大	小	大	小	
1	0	1	0	1	0	0	0	1	0	1	0	1	0	火灾工况
2	0	1	0	1	0	0	0	1	0	0	1	0	1	
3	0	1	0	1	0	0	0	0	1	1	0	0	1	
4	0	1	0	1	0	0	0	0	1	0	1	1	0	
5	0	0	1	1	0	0	0	1	0	1	0	1	0	
6	0	0	1	1	0	0	0	1	0	0	1	0	1	
7	0	0	1	1	0	0	0	0	1	1	0	0	1	
8	0	0	1	1	0	0	0	0	1	0	1	1	0	
9	0	1	0	0	0	1	0	1	0	1	0	1	0	故障工况
10	0	1	0	0	0	1	0	1	0	0	1	0	1	
11	0	1	0	0	0	1	0	0	1	1	0	0	1	
12	0	1	0	0	0	1	0	0	1	0	1	1	0	
13	0	0	1	0	0	1	0	1	0	1	0	1	0	
14	0	0	1	0	0	1	0	1	0	0	1	0	1	
15	0	0	1	0	0	1	0	0	1	1	0	0	1	
16	0	0	1	0	0	1	0	0	1	0	1	1	0	

续上表

交通工况	道路状态描述			异常原因				交通量特征						备注
异常状态模式	堵塞车道数			火灾	拥挤	故障	正常	交通量均匀	交通量不均匀	正常隧道流量		异常隧道流量		
	0	1	2							大	小	大	小	
17	0	1	0	0	1	0	0	1	0	1	0	1	0	拥挤工况
18	0	1	0	0	1	0	0	0	1	0	1	1	0	
19	0	0	1	0	1	0	0	1	0	1	0	1	0	
20	0	0	1	0	1	0	0	0	1	0	1	1	0	
21	1	0	0	0	0	0	1	1	0	1	0	1	0	正常工况
22	1	0	0	0	0	0	1	1	0	0	1	0	1	
23	1	0	0	0	0	0	1	0	1	1	0	0	1	
24	1	0	0	0	0	0	1	0	1	0	1	1	0	

注:表中各模式中数字0代表不存在,1代表存在。

三车道双洞隧道交通运营工况表　　表4-9

交通工况	道路状态描述				异常原因				交通量特征						备注
异常状态模式	堵塞车道数				火灾	拥挤	故障	正常	交通量均匀	交通量不均匀	正常隧道流量		异常隧道流量		
	0	1	2	3							大	小	大	小	
1	0	1	0	0	1	0	0	0	1	0	1	0	1	0	火灾工况
2	0	1	0	0	1	0	0	0	1	0	0	1	0	1	
3	0	1	0	0	1	0	0	0	0	1	1	0	0	1	
4	0	1	0	0	1	0	0	0	0	1	0	1	1	0	
5	0	0	1	0	1	0	0	0	1	0	1	0	1	0	
6	0	0	1	0	1	0	0	0	1	0	0	1	0	1	
7	0	0	1	0	1	0	0	0	0	1	1	0	0	1	
8	0	0	1	0	1	0	0	0	0	1	0	1	1	0	
9	0	0	0	1	1	0	0	0	1	0	1	0	1	0	
10	0	0	0	1	1	0	0	0	1	0	0	1	0	1	
11	0	0	0	1	1	0	0	0	0	1	1	0	0	1	
12	0	0	0	1	1	0	0	0	0	1	0	1	1	0	
13	0	1	0	0	0	0	1	0	1	0	1	0	1	0	故障工况
14	0	1	0	0	0	0	1	0	1	0	0	1	0	1	
15	0	1	0	0	0	0	1	0	0	1	1	0	0	1	
16	0	1	0	0	0	0	1	0	0	1	0	1	1	0	
17	0	0	1	0	0	0	1	0	1	0	1	0	1	0	
18	0	0	1	0	0	0	1	0	1	0	0	1	0	1	
19	0	0	1	0	0	0	1	0	0	1	1	0	0	1	
20	0	0	1	0	0	0	1	0	0	1	0	1	1	0	
21	0	0	0	1	0	0	1	0	1	0	1	0	1	0	
22	0	0	0	1	0	0	1	0	1	0	0	1	0	1	
23	0	0	0	1	0	0	1	0	0	1	1	0	0	1	
24	0	0	0	1	0	0	1	0	0	1	0	1	1	0	

续上表

交通工况	道路状态描述				异常原因				交通量特征						备注
异常状态模式	堵塞车道数				火灾	拥挤	故障	正常	交通量均匀	交通量不均匀	正常隧道流量		异常隧道流量		
	0	1	2	3							大	小	大	小	
25	0	1	0	0	0	1	0	0	1	0	1	0	1	0	拥挤工况
26	0	1	0	0	0	1	0	0	0	1	0	1	1	0	
27	0	0	1	0	0	1	0	0	1	0	1	0	1	0	
28	0	0	1	0	0	1	0	0	0	1	0	1	1	0	
29	0	0	0	1	0	1	0	0	1	0	1	0	1	0	
30	0	0	0	1	0	1	0	0	0	1	0	1	1	0	
31	1	0	0	0	0	0	0	1	1	0	1	0	1	0	正常工况
32	1	0	0	0	0	0	0	1	1	0	0	1	0	1	
33	1	0	0	0	0	0	0	1	0	1	1	0	0	1	
34	1	0	0	0	0	0	0	1	0	1	0	1	1	0	

注:表中各模式中数字0代表不存在,1代表存在。

4.3.5.1 各种交通运营模式物理描述

模式25～模式34属于非火灾工况,包括正常情况(模式31～模式34)、交通拥挤(模式25～模式38)、由于车辆故障引起的交通异常(模式13～模式24),正常情况与交通拥挤在此不需再作讨论。对于模式3～模式16,故障车辆仅堵塞一条车道,上游车辆会由非阻塞车道驶离阻塞区,虽然会降低通行能力,若交通量不大,车流车速会降低,但不会形成全隧道阻塞,若一直不能排阻,随着高峰期的到来则会形成拥挤交通流;模式13～模式17属于堵塞两条车道,虽未完全堵塞,但形成交通拥挤;模式21～模式24属于故障车辆或交通事故完全堵塞通道,车辆在阻塞区后排队,车流只有等待移走故障车(或处理了交通事故)或在车行横洞打开时通过车行横洞离开阻塞区。

模式1～模式12属于火灾工况。模式1～模式8属于火灾车辆堵塞一条或两条车道,其对下游车辆基本上没有影响。对上游车辆,当火灾不大时(如火灾的初期,或者仅有烟而无明火),下游车辆可能会加速离开火区;当火较大时,可能会弃车而逃或者在车行横洞打开时通过车行横洞离开火区。模式9～模式12属于火灾车辆堵塞3条车道,无论在火灾的初期或火较大时,其下游车辆都可能会弃车而逃,或者在车行横洞打开时通过车行横洞离开火区。

4.3.5.2 交通运营工况安全性评价

交通运营工况安全性评价,主要是为管理人员提供运营安全警报,以便及时采取管理措施,其主要包括评价指标的确定,权值的确定,以及选择简单、合理的评价方法3个方面内容。

1)评价指标

交通事故是人、车、路环境失调的结果,影响交通安全的因素很多,从交通管理的角度来讲,最重要的是道路状态如何,是否阻塞,阻塞严重程度如何,什么原因造成阻塞,疏导交通,交通流如何。交通量大,则难以疏导,阻塞严重程度增加;交通量小,则疏导容易,阻塞时间会短;两个隧洞交通量均匀,则交通疏导难一些;若两隧洞交通量不均匀,且正常隧道流量小,火灾时利用正常隧道疏导,异常隧道的交通要容易一些,为此,设评价集为:

$A=(A_1,A_2,A_3)=$(道路状态,异常原因,交通状态);

$A_1=(A_{11},A_{12},A_{13},A_{14})=$(无堵塞,堵塞1个车道,堵塞2个车道,堵塞3个车道);

$A_2=(A_{21},A_{22},A_{23},A_{24})=$(火灾,拥挤,车辆故障,正常交通);

$A_3=(A_{31},A_{32},A_{33},A_{34})=$(双向交通量均匀,双向交通量不均匀,交通量大,交通量小)。

2)权值确定

采用AHP法,取值如下:

$$R_1=(1,5,7,9)=(1/22,5/22,7/22,9/22);$$

$$R_2=(9,2,3,1)=(9/15,2/15,3/15,1/15);$$

$$R_3=(3,7,9,1)=(3/20,7/20,9/20,1/20);$$

$$R=(R_1,R_2,R_3)=(9,7,3)=(9/19,7/19,3/19)。$$

3)评价方法

采用排序法,设实际状态取值为 X_{ij},为此,构造如下统计量 Y:

$$Y=\sum_{i=1}^{3}R_i\times\sum_{j=1}^{4}R_{ij}\times X_{ij}$$

4)评价结果(表4-10)

评价结果 表4-10

交通模式	危险性排序	交通模式	危险性排序	交通模式	危险性排序
11	1	23	13	20	25
9	2	29	14	13	26
7	3	21	15	26	27
12	4	30	16	18	28
5	5	19	17	16	29
3	6	27	18	14	30
10	7	24	19	33	31
8	8	17	20	31	32
1	9	28	21	34	33
6	10	15	22	33	34
4	11	25	23		
2	12	22	24		

4.3.5.3 火灾或异常时交通控制模式

1)洞内交通流组织方案

交通控制方案与异常类型、异常位置、交通量的大小及其空间分布有关,从理论上讲,洞内车流的组织有以下12种方案:

方案1:正常运营,单向行驶,适合于正常运营且交通流空间分布比较均匀的情况,洞内车流组织如图4-8所示。

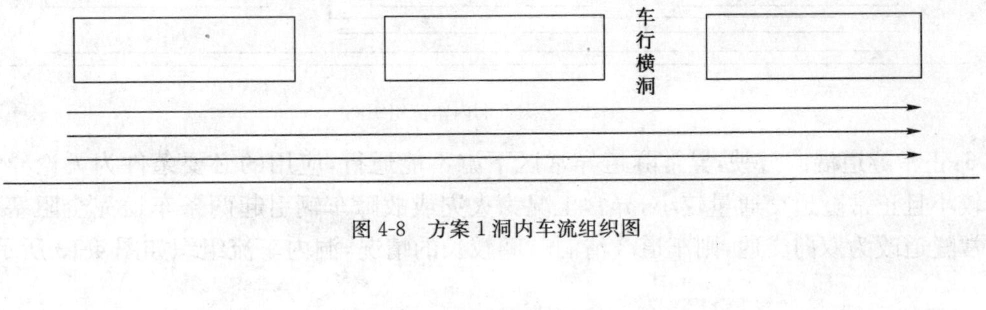

图4-8 方案1洞内车流组织图

方案 2:一条隧道单向行驶,另一条隧道双向行驶,应用的必要条件为正常运营且交通流空间分布极不均匀,洞内车流组织如图 4-9 所示。

图 4-9　方案 2 洞内车流组织图

方案 3:一条隧道双车道单向行驶,另一条隧道单车道单向行驶,应用的必要条件为非火灾工况且故障车辆引起一条车道堵塞而另一条车道的通行能力能满足交通需求的情况,洞内车流组织如图 4-10 所示。

图 4-10　方案 3 洞内车流组织图

方案 4:正常隧道双向行驶,异常隧道单车道单向行驶,应用的必要条件为故障车辆引起一条车道堵塞,另一条车道的通行能力不能满足交通需求,且正常隧道交通量小于异常隧道交通量的情况,洞内车流组织如图 4-11 所示。

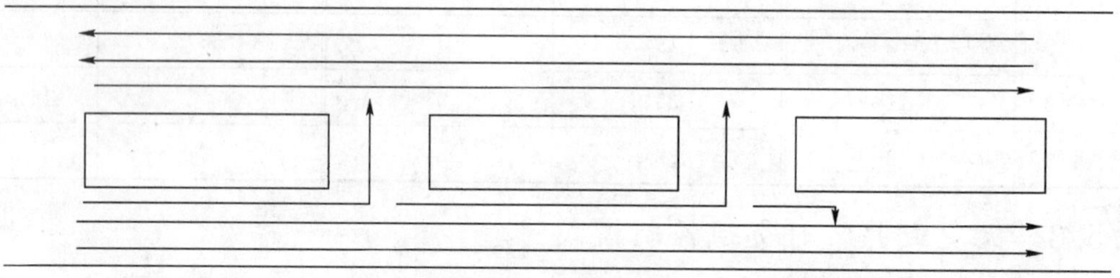

图 4-11　方案 4 洞内车流组织图

方案 5:正常隧道双向行驶,异常隧道单车道单向行驶,应用的必要条件为异常隧道发生火灾或车辆故障(或交通事故)引起两条车道堵塞的情况,洞内车流组织如图 4-12 所示。

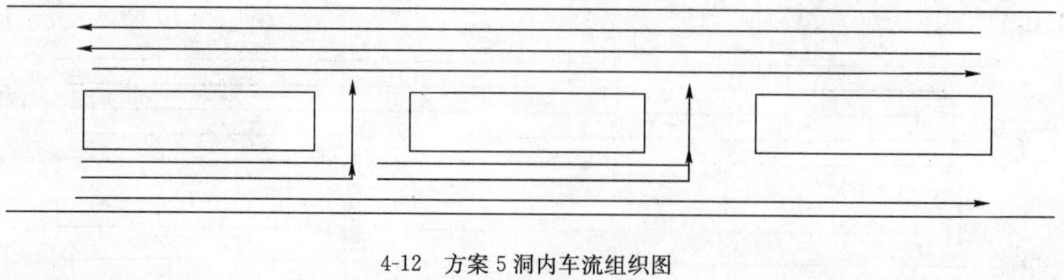

4-12　方案 5 洞内车流组织图

方案 6:正常隧道混向行驶,异常隧道异常区下游不能通行,应用的必要条件为无论异常隧道交通量较大或较小且正常隧道交通量较小,异常工况为火灾或故障车辆引起两条车道完全阻塞,隧道较长,且若将正常隧道改为双向交通,则车道 3 清洞时间较长的情况,洞内车流组织如图 4-13 所示。

图 4-13　方案 6 洞内车流组织图

方案 7：正常隧道停止运营，异常隧道车流经车行横洞由正常隧道驶出，应用的必要条件为异常是火灾或异常类型为完全堵塞交通且正常隧道交通量不大，异常隧道交通量很大的情况，洞内车流组织如图 4-14 所示。

图 4-14　方案 7 洞内车流组织图

方案 8：正常隧道混向行驶，异常隧道单向行驶，该方案应用较少，应用的必要条件为非火灾异常，故障车引起一条车道堵塞，正常隧道交通量不大，一条车道的通行能力即可满足交通需求，而异常隧道单车道通行能力不能满足交通需求，且排除故障的时间较长，洞内车流组织如图 4-15 所示。

图 4-15　方案 8 洞内车流组织图

方案 9：正常隧道双车道单向行驶，异常隧道停止交通，该方案应用较少，应用的必要条件为非火灾工况，且故障车辆引起两条车道堵塞，正常隧道交通量较大而异常隧道交通量较小，且排堵时间不长的情况，洞内车流组织如图 4-16 所示。

图 4-16　方案 9 洞内车流组织图

方案 10：一条隧道混向行驶，另一条隧道双车道单向行驶，该方案应用较少，应用的必要条件为一条隧道交通量很大而另一条隧道交通量很小，隧道较长，让部分进入隧道的车辆掉头以减少洞内污染的情况，洞内车流组织如图 4-17 所示。

方案 11：一条隧道单车道行驶，另一条隧道停止交通，该方案应用较少，应用的必要条件为两条隧道都发生异常，一条是严重异常且必须封洞，另一条为故障车（非火灾）引起一条车道阻塞的情况，洞内车流组织如图 4-18 所示。

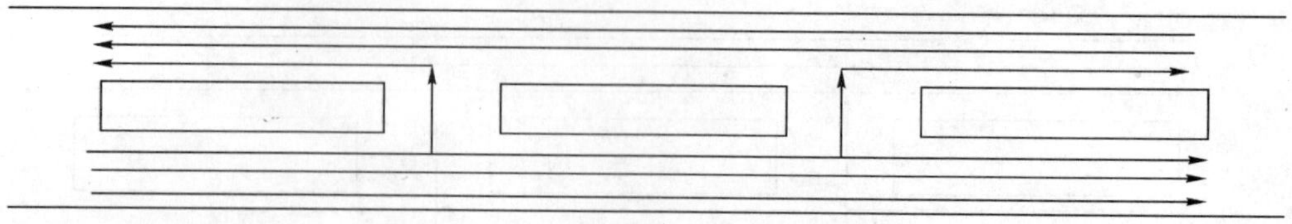

图 4-17　方案 10 洞内车流组织图

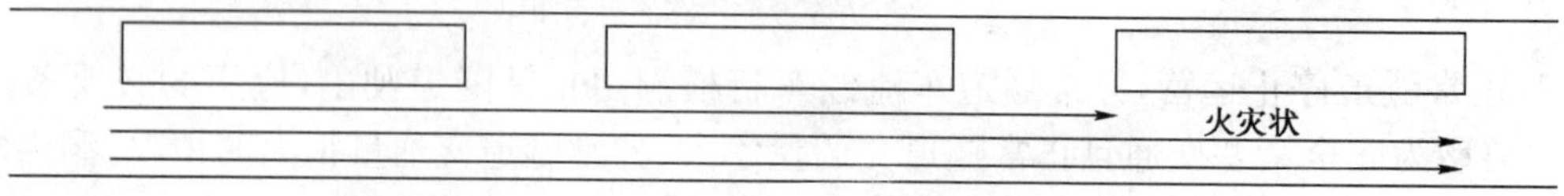

图 4-18　方案 11 洞内车流组织图

方案 12：两条隧道都封闭交通，该方案应用较少，应用的必要条件为两条隧道都发生了严重异常，且不能或不允许车辆在洞内行驶的情况，洞内车流组织如图 4-19 所示。

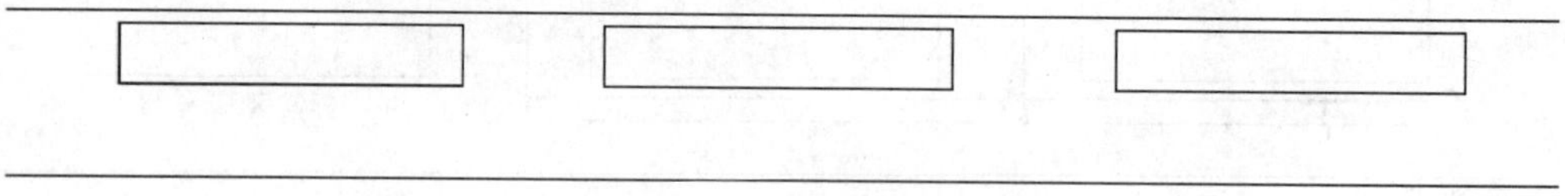

图 4-19　方案 12 洞内车流组织图

2)洞外交通流组织方案

上述 12 种方案是洞内交通组织的基本形式。从控制的角度考虑，还应考虑是否封闭交通，仅封闭异常隧道交通还是正常隧道，或是异常隧道都封闭（如交通量大、隧道又长、异常严重时，为了缩短清洞时间），这样，则共有表 4-11 所示的 24 种控制模式。

公路隧道交通控制模式　　表 4-11

方案	正常隧道					异常隧道			
	洞外		洞内			洞外		洞内	
	开放	关闭	单向交通	双向交通	混向交通	开放	关闭	单道通行	双道通行
1	×	√	×	×	√	×	√	×	√
2	×	√	×	×	√	×	√	√	×
3	×	√	×	√	×	×	√	√	×
4	×	√	×	√	×	×	√	×	√
5	×	√	√	×	×	×	√	√	×
6	×	√	√	×	×	×	√	×	√
7	√	×	×	√	×	×	√	√	×
8	√	×	×	√	×	×	√	×	√
9	√	×	√	×	×	×	√	√	×
10	√	×	√	×	×	×	√	×	√
11	√	×	×	×	√	×	√	√	×
12	√	×	×	×	√	×	√	×	√
13	×	√	√	×	×	√	×	√	×
14	×	√	√	×	×	√	×	×	√
15	×	√	×	√	×	√	×	√	×
16	×	√	×	√	×	√	×	×	√
17	×	√	×	×	√	√	×	√	×
18	×	√	×	×	√	√	×	×	√
19	√	×	√	×	×	√	×	√	×
20	√	×	√	×	×	√	×	×	√
21	√	×	×	√	×	√	×	√	×
22	√	×	×	√	×	√	×	×	√
23	√	×	×	×	√	√	×	√	×
24	√	×	×	×	√	√	×	×	√

4.3.5.4 其他工况时(维修养护或紧急任务时)公路隧道交通控制方法

在出现拥挤交通流的情况下：

(1)当两个方向交通量不平衡时，设方向 1 的交通量为 Q_1，方向 2 的交通量为 Q_2，$Q_1>Q_2$，$Q_2=pQ_1$，每个方向有多条车道，这时，若$\frac{q_1}{n+1}<\frac{q_2}{n-1}$，即 $n>\frac{1+p}{1-p}$，或：

$$p<\frac{n-1}{n+1} \tag{4-81}$$

则可将方向 2 改为双向行驶。

(2)公路隧道一般为单洞两车道或 3 车道，由上式可知，对于单洞双车道，当 $p<\frac{1}{3}$时，对于单洞 3 车道隧道，当 $p<\frac{1}{2}$时，可将交通量小的一方改为双向行驶。

(3)当两个方向交通量基本平衡时，这时采用局部控制的方法已不起作用，必须采用主线控制或(和)匝道控制，通过可变限速标志、可变情报板、交通信号灯进行路线诱导与控制，以保持整个路段的交通流通畅。

4.3.6 安全预警技术

4.3.6.1 交通异常类型与特点

公路隧道交通异常可分为货物撒落、车辆故障、交通拥挤、交通事故、火灾和 CO 超标 6 种类型，每种异常的特点各不相同。

(1)货物撒落。从交通运输的角度来讲，货物撒落是可预防的。从隧道运营管理的角度来讲，则难以预防(进入隧道前有装载品检查站，但无法对物品属性进行检查或装载规范性检查不仔细)或不可预防(进入隧道前无装载品检查站)。因为装载不规范，后果取决于装载物和交通量。当装载物为易燃易爆、有毒、易污染物品时，无论交通量大小，都会造成严重危害；当装载物为非易燃易爆、有毒、易污染物品时，若交通量足够小，不会造成大的附带危害，当交通量较大时，可能造成交通拥挤或交通事故。该异常无先兆，但后果可通过闭路电视监视系统检测。

(2)车辆故障。车辆故障无先兆，可通过闭路电视监视系统检测，一般故障可将车拖到紧急停车带，花一段时间即可修理好，对交通不会造成太大的影响；严重故障，则需拖车拖走，在未离开行车道前，可能引发尾撞，因此，该异常可能造成交通拥挤或交通事故。

(3)交通拥挤。可分为周期性交通拥挤和偶发性交通拥挤。该异常有先兆，可通过反映交通流特性的参数(交通量、平均速度、占有率)检测拥挤，预测拥挤发生的时间，亦可通过可变信息板、可变限速标志、匝道控制机、设在进入隧道前的交通信号灯等调节交通流，延缓拥挤发生的时间或避免严重拥挤的发生。在隧道内发生交通拥挤，后果比较严重，可能引发交通事故，同时，使运营环境恶化，对通风不利，其后果可通过闭路电视监视系统检测。

(4)交通事故。包括单车事故和多车事故。单车事故一般是因为驾驶员操作不当(如车速过快，照度不足、看不清障碍物等)或机械故障造成的，多车事故除具有单车事故的原因外，更重要的原因是驾驶员对车辆间的侧向间距或纵向间距估计不足。无论单车事故或多车事故，都可能造成火灾或交通堵塞。机械故障造成的事故属于偶发事故，没有先兆，因为操作不当发生的事故有一定的先兆性，后果可通过闭路电视监视系统检测。

(5)火灾。发生火灾的原因比较复杂，一般由交通事故而引起，个别事故由机械故障所引起，其检测手段有闭路电视监视系统、火灾自动检测系统、手动火灾报警按钮、紧急电话等隧道报警设施和现场知情者报警，但一般没有先兆。

(6)CO 超标。该异常有先兆，可通过环境检测设施检测隧道内的环境质量，也可通过检测的交通信息推测 CO 是否超标。该异常的后果严重程度取决于隧道长度和平均运营速度，对于较短的隧道，由于在隧道内的运行时间较短(不大于20min),一般不会造成严重后果,但对于特长隧道,则可能造成隧道使用者短时间内不适。

4.3.6.2 预警原理

由交通异常的特点可见,交通拥挤、交通事故和CO超标这3类异常具有一定的先兆性,交通管理者可以通过提高分析软件的智能化水平,减少异常的发生。在这3类异常中,CO超标和交通量与交通组成密切相关,CO超标主要来源于交通量的增加,其技术关键在于预测交通流的发展趋势,而交通拥挤和交通事故除与交通流特性相关外,还和隧道几何特征及环境条件密切相关,但都涉及交通预测,故这里仅对交通拥挤和交通事故的预警原理进行讨论。

1)交通拥挤预警原理

交通流分为连续流与间断流。从连续流转化为间断流的条件是,随着交通量的增加,车辆之间的干扰增大,超车困难,出现较长时间跟车现象。在交通流参数的特征上,其表现为车队车头时距在安全间隔附近,车速下降,密度增加。根据这一现象,可按下述方法进行交通拥挤预警。

(1)基于车头间隔的预警法

连续流车辆到达规律一般服从泊松分布,车头间隔服从移位的负指数分布。设车流的流量为Q(veh/h),最小车头时距为t_1,超车所需车头时距为t_2,则车头时距h小于t_2的概率为:

$$P(h < t_2) = 1 - \exp[-\lambda(t_2 - t_1)] \qquad (4\text{-}82)$$

式中,$\lambda=Q/3\,600$,而参数t_2则和道路摩擦系数φ、纵坡i、驾驶员反应时间t、前导车车长L、前后车辆停止后的安全间隔L_0、前导车车速V_1、跟踪车车速V_2相关,根据车辆制动距离计算方法,其可由下式确定:

$$t_2 = [V_1 t/3.6 + (V_{22} - V_{12})/254(\varphi \pm i) + L + L_0]/V_2 \qquad (4\text{-}83)$$

在确定了期望的$P(h < t_2)$和相关参数后,则可判断是否发生了交通拥挤。

(2)基于交通量发展趋势的预警法

y即预测的交通量,根据预测交通量的大小和发展趋势,则可判断发生交通拥挤的可能性。

2)交通事故预警原理

由于车辆故障产生的事故,隧道管理者难以预警,可预警的主要是尾撞交通事故。由式(4-83)可见,前导车与跟踪车车速的差异越小,所需要的制动距离越短,越安全。换句话说,车流车速之间的差异越小,发生尾撞事故的可能性越小。因此,车流平均车速的方差、车速的极差(统计间隔内,最大车速与最小车速之差)、车流密度(宏观上反映车辆之间间隔的大小)这3个参数,反映了发生事故的概率。根据以上分析,可按下述两种方法进行交通事故预警。

(1)速度预警法

对于实时检测的速度数据,统计拟合车速分布规律,分别计算93%、50%和7%位车速P_{93}、P_{50}和P_7,按下式计算速度偏斜指数PI:

$$PI = 2(P_{93} - P_{50})/(P_{93} - P_7) \qquad (4\text{-}84)$$

当PI明显小于1时,说明速度分布偏向高速,应调整限速标志限速值,使之更小一些,以减少事故发生的可能性;当PI明显大于1时,说明速度分布偏向低速,可适当调整限速标志限速值,使之更大一些,以提高车流速度的平稳性;当PI约等于1时,说明速度分布比较均衡。无论那种情况,都可考虑对于部分(建议取2.5%)高速车辆进行警告。

(2)密度预警法

根据检测的交通量和平均速度,反算车流密度和车辆之间的间隔G_1。根据实时检测的速度数据,计算某百分位(如P_{68})车辆的速度范围,以该范围的最小值作为前导车车速,该范围的最大值作为跟踪车车速,据之计算所需的安全间隔G_2。若G_2小于G_1,则不安全,应降低限速标志限速值,以提高安全性。

4.3.6.3 预警措施

针对上述6种交通异常情况,秦岭终南山特长公路隧道采取下述措施进行安全预警:

(1)加强管理力度。在隧道进口附近设置服务区，以便驾驶员休息，保证其驾驶精力充沛，对车辆进行检查，带病车不准进入隧道，避免车辆故障；将收费站、货物检查站结合在一起，检查装载规范性，防止货物在隧道内撒落，检查物品类型，对装载易燃易爆、有毒物品的车辆，在规定的时间引导其通行，减少事故和事故危害。

(2)提高智能化水平。每 375m 左右设置一处视频交通信息检测站，除检测每辆车的车速、单位时间内的交通量与占有率外，还可检测车辆到达的时间间隔，以便计算隧道内的车辆数，分析车辆跟驶是否安全，限速标志限速值是否合理，为交通异常自动检测、交通拥挤与交通事故预警提供依据。

(3)减轻驾驶员行车压力。由于本隧道长达 18km，驾驶员在隧道内行驶易产生恐惧感，心理压力大。因此，在照明上，通过配光设计，改善行车环境的单调性，从而减少交通事故。

(4)保证行车环境条件。在隧道每两条车行横通道之间，设置一组 CO、VI 与 TW 检测设备，在隧道入口附近，设置一组亮度检测仪，实时检测隧道内的环境条件，检测是否发生由于光衰减或部分灯损坏造成隧道入口照度不足、能见度不足与 CO 超标，同时为火灾时的通风是否达到预期目的提供反馈信息。

(5)加强进出口事故预防措施。隧道进出口容易发生事故，一方面是由于白天行车在隧道入口易产生“黑洞效应”，在隧道出口易产生“白洞效应”；另一方面是由于雨天隧道内外道路摩擦系数不同，特别是在出口附近，驾驶员心理易放松，加之洞外摩擦系数小，更容易发生交通事故。因此，除了保证照度满足规范要求外，在隧道进出口一段距离内，还应铺筑摩擦系数高的耐磨路面，通过可变信息板，提醒驾驶员注意行车安全。

(6)加强控制诱导手段。在隧道入口前方设置信号灯，同时设置栏杆，防止异常情况下违规车辆进入，隧道内每隔 3km 左右设置一块小型可变限速标志(与可变信息板合用)，通过调整限速标志值，控制诱导交通流，通过可变信息板，提供劝告信息、环境信息等。

(7)预防二次事故发生。由于本隧道救援通道少，在发生火灾、严重交通堵塞或隧道检修时，隧道可能变成双向行驶，而隧道检修带没有护栏，行人、工作人员或车辆穿越人行横通道或车行横通道可能造成二次事故，因此，在车行横通道和人行横通道正前方的隧道壁上安装凸面反光镜，以提高交通安全。

(8)提高异常检测率。隧道内每 125m 设置一台摄像机，可通过人工无盲区和交通异常自动检测软件监视运营状态，通过火灾自动报警探测器、火灾手动报警按钮、紧急电话探知火灾。

(9)防患于未然，减少异常损失。针对火灾与交通堵塞，根据异常严重程度、交通量的大小、交通分布的均匀性，分别建立交通控制预案，以减少异常危害。

4.3.7　小结

本部分主要成果包括：

(1)提出了灰色系统理论新的生成方法。

(2)提出了新型的滤波器——幂函数滤波器。

(3)对正常与异常情况下的隧道交通流进行了调查，得到了相关规律。

(4)提出了隧道交通控制的工况、洞内和洞外交通组织的方案，对异常工况的危险度进行了评价。

(5)提出了安全预警的原理、方法及本依托工程的安全预警措施。

(6)提出了预测型、多参数识别的交通异常自动检测算法。

4.4　隧道通信控制网络研究

4.4.1　概述

本部分研究内容主要包括以下 4 个方面：①公路隧道控制系统特征；②现代控制网络技术；③工业以太网技术；④隧道通信控制网络。

4.4.2 系统设备联网特性分析

隧道内设备主要有信息检测设备、指令信息发布执行设备、通信类设备等 3 类，本节将详细分析隧道各设备的布设与通信方式，研究各现场设备与隧道控制网络的关系。

4.4.2.1 信息检测设备

隧道内信息检测设备主要有交通信息检测、环境信息检测、动态称重、火灾信息检测等。各类检测设备由于检测原理和功能不一，其通信方式也各不相同，下面主要分析各设备的设置、通信方式和信息采集处理方法。

1)交通信息检测

公路隧道应用最广泛的交通信息检测是环形线圈车辆检测器，目前有些隧道也开始使用视频车辆检测系统。

布设方式：按照《公路隧道交通工程设计规范》(JTG/T D71—2004)，在隧道的进出口、隧道内每500～700m间距布设。

通信方式：环形线圈车辆检测器一般布设在检测线圈的旁边，车辆检测器可采集线圈感应信号，经过分析处理，通过 RS232、RS485 通信接口向计算机系统提供交通参数，由于隧道一般长达数公里，通过 RS232、RS485 等不能直接向中央控制系统传递信息，因此，一般要就近接入隧道现场的控制网络；视频车辆检测系统一般借助隧道内的 CCTV 系统布设的摄像机采集视频信息，然后通过视频车辆检测器对视频图像进行分析处理，通过 RS232、RS485 等通信接口向计算机系统提供交通参数，由于视频车辆检测器一般安装于中央控制室，其可以通过 RS232、RS485 直接同中央控制室内的中央控制主机连接。

信息处理：隧道内检测的交通信息一般通过隧道控制网络上传到中央控制系统的计算机进行分析处理，然后向现场设备发出相应指令。

2)环境信息检测

公路隧道中的环境信息检测主要检测 CO/VI(CO 浓度和能见度)、隧道内风速风向、洞内外照度、洞外气象信息等。

布设方式：目前，CO 浓度检测与能见度检测一般采用二合一产品，根据隧道特点进行分区布设，一般间距 500～1 000m 布设一套。风速风向检测器也采用二合一产品，分区布设，一般间距 500～1 000m布设一套。照度检测器一般在进洞口的洞内外一定距离各布设一套。洞外气象信息检测主要布设在长大隧道出口外，对一些隧道，由于其特别长，隧道进口端气象经常与出口端不一样，这时就需要设置气象检测装置。

通信方式：环境信息检测设备，通过传感器检测，产生 4～20mA 的模拟信号和设备状态的开关信号。这些模拟信号一般都就近接入隧道现场的控制网络。

信息处理：环境信息检测信号一般通过就近接入的 PLC 进行分析处理。

3)动态称重

目前，我国超载、超限运营车辆非常多，特重型车辆对隧道结构破坏非常大，公路管理部门为加强对超载、超限车辆的管理，也开始在部分隧道入口前对车辆进行动态称重检测。

布设方式：动态称重一般布设在隧道入口前几百米处。

通信方式：动态称重是一套比较复杂的系统，一般在称重现场安装有动态称重工业控制主机，该主机能完成动态称重的所有信息处理，并可提供 Ethernet、RS232、RS485 等通信接口。

信息处理：车辆超重信息一般通过隧道控制网络上传到中央控制系统的计算机进行分析处理，然后向现场设备和相关人员发出相应指令。

4)火灾信息检测

公路隧道的最大安全隐患就是火灾，在发生火灾时，为了有效地防止火势蔓延成灾，早期的火灾信息检测，显得尤为重要。目前，公路隧道内应用比较好的火灾信息检测系统主要有感温光纤探测系统、感温电缆探测系统、双波长感光探测系统。

布设方式:感温光纤探测系统和感温电缆探测系统都属于线形探测系统,一般在隧道顶部全程布设感温光纤或感温电缆,终端处理计算机一般安装在中央控制室;双波长感光探测系统根据探测器性能,一般每 50m 布设一个感光探头,其综合处理机一般安装在中央控制室。

通信方式:线形感温系统,其布设在隧道内的感温光纤和感温电缆就是通信传输介质,光纤探测的信息直接通过光纤上传至中央控制室的终端处理计算机;对电缆感温系统,每 100m 左右感温电缆,设有一个下位机,分析处理 100m 范围内的感温探测信息,然后通过下位机组成温度通信网络,上传至中央控制室的终端处理计算机;双波长感光探测系统通过一条通信总线,连接现场的各感光探头,然后上传到控制中心的综合控制主机,进行分析处理。各火灾检测系统的处理主机皆可通过 RS232 和 Ethernet 同控制中心的中心控制计算机通信。

信息处理:火灾信息一般通过各火灾检测处理计算机分析处理判断后,向中央控制系统的计算机提供火灾信息,经现场监控人员确认后,然后向现场设备和相关人员、相关部门发出相应指令。

4.4.2.2　指令信息发布执行设备

隧道内指令信息发布执行设备主要有可变情报板、可变限速标志、信号灯、车道指示灯、隧道风机、照明灯具、消防泵、横通道门等。这些指令执行设备在功能、信息反映形式、通信方式等方面各不相同,下面对主要设备的设置、通信方式和信息采集处理进行分析。

1)信息显示设备

公路隧道的信息显示设备包括可变情报板、可变限速标志等。

布设方式:可变情报板、可变限速标志主要布设在隧道入口前和长大隧道内,每间距 1 000～2 000m 布设一块。

通信方式:可变情报板、可变限速标志在其现场控制主机一般都提供 Ethernet、RS232、RS485 等通信接口。

信息处理:信息发布设备一般通过隧道控制网络上传到中央控制系统的计算机进行分析处理,然后向现场设备和相关人员发出相应指令;同时,信息显示设备也就近接入隧道现场控制网络上的区域控制机上,实现本地信息显示控制,中央控制主机优先级高于本地区域控制机。

2)信号显示设备

信号显示设备包括信号灯和车道指示灯。

布设方式:信号灯一般布设在隧道入口外 100m 左右处,车道指示灯在隧道出入口及隧道内每 500m 左右布设一组。

通信方式:信号灯和车道指示灯的控制方式有多种,信号灯有的带信号灯控制主机,这种信号灯控制主机提供 Ethernet、RS232、RS485 等通信接口,有的不带信号灯控制主机,这种信号灯控制同隧道内车道指示灯控制相同。其控制直接由现场区域控制机进行控制,控制方式有两种,一种信号灯和车道指示灯提供 RS232、RS485 等通信接口,由区域控制机通过通信控制,另一种由区域控制机通过继电器控制其信号灯和车道指示灯的开关回路。

信息处理:信号显示设备一般通过隧道控制网络上传到中央控制系统的计算机进行分析处理,然后向现场设备发出相应指令;同时,信号显示设备也就近接入隧道现场控制网络上的区域控制机上,实现本地信号控制,中央控制主机优先级高于本地区域控制机。

3)隧道风机

长大隧道内,由于车辆产生大量废气等,严重污染洞内空气,在隧道内进行良好的通风,就显得非常重要。此外,隧道风机的功率都非常大,耗能相当惊人。为了保证隧道空气卫生标准和节约能源,对风机进行科学合理的控制是非常必要的。

布设方式:根据通风计算设计和通风方案,隧道内一般按一定间距布设射流风机或在隧道旁的风机房设置轴流风机进行隧道通风、排风。

通信方式:对风机的控制,目前主要有3种形式,直接通过降压电路启动风机、通过软启动器启动风机、通过变频器启动风机。对小功率的射流风机一般采用前两种方式,对大功率的轴流风机,一般采用后一种方式。无论何种启动方式都可以由区域控制机通过继电器控制其风机动力柜中的电机启停回路,实现风机控制,对后两种软启动器启动风机、变频器启动风机则可以通过软启动器和变频器上提供的RS485、Ethernet接口实现对风机的启停控制。

信息处理:风机控制一般通过隧道控制网络上传到中央控制系统的计算机进行分析处理,然后向现场设备发出相应指令;同时,风机控制柜也就近接入隧道现场控制网络上的区域控制机上,实现本地风机策略控制,中央控制主机优先级高于本地区域控制机。

4)照明灯具

为了保证行车安全,在长度大于100m的隧道内要进行隧道照明。

布设方式:根据照明设计计算和照明布设方案,隧道内一般按一定间距布设照明灯具。

通信方式:对照明灯具的控制,一般采用直接启动照明开关回路,区域控制机通过继电器控制照明启动柜中的开关回路,实现照明控制。

信息处理:照明控制一般通过隧道控制网络上传到中央控制系统的计算机进行分析处理,然后向现场设备发出相应指令;同时,照明启动柜也就近接入隧道现场控制网络上的区域控制机上,实现本地照明策略控制,中央控制主机优先级高于本地区域控制机。

5)消防泵

隧道行车的最大安全威胁就是隧道发生火灾,对隧道火灾的防护,一般在隧道内设有消火栓等系统,在无高位水池设置的地方,消防泵就承担了管网供压的作用,其控制的可靠性显得非常重要。

布设方式:消防泵布设在消防泵房内,一般一条隧道有一座或两座消防泵房。

通信方式:对消防泵的控制,一般采用软启动器或直接降压启动,对软启动器启动水泵可以通过软启动器上提供的RS485、Ethernet接口实现对水泵的启停控制;直接降压启动,可由区域控制机通过继电器控制水泵启动柜中的开关回路实现水泵控制。

信息处理:水泵控制一般通过隧道控制网络上传到中央控制系统的计算机进行分析处理,然后向现场设备发出相应指令;同时,水泵启动柜也就近接入隧道现场控制网络上的区域控制机上,实现本地消防策略控制,中央控制主机优先级高于本地区域控制机。

6)横通道门

按照《公路隧道设计规范》(JTG D70—2004):长大隧道中每500～750m设置有车行横洞,以提供隧道发生异常时救援车辆和受困车辆的疏散通道。

布设方式:隧道内每个车行横洞设置一道或两道横通道门。

通信方式:对横通道门的控制,一般采用启动通道门电机开关回路,区域控制机通过继电器控制通道门启动柜中的开关回路,实现通道门控制。

信息处理:通道门控制一般通过隧道控制网络上传到中央控制系统的计算机进行分析处理,然后向现场设备发出相应指令;同时,通道门启动柜也就近接入隧道现场控制网络上的区域控制机上,实现本地通道门策略控制,中央控制主机优先级高于本地区域控制机。

4.4.2.3 通信类设备

隧道控制的通信设备主要有紧急电话、有线广播(无线广播)、业务电话、无线对讲机等。目前,各通信设备系统都有独立的通信网络,与隧道控制网络相对独立,其通过控制中心的控制计算机控制现场设备。

4.4.2.4 视频监视设备

隧道视频监视(CCTV)的摄像机有固定式摄像机和带云台可调焦摄像机,CCTV信号的传输媒介可以是电缆、光缆,也可采用无线微波。目前,在公路隧道通信系统中一般采用光缆,现场视频信号到监控中心距离小于 2km 时，可以采用模拟传输方式，当传输距离较长时，则应采用数字传输方式。当前，隧道 CCTV 系统设计，为了保证信号的可靠性，一般采用数字传输方式，即现场摄像机的信号经过数字化且压缩编码后转换成数字图像信号，再采用数字图像光端机经光缆传送。由于视频信号与隧道内控制网络的相对独立性，传送 CCTV 信号的光缆采用独立于隧道控制网络光缆方式。

近几年，CCTV 产品出现了 IP 视频新一代监视系统，即现场摄像机采集的视频信号通过 VIP 转换成可以通过 Ethernet 传输的数字信号。采用 IP 视频监视系统，可以将现场摄像机信号接入隧道现场控制网络中，通过隧道控制干网传送视频信号。考虑到视频信号占用带宽较大(每路占用 2MHz)，大量的视频信号接入隧道控制网络，势必降低隧道控制网络的性能，所以，在隧道控制网络带宽没有大幅增宽的情况下，视频信号应建立独立的通信光缆。

4.4.2.5　监控中心设备

隧道控制网络组成的控制系统，紧急电话、CCTV 等独立通信网络最后都集中在监控中心，监控中心由中心控制服务器、各子系统的处理计算机、网络设备、室内显示设备等组成，各计算机通过商业级交换机组成控制中心 Ethernet 局域网，根据信息传送要求，还可通过设置防火墙、路由器与广域网连接通信。

4.4.3　现场总线技术

4.4.3.1　技术优势与特点

现场总线技术是在 20 世纪 80 年代后期发展起来的一种先进的现场工业控制技术，它综合了数字通信技术、计算机技术、自动控制技术、网络技术和智能仪表等多种技术手段，从根本上突破了传统的“点对点”式的模拟信号或数字—模拟信号控制的局限性，构成一种全分散、全数字化、智能、双向、互联、多变量、多接点的通信与控制系统。现场总线则是连接智能现场设备和自动化系统的数字式、双向传输、多分支结构的通信网络，其基础是智能仪表。分散在各个工业现场的智能仪表通过数字现场总线连为一体，并与控制室中的控制器和监视器一起共同构成现场总线控制系统(Fieldbus Control System，FCS)。通过遵循一定的国际标准，可以将不同厂商的现场总线产品集成在同一套 FCS 中，具有互换性和互操作性。FCS 把传统 DCS 的控制功能进一步下放到现场智能仪表，由现场智能仪表完成数据采集、数据处理、控制运算和数据输出等功能。现场仪表的数据(包括采集的数据和诊断数据)通过现场总线传到控制室的控制设备上，控制室的控制设备用来监视各个现场仪表的运行状态，保存各智能仪表上传的数据，同时完成少量现场仪表无法完成的高级控制功能。另外，FCS 还可通过网关和企业的上级管理网络相连，以便企业管理者掌握第一手资料，为决策提供依据。从现场总线控制系统(Fieldbus Control System，FCS)的角度来看，它的通信网络结构将是 ISO 的通信模型的 7 层结构(一般简化为 3 层，即物理层、数据链路层、应用层)。

1)FCS 与 DCS 的比较

(1)信号的传输方式不同

DCS 大多为模拟数字混合系统，尚未形成从测控设备到操作控制计算机的完整网络，在技术上有很大的局限性。由于采用单一信号传输，以至可靠性差，互操作性差，不能很好地对现场设备进行实时控制。FCS 是一种分布式的网络自动化系统，其基础是现场总线，形成了从测控设备到操作控制计算机的数字通信网络，适应了网络发展的要求，因而成为控制网络的发展趋势。DCS 系统采用 D/A 与 A/D 转换实现模拟信号的传送，而 FCS 系统采用的是数字化通信，省去了 D/A 与 A/D 变换，提高了精度。

(2)通信协议不同

DCS 由于采用独家封闭的通信协议，给用户的系统集成和应用带来了不便。也就是说，不同厂家的设备不能互联在一起，系统和外界之间的信息交换难于实现。这样的用户就成了一个个“信息孤岛”，从而制约了信息的集成化。FCS 是开放式系统，采用了一套标准的通信协议，把测控设备和控制系统完美地结合在一起。通俗地说，测控设备和控制系统采用的是同一种公用的、数字化的语言，它们之间可以进行良好的沟通，从而使设备之间的互操作变得方便、快捷。因此，用户可以选择不同厂商、不同品牌的各种设备连入现场总线，达到最佳的系统集成。

(3)DCS 和 FCS 结构不同

DSC 采用了多级分层网络结构、点对点的接线方式。它集多种功能于一台计算机上，无论是软件系统还是硬件系统，都显得十分庞大。多种功能往往需要更多的实时任务去完成，因而效率不高。而 FCS 用一根通信电缆同时连接多台设备，形成真正分散在现场的完整的控制系统，做到了彻底的分散控制，使系统的灵活性、自治性和可靠性提高了，如图 4-20 和图 4-21 所示。

图 4-20　DCS 典型三层结构

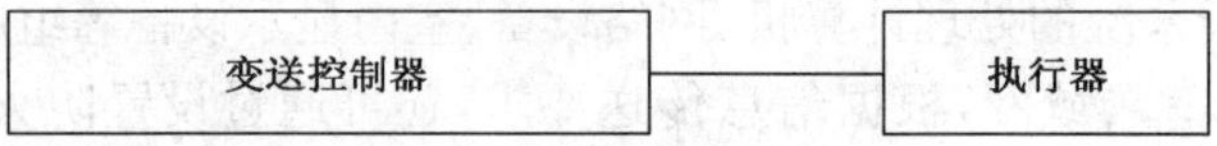

图 4-21　FCS 典型二层结构

(4)DCS 和 FCS 结构可靠性不同(图 4-22、图 4-23)

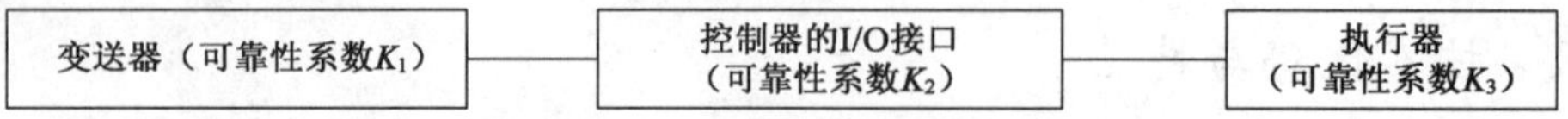

图 4-22　DCS 各部分可靠性系数

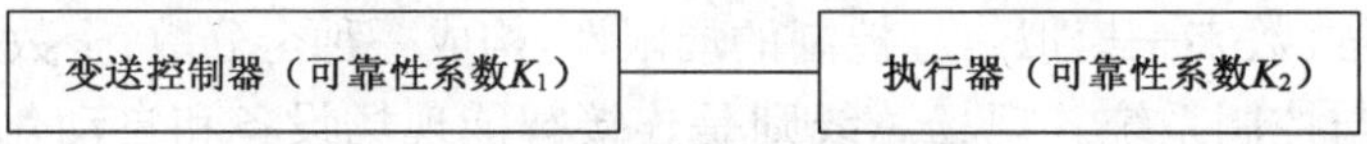

图 4-23　FCS 各部分可靠性系数

(5)可靠性系数

设 DCS 和 FCS 的可靠性系数分别是 K_O、K_P。设 DCS 的变送器、控制器的 I/O 接口、执行器的可靠性系数分别是 K_1、K_2、K_3；FCS 的变送控制器和执行器的可靠性系数为 K_1、K_3，那么：

$$K_O = K_1 \times K_2 \times K_3$$

$$K_P = K_1 \times K_3$$

因为 $K_1 < 1$、$K_2 < 1$、$K_3 < 1$，所以 $K_O < K_P$

由以上分析可知，FCS 系统的可靠性高于 DCS 系统。

(6)传输方式

DCS 的模拟信号传输不仅精度低，而且易受干扰。作为传统的自封闭式的信息交互和共享，DCS 使设备成为了“信息孤岛”，现场底层传感器和数据采集器之间采用的是模拟信号传输，抗干扰能力差。FCS 采用了智能化与数字化，与模拟信号相比，受干扰的频率低，实时性很强。DCS 只接收现场仪表单一的模拟信号，即使采用了 HART 协议，也不能做到随时诊断，它的通信方式是主从式通信，通信层次比较多。如果每一次的通信速率都很快，那么通信延时应与响应延时相匹配。为了获得较为迅速的通信响应，每一层允许的通信最大延时时间都比较短，有可能发生信号传输的层次跳跃。也就是说，从下层取得的数据难以返回上层。FCS 在信息的传输中随时可以把自身的信号帧发给计算机，能够察觉设备中的隐患，并及时排除故障。

(7)结构

FCS 将 DCS 的 3 层典型结构简化成两层结构，设备数量减少了。DCS 的信息采用一条信息线路进行传输，如果该条线路瘫痪，那么所有监控的数据将全部丢失，I/O 控制卡一旦损坏，会影响到多个回路。FCS 利用多台计算机数据实行实时监控，网络中的计算机的关系不是主从的而是平等的，并且系统可以实现扩充与升级。FCS 不用冗余的 I/O 卡，而采用了现场总线安全栅，如果现场设备或导线遭到破坏，最多影响到 1～2 个回路，避免了 DCS 损坏 I/O 卡影响若干回路的情况，使控制彻底分散，因而每个回路的自治性都较好。

(8)DCS 与 FCS 的成本不同

①投资费用不同。FCS 的硬件数量远远少于 DCS，还可以用工控 PC 机作为操作站，省略了 DCS 中昂贵的控制站，从而节省了一大笔投资。另外，随着控制站与 I/O 柜的取消，控制室的面积大大减小了。

②安装费用不同。DCS 的现场底层传感器和数据采集器之间采用了一对一的物理连线，所以布线的面积很大，导致现场作业量很大。FCS 避免了 DCS 中冗余的电缆，实现了简单的接线，即一对双绞线或一条电缆上就可以挂接多个设备。如果需要新增测控设备，那么，在原有的电缆上就近挂载就可以了，省去了增设新电缆的麻烦。

③维护费用不同。DCS 传输的是 4～20mA 的模拟信号，用户往往需要猜测设备或传感器的好坏以及设备不当所造成的限幅，从而使准确度降低。FCS 的数字通信含有大量的诊断信息，用户可以方便地查询所有设备的运行状况，能够及时发现潜在的故障并消除隐患，同时，系统的结构简化了，维护起来省时省力。

综上分析现场总线具有以下突出特点：

①开放性。1999 年年底，现场总线控制系统(FCS)的现场总线协议已被 IEC 正式批准成为国际标准，从而使现场总线成为一种开放的技术。遵守同一通信标准的不同厂商的设备之间可以互联及实现信息交换。用户可以灵活选用不同厂商的现场总线产品来组成实际的控制系统，达到最佳的系统集成。

②互操作性。互操作性是指不同厂商的控制设备不仅可以互相通信，而且可以统一组态，实现同一的控制策略和“即插即用”，不同厂商的性能相同的设备可以互换。

③灵活的网络拓扑结构。现场总线控制系统可以根据复杂的现场情况组成不同的网络拓扑结构，如树形、星形、总线型和层次化网络结构等。

④系统结构的高度分散性式。现场设备本身属于智能化设备，具有独立自动控制的基本功能，从而，从根本上改变了 DCS 的集中与分散相结合的体系结构，形成了一种全新的分布式控制系统，实现了控制功能的彻底分散，提高了控制系统的可靠性，简化了控制系统的结构。现场总线与上一级网络断开后仍可维持底层设备的独立正常运行，其智能程度大大加强。

⑤现场设备的高度智能化。传统的 DCS 使用相对集中的控制站，其控制站由 CPU 单元和输入/输出单元等组成。现场总线控制系统则将 DCS 的控制站功能彻底分散到现场控制设备，仅靠现场总线设备就可以实现自动控制的基本功能，如数据采集与补偿、PID 运算和控制、设备自校验和自诊断等功能。系统的操作员可以在控制室实现远程监控，设定或调整现场设备的运行参数，还能借助现场设备的自诊断功能对故障进行定位和诊断。

⑥对环境的高度适应性。现场总线是专为工业现场设计的，它可以使用双绞线、同轴电缆、光缆、电力线和无线的方式来传送数据，具有很强的抗干扰能力。常用的数据传输线是廉价的双绞线，并允许现场利用各数据通信线进行供电，还能满足安全防爆要求。

FCS 与传统 DCS 相比有如下优点：

①全数字化。将企业管理与生产自动化有机结合一直是工业界梦寐以求的理想，但只有在 FCS 出现以后这种理想才有可能高效、低成本地实现。在采用 FCS 的企业中，用于生产管理的局域网能够与用于自动控制的现场总线网络紧密衔接。此外，数字化信号固有的高精度、抗干扰特性也能提高控制系统的可靠性。

②全分布。在 FCS 中各现场设备有足够的自主性，它们彼此之间相互通信，完全可以把各种控制功能分散到各种设备中，而不再需要一个中央控制计算机，实现真正的分布式控制。

③双向传输。传统的 DCS 控制系统通常采用 4～20mA 电流信号，一条线只能传递一路信号。现场总线设备则在一条线上既可以向上传递传感器信号，也可以向下传递控制信息。

④自诊断。现场总线仪表本身具有自诊断功能,而且这种诊断信息可以送到中央控制室,以便于维护,而这在只能传递一路信号的传统仪表中是做不到的。

⑤经济性。传统的DCS系统每个仪表都需要一条线连到中央控制室,在中央控制室装备一个大配线架。而在FCS系统中,多台现场设备可串行连接在一条总线上,这样只需极少的线进入中央控制室,大量节省了布线费用,同时也降低了中央控制室的造价。

⑥高可靠性。从系统的可靠性进行系数分析,信号传输方式和系统结构的简化都大大提高了FCS系统的可靠性。

⑦多功能仪表。数字、双向传输方式使得现场总线仪表可以摆脱传统仪表功能单一的制约,可以在一个仪表中集成多种功能,做成多变量变送器,甚至集检测、运算、控制于一体的变送控制器。

4.4.3.2　系统结构形式

在FCS中,系统的基本结构为:工控机或商用PC、现场总线主站接口卡、现场总线输入/输出模块、PLC或NC/CNC实时多任务控制软件包、组态软件和应用软件。上位机的主要功能包括系统组态、数据库组态、历史库组态、图形组态、控制算法组态、数据报表组态、实时数据显示、历史数据显示、图形显示、参数列表、数据打印输出、数据输入及参数修改、控制运算调节、报警处理、故障处理、通信控制和人机接口等各个方面,并真正实现控制集中、危险分散、数据共享、完全开放的控制要求。

(1)模块化分布式控制系统主要分为3个系列:

①基于以太网和Modbus通信协议的Openline系列;

②基于Optomux和Modbus通信协议的MicroDAC,OpenDAC,OpenLT系列;

③基于现场总线Lonworks,Device,Profibus的Microlon,DacNet系列。

(2)模块化分布式控制系统需要6个部分:

①执行机构;

②现场控制器和接口;

③控制网络;

④工程师工作站和操作员工作站;

⑤组态软件和操作系统配置;

⑥特定算法和特定行业编程。

总体而言,这6个部分的工作的"全部"是一个整体的工业自动化系统工程,工程和项目的整体设计和施工是由自动化系统工程公司来完成的,相应于这部分产品的提供已成为专业制造商的不同市场细分,如:制造传感器的供应商、供应组态软件的厂商等。而本研究所提供的产品则是整个系统的第2和第3部分,实质上是I/O子系统的系列产品,之所以将I/O子系统称之为模块化分布式控制系统,是因为从构成控制系统网络的每一个I/O子系统到每一个I/O子系统中的每一个I/O点的构成均无一例外地采用完全模块化结构,每一个I/O点都是独立的和互不干扰的。每一个I/O点的调理、A/D转换及监测控制类型均是高度点一级可配置和相互独立选择的,从硬件结构的设计上保证了当任何一点出现故障或损坏时,只需将此I/O模块更换即可使整个系统正常运行(一般可带电更换)。

修改后的IEC 61158国际标准在1999年12月的投票中最终获得通过。新的现场总线标准包括8种类型现场总线,它们是:

①Type 1 IEC 61158技术规范;

②Type 2 Control Net现场总线;

③Type 3 Profibus现场总线;

④Type 4 P_Net现场总线

⑤Type 5 FF HSE(High Speed Ether-net);

⑥Type 6 SwiftNet现场总线;

⑦Type 7 WorldFIP现场总线;

⑧Type 8 Interbus 现场总线。

IEC 标准中 8 个不同子集虽然存在市场交叉和竞争，但更多的是性能互补。例如，FF 主要是用于流程长的过程工业，对可靠性要求很高，因此，导致有控制分散的必要。当然，过程控制中也有逻辑控制和数据采集的部分，FF 系统把它们也看成一台处理离散信号或 I/O 的“设备”，但它们也充分继承了一切适用的原有成果，所以，Modbus 这类 PLC 最常用的总线仍然被使用在系统中。Profibus-DP 主要用于制造工业中的逻辑控制，但其间也可能有部分连续回路控制，Profibus-PA 本安接口被用于这类场合。其他各种总线也各有所长和其适用的市场。所以说，虽然 IEC 把最终选择权留给了用户，但用户选择并非是无所适从的。

8 种类型现场总线采用完全不同的通信协议。Type 1 采用 LAS 方式和 Publisher/Subscriber 模式；Type 2 使用 CTDMA 方法和 Pro-ducer/Consumer 模式；Type 3 采用令牌环和主站/从站方式；Type 4 通信采用虚拟令牌传递方式；Type 5 为 CSMA/CD 方式；Type 6 总线使用 TDMA 多路存取方式；Type 7 使用总线裁决方式；Type 8 则采用整体帧协议。由此可见，要实现这些总线的相互兼容和互操作，几乎是不可能的，正因如此，市场形成了群雄割据的局面。

4.4.4 工业以太网技术的优势和特点

现场总线的多标准现状，极大地制约了现场总线技术的发展，也给用户带来诸多不便。实践证明，统一的 TCP/IP 协议使得 Internet 网络高速发展。现场总线协议长期争论不休，使得 FCS 系统的发展十分缓慢，为了加快新一代系统的发展，人们开始寻求新的出路。

从 20 世纪 90 年代末开始，现场总线开始转向在 IT 领域，在其广泛应用的、开放的 20 多年里，已发展成最为成功的 Ethernet 网络技术。目前，profibus、DeviceNet、ControlNet 和 LonWorks 等都打算使用 Ethernet。这些公司都在研究通过一种称作管道(Tunnel)的简单传递机构，使用 Ethernet 网络传送它们的报文。这种方法简单可行，现场装置保持不变，仅需要一个专用的 Ethernet 网络接口取代原来的总线驱动器，就可完成与以太网的连接。与此同时，美国电气工程师协会(IEEE)正着手制定现场装置与 Ethernet 通信的新标准，该标准能够使网络直接“看到”对象(Object)，这些工作为 Ethernet 进入工业自动化的现场级打下了基础。可以预见，正像当年 PC 机进入工业自动化领域一样，Ethernet/IP 将会十分迅速地进入工业控制系统的各级网络。

2000 年 1 月 4 日，IEC 宣布的高速以太网现场总线作为现场总线国际标准 IEC 61158，表决以 86%赞同、12%反对的结果获得通过。

Intranet/Internet 等信息技术的飞速发展，要求企业从现场控制层到管理层能实现全面的无缝信息集成，并提供一个开放的基础构架，但目前的现场总线尚不能满足这些要求。现场总线的出现给工业自动化带来了一场深层次的革命，但多种现场总线互不兼容，不同公司的控制器之间不能相互实现高速的实时数据传输，信息网络存在协议上的鸿沟导致出现“自动化信息孤岛”等，而工业以太网技术能较好地解决上述问题。

(1)以太网具有以下优点：

①具有相当高的数据传输速率(目前已达到 100Mb/s)，能提供足够的带宽，Gigabit 的甚至达到 10G 的高速以太网也已经问世，随着以太网技术的升级，用户可享受更高技术所带来的便利。

②由于具有相同的通信协议，Ethernet 和 TCP/IP 很容易集成到 IT(信息技术)界，具有跨平台集成的良好技术支持。

③能在同一总线上运行不同的传输协议，从而能建立企业的公共网络平台或基础构架。

④在整个网络中，运用了交互式和开放的数据存取技术。

⑤沿用多年，已为众多的技术人员所熟悉，在市场上能提供广泛的设置、维护和诊断工具，成为事实上的统一标准。

⑥允许使用不同的物理介质和构成不同的拓扑结构。

⑦允许利用通用的硬件设备,可选设备的品种型号丰富。

⑧非常容易实现与其他操作模式或通信在数据链路层的集成,并有条件与已有的办公自动化网络和谐地共存于一个物理网,使通过办公自动化网络的远程终端监视建筑设备运行状况的实现成本大幅度降低。

⑨通过以太网连接的 Internet 可以与世界上任何地方的网络连接,可方便并廉价地实现远程维护和远程诊断。

⑩控制网络所采用的信号传输物理介质和广泛采用的综合布线的材料兼容,在施工中可以大大简化相应的施工节拍和技术措施。

(2)以太网技术最早是为商业办公环境的网络开发,作为商业网络用工业环境,主要有 Ethernet 用于工业自动化,有以下几个方面问题需要解决。

①实时性问题。实时性就是信号传输足够快且具有确定性,Ethernet 采用 CSMA/CD 碰撞检测方式,网络负荷较大时,网络传输的不确定性不能较好地满足工业控制的实时性要求。

②现场环境问题。Ethernet 所用的接插件、集线器、交换机和电缆等是为办公室应用而设计的,不符合工业现场恶劣环境的要求。在工厂环境中,Ethernet 抗干扰性能较差。若用于危险场合,它不具备本安特性,也不具备通过信号线向现场仪表供电的性能。

③网络安全问题。在工厂运用互联网技术并不意味着工厂网络一定要连接到互联网,采用网络的工厂,连入互联网均使用 TCP/IP,这样就面临互联网类似的安全问题。

安全隐患:病毒、工业间谍、黑客、软件 BUG、恐怖主义。

黑客的动机:金钱、信息、恐怖主义、破坏、政治等,工业现场对黑客具有较小吸引力。同时,黑客行为是高技术的,有费时、费力、费钱的代价。

④技术支持问题。由于采用与商用 Ethernet 相同的技术,因此具有最广大的支持网络和资源。

4.4.5 隧道通信控制网络

实时性问题是反对以太网进入工业领域的主要理由,本课题主要对工业以太网在公路隧道环境应用的实时性进一步展开分析。

4.4.5.1 应用对现场总线的实时响应能力的要求

"实时性"在控制理论上是一个很具有弹性的度量指标,"实时"在很大程度上依赖于特定的应用,以及控制闭环中所需使用的元器件,从自动控制的观点来分析,控制实时性有如下几个方面的因素:

(1)工业上定位控制对实时响应的要求在 1~4ms 的时间范围内。

(2)自动控制中的开关控制,对实时响应速度的要求一般是在人的感觉上,不要在操作和被控设备实际动作之间产生明显的延迟,这个时间大约在几十毫秒到 100ms 数量级上。

(3)隧道控制系统中的风机、灯具、水泵等相关控制,因其设备本身的时间惰性很大,所以其实时响应速度要求在秒级即可。

(4)在现场控制器和中央控制站之间的数据通信所需的循环时间要求在秒级。事实上,控制软件可以采用事件驱动模式(如中断方式)代替循环模式而增强实时性。

(5)远程服务和远程诊断所需要的服务响应时间,因其信息从网络边缘传递到接听人员本身所花的时间要远远超过现场总线的循环时间,所以,这时现场总线的响应时间在秒级还是在更长一些的 10s 级时间,对总体响应时间来说已经微不足道了。

4.4.5.2 制约现场总线系统实时响应能力的因素

现场总线拓扑结构对总线传播时间的影响不大,而信息传输的波特率和协议效率对系统实时响应能力的影响则要大得多。

1)总线占用模式

(1)主—从模式(Master-slave Process)。它采用循环或事件驱动的方式传输 I/O 数据，它是当前现场总线的典型应用模式。

(2)发布—查阅模式(Publisher-subscriber Process)。这种模式在固定主－从模式不适用时，可用于控制器之间的有规则通信。发布站在发送信息时不关心信息将发往什么地方，只有查阅站不断关心并监视着总线上的通信内容。发布站可以选择广播、组播或单播的方式发布信息。由于采用组播方式时，信号帧一旦到达以太网交换器就可以被评判出来，因此可以减少网络设备接收队列的负荷。单播方式则可更进一步利用网络交换器非冲突域之间点对点通信的并行处理能力，增加实际有效带宽。发布—查阅模式还可以做成双主导或多主导的通信模式。

(3)按需发送模式(Data Communication as Required)。只有当有实际控制信息交换时，才用这样的方法来完成所有通信服务的执行和参数交换。

2)CPU 和总线之间数据交换时间的影响

控制系统由现场执行设备、PLC、计算机周期性地处理一个或数个应用程序。现场控制设备与系统主控制站或其他现场控制器之间的数据信息交换经由现场总线完成，在控制器和总线之间需通过一个共享的内存区域(Dual Port RAM 或简称 DPRAM)来进行数据传递，这个共享内存空间是被 CPU 和总线交替占用的，因此，在它们之间交换数据必然存在一个等待时间。

控制器 CPU 和通信芯片之间的数据交换也是一个实时性的瓶颈，当 CPU 的速度达到 3GHz 的时候，控制器内部传统的 ISA 总线或 PCI 总线根本跟不上这个速度，20%～30%的 CPU 性能就这样被损失掉了。

3)总线循环时间的影响

目前，公路隧道控制网络通常采用的现场总线系统通信方式是主—从模式下的循环数据交换方式，主站和分布在不同物理位置的从站设备之间通过循环方式占用总线的控制权。在这种框架下，数据交换速度与总线占用机制是通过轮询、时间片，还是令牌原理已经关系不大，而总线循环的时间周期则是影响系统实时响应速度的关键。

CPU 和现场总线通过 DPRAM 这个接口进行数据交换，主站把过程控制的控制参数通过 DPRAM，继而通过现场总线复制到从站，并从从站收集输入数据。在大多数情况下，为了达到系统的稳定性，数据必须经过 CPU 处理完毕才会复制到 DPRAM，而这个时刻并不一定正是现场总线控制权转移到该设备的时刻，因此，从数据准备完毕到把它送到总线上传送的时间之间有一个随机的延迟。在最不利的情况下，这个延迟要持续整个循环周期的时间。现场总线主站上典型的延迟时间范围约在 0.1～3ms。

4)控制计算时间的影响

现场总线的性能一般和控制器的性能是相匹配的，CPU 完成相关控制任务计算所需要的时间也是一个实时性的主要影响因素。在控制系统中，如要求完成控制指令的控制计算时间在 1ms 以下时，我们必须在控制器中选用高性能的 PC 处理器，在一般速度的工业应用中，选用的控制计算处理时间在 2～10ms之间。

5)影响响应时间的其他参数

在控制总线网段上的设备数量过多对系统响应时间的影响，也是一个重要因素，由于设备性能指标参数很多时候是在理想环境下测得的，在工程应用中网段上挂接现场设备应保持在指标容量的 40%以下。

现场总线通信中的交换数据最大帧字节数也影响通信的实时性，最大帧字节数规定过大会导致系统实时性能的下降，最大帧字节数过小又使报头报尾占用的字节比例提高，有效数据报报文的长度缩短，影响实际通信数据的带宽。对工业实时系统，原则上选择较短的数据报来提高它的实时性能。通过试验，维持系统主从站之间沟通所占用的负荷(所谓空载负荷)有时甚至达到整个总线负荷的一半以上。

6)以太网解决实时性方案

在各种传统现场总线协议的条件下，上述各种影响现场总线循环时间的因素是系统设计人员必须全面考虑和权衡的。然而，在采用100Mb/s以太网作为现场总线通信网络时，其超过通常现场总线传输速率4个数量级(典型现场总线的传输速率是几十千比特每秒的数量级，如Lonworks是78.8kb/s)的高速度足以把上面所述影响现场总线循环速度的因素掩盖到微不足道的程度，这时控制算法的运算时间将成为影响系统循环时间的决定因素。

4.4.5.3　工业以太网实时通信技术

工业以太网网卡与WINDOWS等操作系统完全兼容，同时，工业以太网网卡在发送端提供内部优先级机制和缓冲器。这种机制可保证在实时应用的以太网帧中得到足够的空余传输信道，而操作系统的以太网帧只有在有足够空闲的情况下才利用总线的“间隙”发送。

在接收端，首先检查所有收到的以太网帧是否都与实时通信有关，与实时通信相关的帧将被过滤出来优先处理，其余的帧则在检查后送到实时系统范围之外的操作系统处理。

现有的商用交换式集线器均支持100Mb/s全双工工作，发送帧以恒定的延时传送到接收器。交换式集线器的运作机制可以保证在不同的点对点通信，并可避免帧的碰撞，因此，在这种情况下只存在延时。实际上，只要在循环控制系统中保证每一条发送的信息在下一个循环开始前到达目的地就可以了。而何时到达、以何种顺序到达在这里已经不重要了。因此，只要选用设备的帧发送率满足循环时间，设计的以太网实时通信能力便可以得到满足。

工业控制网络一般是一个独立的子网，跨网段运行的情况，一般对实时性要求不高，这时实时通信帧的发送目的地一般不会离开本地的子网。因此，设备可以直接通过MAC地址来寻址，其TCP/IP协议和UDP/IP协议所用的传输层报头和网络层报头在实时系统中则可以被省略。以太网帧本身的结构特征足以让它与其他协议帧共存于一个网段上，并被接收设备识别出来。如果有必要，实时帧也可以加上TCP/IP或UDP/IP报头，用于跨子网的通信传输。

4.4.5.4　隧道控制网络特点

隧道控制是根据控制系统采集隧道现场交通状况、环境状况等信息，通过特定的控制算法，向隧道现场的智能设备发出指令，实现对隧道交通信号灯、隧道风机、隧道照明灯、消防水泵等设备进行控制；状态参数检测、交通信息显示是通过现场智能设备与传感器及信息发布设备连接通信，实现隧道内CO浓度、能见度、风速、风向、洞内外亮度环境、气象、交通参数的检测及各类信息的显示发布；异常报警包括火灾异常报警和交通异常报警，分别通过火灾检测系统和视频监视系统等，实现火灾异常和交通异常的及时报警。由于设备因素，隧道内信息的采集及控制系统接受指令的响应都有一定程度的时间延时，经测试各主要控制设备系统容许延时情况如表4-12所示。

隧道控制设备系统容许延时情况　　表4-12

序　号	设 备 系 统	容许延时情况
1	交通信号灯	＞100ms
2	风机开启/关闭	轴流风机＞30s
		射流风机＞15s
3	消防水泵开启/关闭	＞15s
4	洞内照明灯	钠灯＞30s
		荧光灯＞5s
5	火灾报警	＜60s

隧道控制系统中的开关控制，对实时响应速度的要求是在人的感觉上操作和被控设备实际动作之间没有产生明显的延迟，这个时间大约在几十毫秒到100ms数量级上；而隧道控制系统中的风机、照明、水泵等控制，因其系统本身的时间惰性很大，所以其实时响应速度要求在秒级即可，系统远程控制所需要的服务响应时间，因其监控人员从接听到反应处置而花费的时间要远远超过控制网络的循环时间，

所以，这时控制网络的响应时间即使在秒级甚至在更长一些的10秒级时间，对总体响应时间来说也都是微不足道的。从表4-12的分析可知，隧道控制系统对系统实时性远没有工业控制中1～4ms的要求那么高，工业以太网的响应速度完全满足隧道控制的需要。

4.4.5.5 基于TCP/IP的公路隧道工业以太网

基于TCP/IP的Ethernet构成的隧道控制网络的最大优点是将隧道的办公网、隧道的控制网络和现场级的仪表、设备网络构成了畅通的透明网络。

TCP/IP协议已经成为Internet互联网的通信协议，Modbus和TCP/IP的结合意味着Modbus TCP/IP协议也能应用在Internet上。因此，在世界的任何地方都可以通过互联网访问到远在欧洲的支持Modbus TCP/IP协议的设备。这为厂商和用户提供了很多方便：

引入TCP/IP协议以后，“透明工厂”又引入网页技术，即除了现场总线采用TCP/IP协议外，在设备中还内置网页服务器，实现通过浏览器浏览远程设备的I/O状态。对于自动化系统来说，这是一个非常重要的优点，通过网页不仅能在网上知道系统中的各种设备的类型，还能实时知道它们在系统中的作用和具有的功能价值。

通过对一个工业以太网自动化系统建立一个完整的网址，可使PLC具备在网上的诊断功能，从网上了解I/O状态、系统工况以及网络信息的繁忙程度；也可为用户的某些特殊节点定义一些特殊的网页，如生产信息、库存状态、维护工具等；还可浏览生产过程的报警记录；或给维护人员发送E-mail信息等。

1)现场控制技术

工业以太网技术在隧道控制网络的引入，使其通信协议与上层隧道管理信息系统无缝兼容，使得下层控制层数据与上层管理系统数据的交换和传递成为一件非常简单的事。随着对现代隧道管理要求的提高，隧道控制网络模型应涉及从底层现场设备网络到上层信息网络的数据完整传输过程，按网络结构可以分为3层结构：现场设备层、现场监控层、远程监控层。

(1)现场设备层

智能设备采用功能块的结构，通过组态设计，完成数据采集、A/D转换、数字滤波等各种功能。此外，总线上应有PLC接口，以便于连接原有的系统。

现场设备是以网络节点的形式挂接在现场总线网络上的，为保证节点之间实时、可靠的数据传输，现场总线控制网络必须采用合理的拓扑结构。常见的现场总线网络拓扑结构有：

①环形网。其特点是时延确定性好，重载时网络效率高，但轻载时等待令牌会产生不必要的时延，从而使传输效率下降。

②总线网。其特点是节点接入方便，成本低。轻载时延时小，但网络通信负荷较重时延时加大，网络效率下降。此外，传输延时不定。

③树形网。其特点是可扩展性好，频带较宽，但节点间通信不便。

④令牌总线网。其结合环形网和总线网的优点，即物理上是总线网，逻辑上是令牌网。这样，网络传输延时确定无冲突，同时，节点接入方便，可靠性好。

(2)现场监控层

这一层从现场设备中获取数据，完成各种控制、运行参数的监测、报警和趋势分析等功能，另外还包括控制组态的设计和下装。监控层的功能一般由上位计算机完成，它通过扩展槽中网络接口板与现场总线相连，协调网络节点之间的数据通信；或者通过专门的现场总线接口(转换器)实现现场总线网段与以太网段的连接，这种方式使系统配置更加灵活。这一层处于以太网中，因此其关键技术是以太网与底层现场设备网络间的接口，主要负责现场总线协议与以太网协议的转换，保证数据包的正确解释和传输。监控层除上述功能外，还为实现先进控制和远程操作优化提供支撑环境。

(3)远程监控层

其主要目的是在分布式网络环境下构建一个安全的远程监控系统。首先，要将中间监控层的数据库中的信息转入上层的关系数据库中，这样，远程用户就能随时通过浏览器查询网络运行状态以及现场设备的工况，对隧道现场设备进行实时的远程监控。赋予一定的权限后，还可以在线修改各种设备参数和运行参数，从而在广域网范围内实现底层测控信息的实时传递。目前，远程监控实现的途径就是Internet，主要方式是租用DDN专线或者利用公众数据网。由于隧道控制的重要性，远程监控必须保证网络安全，可以采用的技术包括防火墙、用户身份认证以及密钥管理等。在这方面，Schneider现场总线技术具有优势。Schneider的报文比较灵活，兼容TCP/IP，可以无缝连接Internet，同时又不影响实时数据的传送，因此，整个控制网络可以采用统一的协议标准。此外，Schneider的现场设备中有内嵌的Web服务器，用户可以直接通过Internet访问现场设备中的信息，无需中间的协议转换器。

在整个现场总线控制网络模型中，现场设备层是整个网络模型的核心，只有确保总线设备之间可靠、准确、完整的数据传输，上层网络才能获取信息，以及实现监控功能。从隧道监控系统的发展趋势出发，应更多地考虑隧道监控系统现场设备层与中间监控层、Internet应用层之间的数据传输与交互问题，以及实现控制网络与信息网络的紧密集成。

2)PLC控制技术

随着PLC技术的发展，其在网络技术及系统控制领域中具有其他产品不可替代的优势，目前，Schneider、AB、GE等公司已把PLC技术作为最底层的控制、联锁、通信。

工业以太网在公路隧道中的应用已成为可能，利用PLC网络技术来实现分布式采样已成为今后一段时期内的一种必然发展趋势。典型的PLC控制网络可以根据公路隧道控制点的分布特征，在隧道内有规律地设置PLC现场控制站，就近完成被控点的状态采样和控制输出，各PLC现场控制站通过工业控制网络相连，构成冗余网络，组成监控系统的下位机系统。在监控系统的上位机，采用图形化的监控终端来完成受控设备的集中控制、数据分析、统一调度和管理。在上位机与下位机之间的通信，通过隧道现场构建的工业以太网，远程监控系统通过公众网、DDN等实现。

本章前面几节详细分析了现代公路隧道监控系统的组成及各设备的联网特征，随着隧道监控系统功能要求的不断提高，以及隧道的长度和交通控制的复杂程度的增加，隧道的交通控制应依据隧道现场的情况而控制，特别是在隧道通信网络出现故障时，中央控制室上位机对现场的情况不能及时了解，这时需要通过隧道内的下位机PLC控制单元直接对整个交通监控系统进行直接控制。而典型的隧道监控系统中的PLC下位机系统只是一个执行机构，响应上位机系统的操作或只对PLC本单元的操作，不可能实现对整个隧道现场设备进行控制，这对PLC高性能的自动化控制功能和工业控制网络的高速传输性能也是巨大的浪费。通过本课题的研究，为充分发挥PLC和工业以太网的性能，可以通过隧道PLC联网控制技术，在终南山特长公路隧道控制网络出现故障时，保证隧道内设备处于良好的受控状态。

PLC联网控制技术是指通过对长大隧道进行分区控制，各区域控制主机主要承担其区域的各种设备控制及信息采集任务，同时各区域控制机通过隧道控制网络相互通信，实现隧道内其他区域的交通状况和交通信息的监视、协调、自动控制。

上面详细分析研究了各类控制技术、通信网络技术，下面针对终南山特长公路隧道设计基于TCP/IP的公路隧道工业以太网方案：

隧道内每500～1 000m设置一套隧道区域控制机，利用PLC网络技术来实现分布式采样，即在被控点相对集中处设置区域控制机一套，就近完成被控点的状态采样和控制输出，并完成该区域控制机内部各控制信号的互锁；同时，增加各区域控制机间的通信功能，即在各区域控制机之间，通过工业控制网络通信，进行相互协调与控制；各区域控制机通过工业以太网相连，构成冗余网络，组成隧道监控系统的下位机系统。在监控系统的上位机，采用图形化的监控终端来完成受控设备的集中控制、数据分析、统一调度和管理。在上位机与下位机之间的通信，通过隧道现场构建的冗余工业以太网网络，远程监控系统通过公众网、DDN等实现。典型隧道控制网络架构如图4-24所示。

4.4.6 小结

本部分主要成果包括：①隧道现场设备与隧道控制网络的集成原则。②公路隧道PLC控制技术。

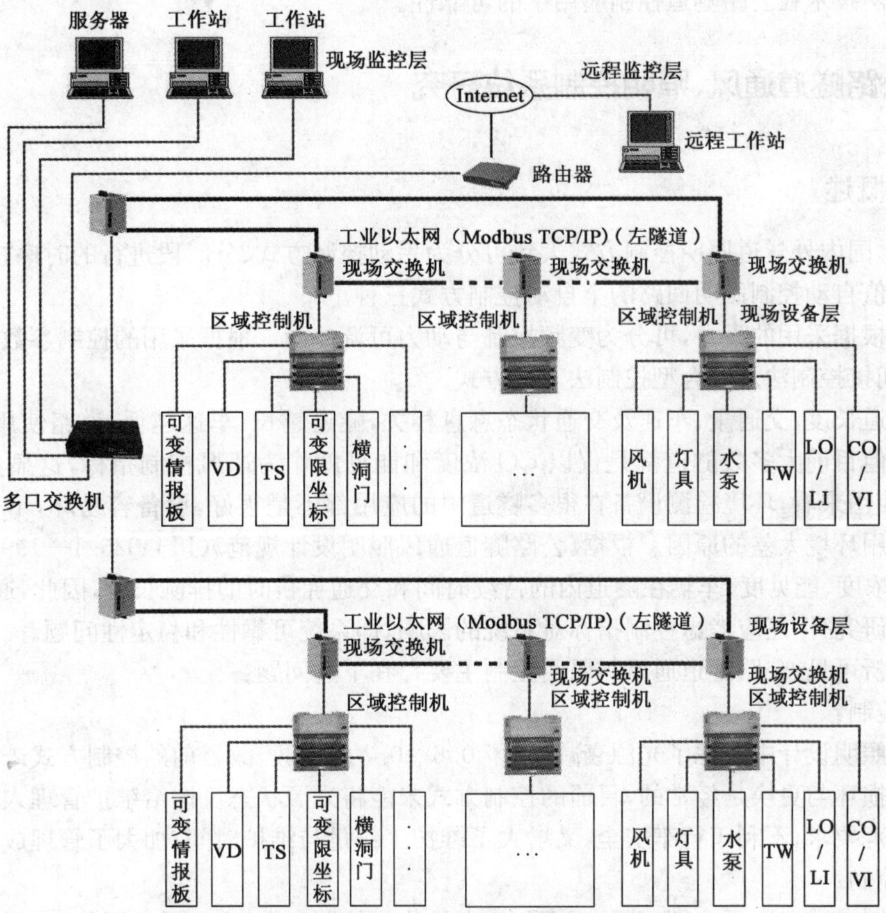

图 4-24　典型隧道控制网络架构

③适用于公路隧道控制的网络架构——基于工业以太网的双纤冗余自愈环网络。

目前，现场总线有 40 多种，在公路隧道中应用的现场总线主要有 LonWork 网络、Inetrtins、Profibus、Can 和 Modbus。事实上，每种现场总线都有其优势与不足，Profibus 是主从式结构，不适用于全分布式现场总线控制，系统的可靠性受主控制器的制约，其他总线也有这样或那样的不足。在现场总线的选择中，对于公路隧道监控而言，由于信息量不大，因此，传输速率和实时性要求不属于总线选择的控制因素，而最关键的是设备能适应隧道的应用环境，并且必须是对等式结构，以提高系统的可靠性。由于每种总线开发商的背景不同，因此，其应用场合与市场份额也不同，加之开发商的实力与宣传力度的不同，在很大程度上影响着用户的选择。目前，各现场总线都在向以太网的无缝连接方向发展，各大自动化公司都推出了自己的工业的太网产品，并在很多行业都得到了广泛应用。

当前，工业自动化正向着管控一体化的方向发展。工业以太网作为隧道控制网(Intranet)中的下部网(Infranet)，而隧道控制网与其他外部网(Extranet)相连，或与因特网(Internet)相连，由于工业以太网实现了现场控制网络与 Internet 的无缝连接，使管理人员可远程了解每台现场仪表的运行状况并进行设备维护变得非常简单易行。将来，通过传感器技术与多媒体等技术将使操作人员在控制室内通过室内的大屏幕显示，便仿佛是自己亲临现场，当然，这绝对不同于过去用眼看、耳听、手模那种原始的检测方法，而是用先进的虚拟现实(Virtual Reality)的方法来实现。

此外，随着 PLC 技术的飞速发展，借用工业以太网的高速性能，实现隧道下位机系统的联网控制成为可能，这也将大大提高长大隧道控制系统的安全可靠性。

课题组于 2002 年建成了终南山隧道控制系统中的试验系统(系统建设，在本报告第 7 章将作详细介绍)，实现了基于工业以太网架构的隧道控制系统，系统运行 25 个月来，无一次故障发生，这也充分证明了工业以太网技术在公路隧道控制应用中的可靠性。

4.5 公路隧道通风、照明控制系统研究

4.5.1 概述

照明控制，国内外隧道照明控制方式大致可分为手动控制方式、分时段进行的时序控制方式和根据洞内外的亮度值自动控制照明回路的全自动控制方式三种。

通风控制根据采用的设备，可分为变频控制与动力可调控制。根据采用的控制参数的不同，可分为直接控制法、间接控制法及混合型控制法 3 种方式。

通风与隧道长度、交通量、车速及交通状态息息相关，隧道越长、车速越低，道路使用者吸收的有害气体就越多。但目前大多数隧道都是仅以 CO 浓度和能见度作为通风控制指标，这显然是不科学的。而且，从实际使用来看，环境检测设备在很多隧道中的应用都不是很好，设备容易坏，不稳定，这可能是因为隧道的应用环境太差的原因。根据《公路隧道通风照明设计规范》(JTJ 026.1—1999)，通风控制有 4 个指标，CO 浓度、能见度、车辆在隧道内的持续时间和交通拥挤时的排队长度，因此，通风控制除了对控制方法进行研究外，还应考虑控制指标对系统的影响，即系统可靠性和稳定性问题。

由上述分析可见，公路隧道通风与照明控制主要存在下述问题：

(1)照明控制：

①由于在照明设计中考虑了光源衰减，乘了 0.6～0.7 的系数，故目前的控制方式未能充分节能。

②光源的损坏与更换是经常的，目前的控制方式未能将光源状态反馈给维护管理人员，既不知道照度是否满足规范要求，不利于行车安全，又增大了维护工作量与维护时间，加大了管理成本。

(2)通风控制：

①通风控制参数选取不合理。国内采用 CO/VI 作为控制参数，由于设备不稳定，根据调查，大多数 CO/VI 检测设备正常工作期不到 1 年，设备价格昂贵，更换维修不便，降低了系统的可靠性。国外采用交通量作为控制参数，由于同样是单参数，系统可靠性未能得到充分提高。

②控制工况不合理。国内根据 CO/VI 是否超标进行控制，没考虑规范中 CO/VI 的允许持续时间，从而造成未来交通量下降，本来自然排放就可满足规范要求，结果却开了风机，使得运营成本增加。

③控制模型智能化水平低。即使是国外发达国家，如奥地利 PLABUTCH 隧道，也是按照每 6min 检测的交通量进行控制，而没有考虑交通流的发展趋势是增加还是减少。

本章主要研究内容主要包括模糊通风控制模型研究，动力可调与变频通风控制适应性研究，照明调光控制适应性与经济性研究。

4.5.2 通风控制原理

通风控制涉及通风方式、交通组成与变化、交通状态与变化、风机运行时间及启停时间几个方面的因素，作为控制决策，在通风方式确定后，隧道内的车辆数和车辆类型决定了 CO 和烟雾排放量，车辆行驶速度决定了车辆在隧道内的滞留时间。从而，通风控制问题转化为隧道内车辆数与车辆类型的检测和预测问题。在得到隧道内车辆数与车辆类型的当前值和其后一段时间的发展变化规律后，则可计算 CO 和烟雾排放量，得到 CO 和烟雾排放量随时间的变化曲线(表)；根据通风计算模型，可得到风机开启台数随时间的变化曲线(表)；根据各台风机运行时间和启停时刻记录，选择启动或停止的风机，使风机运转平衡。

根据上述分析，通风控制包括以下模块：

(1)预警参数设置模块。《公路隧道通风照明设计规范》(JTJ 026.1—1999)对环境给出了设计要求，值得说明的是，其远比卫生条件要求严，美国卫生标准为 400ppm 时滞留时间为 15min，200ppm 时

滞留时间为30min，若将设计值定为预警值，则仍留有很大的安全余地。

(2)通风计算模块。根据交通发展变化情况，计算CO和烟雾浓度，从而由通风计算模块计算需风量及风机开启或停转台数。

(3)交通预测模块。根据现场采集的交通数据，判别：交通状态是正常或阻塞；预测期内隧道内车辆数的变化趋势是将增加、减少或基本保持不变。当隧道内车辆数基本保持不变时，不需改变风机的运行状态，当隧道内车辆数将增加时，可能会增加风机的开启台数，当隧道内车辆数将减少时，可能会减少风机的开启台数；隧道内车流的平均速度用于判别是否会出现1km的阻塞和车辆在隧道的滞留时间。

(4)运营评价模块。对隧道当前风机的运营状态进行评价。根据运转时间，对待(停)开的风机进行优先顺序的排列，以便进行通风控制决策。

(5)控制决策模块。结合运营评价模块的评价结论，决定风机的开启或停转。

4.5.3　通风控制模型

4.5.3.1　通风控制条件

1)基础资料

(1)通风计算有关参数；

(2)与射流风机开启台数(从1～N，N为单洞最大射流风机台数)相适应的交通量与速度；

(3)在射流风机全开的条件下，与轴流风机开启台数(从1～M，M为单洞最大射流风机台数)相适应的交通量与速度；

(4)火灾工况下，射流风机与轴流风机开启台数。

2)规范要求

根据《公路隧道通风照明设计规范》(JTJ 026.1—1999)，隧道通风控制指标为排队长度、交通阻塞时车辆在隧道内的滞留时间及CO与烟雾浓度共4个指标。规范规定，当烟雾浓度达到0.012m^{-1}时，应采取管制等措施，且烟雾浓度与速度的关系也应很明确，因此，考虑烟雾浓度控制时是比较容易操作的。但是，对于CO浓度、排队长度和车辆在隧道内的滞留时间，则需要进行探讨。

(1)排队长度≤1km的条件

正常状态与阻塞状态的交通量、密度、速度分别为q_1、k_1、V_1和q_2、k_2、V_2，车辆阻塞时间为t_1，根据交通流理论，排队长度≤1km，即要求满足以下条件：

$$W=\frac{Q_1-Q_2}{K_1-K_2}$$

$$W_1+W_2=\frac{K_1(V_2-V_1)}{K_1-K_2}$$

$$t(V+V)\leqslant 1$$

$$\frac{K_1(V_2-V_1)}{K_1-K_2}\leqslant\frac{1}{t_1}\tag{4-85}$$

或者：

$$t_1\leqslant\frac{K_1-K_2}{K_1(V_2-V_1)}\tag{4-86}$$

参数t_1与管理水平和监控系统的功能有关，一般可取3min，根据检测的交通量与车速，可计算排队长度，以决定如何通风。

(2)车辆在隧道内的滞留时间与CO的浓度

根据《公路隧道通风照明设计规范》(以下简称《规范》)要求,交通阻塞(各车道均以怠速行驶,平均车速为10km/h)时,阻塞段的平均CO设计浓度可取300ppm,经历时间不超过20min。《规范》中没有给出其他情况下CO浓度与车辆在隧道内的最大滞留时间的关系。根据《规范》中表3.3.2-1,隧道长度不大于1 000m时,CO设计浓度可取300ppm,隧道长度不小于3 000m时,CO设计浓度可取250ppm。根据《规范》条文说明中CO浓度与车辆在隧道内的最大滞留时间的关系:400ppm允许23min,350ppm允许26min,300ppm允许30min,250ppm允许35min,200ppm允许45min,150ppm允许60min,100ppm允许85min,50ppm以下则不受限制。而美国的卫生标准规定,400ppm允许15min,200ppm允许30min,这些成果显然比《规范》中要求要松一些,因为同样是300ppm,《规范》中规定是20min,而条文说明中是30min。也许《规范》中的这种规定,是为了给设计运营留较大的余地。

由上述可见,进行通风控制时,不但要考虑CO/VI的浓度,而且要考虑车辆在隧道内的滞留时间,换句话说,通风控制和车辆平均运营速度相关。采用规范的400ppm允许15min,300ppm允许20min,则车辆在隧道内的滞留时间与CO浓度建议式如下:

$$t = 35 - Co/20 \tag{4-87}$$

$$Co = \begin{cases} 400,(\text{火灾工况}) \\ \left.\begin{array}{l} 300, L \leqslant 1\,000 \\ 300 - \dfrac{L - 1\,000}{40} \\ 250, L \geqslant 3\,000 \end{array}\right\}(\text{正常工况}) \end{cases} \tag{4-88}$$

不同工况 Co 采用最大值,将式(4-90)代入式(4-89),则可得到车辆在隧道内滞留时间与隧道长度之间的关系:

$$t = \begin{cases} 15,\text{火灾} \\ 20, L \leqslant 1\,000\text{m} \\ 18.75 + L/800, 1\,000\text{m} \leqslant L \leqslant 3\,000\text{m} \\ 22.5, L \geqslant 3\,000\text{m} \end{cases}$$

上式在隧道长度大于3 000m时,Co 为250ppm允许22.5min,远小于《规范》中规定的35min,属于卫生标准范畴。

(3)车辆在隧道内滞留时间与CO浓度建议值的可行性及其含义分析

对于长度在3 000m以上的隧道,如秦岭终南山隧道,采用纵向通风,这时可按CO不超过250ppm进行控制,这时对应的滞留时间为22.5min,这意味着过秦岭终南山隧道的车辆平均运营速度必须大于48km/h。

目前,尚没有公路隧道服务水平的定义。《交通工程手册》中对高速公路基本路段服务水平规定如表4-13所示。

高速公路基本段服务水平表 表4-13

服务水平等级	设计车速 120(km/h)		设计车速 100(km/h)		设计车速 80(km/h)		设计车速 60(km/h)	
	平均车速(km/h)	V/C	平均车速(km/h)	V/C	平均车速(km/h)	V/C	平均车速(km/h)	V/C
一	⩾94	0.56	⩾81	0.51	—	—	—	—
二	⩾86	0.79	⩾75	0.71	⩾69	0.67	⩾59	0.64
三	⩾73	0.94	⩾68	0.85	⩾62	0.83	⩾53	0.81
四	⩾48	1	⩾48	1	⩾45	1	⩾43	1

注:表中 V/C 为道路实际交通量与通行能力之比。

由表4-13可知,只要交通量小于通行能力,正常交通情况下,车辆在隧道内的滞留时间不再是通风控制应考虑的因素。

但是，当交通量大于通行能力时，交通处于强制流状况，阻塞发生，车速下降，这时，车辆在隧道内的滞留时间就成为通风控制应考虑的因素。

4.5.3.2 通风控制参数选择与信息采集

目前，国内大多数隧道都是采用直接控制法进行通风控制，鉴于实用中大多数 CO、VI 设备稳定性较差，经常发生故障或不到一年就失灵，本课题采用混合型通风控制方式，以 CO、VI 和交通量作为控制参数，以平均运营车速作为车辆在隧道内滞留时间的判别标准，在环境检测设备正常工作时，其检测值既可作为控制依据之一，又可作为根据实时交通量计算的排污量中车辆类型的总体修正系数；在环境检测设备失灵时，以该总体修正系数作为依据预测交通量计算排污量的参数，根据交通的发展变化趋势进行通风控制。

4.5.3.3 通风控制工况分析

通风控制工况包括正常工况与异常工况，异常工况包括火灾与阻塞，如图 4-25 所示。

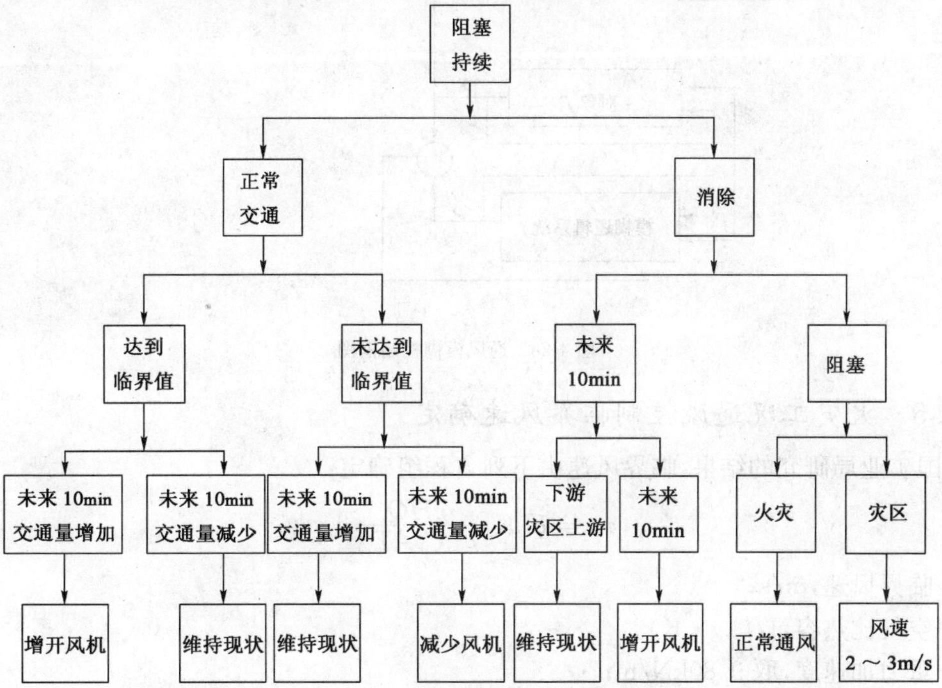

图 4-25

4.5.3.4 通风控制模糊辨识器

模糊辨识器的设计应考虑如下离散非线性系统：

$$y(k+1) = f[y(k),\cdots,y(k-n+1);u(k),\cdots,u(k-m+1)] \tag{4-89}$$

式中：f——要辨识的未知函数；

u、y——分别为系统的输入和输出；

n、m——正整数。

我们的任务是要利用模糊逻辑系统来辨识未知函数 f。进行模糊辨识，有两种模型：

(1)并行模型

$$\hat{y}(k+1) = \hat{f}[\hat{y}(k),...,\hat{y}(k-n+1);u(k),...,u(k-m+1)] \tag{4-90}$$

式中：$\hat{f}$——模糊逻辑系统；

$\hat{y}$——辨识器的输出。

(2)串行—并行模型

$$\hat{y}(k+1) = \hat{f}[y(k),...,y(k-n+1);u(k),...,u(k-m+1)] \tag{4-91}$$

式中，y 为系统式(4-89)。

两种模型的区别是：在并行模型中，辨识模型的输出要反馈回辨识模型；而在串行—并行模型中，则需将系统的输出反馈回辨识模型。串行—并行模型优于并行模型，因此，本项目在模糊辨识器中采用串行—并行模型，如图 4-26 所示。

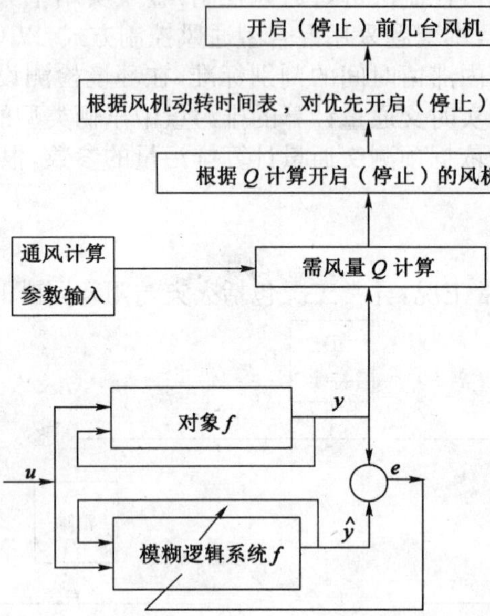

图 4-26　通风模糊控制框图

4.5.3.5　火灾工况通风控制临界风速确定

根据美国矿业局研究的结果，临界风速由下列方程组确定：

$$v_c = K_g K \left[\frac{gHQ}{\rho_\infty C_P A T_f}\right]^{1/3} \tag{4-92}$$

式中：v_c——临界风速，m/s；

C_P——空气比热容，J/(kg·K)。

g——重力加速度，取 9.80kN/m；

H——隧道高度，m；

Q——火灾释放热量，W；

ρ_∞——隧道周围空气密度，kg/m³；

A——隧道横断面面积，m²；

T_f——热气体温度，K；

K=0.61(无量纲)；

K_g——坡度修正系数(无量纲)，可由图 4-27 查得；

4.5.3.6　数字仿真

随机分布规律性比交通流的规律性要差，若预测结果能与随机分布输入结果基本一致，则模型具有较强的实用性，如图 4-28 所示。

交通预测的关键在于趋势的一致性，数值的绝对误差为 10%～20%，是可以满足工程需要的。

通过 690 个模拟数据表明：

(1)最多经过 150 次学习，预测结果与实际值是基本一致的；

(2)原始数据经过处理，可以更好地、较快地掌握发展规律；

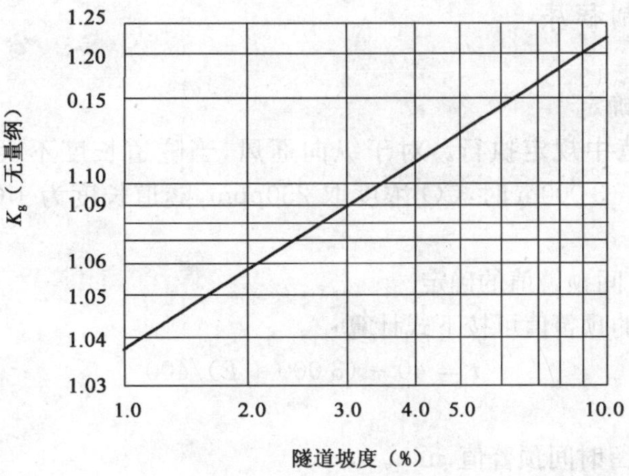

图 4-27　坡度修正系数

(3)不同的数据处理方法与变量个数,影响预测学习速度,但差异不是很大。

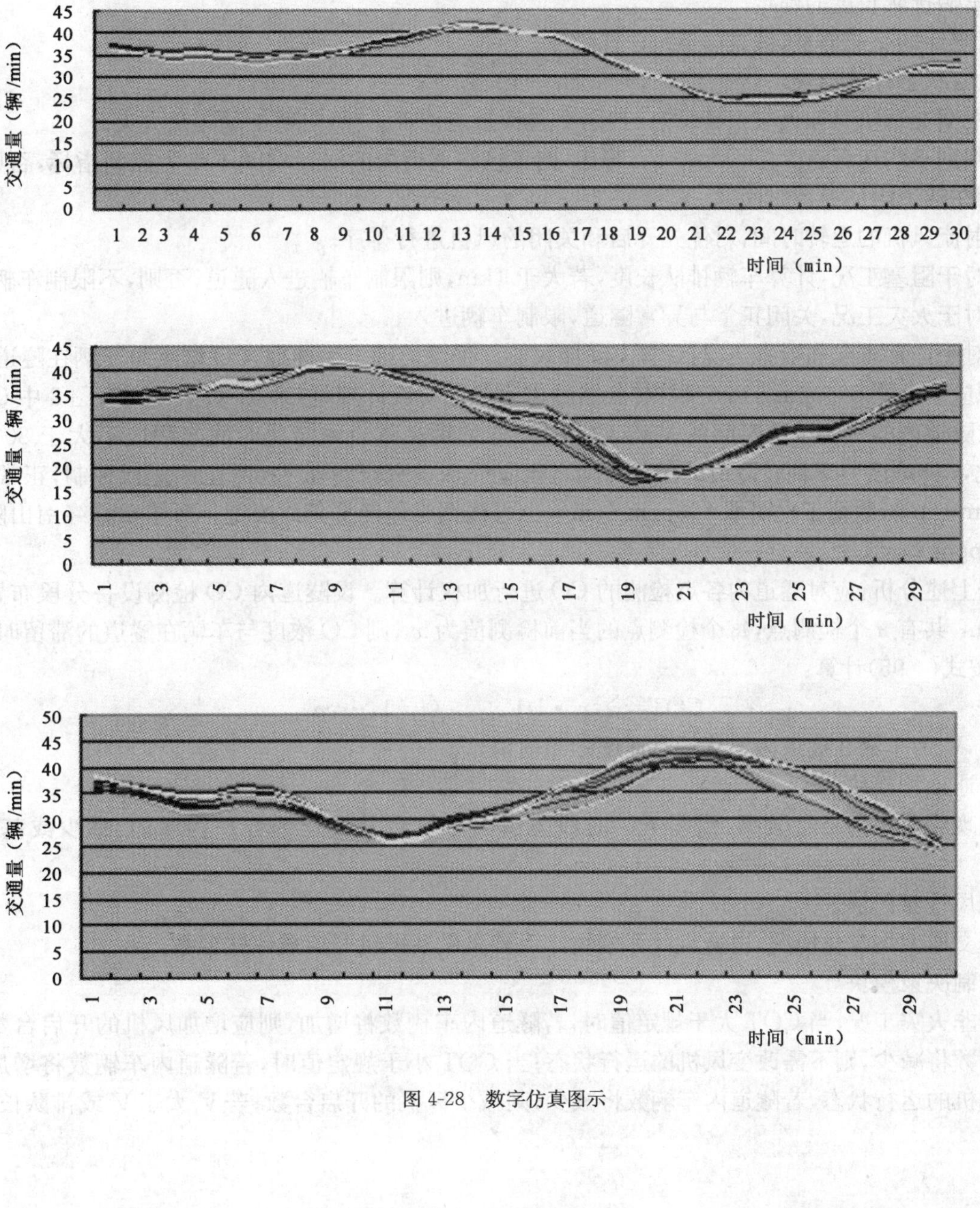

图 4-28　数字仿真图示

4.5.3.7 通风控制程序

1)预警参数设置模块

(1)CO 浓度预警值的确定

CO 浓度预警值按规范中规定执行。对于纵向通风,当隧道长度不大于 1 000m 时,CO 浓度取 300ppm,当隧道长度不小于 3 000m 时,CO 浓度取 250ppm,隧道长度为 1 000～3 000m 时,按内插法计算。

(2)车辆在隧道滞留时间预警值的确定

车辆在隧道滞留时间的预警值可按下式计算:

$$t = 40 - (3\,000 + L)/400 \tag{4-93}$$

式中:L——隧道长度,m;

t——车辆在隧道滞留时间预警值,min。

(3)平均运营速度预警值的确定

平均运营速度预警值可按下式计算:

$$V_1 = 100L/(6t)\,(\text{km/h}) \tag{4-94}$$

(4)车辆排队长度的确定

根据统计的交通信息,按式(4-85)计算。

2)运营状态评价模块

(1)根据交通信息和火灾报警信息,判别交通状态是正常工况、阻塞工况还是火灾。

(2)判别平均运营速度是否大于 V_1,若是,则车辆在隧道内的滞留时间不作为控制指标,否则,必须考虑车辆在隧道内的滞留时间。

(3)射流风机的运转时间,对优先开启和关闭的风机进行排序。

(4)对于阻塞工况,计算车辆排队长度,若大于 1km,则限制车辆进入隧道,否则,不限制车辆进入。

(5)对于火灾工况,关闭正常与异常隧道,限制车辆进入。

(6)对于正常工况和阻塞工况,计算 CO 加权值。根据美国卫生标准,CO 浓度与车辆在隧道的滞留时间之积应不大于 600ppm · min,根据《公路隧道通风照明设计规范》第 81 页条文说明图 2 中 CO 浓度与车辆在隧道内的最大滞留时间的关系,CO 浓度与车辆在隧道的滞留时间之积应不大于 800ppm · min,因此,CO 浓度与车辆在隧道的滞留时间之积应按 600～800ppm · min 范围进行控制,正常工况可取 600ppm · min,阻塞工况可取 800ppm · min,也可根据当地经济条件决定。对于秦岭终南山隧道,建议取 700ppm · min。

根据上述分析,应对隧道内各点检测的 CO 进行加权计算。设隧道内 CO 检测设备分段布置,每段长度为 1m,共有 n 个检测点,每个检测点的当前检测值为 x_i,则 CO 浓度与车辆在隧道的滞留时间之积 COT 可按式(4-95)计算:

$$\text{COT} = \sum x_i \cdot 1/V_t \qquad (i = 1, \cdots, n) \tag{4-95}$$

式中,V_t为车辆在隧道内平均运营速度的当前值。

3)交通预测模块

根据现场采集的交通数据,预测下一时段隧道内车辆数及变化趋势是将增加、减少或基本保持不变。

4)通风计算模块

根据交通发展变化情况,由通风计算模块计算需风量及风机开启或停转台数。

5)控制决策模块

对于非火灾工况,当 COT 大于规定值时,若隧道内车辆数将增加,则应增加风机的开启台数,若隧道内车辆数将减少,则不需改变风机的运行状态;当 COT 小于规定值时,若隧道内车辆数将增加,则不需改变风机的运行状态,若隧道内车辆数将减少,则减少风机的开启台数;若 V_t大于 V_1或排队长度小于

1 000m,则不需考虑这两个指标,否则,则应实行交通管制。

4.5.4 风机动叶可调与变频通风控制适应性研究

4.5.4.1 风机节能途径

风机的节能可以贯通风机的全过程,风机的全过程是指从风机计划设计时开始,直至风机被淘汰时为止的整个过程。本课题主要分析了风机设计过程、风机制造过程、风机安装维修、风机运行 4 个环节的节能。通过对风机设计过程、制造过程的节能分析,用户在选择风机时,可以对厂家进行相关考察;安装维修、风机运行过程的节能,则是用户实现节能的最直接和有效的手段,本课题将详细研究风机运行过程的节能技术。

1)设计过程中的节能

(1)风机设计方法

目前,风机的设计方法一般有两种:一种是相似设计法,另一种是数值计算法。就这两种设计方法而言,相似设计法主要是指国内外普遍采用的孤立叶型设计法与叶栅设计法。此法比较简单,应用较为广泛,但设计的效率不是很高,设计过程中一般比较保守,设备的裕量取得比较大。数值计算方法是:20 世纪 80 年代后期,在通风机的准三元流设计理论成熟的基础上,随着计算机技术的发展而发展起来的风机设计的新方法。此法通过数值计算的方法求解整个流场,计算结果较为精确,设计过程中不再保守,设备裕量无需取得太大,因而效率更高。许多高性能的航空发动机都采用了这一主要的成果进行设计。数值计算方法须使用计算机及专门的设计软件,因此要购买计算机及相应的设计软件,而且对设计人员的素质要求较高。为了提高风机的效率,应尽可能采用数值计算方法这种高效的设计方法。

(2)传动方式的选择

风机与电机的连接有多种方式,不同的传动方式其效率也不同,常用的连接方式有:联轴器传动连接、三角胶带传动连接和尼龙平带传动连接。

①联轴器传动连接。联轴器通常用于同轴线的两根轴之间的连接,以传递运动和转矩,同时还对两轴可能发生的位移进行补偿,具有吸收振动、缓和冲击的作用,因此,传动效率较高,可达 98%。

②三角带传动连接。三角带的传动效率相对较低,其原因主要与三角带的弯曲变形、带在楔形槽中楔入楔出时的摩擦、带的蠕变和带的气流作用以及设备固定振动状态有关。当多根三角带由于本身长短和梯形侧面几何尺寸误差,导致多根三角带传动受力不均,某些胶带荷载轻,而另一些则重甚至超载,这样必然降低传动效率。据国内有关试验资料可知,其运行效率仅有 86%左右,常用功率为 50kW~100kW。

③尼龙平带传动连接。在尼龙平带传动中,尼龙平带的滑动摩擦系数为 0.5%,传动效率为 95%~98%,而三角带的滑动摩擦系数为 1.5%,传动效率为 92%~93%,也就是说,尼龙平带的传动效率比三角带传动的效率提高了 5%~6%。

不同的传动方式适用于不同的场合,在满足现场实际条件的情况下,应优先选用传动效率高的连接方式,即按联轴器传动、尼龙平带传动、三角带传动的顺序选取。

2)制造过程中的节能

有些本来设计性能良好的风机,在制造出来以后,其性能测试却达不到设计的要求。这种现象在我国的风机制造厂中相当普遍,尤其是一些小型风机,属于低值易耗物品,厂商对制造和生产的质量把关不严,正是这种原因导致了许多风机的低效率,严重浪费了能源。

风机在制造过程中,应采取最新可提高风机效率的工艺和措施。清华大学研究发现对叶轮机械的叶片表面进行适当的处理可以提高其效率:叶轮机械的叶片的升阻比是叶片重要的气动性能,它直接关系到叶轮机械的效率,提高升力系数、减少阻力系数可以提高效率,在叶片某部位增加局部粗糙度可起到增加局部湍流度的作用,从而也可以提高升阻力比,达到了提高气动效率的效果。企业的设计制造部门应经常关注并采用类似于此的新技术，以达到提高风机效率的目的。

3)安装、维修中的节能

(1)纠正叶片安装角偏差。叶片安装角不符合要求会造成冲击和涡流损失增大，降低风机的效率。有关资料表明，叶片安装角误差减少 2°左右，效率可提高 3%左右，可见，叶片安装角对效率的影响很大。

(2)风机入口的安装质量。安装风机时应注意叶轮不能偏斜，轴向和径向间隙不能太大。径向间隙不能超过叶片长度的 1%，轴向间隙一般不应超过叶轮直径的 0.5%。

(3)及时检修维护风机。在每运行一段时间后，应该及时检修维护，严格执行风机的运行检修制度。据有关资料表明，风机在每次大修之后，效率比大修之前可提高 4%左右。

4)运行中的节能

风机运行中的节能是风机全过程节能的重要部分，一台风机的寿命一般在 20 年以上，这么长的运行过程，节能就显得尤为重要。大多数风机由于受设计思想保守，设备裕量选择过大，或者是随着时间的推移工况慢慢地改变等诸多因素的影响，其一般都工作在偏离设计工况的低效率点，为了满足风量、风压和提高效率的要求，就必须对风机进行调节。

通风机与管网联合工作时，工况点是通风机性能曲线与管网特性曲线的交点，改变管网特性曲线或通风机性能曲线，都可以满足不同实际工况的需要。那么，无论是改变通风机的压力曲线还是管网特性曲线，都可以实现通风机的调节。

通风机的调节一般可分为两类：一是改变管网阻力曲线，二是改变通风机的性能曲线。

(1)改变管网特性曲线

在通风机的吸气管或排气管上设置节流阀或风门来控制流量的方法就是改变管网特性曲线的调节方法，如图 5-29 所示。通风机在管网 R_1 中工作时工况点为 A_1，其流量和压力分别为 q_{v1}、p_{tF1}。如果需减小流量，可将排气节流阀或风门关小，管网特性曲线变为 R_2，工况点移至 A_2，其流量、压力分别为 q_{v2}、p_{tF2}。显然，这时通风机的压力 p_{tF2} 除了克服管网阻力 p_2' 以外，还要克服阀门中压力损失 Δp_2，即 $p_2 = p'_{tF2} + \Delta p_2$，节流后通风机的功率可由其本身的功率曲线查得(图 4-29)。

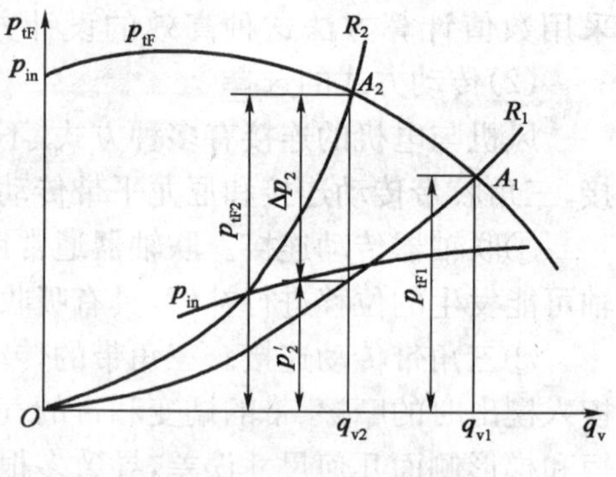

图 4-29　改变管网特性曲线调节

从图 4-28 中可看出，排气节流是人为增加管网阻力，通风机性能曲线不变，工况点沿通风机的性能曲线变化。节流调节是通过改变节流挡板的开度，即人为地加大系统阻力达到改变节流阻力，实现控制气体流量的目的。此时，气流的阻力是由烟风道和节流阻力两部分组成。这种调节会造成很大的节流压头损失，并且容易使风机的工作点偏离高效率区，因此很不经济。但由于此种方法调节简单，因此在小型风机上还有应用。

(2)改变通风机的性能曲线

当管网特性曲线不改变时，可以改变通风机的性能曲线，工况点沿着管网特性曲线移动，以达到调节流量的目的。从理论上讲，有以下 3 种方法可以改变通风机的性能曲线。

①改变通风机转速。图 4-29 为通风机转速改变时，其性能的变化。转速为 n_1 时，压力曲线与管网特性曲线交点为 q_{v1}。若需要减少流量时，可将通风机的转速降到 n_2，这时工况点沿管网特性曲线移至 A_2 点，相应的流量为 q_{v2}。相反，若需要增加流量，可将通风机的转速升至 n_3，相应的流量增至 q_{v3}。这时功率分别为 p_{in1}、p_{in2}、p_{in3}。工况点 A_1、A_2、A_3 的功率则沿 P' 曲线变化。由流体力学可知，风量 Q 与转速 n 的一次方成正比，风压 p_{tF} 与转速 n 的平方成正比，轴功率 p_{in} 与转速 n 的 3 次方成正比。即通风机转速改变时，性能的变化遵循以下比例定律：

$$q_{v1} < q_{v2}\frac{n_1}{n_2}$$

$$p_{tF1} < p_{tF2}\left(\frac{n_1}{n_2}\right)^2 \tag{4-96}$$

$$p_{in1} < p_{in2}\left(\frac{n_1}{n_2}\right)^3$$

当所需风量减少，风机转速降低时，其功率按转速的 3 次方下降。如果所需风量为额定风量的 80％，则转速也下降为额定转速的 80％，而轴功率下降为额定功率的 51.2％；当所需风量为额定风量的 50％时，轴功率可以下降为额定功率的 12.5％。当然，转速降低时，效率也会有所降低，同时，还应考虑控制装置的附加损耗等影响。即使如此，这种方法的节电效果也非常可观。

从图 4-30 中可以看出，当转速改变时，其效率曲线也有变化，但是相应于工况点 A_1、A_2、A_3的效率值变化不大，故在转速变化范围为±20％时，可以不考虑效率的变化。

由于通风机所消耗功率按实际所需而定，因此改变通风机转速的调节方法比较经济，特别是在风量调节范围小于 50％时，风机仍处于高效率区域，采用变速调节风机节能效果明显。

②改变通风机进口导流叶片角度。在叶轮进口前设置导流器，通过改变导流器叶片安装的角度，使之进入叶轮的气流方向发生变化，从而使通风机性能曲线改变，达到调节风量的目的，这种方法叫进口导流器调节。导流器的调节范围从 90°(全闭)到 0°(全开)，可通过联动机构同步改变叶片的开闭角度。

图 4-31 为改变进口导流器叶片安装角时，通风机性能的变化曲线。通风机性能的变化是由于进入叶轮气流方向的改变，即 C_{1u}的变化，由式(4-97)轴流通风机的欧拉方程可知，C_{1u}变小，理论全压 $p_{tF.th}$就增加；C_{1u}变大，理论全压 $p_{tF.th}$就下降。

$$p_{tF.th} = \rho_u(w_{1u} - w_{2u}) = \rho_u \Delta w_u = \rho_u \Delta C_u = \rho_u(C_{2u} - C_{1u}) \tag{4-97}$$

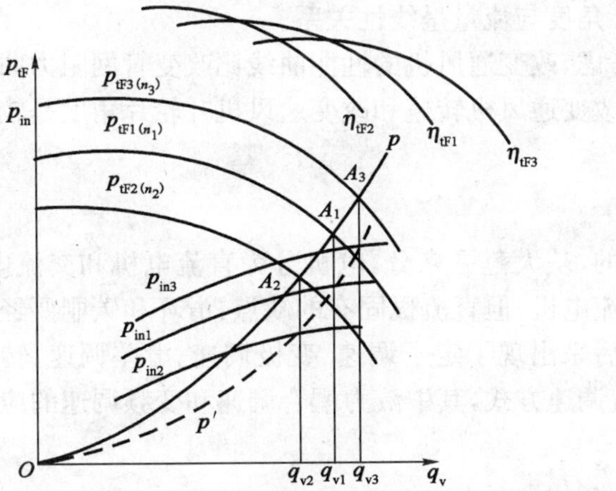

图 4-30　改变通风机转速的调节

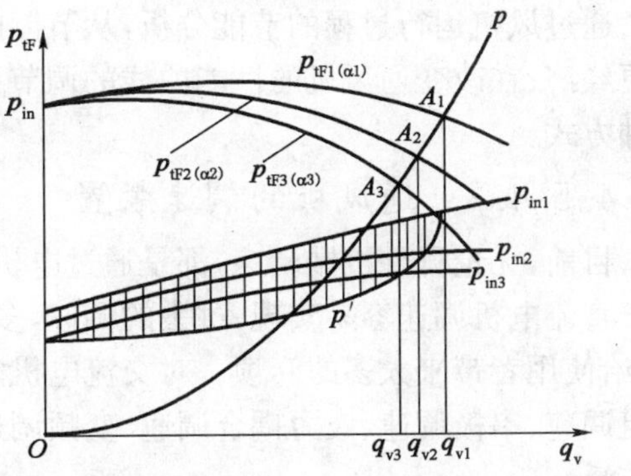

图 4-31　进口导流器调节时的通风机性能曲线

另外，从图 4-31 可见，当改变进口导流器叶片安装角度时，其功率曲线分别为 p_{in1}、p_{in2}、p_{in3}，流量由 q_{v1}减少到 q_{v3}，功率沿 P'线下降，功率曲线与 P'曲线所夹部分(图中用纵剖面线表示)相当于所节省的功率。导流器调节时尽管也会产生节流效应，但依靠的主要是气流的预旋作用。因此，从节省功率来看，它虽然不如改变转速，但比改变管网特性曲线要有利得多。

这种调节方法结构也比较简单，同时操作方便，故在通风机中被广泛应用。应注意的是，气体中灰尘较多，气温较高时，由于灰尘的附着、摩擦损耗、热膨胀等容易引起事故，这时不宜采用进口导流器调节。

③改变通风机叶轮叶片角度。轴流通风机是一种低压大流量通风机，一般轴流通风机的性能曲线还存在一个非稳定工况区，风机在运行过程中，必须避开非稳定工况区。为此，在通风机调节时，要充分考虑其经济性和安全性。

a. 动叶角度变化对通风机的性能曲线的影响

轴流风机叶片一般为机翼形的，在零冲角时，其阻力主要是表面摩擦阻力，而饶翼型的气流保持其流线形状。随着冲角的不断增大，叶片尾迹损失随着而增加。

轴流通风机转速不变时，在一定流量下气流的相对速度和叶片进口角相吻合，即为正常工况。当流量减少，轴向进口流速降低，而圆周速度不变时，气流与叶片之间形成较大的冲角。如果流量再减少，冲角达到甚至超过临界冲角，此时，叶片背面出现脱离现象，轴流通风机的压力迅速下降，甚至出现部分流道阻塞的情况。

轴流通风机动叶调节，就是利用改变叶片安装角度来适应流量的变化，使其能在小流量工况区内稳定运行。

当动叶角度改变时，效率变化不大，而功率却随叶片角度的减少而降低。流量的调节范围很大，在设计工况点两侧都有较大的调节余地。因此，动叶调节是轴流通风机理想的调节方法。

b.动叶调节机构

轴流通风机的动叶调节机构有机械传动和液压传动两种。

a)机械传动的动叶调节机构

轴流通风机的机械传动，由电动执行器推动各种联杠、铰链移动来完成。从而达到改变叶片安装角度的目的，一般情况下，叶片角度在40°范围内变动。

这种调节机构由于存在调节空行程大、需要较大的调节力矩和转换器易磨损等问题，因此，应用中尚有不成熟之处。

b)液压传动的动叶调节机构

该调节机构由调节缸、活塞、液压伺服机构等主要部件组成，通过滑阀左右移动，将机械输入信号转换成液压信号，并驱动调节缸移动，最后达到调节动叶角度的目的。

液压传动的动叶调节机构的调节品质良好，动叶角度与流量呈线性关系。

通过风机运行过程的节能分析，从节能的角度考虑，改变通风机的性能曲线比改变管网阻力曲线调节更经济；在改变通风机的性能曲线的调节方法中，改变通风机转速和改变通风机叶轮片角度是较好的两种方式。

4.5.4.2 通风机的调速装置

目前，无论哪种机械调速，都是通过电机来实现的，从大范围来分，电机分为直流电机和交流电机。由于直流电机调速容易实现，过去的调速，多数用直流电机，但直流机固有的缺点：滑环和碳刷要经常拆换，给使用者带来太多的麻烦。对交流电机的调速，后来出现了定子调速、变极调速、滑差调速、转子串电阻调速、串极调速、液力耦合调速、变频调速等交流调速方式，其中液力耦合调速和变频调速的应用最为广泛。

(1)液力耦合器

液力耦合器是通过油在泵轮和油轮中的循环流动，泵轮将输入的机械能转换为油的动能和增高压力的优势，而涡轮则将油的动能和势能转换为输出的机械能，从而实现了功率的传递。对于液力耦合器，如果涡轮轴不强制输入外转矩，则涡轮转向将始终与泵轮相一致。

(2)变频器

变频器是利用电力半导体器件的通断作用将工频电源变换为另一频率的电能控制装置。变频调速技术是一种以改变电机频率和改变电压来达到电机调速目的的技术。

变频器是基于电力电子、微电子、信息技术发展的产物：基于大电流、高电压的SCR、GTR、IGBT、GTO、MCT等电力电子器件完成变频器内直流变交流、交流变直流的逆变功能；控制部分和负载状态的检测都实现了由CPU(32位计算机)来完成；内置4～20mA接口和RS485接口可以和仪表、DCS相接，通过总线Profibus、Interbus、工业以太网等实现控制网络通信。

(3)两种调速装置性能比较

变频器作为一种高效启动及调速方式，它通过改变电机定子的频率与电压来实现起动与调速，其调整范围大，调速比可达20∶1，启动及制动性能好，自动平滑加减速及快速制动保护性能完善，且能实现故障判断显示，易于在计算机控制系统中使用。此外，它还具备精度高、效率高、节能效果好、特性硬等优点。

液力耦合器作为低效无级起动及调速方式，它连接在恒速电机与被驱动机组间，通过调节液力耦合器内的油压，来改变液力耦合器的转差，以实现启动与调速，具有调速范围大、调速平稳，无谐波污染，装置结构及控制线路简单，运行可靠、维护方便，可做成大容量等优点。另外，除轴承外，耦合器无磨损件，但在运行中，存在附加滑差损耗、耗能大(最高达14.8%)的缺点。两种调速装置性能比较见表4-14。

两种调速装置性能比较表　　表4-14

调速装置		变频器	液力耦合器
调速原理		改变频率	改变耦合器转差
可靠性		取决于元器件质量	高
调速精度		高	低
响应速度		快	慢
维护		技术要求高	技术要求较高、易漏油
对电网干扰		有	无
价格		较高	较低
功率因数		高(0.9～0.95)	较高(0.8～0.85)
节能效果	中低速	20%～40%	20%～30%
	低速	较好	较差
投资回收期		较长	较短

由表4-14可知，变频器的优势是显而易见的。然而，配备变频器有投资较大、回收期较长、技术复杂、维护检修水平要求高等不利因素。

(4)两种调速装置的经济运行分析比较

根据流体力学理论，风机在理想状态下，轴功率与转速的3次方成正比，当风机运转速度降低后，其轴功率随转速的3次方下降，驱动电动机所需的功率也相应减小，从而取得了明显的节电效果。风机转速与流量，压力和轴功率及节电率的关系见表4-15。

压力和轴功率及节电率的关系表　　表4-15

转速(%)	流量(%)	压力(%)	轴功率(%)	节电率(%)	备注
100	100	100	100	0	由于转速下降会引起风机系统效率下降，加上调速装置效率影响，实际节电率小于表中所列数值
90	90	81	72.9	17.1	
80	80	64	51.2	48.8	
70	70	49	34.4	65.7	
60	60	36	21.6	78.4	
50	50	25	12.5	87.5	

由于液力耦合器是通过液压技术进行调速，根据能量守恒定理，液压油传递的机械能，在液力耦合器输出转速低时，转换成了热能，而且电动机的转速是恒定的，所以，其节能效果相对来说要差许多，即选用变频器是最佳方案，其节电率的大小，随调速方式的不同而不同，一般可达20%～30%。

从以上分析比较可知，变频器调整装置具有许多优点，随着变频器价格的下调，风机变转速调节中，传统的液力耦合调整将被变频器取代。

4.5.4.3　风机变频调节与轴流风机动叶可调的比较

1)变频器调节

风机变转速调节是比较理想的负荷调节方式。理论上，耗电量与风量成立方关系(3次方定律关系)，但由于变转速调节过程中存在机械损失及电控制损失，因此，实际变转速调节后风机的实际效率小于理论效率，如图4-32所示。

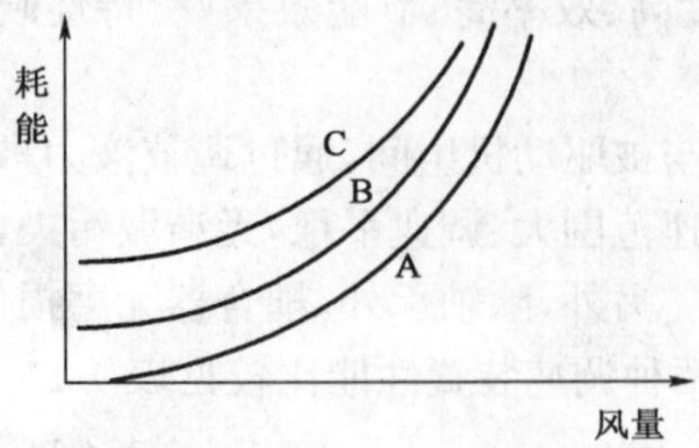

图 4-32　调节方式比较关系图

A-理想工况调节；B-动叶可调调节；C-变频转速调节

变频调速方式由于采用了变频器，电机的输入功率通过变频器后有所降低，因此，采用变频调速时，电机实际的输入功率应考虑一些补偿。大型变频器的投资相当高，有时会损耗相当于一整套风机的投资。采用变频调速时，应倍加注意变频器的使用寿命，因为变频器是由诸多电子元件、电子管等组成。而且，在理论上，风机产生的风压与风机叶轮转速成平方关系，这表明，变频变转速调节方式，不能实现等风压的通风系统要求。

风机降速运行的优点是减少了轴承磨损，降低了电机温升。采用变频器使风机降速运行时，电机会产生非正弦波电流，从而增加了电机绕组附加的电磁力，因此，电机温升的降低不会对电机的可靠性运行有太明显的改善。风机半全速运行时，叶轮所产生的噪声声功率级比全速运行时低 17dB，但附加电磁力噪声会明显增加，特别是在最低转速的情况下。

2)动叶可调调节

动叶可调轴流风机配置有电动、气动或液压调速装置，使风机在运行过程中可以根据通风需要随时调整叶片角度。通过减小叶片角度，风机的风量可以降低，并使电机的输入功率尽量与风机的流量成 3 次方关系。由于风机是在最大负荷工作点且效率最高时选型的，因此，随着流量的减少，风机效率也会降低。

随着风机叶片角度的减小，流量会降低，声功率会减少，同时电机功率也会减少，并降低了电机温升，对电机的可靠性运行有明显的改善，有助于延长电机寿命。但当叶片角度减小到一定程度时，风机效率会降低，噪声声功率会增加。

动叶可调轴流风机通常是在小角度状态下启动的，动叶可调轴流风机可以实现下列的通风系统要求：

(1)等压变风量通风系统；

(2)等风量变风压通风系统；

(3)风压与流量成平方关系变化的通风系统；

(4)通风系统中部分为等压变风量要求，部分为风压与流量成平方关系变化要求。

对于动叶可调轴流风机，叶片角度的调整是在风机运转过程中同步进行自动调节，因此，可以实现通风系统风压与风量不同变化的要求。

在叶片角度自动调节过程中，不存在因风闸或节流过程而导致局部流动阻力，从而保证风机出现新的性能工况来满足通风系统要求，这种调节方式非常接近理论的 3 次方定律，从而可以极好地实现节能的目的。

3)结论

变频器调速能够根据现场检测到的信号(如 CO、VI 等参数)，及时反馈给中央控制系统，将原被整流过的直流电，通过逆变器改变电源频率输出，实现变频调速而节能。变频器调速主要具有如下特点：

(1)应用变频器后，电机的电压、电流会明显下降，电机输入功率将明显降低。

(2)风机转速调速范围不宜太大，通常应不低于额定转速的 50%，最好在 70%～100%之间。

(3)当转速低于额定转速的 50%时，风机本身的效率将明显下降，不经济。同时，应避免开机时机组的机械临界点，否则会损坏机组。

(4)使运行工况点得到明显改善，风门可以全部打开，完全由转速调节流量，对生产操作极为方便，而且有利于风机的维护保养，可延长风机的使用寿命。

(5)变频器直接控制电机，通过调速来驱动风机工作，从而提高了风机的传动效率。

(6)由于变频器加减速时间可以任意设定，避免了风机全负荷启动时的大电流冲击，有利于延长设备的使用寿命。

(7)操作方便，控制精度高，响应速度快，使整个系统工作平稳。

(8)节电率在 20%～70%之间，具有巨大的节能效益。

动叶可调也能够根据现场检测到的信号(如 CO、VI 等参数)，及时反馈给中央控制系统，通过控制信号调节风机叶片角度而改变风机性能，从而实现节能。动叶可调主要具有如下特点：

(1)动叶可调风机是高效风机，在高效区范围内调节范围广，每个叶片角度对应一条性能曲线，叶片角度由最小角度调节到最大角度，几乎与流量全部呈线性关系。

(2)动叶调节是工作中随着管网阻力的变化，随时来适应流量的变化，调节的经济性最好。

(3)动叶可调风机结构复杂，可靠性较差，特别是国内厂商生产的风机，在应用中，事故率较高。

(4)动叶可调风机容易发生风机叶片裂纹和断裂事故。

4.5.5　照明控制

4.5.5.1　照明控制原理

隧道内的照明控制是根据隧道照明设计中所确定的照明区段、不同时段气候条件下的照明要求，控制各个照明回路的开关，从而达到既满足隧道的照明亮度要求，保证行车安全，又节省能源的目的。其控制方式大致可分为手动控制方式、分时段进行的时序控制方式和根据洞内外的亮度值自动控制照明回路的全自动控制方式 3 种。手动控制方式主要用于公路等级低、隧道长度较短、照明级别低的隧道照明系统，由人工根据不同的时段及天气情况而开关不同的照明配电回路。分段时序控制方式则是采用时序控制器控制隧道照明的各个配电回路，根据一天中不同的时间段而开启(闭合)相应的照明回路，此种控制方式主要也是用于照明回路较少的短隧道和中长隧道。隧道照明的自动控制方式则是利用光照度计分别采集隧道内外的亮度参数，经对比处理后，由计算机系统或照明控制器自动控制各个照明回路的开关，使洞内的照明亮度与外界自然光的亮度相适应。目前，照明控制采用有级控制，根据气候条件、照度及交通量进行控制分级。

(1)控制原理

通过隧道内外设置的照度检测仪，检测隧道口内外的光强度，控制隧道出入口附近的加强段和适应段的照明强度，使驾驶员能尽快适应隧道内外的光强变化，消除因光强变化所引起的视角障碍，减少事故的发生，降低能源消耗，延长灯具使用寿命。

照明强度的增加，采用增开照明灯具的方式，不采用转换用另一批照明灯具的方式。

(2)控制回路

入口部分照明加强段分 4 级，包括基本照明共 6 级。基本照明分白天、夜间两级，出口照明加强段分两级。应急照明作为基本照明的一部分，昼夜点亮，不受照明控制柜的控制。

(3)控制方式

①实时控制。即根据实测的隧道内外亮度值，实时调节洞内的照明系统，以满足驾驶员能适应隧道内外亮度差异的需要。

②时序控制。即将洞内外亮度值按日、周、月、年实测得到的系统规律值输入计算机，计算机调节控制洞内的照明灯具，以适应亮度值的变化。由于时序控制不能结合实际气象的变化，有时会造成能源的浪费或照明亮度过低等，所以，这种时序控制是在实时控制的检测系统出现故障的情况下转入执行的控制方案。

③手动控制。手动控制可以通过中心计算机的控制软件及隧道照明配电柜分别完成，隧道配电房中的手动照明用于维修的需要。

如遇火灾，无论照明现状如何，都应将隧道照明开到最大，以利于救火。

图 4-32 给出了照明控制流程图，照明控制主要根据交通量和照度进行控制。

4.5.5.2　照明控制模型

自适应照明控制依据交通量、平均车速及洞外亮度建立洞内亮度理论需求曲线，然后根据洞内亮度理论需求曲线进行灯具的动态调光控制。整个照明控制输出可以快速响应跟踪照明需求曲线,尽可能的接近洞内亮度理论需求曲线,实现最优的控制效果并能够达到节能的目的。隧道亮度需求 L;

$$L=\begin{cases}\text{入口段 } L_{th} \\ \text{过渡段 } L_{tr} \\ \text{中间段 } L_{in} \\ \text{出口段 } L_{ot}\end{cases} \tag{4-98}$$

(1)入口段亮度需求 L_{th}(cd/m²)

$$L_{th}=k\times L_{20} \tag{4-99}$$

式中:k——折减系数;

L_{20}——洞外亮度,cd/m²。

根据《公路隧道通风照明设计规范》(JTJ 026.1—1999)中入口段亮度折减系数表 4.3.1,用插值法计算不同交通量和计算行车速度时的入口段亮度折减系数 k 值,计算公式如表 4-16 和表 4-17 所示。

单向交通入口段照明折减系数 k 值表 表 4-16

平均车速 v	双车道单向交通≥2 400	双车道单向交通 2 400>Q>700	双车道单向交通≤700
60≤v≤80	$k=(0.013v-0.34)/20$	$k=(14.9v-0.04Q+0.003Q\times v-482)/34\ 000$	$k=(0.01v-0.3)/20$
40≤v≤60	$k=(0.01v-0.16)/20$	$k=(5v-0.16Q+0.005Q\times v+112)/34\ 000$	$k=0.000\ 25v$

注:Q 为设计交通量,v 为计算行车速度。

双向交通入口段照明折减系数 k 值表 表 4-17

平均车速 v	双车道双向交通≥1 300	双车道双向交通 1 300>Q>360	双车道双向交通≤360
60≤v≤80	$k=(0.013v-0.34)/20$	$k=(8.32v-0.04Q+0.003Q\times v-267.6)/18\ 800$	$k=(0.01v-0.3)/20$
40≤v≤60	$k=(0.01v-0.16)/20$	$k=(2.9v-0.16Q+0.005Q\times v+57.6)/18\ 800$	$k=0.000\ 25v$

注:Q 为设计交通量,v 为计算行车速度。

(2)中间段亮度需求 L_{in}(cd/m²)

根据《公路隧道通风照明设计规范》(JTJ 026.1—1999)中间段亮度 L_{in} 表 4.2.1,用插值法计算不同交通量和计算行车速度时的中间段亮度 L_{in} 值,计算公式如表 4-18 和表 4-19 所示。

单向交通中间段亮度值 L_{in} 表(cd/m²) 表 4-18

平均车速 v	双车道单向交通≥2 400	双车道单向交通 2 400>Q>700	双车道单向交通≤700
60≤v≤80	$L_{in}=0.1v-3.5$	$L_{in}=(49\ 000-70Q-200v+1.5Q\times v)/34\ 000$	$L_{in}=0.025v$
40≤v≤60	$L_{in}=0.05v-0.5$	$L_{in}=(79\ 000-40Q-700v+Q\times v)/34\ 000$	1.5

注:Q 为设计交通量,v 为计算行车速度。

双向交通中间段亮度值 L_{in} 表(cd/m²) 表 4-19

平均车速 v	双车道双向交通≥1 300	双车道双向交通 1 300>Q>360	双车道双向交通≤360
60≤v≤80	$L_{in}=0.1v-3.5$	$L_{in}=(25\ 200-70Q-70v+1.5Q\times v)/18\ 800$	$L_{in}=0.025v$
40≤v≤60	$L_{in}=0.05v-0.5$	$L_{in}=(42\ 600-40Q-360v+Q\times v)/18\ 800$	1.5

注:Q 为设计交通量,v 为计算行车速度。

(3)过渡段亮度需求 L_{tr}(cd/m²)

过渡段亮度控制根据入口段亮度折减系数 k 和《公路隧道通风照明设计规范》(JTJ 026.1—1999)中间段亮度 L_{in} 表 4.4.1 计算各段亮度。

(4)出口段亮度需求 L_{ot}(cd/m²)

$$L_{ot}=5\times L_{in} \tag{4-100}$$

式中:L_{ot}——出口段亮度;

L_{in}——中间段亮度。

4.5.6　小结

本部分主要成果如下：

(1)提出了预警型、混合式模糊通风控制模型，由于采用了交通量参数，并考虑了交通流的发展趋势，使隧道环境条件既满足规范要求，又节约能源，保证了风机运转平衡，提高了设备寿命，减少了维护管理的工作量与运营成本。

(2)提出了基于速度与交通量的隧道照明亮度控制方法。

(3)提出了轴流风机不同控制方式的适应性与优缺点。

4.6　配电自动化技术研究

4.6.1　概述

配电系统自动化是指利用现代电子技术、通信技术、计算机和网络技术与电力设备相结合，将配电网在正常及事故情况下的监测、保护、控制、计量和供电部门的工作管理有机地融合在一起，改进供电质量，与用户建立更密切的关系，以合理的价格满足用户要求的多样性，力求供电经济性最好，管理更为有效。

本次研究目的是利用计算机、自动控制、电子、通信技术及新的配电设备，对国内外配电自动化进行分析研究，取其精华，弃其糟粕，立足项目特点，以实用化为目标，把可靠性放在首位。主要包括以下内容：配电管理系统自动化；馈线自动化系统；变电站自动化系统；用户自动化系统；配电自动化通信系统；配电自动化经济效益分析；配电自动化安全性评价。

本部分主要研究成果包括以下几个方面：

(1)配电管理系统自动化。采用分层组织测控单元的方式建立数据采集与监控 SCADA 系统；提出适合秦岭终南山特长隧道配电系统的网络模型，实现基于网络模型的配网高级应用功能；提出配电网地理信息系统的功能要求及图形平台的选择方法。

(2)馈线自动化。通过对 3 种控制方式的优缺点的比较，对于秦岭终南山隧道而言，推荐采用综合智能控制方式。

(3)变电站自动化。通过对系统构成方式的比较，推荐采用分散与集中相结合的方式。

(4)用户自动化。分别对负荷控制系统及电能量管理系统提出了功能要求，并对秦岭终南山隧道在节约电能方面做出了简单的估算。

(5)配电自动化通信系统。通过对通信系统的比较，提出了 3 层通信系统方案。

(6)配电自动化经济效益分析。提出直接经济效益及简单经济效益分析的方法与思路。

(7)配电自动化安全性评价。提出了影响电力安全的因素、评价方法。

4.6.2　配电管理系统自动化

4.6.2.1　数据采集与监控系统 SCADA

1)概述

传统的调度自动化系统一般采用一个 RTU(FTU)占用一路通道，这种组织方式在隧道配电 SCADA 系统中不可行。由于存在大量、分散的数据采集点，一对一的方式需要大量的通信通道，在 SCADA 主站端也需要与之规模对应的通信端口，这是几乎不可能实现的。

因此，系统要求采用分层组织测控单元的方式，把分散的 RTU/FTU 组织成若干个通信区域(子站)，监控信息首先在通信区域内集中，然后再上传到电力监控中心(主站)。一个主站可以对应多个子站。若分散的测控单元数量巨大，还可以进一步分层，子站也可以有二级甚至多级子站。分层组织的方式，既节约了主干通道，又使得 SCADA 系统可以继承输电 SCADA 系统的成熟经验和成果。尽管采用了二级或多级子站的通信方式，每一子站相对应的 FTU 数量依然很多，在隧道实际应用中，多个 FTU 可以通过光纤环网或通信电缆串接在一起，这样只占用主站或子站一个通信端口。如图 4-33 所示。

2)通信规约

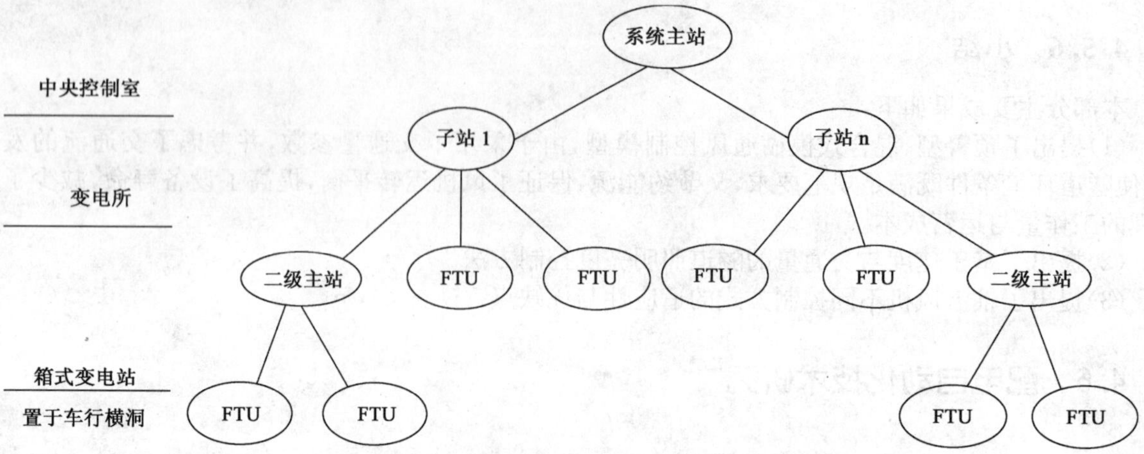

图 4-33　数据采集与监控系统的分层体系结构图

由于特长隧道配电网 SCADA 系统的数据采集点较多，每个点的信息量则很小，所以，节约通道投资被看作是一个重要的问题。用一个通道将各个 FTU 连接起来，可以节约通道投资和主站设备投资，也可以采用多点星形、多点环形的方式，所有这些方式本质都是一种共线挂灯笼的方式。在这种通道方式下，必须采用问答式规约，例如 101 规约、DNP3.0、SC1801 规约、μ4F 规约。SC1801、μ4F 等问答式规约并没有考虑 FTU 需要采集故障电流/电压这一情况，而在馈线自动化中必须快速识别故障、隔离故障、恢复供电，这就要求故障发生时要优先快速传输故障状态信息。对于故障信息的采集，目前比较适合于配电自动化系统的通信规约有 DNP3.0 规约和 101 规约(DNP3.0 为美国国家标准的问答式通信规约，101 规约是 DL/T 634—1997 基本远动任务配套标准的简称，它是和 IEC 已经颁布的 IEC 608 70－5－101 基本远动任务配套标准相对应的)。SCADA 系统也支持基于 TCP/IP 协议的网络型 FTU，通信规约一般采用 104 规约。系统的前置机子系统可提供强大的规约注册、管理和调度功能；并提供开放的规约设计接口。只要遵循设计接口进行新规约的设计，就可以方便地将新规约扩展配置到系统中运行。

3)系统功能

(1)前置通信及规约处理

①通过终端服务器或多串口卡实现多路扩充，可以同时接收多个 RTU 或 FTU 的信息，并下发控制命令。

②支持多种通信规约，通信速率、通信介质等通信工作参数可任意设置。

③实现数据转发和上屏处理。

④支持多通道，监视通道报文，统计通道误码率。

(2)网络服务及系统互联

①配电自动化系统支持局域网/广域网环境。

②配电自动化系统的数据可以被其他信息处理系统共享，和其他系统可方便地实现系统互联。

③必要时通过网络方式向上级或其他信息系统转发信息。

(3)数据库管理系统

①以标准的关系型数据库作为数据库支撑平台。

②实时数据库为关系型商用数据库的内存映射，以满足商用数据库访问规范。

③客户/服务器结构模式，保证实时性和数据一致性要求。

④数据检索采用库、表、行、列为关键词，不依赖于厂站以及数据排列顺序，更换端口和数据排列顺序不会影响数据检索。

⑤提供一个全图形的交互式数据库人机界面，用户以此维护实时数据库。

⑥提供开放的实时数据库 API 接口供用户调用。

(4)实时数据处理

①接收前置系统获取的实时变化数据，更新数据库。

②数据状态判别，如开关事故变位、操作变位等。

③数据定时采样，如曲线和报表数据采样。

④数据统计处理，包括累加、求最大值、最小值、平均值等，还包括限制处理、合格率统计、负荷率计算以及积分运算等。

⑤用户自定义各种计算，系统还提供公式编译功能。

⑥事故追忆记录的采样。

⑦自动旁路代功能。

(5)历史数据管理

①告警信息历史记录。告警信息包括开关变位、数据越限、事件顺序记录(SOE)等，能分类存档，可随时查询并打印。

②采样数据。支持不同采样周期(如1min、5min、1h和1d等)，为曲线显示和报表打印提供数据源。

③计划值历史数据。按时间和触发对象分类保存，可随时查询。

(6)告警处理

①告警信息分多种类别，用户可自行设定隐藏或弹出某种类型的告警信息。

②多种告警方式，如闪光、语音提示及推画面等。

③控制告警自动打印。

④告警信息分类保存。

⑤重要告警信息可有选择地设定，必须在确认后告警才解除。

(7)用户权限及安全管理

①用户口令由用户自己唯一管理。

②某些操作只有被授权用户才能进行。

③遥控操作需要坐席和操作员双重验证。

④多重权限组合机制。

(8)图形系统

①提供丰富的手段制作自动化系统中所需的各种类型的画面，如厂站主接线图、系统工况图、系统地理接线图、系统潮流图、负荷曲线图、电压棒图。

②支持各种类型的标准格式的图形文件，如BMP文件、JPEG文件、GIF文件等。

③在线定义和使用电力系统符号库的功能，使制作画面的过程更方便快捷。

④画面制作工具支持拓扑自动建模。

⑤强大的动态图形功能。

⑥OLE容器支持，可插入任意ActiveX对象。

⑦用户自定义画面显示风格以及画面调用手段。

⑧实时画面的显示和操作，包括画面的放大和缩小，平移滚动及画面的分层、显示和隐藏。

(9)报表处理

①基于Microsoft Excel的报表系统，标准化，通用性强。

②制作各种类型的报表，包括班报、日报、旬报、周报、季报、年报以及事故追忆报表。

③报表中可进行各种复杂的数据统计。

④报表中可任意嵌入图形、曲线、棒图、饼图等。

⑤提供打印预览功能并可在线修改，实现所见即所得。

⑥报表可定时打印或随时召唤打印。

(10)保护管理

①显示保护装置的工作告警信息、动作信息、自检信息、投退状态。

②主站与保护装置对时。

③获取保护装置所采集的测量值。

④查询保护装置的定值并可以在主站端设置或修改定值。

⑤遥控保护投入、退出。

(11)设备管理

①显示当日设备检修情况。

②显示当日线路停电情况(正常停电、修检停电、事故停电)。

③建立设备参数档案库,如设备的生产厂家、安装日期、上次维修日期、参数、定值等。

④联机查询设备参数。

⑤监视设备运行情况,及时提示或警告。

(12)调度管理

①交互生成操作票,如拉闸顺序、事故预处理方案等。

②调度工作日志等。

③值班表、通信录等文档处理。

(13)WEB 功能

①通过浏览器浏览 SCADA 实时画面。

②通过浏览器查询和浏览报表。

③通过浏览器查询和浏览事件。

4)系统构成

计算机系统由服务器、前置机、配调工作站、故障处理工作站、报表工作站、WEB 服务器等几个部分组成,图 4-34 是 SCADA 计算机系统的典型配置。

在实际应用中,依据系统规模的不同,前置机、服务器和操作工作站可以分布于系统中的任何机器上。子站终端服务器用于串行口扩充,通过以太网访问远程串行端口。

为提高系统可靠性,系统服务器和终端服务器可考虑采用双机热备用方式。

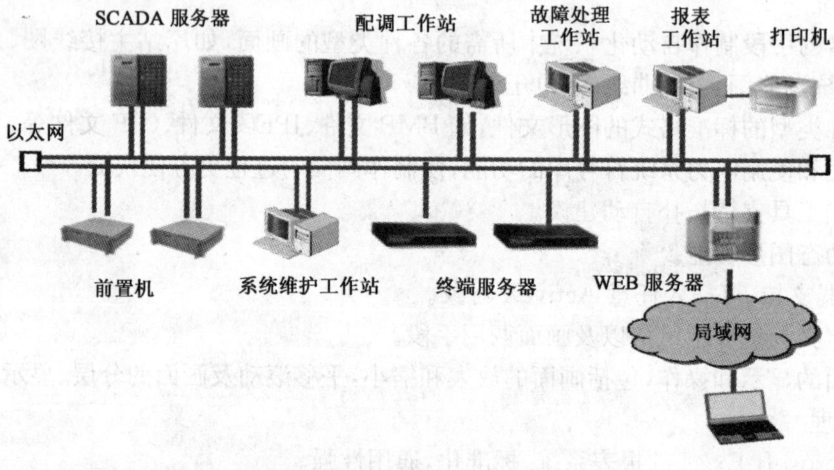

图 4-34 数据采集与监控系统的硬件配置

4.6.2.2 配电网高级应用软件

1)概述

实现配电网的 SCADA 的功能只是完成了低层次上的配网调度。配电自动化系统采集数据并作简单处理,配网调度人员只能被动地接受数据信息。因此,建立适合秦岭终南山特长隧道配电系统的网络模型,实现基于网络模型的配网高级应用功能便成为电力监控的根本需求。

配网高级应用软件功能着重在实时网络模型下完成和隧道现场供电相关的各类应用。由于隧道现场设备数目众多，分布范围分散，因此在建立网络模型时，要着重解决网络的三相模型，相应于网络模型的拓扑处理也要着眼于大规模网络的快速搜索。另外，在隧道配电网系统中，由于网络规模复杂，而量测相对很少，因此要精确地实现实时状态估计难度很大，更多的是依赖各种历史统计数据和相对近似的处理方法。此外，在配网分析中，存在一些与状态估计无关，而仅与网络结构相关的分析应用，比如配网的可靠性分析，线损计算，短路电流计算，故障定位、隔离和供电恢复等。

2)系统功能

(1)负荷分配与预测

①负荷分配。根据配变负荷类型建立配变负荷模型；根据馈线、配变历史负荷记录修正配变负荷模型；根据馈线首端的有功、无功实时量测及馈线分段、联络开关的有功、无功实时量测以及配变负荷模型实时分配配变负荷。

②负荷预测。根据配变历史负荷记录，预测将来时段的配变负荷；考虑照明分级控制的影响、交通量及其他特殊情况的影响。

(2)网络建模

负责从 AM/FM/GIS 系统或其他网络模型库取得当前网络的拓扑结构。本模块可由其他应用调用。系统网络模型和所有应用模块都支持单相、三相模型。

(3)辐射状配电网网络拓扑分析

由 AM/FM/GIS 系统中的网络静态模型(或其他方式创建的网络模型)，馈线负荷开关、联络开关的实时量测，生成分析程序所需要的实时网络模型，本模块可由其他应用调用。

(4)状态估计

①可利用线路的有功、无功、电流量测，配变的有功、无功潮流量测，母线注入有功、无功量测，母线电压量测，零注入量测。

②可利用负荷预测、分配的方法补充伪量测。

③可检测和辨识开关信息中的错误，并在画面上显示。

④具有粗检测功能，在画面上指出哪些支路两端量测值不平衡，哪些注入量测值不合理，哪些母线潮流不平衡，并指出无支路潮流量测的支路。

⑤提供远动系统维护工具，屏蔽和修改实时遥信，对无遥信信息的刀闸状态人工置位，对明显不合理的量测进行屏蔽和人工修改，并允许设置量测偏差量；允许人工置入伪量测，扩大可观测区，所有运行维护工作都可直接在画面上进行。

⑥可在画面上人工改变各种控制参数，人工设置平衡母线，设置伪量测，改变量测权系数，用单线图表示估计结果。

⑦可给出估计结果的合理性分析，显示被过滤掉的量测。

⑧可对状态估计结果断面进行保存。

⑨可提供运行过程中的各种信息画面和出错信息画面。

(5)调度员潮流

①根据配变负荷与馈线首端实时电压量测进行配网潮流计算；

②基于潮流的网损统计；

③根据历史运行方式的潮流计算及网损统计；

④调度员改变系统运行方式(网络拓扑)下的潮流计算；

⑤安全校验，越限报警。

(6)配电网线损分析

①基于均方根电流法的10kV 配电网线损分析；

②线路损耗、配变损耗计算；

③线路等效电阻、配变等效电阻计算；

④波形系数计算；

⑤最优负荷率计算；

⑥经济负荷电流计算；

⑦线路综合经济负荷率、变压器经济负荷率计算。

(7)故障恢复

①在已知故障区域的前提下给出故障隔离、故障恢复的策略。

②故障恢复过程考虑电网运行安全约束(支路电流，节点电压)。

③故障恢复以最大恢复容量、最少操作开关数为目标函数。

(8)继电保护整定用短路电流计算

①根据实时或某计划运行方式自动选取馈线短路点，求取馈线首端到短路点的最大路径阻抗。

②根据选取的短路点进行短路电流计算，支持多种短路方式，如单相接地、两相接地、两相短路、三相短路、单相断线、两相断线等。

③可输出相关节点的三相(序)电压，有功支路的三相(序)电流。

(9)电容器配置和无功优化

①根据可配置容量寻找电容器配置地点的最佳方案。

②优化配置电容器容量以降低网络损耗。

4.6.2.3 配电网地理信息系统

1)概述

近年来，配电网地理信息系统得到了广泛的应用，它大大提高了隧道营运环节的工作效率和数据的可靠性。其核心问题就是所涉及的信息都带有“图形”及“地理”的概念，比如配电网的各种图形资料，如变电站一次接线图、10kV/380V 线路布置图、电网网络电气接线图、配电线路馈线图、施工图等。传统的 MIS 很难对这些图形资料进行统一的管理和共享，即便实现，也停留在文件管理的层次上，比如说通过某种图档管理系统，对企业中的图形资料进行统一的管理。但一般而言，这种图档只是一个单纯的图形的概念，比如一个地理接线 CAD 图形文件。也有一部分应用可以在 CAD 图形中关联外部数据，但很难在部门间共享使用，所以上述问题依然没有得到根本解决。因为单纯的图形并没有附带其他信息，这就涉及另外一个问题，如何获取附着在图形上的信息，因为工作人员要接触到大量的配电网设备、图形资料信息；调度人员需要根据网络的接线方式和实时运行状态进行网络的运行管理；业主在施工过程中也要查阅大量与施工相关的配电网络信息，线路、杆塔的连接情况，电缆沟的位置、深度，施工地点附近的地理信息等。

2)系统功能

配电网地理信息系统基本要具备如下功能：系统管理、地图管理、画图、出图、设备管理、运行管理、设备定位、查询统计等。

(1)系统管理。包括用户级别设置、用户权限设置、用户口令修改的功能；另外，还应具备输出时的页面设置、打印设置、退出系统等功能。

(2)地图管理。配电网地理信息系统必须具备对地理背景图的编辑功能以及各种显示操作。

(3)画图。系统应尽可能提供多种方便快捷的绘图工具。系统应提供自动布杆、线路平移、线路切换、线路改造、线路转角等自动成图工具。

(4)出图。系统应该提供打印机、绘图仪等多种输出方式，输出图纸的大小可以根据要求进行选择。系统应有以下输出选择方式：系统可以对全区的配电线路总图进行输出，也可以对某一变电站的相关线路进行输出；可以选择带地理背景图或不带背景图输出；可以选择带主线路输出或者带分支线路输出；可以选择带标注或者不带标注输出等。

(5)图资管理。对于大量的工程图纸资料，比如电缆排管图、电缆敷设图、各类施工图等。无论是扫描输入的栅格格式，还是已经用CAD录入的矢量格式，系统都需提供一个统一的管理界面进行统一管理。通过图资管理系统，用户可以对各种图形资料进行查询、显示、维护、修改或打印输出。

(6)设备管理。在地理背景图上，可以显示变电站、配电线路（架空线、电缆线）、杆塔、配电变压器、开关以及避雷器等设备，用户只要用鼠标点击一下所要检索的设备，系统就会显示包括图形信息在内的设备信息，这些信息主要包括：生产厂家、技术参数、设备的运行情况等。

(7)运行管理。系统应该能够对线路及设备的检修和维护进行管理。可以对被维修设备的维修情况、维修日期及负责人等进行记录，对所有维修记录进行查询统计，并生成报表，打印输出。也可以制订设备及线路的巡视、测试、检修和季节性管理方案，并根据此方案及时提醒用户哪一种设备已经到了检修期，应该进行下一次检修，从而使设备处于良好的状态，延长其使用寿命。

(8)设备定位。根据所输入的设备信息或者线路信息（比如设备、线路的编号或名称等），系统可以自动找到相应的设备或线路，并在地理背景图上反色显示，同时定位到屏幕中央，便于用户查找。

(9)查询统计。在地理背景图的基础上，可以按线路或区域进行查询，并在图上显示相关设备的属性信息；可以对各种设备在任意组合的条件下，任意指定区域内的个数、容量、检修情况、报废情况、变化率等做出统计，并以专业报表和统计图（直方图、饼图、折线图等）的方式显示。

3)图形平台的选择

目前，国内外的GIS支撑软件很多，比较有代表性的有ARC/INFO、Mapinfo两种。

(1)ARC/INFO是美国环境系统研究所(ESEI)研制的，它是当今最完整的GIS系统。ARC/INFO本身就是针对大型系统设计的，它的功能比较完善，有较强的二次开发能力和功能扩充模块，比较成熟，主要用于像GPS、遥感监测等大型系统中。但是，它对设备要求比较高，价格昂贵，而且专业性强，系统开发复杂，系统投资高。

(2)Mapinfo以及MapXJ是美国Mapinfo公司的产品，它是桌面地理信息的代表。该系统功能也比较完善，而且也具有比较强的二次开发能力，简单易学，而且价格低。非常适用于本项目供配电系统的建设。

此外，国内一些公司也有一些GIS支撑软件推出，都具有一定的特点。业主在选择图形平台软件时，应根据经济实力，购买合适的平台，应量力而行，以实用为主。

4)实施方法

(1)准备比较详细的地理图。进行GIS系统开发和应用的首要条件是准备一张具有地理信息的电子地图。电子地图是根据普通的地图“矢量化”得来的。“矢量化”就是指“数字化”，即把原来的地图用扫描仪或数字化仪处理后，利用GIS软件进行编辑，将村庄、铁路、公路、河流等分层存储在电子地图中，便于以后调用。电子地图是以后绘制配网线路图的基础，所以应尽可能准确详细。

(2)开发配电网地理信息系统。依靠企业自己的技术力量开发配电网地理信息系统不太可能，唯一的办法就是委托一家开发公司进行。在选择开发公司时，应该注意几点，一是选择有实力的开发公司，看它是否开发过相应的软件，有没有成功的实例，产品的功能是否满足要求，还要走访用户，看看用户的使用意见等。二是看售后服务，因为系统在运行过程中需要不断地维护和长期的技术支持。

(3)准备基本数据。配网所包括的数据量非常大，其中包括设备的属性数据、设备的空间数据、建设线路的各种工程以及线路的当前运行信息等，这些数据涉及多个部门，需要花费大量的人力和物力，需要多个部门协调工作。

4.6.3 馈线自动化

4.6.3.1 概述

馈线自动化是指从变电站出线到用电设备之间的馈电线路自动化，其内容可以归纳为两大方面：一是正常情况下的用户检测、数据测量和运行优化；二是事故状态下的故障检测、故障隔离、转移和恢复供电控制。

4.6.3.2 系统功能

馈线自动化要达到 4 个目的,也可以说有 4 个功能。

(1)运行状态监测

它又可分为正常状态和事故状态下的监测。正常状态下监测的量主要有电压幅值、电流、有功功率、无功功率、功率因素、电量,以及开关设备的运行状态等,监测量是实时的,监测装置一般称为线路终端(FTU)。在有数据传输设备时,这些量可以送到某一级的 SCADA 系统;在没有传输设备时,可以选择某些可以保存或指示的量加以监测。由于配电网内测点太多,因此,要选择确有必要的量加以监测,以节省投资。装有 FTU 的配电网,同样可以完成事故状态下的监测。没有装设 FTU 的地点也可以装设故障指示器,通常它装在分支线路和大用户入口处,具有一定的抗干扰能力和定时自复位功能。如果故障指示器有触点,也可以经过通信设备把故障信息送到某一级 SCADA 系统。

(2)控制

它又分为远方控制和就地控制,这与配电网中可控设备(主要是开关设备)的功能有关。如果开关设备是电动负荷开关,并有通信设备,那就可以实现远方控制分闸或合闸;如果开关设备是重合器、分段器、重合分段器,它们的分闸或合闸是由这些设备被设定的自身功能所控制,这种控制称为就地控制。例如:重合器本身具有故障电流检测和操作顺序控制功能,可按要求预先设定分断—重合操作顺序,它本身又具有继电保护功能,可以断开故障电流;分段器是一种智能化开关,可以记录配合使用的断路器或重合器的分闸操作次数,并按预先设定的次数实现分闸控制;重合分段器可以在失电压后自动分段,重新施加电压后又能按一定延时自动重合。远方控制又可以分为集中式和分散式两类。所谓集中式,是指由 SCADA 系统根据从 FTU 获得的信息,经过判断作出控制,通常称为 SCADA-mate 方式,也可以称为主从式;分散式是指 FTU 向馈线中相关的开关控制设备发出信息,各控制器根据收到的信息综合判断后实施对所控开关设备的控制,也称为 Peer to Peer 方式。

(3)故障区隔离、负荷转供及恢复供电

在配电网中,若发生永久性故障,可通过开关设备的顺序操作实现故障区隔离;在环网运行或环网结构、开环运行的配电网中实现负荷转供,恢复供电。这一过程是自动进行的。在发生瞬时性故障时,通常在切断故障电流后,故障便自动消失,可以由开关自动重合而恢复对负荷的供电。

配电网按导线区分有架空线和电缆线,按结构分有环网和树状网。环网的运行方式又可以有闭环和开环两种。因此,故障区隔离的过程因配电网中采用的开关设备、继电保护设备的不同而各不相同。在分支线路上,可装设分段器和熔断器,并安置故障指示器。在城区配电网,以双电源或多电源的环网结构开环运行为好。线路的分段和开关设备类型的选择可以有多种方案,一般配电线分段的方法可以通过优化设计,根据供电可靠率指标,比较投资、运行费用与失电损失后确定,或以某种准则(如等负荷等)而确定。对于特别重要的地区,则可以闭环运行,并配置合适的继电保护装置。总之,这一功能对于提高供电可靠率有着十分重要的作用,因此在设计时要进行多方案比较。

(4)无功补偿和调压

配电网中无功补偿设备主要有安装在变电站和用户端两种。前者在变电站自动化中加以控制和调节,后者一般为就地控制。但是,在小容量配变难以实现就地补偿的情况下,在中压的配电线路上进行无功补偿仍有广泛的应用。通常采用自动投切开关或安装控制器两种方法加以实施。配电网内无功补偿设备的投切一般不作全网络的无功优化计算,而是以某个控制点(通常是补偿设备的接入点)的电压幅值为控制参数,有的还采用线路或变压器潮流的功率因数和电压幅值两个参数的组合为控制参数。这一功能旨在保持电压水平,提高电压质量,并可减少线损。

4.6.3.3 控制方式的选择

故障定位、故障隔离和供电恢复是馈线自动化的重要内容。故障定位、隔离、恢复的时间也是衡量一个配电自动化项目实施是否成功的关键指标。其控制方式主要分为 3 大类(表 4-20)。

三种控制方式一览表 表4-20

控制方式	内容	优点	缺点	备注
就地控制方式	包括电压时间型和电流计数型，主要指通过配电自动开关（重合器、分段器等）实现馈线自动化；前者原理是馈线失压时开关跳开，依时间延时顺序试合分段开关，最后确定故障区段，并恢复非故障区供电；后者是根据重合器开断故障电流动作次数确定故障区域，这种方式最早在日本得到应用	1.故障隔离和自动恢复由重合器自动完成，无需主站控制，无通信系统； 2.投资较少，易于实现	1.对一次设备要求较高，需把部分开关更换成重合器； 2.不能进行远方控制，无法实现配电SCADA功能； 3.由于多次重合对系统及负荷设备冲击大； 4.故障恢复时间长，一般为1min以上； 5.不具备扩展性和通用性	
远方集中控制方式	由馈线远方终端、通信网络、配电子站和配电控制中心组成，各FTU分别采集开关的运行情况，并将信息通过通信网络上传到配电子站和配电控制中心，故障发生时，由配电子站或控制中心进行故障定位，确定故障区段，自动或人工干预发出有关操作指令，隔离故障区段，恢复对非故障区段的供电；是否设置配电子站视系统大小而定，还可采用借主站方式，实现调配一体化	1.故障隔离和恢复时间较快，一般在1min左右； 2.实现“三遥”，系统易于扩展	1.对主（子）站的依赖，同时依赖于通信系统； 2.投资较大	
综合智能控制方式	既能进行远方集中控制，又能依靠FTU就地控制方式，两者互为备用；这种方式下，FTU不仅具有数据采集功能，还具有保护功能；另外，现场还应具备快速通信通道；一般采用光纤以太网，以提高动作的快速性；目前，采用这种控制方式的有基于馈线差动技术的馈线自动化方式，通过FTU相互通信判别故障点，判断两侧开关，隔离故障，保证健康段供电；远程集中式作为后备手段，由主站系统进行故障判别、隔离	1.快速进行故障隔离； 2.闭环运行时，可对非故障段持续供电	1.需要光纤通道； 2.馈线开关均应采用断路器； 3.综合投资较高	推荐

4.6.4 变电站自动化

4.6.4.1 系统功能

变电所自动化系统，其基本功能取决于隧道供电系统的实际需要、技术上实现的可能性以及经济上的合理性。归纳起来，其功能有以下几个方面：

(1)数据采集；

(2)数据处理与记录；

(3)控制与操作闭锁；

(4)微机保护和自动装置；

(5)与远方操作控制中心通信；

(6)自诊断功能。

4.6.4.2 系统结构

变电站自动化系统的发展过程与集成电路技术、微计算机技术、通信技术和网络技术密切相关。随着这些高科技技术的发展，变电站自动化系统的体系结构在不断地变化，其性能、功能和可靠性也在不断提高。从国内外变电站自动化系统的发展过程来看，其结构形式有集中式、分布集中式、分散与集中相结合、全分散式等4种类型。

本项目变电站自动化系统推荐采用分散与集中相结合的方式。

4.6.4.3　系统设计原则

(1)变电站自动化系统配置、功能包括设备的布置应满足电网安全、优质、经济运行，以及信息分层传输、资源共享的原则。

(2)分散式系统的功能配置宜采用下放的原则，凡可以在间隔层就完成的功能，如保护、备用电源自投、电压控制等，无须通过网络和上位机去完成。

(3)按我国的实际情况，目前变电站还不能完全无人值守，即使是无人值守，也存在现场维护、调试和应急处理的问题，因此，针对本项目设计时，应考虑远方与就地控制操作并存的模式。同样，保护单元亦应具有远方、就地投切和在线修改整定值的功能，以远方为主，就地为铺，并应从设计、制造上保证同一时间只允许其中一种控制方式有效。

(4)站内自动化及无人值班站的接入系统设计应从技术上保证站内自动化系统的硬件接口满足国际标准。系统的支撑软件符合 ISO 开放系统规定，系统的各类数据、通信规约及网络协议的定义、格式、编程、地址等应与相应的电网调度自动化系统保持一致，以适应电力工业信息化的发展要求。

(5)要积极而慎重地推行保护、测量、控制一体化设计，确保保护功能的相对独立性和动作可靠性。分布式系统的 SOE 分辨率通过保护单元来实现。保护、测量、控制原则上可合用电压互感器(TV)，对电量计费、功率总加等有精度要求的量，可接量测电流互感器(TA)，供监测用的量可合用保护 TA。

(6)变电站自动化系统设计中应优先采用交流采样技术，以减轻 TA 和 TV 的负载，提高测量精度。同时，可取消光字牌屏和中央信号屏，简化控制屏，由计算机承担信号监视功能，使任一信息做到一次采集、多次使用，提高信息的实时性、可靠性，节约占地空间，减少屏柜、二次电缆和设计、安装、维护工作量。

(7)目前，无论国内还是国外的分散式变电站自动化系统各部件之间的联系大部分采用串行口通信方式(RS232C，RS422，RS485 总线等)，其通信速率和资源共享程度均受到限制，故建议采用局域网(LAN)通信方式，尤其是对等(Peer to Peer)网络，如总线型网(介质共享型)，即网上每个节点都可与网上其他节点直接通信，例如 CSC-2000 型采用的 Lon Works 网，DISA-2 和 DISA-3 型采用的 CANnet(Control Area Network)网等。

(8)变电站内存在强大的电磁场干扰。从抗电磁干扰角度考虑，在选择通信介质时，可优先采用光纤通信方式，这一点对分散式变电站自动化系统尤为适用。

4.6.5　用户自动化

4.6.5.1　负荷控制系统

本系统可与数据采集与监控系统集成设计，也可单独设计。其主要功能包括：

(1)中控室对变电站进行监测、控制和管理。

(2)系统档案管理功能，其中包括以下内容：

①系统运行状态档案：包括系统时区划分、各时区峰谷平定义、系统各类终端户数、闭环控制轮次跳闸的投切户数等。

②注册档案：变电所及车行横洞内的箱式变压器主变台数、装机容量、电压等级，进线回数、电压等级、电源变电站编号名称、开关编号、线路名称、计量方式、有功无功电能表参数等。

③历史数据档案：包括日、月电能量，月平均负荷率等。

④定值档案：包括各个时间区的功率限额，峰谷平段电能量限额，定时控制的投切及断、送电时间，闭环控制与轮次跳闸投切、功控、电控投切等。

⑤控制方案类别及档案：预先设置的控制方案包括照明控制、通风控制、交通控制、横通道控制等。

(3)通信功能。包括与变电站、箱式变压站的通信，其作用如下：

①远方数据预置；

②遥控及复位；

③遥测与巡检；

④遥信；

(4)资料索引、显示和打印。包括用户日、月报表(包括负荷曲线)自动生成，系统综合日、月报表(包括负荷曲线)自动生成。

(5)系统管理功能。包括操作、交接班记录文件生成，运行状态文件自动生成等。

4.6.5.2　电能量计费系统

电能计费是保证电力部门和用户各方面利益，采用经济杠杆管理电网的一种调度自动化手段。电能计费功能通过对电量的分时段采集，对不同时段的电量进行不同的价格计费，了解在不同时段的电量变化情况，从而更好地实现计划用电，使电网更高效地运行。

本系统可与数据采集与监控系统集成设计，也可单独设计。其主要功能包括：

(1)变电所及车行横洞内的箱式变压器电能量采集；

(2)支持电量分时段统计计算；

(3)系统电量原始记录；

(4)按日期和站点查询原始记录数据；

(5)统计时电量、日电量、月电量甚至年电量等；

(6)统计日、月、年的高峰、低谷时段电量；

(7)多种电能量处理方法，旁路电量、追加电量、缺数检查、电能量上下限、线路线损、电能量合格率考核、用电分析等；

(8)以上数据用户可选择用棒图、饼图、曲线图或文字表格形式在图形上显示；

(9)提供制表软件包，用户可以任意定义打印日报表、月报表和年报表；

(10)采集终端远方维护。

对于秦岭终南山特长隧道而言，节约电能、减少营运成本是业主最为关心的问题。隧道每年照明用电约 600 万 kW·h，节电设备节电率按 20%计，每年可节电 120 万 kW·h。节电设备投资成本最多两年即可回收，节电设备寿命按 20 年计算，则可创造 18 年的直接回报。另外，根据节电设备的节电原理及已安装节电设备的用户使用经验，可为隧道照明系统节约灯具维修费、更换人工费等其他间接费用。

4.6.6　配电自动化通信系统

4.6.6.1　配电自动化对通信系统的要求

配电自动化对通信系统的要求取决于配电自动化的规模、复杂程度和预期达到的自动化水平。总体上讲，配电自动化对通信系统的要求体现在以下几个方面：

(1)通信的可靠性

配电自动化的通信系统是在户外安装的，这意味着通信系统要长期经受不利的气候条件的考验，如阴雨、大雪、冰雹、大风和雷雨等。因此，配电自动化的通信系统必须设计成为能够通过常规维护，就可以在上述恶劣状况下工作的系统。

(2)通信系统的费用

由于配电自动化的通信系统的造价很可观，因此，通过恰当地选取合适的通信方式，可以节省大笔的建设费用。如果通信方式设计得不合适，有可能会产生过高的建设投资，使得所建成的配电自动化系统的效益难以发挥出来。在对配电自动化的通信系统进行预算时，不仅要考虑设备的造价，还要估算通信系统长期使用和维护的费用。

(3)通信速率的要求

任何通信系统的带宽都是有限的，带宽越窄，通信速率越低。在建设通信系统时，不仅要满足眼前的通信速率的要求，还要考虑到今后发展的需要。一般 300b/s 或更低的通信速率就能满足配电自动化的大部分功能要求，对于诸如负荷控制这样的功能，甚至低于 10b/s 的通信速率就能满足要求。

从功能的角度来看，在配电自动化系统中，进线监视、变电站监控和馈线自动化对于通信速率的要求最高。从配电自动化系统结构的角度分析，集结了大量数据的主干线对通信速率的要求，要远高于分支线对通信速率的要求。

(4)双向通信能力

配电自动化的大多数功能要求双向通信。最简单的负荷控制却仅需要单向通信就可满足要求，控制中心只需向被控制的负荷发送投运或停役命令即可。较先进的负荷控制系统可以发送伴随着地址的投运或停役命令，从而可以对被控制对象的独立负荷或成组负荷分别进行控制。一般不必将被控负荷的实际运行状况返回控制中心，但是，实时检测负荷控制设备是否正常却是需要的，为了实现这一功能，就必须借助于双向通信。

对于故障区段隔离和恢复正常区域供电的功能，则必须要求有双向通信能力的信道。在这种情况下，位于远方的故障探测器(如柱上 RTU)必须能向控制中心上报故障信息，以便确定故障区段，控制中心必须能够向远方设备发布控制命令，以隔离故障区段和恢复正常区域供电。

(5)通信不受停电的影响

配电网的调度自动化功能和故障区段隔离，及恢复正常区域供电的功能要求，即使在停电的地区，通信仍能正常进行。采用电力线作为通信信息传输媒介的通信方式(如配电线载波、脉动控制技术和工频过零等)在这个问题上会面临许多困难，必须考虑故障或断线对这几种通信方式的影响。另一个必须考虑的问题是在停电地区的远方通信终端设备(如 RTU、智能电度表和负荷控制设备等)的供电问题，应当为它们提供后备电源或其他供电手段(如 UPS 和蓄电池等)。

(6)通信系统的使用与维护的方便性

配电自动化的通信系统构成规模往往较大，而且通常采用多种通信方式相结合，因此在设计上，应考虑尽可能地简化这一复杂的通信系统的使用与维护。配电自动化的用户大多不是通信与电子技术的专业人员，他们往往不熟悉通信设备。因此，有必要对其人员进行深入细致的培训，以提高他们的通信技术使用和维护的技能，在对一种通信手段的经济效益进行分析时，应将培训费用考虑在内。选择标准的通信设备和通信协议不仅能够提高系统的兼容性，而且可为今后的扩展带来方便，也有助于降低使用与维护费用。

4.6.6.2 通信信道的比较

(1)无线信道

这里指的是超短波无线信道，它的主要特点是：

①技术成熟、节省投资。无线信道在我国电力负荷管理系统中得到了成功的应用，技术非常成熟，而且在建设中，不需要架设线缆，施工简单，节省投资。

②实时性较差。这是因为无线电收发信机是间断工作，产生收发延迟，加上传输速率较低，又受频率资源的限制，不可能给一个系统很多频率，这就给故障的快速处理，以及系统大量数据的准时传输带来了困难，但是，由于分站设计的巧妙，已在一定程度上克服了这一缺点。目前，我们采用无线电作为二级网络的信道的试验，对馈线短路故障的检测、隔离和恢复正常区段供电所需的时间可在 10s 以内，如果开关速度快，还可更短一些。

③可靠性较差。无线信道的传输受地形、地物、气候、无线电波干扰和工业干扰等的影响较大，特别对于城市环网，天线安装困难，又由于城市建设的不断发展，高层建筑物不断出现，不断地破坏着无线信道的畅通。但是，如果在县市或城市郊区，无线信道条件较好、负荷密度又不大的地区，经过精心设计，仍可保证信道的可靠性。

(2)光缆通信

①传输速率高。光缆通信的传输速率高于其他任何系统通信通道，因此，其不仅能使系统的实时性最强，而且也为配电自动化系统的不断扩展提供了很宽裕的通信容量。

②可靠性高。光缆通信的比特误差率(误码率)小于1ppb，远优于其他通信方式。

③抗干扰性强。光缆通信不受电磁波或其他强电磁场的影响，这对配电自动化的环境条件尤为有利。

④投资稍大。从目前来看，光缆通信的造价可能略高于其他通信方式。然而，对那些测点多、负荷密度大的大中城市电网，从发展的眼光看，选择光缆通信是合算的。

(3)通信电缆(或双绞线)

①传输速率较高。通信电缆可以满足系统的实时性和数据传输的需要。

②可靠性较高。它的误码率小于1ppm，只要采取适当的技术措施，是能够满足系统的通信可靠性要求的。

③抗干扰性稍差。它不受空间无线电波的干扰，但易受高压工频强电磁场和雷电的干扰，所以在线路安装时要远离高压线，给施工带来了一定的麻烦，而且通信设备要采取严格的防雷措施。

④投资适中。就目前而言，这种通信信道的投资界于光缆和无线之间。总之，这种通信方式是一种较好的选择方式。

(4)载波通信

在国外，载波通信主要用作正常时的监控。10kV电力线载波通信主要的优点是不需要另外建设通信线路，可节省投资。但是，10kV电力线分支线多，负载不稳定，必须实现阻波和阻抗的匹配，而且当馈线(即通信信道)发生短路、搭铁和断线等故障时，必须保证通信仍然可靠，技术难度较大。目前，虽然国内已有解决这些难题的报道，但还需实践的继续验证。35kV电力线载波通信技术已经比较成熟，但传输速率低，在数据传输量不大的情况下，可以作为主站至分站间的通信方式。

(5)其他通信方式

除了上述通信方式外，还有微波、扩频等通信方式，可以根据通信建设的已有条件利用这些方式，尤其是在主站和分站间的通信中使用是很方便的。特别要指出的是，国外已开始推广扩频通信，因为它无需申请频点、保密性强、不受干扰、传输速率高、发射功率小、传输距离可达几十公里，因此是十分具有发展前景的一种通信方式。

综上所述，就性能而言，从馈线自动化系统必然发展成配电管理系统的趋势看，整个配电自动化系统通信网的一级网(主站至分站)信道选择顺序是光缆、微波、通信电缆和电力载波、超短波无线电、其他；三级网(从配变至用户)采用低压电力载波信道。

但对不同的场合和不同的条件，要综合考虑，根据实际情况而定。表4-21所示为各种通信的情况对比。

各种通信方式对比表 表4-21

通信方式	传输媒介	传输速率	传输距离	应用范围
配电线载波	高压配电线	50～300b/s	<10km	FTU\TTU与区域工作站间通信
电话专线	公用电话网	300～480b/s	较长	FTU与区域工作站及区域工作站间或RTU与控制中心通信
现场总线	屏蔽双绞线	几百波特率	较短	FTU、TTU与区域工作站通信、分散电能采集、设备内部通信等
RS-485	屏蔽双绞线	9 600b/s	较短	同上
多模光纤	多模光纤		几公里	同上
单模光纤	单模光纤		<50km	通信主干线
无线扩频	自由空间	<128kb/s	<50km	通信主干线
多址微波	自由空间	<128kb/s	<50km	通信主干线

根据秦岭终南山特长隧道的特点，图4-35给出了配电自动化系统通信方案。

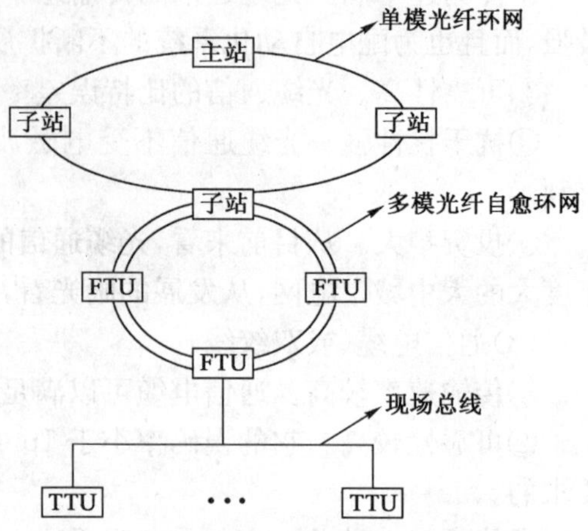

图4-35 配电自动化通信系统

4.6.7 配电自动化经济效益分析

4.6.7.1 概述

配电自动化系统具有重要的政治意义和社会效益，可减少人们在强电场中的工作时间，对从业人员的身体健康更有着重要的意义，可以避免很多职业病和人为触电事故的发生。在现代电网中，采用配电自动化系统设备，其效益是巨大的，其发展无疑是大势所趋。

4.6.7.2 直接经济效益分析

(1)可提高供电质量。秦岭终南山特长隧道的安全问题是业主及设计单位共同关心的首要问题，这就对供电系统提出了更高的要求。停电或限电会导致营运安全性降低，而忽然的停电则会危害隧道的重要设备，因此落后的人工配电方式都是不适用的。只有实现配电自动化，才可能最大限度地提高供电质量，满足隧道日常营运的需要。实现配电自动化，可减少故障次数，缩小事故范围，缩短事故时间，为恢复供电、快速分析、诊断、报告事故原因提供有效的依据。

(2)降低网损率的经济效益。根据国内配电自动化系统运行的成功经验，通过电压和无功优化控制，可以降低网损率3%左右。假设隧道的年供电量为1 000万kW·h，通过电压和无功优化控制，每年可节省电量为30万kW·h，节能效益按0.42元/kW·h计算，每年可节约12.6万元。

(3)设备管理的经济效益。配网自动化系统的效益在很大程度上体现在配电设备管理上，比如设备检修，如果没有相应的配电自动化监控管理系统，所有设备按一定期限定期检修，其工作量将十分巨大，并耗费大量的人力物力，配电管理系统的使用可以使设备检修的针对性更强。它可以变故障修为状态修，变人工巡检为自动故障保修，可减轻维护人员的劳动强度，减少操作人员数量，增强电力系统的免维护性。

通过对负荷的监控，合理分配负荷，还可以最大限度地保护供电设备投资，有利于提高设备的安全和健康水平，延长设备使用寿命。假设隧道每年因烧毁电力设备等事故的损失为10万元(一台变压器的价值就在10万元以上，一台10kV开关柜价值在5万～8万元之间，电动机的价值从几千到几万元不等)，实现配电站自动化之后就可以完全避免此类事故的发生，每年可节省设备维护费用10万元。

(4)实现配电站自动化可以提高整个电网的管理水平。主要包括：为电力系统管理自动、准确、及时地提供更为详尽、丰富的数据和信息；可以直观地监视全隧道内任何地方和任何设备的用电、供电情况，方便地实现总体控制，提高用电效率，节省电费。

4.6.7.3 间接经济效益

采用配网自动化系统，将减少值班员、检修工发生职业病(如电磁辐射污染等)的几率，减轻企业的医疗负担，提高生活、工作质量。

4.6.8 配电自动化安全性评价

4.6.8.1 概述

安全性评价对于供配电系统来说是一件新事物。安全性评价对于提高隧道安全营运水平具有重要作用，具体表现在以下各方面：评价可以使领导具体掌握各方面、各系统基础强弱的程度，看到"量化"后的差距；推动了反事故技术措施和各项规章制度的落实；有利于对存在问题严重程度的确认；有利于强化安全营运的各项管理工作。另外，评价是一个熟悉设备、熟悉反事故技术措施、熟悉有关国家标准和部颁标准的自我培训过程。

配电自动化安全性评价内容包括3个方面，即电气设备安全评价、施工及检修安全评价、安全管理评价。

4.6.8.2 电气设备安全评价

(1)主变压器

①整体运行工况及技术状况的评价内容包括：变压器油温及温升是否存在异常；各级电压的变压器绝缘油气相色谱是否合格，500kV变压器含水率、含气量是否合格；电气预防性试验（含绝缘油的常规检验）中是否有降低标准试验项目或试验数据超标缺陷尚未消除的现象。

②主要部件及附属设备技术状况的评价内容包括：绕组、铁芯、分接开关、压紧装置、套管、引线接头和冷却系统等是否存在重要缺陷；套管防漏雨密封措施是否良好；净油器是否正常投入；呼吸器维护情况是否良好；套管及本体（含散热器等）是否漏油；90MVA及以上变压器有无灭火装置。

③技术资料的评价包括：设备台账、厂家技术说明书及有关图纸是否齐全完整；检修记录及大修总结是否齐全完整。

(2)高、低压配电装置状况

①系统接线和运行方式的评价内容包括：系统接线和运行方式是否存在严重隐患；备用变压器自启动容量是否进行过校核并具有时效；备用电源自投装置是否经常处于良好状态；定期试验是否按规定进行，并且记录完整。

②高压开关设备的评价内容包括：断路器遮断容量和性能能否满足短路容量或切空载线路要求；电气预防性试验项目中是否有超限或不合格项目（含绝缘油的定期检验项目）；断路器大、小修项目是否齐全无漏项；重要反事故措施项目是否落实，是否超过规定的期限（包括故障切断次数超限等）；断路器和隔离开关是否存在其他威胁安全运行的重要缺陷（如触头严重发热、严重漏油等）。

③防误操作技术措施的评价内容包括：电气一次系统模拟图板是否完善，并且与实际接线是否相符；闭锁装置电源是否使用专用的与继电保护直流电源分开的电源；闭锁装置的维修责任制是否明确，维修状况是否良好。

④过电压保护装置和接地装置的评价内容包括：避雷针（线）的保护范围及设计和安装是否满足安全运行要求；10kV及其以上主变压器中性点过电压保护是否完善；接地网的接地电阻是否按规定周期进行了测试；高压电气设备的接地引下线和接地网锈蚀情况是否进行过开挖抽检等。

⑤安全设施的评价内容包括：是否设有符合规定的贮油和排油设施；高压配电室、变压器室及低压配电室防小动物措施是否完善；高压带电部分的固定遮栏尺寸、安全距离是否符合要求，是否齐全完整、关严上锁等。

⑥设备编号及标志的评价内容包括：高压开关设备（断路器、隔离开关及接地开关）是否装设了有双重编号（调度编号和设备、线路名称）的编号牌，并且字迹清晰，颜色正确；主控（合网控、单控、集控）内的控制盘、仪表盘上的控制开关、按钮、仪表、熔断器、二次回路压板的名称是否齐全清晰；常设标志牌如“高压危险”等标示牌是否齐全清晰。

⑦技术资料的评价内容包括：高压设备台账是否齐全完整；高压设备检修记录及大修总结是否齐全完整。

(3)继电保护及自动装置

发电机、主变压器、母线、断路器失灵及以上线路保护装置的配置是否符合规程规定，并能正常投入运行。已运行的保护装置是否制订了齐全、完整、符合现场实际的运行规程，运行人员是否掌握。

是否按期编制继电保护和自动装置年度校验计划；是否按规程及校验计划对继电保护及自动装置各元件进行了定期校验，校验记录是否齐全完整。

各元件的保护装置是否符合各电力公司事故预防措施的要求。

差动保护向量测试是否符合规定，正确无误；差电压是否在正常范围之内。

故障录波器、故障顺序记录仪等是否正常投入使用，工作情况是否良好。

保护柜上的继电器、连接片、试验端子、操作电源熔断器、端子排等是否符合安全要求（包括名称、标志是否齐全清晰）。

继电保护机构是否有正常情况、事故情况和检修情况下的运行方式图。

继电保护设备异动、投入和退出以及动作情况的有关记录是否齐全，内容是否完整。

保护和自动装置的变更和改进有无设计图、审批文件和记录。

现场有无主要设备继电保护原理接线图、展开图和端子排图，是否符合实际。

(4)电缆的状况

2kV 以上电力电缆是否按规定周期进行直流耐压和泄漏电流试验，橡胶电缆是否按规定进行绝缘电阻测量。

1kV 以下动力电缆是否按规定周期摇测绝缘电阻。

是否按规定周期对电线进行巡查，并作完整记录。

设备增容后电缆最大负荷是否超过电缆设计及环境温度、土的热阻、多根电缆并行等的允许载流量。

电缆沟堵漏及排水设施是否完好，是否确保不积水、油、灰、粉及杂物。

电线阻燃措施是否符合要求；特别重要的电缆，是否采取了耐火隔离措施或更换阻燃电缆。

电缆敷设是否符合规程要求。

电缆清册是否齐全完整，是否有每根电缆的编号、起止点、形式、电压、芯数、长度等参数。

(5)通信设备状况

中控室内所有设备金属外壳、金属构件是否搭铁良好，搭铁电阻是否符合规定。

通信备用电源设备，如蓄电池、电动或汽(柴)油发电机等，运行状况是否良好。

备用电源自投装置是否良好。

通信系统、设备的图纸资料、测试记录及运行日志是否项目完整、记录齐全。

4.6.8.3　施工及检修安全评价

(1)电气作业安全

电气安全用具，如绝缘操作杆、绝缘手套、绝缘靴鞋、验电器等，是否符合安全要求。

手持电动工具如电钻、电砂轮等是否符合安全要求。

移动式电动机是否符合安全要求。

动力、照明配电箱是否符合安全要求。

施工现场临时电源敷设有无管理制度，现场临时电源是否符合安全要求。

电气工作人员是否普遍掌握了触电急救及心肺复苏法。

带电作业班组是否具有以下技术资料并且填写认真、保管有序：带电作业工具登记册、带电作业工具试验记录和试验报告、带电作业作业表、带电作业项目工具卡、带电作业培训考核记录等。

(2)高处作业安全

安全带(在用品)、脚扣、升降板(在用品)、移动梯台、安全帽是否符合安全要求，其存放、保管是否符合安全规定。

(3)焊接安全

交直流电焊机、各种类型乙炔发生器是否符合安全要求；氧气及乙炔气瓶库或储存处所是否符合防火防爆要求。

电焊工、气焊工是否经过专门训练和考试，持有合格证，并按期进行复审。

4.6.8.4　安全管理评价

(1)安全责任制

安全责任制是否健全、是否明确，并且能够贯彻落实。

(2)安全监督机构及安全监督网

是否设有专职安全监督机构，主要岗位是否设有专职安全员，人员素质和数量以及专业配套等方面，能否满足职责要求。

(3)安全培训与考核

新工人是否全部经过安全教育，考试合格，档案、记录是否齐全。实习生进入现场前是否全部经过安全教育和安全规程考试。新值班人员独立值班前是否考试合格，批准独立值班档案是否齐全。

电气安装及维修人员是否经过专门培训，考试合格，持有合格证，培训和考试档案记录是否齐全。

是否按时编制本年度培训计划(包括安全教育)，并能贯彻落实，有执行情况记录。

(4)基础资料

设备和系统管辖范围是否划分明确，无管理空白点，是否有正式书面依据。

检修班组是否建立以下有关安全生产的记录簿：设备缺陷记录、设备台账、设备系统图、主要设备装配图、检修技术记录、不安全情况记录、安全日活动记录、生产培训考核记录、保护和自动装置定期试验记录。

(5)事故调查及安全信息反馈

发生事故和障碍及严重未遂事故后的处理、汇报、原始记录的填写、事故现场的保护、事故记录的保存有无明确规定，并能贯彻落实。

是否定期(一般应每月)编发一期安全简报，及时通报本月安全情况，总结教训。

(6)现代安全管理

实现计算机统计分析事故，并向上级主管部门报送事故内容，通过电子信箱方式及时报告。在安全检查中是否使用安全检查表或安全评价表。是否应用概率论及数理统计分析事故规律，确立安全目标值等，并取得成绩。

建立合理的安全评价程序，如图 4-36 所示。

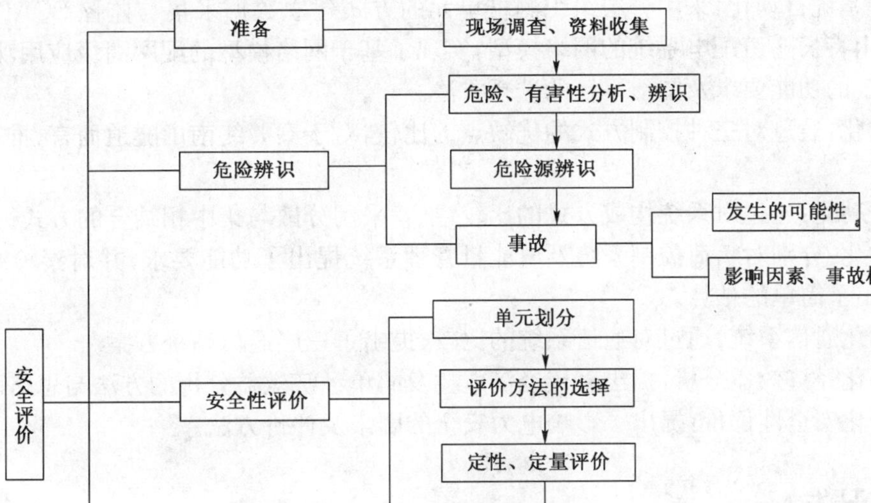

图 4-36　安全评价基本程序

4.6.9 小结

秦岭终南山特长公路隧道配电自动化系统的实施具有以下优点：

(1)有利于配电系统更安全、更可靠、更经济和更直观的运行，满足未来电力工业发展的需要，一次投资，终身受益。

(2)全面实现变配电系统的"四遥"及无人值守(或少人值班)，节约人力资源，并实现中、低压供配电系统一体化综合监控和统一管理。

(3)完善企业单位的内部能量考核，采用现代化科技手段，完成电能管理、配电能耗及用电成本统计功能，真正体现"管理出效益"的意义。

(4)可以对潜在的事故进行预报警，同时实现各种电量的越限报警，便于及时处理，以避免事故或隐患的出现(如火灾等)，减少损失。供配电系统出现异常时，可以及时了解到有关故障信息(故障原因、性质、地点及发生时间)，以指导维修，减少故障的处理时间及停电时间。

(5)改善配电系统管理。通过历史记录的电力参数，及时掌握每天或各季节的负载特性。

(6)可以根据系统设备运行的记录数据和运行情况，制订临时或定期的设备维修计划；按计划进行维修，减少运营和维修成本。

(7)可以快速、准确地掌握供、配电设备的运行情况(含历史数据)，并可以用报表方式或以图形方式进行显示、记录或打印出来，进行日报和月报，提高工作效率。

(8)具有供电质量(谐波失真度 THD/最大、最小、平均值/电压合格率)实时分析功能，便于分清供电单位和用电单位的责任。

(9)实现系统数据资源共享、供配电设备综合档案管理等诸多优点，为现代化管理提供了坚实、可靠的基础。

本部分主要成果包括以下几个方面：

(1)配电管理系统自动化：采用分层组织测控单元的方式建立数据采集与监控 SCADA 系统；提出了适合秦岭终南山特长隧道配电系统的网络模型，实现了基于网络模型的配网高级应用功能；提出了配电网地理信息系统的功能要求及图形平台的选择方法。

(2)馈线自动化：通过对三种控制方式的优缺点的比较，对于秦岭终南山隧道而言，推荐综合智能控制方式。

(3)变电站自动化：通过对系统构成方式的比较，推荐采用分散与集中相结合的方式。

(4)用户自动化：分别对负荷控制系统及电能量管理系统提出了功能要求，并对秦岭终南山隧道在节约电能方面作出了简单的估算。

(5)配电自动化通信系统：通过对通信系统的比较，提出了三层通信系统方案。

(6)配电自动化经济效益分析：提出直接经济效益及简单经济效益分析的方法与思路。

(7)配电自动化安全性评价：提出了影响电力安全的因素及评价方法。

4.7 软件开发

4.7.1 隧道监控系统软件开发

4.7.1.1 概述

秦岭终南山隧道监控系统软件开发十六字原则：性能可靠、技术先进、使用方便、信息共享。按照该原则，课题组进行了秦岭终南山隧道中试室监控软件的开发，整套隧道监控系统软件由现场控制软件和中央控制软件两部分组成：现场控制软件用于控制节点(现场区域控制机)的控制逻辑组态、控制计算、连接现场输入输出点、现场网络管理等功能；中央控制软件安装于中央控制服务器中，主要实现各种现场数据的采集，进行实时的运算、分析和处理，并根据要求进行显示、打印、记录、报警等。

中央控制软件系统包括控制服务器、控制工作站、管理工作站等功能模块，基于 Windows 系列平台，采用 TCP/IP 协议、工业以太网通信方式实现与现场区域控制机的通信，实现实时获取隧道内各相关设备的现场工作数据和下发相应的控制参数设置指令，能够较好地保证隧道交通的正常运行。该系统包括交通控制、通风控制、照明控制、消防控制等主要功能，实现了对车道控制标志、横通道绕行控制标志、风机、照明回路等设备对象的状态检测和控制，软件界面简洁、操作简单、功能实用，能够满足隧道远程监控和管理工作的需要。

该软件不仅具有灵活的自动控制功能，用户可根据不同的季节和时间特性设置不同的交通、照明、通风控制参数，而且还可以根据隧道当前的光照强度、CO 浓度、交通量等各种条件调整隧道的风机运行状态和照明控制状态，管理较为灵活，同时，系统实现了实时监控、联动报警功能。

从 2002 年 12 月到 2004 年 3 月，系统运行 25 个月，无一次故障发生。

4.7.1.2　控制原理与模型

(1)系统架构

秦岭终南山隧道监控系统分为 3 级：隧道现场控制系统、监控中心计算机网络系统和远程计算机控制系统。中试室控制系统完全采用"透明工厂"策略架构隧道控制系统，系统结构如图 4-37 所示。监控中心计算机系统构成一个局域网；该局域网通过路由器连入广域网。监控中心计算机系统采用 B/S 控制模式，服务器可实现隧道数据采集、计算、分析和处理。工作站分别作为交通控制计算机、消防系统控制计算机、通风控制计算机、照明控制系统计算机。

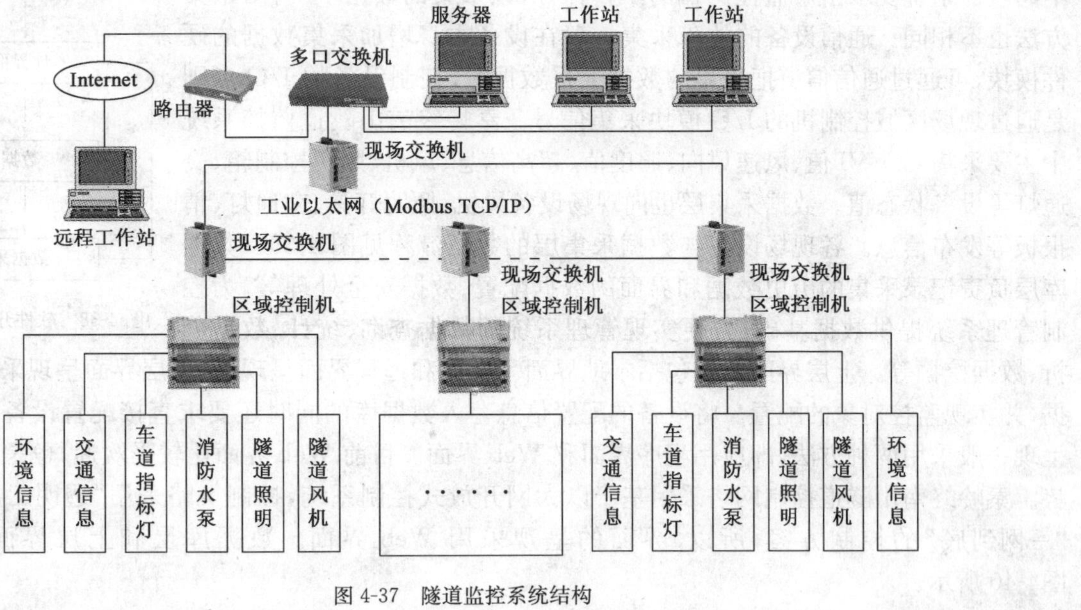

图 4-37　隧道监控系统结构

中试室监控中心通过一条光缆数据通道与隧道现场控制系统连接，隧道现场控制机再分别与交通灯、照明灯具、风机、水泵等控制设备相连。通过中试室监控中心到隧道现场的光缆，将隧道现场控制主机与中心控制系统构成一个局域网，二者之间通过工业以太网，按照 TCP/IP 协议传递信息；为了提高系统的可靠性，采用 4 芯通信光缆与支持冗余光纤通信的交换机构成中试室监控中心到隧道现场的冗余光纤环网通信链路。当网络中某台光纤交换机出现故障或某芯光纤折断后，能保证中心到现场的通信正常。

中试室控制系统中试验隧道现场有 3 台区域控制机，区域控制机采用 Schneider 公司的 Momentum 产品，负责管理和控制相关区域的交通、照明、通风、消防等设备。区域控制机之间采用工业以太网方式通信，通信协议为 TCP/IP。

上位机与下位机的通信是监控系统的一个关键。采用什么样的通信规约非常重要，在本系统中，根据施耐德电气的“透明工厂”方案，选用通用的工业标准 Modbus 协议，主从机通信机理能很好地满足确定性的要求。它与以太网 TCP/IP 结合，在 TCP 帧帧中嵌入 Modbus 信息帧，成为基于以太网的 Modbus TCP/IP，这是一个面向工业自动化的以太网解决方案，具有很高的性能价格比，是一种真正开放的理想解决方案。由于 Modbus 采用主从方式定时收发数据，因此，在系统中如某个 RTU（区域控制机）有某一模块从网络中断开（如故障或关机），在主站 Master 端马上就能诊断出来，而当故障修复后，网络又可自动接通。这样的通信机理有利于系统操作员进行系统功能诊断。

中试室控制系统采用 10/100Mb/s 以太网交换机形成自适应以太网通信。100Mb/s 通信速率是控制中心服务器与工作站计算机之间的内部数据传输速率，服务器端与现场 RTU（区域控制机）之间的数据传输速率为 10Mb/s，这是因为在本系统的 RTU（区域控制机）中的集线器采用的是通用的 10Base-T 集线器，根据需要 RTU（区域控制机）中的集线器采用的是通用的 100Mb/s 交换集线器，则可实现服务器端到现场 RTU（区域控制机）的 100Mb/s 数据通信。

网络传输层和服务层采用信息行业的事实标准 TCP/IP 协议，应用层使用 Modbus 协议，将减少数据传输的冲突；交换式以太网技术的使用，更加有效地避免了数据冲突的发生。这为隧道监控系统进行可靠、实时的控制提供了网络保证。

(2)数据流程

秦岭终南山隧道中试室控制系统的监控软件数据流程分为 4 层，如图 4-38 所示。

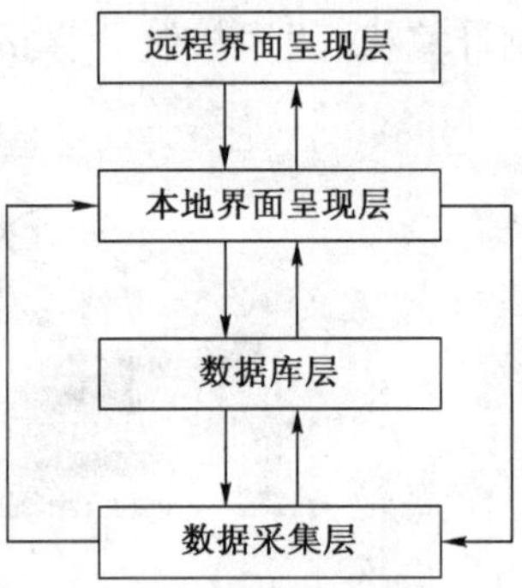

图 4-38　软件开发数据流程图

在图 4-38 中数据采集层采集现场设备相应的数据信息，不同行业和不同软件系统要求由于监控的目的不一样，所以采集的数据不一样，采集方法也不相同。通信设备的故障采集一般在设备本身增加采集数据的硬件模块，可通过通信信道把采集的数据上报数据库，控制设备的 I/O 点则是通过现场区域控制机的 I/O 模块采集信号。秦岭终南山隧道监控系统中主要采集 CO/VI 值、风速风向、照度值、超高信息、风机、照明控制箱、交通灯等设备状态值。数据采集层也向现场设备风机、照明灯具、交通灯、情报板等发布信息。各现场设备与数据采集层的数据流程见图 4-39。数据库层负责记录采集的历史数据和界面的数据配置、数据安全处理等，为控制管理系统提供数据基础，方便实现管理系统的数据查询、统计、数据分析、数据挖掘等。上层界面数据包括本地界面呈现层和远程界面呈现层，上层界面呈现采集层采集的数据，并实现监控对象的配置。将设备的配置信息存入数据库的同时还要求直接配置设备。控制界面的呈现一般采用两种方法，即应用程序界面和 Web 界面。目前 Web 界面比较受欢迎，也是一种发展的趋势。秦岭终南山隧道控制网络采用基于以太网开放式控制系统，控制策略采用“透明工厂”策略，实现“一网到底”的控制方案，所以，界面的呈现采用 Web 界面。数据库层和上层界面数据流程如图4-40 所示。

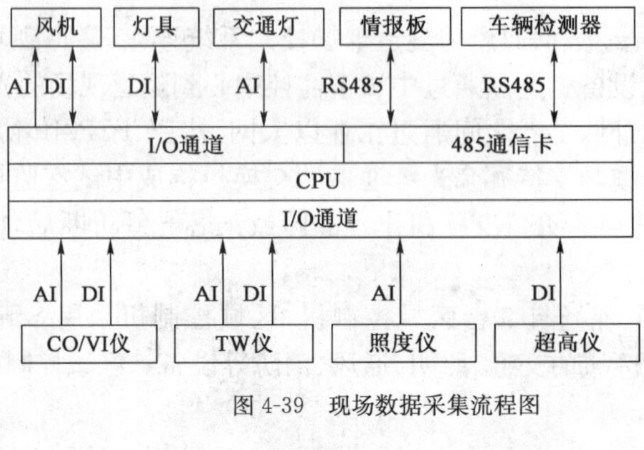

图 4-39　现场数据采集流程图

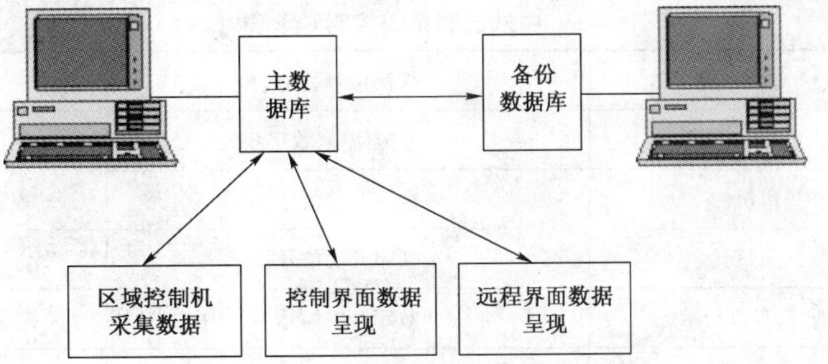

图 4-40 上层数据采集流程图

(3)控制理论

本报告在第3节公路隧道控制技术研究中,详细研究了隧道控制中交通控制模式和通风控制模式。交通控制模式是在长期研究隧道交通组织特性的基础上提出了公路隧道交通有40种控制工况、24种控制模式的一种交通控制理论,在此基础上又提炼出8种主要常用的控制模式,作为隧道交通控制系统的开发模式。在详细研究公路隧道内的环境分布及产生特性的基础上提出了馈式模糊通风控制法。

报告第5节详细研究了隧道照明控制模式,提供了监控系统软件的照明控制理论。

隧道消防控制由两部分组成:火灾检测报警系统和消防设施启动控制系统。

4.7.1.3 控制对象

公路隧道监控系统根据隧道现场采集到的交通参数,完成各种交通组织方案的控制;根据采集的环境参数,实施风机控制、照明灯具控制,改善隧道环境;根据异常情况检测结果,实施防灾救灾的组织。一套比较完善的控制系统的控制对象见表4-22,中试控制系统控制对象见表4-23。

现场设备的具体控制对象见表4-24。

通过统计,中试控制系统需要监控的信号量如下:

(1)遥控信号:一号区域控制机8个,二号区域控制机16个,三号区域控制机30个;

(2)遥信信号:一号区域控制机2个 ;

(3)遥测信号:一号区域控制机5个,二号区域控制机8个,三号区域控制机14个。

完整隧道控制系统控制对象表 表4-22

序 号	控 制 对 象	控制信号类型	功 能 描 述
1	CO/VI检测仪	4～20mA模拟信号、数字开关信号	检测隧道CO浓度和能见度值
2	风速风向检测仪	4～20mA模拟信号、数字开关信号	检测隧道内风速、风向
3	照度检测仪	4～20mA模拟信号、数字开关信号	检测隧道内风速、风向
4	超高检测仪	数字开关信号	检测进入隧道的车辆高度
5	风机	4～20mA模拟信号、数字开关信号	控制通风系统的风机启停
6	照明灯具	数字开关信号	调节隧道照明亮度
7	交通灯、车道指示灯	数字开关信号	控制交通灯,实施交通组织
8	消防水泵或阀门	数字开关信号	控制消防系统,实施隧道防灾
9	车辆检测器	RS485、RS232或以太网信号	检测隧道交通参数
10	可变情报板	RS485、RS232或以太网信号	发布交通信息及限速标志等
11	火灾检测等其他系统	数据信息	系统集成

中试控制系统控制对象表

表 4-23

序　　号	控制对象	控制信号类型	功能描述
1	CO/VI 检测仪	4～20mA 模拟信号、数字开关信号	检测隧道 CO 浓度和能见度值
2	风机	数字开关信号	控制通风系统的风机启停
3	照明灯具	数字开关信号	调节隧道照明亮度
4	交通灯、车道指示灯	数字开关信号	控制交通灯，实施交通组织
5	消防水泵	数字开关信号	控制消防系统，实施隧道防灾

现场监控对象表

表 4-24

监控对象	开关	接触器	含可控对象 不可控对象
		隔离继电器	
	模拟量	电压、电流	
	状态量	各种开关状态、系统运行状态等	

各信号通过现场区域控制机采集到区域控制机存储区内，然后通过工业以太网通信链路上传到中试室控制中心服务器进行相关分析、处理、存储。

4.7.1.4　软件开发

1)系统需求分析

为了满足中试控制系统的各项网络结构研究、监控软件结构模式研究等需要，监控软件系统需要实现如下功能：

(1)信息采集功能。采集环境信息、设备状态信息，主要通过 CO/VI 仪采集隧道内能见度(VI)、CO 浓度；通过各设备的状态反馈，采集现场设备状态。

(2)数据仿真功能。通过仿真软件模块，产生隧道内各种交通参数、照度、异常事件等参数，提供给控制系统。

(3)信息的分析处理功能。利用计算机技术，对采集到的信息进行及时、有效的处理，根据预设隧道使用者提供隧道交通状态信息，对行驶车辆发出限制、诱导、建议性指令，进行条件判断，及时发出报警和控制信号。

(4)信息发布功能。一般在交通监控系统中，信息发布指通过可变情报板、可变限速标志、交通广播的图像或音响设备进行信息发布，中试控制系统的信息发布通过交通灯照明灯具的控制来体现。

(5)动态显示和声光报警功能。动态显示隧道监控设备布设、工作状态、统计图表等，异常情况时进行声光报警。

(6)统计查询功能。提供数据统计报表(如交通报表、风机运行状况报表等)的查询、打印、分类、存档。

(7)数据备份功能。中心计算机将各系统的基础数据、报警信息及操作员重要操作信息自动备份，长期保存。

(8)系统自诊断功能。隧道现场的控制设备发生故障时，监控中心设备能实时检测，系统一旦发现设备故障或非正常运行时，及时发出报警信号。

(9)计算机监控系统的网络结构采用 100M TCP/IP 以太网结构，实现隧道现场控制室内和通过 Internet 网络可对隧道内的设备进行监视、控制和设备维护。

2)系统方案设计

(1)系统设计目标及开发内容

中试控制系统开发的目标是实现公路隧道的典型控制模式，完成4个本课题典型科研目标：

①实现基于B/S控制模式的远程隧道控制；

②实现隧道控制系统的分布式控制架构；

③实现区域控制计算机的前馈式模糊通风控制；

④完成特长公路隧道新型控制网络——开放式工业以太网性能试验。

将现代先进的控制技术和控制理念应用到公路隧道控制模型中，以解决特长公路隧道的控制难题。

系统开发内容是：根据本课题对隧道控制技术、控制网络、交通控制模式、通风控制模式、照明控制系统研究等研究成果开发隧道监控系统。整个监控系统的软件可分为两部分：一部分软件安装于区域控制机中，用于控制节点的控制逻辑组态、控制计算、连接现场输入输出点、现场网络管理等功能；另一部分软件安装于控制中心的服务器中，用于远程计算机上的监控画面的制作、显示、报警、计算机网络管理等人机界面的功能，由交通控制模块、通风控制模块、照明控制模块、消防控制模块、系统管理模块、报表统计模块6大功能模块组成。

(2)系统设计原则

根据系统的需求分析、系统架构和系统数据流程分析，中试控制系统的开发课题组遵循以下几个原则。

①开放性：支持工业标准；

②可仿真性：实现隧道各种工况控制仿真；

③可组态性：应用软件的动态扩展和配置；

④可扩展性：系统容量的扩展能力；

⑤先进性：利用最新的技术成果；

⑥兼容性：支持多种通信协议。

中试控制系统网络通信采用基于工业以太网的“透明工厂”解决方案，其结构如图4-37所示。从软件开发数据流程图4-38中可以看出，系统包括上位机和下位机两部分。上位机是中试室控制端，包括HMI (Human Machine Interface)系统和数据库管理系统，主要进行遥控操作和遥信、遥测显示及数据报表统计、记录事故分析等。下位机是指数据采集系统，一般是指硬件层上的包括区域控制机及各种智能控制设备等，在这里是指隧道现场的3台区域控制机。

监控系统中，下位机与现场设备或仪表相结合，实时感知设备各种参数的状态，并将这些状态信号转换成数字信号，并通过特定数字通信或数字网络传递到HMI系统中。上位机HMI系统在接受下位机传来的这些信息以后，以适当的形式(如声音、图形、图像等方式)显示给用户，以达到监视的目的，同时数据经过处理后，告知用户设备各种参数的状态(报警、正常或报警恢复)，这些处理后的数据可能会保存到数据库中，也可能通过网络系统传输到不同的监控平台上，还可能与别的系统(如MIS, GIS)结合形成功能更加强大的系统；HIM还可以接受操作人员的指示，将控制信号发送到下位机中，以达到控制的目的。

(3)分布式控制

中试控制系统中现场区域控制机采用施耐德电气公司的“透明工厂”PLC系列解决方案。该方案采用模块式结构，用户可根据应用需求进行灵活配置，并在以后可以扩展。该模块组织方式较好地实现了隧道控制系统的设计原则，也能很好地实现公路隧道中分布式控制理念，为模糊通风控制的实现提供了很好的硬件基础。三个现场区域控制机均选用施耐德电气公司模块式结构的Momentum PLC系列，当通信网络出现故障时，现场控制信号不能上传至中试室中心控制软件时，各区域控制机启动预控方案，保证控制系统不致瘫痪。

①区域控制机(下位机)解决方案。各区域控制机由控制模块Momentum、工业以太网通信模块光纤交换集线器、动作实施模块继电器及接触器等组成。根据上节控制对象的分析，各区域控制机所监控的信号量如下：

a. 遥控信号：一号区域控制机 8 个，二号区域控制机 16 个，三号区域控制机 30 个。

b. 遥信信号：一号区域控制机 2 个。

c. 遥测信号：一号区域控制机 5 个，二号区域控制机 8 个，三号区域控制机 14 个。

为了方便中试控制系统的各类试验，在系统建设时一、二、三号区域控制机采用了相同的功能模块配置，详细配置如下：

a. Momentum I/O 基板：170ADM 350 10 24Vdc-16 点输入/16 点输出离散量基板 1 块；170AAIO3000 模拟量：8 通道输入、2 通道输出基板 1 块；

b. Momentum 处理器模块：171CCC98030-IEC Ml 处理器，512KRAM，ETH（以太网口）&RS485，内置 Web 网页，支持远程监视和诊断 1 块；

c. Momentum 通信适配器：170ENT11000 ETH（以太网口）TCP/IP Modbus 一块。

TSX Momentum I/O 基板支持所有的控制器，可选适配器和通信适配器，控制器、可选适配器和通信适配器都装于基板上。TSX Momentum 的接线方式非常简单，安装和维护将节省大量时间，安装 TSX Momentum I/O 基板既可使用标准的 35mm DIN 导轨安装，也可直接安装于盘柜上。系统控制则是通过装于 I/O 基板上的通信适配器和控制器来控制 I/O 的动作的。

当 TSX Momentum I/O 基板上安装了通信适配器，就构成了远程 I/O 节点，直接连接到任何标准的现场 I/O 网络。因此，可以方便地实现 I/O 扩展。

TSX Momentum 兼容现有的众多网络，如 Modbus ModbusPlus，lnterbus，Pofibus DP，Ethernet 和 FIPIO，随着技术的进步与发展，Momentum 将成为强大控制系统的一个组成部分。TSX Momentum 既可自身构成系统，也可和其他 Modicon 公司自动化产品构成系统，是一种高度灵活，集成网络的分布式系统。TSX Momentum 尺寸较小，非常节省安装空间，可满足隧道现场区域控制机的制作。简单、标准的现场总线联结，将大大加速安装过程，简化了调试过程，并进一步降低了调试费用；TSX Momentum 模块的诊断功能和直观的 LED 显示及 Ethernet 接口，使得现场维护非常简单。通过 LED 显示，用户能在很短的时间内判断电源是否存在，网络通信是否进行，以及当时的 I/O 状态等，通过笔记本计算机，能非常方便地在现场进行系统的各种配置和调试。DO 输出模块的每点还有输出报警 LED 灯。各模块的更换也简单易行，端子联结器、通信适配器都是锁入弹出式，这使得 I/O 基板的更换非常迅速。

②开发软件。施耐德电气公司的 Concept 工程师站组态软件包，是业界公认的功能强大的编程组态平台。Concept 非常易于组态，具有 5 种 IEC-1131-3 编程语言：梯形图、顺序功能图、功能块图、结构化文本、指令表。并有用户定义可重复使用的功能块 DFB。为满足过程控制，Concept 还内置有丰富的过程控制函数库。

Concept 基于 Microsoft Windows 环境的编程软件套件，为整个控制系统的开发提供了一个统一的开发环境。借助于熟悉、标准的编辑器，开发人员可在同一数据库中使 PLC 程序、通信、诊断等有机地结合在一起。Concept 的编程环境遵循 Microsoft Windows 图形用户界面（GUI）标准，编程语言符合 IEC1131——可编程序控制器的国际标准，风格统一，使用简单。

Concept 提供了实用、简单、友好的用户界面，可重复使用的程序，强劲的搜索功能，自由格式的图形编辑器，完善的在线帮助，使得对 Modicon TSX Momentum 自动化控制系统的程序编写、软件调试、系统维护变得非常简单，这将大大提高开发效率和系统可靠性及系统后期的扩展开发等。

Concept 使开发人员可利用 Windows 界面的点击功能方便地开发系统应用程序，熟悉的环境会让开发人员得心应手。编辑功能使开发人员可很方便地剪辑、复制、粘贴、修改整个程序或其中的某个模块，而免除繁琐的检查、搜索、数据录入等工作。开发人员可以编写可重复使用的程序，甚至可以购买第三方的程序模块。Concept 内置了两种 PLC 仿真器，可离线仿真开发人员所写的应用程序。一种通过 Modbus Plus 连接方式，可以动态调试程序；另一种新的 32 位 TCP/IP 仿真功能，还可以使多台机器共享同一个仿真器，并调整 I/O 及模块的状态。Concept 强大的综合注释功能，提高了程序的可读性，使其他人员和程序编写人员一样很容易理解程序。开发人员还可在图形化的程序上很方便地加上所需注释。另外,Concept也提供了丰富的文档打印功能。Concept程序在运行时一旦发生任何问题,用户界面友好的查错和诊断功能会及时向用户报告。其内置的故障登录自动标志故障,寻找发生问题的地方,用户可以及时得到故障报告,寻求解决方案。这使得维护更简单、更快捷。

3)上位机监控解决方案

(1)系统操作平台

系统上位机服务器采用 Windows Server 2000/NT;远程控制工作站采用 Windows 98/2000/NT;HMI采用力控实时数据库;管理后台数据库采用 Microsoft SQL Server2000。

(2)开发软件。中试控制系统的上位机HMI开发工作选用三维力控组态软件力控6.0WWW版——pWebView,力控6.0WWW版是一个集成式的软件包,其中所有组件都可以独立分布式地运行,通过网络服务程序与其他组件交换数据。力控监控组态系统是采用当前国际先进、标准、成熟的计算机技术、工业监控技术、网络技术及通信技术开发研制的现代工业自动化监控系统。该系统是集数据采集与控制、报警、安全、绘图、显示、报表、历史趋势分析等功能于一体的完整通用的自动化监控系统,它采用开放的全分布式网络结构,其结构简单、扩展方便,系统规模根据具体应用需要可大可小。系统的先进体系结构保证为用户提供标准的网络接口、硬件接口和软件接口,以满足系统的功能扩展、规模扩展、硬件更新。

pWebView具有如下特点:

①Web页面与过程画面的高度同步。用户往往会担心在客户端浏览器上看到的Web页面与工程组态的过程画面能否完全一致,会不会对某些图形或动画效果进行限制。而pWebView实现了服务器端与客户端画面的高度同步。用力控的HMI/SCADA组态软件pLerine创建的过程画面,用pLerine直接浏览的效果与在客户端在浏览器上看到的图形效果完全相同。

②快速的数据更新。pWebView采用COM/DCOM技术实现底层数据通信。与其他采用JAVA虚拟机进行通信的方式相比,由于减少了解释运行的环节,因而具有更快的运行与数据更新速度。

③多文档。pWebView采用独到的多文档技术,在客户端的浏览器上可以同时浏览多个过程画面。

④企业级Web服务器。pWebView专为构建企业级Web服务器而设计,具备高容量的数据吞吐能力和良好的健壮性。pWebView介于现场监控层和Internet/Intranet之间,通过Web服务器可管理所有的访问请求,因此,不会由于多个用户请求访问而影响整个SCADA系统的功能,保证了系统的可靠平稳运行。pWebView支持多达500个客户端的同时访问。

⑤完全瘦客户端。在客户端只需要Microsoft Internet Explorer 5.0或以上版本的浏览器,就可以对现场的各种事务进行浏览、控制,无需购买其他软件或增加软件成本。

⑥完善的安全机制。pWebView提供完善的安全管理机制。只有授权的用户才能修改过程参数。使用pWebView时,管理员尽可安心,不必担心非法或未授权的修改。

⑦简便的系统开发和维护。pWebView使用简便,只需在服务器上进行前期的组态和后期的维护,在客户端无需任何工作。大大地减少了系统开发和维护的工作量。pWebView易于扩展,可以有效地控制系统预算开支。

(3)实现功能

pWebView组态软件能较好地满足隧道监控系统对数据采集的实时性和控制的可靠性的要求,具有如下功能:

①数据采集和监视。利用pWebView丰富的协议驱动程序,实现隧道现场大量遥信(DI)、遥测量(AI)采集,通过以太网与现场区域控制机进行通信。

②遥控操作。操作人员可通过计算机画面输入密码,进入控制系统,克制现场的接触器、继电器的分、合及对继电保护动作信号进行复位。

③数据处理及统计。利用 pWebView 历史实时数据库采集及 pWebView 集成工具包可对收集到的数据进行统计计算，可计算出每小时、每天及每月的最大值、最小值、异常发生时间等，数据可以在计算机中保存一年以上。

④系统分级管理。利用 pWebView 的安全系统可实现系统分级管理，完善安全策略，保证了系统的安全性。

⑤报警处理。利用 pWebView 的报警功能可实现报警处理。报警分为"过程报警"、"系统报警"和"事件报警"3 种形式，由实时数据库进行记录和处理，并通过组态以图形显示、实时打印、声音报警等方式通知。

⑥自动操作记载。利用 pWebView 的脚本编辑语言可编程实现自动操作记载。根据操作人员登录及操作过程中输入的姓名、口令，可自动记录系统操作人员登录情况及每一步遥控操作的操作人员姓名、操作时间、操作内容及操作人员身份。

⑦趋势曲线。可以根据变量或表示式的值随时间的变化绘出二维曲线的实时趋势曲线；利用历史数据，绘出过去一段时间随时间变化的历史趋势二维曲线。通过曲线显示，可查看各遥测量的实时值、历史数据值、统计值，并可对曲线进行放大、缩小，以及打印曲线。

⑧报表制作及打印功能。pWebView 的报表功能可根据用户的要求，自动生成日报表、月报表、年报表以及其他表格，可以用脚本程序控制历史报表对象的起始时刻及自动打印时间，同时，选择画面上的打印按钮可打印画面及报表。

(4)力控实时数据库

实时数据库系统是一个复杂的系统，它是采用了实时数据库技术的计算机系统。一个实时数据库系统是一个实际可运行的，按照数据方式存储、维护和向应用程序提供数据或信息支持的系统。它是存储介质、处理对象和管理系统的集合体，由数据库、硬件、软件 3 个部分组成，表 4-25 为力控软件的实时数据库系统的结构。

力控实时数据库系统结构

表 4-25

<table>
<tr><td>第六层　应用层</td><td colspan="2">界面系统</td><td colspan="2">第三方应用程序</td></tr>
<tr><td>第五层　服务层</td><td>数据库组态</td><td colspan="2">内部接口</td><td>对外开放接口</td></tr>
<tr><td>第四层　网络层</td><td>数据区管理</td><td colspan="2">I/O 通信</td><td>网络通信</td></tr>
<tr><td>第三层　内核层</td><td>数据处理</td><td>时间管理</td><td>进程调度</td><td>存储管理</td></tr>
<tr><td>第二层　操作系统</td><td>Windows 98</td><td colspan="2">Windows NT</td><td>Windows 2000</td></tr>
<tr><td>第一层　硬件</td><td colspan="4">PC 工作站、服务器</td></tr>
</table>

(5)系统功能

力控实时数据库是一个高性能、高速度、高吞吐能力、高可靠性、跨网络系统的开放式实时数据库系统，具体来讲，力控实时数据具备如下功能：

①I/O 设备的数据采集与回送。实现力控数据库与 I/O 设备之间的数据交换，这是实时数据库的一个基本功能。交换的方式有：串行通信方式、板卡方式、网络节点方式、适配器方式、DDE 方式和 OPC 方式。

②输入处理。任何来源的数据在进入数据库前，均可先进行数据来源检查，上限、下限检查，并进行量程转换、简单滤波、开方等处理后再进入数据库。

③输出处理。输出处理用于在数据库向外部设备进行数据回送前，对发往现场的数据进行输出上限、下限检查和限值变化率检查，并进行输出记录，同时，容许用户自定义处理。

④数据累计处理。通过设置，可以对某个变量进行累计计算处理。

⑤报警处理。系统可提供高报、高高报、低报、低低报、偏差、变化率、延时、录入超时报警功能，提供

报警确认、报警汇总、报警历史查询等功能。

⑥统计。当设置了自动统计功能后，系统可提供小时、班、日、月、年的累计值，自动计算小时时间段内的平均值、最大值、最小值，并形成统计历史数据。

⑦运算与控制。对实时系统现场控制，系统提供运算和控制点的调节能力。

⑧事件管理。任何用户对数据库的访问均产生相应事件，并被记录。用户可以访问和查询这些记录。

⑨在线组态与查询。数据库中各种内置的数据处理功能，都是由组态数据进行管理的。组态数据在数据库运行时，则是以点参数的形式供用户进行查询和修改，用户可以用任何一个访问数据库的应用程序在线修改这些参数或在数据库中直接修改、查询。

⑩保存历史数据。各实时数据库均可保存历史数据，且可任意指定保存时间，中间可随时停止和恢复。历史数据采用时间—变化压缩方法，即当数据变化时才进行保存，这既节省了存储空间，也保证了数据的精确性。

⑪网络通信及并发处理。数据库中内置了 TCP/IP 通信功能，可以通过 Intranet/Internet 与分布在网络节点上的其他数据库进行通信。每个数据库可以同时作为服务器方或客户方。

⑫冗余及双机热备。数据库支持双机热备冗余，可以在系统中指定一台服务器为主机，另外一台服务器为从机。

⑬系统开放接口。数据库提供了 DDE、ODBC、ActiveX 控件等多种编程接口。

4)设备维护 Web 解决方案

由于终南山公路隧道控制网络中试系统在区域控制机方案中采用的是施耐德电气公司 Momentum 系列，其 M1 通信处理器中内置了 Web 服务器，并带有 5 页嵌入式 Web 网页，因此，不需要任何特殊的配置，只要有一台配置了 Web 浏览器(如 IE，Netscape Navigator)的 PC 机就可以通过以太网浏览到 Momentum M1 处理器的 Web 网页，实现隧道现场设备的远程维护。

通过 Internet 网络，在监控主站中点击各个站的 Momentum 图标，可以打开该站的 Web 网页，监视 Momentum 的运行情况，Momentum M1 处理器的嵌入式 Web 网页能实时地显示该处理器、以太网及当地 I/O 点的运行状况。

5)系统安装和调试结果

(1)系统安装

本监控系统安装非常方便，在服务器上安装力控组太软件平台，将开发程序拷贝入相关目录，运行程序即可，客户端完成局域网的配置，通过 Windows 系统内置的 IE 浏览器访问服务器，就可实现隧道控制。

(2)系统调试结果

按照上述的实现功能，课题组分别对系统进行调试，在调试中发现从遥控操作到设备执行指令反馈到监控截面时间小于 1s，隧道信息采集正常及时，运行稳定可靠。

4.7.2 公路隧道交通流仿真系统

4.7.2.1 实现目标

根据公路隧道特征，仿真系统必须满足以下使用要求，视不同的使用条件，能得到相应的仿真结果。

(1)仿真条件

①道路条件。道路条件参数包括：道路长度(起始点、终点桩号)、道路平曲线(平曲线元素表)、道路竖曲线(竖曲线元素表)、道路摩擦系数、路面类型、道路等级(通行能力、设计车速、车道数、有无分割、硬路肩宽度、土路肩宽度、隧道长度等)。

②交通条件。交通条件参数包括：客货车比例、装载系数、车辆在车道分布系数、交通组成、汽柴油

车比例、交通量、车辆异常。

③环境条件。照度、能见度、风、雪、雾。

④交通管理条件。交通管理设施、限速、关闭车道、关闭匝道入口、关闭隧道、阻塞排除时间、阻塞排除方案(洞内车行横洞开启)、驾驶员分布、性别、驾龄。

(2)营运约束条件

营运约束条件主要与车辆性能有关,主要包括以下内容:车辆外动力曲线参数、轮胎半径、车长、加速性能、载质量、最大车速、汽车排放参数。

(3)模拟应考虑的因素

模拟必须考虑以下因素:人的因素、自由流时的期望车速、超车意愿函数、被超车意愿函数、车辆行驶情况、车辆行驶中的不同工况、跟车特性。

(4)系统功能

道路交通服务水平评价(延误、车速)、交通异常模拟(正常、异常时各车道交通参数变化曲线)、洞内CO和VI模拟(Visual Identification)、交通参数统计、交通参数实时输入。

(5)软件开放要求

软件开放要求主要包括:中文、可视化、动态,搭积木式设计,良好的扩展功能。

4.7.2.2 运行环境

本系统采用Java平台开发,系统分辨率要求为1024×768,主机:PII以上,内存128M以上。

(1)数据库

①操作系统:Windows2000等。

②关系数据库管理系统MySql。

(2)管理工作站

①微机的配置原则要求:内存256M、Pentinum级微机。

②操作系统:Windows 98,Windows2000,Linux等。

③Office 2000。

4.7.2.3 系统总体设计

(1)概述

根据"长大公路隧道交通动态仿真系统开发大纲",通过查阅大量文献、资料分析及与国内有关交通工程专家的讨论,开发了公路隧道汽车运行仿真系统。

系统是由Java语言开发的,主要是因为Java有跨平台、安全性好、运行稳定等优点。同时,在仿真过程中,充分考虑了汽车运行的道路、交通管理等各项条件。软件有很好的稳定性和可扩展性。本软件开发主要是由5部分组成,即系统初始化、系统仿真、系统图形演示、系统参数统计,如图4-41所示。

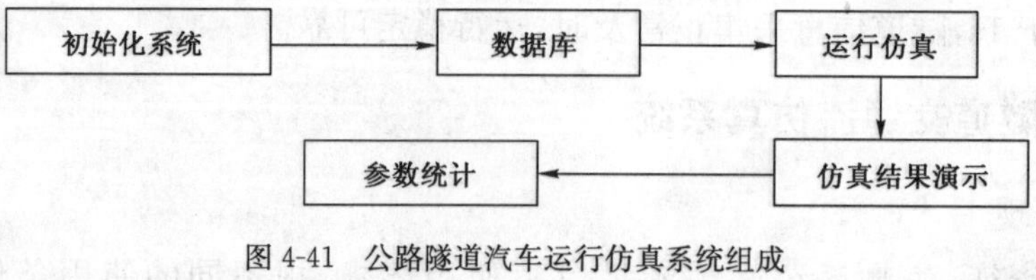

图4-41 公路隧道汽车运行仿真系统组成

本系统主要分为系统初始化、运行仿真、仿真结果图形演示及仿真结果参数统计。要运行仿真,首先要进行系统初始化,然后查看结果。程序设计思路是将车辆运行的所有数据都保存到数据库,再从数据库中调用数据来计算车辆的下一步运行情况。程序的仿真时间间隔是1s。系统主要对车辆运行中的6种情况进行仿真。

①道路状态1:右道开通,左道开通,横洞关闭;

②道路状态2:右道开通,左道关闭,横洞关闭;

③道路状态3:右道关闭,左道开通,横洞关闭;

④道路状态4:右道开通,做到关闭,横洞开通;

⑤道路状态5:右道关闭,左道开通,横洞开通;

⑥道路状态6:右道关闭,左道关闭,横洞开通。

(2)所有子系统描述

①系统初始化子系统。主要是初始化系统数据,并将数据存入数据库中,它包括8个初始化小模块。

②系统仿真运行子系统。这是系统的主要部分,它主要是从数据库中调出初始数据,运算车辆数据,并把数据保存到数据库。

③运行演示子系统。这部分主要是将仿真运行结果用图形方式显示出来,以便用户观测仿真运行结果。

④参数统计子系统。主要是对仿真结果进行分类统计。

⑤观测站子系统。主要是仿真统计观测站的数据。

4.7.2.4 系统仿真初始化部分

(1)道路异常初始化

主要是将道路异常的时间、地点等状况初始化到数据库,在运行过程中再检查当前时刻道路是否有异常。

输入流:车辆初始速度、初始加速度、初始位置,道路状况。

输出流:车辆加速度、速度、位置坐标。

加工说明:给定车辆最大减速度为道路所能提供的最大减速度,以此计算速度和位置坐标。

(2)车辆异常初始化

车辆异常初始化主要是将车辆要发生异常的时间、地点输入到数据库,再运行过程中如果有车经过异常点,车就会发生异常。同时,车辆如果发现前车异常,则换道,绕过异常车继续运行。所以每个异常点只有一辆车发生异常。

输入流:车辆初始速度、初始加速度、初始位置,车辆状况,前车状况。

输出流:车辆加速度、速度、位置坐标。

加工说明:给定车辆最大减速度为道路所能提供的最大减速度,以此计算速度、位置坐标和车道数。

(3)横洞参数初始化

横洞参数主要包括:横洞偏移距离(上行)、横洞偏移距离(下行),横洞方向角(上行)、横洞方向角(下行),横洞宽度,路面类型,道路摩擦系数,限制车速,设计车速,设计通行能力。这些参数都初始化到数据库,当运行中的车辆要过横洞时,就会根据横洞的这些参数来决定车辆的状态。

输入流:车辆初始速度、初始加速度、初始位置,横洞偏移距离(上行)、横洞偏移距离(下行),横洞方向角(上行)、横洞方向角(下行),横洞宽度,路面类型,道路摩擦系数,限制车速,设计车速,设计通行能力。

输出流:车辆加速度、速度、位置坐标。

加工说明:给定车辆最大减速度为道路所能提供的最大减速度,以此计算速度、位置坐标和车道数,车辆最高速度为限制车速。车辆的加速度由车辆初始速度、限制车速、道路摩擦系数、路面类型来决定,在横洞中的运行时间由车辆速度和横洞中运行距离共同决定。运行距离是由横洞偏移距离(上行)、横洞偏移距离(下行),横洞方向角(上行)、横洞方向角(下行),横洞宽度来计算。

(4)信号初始化

信号初始化主要是将车辆运行中的信号控制数据初始化到数据库中。在运行过程中再根据当前信号灯的情况来判断信号灯状态。同时,信号控制中有一些规则,如单向车行道上不能同时亮红灯。信号初始化系统是控制车辆运行的主要系统。

输入流:车辆速度、加速度、位置坐标,当前信号灯状态。

输出流:车辆加速度、速度、位置坐标。

加工说明:首先从数据库中读入当前信号数据,再根据信号来判断车辆的运行状态。

(5)道路竖曲线初始化

道路竖曲线也就是道路的坡度,它对车辆的加速度有影响。系统先分别初始化每段路的竖曲线,然后将数据存入数据库,在仿真运行时再调出数据库数据进行计算。

输入流:车辆初始速度、初始加速度、道路竖曲线。

输出流:车辆加速度。

加工说明:由车辆的初始速度、初始加速度和道路竖曲线来决定车辆的加速度。

(6)车型初始化

车辆型号的各参数主要与车辆的速度和测量车辆的通过时间等有关。

①车辆信息初始化。

输入流:车型、外形尺寸、轮胎半径、最大扭矩、传动效率、整备质量、载质量利用系数、减速比、旋转质量换算系数、风阻系数变化值、发动机类型值。

输出流:车辆几何参数及动力参数(与车型关联)。

加工说明:对车辆信息进行初始化,将初始化后的信息存入车辆属性数据库。

②风阻系数选择。

输入流:车型、风阻系数选择集。

输出流:车辆风阻系数。

加工说明:根据车型和车辆风阻选择集,选择合适的风阻系数。

③迎风面计算。

输入流:车型、外形几何尺寸。

输出流:迎风面积。

加工说明:根据车型以及相应的外形几何参数计算车辆的迎风面积。

(7)道路参数初始化

道路参数初始化主要对车的运行速度有影响。道路属性:暂时不涉及平面线形,考虑实际道路的道路摩擦系数、路面类型、道路等级(通行能力、设计车速、车道数、有无分割、硬路肩宽度、土路肩宽度、隧道长度等)。

道路属性初始化子系统(RIS)流程:道路属性初始化子系统(Road Initial Sub-system)是将道路的属性经过初始化处理,得到系统需要的道路属性信息,存入数据库,以便其他子系统调用和系统显示。图 4-42 显示了该子系统的系统流程。

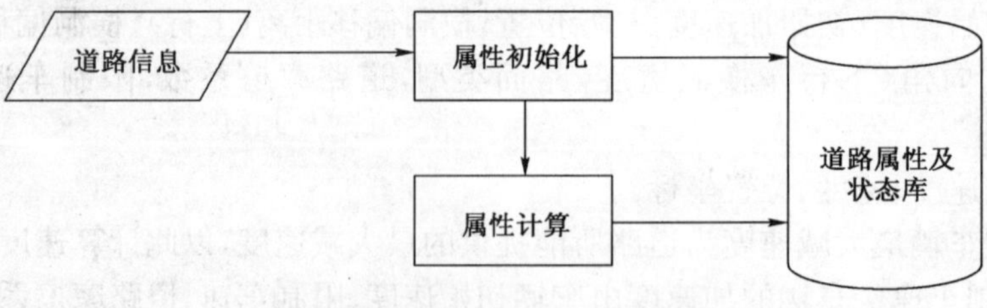

图 4-42　道路属性初始化子系统流程图

根据 RIS 系统流程图,得到 RIS 数据流,该子系统首先对平曲线元素进行初始化,计算在绝对坐标系下,道路中线的三维坐标;同时计算沿坐标位置变化的平曲线曲率度和竖曲线在一定纵向距离范围内的平均坡度。此外,还有对道路其他信息的初始化,并写入数据库。

①平曲线计算。

输入流:交点号、交点桩号、转角值、曲线各部分数值(半径、缓和曲线长度、切线长度、曲线长度、外距、校正值)、曲线位置(桩号)(第一缓和曲线起点、圆曲线起点、曲线中点、圆曲线终点、第二缓和曲线终点、直线长、交点间距)、计算方位角或计算方向角。

输出流:平面曲线参数(绝对坐标)、各位置平面曲线曲率(度)。

加工说明:将输入的道路平面曲线信息经过处理后存入道路属性数据库,求出各坐标位置的曲率度,将其存入道路属性数据库。

②竖曲线计算。

输入流:桩号、坡度、坡长。

输出流:竖曲线位置(绝对坐标)、各位置竖曲线平均坡度。

加工说明:将输入的道路竖曲线信息处理后存入道路属性数据库,得到道路某位置坐标的平均坡度,并送入数据库。

③道路其他信息初始化。

输入流:道路等级、车道数、路面类型、道路长度、隧道横洞位置(宽度和转角)、交通信号灯位置、摩擦系数、限制车速、硬路肩宽度、土路肩宽度等与道路有关的其他属性。

加工说明:将输入的信息初始化,并写入道路属性数据库。

④道路能产生的最大加速度计算。

输入流:道路摩擦系数、坡度。

输出流:道路路面附着能力能提供的最大加速度。

加工说明:通过路面附着系数及路面坡度等计算道路允许产生的最大加速度。

(8)车辆初始化

车辆初始化主要对汽车进行初始撒布,同时按正态分布产生车辆和让其试运行一段时间。这其中包括车辆产生系统、车辆撒布系统和车辆正常运行系统。它的分布系数都是由使用者自己来输入。同时车辆的初始化方式又分为独立撒布式、独立运行式、撒布运行式。独立撒布式表示初始化时只撒布汽车,但汽车不运行。独立运行式表示开始不撒布汽车,只在隧道两头产生汽车,然后汽车运行一段时间。撒布运行式表示初始化时先撒布汽车,完成后再让汽车运行一段时间。运行时间由使用者自己输入。

①车辆撒布系统。

输入流:车流量、汽车的各参数。

输出流:每辆车的坐标和每辆车的初始参数。

加工说明:首先从数据库中读入用户输入的各参数,再根据这些参数来计算车辆的分布和初始参数。

②车辆产生系统。

车辆产生系统主要是在仿真运行的过程中,按正态分布在入口处随机地产生车辆。它的算法主要包括按用户输入参数的正态分布产生车辆,同时再根据参数决定车辆的各种初始状态,这跟车辆撒布系统有些相似。

输入流:用户要求的各项参数。

输出流:车辆的初始状态、位置坐标。

加工说明:首先从数据库中读入用户数据,再根据数据来判断车辆的运行状态、初始状态和位置坐标。

4.7.2.5 系统运行部分

系统仿真运行的设计是一个独立的模块,它是在系统初始化工作都完成的基础上来运行的,同时,车辆运行也是本仿真系统的核心部分。它还包括车辆产生子系统、运行控制子系统、异常运行子系统、车辆跟驰子系统等。下面就详细介绍这些子系统以及它们如何组成整个的运行系统。

(1)运行控制子系统

运行控制子系统的功能是调度跟车模块和车道变换模块的依据。该子系统根据车辆状态、信号控制方案库、驾驶员特征数、车辆异常标识等输入，通过处理，得到ID车辆的跟车标识，用于判断是否调用跟车模块；得到车道变换标识，用于判断是否进行车道变换；给出匹配的控制信号方案，用于决定实际车流的运动状态以及产生车辆进入的车道等；给出横洞开启的指令及横洞开启的数量，如图4-43所示。

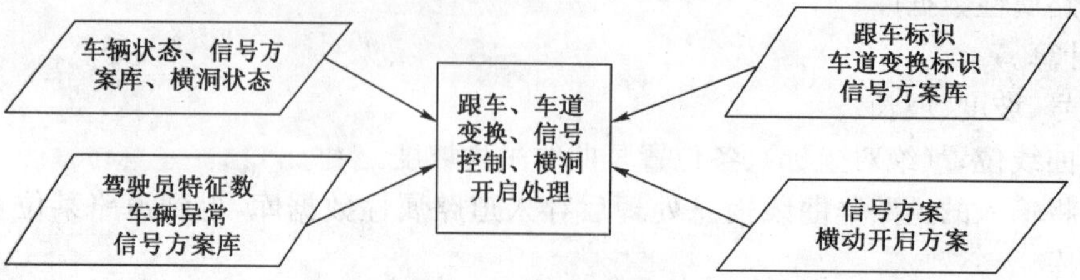

图4-43 控制示意图

运行控制子系统具体算法描述如下：

①根据车辆速度，计算跟车临界间距。

②根据车辆位置坐标，计算实际车头间距，结合临界间距判断车辆是否跟车。

③根据车辆位置坐标和速度，预算实际车头时距。

④根据车辆驾驶员特征数，计算并判断换道和让道意愿。

⑤根据车头时距、换道意愿、让道意愿判断后，给出车道变换标识。

⑥根据交通量和车辆异常标识，判断并选择合理的信号控制方案，给出横洞开启指令。

(2)车道变换子系统

车道变换子系统的功能是描述行驶车辆在运行过程中如何进行车道变换，表述车道变换式车辆运行状态的改变，并将这种过程状态记录，如图4-44所示。

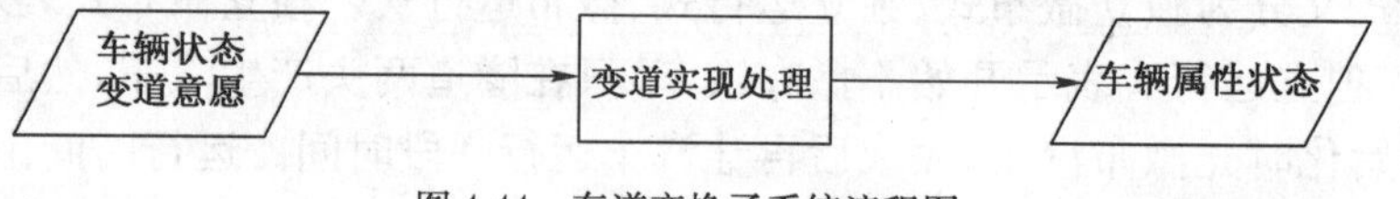

图4-44 车道变换子系统流程图

(3)目标运行子系统

目标运行子系统的算法主要就是控制车辆的加速度问题，加速度的决定因素有安全距离、目标运行速度、前车运行速度、道路限制速度等，目标运行子系统提供了车辆按照目标速度运行的规则，如图4-45所示。

(4)异常运行子系统

异常运行子系统是依据车辆异常运行指令，联动信号控制方案，使车辆停车或过横洞，异常情况包括车辆异常和道路异常，如图4-46所示。

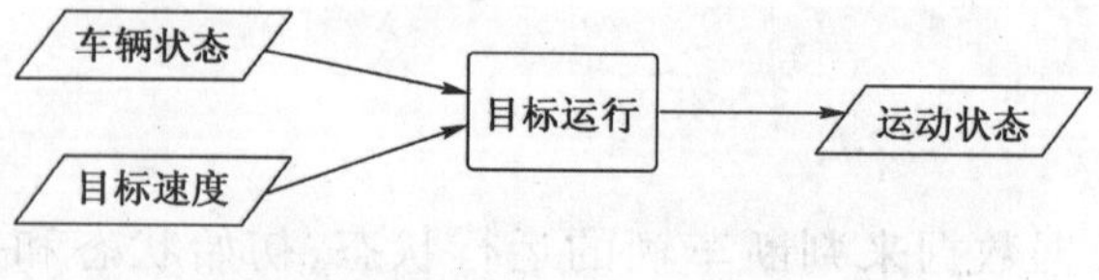

图4-45 目标运行子系统流程图

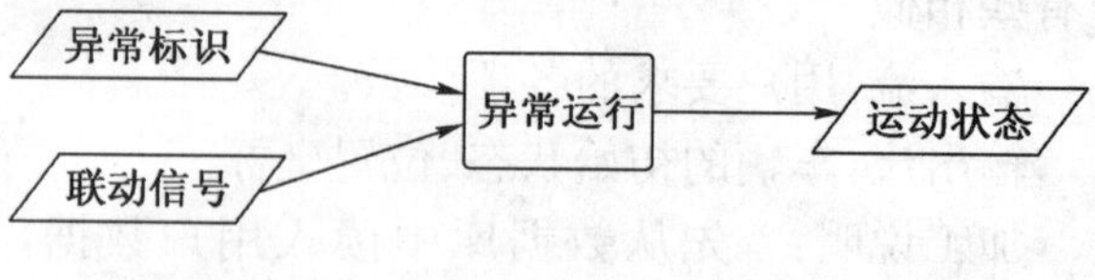

图4-46 异常运行子系统流程图

4.7.2.6 系统显示部分

(1)子系统描述

仿真显示子系统(DDS)流程如图4-47所示。

为解决因为计算速度及计算时间对显示造成的影响，系统拟采用先计算、显示的思路，从存储库中调用仿真数据。DDS采用分段显示的方案，仿真数据包括对道路属性及状态数据、车辆属性集状态数据、控制方案信息。这部分是用编程来完成的，是为了和仿真部分同步。

(2)仿真显示子系统(DDS)数据流图

DDS数据流如下图4-48所示。

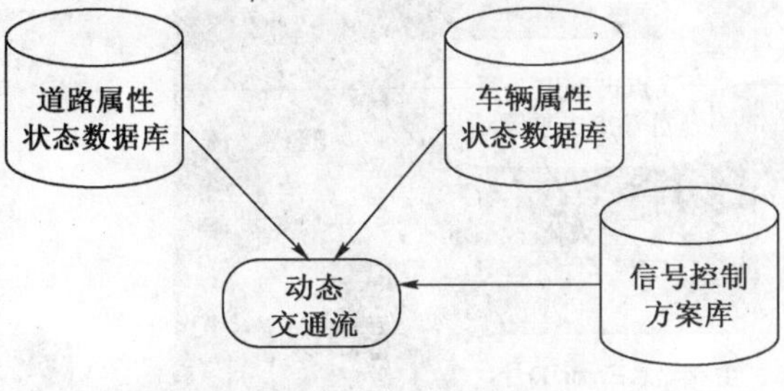

图4-47 仿真显示子系统流程图

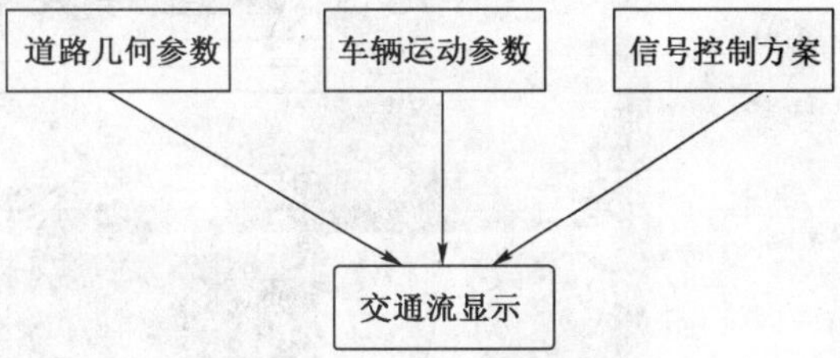

图4-48 DDS数据流图

同时,系统根据用户的要求可输入不同的参数来控制运行显示。

4.7.2.7 参数统计部分

(1)子系统描述

参数统计是先运行完仿真结果后再统计,它包括数据统计部分和图形统计部分,同时还有一个观测站数据部分。这都是为了用户能更好地掌握仿真运行后的数据,并根据这些数据作出相应的决策。

(2)图形参数统计部分(图4-49)

(3)数据参数统计部分(图4-50)

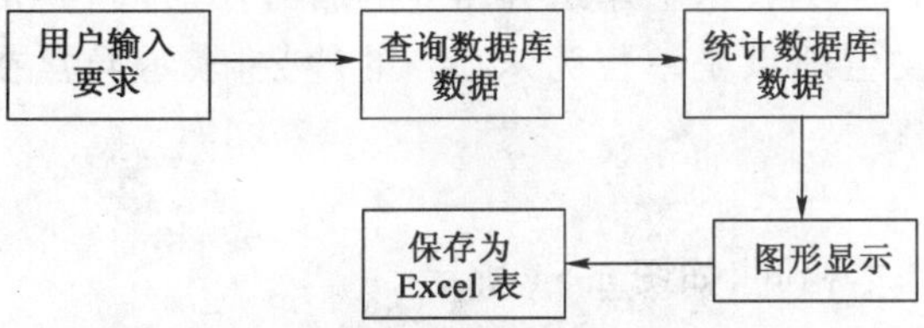

图4-49 图形参数统计流程图

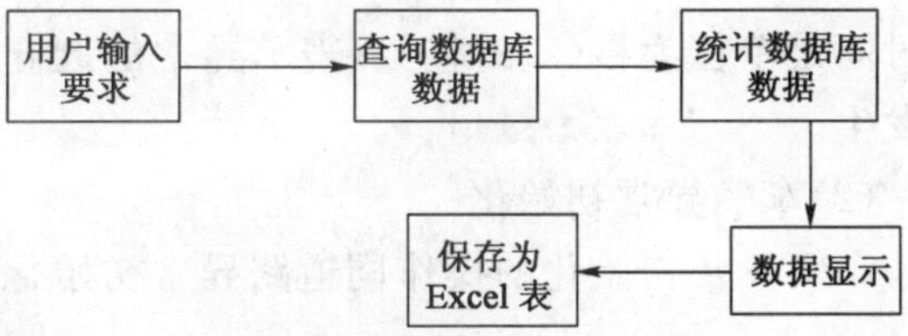

图4-50 数据参数统计部分流程图

(4)观测站数据部分

观测站主要是模拟隧道中的观测站的数据统计,如图4-51所示。

4.7.2.8 软件应用

1)系统初始化

(1)道路异常初始化

操作方法如图4-52和图5-53所示。

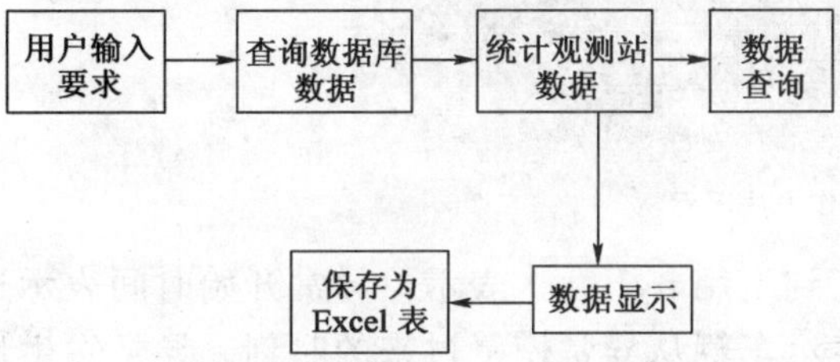

图4-51 观测站数据统计流程图

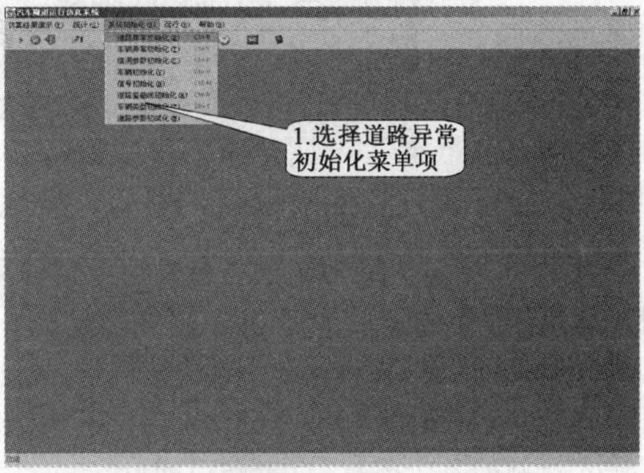

图4-52 操作方法图示1

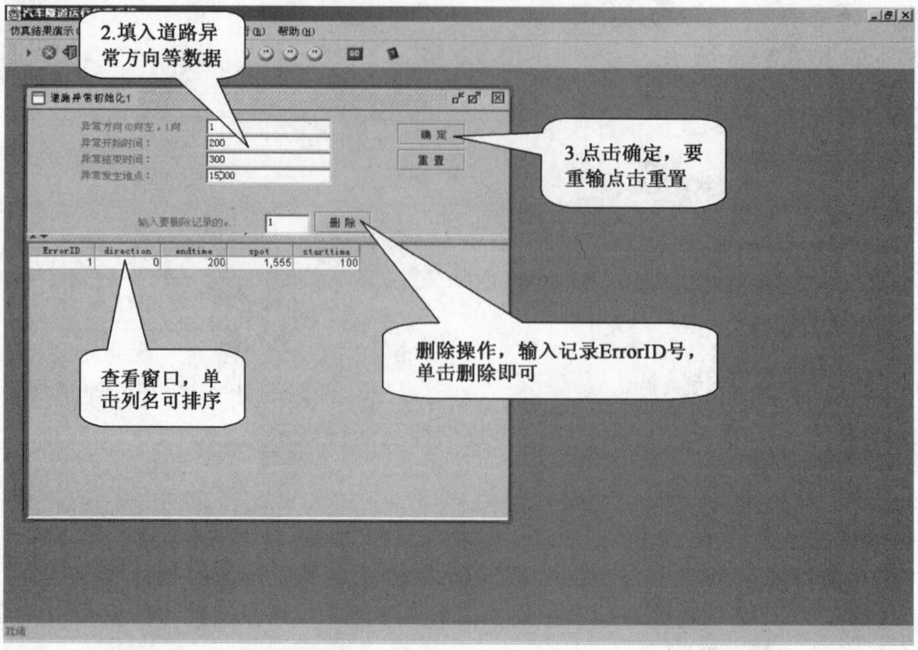

图 4-53　操作方法图示 2

参数说明:其中异常方向为 0 或 1,0 表示上车道异常,1 表示下车道异常。异常开始时间、异常结束时间是单位为秒(s)的整数,表示异常的起止。异常发生地点是单位为米(m)的整数,表示异常在何处发生。

(2)车辆异常初始化

车辆异常初始化的操作同道路异常初始化的操作基本相同,如图 4-54 所示。

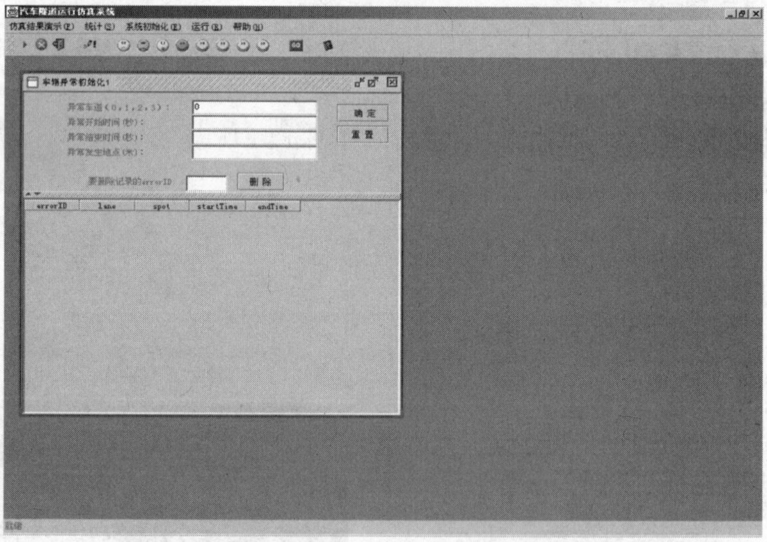

图 4-54　车辆异常初始化操作方法图示

参数说明:异常车道为车辆将要发生异常的车道,从上到下用 0,1,2,3 表示。异常开始时间表示这个时刻后第一辆经过该点的车发生异常。异常结束时间表示车辆从异常恢复过来的时刻。异常发生地点的输入方式同上。

(3)横洞参数初始化(图 4-55)

输入横洞的各个参数,点击确定即可。

参数说明:横洞偏移距离(上行)、横洞偏移距离(下行)等都是根据实际情况来输入。因为横洞的实

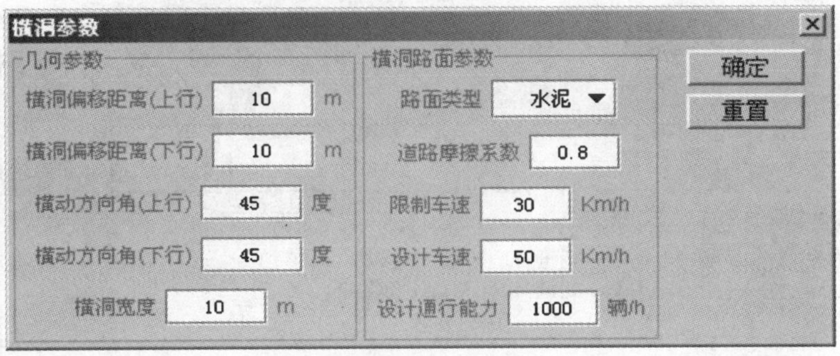

图 4-55　横洞参数初始化图示

际形状为菱形。

(4)信号初始化

操作步骤如图 4-56 所示。

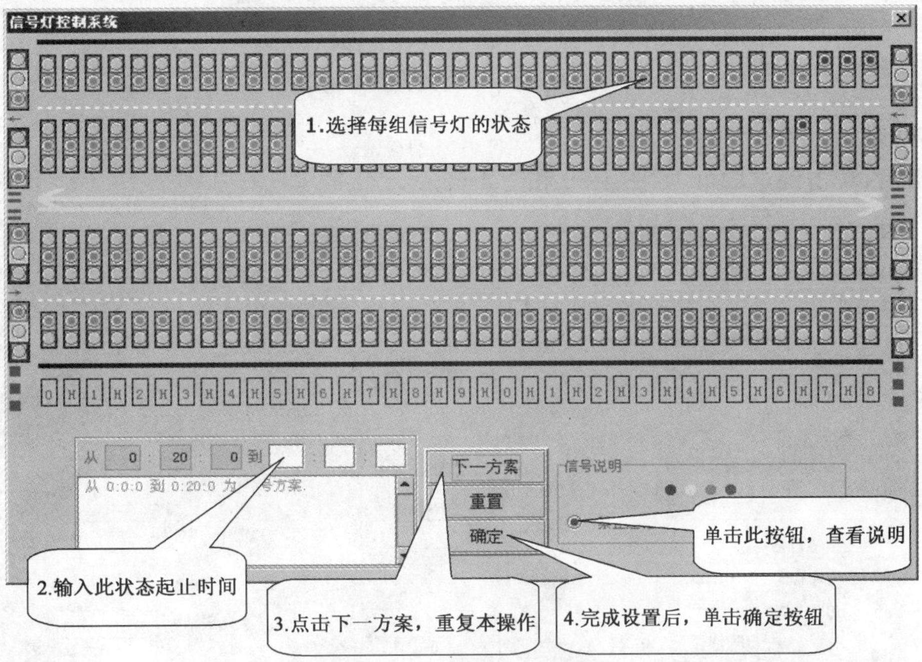

图 4-56　信号初始化操作步骤图示

参数说明：此图代表了 18km 隧道的全部信号灯。从上到下分别表示第 0,1,2,3 车道，中间是隔离带。先设计好仿真中每个时段的信号灯状况，然后再点击相应的信号灯。如果信号灯输入冲突，程序会提醒。比如第 0,1 车道的同一位置的信号灯同时为红灯就会出错。接着设置好时段，再点击“下一方案”按钮。设置完成后，单击确定即可。

设置中要注意的是，方案结束时间一定要大于实际仿真时间，否则，仿真时就会出现错误。

(5)道路竖曲线初始化

完成参数输入操作后，单击确定按钮即可退出本界面，如图 4-57 所示。

参数说明：这部分主要是设置道路的坡度，从零点开始，然后一段一段地设置，直到隧道结束。

(6)车型初始化

输入参数后，按确定即可。

参数说明：这里要根据实际车辆的参数来输入，如果对具体参数不太清楚，仿真中输入近似的值即可。

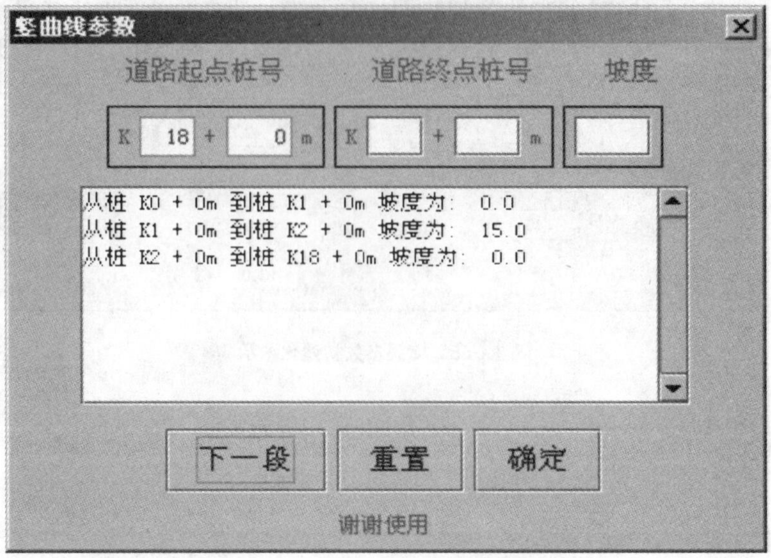

图 4-57　竖曲线初始化操作方法图示

(7)道路参数初始化

输入参数后，单击确定即可，如图 4-58 和图 4-59 所示。

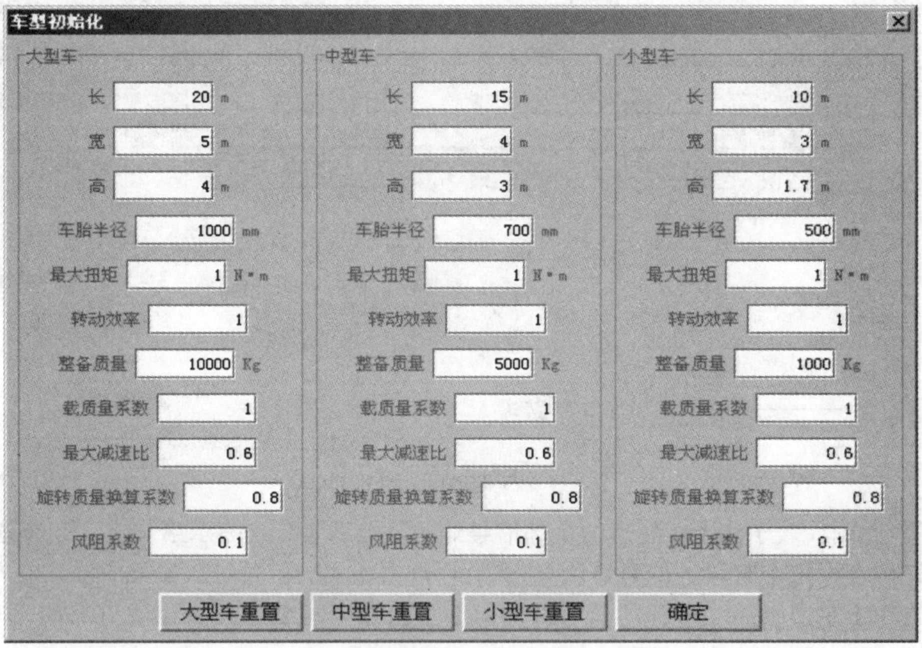

图 4-58　车型初始化操作方法图示

参数说明：这里的参数也是要根据实际情况来输入的。

(8)车辆初始化(图 4-60)

参数说明：参数中的分布系数都是按比例来算的。如方向分布系数上行 1，下行 1 表示上行车的数量和下行车的数量的比例为 1:1；车速中值是车辆的车速平均值。由于车速是正态分布，所以要在后面输入方差，然后程序根据所输入的参数来撒布汽车。同时，初始化方式又分为独立撒布式、独立运行式、撒布运行式。

独立撒布式表示初始化时只撒布汽车，但汽车不运行。独立运行式表示开始不撒布汽车，只在隧道两头产生汽车，然后汽车运行一段时间。撒布运行式表示初始化时先撒布汽车，完成后再让汽车运行一

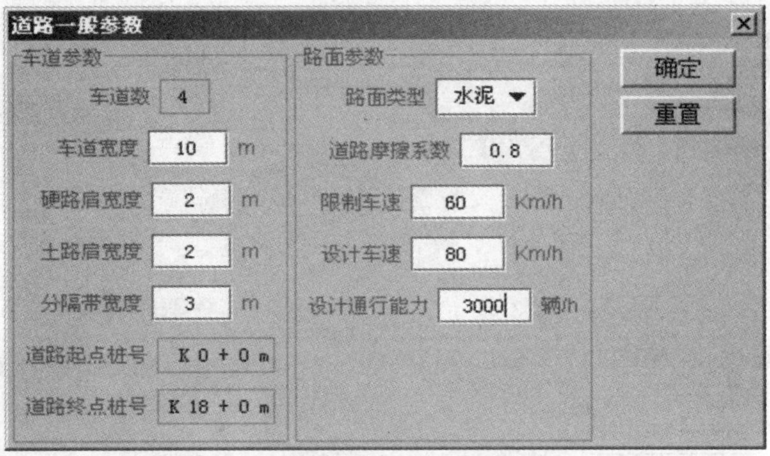

图 4-59　道路参数初始化图示

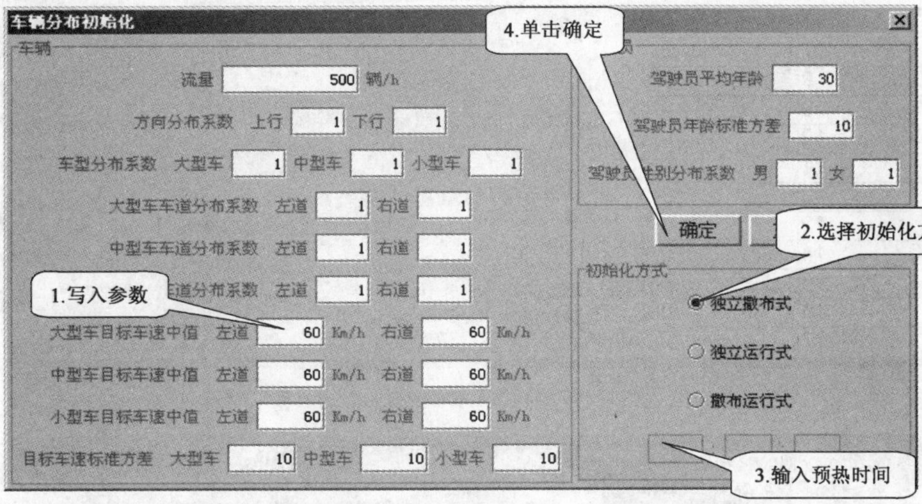

图 4-60　车辆初始化操作方法图示

段时间。运行时间的输入在下面的时间输入栏中。

应注意的是，车辆初始化应该在别的初始化都完成的基础上再进行。它是最后一步初始化工作。同时，当进行第二次仿真时，某些不变的参数可不再进行初始化，系统可自动调用原来的数据。

(9)横洞类型初始化

输入参数后，单击确定即可。如图 4-61 所示。

参数说明：横洞编号只能输入 0～36，这些数字代表横洞的位置，如 0 代表为从左起的第一个横洞，也就是和信号控制灯的位置相对应。横洞类型 0 代表为双向通行；1 代表为由 1 车道向 2 车道单向通行；2 代表由 2 车道向 1 车道单向通行。

当设置好参数后，在信号控制中，如果错误地开启过横洞的信号灯，系统就会提示错误，并禁止设置过横洞。

例如：横洞 1 的横洞类型设为 1，则在 1 车道的信号灯 1 可以为过横洞，而在 2 车道的信号灯 1 就不可以设置为过横洞。

2)运行仿真

(1)主界面

在主界面上点击开始仿真菜单或开始仿真按钮进行仿真，如图 4-62 所示。

在下面的画面(图 4-63)中输入要仿真的时间，点击确定即可进行仿真了。

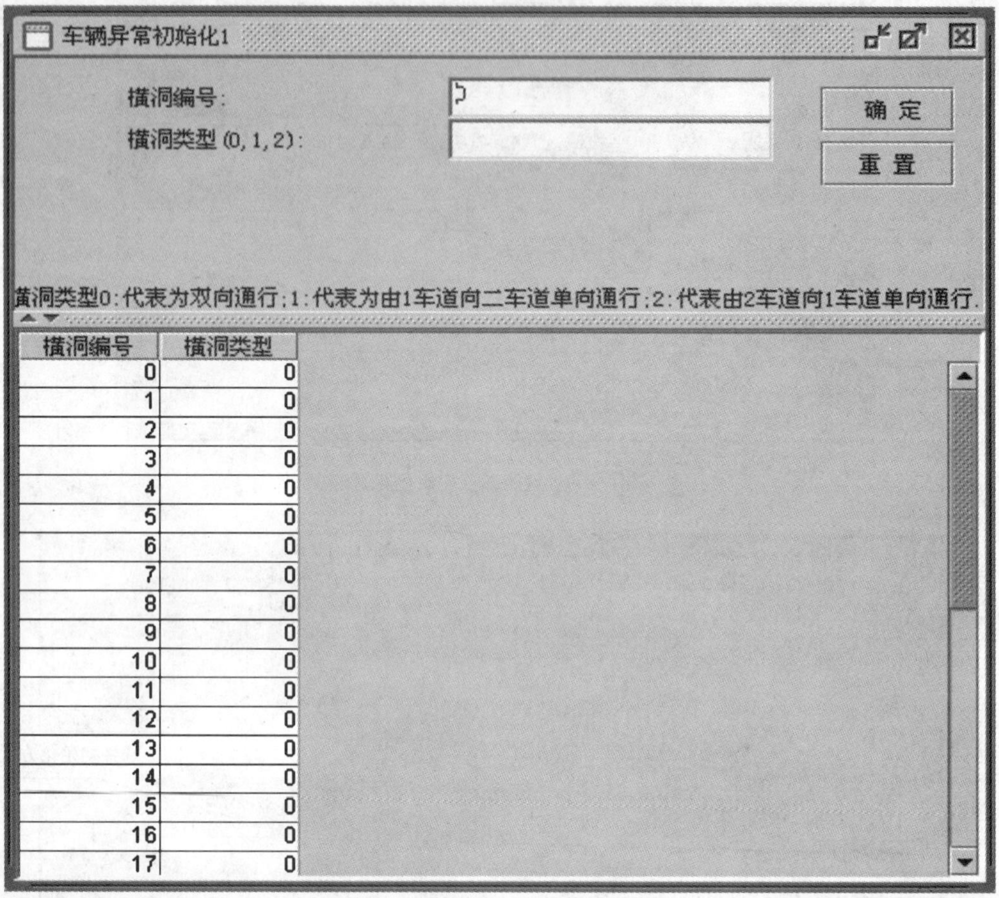

图 4-61　横洞类型初始化操作方法图示

图 4-62　运行仿真系统图示 1

参数说明：只要输入要仿真的时间，单击确定即可。参数的输入都是整数。

设计概要：这是系统最主要的部分。由于这部分运算量比较大，因此，用线程来处理它和仿真结果显示的同步问题，让它和仿真结果显示可以同步运行。这部分用到的数据库表只有汽车的静态数据库表和汽车的动态数据库表。

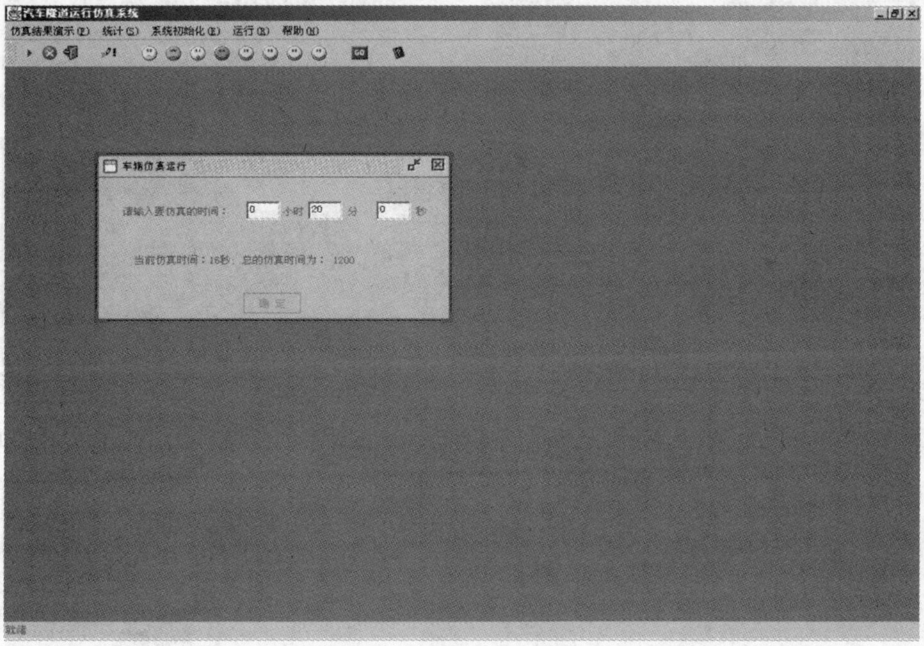

图 4-63　运行仿真系统图示 2

其开始运行部分和车辆初始化很相似，包括有车辆产生系统、汽车跟车系统、信号控制系统、车辆异常控制系统等，其中以信号控制系统最复杂。这部分最主要的设计思想是考虑影响汽车运行状态的各种参数，它们主要包括：

①车辆类：前车速度、前车距离、边前车距离、边前车速度、边后车变道意愿、边后车距离、边后车速度、边前车变道意愿。

②故障类：本车故障、前车故障、边前车故障、车道故障、火灾等。

③信号类：本车道信号灯、边车道信号灯。

④横洞类：横洞开启状况、横洞对面车辆状况、横洞参数。

⑤驾驶员：驾驶员年龄、驾驶员性别。

⑥道路类：道路情况、道路摩擦系数、道路竖曲线、道路平曲线等。

同时，车辆的各属性参数的影响因素有很多，设计程序时应一条车道一条车道地来考虑汽车运行状况，在计算每条车道前都要先从数据库中调出这一时刻运行在本车道之中的车，然后将车存入一个链表中，最后再在链表中一辆车一辆车地计算其运行方式。

在计算每一辆车时先计算影响车运行的参数，如车辆的当前信号、前车的状态、边车道相邻车的状态等。完成这一步之后，就要计算下一时刻汽车的运行状态，如车速、加速度、是否变道等。这些参数的计算都是由影响汽车运行状态的各参数得到的。

(2)仿真结果图形演示

单击仿真结果中的启动菜单项，即可对仿真结果进行图形演示，见图 4-64。

(3)参数统计

①数据统计如图 4-65 所示。

②图形统计如图 4-66 所示。

③观测站数据统计如图 4-67 所示。

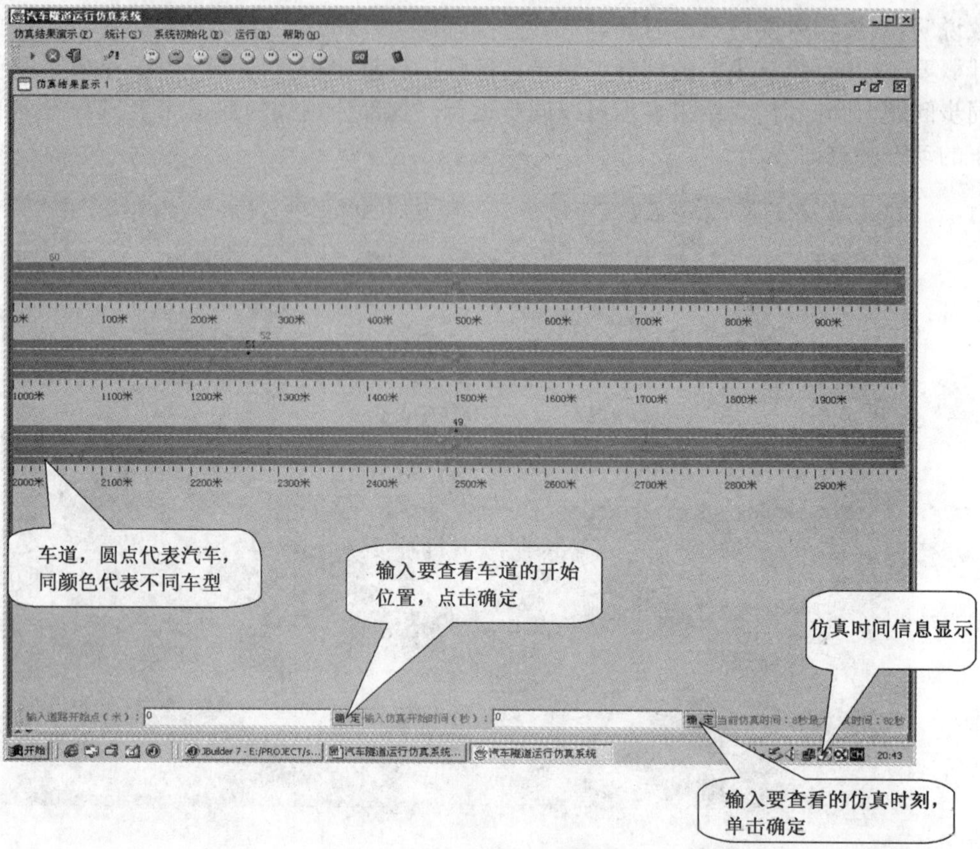

图 4-64　仿真结果图形演示图示

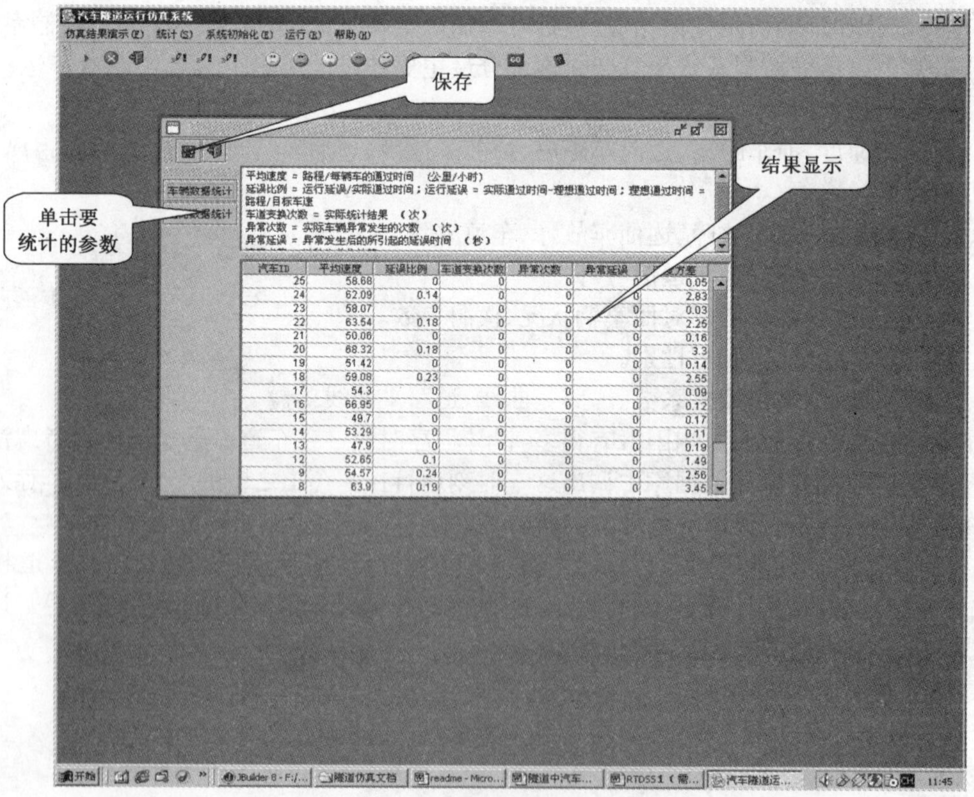

图 4-65　数据统计图示

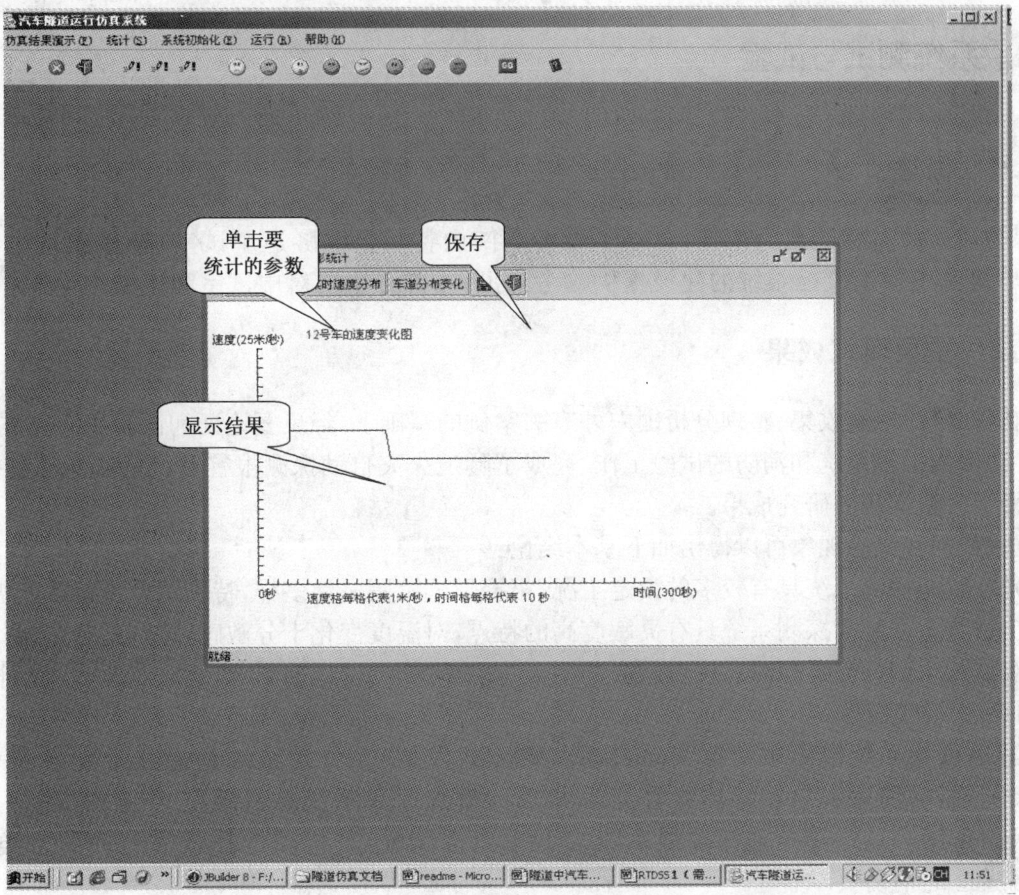

图 4-66　图形统计图示

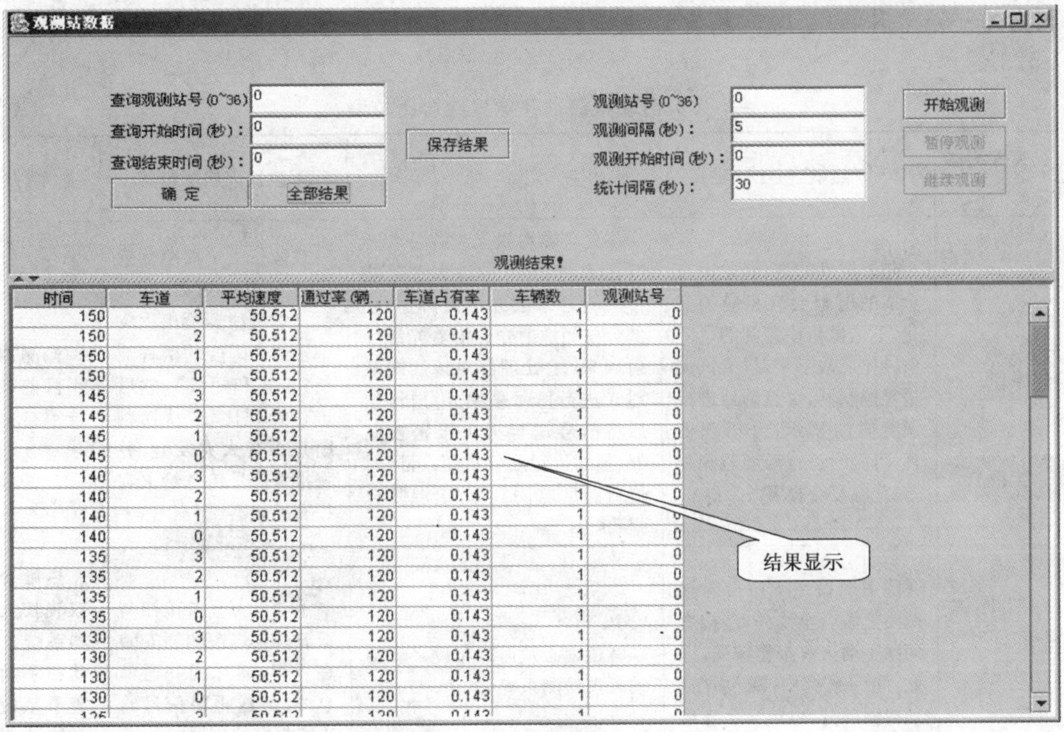

图 4-67　观测站数据统计图示

4.8 系统测试与试验

4.8.1 概述

本课题以实体试验隧道为依托，建立了秦岭终南山特长公路隧道中试室，期望通过中试室的试验，为秦岭终南山隧道监控系统的建设提供参考意见，本部分主要对中试室和试验结论作一介绍。

4.8.2 主要研究成果

课题组在广泛检索收集、整理分析国内外有关案例的基础上，经反复论证和试验研究完成了公路隧道火灾自动探测报警系统和消防的试验工作，完成了隧道火灾自动探测报警系统的筛选工作及系统的试验，取得了大量实用的研究成果。

从试验数据和试验现象可以得出如下基本结论：

(1)光纤感温探测系统具有较多的设定工况，报警形式范围灵活多样，特别适合准确的定温报警。

(2)热敏合金线感温探测系统具有灵敏度高的特点，对温度变化十分敏感，特别适合差温报警。

(3)双波长火焰探测器探测系统对燃烧的明火特别敏感，不受风速影响，适应工况多，特别适合火灾初期有明火燃烧的工况。

(4)隧道灭火系统应由被动救灾向自动救灾方式发展，预作用系统是近几年发展起来的自动喷水灭火装置，它将火灾自动探测报警技术和自动喷水灭火系统有机地结合起来，对保护对象起了双重保护作用。通过隧道泡沫预混系统的1:1模拟试验，其可用于扑救隧道内的各类火灾，能满足公路隧道的消防要求。

光纤感温探测系统寻检时间随着分区的增加而增大，由表4-26的试验数据表明，DTS2000的巡检时间，在分区为1～10个分区时，根据回归运算，其上升形式为一条上升直线 L_1，10个分区以后的巡检时间表现为另一条上升直线 L_2。其上升直线表达式分别为：$L_1=3.716\,25+0.046\,5X$；$L_2=0.866+0.331\,523X$。

火灾自动报警试验结果综合比较表　　表4-26

性能指标 \ 火灾探测器	热敏合金线	光　纤	双波长火焰探测器	结　论
自动检测原理	随着温度的变化，热敏合金线的电阻会有相应的变化，下位机将检测到的电阻值转化成数字量，送给火灾报警控制器，由控制器进行温度值的显示、分析和处理，可同时进行温度监测和差/定温复合报警	主处理器将激光光源沿着光纤注入光脉冲，脉冲大部分能传到光纤末端并消失，但一小部分拉曼散射光会沿着光纤反射回来，主处理器对该后向散射光进行信号采集并分析，然后将信号送至火灾报警控制器，显示出温度分布图；可同时进行温度监测和差/定温复合报警	双波长火焰探测器通过感光窗感知火焰，并由光学过滤器检出火灾中辐射光闪变的两种波长(长波和短波)，然后进行处理比较，从而判断是否有火灾发生，并将报警信号传送给火灾报警控制器	检测原理均采用目前较先进的技术
手动检测原理	隧道内每一下位机除接两路热敏合金线外，还接有两路手动火灾报警按钮，因此，同一系统中，既包含自动检测部分，也包含手动检测部分	隧道内必须另行布设一套手动火灾检测系统	手动火灾报警按钮与双波长火焰探测器安装在一起，通过同一通信总线，传送报警信号给火灾报警控制器	热敏合金线和双波长火焰探测器系统均包含自动和手动两套报警子系统，因此，系统结构优于光纤系统

续上表

性能指标＼火灾探测器	热敏合金线	光纤	双波长火焰探测器	结论
最大检测距离	50km	4km	10km	单套系统热敏合金线检测距离最长
最小测量区域	50m	2m	50m	光纤最小测量区域可达2m,但在隧道内,考虑具体使用需要,以及便于与摄像机配套,一般选择50m为一个区域;因此,在该项指标上,从实用的角度讲,3种方式差异不明显
破坏温度	<1 000℃	<150℃	<200℃	热敏合金线最优
测温精度	<±1℃	<±1℃	不能测温	双波长火焰探测器不具备测温功能,热敏合金线和光纤测温精度相同
布置方式和覆盖面积	线式 覆盖全隧道	线式 覆盖全隧道	点式 覆盖全隧道	检测均无盲区
报警时间	<30s	<60s	<30s	热敏合金线和双波长火焰探测器报警时间较短,光纤较长
火灾性质	不限	不限	明火、无浓烟	双波长火焰探测器不适用于无明火或有浓烟的火灾检测,而热敏合金线和光纤则不限
日常维护	少	少	需定期擦拭感光窗	双波长火焰探测器日常维护工作量大
价格	约15万元/km	约25万元/km	约35万元/km	热敏合金线系统造价最低,双波长火焰探测器系统造价最高
安装	顶部安装,需引线到侧壁	顶部安装,不需引线	侧壁安装	双波长火焰探测器安装最方便
误报率	低	低	低	三种系统性能指标一样
使用寿命	20年	20年	20年	三种系统使用寿命相同
售后服务	好	较好	较好	热敏合金线由于是国内产品,因此售后服务最好、最快捷
综合评价	结合上述各项指标,从整体性能上讲,3种系统各有优劣,但热敏合金线综合性价比最高			

4.9 秦岭终南山公路隧道监控系统方案

4.9.1 工程概况

秦岭终南山特长隧道工程是国家规划建设的西部开发 8 条公路干线中的“内蒙古阿荣旗—西安—重庆—广西北海”和“银川—西安—武汉”两条路线的共用段和在陕西穿越秦岭的关键项目，也是陕西省“米”字形公路网主骨架中打通西安至安康通道，进而沟通秦岭南北地区交通的大型公路建设项目。按照交通部颁布实施的《公路工程技术标准》(JTG B01—2003)中关于确定拟建项目技术标准的有关原则，综合考虑与本项目相衔接路段的设计标准及本项目沿线地形条件，以及在国省道干线公路网中的功能与作用，并结合项目远景交通量预测，秦岭终南山特长隧道工程的建设标准为一次建成 4 车道高速公路，计算行车速度为 80km/h，隧道建设规模为双洞 4 车道，净宽 10.92m(3.75×2＋0.5×2＋1.22＋1.2)，限高 5m，全长 18.02km，整个工程范围自长安县青岔村(AK62＋800)至柞水县营盘乡(AK83＋900)，全长 21.185km。

根据历史交通量资料和社会经济发展预测，该项目未来年交通量如表 4-27 所示。

拟建项目汽车交通量预测结果表(veh/d)　　表 4-27

车型 \ 年度	2005	2010	2015	2020	2025
折算小型客车(veh)	6 668	10 434	15 608	22 197	29 481

4.9.2 系统目标

监控系统是为了预防交通事故，消除安全隐患，在发生事故后及时进行救援与交通疏导，从而减少事故损失，更好地发挥社会与经济效益。本工程既是陕西省的重点工程，又是形象工程，应该高质量、严要求地进行施工，为此系统应达到以下目标：

(1)可测性。能连续检测交通参数、隧道的环境状况，以便根据实时情况进行交通调度与管理决策。

(2)可控性。系统收集的交通、环境、语言、视频等信息能得到充分利用，据之合理诱导交通流，并进行有效控制。能根据实时交通状态，以动态调节和控制的方式，最大限度地实现交通流的稳定性和行驶环境的舒适性，对本工程的交通状况和通风、照明运营状态进行控制，特别是减少隧道阻塞，杜绝 1km 以上排队现象。

(3)安全性。系统能保证交通正常营运，能最大限度地预防或避免道路拥堵和交通事故的发生，减少事故损失，提高交通安全性。

(4)实时性。一旦出现交通事故或交通异常，能及时发现并随即产生相应的应对措施，同时，能及时通知路政、养护、交警、医院等部门排除故障并进行救援，防止二次事故的发生，尽快恢复交通畅通。

(5)系统性。能从运营、管理、维护多方面综合考虑，将各系统有机地结合在一起，形成优势互补，同时亦能在个别子系统或设备发生故障时，不影响正常系统或设备的运营与功能的发挥，并充分考虑近期需求和远期发展与系统扩展的需要。

(6)协调性。系统静态与动态禁令、劝告、诱导设施能相互协调，检测与控制设施能相互配套，防灾和消防规模与交通量和交通组成相适应，监督与管理级别相符合，形成有序、一致的运营管理系统。

(7)高效性。能根据实时交通状态，确定适宜的控制诱导方案，提高道路的服务水平，使道路运输效能最大。

(8)信息化。能对行驶车辆的驾乘人员提供道路交通状况信息，发出禁行、限速、诱导等交通控制指令，驾驶员可据之进行驾驶行为决策。

(9)智能化。能应用现代先进的控制技术,减少车辆延误,在保证运营环境条件下,减少风机、灯具的运转时间,并尽可能使风机运转平衡,从而降低能源消耗,降低通风、照明等运营管理费用,节约运营成本。

(10)人性化。系统软件界面应友好,便于操作,应使不熟悉隧道设施的人员在消防、救援与逃生时能作出正确决策。

以上目标,具体到本方案,就是要防患于未然,能实现有效的控制与诱导。具体来讲,从系统结构考虑,系统控制应实现现场控制,采用互联网技术进行现场控制,通过互联网进行数据交换、信息共享与区域协调控制,从而提高系统的可靠性、维护操作的方便性与降低工程造价;从系统设备考虑,应提高检测设备的水平,大力应用数字化与智能化仪器仪表,实现遥测、遥讯、遥控,如通过图像处理检测器检测交通参数,既为交通控制、通风控制提供了依据,又能监视隧道的运营状态,达到检测与监视的统一;从系统功能考虑,火灾报警系统应使自动检测与消防实现联动,根据火灾类型与严重程度自动制订灭火与救援措施,具有良好的防灾救援体系与措施;对于通风控制系统,不但要考虑隧道的环境指标,而且要考虑交通运营状态,达到既能为驶乘人员提供良好的环境,又能达到设备的运转平衡、节约能源与提高设备使用寿命的目的;交通控制系统应能自动判别交通状态,进行异常自动检测与处理,为驾驶员提供交通与环境信息,进行路线指示、引导与诱导,提高车速,降低事故率与事故的严重程度。在可靠性方面,监控计算机及任一控制点的失效不会影响正常智能节点对现场设施实施控制,至于管理方面,通风与照明费用是系统运营最大的支出项目,通风与照明控制系统应既考虑环境与交通要求,又考虑设备寿命与节能。

4.9.3　方案重点与特点

本工程是世界规模第一、长度第二的特长隧道,陕西地处西部,经济欠发达,因此,防灾、救灾与减少运营成本是重点,针对这一实际,本监控方案具有以下特点。

4.9.3.1　系统规模

将设计周期分为远期与近期,根据不同时期的预测交通量,计算发生尾撞或侧撞事故的概率,事故概率的大小,反映了安全性,安全性要求越高,要求配置健全的监控系统的最小交通量越大。陕西地处西部,经济欠发达,因此,事故概率可取5%,据之可确定系统规模和控制策略。

4.9.3.2　系统布设

由于发生火灾时,车行横洞的开启会影响风流组织,故以车行横洞为界,将两个车行横洞之间作为一个检测与控制单元,布设环境信息检测设备,以满足正常工况与异常工况通风控制的要求;在隧道洞口与交通信号灯相配合,设置栏杆,特别是在火灾情况下,防止车辆违规驶入隧道。

4.9.3.3　系统结构

采用工业以太网双纤冗余自愈环,实现管控一体化,隧道管理者可以在任何地方对隧道进行管理与控制;实现交通信息共享,隧道使用者可通过互联网了解隧道交通情况,以便作出出行决策;实现监控联网,可大大减少管理人员与管理成本,提高路网运输效率。

4.9.3.4　系统集成

对影响系统传输与控制的关键设备,采取冗余措施,以提高系统的可靠性;采用视频技术,作到运营状态监视、交通信息采集、交通异常与火灾视频自动检测合三为一,提高系统的自动化水平。

4.9.3.5　系统防灾

根据车辆之间的干扰程度、交通量与车速,计算交通安全指数,及时控制交通流,消除安全隐患;根据检测的交通信息(速度、占有率与交通量),自动判别交通状态,通过闭路电视监视确认判别结果,减少工作强度与失误;将异常分为交通堵塞、货物撒落、车辆故障、火灾、停电、CO超标6种类型,针对每种异常，制订交通控制、交通疏散与交通诱导方案，缩短救援时间，减少损失。

4.9.3.6 通风控制

采用预警、报警、控制三结合的方式，根据交通流平均车速、CO浓度进行环境状态预警，确保在隧道内滞留时间与CO最大浓度满足规范要求；当驾乘人员在隧道内的CO吸入量可能超过规范值时，根据交通流的发展变化趋势进行通风控制，若未来交通量减少，则通风状态保持现状不便，若未来交通量增加，则根据需要的新风量决定风机的开启台数，风机的具体开启以风机运转平衡作为控制条件，交通流发展状态采取模糊预测法。

4.9.3.7 系统救援

当发生火灾后，火灾上游车辆可通过车行横通道驶离火区，洞内交通组织有12种方案，常用的有10种，可根据火灾位置，决定具体采用哪种方案。

4.9.3.8 交通控制

洞内、洞外各有24种控制模式，根据异常类型，决定采用哪种控制方案。

4.9.4 系统规模

系统规模可从道路路段和隧道两方面考虑。本设计范围隧道长度占95%以上，因此，隧道监控规模决定了系统规模。对于隧道，根据《公路隧道交通工程设计规范》，本项目系统规模按隧道A类考虑，应设置完善的交通监控系统。

4.9.5 系统管理模式与内容

目前，在国内，各省市高速公路管理的组织模式大多采用直线—职能型结构模式，安全营运系统管理机构的设置与高速公路管理机构相对应，在管理层次上基本分为3级，中心（可设在交通厅、交管局或高速公路总公司内）→分中心（可设在管理处内）→现场管理所（设在管理所内）。这种结构模式的特点是形式简单、权责分明，而且技术专业职能分工明确。本工程属于特长隧道，应在现场设管理所，本设计只考虑现场设施的设置（见中控室）和管理业务，管理内容主要如下：

4.9.5.1 交通运行管理

交通运行管理主要是根据外场设备收集的交通情报信息、环境参数信息、火灾探测信息、闭路电视图像等进行正常的交通安全营运管理、路政巡逻和交通稽查。在交通异常的情况下，负责疏导交通、处理事故和指挥调度等。

4.9.5.2 机电技术管理

机电技术管理的目的是为了保障交通监控、闭路电视、通风控制、照明控制、火灾报警等设备的长期正常安全运行。在交通异常和设备异常的情况下，及时组织救援并与路政、机电维修、供配电等部门协调，保障信息的迅速传递和及时处理。

4.9.5.3 机电维修

机电维修工作量大，范围广，在某些情况下要做到迅速及时的修复有一定的困难。因此，除了正常维护外，还必须备有充足的常用维修备件，以便应急使用，保证机电设备的正常运行。

4.9.5.4 救援

救援一般有两种情况，一是故障，即事故车辆的拖移和小修；二是事故后设备的抢修和伤员的救助。在紧急情况下，救援必须迅速及时，做到常备不懈。

4.9.5.5 养护

负责对土建设施进行养护、维修、清障和清洁卫生工作，并对因事故损坏的土建设施进行修复。

4.9.6　系统控制

4.9.6.1　控制方式

在控制方式上，系统具有自动控制、人工干预控制两种方式，其又可细分为远程人工控制、现场人工控制、联网自动控制、现场(由本地区域控制器对所控制范围)自动控制4种方式。正常情况下，系统处于自动控制状态。在紧急情况下，中心计算机系统可一方面向值班操作人员报警，一方面迅速中断正常程序，进入紧急处理程序，准备好相应的控制预案和控制指令，待值班员通过闭路电视监视信号、紧急电话、巡逻车等报警信息确认后执行。

在监控系统体系上，系统可分为中央控制系统和区域控制系统两部分。中央控制系统设置在监控中心内，中央控制系统可以通过交通和环境参数检测系统、闭路电视监视系统、紧急电话系统、火灾自动检测报警系统等获取有关交通和环境异常状况信息，由中央控制计算机，通过区域控制机(RTU)向道路现场的各种外场控制设备发布控制指令，从而完成对通风、照明和交通诱导设施的控制。

区域控制系统RTU为下端检测控制设备提供通道，能不间断地采集路段上的交通、环境信息，根据其预控方案完成对与之相连的相关交通控制设备的控制，同时将采集的信息向中央控制系统中的中心计算机上传，并接受中心计算机的控制指令。中心控制计算机首先向PLC现场控制终端发布命令，使其执行预先存储在主机系统中的相关控制方案，完成控制。

本系统的RTU与中央计算机系统的网络通信采用总线型光纤自愈环连接，为确保各个RTU及设备之间信息传输的安全可靠，数据传输采用全光纤数字通信。RTU具有信息采集、状态检测、控制、通信等功能，由带CPU的PLC构成。RTU采集车辆检测器、CO/VI探测器、风向风速仪和火灾自动探测器等信息，以及各种外场设备的工作状态信息，经预处理后，上传至中央控制计算机系统。PLC的通信单元能提供多个RS232口、485口及以太网口，在通信正常的情况下，RTU接受控制中心计算机的控制指令后，可直接控制交通信号灯、车道控制灯、可变限速标志、风机控制动力柜、照明控制动力柜等。在通信传输故障时，可根据其内部设定的控制方案，实现本地控制功能。中心控制计算机的优先级高于RTU控制。

4.9.6.2　控制策略

交通监控系统的目的是管理、诱导和控制公路上的交通流，保障交通的畅通、快速、舒适、安全。本工程控制的重点是隧道，为了保证隧道内的运营环境，对路段需进行控制，从而避免进入隧道的车辆太多，增加污染和通风与照明的运营费用。在控制策略上，包括以下几种方式：

1)主线控制

加强对主线交通基础资料的收集，根据道路的实际交通状况、道路条件及气象状况，通过主线车速控制使车流以最佳行驶车速前进，保证交通流的稳定性，降低事故发生率；通过信号控制，调节进入隧道的车辆数；通过主线交通诱导，提醒驾驶员根据此时路网的交通量分布情况选择最佳的行进路线，避免交通拥挤；在有事故发生时，可诱导车辆绕行；通过主线事故告警保证道路的运营秩序，避免二次事故的发生，从而保证隧道的行车安全。

2)隧道控制

隧道控制可分为两种情况，即正常状态和异常状态。

(1)正常状态

CO浓度、能见度的检测值通过隧道内的RTU上传至中心计算机系统，经分析比较后，如在正常值范围内，则不启动风机。当检测值超标时，则结合交通状态预测情况，依据模糊控制原理，采用宏观间接控制法，实施前馈式通风控制，计算机系统将启动风机的指令发至隧道通风控制RTU，启动相应的通风程序，开启相应的风机。

亮度检测值由照明控制RTU上传至中心计算机系统，经分析判断后，下达指令开启相应的照明回路。

监控中心综合交通与环境信息参数，进行交通状态自动检测，在无火灾报警信号、无紧急电话、无巡逻车报警信号的情况下，即可按正常情况运行程序，发出信号，控制指令到各RTU，RTU启动正常运行控制程序，其中：隧道入口交通信号灯显示绿色表示车辆可进入隧道；隧道内各行车道上方的车道信号标志显示绿色"↓"，表示此车道可通行。

(2)发生交通异常状态

公路隧道交通异常可分为火灾异常、故障阻塞异常、周期性交通拥挤异常及正常运营4种情况。对于异常情况，其危害程度及处置方案受异常位置、交通量、方向不均匀系数等的影响，若隧道为单向双车道的双洞隧道，则异常交通模式一般可分为以下8类：

①火灾异常，着火车辆堵塞一条车道，双向交通量差异不大；
②火灾异常，着火车辆堵塞一条车道，双向交通量差异较大；
③火灾异常，着火车辆堵塞二条车道，双向交通量差异不大；
④火灾异常，着火车辆堵塞二条车道，双向交通量差异较大；
⑤故障车堵塞交通，堵塞一条车道，双向交通量差异不大；
⑥故障车堵塞交通，堵塞一条车道，双向交通量差异较大；
⑦故障车堵塞交通，堵塞二条车道，双向交通量差异不大；
⑧故障车堵塞交通，堵塞二条车道，双向交通量差异较大。

若考虑交通量的大小，则有异常隧道交通量大与交通量小两种情况；对于交通流空间分布，则可分为均匀与不均匀，即交通量比较大和交通量比较小，这时，对于单向双车道双洞隧道，有40种异常工况，见表4-28。

模式1～模式24属于非火灾工况，包括正常情况(模式1～模式4)、交通拥挤(模式5～模式8)、由于车辆故障引起的交通异常(模式9～模式24)，正常情况与交通拥挤在此不需再作讨论。对于模式9～模式16，故障车辆仅堵塞一条车道，下游车辆会由非阻塞车道驶离阻塞区，虽然会降低通行能力，若交通量不大，虽车流车速会降低，但仍不会形成阻塞，若一直不能排阻，随着高峰期的到来，则会形成拥挤交通流；模式17～模式24属于因故障车辆或交通事故完全堵塞通道，车辆在阻塞区后排队，车流只有等待移走故障车(或处理了交通事故)或在车行横洞打开时通过车行横洞离开阻塞区。

模式25～模式40属于火灾工况。模式25～模式32属于火灾车辆堵塞一条车道的情况，其对下游车辆基本上没有影响，对上游车辆，当火灾不大时(如火灾的初期，或者仅有烟而无明火)，上游车辆可能会加速离开火区，当火较大时，驾乘人员可能会弃车而逃或者在车行横洞打开时通过车行横洞离开火区；模式33～模式40属于火灾车辆堵塞两条车道的情况，无论在火灾的初期或火较大时，其下游车辆驾乘人员都可能会弃车而逃或者在车行横洞打开时通过车行横洞离开火区。

交通控制方案与异常类型、异常位置、交通量的大小及其空间分布有关，对于本工程主要有以下方案。

方案1：一条隧道单向行驶，另一条隧道双车道单向行驶，应用的必要条件为非火灾工况且故障车辆引起一条车道堵塞而其他车道的通行能力能满足交通需求的情况，洞内车流组织如图4-68所示。

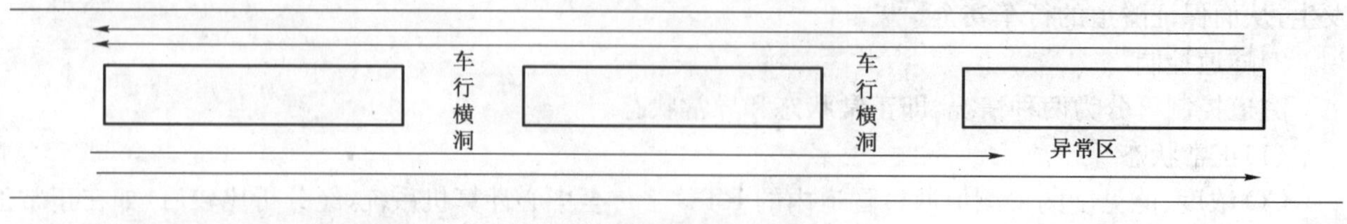

图4-68　方案1洞内车流组织图

方案2：正常隧道双向行驶，异常隧道双车道单向行驶，应用的必要条件为故障车辆引起一条车道堵塞，其他车道的通行能力不能满足交通需求，且正常隧道交通量小于异常隧道交通量的情况，洞内车流组织如图4-69所示。

异常交通流模式(单向双洞隧道)　　表 4-28

异常状态 / 异常模式	堵塞车道数			火灾	故障与拥挤	交通量均匀	交通量不均匀	隧洞 1 流量		隧洞 2 流量	
	无	有	全堵					大	小	大	小
1	√	×	×	×	×	×	√	×	√	×	√
2	√	×	×	×	×	√	×	×	√	×	√
3	√	×	×	×	×	√	×	√	×	×	√
4	√	×	×	×	×	×	√	√	×	×	√
5	√	×	×	×	√	√	×	√	×	√	×
6	√	×	×	×	√	×	√	√	×	√	×
7	√	×	×	×	√	√	×	×	√	√	×
8	√	×	×	×	√	×	√	×	√	√	×
9	×	√	×	×	√	√	×	√	×	√	×
10	×	√	×	×	√	√	×	√	×	×	√
11	×	√	×	×	√	√	×	×	√	√	×
12	×	√	×	×	√	√	×	×	√	×	√
13	×	√	×	×	√	×	√	√	×	√	×
14	×	√	×	×	√	×	√	√	×	×	√
15	×	√	×	×	√	×	√	×	√	√	×
16	×	√	×	×	√	×	√	×	√	×	√
17	×	×	√	×	√	√	×	√	×	√	×
18	×	×	√	×	√	√	×	√	×	×	√
19	×	×	√	×	√	√	×	×	√	√	×
20	×	×	√	×	√	√	×	×	√	×	√
21	×	×	√	×	√	×	√	√	×	√	×
22	×	×	√	×	√	×	√	√	×	×	√
23	×	×	√	×	√	×	√	×	√	√	×
24	×	×	√	×	√	×	√	×	√	×	√
25	×	√	×	√	×	√	×	√	×	√	×
26	×	√	×	√	×	√	×	√	×	×	√
27	×	√	×	√	×	√	×	×	√	√	×
28	×	√	×	√	×	√	×	×	√	×	√
29	×	√	×	√	×	×	√	√	×	√	×
30	×	√	×	√	×	×	√	√	×	×	√
31	×	√	×	√	×	×	√	×	√	√	×
32	×	√	×	√	×	×	√	×	√	×	√
33	×	×	√	√	×	√	×	√	×	√	×
34	×	×	√	√	×	√	×	√	×	×	√
35	×	×	√	√	×	√	×	×	√	√	×
36	×	×	√	√	×	√	×	×	√	×	√
37	×	×	√	√	×	×	√	√	×	√	×
38	×	×	√	√	×	×	√	√	×	×	√
39	×	×	√	√	×	×	√	×	√	√	×
40	×	×	√	√	×	×	√	×	√	×	√

注:假设隧洞 1 正常,隧洞 2 可能正常或异常。

图 4-69　方案 2 洞内车流组织图

方案 3：正常隧道双向行驶，异常隧道关闭，应用的必要条件为异常隧道发生火灾或车辆故障（或交通事故）引起车道全部堵塞的情况，洞内车流组织如图 4-70 所示。

图 4-70　方案 3 洞内车流组织图

方案 4：正常隧道混向行驶，异常隧道异常区下游不能通行，应用的必要条件为无论异常隧道交通量较大或较小而正常隧道交通量都较小的情况，异常工况为火灾或故障车辆引起的车道完全阻塞，洞内车流组织如图 4-71 所示。

图 4-71　方案 4 洞内车流组织图

方案 5：正常隧道停止运营，异常隧道车流经车行横洞由正常隧道驶出，应用的必要条件为异常工况是火灾，或异常类型为完全堵塞交通且正常隧道交通量不大，而异常隧道交通量很大的情况，洞内车流组织如图 4-72 所示。

图 4-72　方案 5 洞内车流组织图

方案 6：正常隧道混向行驶，异常隧道单向行驶，应用的必要条件为非火灾异常，故障车引起一条车道堵塞，正常隧道交通量不大，两条车道的通行能力即可满足交通需求，而异常隧道两车道通行能力不能满足交通需求，且排除故障的时间较长的情况，洞内车流组织如图 4-73 所示。

方案 7：正常隧道单向行驶，异常隧道停止交通，该方案应用较少，应用的必要条件为非火灾工况且故障车辆引起车道完全堵塞，正常隧道交通量较大而异常隧道交通量较小，且排堵时间不长的情况，洞内车流组织如图 4-74 所示。

方案 8：一条隧道为双车道行驶，另一条隧道停止交通，应用的必要条件为两条隧道都发生异常，一条是严重异常必须封洞，另一条为故障车（非火灾）引起一条车道阻塞的情况，洞内车流组织如图 4-75 所示。

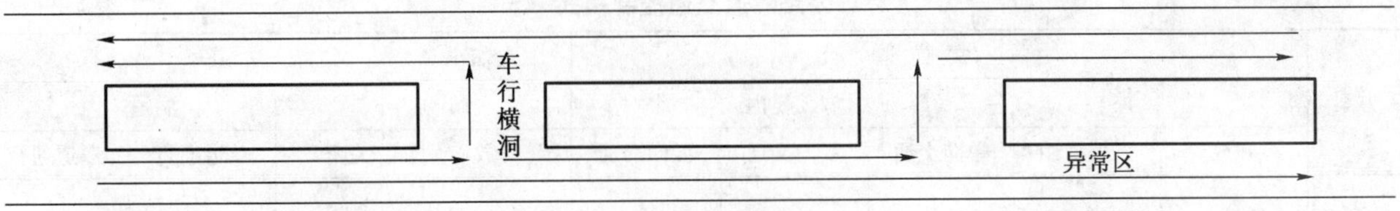

图 4-73 方案 6 洞内车流组织图

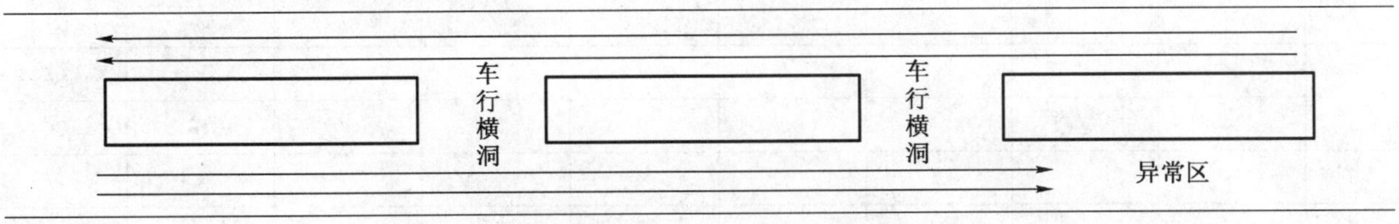

图 4-74 方案 7 洞内车流组织图

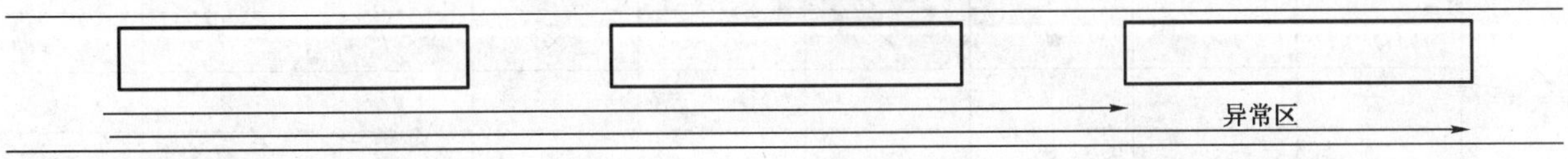

图 4-75 方案 8 洞内车流组织图

上述方案是洞内交通组织的主要形式。从控制措施的角度考虑，还应考虑是否封闭交通、仅封闭异常隧道交通还是正常隧道、异常隧道是否都封闭，这样，则共有如表 4-29 所示的 24 种控制模式。

现场异常并经值班操作员进行确认后，应中断正常运行程序，信号方案如下：

①当隧道内部分车道受阻，其余车道可供继续通行时：

a. 事故隧道入口外可变情报板显示事故内容，信号灯变为黄灯闪烁。

b. 阻塞车道指示器显示红色"×"，迫使此车道中遗留的车辆并入相邻车行道。

c. 救援车辆由管理人员指挥进入现场，进行疏导工作。

d. 现场人员应尽快排除事故，若有任何设备受损害，应尽快修复。

e. 事故处理完毕，值班操作员确认车道及各设备均已恢复正常功能后，经由上级负责人批准后，方可恢复正常运行状况。

f. 监控中心值班员记录事故发生经过与处理情况，输入计算机作为历史档案存储。

②单洞全车道受阻时：

a. 上下行隧道入口外可变情报板显示事故内容。

b. 事故隧道入口外交通信号灯显示红色，禁止车辆进入，停止交通。事故上游的车道指示器显示红色"×"，事故下游的车道控制标志显示绿色"↓"，使车辆按正常方式离开隧道。

c. 非事故隧道入口外交通信号灯黄灯闪烁。

d. 尽快将非事故方向内侧车道调整布置，非事故隧道内侧车道上方车道指示器显示红色"×"，禁止车辆通行，反面显示绿色"↓"，以供事故隧道事故点上游的受阻车辆使用。

③发生火灾情况：

火灾是公路隧道中可能发生的最严重的事故之一。因此，监控系统软件应事先编制有关的控制处理程序，该程序应考虑到隧道的通风设备和报警设备以及信号显示配置。

火灾一旦发生，首先应救助波及的人，并尽量防止烟和火扩散，调整通风系统风机开启的数量和吹风方向，以保证纵向空气流速不致使烟扩散到整个隧道，并保证安全的 CO 浓度指标。

火灾发生时，必须关闭火灾隧道，因此，其具体控制流程一般与单洞全部车道受阻处理情况相同。但在火灾严重时，在两条平行的隧道中会发生有火灾的一个洞的烟雾环流到相邻隧道洞的危险，此时，两个隧道洞都应该关闭交通。

公路隧道交通控制模式　　表 4-29

方案	正常隧道					异常隧道			
	洞外		洞内			洞外		洞内	
	开放	关闭	单向交通	双向交通	混向交通	开放	关闭	单道通行	双道通行
1	×	√	×	×	√	×	√	×	√
2	×	√	×	×	√	×	√	√	×
3	×	√	×	√	×	×	√	√	×
4	×	√	×	√	×	×	√	×	√
5	×	√	√	×	×	×	√	√	×
6	×	√	√	×	×	×	√	×	√
7	√	×	×	√	×	×	√	√	×
8	√	×	×	√	×	×	√	×	√
9	√	×	√	×	×	×	√	√	×
10	√	×	√	×	×	×	√	×	√
11	√	×	×	×	√	×	√	√	×
12	√	×	×	×	√	×	√	×	√
13	×	√	√	×	×	√	×	√	×
14	×	√	√	×	×	√	×	×	√
15	×	√	×	√	×	√	×	√	×
16	×	√	×	√	×	√	×	×	√
17	×	√	×	×	√	√	×	√	×
18	×	√	×	×	√	√	×	×	√
19	√	×	√	×	×	√	×	√	×
20	√	×	√	×	×	√	×	×	√
21	√	×	×	√	×	√	×	√	×
22	√	×	×	√	×	√	×	×	√
23	√	×	×	×	√	√	×	√	×
24	√	×	×	×	√	√	×	×	√

火灾发生时应采取的控制步骤如下：

a. 监控中心接到火灾报警信号后应立即通过闭路电视监视系统等手段进行确认。

b. 监控值班操作员立即报告上级负责人，并指示最近的巡逻人员、维护人员赶赴现场，协助交通管制工作。

c. 迅速通报交警、消防、救护、清障、监控中心等救援部门，按指定救援路径赶赴事故现场。

d. 中断正常运行程序，根据火灾等级向隧道内的 PLC 发出相应的控制指令，启用隧道内 PLC 中的相应控制方案。

变换有关信号：

a. 关闭火灾隧道，即令隧道口交通信号灯显示红色，禁止车辆驶入。

b. 火灾隧道入口车道上方车道指示器显示红色“×”，表示此车道禁止通行。

c. 此时没有灾情隧道的快车道，入口车道标志显示红色“×”，禁止车辆入内，慢车道车道显示绿色“↓”。

d. 无火灾洞内因变为双向交通，交通量增加，车辆排出的有毒气体也增加，若CO指标超标报警或发生阻塞后，通过洞口车道标志灯的“↓”通行和“×”禁行的交替使用来限制隧道内通行车辆数，以保证安全行驶。隧道各段照明均应开到最大值，并开启相应台数的风机，调整风机吹风方向。

火灾处理完毕后，监控中心给隧道PLC发出指令，使其执行正常状况的控制方案。

4.9.7 系统布设

4.9.7.1 交通信息采集系统

(1)系统布设

交通信息采集系统是交通控制的重要组成部分，应能实时检测路段上的各项交通参数，如交通量、速度、密度、占有率等，然后上传到中心计算机系统，以便分析、判断交通运行状况。当检测到交通异常状况时，由中心计算机系统，通过区域控制机向可变情报板、交通控制灯、车道指示器等设备发出控制指令，指挥、诱导、控制道路交通，防止重大交通事故的发生，其由环形线圈车辆检测器、视频车辆检测器组成。视频车辆检测器包括外场摄像与中控室图像信息处理两个部分。

本工程推荐采用视频车辆检测器采集交通信息。鉴于摄像机间距为125m，隧道内交通信息采集间距一般为500m左右，故每4台摄像机中选择一路信号，通过视频处理，采集交通信息，交通信息采集时间间隔取30s，距离间隔为600m。

(2)视频车辆检测器主要功能与技术指标

车辆检测视频处理单元周期采集检测点摄像机的视频信息，采集处为视频切换矩阵前端的视频分配器。根据检测的视频信息，区分行车方向、行车道，计算检测点的交通量、行车速度、占有率、密度、车辆分类、车头时距、车队长度，以便适应隧道内单向、双向行车的不同情况。

依据上述信息计算各检测点之间平均的交通量、行车速度、占有率、密度。

依据上述信息计算整个隧道平均的交通量、行车速度、占有率、密度。

依据上述信息计算、判断隧道内的交通状况。交通状况分别为交通正常、交通拥挤和交通阻塞3种。正常行车时，交通阻塞的判断时间为不大于1min，交通拥挤时，交通阻塞的判断时间为不大于3min。

4.9.7.2 环境信息检测系统

隧道内环境信息检测系统由CO检测仪、VI检测仪、风速风向仪、照度仪组成。CO检测器可快速、准确、连续地自动测定给定点的CO浓度，同时将检测结果以数字形式显示出来，量程取0～300ppm，分辨率1ppm自动校正，用于检测CO的浓度。VI检测仪用于检测能见度，二者都是为了进行通风控制，布设间距一般为300～500m，本设计采用分段布设的方法，以车行横洞为界进行分区，每两个相邻车行横洞之间设置一套CO和VI检测仪、风速风向仪。

照度检测仪用于提供照明控制参数，以进行照明控制，左、右入口洞外和洞内各配置1套照度检测仪。

4.9.7.3 超高自动检测系统

本工程主线范围内没有其他出入口，超高检测器设置于主线入口附近，以便在报警后有时间进行处理与管理。

4.9.7.4 闭路电视(CCTV)系统

1)系统方案比选

CCTV系统中不同方案主要体现在摄像机的布置间距和视频矩阵的切换数的不同上，下面对摄像机的布置间距进行分析。

(1)摄像机布置

设置隧道闭路电视(CCTV)的间距，首先需明确设置的目的，即对被监视物要求监视到什么程度，不同的目的对应不同的设备和设置间距摄像机的覆盖范围及监视器上被监视物画面的大小，应能足够让控制人员选择摄像点，再决定安装位置，辨识意外事故种类的严重性及位置。

其次，考虑隧道的线形及坡度、可能识别画面的大小、镜头的焦距等因素。由于隧道的线形或坡度等地形差异，摄像机的视野(能见度)不尽相同，要根据各个隧道的情况预先选择摄像点，再决定安装位置。在隧道内应考虑烟尘等对视程的限制，以及摄像机附近的死角等问题。

隧道内摄像机的设置要使主要监视对象物(应急电话、消火栓、报警按钮等应急设备)处于摄像机观察最佳位置上，如图 4-76 所示。

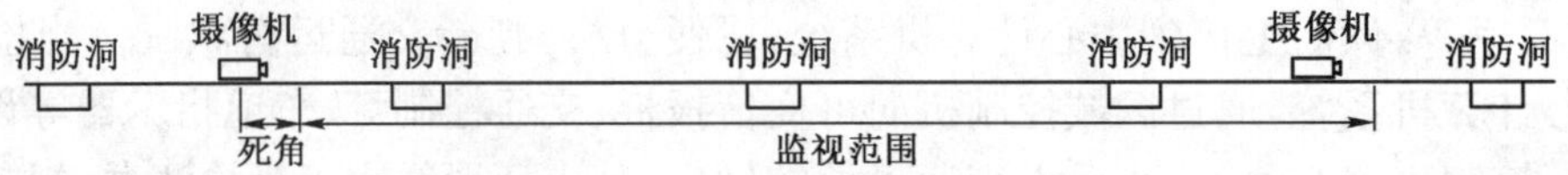

图 4-76　隧道内摄像机的设置位置图

隧道内摄像机的设置以在全区间内无死角为目的，来确定透镜的规格和配置位置及间隔。一般直线隧道安装间距为 150～200m，镜头焦距为 50mm 或 75mm。

本次设计摄像机设置线间距选用 125m，焦距选用 50mm，使主要的监控对象消防洞置于最佳位置，避开紧急停车带。同时考虑隧道线形的影响，在弯度较大的地方应适当减小距离。由于特长隧道内能见度相对较差，在保证摄像系统可靠性及基本质量的前提下，应尽可能采用中档的摄像机和镜头，以节省投资，因此推荐设置线间距选用 125m，镜头焦距选用 50mm。

(2)视频矩阵

CCTV 系统中，由于摄像机布置较多，为了提高监视效率和节约建设成本，监控中心的电视监视器与隧道内摄像机信号将采用 N 切 1 的对应，按照电视监控画面应该画面连续、无监视盲区的原则，做如下计算：

隧道内车辆时速按 60km/h 计算，车辆通过监视器有效监视距离 150m 的时间为 9s，矩阵画面切换一般时间间距为 0.05s，这样，如果采用 4 切 1 的视频矩阵，每个画面的停留时间为 t_1：

$$t_1 = (9 - 0.05 \times 4)/4 = 2.2(\mathrm{s})$$

如果采用 8 切 1 的视频矩阵，每个画面的停留时间为 t_2：

$$t_2 = (9 - 0.05 \times 8)/4 \approx 1.1(\mathrm{s})$$

如果采用画面停留时间为 1.1s，这样将给监视人员造成视觉眩晕的感觉，所以，如果采用 8 切 1 的视频矩阵，这样将不能遵从画面连续、无监视盲区的原则。所以建议采用 4 切 1 的视频矩阵。

2)系统主要功能

闭路电视监视系统采用对全路段进行完全不间断的可视性监视。平时用以掌握交通状况，以利于交通控制；紧急情况时，用以确认通报设备上传的信息，以及监视消防活动、疏散行动等状况，其主要功能包括：

(1)对立交桥、高架桥、隧道出入口及隧道内的交通状况、车流密度及道路使用状况进行监视，可及时地、直观地得到关于交通阻塞的现场情况和原因的画面；辨认事故类型及其严重程度等。

(2)对各控制信号(如车道指示器、交通信号灯、可变情报板等)的内容进行直观确认，可作为除监控中心计算机系统、自动收集设备运行状况的反馈信息之外的又一确认手段。

(3)配合能见度检测器等对隧道内空气质量进行监视。

(4)在隧道中，闭路电视系统还有一个最突出的作用就是用于监视隧道内各种防灾设备，尤其是对隧道内火灾报警信号予以确认。该系统从监控中心计算机接收来自隧道内各设备发出的报警信息，进行摄像机的选择控制，自动显示报警区段及相邻区段的图像，并自动录像，自动将时间、摄像机号码记录在硬盘录像机系统上。为值班人员提供处理、分析事故的直接依据。

3)系统构成与设计方法

闭路电视设备由现场摄像设备单元、视频与数据光纤传输设备单元、录像与视频切换/控制设备单元、图像显示设备单元4个部分组成，主要有控制台、彩色电视摄像机(含镜头、防护罩、固定支架)、云台(含控制器、控制编码器、控制解码器、固定支架)、视频切换矩阵(含微处理器)、视频分配器、视频光端机、数据光端机、彩色四画面分割器、字符叠加器(含摄像机号码发生器、日期/时间发生器)、录像机、彩色监视器、电源供给盘、CCTV光端机架、设备机架，以及光缆、光缆尾纤、视频电缆、配线、分线盒、连接头等设备。系统设备符合50场/s、625行/帧PAL彩色电视制式标准。

隧道内摄像机的设置原则为无盲区。隧道现场摄像设备分隧道内固定摄像设备和隧道外遥控摄像设备两类。隧道内固定摄像设备，由摄像机、光学镜头、防水外罩、安装支架、光发射机、尾纤收容盒、摄像机设备箱等组成。视频设备箱应能防水、防窃。隧道外摄像设备，由电动云台、变焦距镜头、彩色摄像机、全天候防护外罩、安装支架、解码控制器、视频光发射机、双工数据光端机、尾纤收容盒、盛水箱及电泵除尘装置、室外摄像机设备箱等组成。摄像机设备箱应能防水、防窃。因此，在隧道内一般每间隔150m左右设置一台黑白摄像机，在隧道口设置一台带遥控云台的可变焦彩色摄像机，其安装在特制水泥杆上，以便观察隧道口附近的车流量，由控制室内控制台发出控制指令，可遥控云台上、下、左、右转动，可调节聚焦及变焦。

闭路电视信号传输宜采用光纤视频信号传输系统。虽然其投资成本大约比同轴电缆传输系统高1/3，但光纤传输系统可免受各种电磁波的干扰，保证信号传输的质量和图像清晰度。

隧道内摄像机安装在行车方向右侧隧道壁上，指向与行车方向一致。安装高度不低于4m，且不得进入隧道行车限界。光发射机、尾纤收容盒等装入隧道壁内的摄像机设备箱中。

隧道外摄像机及其附属装置安装在电杆上部，其余设备安装在电杆下部摄像设备箱内。

摄像机摄取的现场视频信号，经视频光发射机转换为光信号后，通过光纤传送至隧道管理所设备室视频光接收机。后者将其转换为视频信号，经视频分配，将它分为两路输出。一路送相应的电视监视器，用于观察整个隧道及其出入口附近地区的交通状况；另一路送视频矩阵切换/控制器。洞内摄像机信号与电视监视器阵列4切1，洞外隧道入口处摄像机信号与电视监视器阵列一一对应。视频矩阵切换/控制器，其功能可分为两大类，一是，从全部摄像机输出的视频信号中选择其中任一路视频信号送至指定的视频输出口，供录像或监视用。视频矩阵切换/控制器的任何一路视频输出信号，均可叠加或者不叠加时间/日期、摄像机编号与隧道名称字符。字符显示位置可移动，以免影响对主要场景的观察。视频矩阵切换/控制器的另一大类功能是遥控。视频矩阵切换/控制器全部功能的编程、调用、操作均在遥控键盘上进行，其应有自动检测出视频输入信号丢失的功能，具有通信接口，用之与监控分中心计算机双向通信。可从视频矩阵切换/控制器向监控分中心计算机传送摄像信道的故障(视频信号丢失)信息，以及摄像机视频信道的调用(切换)信息。当从中心计算机方面接收到报警信息后，可自动将报警点附近的视频信号，切换到报警信息所指定的视频输出口供录像/监视用，并自动启动录像机录像。

4.9.7.5 火灾报警系统

(1)火灾自动检测器。洞内全线设置感温型管线式定(差)温火灾控测装置。

(2)火灾手动报警按钮。

4.9.7.6 交通控制系统

1)系统构成

交通控制系统用于道路的正常交通、交通事故异常、道路施工及隧道正常交通、火灾、交通事故、检修施工等各种工况时的交通控制，监控计算机系统通过交通参数检测系统、环境参数检测系统，以及火灾检测报警系统、紧急电话系统等获取各种交通和环境信息，向交通信号提供系统发布指令，合理地诱导和控制交通流，达到预防和减少交通事故，充分有效地利用隧道的目的。通过交通信号，可关闭、开放或改变道路运行路线。系统由车道控制标志、交通信号灯、可变限速标志、可变情报板等组成。

2)系统方案

(1)车道控制标志

车道控制标志采用转向"←"、红"╳"和绿"↓"表示，为了使驾驶员在各种特殊情况下，严格按车道控制标志的指示，按道行驶，标志的尺寸采用350mm×350mm，一般设置于洞口处和隧道内，在隧道内的车道指示器一般按每间隔500m左右一组设置，用于指示隧道内每一车道或某一段车道是开放或关闭的状态，指示车辆严格按车道状态正确行驶，在每一车道上方背靠背安装两套车道指示器，当单洞双向行车时，反向的车道指示可以提高行车的安全性。本设计车道控制标志采用双面式，设于隧道入口10m处、出口前100m，以及每个车行横洞下游5m左右处。

(2)交通信号灯

交通信号灯采用红、黄、绿三色灯和红、黄、绿、右转四色灯两种形式。一般安装于双洞隧道洞外交叉渡线区域的前方，以提前告诉驾驶员隧道当前的营运状态(关闭、单洞单向行车、单洞双向行车)，指示驾驶员按当时隧道的营运状态正确行车，以免走错车道，引起延误或诱发交通事故。本设计在主线入口附近设置红、黄、绿三色灯，在隧道进口前方160m左右处设置红、黄、绿、右转四色交通信号灯。

(3)可变情报板

根据本路段的作用，可变情报板设置在隧道入口前方160m左右处，东西线隧道内相距一定距离各设置3块。可变情报板能发布一定量的各种信息，以便驾驶员看到字幕后即可掌握隧道内情况，并能在行驶中作出适当处理。其平时可显示各种信号和信息；事故发生时则显示火灾、车祸、施工、停电等信息，可通知后续车辆停止进洞。

(4)隧道内电光标志

隧道内的电光标志主要包括车行横洞标志、人行横洞标志、紧急停车带电光标志，车行横洞标志、人行横洞标志分别设置在车行横洞与人行横洞附近。

4.9.7.7 横通道控制系统

(1)车行横洞照明控制设计

车行横洞内照明灯正常时处于熄灭状态，以便节约能源，当发生火灾或检修隧道时，可由中央控制室远程控制开启或本地手动控制开启。其与车行横洞门处于互联状态，状态信息和控制命令经由本地控制器传到中央控制室。

(2)车行横洞门及控制设计

每个车行横通道都设置车行横通道门。正常时其处于关闭状态，当发生火灾时，中央控制室可根据火灾位置和控制方案，远程开启车行横通道门。车行横通道门为甲级防火电动门，由门和电动控制系统组成。其应由专业生产厂家配套提供。

电动门的电动控制系统包括电器控制箱，防护等级为IP65。电器控制箱是远动控制的执行单元。

每一扇车行横通道门都可以手动控制其开启和关闭。当某紧急停车带处左车道的车道控制标志关闭，车行横通道门开启后，应能手动开放该处车行横通道绕行控制标志。

车行横通道绕行控制标志应与该紧急停车带处左车道车道控制标志、车行横通道门，以及另一隧道左车道上游段车道控制标志连锁。

车行横洞门控制方式与车行横洞内灯具控制方式相同。

(3)人行横洞照明控制设计

人行横洞照明控制由本地控制器控制或经本地控制器由中央控制室远程人工控制。

(4)人行横洞门设计

人行横洞门控制同车行横洞门。

4.9.7.8 通风与照明控制系统

1)通风控制方案

目前,国内大多数隧道都是采用直接控制法进行通风控制,鉴于实用中大多数CO、VI设备稳定性较差,经常发生故障或不到一年就失灵,本设计采用混合型通风控制方式,在环境检测设备工作正常时,其检测值既可作为控制依据之一,又可作为根据实时交通量计算的排污量中车辆类型的总体修正系数,在环境检测设备失灵时,以该总体修正系数作为依据预测交通量计算排污量的参数,根据交通的发展变化趋势,应用前馈式宏观间接模糊通风控制模型进行通风控制。

2)照明控制方案

隧道内的照明控制是根据隧道照明设计中所确定的照明区段、不同时段气候条件下的照明要求,来控制各个照明回路的开关,从而达到既满足隧道的照明亮度要求,保证行车安全,又节省能源的目的。其控制方式大致可分为手动控制方式、分时段进行的时序控制方式和根据洞内外的亮度值自动控制照明回路的全自动控制方式3种。手动控制方式主要用于公路等级低、隧道长度较短、照明级别低的隧道照明系统,由人工根据不同的时段及天气情况而开关不同的照明配电回路。分段时序控制方式则是采用时序控制器控制隧道照明的各个配电回路,根据一天中不同的时间段而开启(闭合)相应的照明回路,此种控制方式主要也是用于照明回路较少的短隧道和中长隧道。隧道照明的自动控制方式则是利用光照度计分别采集隧道内外的亮度参数,经对比处理后,由计算机系统或照明控制器自动控制各个照明回路的开关,使洞内的照明亮度与外界自然光的亮度相适应。目前,照明控制采用有级控制,根据气候条件、照度及交通量进行控制分级。

(1)控制原理

通过隧道内外设置的照度检测仪,检测隧道口内外的光强度,控制隧道出入口附近的加强段和适应段的照明强度,使驾驶员能尽快适应隧道内外的光强变化,消除因光强变化所引起的视角障碍,减少事故的发生,降低能源消耗,延长灯具使用寿命。

照明强度的增加,采用增开照明灯具的方式,不采用转换用另一批照明灯具的方式。

(2)控制回路

入口部分照明加强段分4级,包括基本照明共6级。基本照明分白天、夜间两级,出口照明加强段分两级。应急照明作为基本照明的一部分,昼夜点亮,不受照明控制柜的控制。

(3)控制方式

①实时控制。即根据实测的隧道内外亮度值,实时调节洞内的照明系统,以满足驾驶员适应隧道内外亮度差异的需要。

②时序控制。即将洞内外亮度值按日、周、月、年实测得到的系统规律值输入计算机,计算机调节控制洞内的照明灯具去适应这个值的变化。由于时序控制不能结合实际气象的变化,有时会造成能源的浪费或照明亮度过低等情况,所以,这种时序控制是在实时控制的检测系统出现故障的情况下转入执行的控制方案。

③手动控制。可以通过中心计算机的控制软件及在隧道照明配电柜上分别完成,隧道配电房中的手动照明用于维修的需要。

如遇火灾,无论照明现状如何,照明控制系统都应将隧道照明开到最大,以利于救火。

4.10 主要成果

通过本课题研究,主要得到以下研究成果:

4.10.1 提出了基于安全系数的公路隧道监控系统规模确定方法——公路隧道系统规模功能设计法

公路隧道监控系统规模与隧道长度、交通量、系统功能和经济发展水平相关,应结合隧道结构特征、交通流特征和交通组成特征，确定满足系统功能要求的安全系数(即置信水平)，或者根据安全系数确定系统功能与设施配置，寻找安全与经济之间的平衡点。对于单向交通隧道，当交通量小于700veh/h时，监控策略应以监视为主。该方法不但克服了目前我国公路隧道监控系统规模确定方法没有考虑地区经济发展不平衡的缺点，使得在公路建设中，可结合当地经济发展水平和项目融资特点，合理确定系统规模，而且将监控系统目标——提高安全性，与系统规模直接相联系，克服了国内外现有确定方法中根据假定的事故率确定系统规模的缺陷，使得系统规模的技术经济决策定量化，更有说服力，操作性更强。

4.10.2 提出了系统设施进行分段布设与配置的原则方法

系统配置应采用功能设计法，按照系统功能要求确定系统设施类别与性能要求，关键功能应有冗余；系统设施布设应采用分段设计的思想，将两个车行横洞之间的范围作为一个监控单元，设置监控设施，以满足正常工况与火灾工况的运营要求；系统集成应按照系统可靠度的要求，确定结构形式(串联结构、并联结构或混合结构)。采用该设计方法，可以有效减少系统投资，节约运营成本，仅以秦岭终南山隧道闭路电视监视系统为例，每年可减少上百万元的运营养护与车辆延误费用。

4.10.3 提出了基于模糊综合判断的隧道交通异常自动检测算法

(1)分析了交通参数对交通异常自动检测的敏感性影响，提出了速度参数对交通异常更敏感，并用高速公路的实际交通调查数据进行了验证。

(2)提出现有交通异常自动检测算法精度不高，是因为没有考虑统计信息序列的分布特征，在选择置信系数时，没有考虑样本量的影响，对统计信息没进行有效滤波，预测精度不高，从而导致检测精度不理想。

(3)提出统计信息样本量以7～20为宜，宜采用夏皮罗检验原理进行统计信息序列的分布特征检验，应根据统计信息序列是否服从正态分布，确定置信系数，以达到提高检测精度的目的。

(4)提出异常检测的标准包括绝对阈值与相对阈值，绝对阈值用于交通量较大时的阻塞判断，相对阈值用于交通量较小时偶发事故或阻塞的检测，提出了绝对阈值与相对阈值的计算方法。

(5)提出采用幂函数滤波器统计信息序列进行滤波，以提高数据质量，采用指数类加生成进行灰色预测，采用夏皮罗原理对统计信息序列进行分布检验，根据分布特征和样本量确定置信系数，采用模糊数学进行综合判断的交通异常自动检测算法。

4.10.4 提出了信息处理技术的新方法——幂函数滤波器

该滤波器主要有以下特点：

(1)若 $x_i > x_{i-k}$，则 y_i 随着 β 的增大而增大，若 $x_i < x_{i-k}$，则 y_i 随着 β 的增大而减小；这是因为，若 $\alpha > 0$，当 $x_i > x_{i-k}$ 时，则 $x_i^{\alpha} - x_{i-k}^{\alpha} > 0$，从而式(4-44)$>0$，$y_i$ 随着 β 的增大而增大；当 $x_i < x_{i-k}$ 时，则 $x_i^{\alpha} - x_{i-k}^{\alpha} < 0$，从而式(4-44)$<0$，$y_i$ 随着 β 的增大而减小；若 $\alpha < 0$，当 $x_i > x_{i-k}$ 时，则 $x_i^{\alpha} - x_{i-k}^{\alpha} < 0$，从而式(4-44)$>0$，$y_i$ 随着 β 的增大而增大；当 $x_i < x_{i-k}$ 时，则 $x_i^{\alpha} - x_{i-k}^{\alpha} > 0$，从而式(4-44)$<0$，$y_i$ 随着 β 的增大而减小。

(2)幂函数滤波器对信息的采用，不是使用所有的已知信息，而是采取了"取头取尾"的方法，具有"遗忘"性，以某一基值 y_m^{α} 反映数据的趋势量，以"尾"m 个数据与"头"m 个数据的差异反映数据的趋势变化量，m 越大，说明数据趋势变化越复杂。

(3)当数据结构变化不大时，趋势变化量受 β 的影响不大，从而，若主要关心数据结构是否有变化时(对异常检测尤其如次)，可采用较大的 β 值以加大趋势变化量的权重；当主要关心数据的趋势量(采样值减去噪声)时，应取较小的 β 值。

(4)参数 α、β 选取不同的值，幂函数滤波器可以成为低通滤波器或中值滤波器。

(5)改变参数 k，可以由滤波值发现数据结构的变化。

(6)一般地，滤波值随着α的增大而增大。

4.10.5 提出了隧道内车辆数、排队长度、阻塞时交通疏散时间的计算方法

应用交通流理论，对发生交通异常时，采用关闭或不关闭异常隧道的管理方式，车辆延误、疏散时间与交通量、车速和异常位置的关系进行了定量分析，得到以下结论：

(1)疏散时间随疏散车速的增加而减少，随交通量的增加而增加，随检测时间的增加而增加，随隧道长度的增加而增加，随正常车速的增加而减小，疏散时间随异常位置、隧道长度、检测时间及交通量的变化率比较均匀。

(2)延误随交通量的增加而增加，随检测时间的增加而增加，随隧道长度的增加而增加，异常位置越靠近末端洞口，延误越小，延误随异常位置、隧道长度、检测时间的变化率比较均匀，当交通量大于1 700veh/h时，随着交通量的增加，延误增加率增大。

(3)排队长度随交通量的增加而增加，当交通量大于1 700veh/h时，排队长度的增长率增大。

(4)当异常位于隧道洞口附近(小于500m)时，不关闭隧道对疏散时间影响不大，而关闭隧道比不关闭隧道疏散时间会长13%～21%；异常越靠近出口，则关闭隧道使疏散时间增长越长。

(5)异常越靠近隧道前端洞口时，关闭隧道时延误越小，当交通量小于1 600veh/h时，没必要关闭隧道，反之，应关闭隧道，否则，延误会增加7%～717%。

(6)交通异常检测时间越长，关闭隧道时疏散时间越长。

(7)当检测时间越小时，关闭隧道时延误越小，当交通量小于1 600veh/h时，没必要关闭隧道，反之，应关闭隧道，否则，延误会增加9%～731%。

(8)隧道长度越长，关闭隧道时疏散时间越短，交通量越大，关闭隧道时疏散时间越短。

(9)隧道长度越长，关闭隧道时延误越小，当交通量小于1 600veh/h时，没必要关闭隧道，反之，应关闭隧道，否则，延误会增加9%～767%。

(10)只要关闭隧道，排队长度就会显著增加。

4.10.6 提出了隧道交通控制方案

(1)根据交通异常类型(火灾异常、故障阻塞异常、周期性交通拥挤异常及正常运营)、交通量的大小及交通量空间分布情况，提出双车道双洞隧道交通运营情况的24种工况，提出了隧道异常严重程度的评价方法。

(2)提出公路隧道异常主要有货物撒落、车辆故障、交通阻塞、交通事故、火灾和一氧化碳超标六种类型，交通阻塞、一氧化碳超标属于有先兆的异常，可根据检测的交通信息进行安全预警，提出了“速度预警法”与“密度预警法”；其他4类异常，属于无先兆异常，只有通过隧道使用者和隧道管理者共同加强管理，才能有效地提高安全性。

(3)对于火灾与阻塞工况，提出洞内交通组织的12种方案，分析了每种方案的适用范围与条件。

(4)对于正常工况，交通控制的主要目的是安全，发生交通事故的直接原因是制动距离不足，前后两辆车的车速之差越大，所需制动距离越长，越容易发生交通事故，因此，提出速度预警法与密度预警法，通过分析极差车速和车速的分布特征，采用可变限速标志平滑交通流；提出安全预警的9条措施。

4.10.7 提出了预警式混合型模糊通风控制模型

(1)提出CO浓度与车辆在隧道内的滞留时间(min)之积不大于6 000及CO最大浓度不大于相应隧道长度与通风方式对应的规范值，以此作为隧道运营通风的控制标准。

(2)提出隧道通风应进行预控制，控制参数包括平均车速(反映车辆在隧道的滞留时间)、排队长度、烟雾浓度和CO浓度，给出了排队长度小于1km的计算方法。

(3)提出了CO浓度与车辆在隧道的滞留时间、车辆在隧道的滞留时间与隧道长度、隧道长度与CO

浓度的关系式，提出只要车辆平均运营速度大于48km/h，则慢车引起的交通拥挤，不会成为秦岭终南山隧道通风控制的条件。

(4)提出通过参数预警、运营评价、交通预测、通风计算、控制决策5个模块，进行通风控制，使隧道环境条件既满足规范要求，又节约能源，保证了风机运转平衡，提高了设备寿命，减少了维护管理的工作量与运营成本。

4.10.8 配电管理系统自动化

采用分层组织测控单元的方式建立数据采集与监控SCADA系统；提出适合秦岭终南山特长隧道配电系统的网络模型，实现了基于网络模型的配网高级应用功能；提出了配电网地理信息系统的功能要求及图形平台的选择方法。

4.10.9 开发了系列软件

(1)首次提出了公路隧道监控管控一体化概念，彻底实现了隧道现场监控系统与隧道运营管理系统数的据共享；让隧道上层管理者能够及时、直观地了解隧道现场的交通运营情况；实现了控制系统的深层次数据挖掘，真正实现了数据本身的价值，减少了信息浪费。

(2)首次提出了基于Intranet/Internet的公路隧道监控模式，并成功开发了基于Intranet/Internet公路隧道监控系统。通过专用网络、公用网络在世界任何地方的工作站上用标准的浏览器通过特定授权就可实现隧道的交通控制，真正意义上实现“Any Where Any System”的控制模式。

(3)首次在公路隧道控制网络中采用工业以太网CSMA/CD(载波监听多路访问及冲突检测技术)通信技术，基于TCP/IP协议进行控制软件开发，很好地解决了隧道控制的实时性、信息共享、设备兼容等问题，通过中试室18个月的运行，无任何故障发生，证明工业以太网在隧道监控系统中的可靠性和可行性。

(4)首次在公路隧道控制系统中实现了一网到底，现场区域控制机全部具有嵌入式Web服务器的模块式结构。实现隧道控制中心及Internet上任意节点都能实时了解到系统各部分的运行状态及运行记录。

(5)首次提出了在长大公路隧道中央监控系统实行分区域控制，较好地解决了终南山隧道监控区段多而无法较好地进行全局监控的问题。

(6)隧道现场实现分区域控制，各区域的控制主机就近接受现场输入信号，按照预置的控制逻辑算法控制现场设备的运行，实现预先设定的控制策略。

(7)采用本课题提出的基于Intranet/Internet的公路隧道监控模式，将大大降低系统建设成本和维护成本。由于使用浏览器作为客户端的工作终端，在客户端就不需要另外安装控制软件；系统建设初期安装和系统维护都只在系统服务器上实施，如果以该系统由两台主服务器和50台客户工作站组成，安装工作和维护工作至少减少80%以上。远程访问用户也不再需要通过专门的通信网络通信，借用公用网络就可实现隧道现场的交通管理。

本章参考文献

[1] 刘以成，杨盛福.交通工程手册[M].北京：人民交通出版社，2001.

[2] 邓顺熙，成平，朱唯.用隧道确定高速公路汽车CO、HC和NO_x排放因子[J].环境科学研究，2000，13(2).

[3] 中华人民共和国交通运输部.JTJ 026.1—1999 公路隧道通风照明设计规范[S].北京：人民交通出版社，2000.

[4] Terence M. Dodge.英吉利海峡隧道的通风[J].ASHRAE Journal，1993，10.

[5] 日本土木学会.交通需求预测手册[M].技报堂出版株式会社,1981.
[6] 王炜.交通工程学[M].南京:东南大学出版社,2000.
[7] 邓聚龙.灰色系统[M].北京:国防工业出版社,1985.
[8] 杨伦标.模糊数学原理及应用[M].广州:华南理工大学出版社,1995.
[9] 贺国光,李宇,马寿峰.基于数学模型的短时交通流预测方法探讨[J].系统工程理论与实践,2000,(12).
[10] 郑汗璋.CIE公路隧道与地道照明准则 NO.26/2,1990.
[11] 吕康成.公路隧道运营设施[M].北京:人民交通出版社,1999.
[12] 徐腊元.配电网自动化设备优选指南[M].北京:中国水利水电出版社,1998.
[13] 程明.无人值班变电站监控技术[M].北京:中国电力出版社,1999.
[14] STA EHL IN J, SCHLAPFER K, et al. Emision factoirs from road raffic from a tunnel study, part 1 concept and first result. Sci To tal Environ, 1995.
[15] Alan Jessop. Decision and forecasting models with transport applications. Ellis Horwood, 1990.

第5章 管理与养护系统研究

5.1 概述

5.1.1 研究背景

秦岭终南山特长公路隧道是一座世界级的超长隧道。因此，隧道建成通车后的管理与养护水平也同样要达到世界一流水平。秦岭终南山特长公路隧道管理与养护课题的研究目的是确保隧道在设计使用期限内的交通安全、结构可靠、养护费用合理，实现安全、畅通、经济。由于秦岭终南山特长公路隧道不但拥有庞大的土建系统，而且还有隧道运营管理所需的大量机电设备；另外，相关资料表明，隧道交通安全和火灾事故的发生几率将随着隧道长度的增加而增加，因此其管理与养护工作必然是一个复杂的综合系统工程。

特长公路隧道的管理与养护涉及的内容非常多，难度也很大。就秦岭终南山特长公路隧道管理与养护的目标——安全、畅通、经济而言，主要的影响因素为交通事故、结构病害、机电故障。因此，隧道管理与养护的具体措施应做好这三种因素的防治工作。基于以上分析，本课题以交通安全管理、结构养护管理、机电维护管理三方面的业务为基础，展开深入的研究。

交通安全管理是特长公路隧道运营管理的一项中心任务，其基本任务就是防止各类交通安全事故的发生，避免或减少事故造成的人员伤亡和财产损失。秦岭终南山特长公路隧道双向通道总长度超过36km，隧道内发生火灾事故的可能性会随隧道长度的增加而增大。同时，建成后的隧道是阿北线和银五线贯穿秦岭的主要通道，车流密度相当大，所以隧道内发生火灾的概率较其他隧道要高。隧道建造于地理条件较为复杂的偏僻地带，距两端的专业消防队都比较远，加之隧道空间狭小，纵深较长，车辆和人员难以及时疏散，发生火灾事故的后果也比较严重，容易造成大量人员被困和伤亡，特别是近几年来，国内外公路隧道事故频发，人员伤亡、财产损失严重，大大影响了社会各界对修建特长公路隧道的态度。可见，解决隧道的安全问题是隧道管理的首要工作。

交通部为规范隧道的养护管理工作，对原来的《公路养护技术规范》中隧道的内容修改完善，于2003年发布了《隧道养护技术规范》。《隧道养护技术规范》是公路隧道的养护及其管理的技术依据和行为准则，对隧道的养护管理工作提出了具体要求，规定了检查和养护工作的种类、内容和频率等，为我国隧道养护水平的提高起到了很大的作用。但由于该规范是针对各种不同隧道的普遍要求，而对于秦岭终南山公路隧道这样的双向36km超长隧道，现行规范所规定的内容尚不能完全适用。

机电系统作为秦岭终南山特长公路隧道实现运营管理目标的核心支撑系统，其运行状况的好坏直接影响着运营服务水平的优劣。机电设备如果缺乏定期维护、维修，将不能正常发挥作用，尤其是在交通事故、火灾发生前和发生时，若不能及时报警或执行控制功能等，往往会造成不必要的损失。

公路隧道事故具有偶然性大，极易造成交通中断和人员伤亡，事故危害、影响和损失大，并易引发火灾、次生灾害和“二次事故”等特点。相对来说，其救助紧迫性强、救援难度大、处治困难。而一旦发生火灾，由于隧道的特殊构造，现场火势温度往往超过1 000℃，造成部分隧道结构体崩塌以及设备损坏，除阻碍初期救灾外，还可能使死伤人数增大，进而发展成为重大灾害。对于秦岭终南山特长公路隧道而言，火灾一旦发生，无论是内部人员避难，还是外部人员进入抢救，均十分困难。救援工作除隧道管理机构外，还需交警等外部单位配合，因此有必要建立一套符合隧道实际运行、行之有效的隧道火灾应急救援预案。

目前，科学技术革命的核心和主流是信息技术革命。信息技术是当代社会最具潜力的新的生产力。隧道的管理与养护也必须充分运用信息技术，提高信息化水平。该问题的关键是具体应用哪些信息技术，在哪些方面可以应用以及如何应用。因此，有必要针对秦岭终南山特长公路隧道的管理特点，进行信息技术应用的研究，从而研制出一套科学、高效的管理系统软件。

本项目的研究主要为配合秦岭终南山特长公路隧道通车后的运营管理，研究成果将直接用于指导隧道管理机构、管理模式的建立，以期实现安全、畅通、经济的特长公路隧道管理与养护目标。

5.1.2 课题目标及研究意义

5.1.2.1 研究目标

(1)运用系统科学方法建立一套隧道的现代化管理与养护模式。

(2)通过编制成套的手册、程序、作业指导书，全面规范管养组织的养护管理行为，科学地实施养护作业与管理工作，实现多单位各部门的高效协作与联动，全面提升养护管理的技术水平、科技含量和管理效率，实现规范化、程序化的养护管理，达到科学养护和高效管理的目标。

(3)利用GIS技术、网络技术、数据库技术等信息技术实现信息化管理。

5.1.2.2 研究意义

就秦岭终南山特长公路隧道而言，TMMS研究开发和成功应用的直接意义在于：

(1)吸取国内外先进的隧道管理技术，积极探索管理理念，改造传统的隧道养护作业方式和管理手段，建立符合国情和隧道特点的特长公路隧道管理与养护体系，形成一套科学的大型结构物及其附属设施的现代化养护管理模式。

(2)通过TMMS运作，全面规范管养组织的养护管理行为，科学地实施养护作业与管理工作，实现多单位各部门的高效协作与联动，全面提升养护管理的技术水平、科技含量和管理效率，实现规范化、程序化、制度化的养护管理，达到科学养护和高效管理的目标，与现代化的秦岭终南山特长公路隧道相适应。

(3)通过TMMS运作，提高养护管理及决策的科学化合理化程度，优化资源配置，实施主动的预防性养护，最大限度地减少被动的维修工程，有效维护隧道结构安全，保证设施设备可靠，充分发挥隧道整体功能和运营效率，提高服务水平和安全条件，最大限度地节约养护经费，尽可能延长隧道使用寿命，实现信息化养护管理，创造良好的经济效益和社会效益。

(4)积累和总结特长公路隧道运行和养护管理的宝贵经验。

在TMMS研究成果和成功应用经验的基础上，进一步总结完善，形成完整体系和成套技术，填补目前我国在该领域的空白，并在国内推广应用，以点带面，全面提升我国特长公路隧道管理与养护的整体技术水平和科技含量，逐渐缩小与国际先进水平的差距，并逐渐步入特长公路隧道管理与养护世界先进行列。同时，把管理与养护经验不断地反馈到设计与施工中，以推动特长公路隧道建设水平的发展。

5.1.3 国内外研究概况

5.1.3.1 交通安全管理研究

目前，国内外所进行的火灾研究主要是对火灾模式下的消防和救援系统建设的研究，如火灾模式下的通风研究等。由于我国大规模公路隧道建设起步较晚，因而对隧道日常安全管理的研究内容较少，缺乏专门针对隧道日常安全管理的研究，尚未找到如何通过有效的日常安全管理降低火灾发生的几率、预防隧道火灾致人伤亡事故的方法。特别是对于秦岭隧道这样的特长隧道，国内尚没有成熟的经验可借鉴。

5.1.3.2 土建结构养护管理研究

国外在土建结构养护管理方面的研究成果，通常是结合国外具体的技术标准、规范、法规、制度和结构特性而形成的，若不加以修整，则无法在国内直接应用。由于我国公路隧道的建设起步较晚，因此针对特长公路隧道养护管理体系的研究还十分有限，主要表现为：

(1)技术规范、标准中针对特长公路隧道养护管理的还十分欠缺。

(2)特长隧道的养护管理小型化。

(3)目前还没有成熟完整的“特长公路隧道养护管理系统”成果可直接用于秦岭终南山隧道。

(4)目前对于公路隧道养护的研究大多集中在对检查和养护技术本身的研究，而针对如何合理分解养护对象以利于养护管理，以及如何根据检查结果来指导养护工作及编制养护检查计划的研究较少。

5.1.3.3 机电设施维护管理研究

国内交通机电系统的维护管理大多还处于“应急抢险”的阶段，而没有对故障的原因、维护历史数据进行深入的分析，总结出有效的检查和预防性维护措施。此外，从事外包服务的专业化维护承包商也还未形成。虽然也曾提出过“预防性维护”的概念，但是对所执行的预防性维护措施的内容、频率及其真正起到的效果，并未进行系统、科学的理论分析，对交通机电系统的维护质量也没有一个统一的评定标准。

5.1.3.4 应急救援管理研究

目前国内已发布的应急预案编制指南较少，且大多是针对危险品以及环境污染方面的应急救援预案编制导则，而针对公路管理机构的应急救援预案编制指南的较少。

国外各类应急预案均是根据本国的相关法律法规以及各部门的职责分工而制订的，无法直接应用于我国。国内预案主要是明确了事件的分类、分级，应急的组织、职责分工以及在应急情况下一些工作的原则，并未针对具体事件的救援流程进行推理，需要各救援单位在救援工作中凭借自身的工作经验去处理。

5.1.3.5 管养机构设置研究

目前国内已建成通车的特长公路隧道基本都是高速公路上的隧道，其管理也基本由高速公路的路段公司负责管理。为了加强这些特长隧道的管理，大多数高速公路公司都设置了专门的隧道管理所或管理站，其组织机构采用了国内传统的方案。国外社会机构的分工十分明确，特别是有非常专业的各类承包商承担隧道的实际养护业务，管理机构的设置较为精简，而救援则依靠专业的警察队伍。

由于秦岭特长公路隧道的长度远远大于目前国内已通车的隧道，其管理难度绝不只是长度的简单累加，而是以级数增加，其他隧道管理中的简单工作在秦岭隧道管理中可能会出现很多新情况，变成难度很大的工作。因此，不能直接采用其他隧道的组织机构设置，只能将其作为参考；而国外隧道管理机构的设置，与其整个社会的分工有关，与我国的国情不同，也无法直接采用。

5.1.3.6 信息技术应用研究

目前，国内外专门针对隧道管理与养护的信息化软件产品较少，很多公路管养信息化系统都将隧道作为普通的一部分。这些系统将隧道视为一般公路处理，不具针对性。国外的相关系统主要是结合国外的相关政策、法规建立的，且主要针对隧道群，也没有专门针对特长公路隧道的类似系统。可见，隧道管养信息化的研究在国内外都还处于起步阶段，对于复杂的隧道养护工作和繁多的隧道养护对象而言，现有的信息化工作只是冰山一角，还有很大的研究探索空间。

5.2 交通安全管理研究

5.2.1 研究的技术路线

根据海因里希的“骨牌论”、能量释放论等事故成因理论，结合收集到的国内外隧道火灾事故的具体案例，对隧道火灾事故原因和致人伤亡原因进行整理，并应用事件树、事故树等系统安全分析方法，分析隧道发生火灾的基本原因事件；根据基本原因事件，结合国家的法律法规和行业规定，并借鉴国内外隧道安全管理经验，编制秦岭终南山特长公路隧道定期和经常性安全检查表；提出秦岭终南山特长公路隧道火灾和致人伤亡事故预防的安全措施和建议，并根据隧道组织机构中各部门的相应职责将安全措施落实到位，以保障隧道的安全、畅通。研究的技术路线如图 5-1 所示。

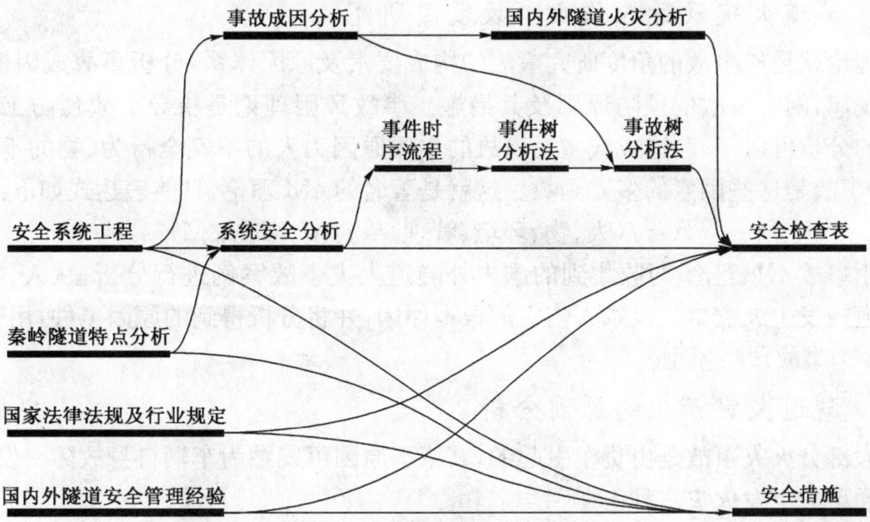

图 5-1 研究的技术路线

对于本研究所进行的隧道内火灾事故的预防工作，也可通过事故预防模型来描述研究的技术路线，如图 5-2 所示。

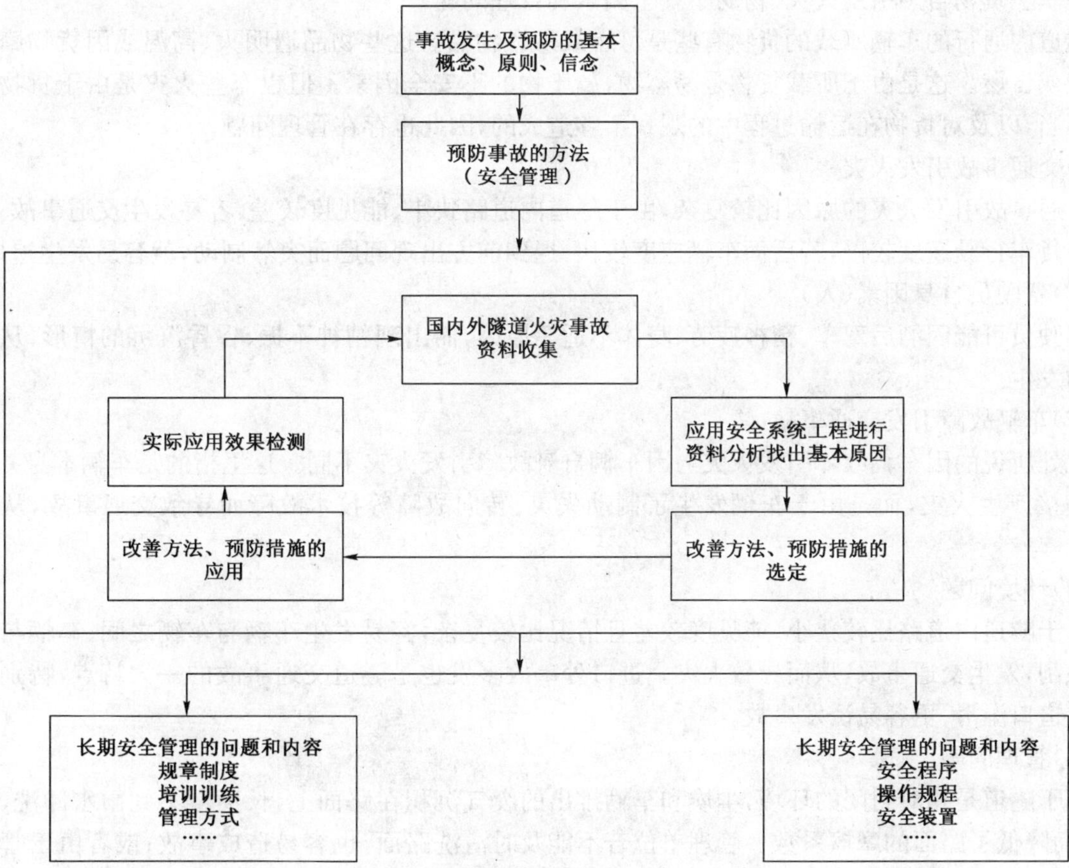

图 5-2 事故预防模型

事故预防工作的成败，取决于能否有计划、有组织地采取相应措施，特别是执行者工作的好坏。执行者在重要的安全管理环节工作疏忽大意会带来严重的后果。因此，为了获得预防事故工作的成功，必须建立健全事故预防工作组织，采用系统的安全管理方法，努力做好日常管理工作。本研究所编制的安全检查表和预防措施只有应用于日常工作中，并根据应用情况不断加以改进，才能真正提高秦岭隧道的安全管理工作，预防事故的发生。

5.2.1.1 隧道火灾及致人伤亡事故致因研究

事故致因理论就是从事故的角度研究事故的构成要素及原因体系，分析事故成因模型及其静态过程和动态发展规律，阐明事故的预防原则及其措施。事故致因理论是指导事故预防工作的基本理论。根据事故模型的分析可以了解，造成或激发事故的主要原因为人的不安全行为、物的不安全状态、管理问题和环境，而事故是这些因素的多元函数。这就是著名的4M理论，具体表达式如下：

$$A=f(\text{人、物、环境、管理})=f(M、M、M、M)$$

本研究应用事故4M理论，对收集到的国内外隧道火灾事故案例进行分析，从人、物、环境、管理4个方面分析隧道内发生火灾事故及致人伤亡的根本原因，并将分析得到的原因事件，用于事件树和事故树分析。图5-2为事故预防模型。

5.2.1.2 隧道火灾产生的原因分析

隧道内绝大部分火灾事故是由货车引起的，其肇事原因可归纳为车辆自身故障引发火灾、车上货物引发火灾和交通事故引发火灾三种。

1)车辆自身故障引发火灾(物的不安全因素和管理问题)

车辆自身故障引发火灾的主要原因包括车辆发动机及电气线路短路起火、化油器起火，载货汽车传动系统起火等。这是由于车辆具有不安全因素，以及驾驶员对车辆的保养和管理不够而造成的。

2)车上货物自燃引发火灾(物的不安全因素和管理问题)

隧道内通行的车辆所载的货物有些是可燃或易燃物品。这些物品遇明火、高温或因货物摩擦会发生燃烧或自燃。这是由于所载货物是易燃物，属于物的不安全因素。但也有些火灾是由于货物的装载方法不当，以及对货物在运输过程中的观察不够造成的，因此也存在管理问题。

3)交通事故引发火灾

交通事故引发火灾的原因比较复杂，由于隧道内道路狭小、能见度较差，容易发生交通事故，特别是隧道内货车行驶速度较慢，若后面车辆速度较快，遇到前方出现问题而突然制动，就容易发生追尾事故。

(1)驾驶员自身因素(人)

驾驶员可能因酒后驾车、精神疲劳、身体不适等原因，而出现精神不振、昏昏沉沉的情形，从而导致事故的发生。

(2)车辆故障引发交通事故(物)

此处所说的因车辆故障引发火灾与因车辆自身故障引发火灾不同。这里指的是车辆本身并未因故障而直接产生火灾，而是由于车辆发生了制动失灵、转向故障等技术故障而导致交通事故，从而引发火灾。

(3)环境问题

由于隧道内道路比较狭小、能见度较差且情况比较复杂，容易发生车辆与车辆之间、车辆与隧道相撞或擦刮，发生交通事故，从而导致火灾。进口处事故多发也是隧道交通事故的一大特点，特别是雨天造成隧道口湿滑，更容易诱发事故。

(4)管理问题

由于隧道是相对封闭的环境，尘埃和车辆排出的废气沉积在路面上，长期得不到雨水冲洗、阳光暴晒，从而降低了路面的摩擦系数。管理单位若不能及时清洗路面，也容易造成事故；或者由于管理单位在进行养护维修作业时封闭车道，从而造成事故。

5.2.1.3　隧道火灾致人伤亡的原因分析

(1)隧道火灾在多数情况下,空气供给不足,为不完全燃烧,因此燃烧时会产生大量浓度高、毒性强的烟雾。由于火灾时烟层很快下降到低处,大大降低了隧道内的能见度,即使打开车辆前照灯,能见度也不到1m,而且难以在较短时间内排除,容易使人窒息,从而导致人员伤亡。

(2)隧道发生火灾时,其温度特征主要表现为升温速度快、持续时间长,一般成灾时间为4～10min,火区下风向烟气温度可达1 000℃左右。人在高温环境下能够耐受的时间很有限,一般认为人所能承受的极限温度为149℃,显然隧道内的烟气温度远远超过这个极限温度。

(3)荷兰藉由试验记录发现,驾乘人员若在信息不足的情形下,或在因浓烟和电力中断造成的漆黑环境中,其行为是相当保守、犹豫的,他们或是静待在车辆内,或是即便离开却又再返回。而由于这些行为所浪费的时间,往往是逃生的黄金时间(约10min)。这是导致伤亡的又一主要原因。

5.2.2　系统安全分析

5.2.2.1　分析方法

事件树分析法是一种宏观、动态、归纳的分析办法,而事故树分析则是一种微观、静态、演绎的分析方法。为了对系统进行更全面的危险性分析和评价,可以把两种方法结合起来应用。隧道内车辆发生火灾致人伤亡事故是个动态的过程。显然,若火灾刚一发生就能得到及时扑灭,那么就无法产生足够的使人窒息死亡的烟气及高温,伤亡就不会发生,也就不需要后续的那些工作;但若火灾不能得到及时扑灭,伤亡事故能否避免就取决于风机是否及时开启,车上的驾乘人员能否及时撤离出被烟雾严重污染的区域等一系列事件。而对于那些在整个事件的发展过程中失败后会造成人员伤亡的事故显然是要进行重点分析并加以防范的。据统计,隧道内车辆火灾事故绝大多数为货车所引发,因此本研究采用隧道内货车发生火灾事故进行分析。本研究的系统安全分析方法采用事件树分析与事故树分析的综合分析方法。先根据隧道内发生火灾事故、事故发生后防止产生人员伤亡的救援措施和救援顺序以及隧道内设置的安全设施,确定隧道内货车火灾事故救援的时序控制流程图,并根据流程图制作事件树,再以事件树中失败的初因事件和环节事件为事故树的顶上事件进行事故树分析,提出控制某一失败事件的具体措施,以达到控制各不希望结果事件发生的目的。

5.2.2.2　分析原则

秦岭终南山特长公路隧道防灾救援研究提出的防灾救援总原则为:以人为本,预防为主,防消结合;监控有效,措施有力,疏散有序,助救自救相结合;早期发现,及时灭火,移动式和固定式灭火相结合。

因此,本研究的系统安全分析坚持采用以人为本的原则,重在分析火灾事故产生的原因,特别是发生火灾后会致人伤亡事故的原因。根据这一原则,编制出隧道的安全检查表,并提出结构养护、机电维护在日常工作中的要求,以及在应急预案编制中应特别注意的措施。

5.2.2.3　火灾救援的流程分析

安全系统工程是一种综合性的技术方法。这是因为在安全系统工程的使用中,不仅要应用系统工程的原理和方法,而且还要熟悉所要研究的系统或生产过程及应采取的安全技术等。根据秦岭终南山公路隧道《防灾救援技术研究》课题研究制订的火灾控制流程如图5-3所示。

由于以上流程描述的主要是隧道发生火灾事故后的设备控制预案,并未对发生火灾后的人员的调度和救援进行时序分析,而系统安全分析主要是分析整个救援过程中各个环节的成败原因。因此,必须对火灾发生后的整个救援的全过程按时序进行详细的分析。

本课题《应急救援预案研究》报告确定的秦岭终南山特长公路隧道火灾事故救援7步骤包括:事故发生与报警、火灾确认、通报派遣及人员疏散、初期应对、事故处治及人员救助、善后处理和恢复交通。

5.2.2.4　事件树分析

事件树分析(Event Tree Analysis,简称ETA)起源于决策树分析(简称DTA),它是一种按事故发展的时间顺序，由初始事件开始推论可能的后果，从而进行危险源辨识的方法。

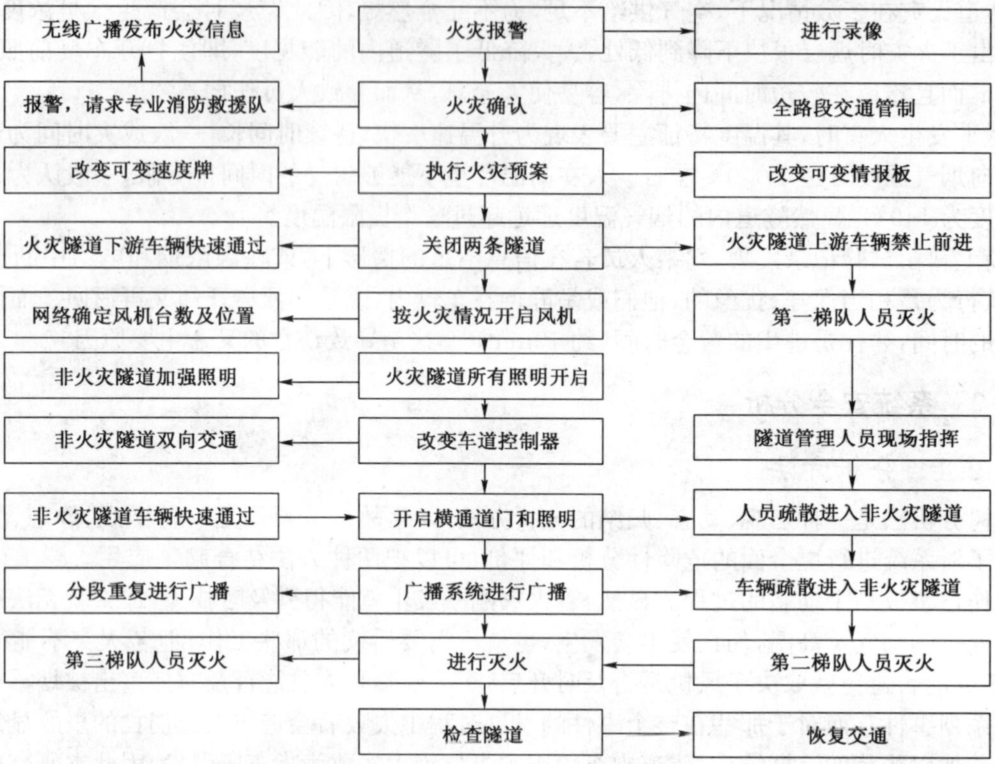

图 5-3　隧道火灾时的对应流程

一起事故的发生是许多原因事件相继发生的结果。其中，一些事件的发生是以另一些事件首先发生为条件的，而一事件的出现又会引起另一些事件的出现。在事件发生的顺序上，存在着因果的逻辑关系。事件树分析法是一种时序逻辑的事故分析方法。它以一初始事件为起点，按照事故的发展顺序，分成阶段，一步一步地进行分析，以每一事件可能的后续事件只能取完全对立的两种状态(成功或失败、正常或故障、安全或危险等)之一为原则，逐步向结果方面发展，直到达到系统故障或事故为止。由于所分析的情况用树枝状图表示，故称为事件树。显然，若能掌握可能导致事故发生的事件环的时序与发展结果，对事故的预测、预防与分析是极为有益的。

根据时序流程图分析隧道内发生火灾时的时序控制顺序，可总结出火灾救援的主要过程和安全措施如下：

①火灾发生后，车上人员自行灭火，并同时通过紧急电话、手动报警按钮或手机报警。监控中心值班人员在接到人工或自动报警信号并确认火灾后，请示值班领导，获得批准后，启动预案。

②执行火灾模式控制预案，进行交通管制，关闭两条隧道，发布可变信息。开启照明，启动救援风机预案，防止烟雾逆流。开启上游所有横通道门，打开横通道指示器。启动内部救援预案，并向公安消防队等社会救援机构报警。隧道值班人员、隧道消防队前往现场。

③监控中心监控员通过隧道内有线广播指挥火灾上游人员弃车，从横通道进入到非火灾隧道进行疏散。

④隧道应急救援人员及时到达后，帮助未进入到非火灾隧道的人员撤离隧道，对伤员进行医疗救助。如果无法救出，需等到社会专业救援机构到达后，救助受困及受伤人员撤离隧道。

⑤人员疏散完成后，启动灭火风机预案，隧道消防队进行灭火。待公安专业消防队到达现场后，转移指挥权，进行灭火。

根据以上灭火和救援流程以及主要安全措施，可以确定隧道内火灾致人伤亡事件的主要环节事件为：

①车上人员自行灭火是否成功。

②开启风机排烟是否成功。

③车上人员撤离至非火灾隧道是否成功。

④救援未撤离至非火灾隧道人员是否成功。

⑤风机成功控制烟雾是否成功。

⑥消防队灭火是否成功。

根据以上事件就可以编制事件树。从上述事件流程可以看出，隧道内车辆发生火灾致人伤亡事故是个动态的过程。显然，若火灾刚一发生就能得到及时扑灭，那么就无法产生足够的使人窒息死亡的烟气及高温，伤亡就不会发生，也就不需要后续的那些工作。但火灾若不能及时得到扑灭，伤亡事故能否避免就取决于能否成功执行火灾救援风机预案，开启风机并控制烟雾回流。若未能成功执行火灾救援风机预案，有毒烟雾将会迅速蔓延并造成人员伤亡；若成功执行火灾救援风机预案，则要看车上驾乘人员能否及时地撤离出被烟雾严重污染的区域，进入到另外一条非火灾隧道。由于两条隧道间的横通道平时处于关闭状态，若横通道门未及时开启，或是虽开启横通道，但车上人员未能由人行横通道进入另一条非火灾隧道，则他们只能在发生火灾的隧道内向隧道上游逃避。若车上人员未能撤离至非火灾隧道，伤亡能否避免就取决于风机能否成功控制有毒、有害烟雾的蔓延方向，以及救援是否及时。若风机控制不住烟雾，但救援人员及时赶到，将未撤离到另外一条隧道的人员及时救出，则伤亡可以避免；若风机控制不住烟雾，且救援人员未及时赶到，或虽然到达现场却由于各种原因无法将人员及时救出，则伤亡就会发生。虽然我们分析的是火灾致人伤亡的事件，但如果车上驾乘人员成功撤离至非火灾隧道，或虽未撤离至非火灾隧道但被救援人员成功救出，而且风机成功控制烟雾蔓延，那么就不会产生人员伤亡。当然我们也关心火灾最终能否被消防队扑灭。因为秦岭隧道长度达 18km，当隧道中部发生火灾时，驾乘人员从火灾发生区域跑到洞口需几十分钟。随着时间的推移，除了有毒、有害烟雾可能会逐渐扩大蔓延到非火灾隧道外，若货车持续燃烧发生爆炸，仍然会造成人员伤亡。若火灾被扑灭，则伤亡得以避免。根据以上所描述的事件过程可得出其事件树，如图 5-4 所示。

车上人员自行及时灭火	执行火灾救援风机预案	车上人员撤离至非火灾隧道	救援未撤离至非火灾隧道人员	风机控制有毒有害烟雾蔓延	隧道消防队扑灭火灾

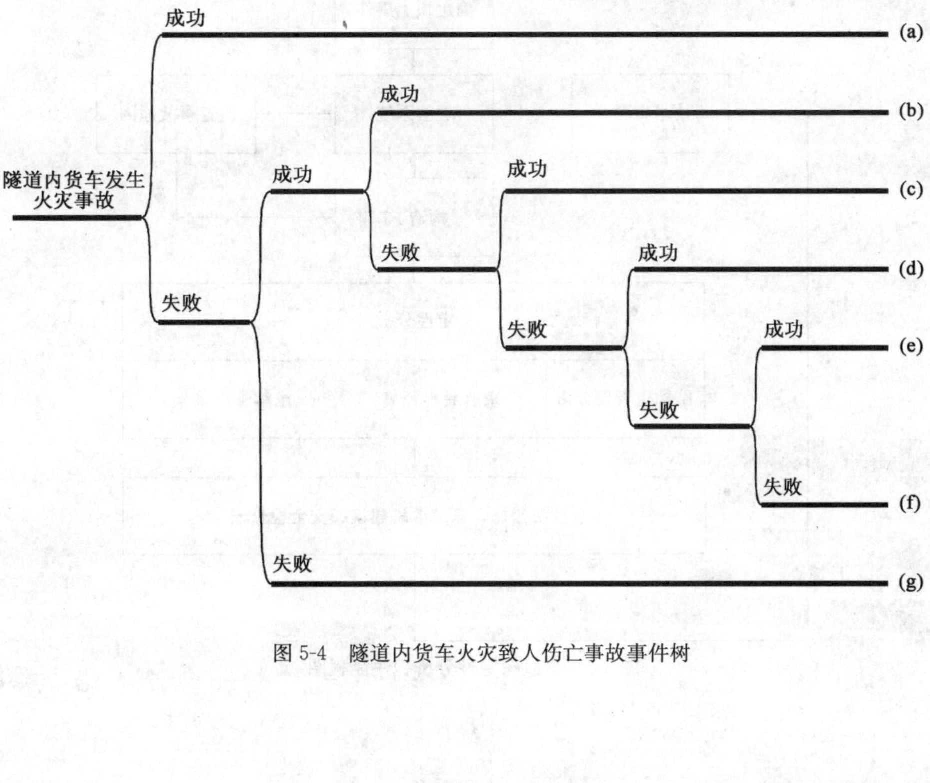

图 5-4　隧道内货车火灾致人伤亡事故事件树

由事件树可知，若隧道内货车发生火灾事故，有5种情况可避免出现人员伤亡：

①车上人员自行及时灭火成功——(a)。

②车上人员自行及时灭火失败，但执行救援风机预案成功，车上人员成功撤离至非火灾隧道——(b)。

③车上人员自行及时灭火失败，执行救援风机预案成功，车上人员虽未能成功撤离至非火灾隧道，但救援队成功救援出未撤离至非火灾隧道的人员——(c)。

④车上人员自行及时灭火失败，执行救援风机预案成功，车上人员未能及时撤离至非火灾隧道，且救援队也未能成功救援出未撤离至非火灾隧道的人员，但是风机持续控制有毒烟雾蔓延成功——(d)。

⑤车上人员自行及时灭火失败，执行救援风机预案成功，车上人员撤离至非火灾隧道失败，救援队也未能成功救援出未撤离至非火灾隧道的人员，而且风机控制有毒烟雾蔓延失败，但是隧道消防队及时成功地扑灭火灾，避免人员伤亡——(e)。

根据事件树，导致人员伤亡的可能性有两种：

①车上人员自行灭火失败，虽然执行救援风机预案成功，但车上人员撤离至非火灾隧道失败，救援人员也未能救援出未撤离至非火灾隧道的人员，风机控制有毒烟雾蔓延失败，而且由于部分原因隧道消防队员无法及时成功扑灭火灾，造成人员伤亡——(f)。

②车上人员自行灭火失败，而且执行救援风机预案失败，有毒烟雾蔓延造成人员伤亡——(g)。

5.2.2.5 隧道火灾事故树分析

事故是我们所不希望发生的一种事件。然而，在隧道的运营管理过程中却隐藏着许多可能导致火灾事故发生的危险。要避免火灾事故发生，应事先了解与控制可能导致火灾事故发生的危险因素。反之，如果事故已经发生，则表明它是由隐藏着的危险因素所导致的。准确地找出导致火灾事故发生的危险因素(导致事故发生的原因)，对促进隧道安全运营、预防事故发生是极为重要的。由此可见，导致事故发生的原因分析是保障隧道安全的一个重要方面。采用事故树分析的方法就是实现这一工作的常用方法。

事故树分析也称故障树分析(Fault Tree Analysis，简称 FTA)。这种方法把系统可能发生的某种事故与导致事故发生的各种原因之间的逻辑关系用树形图表示。通过对事故树的分析，找出事故发生的主要原因，为确定安全对策提供可靠依据，以达到预测与预防事故发生的目的，其定性分析程序流程如图5-5所示。

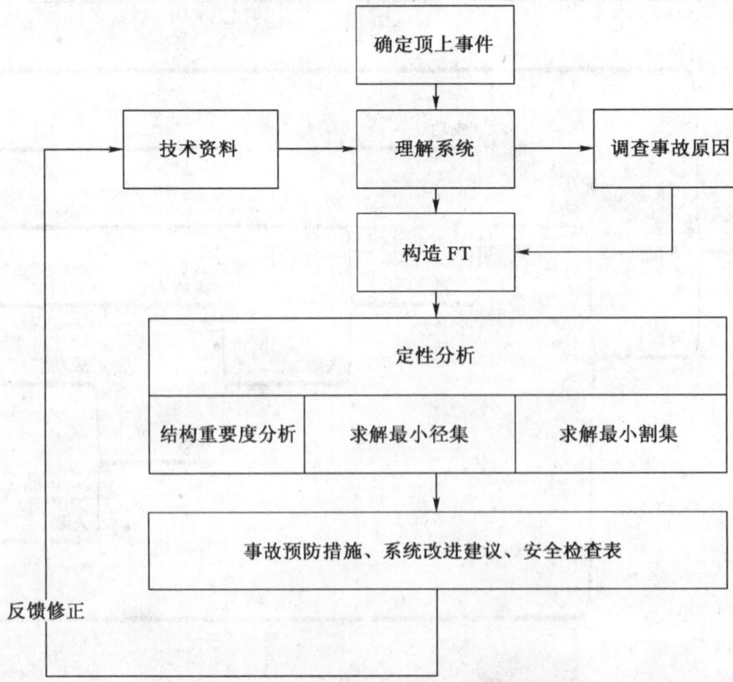

图5-5 事故树定性分析程序流程图

由事件树分析可以看出，隧道内货车发生火灾和事件树中(f)、(g)事件是我们不希望发生的(若这些事件发生，可能会导致伤亡事故发生)，故应预防其发生。要预防这类事件发生，应掌握导致其发生的可能途径，因此需要进一步利用“事故树”对隧道内货车发生火灾和事件树中可能导致伤亡的事件进行分析。

事故树分析的具体内容参见《TMMS 1.0 交通安全管理研究报告》。

5.2.3 秦岭终南山特长公路隧道安全检查表

根据以上采用事件树和事故树安全分析方法得到的基本原因事件、预防对策以及各事故树分析所推荐的安全检查项目，即可编制秦岭隧道安全检查表。做好隧道安全管理工作的基本方法就是：按照安全检查程序的要求和安全检查表的项目和标准，认真做好安全检查，及早发现交通安全事故隐患，做到预防为主，从而降低交通安全事故和火灾事故发生的几率。

5.2.3.1 安全检查表概述

对一个生产系统或设备进行科学的分析，从中找出各种不安全因素，依据检查项目，将找出的不安全因素以问题清单的形式列制成表，以便进行检查和避免漏检，这种表称为安全检查表(Safety Check List，简称 SCL)。

传统安全方法中常见的检查表与本章的安全检查表有本质的不同。前者缺乏系统、科学的检查内容和方法，检查项目不全面，检查方法不科学，检查标准不明确，容易流于形式。后者则是建立在对系统进行科学分析的基础上。如本研究通过事故树分析方法，找出可能引起隧道内货车火灾事故发生的全部基本原因事件后，确定出安全检查表应查项目和内容，同时规定检查方法，明确检查负责人等，这样就使得危险因素不会遗漏，使检查可靠且不流于形式。

安全检查表的内容主要包括序号、检查内容、回答、检查人和检查时间、检查地点、备注等。

安全检查表的内容必须与所定的检查项目一一对应。安全检查表采用提问的方式，用“是(√)”或“否(×)”回答。“是(√)”表示符合要求，“否(×)”表示还存在问题，有待进一步改进。除此之外，也可用其他简单的参数来进行回答。根据需要可以在每个提问后面设改进措施栏。

安全检查表的编制与实施可用以下几句话概括：

①确定分析对象，找出其危险点。

②确定检查项目，定出具体内容。

③顺序编制成表，逐项进行检查。

④对照标准评价，作出正确回答。

⑤不断补充完善，提出整改意见。

5.2.3.2 安全检查表的应用

安全检查表的应用是指利用编制的安全检查表进行安全检查工作。安全检查工作是隧道安全管理的一项中心工作。

1)安全检查的目的

(1)及时发现和纠正不安全行为。人的操作有很大的自由性，常常受心理因素和生理因素影响，尤其是对于繁重、单调、重复的作业，如隧道内的养护作业，最易违反规定，按照省力、简便、快速的办法去操作。安全检查就是要及早发现养护作业人员的不安全行为，并通过提醒、说服、劝告、批评等方式，消除不安全行为，提高安全性。

(2)及时发现物的不安全状态，提高安全程度。设备由于腐蚀、老化、磨损等原因，易发生故障，从而产生安全问题。安全检查就是要及时发现并排除隐患，或采取相应的临时辅助措施。

(3)及时发现和弥补管理缺陷。计划管理、生产管理、技术管理和安全管理等方面的缺陷都能影响安全生产。安全检查就是要直接查找或通过具体问题发现管理缺陷，并及时纠正弥补。

(4)发现潜在危险,预设防范措施。按照事故逻辑思维,观察、研究、分析是否会发生重大事故、发生重大事故的条件、可能波及的范围以及遭受的损失和伤亡,制订防范措施和应急对策。这是从系统、全局出发的安全检查,具有重要的宏观指导意义。

(5)及时发现并推广安全先进经验。除了检查问题外,还可以通过实地调查研究、比较分析,发现安全生产典型,推广先进经验,以点带面,开创安全工作新局面。

(6)结合实际,宣传贯彻安全工作的重要性和安全工作法规制度。安全检查的过程就是宣传、讲解、运用安全工作法规制度的过程。

2)安全检查的具体要求

(1)检查标准。按照本研究编制的"安全检查表"的项目认真执行,逐条过关,并在工作中不断修改、补充及完善。

(2)检查手段。内业检查与外业检查相结合,临时突击检查与定期指定检查相结合,目测与使用工具相结合。

(3)检查记录。每次安全检查都应认真做好安全检查记录,特别是测检数字,这是安全评价的依据。

(4)安全评价。检查后,安全检查人员要根据检查记录认真、全面地进行系统分析和安全评价。对于存在的安全隐患,及时提出整改要求,下达隐患整改通知书。

(5)隐患整改。这是安全检查工作中的重要环节。有关单位、部门在收到隐患整改通知后,必须及时落实整改。负责整改的单位、人员完成整改工作后,应及时反馈。检查人员接到反馈后应立即进行复查,符合安全要求后销案。

3)安全检查工作分类

(1)日常安全检查主要是进行日常巡查和危险品检查站货车安全检查。日常安全检查是隧道路政的日常工作的组成部分,每天都必须进行。日常巡查工作可与监控中心工作协调,充分利用监控中心设备,适当减少巡查频率。日常检查可参照日常安全检查程序(TIP1.1-01)、日常巡查须知(TII1.1-01)和危险品安全检查须知(TII1.1-03)进行。

(2)经常安全检查是指不在规定时间内,检查前不通知受检单位或部门而进行的检查,具有突击性,可以发现受检查单位或部门安全生产的持续程度,以弥补定期检查的不足。考虑到检查结果的真实性,采用部门交叉的方式进行。隧道消防队是负责隧道消防安全的部门,因此建议由隧道消防队负责经常安全检查。经常检查的频率可根据上次检查实际情况确定,但不得少于每月一次。经常安全检查可参照经常安全检查程序(SP1.2-01)、隧道养护作业经常安全检查表(SI1.2-01)、隧道安全设施经常安全检查表(SI1.2-02)、监控中心监控作业经常安全检查表(SI1.1-03)进行。

(3)定期安全检查是由隧道管理单位领导、各部门领导以及邀请的外部安全专家等组成的全隧道安全大检查,是对秦岭隧道安全管理工作的全面清查,涉及隧道安全管理的方方面面。由于参加人员多、涉及面广、时间长,因此检查频率不宜太高,一般每年最多一至两次。定期安全检查的执行可参照定期安全检查程序(SP1.3-01)以及隧道定期安全检查表(SI1.3-01)。

(4)专业安全检查是对某一项危险性大的安全问题和某一个安全薄弱环节进行专门检查和专题单项调查,可以分为专业安全检查和专题安全调查两种。调查比检查工作内容更为详细,时间较长,并且要作出分析报告。两者的目的都是为了及时查清隐患和问题的现状、原因及危险性,提出预防和整改的建议,并督促消除和解决,从而保证安全。专业性安全检查或专题安全调查是不定期的,一般根据安全工作中暴露出来的问题,本着预防的目的追根问底而确定,因此有较大的针对性和专业要求,可检查难度较大的内容,发现问题后又可集中研究整改对策。专业性安全检查是以外部专业安全和技术人员为主,由管理单位有关的技术和管理人员参加。由于其检查内容随安全问题的不同而不同,而且都需要专门的程序和检查表,一般可委托专业机构进行,检查程序和记录表按照专业单位的程序和格式即可。

为了搞好安全检查、真正发挥监督作用,必须要有一个与检查工作需要相适应的组织。日常巡查由隧道路政人员负责,经常安全检查由隧道消防队负责。而定期安全检查最好由隧道消防队牵头、公司和各部门领导及公司内部和邀请的外部专业安全和技术人员参加，组织成立一个检查组，进行具体、深入的检查，并且采用现场整改解决问题的方法。这种方法检查深入，发现隐患整改及时，安全检查效果较好。

5.2.4 隧道安全措施

对一个系统进行系统安全分析和评价后，根据分析评价结果，针对系统中的薄弱环节或潜在危险，提出调整修正的措施，以消除事故的发生或使事故发生后能得到最大限度的控制。安全措施主要包括宏观控制措施、微观控制措施和安全目标管理。

宏观控制措施是以整个系统作为控制对象，人们则根据系统的安全状况进行决策，从而确定控制措施。通常采用的控制措施主要有法制手段(政策、法令法规、规章制度)、经济手段(奖、惩)和教育手段。

微观控制措施是以具体的危险源作为控制对象，人们对系统中固有的危险源和人的不安全行为进行控制。对于固有危险源，具体的控制措施可采用控制、保护、隔离、消除、保留和转移等方法；对人的不安全行为，主要依据行为科学原理，采用人的安全化与操作安全化的方法进行控制。

根据本研究事故树分析的结果，结合国家法律法规和行业规定，借鉴国内外隧道安全管理经验，综合提出以下安全措施：

5.2.4.1 明确隧道救援相关各方责任

由于终南山隧道的规模、地理位置以及洞口两端距公安专业消防队太远等原因，不设置自己的隧道消防队无法满足隧道消防应急救援的要求。但长隧道的防灾救护策略与参与单位并不能以公路单位为公路主管机关为由，将防灾救护责任全部推卸给公路单位，而应将社会各专业救援力量与隧道管理单位组织成一个隧道应急救援组织。该组织成员应涵盖管理单位、消防单位、交警部门、路政单位、医院、环保部门等，各成员各司其职。因此，隧道的火灾救援预案也应该将各社会机构的职责纳入其中，并在政府的相关文件中予以明确。

5.2.4.2 制订秦岭隧道安全管理办法

隧道火灾主要是由通过隧道的车辆引起的，加强安全管理首先应从加强车辆管理入手，如规定车辆在隧道内不准超车、超速，也不得在隧道内随意停车。对于因抛锚而停在隧道内的车辆，隧道管理部门应立即派牵引车进行疏散。公安交警应加强对进入隧道车辆的车况及驾驶员的检查，防止车况不良的车辆及超限车辆进入隧道，严禁酒后驾驶、疲劳驾驶的驾驶员驾车进入隧道，限制运载危险物品的车辆进入隧道等。

5.2.4.3 完善隧道自身救援力量配置

当隧道内发生火灾后，最理想的情况应该首先由发现人员，即起火车辆或其后方车辆的驾乘人员灭火，因为他们首先发现和面临火灾，是扑救早期火灾的最主要力量，也就是第一梯队；在接到第一梯队人员发出的报警信号后，由隧道管理单位的电工、路政以及隧道消防队赶赴现场救火，形成第二梯队；最后地面专业消防队赶到火灾现场，这是第三梯队。根据目前的公安消防队的位置，终南山隧道两端公安消防队根本无法在30min内到达洞口。因此，根据秦岭隧道特点和所处地理位置，秦岭隧道的火灾救援的原则是：动员第一梯队，依靠第二梯队。

秦岭隧道长度达18km，若以80km/h的速度不间断地开车行驶，由入口开到出口处要耗时13.5min，不能满足10min内到达的要求。但若利用车行横通道，只需计算到达隧道中部的时间(约7min)，再加上利用车行横通道掉头的时间即可。如果车行横通道选择正确，通道门的开启正常，可顺利通过，从洞口到达火场应可控制在10min以内。因此，建议秦岭隧道的消防队最好设置在两端洞口。为了保证在车流密度较大时，发生火灾能及时救援，防止出现堵车致使消防车无法接近着火点的情况发生，建议在隧道中部配置消防摩托，并安排人员值守。

5.2.4.4 实行管养单位安全检查制度

通过研究，本报告制订了隧道的定期安全检查和经常安全检查，并编制了秦岭隧道定期和经常性的安全检查表，其目的就是要让安全检查成为结构和机电检查之外的另一种固定形式的检查项目。只有坚持进行安全检查，才能及时发现事故安全隐患、及时进行整改，从而真正提高隧道的安全性。三种检查的对比表见表5-1。

三种检查对比表　　表5-1

管理项目	土建结构	机电设施	安全管理
检查类型	日常巡查、经常检查、定期检查、特别检查、专项检查	日常巡查、经常检修、定期测试	日常巡查、经常检查、定期检查、专业检查
发现问题	病害	故障	隐患
处治措施	病害整治	故障排除	隐患整改

5.2.4.5 长期开展隧道安全宣传活动

由于秦岭隧道长度较长，隧道内发生火灾后，救援队伍不可能在火灾开始时就能马上赶到火场，因此发生火灾或火灾附近车辆的驾乘人员在至少5min内进行初期灭火和自救是非常重要的。

为了让过往车辆驾乘人员了解隧道消防知识，懂得车辆初期灭火和自救，应在全社会进行宣传教育工作。欧洲的做法是将长隧道安全教育纳入考取驾照的培训内容之中，宣传介绍隧道逃生紧急应变措施及各项消防逃生设备的使用方法，并于隧道通车前印制宣传手册，以循序渐进的方式引导驾驶员安全驾驶。

在秦岭隧道西安端洞口前的服务区已经计划建造隧道博物馆，建议在博物馆内设置行车安全准则及隧道相关设施体验室。这不但可使民众通过参观博物馆了解中国隧道的历史，秦岭隧道的建造过程、建设技术等，而且可以熟悉隧道相关设施的操作技巧，既达到了宣传教育的目标，又有助于驾驶员学习使用隧道内相关消防设备，达到初期自救灭火的目的。由于隧道南口没有博物馆，需要在隧道南口前的服务区设置隧道防灾设备模型及紧急事件处治宣传板，演示隧道内紧急电话、消防栓的用法以及发生火灾后的逃生路线等。

为增强宣传效果，除了可印刷隧道安全行车和火灾救援的宣传册，在危险品检查站、高速公路收费站等地向驾驶员发放以外，还可以考虑与陕西台电视台、西安电视台，甚至中央电视台合作，将生硬的宣传内容与电视的综艺、益智节目相结合，制作成时下流行的谈话性节目。由于节目时间较长，可配合制作隧道安全方面的专辑性节目，对隧道行车安全及紧急应变措施进行完整的介绍，既可以提高秦岭隧道乃至全国公路隧道的安全行车水平，又能够大大提高秦岭终南山特长公路隧道的知名度。

5.2.4.6 编制隧道火灾应急救援预案

由于秦岭隧道长度达18km，当火灾发生时，肯定会发生联络困难、救援调度不易及火灾情况难以掌握等状况。火灾救援时，时间就是生命，不能到了火灾发生后，各部门再来协调确定哪个部门负责哪个救援项目。因此，必须提前编制隧道火灾应急救援预案。预案假设当隧道内火灾害发生时，各相关单位的职责、任务，各相关人员的工作等，以确保在火灾发生时能按现场情况，迅速采取正确的紧急应变及救灾作业，减少人员伤亡和财产损失。

5.2.4.7 坚持定期举办隧道消防演习

隧道火灾救援预案编制完成后，为使各类人员熟悉救援预案，了解自己在隧道发生火灾后的工作任务和相应职责，每年应定期进行消防演习。演习应选在车流量较小时进行，并封闭两条隧道。演习时相关救援单位，如交警部门、消防队、医院等都应参加。

5.2.4.8 加强隧道交通安全管理

隧道火灾主要是由通过隧道的车辆引起的，加强安全管理首先应从加强车辆管理入手，具体的规定和做法有：

(1)隧道外危险品检查站除了对危险品车车辆进行检查外，还应对车辆进行预监控与检测，避免有问题的车辆进洞。

(2)设置警示牌，提示保持车距，特别是对大货车而言。根据欧洲和日本的经验，大货车车距宜控制在 150m 以上。

(3)载有危险物品的车辆禁止通行隧道，以确保安全。载有一般物品的货车车队在进入隧道前，应以放行一部货车、其间夹几部小型车辆的方式通行，并于隧道内保持 150～200m 的车距，以加强行车安全。

(4)由交通警察或路政人员指挥，禁止隧道内大型车辆在超车道行驶。

(5)隧道内除非有交通事故，否则不得逆向行驶、倒车。除非发生故障，否则车辆行驶速度不得低于 30km/h，也不得在隧道内停车。

(6)隧道内无交通警察或路政人员指挥，不得拆换轮胎、修理车辆。

(7)隧道内任何车辆或货物造成交通阻碍，路政人员应将其强制移开。相关损失由物主负责，并由物主缴纳搬运及保管费用。

(8)尾气排放严重超标的车辆，管理部门有权禁止其通行隧道。

(9)超高、超宽以及超载车辆，管理部门有权禁止其通行隧道。

(10)请交警部门在洞内安装多个测速仪，并在测速仪前方提示。

5.2.4.9　提高机电设施养护质量

根据事故树分析，隧道通风系统、供配电系统、横通道指示灯也直接关系到救援的成败及人员的安危，因此管理单位除了应保证隧道内配置的消防和救援设施的完好率外，还必须提高隧道内机电设施的养护质量，保证其处于完好状态。

5.2.4.10　有针对性实施结构养护

提高隧道内路面(特别是洞口路面)的摩擦系数，缩短车辆制动距离，预防车辆打滑，是减少隧道交通事故的关键。为此，秦岭终南山隧道路面采用的是防滑降噪路面，其摩擦系数较高，可有效地起到减少交通事故的作用。但由于长期使用，隧道内路面露出的石头颗粒、微小的坑洼被污垢填平后得不到雨水的冲洗，油渍也得不到日光的暴晒，从而影响了轮胎的附着力。因此，定期对隧道内路面(特别是可观察到油污较多的路面)进行清洗，能有效地提高路面的摩擦系数。另外，对于表面被磨平、摩擦系数降低的防滑降噪路面，应通过相应技术手段“打毛”路面，提高其摩擦系数。

5.3　结构养护管理研究

5.3.1　研究内容

本研究的重点是针对秦岭终南山隧道检查和养护任务的管理，建立一个规范化的隧道土建结构的养护管理体系，科学规范地组织实施各项养护任务，掌握结构技术状况，从而实现预防为主、早期发现、及时维护、对症下药的目标，维护结构的良好技术状态。

根据以上目的，本研究包括以下内容：

(1)充分转化和实际应用交通运输部《公路隧道养护技术规范》的内容——必须明确国家和行业对隧道结构养护的基本要求。

(2)建立土建结构编目分级体系，细化管养对象，明确管养内容——充分了解养护管理的对象是什么、规模大小等。

(3)建立结构养护检查任务体系，明确各类任务的目的、频率和任务内容——明确养护管理工作到底需要做哪些工作。

(4)编制结构养护任务清单,制订养护任务工作程序,实现标准化、流程化的隧道任务执行和控制体系——明确如何执行和控制任务。

(5)根据以上4部分内容编制检查和养护的程序、须知,使隧道检查养护管理工作标准化,隧道养护工作不应因技术人员的不同而有很大差异——明确任务执行的标准和依据是什么。

5.3.2 研究的技术路线

本研究借用软件开发所用的面向对象开发方法,对象即为负责终南山隧道结构养护的技术人员,面对这样一座长达36km的超大型隧道,如何开展养护管理工作是关键。因此,结构养护管理的研究以开发成果的实用性为主,是对养护管理的研究,而不是对养护技术的研究,要能够让负责终南山隧道结构养护的技术人员利用本研究的成果开展养护管理工作。本报告中采用的所有技术都是经过专业技术人员研究总结出来的。本研究综合了国内外公路隧道结构养护的做法和经验,并结合了秦岭终南山公路隧道特点,形成了秦岭终南山特长公路隧道土建结构养护体系。

综上所述,本研究所采用的技术路线就是技术文献归纳综合法,通过归纳整理《公路隧道养护技术规范》和国内外的养护技术经验,以及实地考察部分隧道的养护管理实践,根据终南山隧道特点,研究出适用的养护管理体系。

5.3.3 编目体系

秦岭终南山隧道的整个土建结构是个非常庞大的系统,除了长达18km的隧道主线工程之外,还有高达几百米的竖井工程。因此,土建结构的养护管理工作必然是非常复杂的。根据现代系统理论,所有系统都是由相互作用的各个子系统所构成的,秦岭终南山隧道的土建结构系统也同样如此。该系统是由隧道的洞门、洞身、路面等子系统构成的,在对秦岭终南山隧道的土建结构进行养护管理工作时,实际上是要落实到对各组成子系统的养护管理工作。因此,如何合理划分终南山隧道土建结构的子系统,做到不交叉、不遗漏,便于养护管理工作的开展,这就是编目体系要解决的问题。

编目体系的目的是为秦岭终南山特长隧道全线建立一个系统的归档体系,把秦岭隧道整体土建结构分解为便于检查养护的基本构件,建立养护对象体系,采集数据后形成编目数据库,并与隧道地质平面图、洞身纵断面图、GIS相结合,实现编目数据库的图形查询。

编目体系由两部分内容组成:单元分级、编目数据库。

秦岭隧道的结构编目的编制参照SAP2.1隧道土建结构编目体系编制程序。

5.3.3.1 单元分级

单元分级的目的是建立一个将土建结构细分成较小逻辑单元的分级体系结构。本报告根据《公路隧道养护技术规范》对隧道土建结构具体构件的分解,结合秦岭终南山隧道特点,编制单元分级。

单元分级按照构件性质、材料特性、养护需要、最大限度地方便管理和可操作性的原则进行拆分、归类和登记,将主体结构逐级分解为在技术属性上具有可比性的较小单元,建立分级体系,形成一个清晰的养护管理对象体系,得到秦岭终南山隧道完整的养护对象管理清单,同时明确不同专业之间的管理界面。

由于隧道中存在着土建结构和机电设施的管理界面,因此应该从最大限度地便于管理的角度来划分结构和机电设施。一个管理界面不应该跨越任何一个单元,如虽然隧道内情报板的吊架本身不是机电设备,但考虑到便于管理维护的因素,应将吊架归类为机电设施的范围。

人行、车行横通道以及搬入管理、检修、避难坑道、风机房、配电房等处设置了各种自动与手动控制门。由于机电设施编目中专门设置了机械系统,其中包含了通道门,因此结构养护部分仅包含各类坑道土建结构本身的养护,而不包含所有的通道门,即使竖井井口的井口网和防护网、风道的栅栏门、导流板等都纳入机电设施的编目范围。

建立单元分级体系的基本原则是:按照便于管理的方式进行等级划分,根据材料、维护和统一的管理界面将主要单元分解为在技术属性上具有可比性的较小单元,所有单元均有各自的编号。秦岭隧道的单元分级设计如下:

(1)单元分级第1级

第1级单元是根据管养区域将养护对象进行划分。不同养护区域有不同的年度养护经费,独立核算。目前,该级为“秦岭隧道养护区域”,今后若管养范围有所扩大,可继续添加。

(2)单元分级第2级

第2级单元根据各养护区域的养护项目的不同而划分,划分为结构与强弱电。

(3)单元分级第3级

第3级是对养护项目的进一步细分。结构的第3级固定定义为隧道、桥梁、道路以及房建、绿化等。是否包含多个内容主要取决于养护区域内的具体项目。本级主要为灵活扩展,虽然养护区域的名称为秦岭隧道,但也可能包含桥梁、道路的养护。

(4)单元分级第4级

单元分级第4级是到第5级的过渡。本级只表示大的类别分类,算是一个分系统,并不是实际的可养护构件。第4级单元是制订任务体系和年度任务清单的基础。由于任务按第4级进行管理,因此本级可作为隧道财务科目。

(5)单元分级第5级

单元分级第5级由隧道实际的构件组成。采用第4级过渡的方式主要是为了将实际的检查和养护构件整齐的安排在第5级,不然会产生养护构件不在同一级别的问题,不利于编目数据库的编制。这种方式使所有可养护构件都在第5级,与《公路隧道养护规范》中的检查项目也能对应,而且每一种构件在第5级都定义了唯一的编号,无论位置在哪里,编号都不会变。

(6)单元分级第6级

单元分级第6级不用于单元分级,而是用于编目数据库,对同一单元进行编号。对于衬砌,则是根据围岩类别和衬砌不同来分段。

5.3.3.2　编目数据库

编目数据库是将单元分级中确定的构件进一步细化,并为每个构件配置构件登记表,登记构件类型、尺寸、材料、断面图等技术数据与图纸,建立结构物基础数据库。

通过使用与单元编号相关联的信息,将单元分级的前5级结合编目数据库中与单元编号相关的第6级创建了一个包含秦岭隧道全线的所有各种单元的完整清单。该清单能系统地组织所有的编目数据。构件本身有多个单元的,采用单元编号,而隧道主线的衬砌是连续的。为了便于管理,主线衬砌的分段编号是根据不同围岩类型进行的分段编号。这是由于不同围岩的衬砌结构也有所不同,分段编号便于今后对不同围岩情况的病害进行统计。

在每一个第5级单元中采用4个定位码和补充定位码进行详细定位。定位码用于记录具有相同或基本相同的功能、但是位置不同的各个部件的定位信息。只有前3位定位码用于编目,定位码4和补充定位码可用于检查时确定某一个部件损坏的精确位置。前两个定位码是单元位置的起点和终点桩号。第3个定位码将对同一个第5级单元采用一个编码,按桩号增加方向顺序编号。定位码4主要用于检查和养护时的定位记录,可以相临的现场单元编号为参数,沿桩号方向来定义相对位置或表面的方位。如隧道衬砌的病害位置可以用时钟的方式指明在机电中的位置,拱顶中部为12点钟方向。定位码4用于路面可指明在哪一个车道或紧急停车带。补充定位码为以上定义的定位码的补充定位,可用文字加以补充描述。利用定位码,可以实现对病害的统一定位和准确定位。

土建结构编目数据库详见《TMMS 2.0 结构养护管理研究报告》。

为了能够通过编目数据库了解秦岭终南山隧道土建结构的技术资料,编目数据库中带有单元编号的每一个条目都对应该单元的具体技术资料,如某段衬砌所对应的就是该段衬砌的围岩类型、长度、衬砌形式、衬砌厚度等技术参数；洞门所对应的技术参数就是洞门形式、高度、结构材料、饰面材料等。相对于枯燥的参数数字，在数据库中存储一张该单元的照片将会更加清晰形象。

5.3.3.3 构件履历表

以上两节内容所创建的单元分级加编目数据库的编目体系，即为秦岭终南山隧道在建成通车后的“新”隧道的状态，也就是说编目体系的数据是“静态”的数据，只反映了隧道的原始状态数据。而在隧道的运营过程中，随着时间的流逝、状态的改变，终南山隧道会不可避免地发生这样或那样的变异和病害。针对出现的变异和病害，管养单位必然会进行检查、检测以及病害处治的工作。这些发生在具体构件单元上的病害和处治工作是随着隧道的运营过程不断发生而添加的，是“动态”的数据。而将变异和病害记录在编目数据库中具体的第 6 级单元，就形成了该结构单元的构件履历表。

5.3.4 任务体系

建立秦岭终南山隧道养护任务体系的目的就是建立了一个科学、完整的特长隧道结构物养护检查工作分类标准和执行指南，通过不同频率、不同详细程度的养护任务的运作，及时掌握结构技术状况，从而实现预防为主、早期发现、及时维护、对症下药、维护结构完好的目标。《公路隧道养护技术规范》根据土建结构养护工作的内容及要求，将其分为清洁维护、结构检查、保养维修、病害处治 4 个组成部分。这 4 部分工作，内容互不相同，具有相对的独立性，但又彼此衔接，相互关联。其中，结构检查又细分为日常检查、定期检查、特别检查和专项检查。

根据秦岭终南山隧道编目体系的单元分级结果，第 4 级单元有 3 个用于产生养护与检查任务，同时第 4 级单元也是编制任务清单、进行任务管理的基础，见表 5-2。

单元分级结果　　表 5-2

单元分级编号		内　容
L4	L5	分级单元
1		隧道主体(含主线及人行车行横通道)
2		路面系统
3		通风建筑物

编目体系第 4 级单元与任务类别的结合，就生成了秦岭终南山隧道的土建结构任务体系，见表 5-3。任务体系是隧道养护标准任务建立和任务清单编制的基础。

通过分别编制以上任务体系中每一项任务的程序和作业须知等文件，明确职责部门、管理界面、相关技术规范、工作流程、工作内容、技术指标、报告编制与分发等要素，形成了完整的秦岭终南山隧道任务体系文档。通过运用任务体系，逐渐实现了规范化、标准化、制度化的任务实施和管理。

单元分级的第 5 级单元共有 12 个构件，用于产生任务项目库。虽然任务是根据第 4 级单元产生的，但任务中具体的养护项目和检查内容是根据第 5 级单元中的每一个具体构件来确定的，也就是说，秦岭终南山隧道的结构养护主要是针对这 12 种构件的检查和养护工作，从而实现了整体隧道的养护管理工作在这 12 种构件上的具体化。

以下按照秦岭终南山隧道的土建结构任务体系的具体任务，并结合终南山隧道特点，分别进行具体落实。同时，根据需要，确定须编制的任务体系程序和须知。

5.3.4.1 清洁维护

相比其他公路结构物，隧道呈长管状，烟尘不易散发，因此其清洁周期要相对短一些。隧道清洁维护的工作包括扫除隧道内垃圾、清除结构物脏污、清理(疏通)排水设施，保持结构物外观的干净整洁。按照《公路隧道养护技术规范》2.2.1 条，土建结构应经常性、周期性地进行清洁维护，其周期应综合考虑隧道状况、交通量大小及组成、结构物脏污程度、清洁方式及效率以及环境条件等因素加以确定，并尽量减少对交通营运的干扰。

秦岭终南山隧道的土建结构任务体系　　表 5-3

秦岭终南山隧道的土建结构任务体系		
编 目 单 元	标准任务列表	任　务
隧道主体	隧道主体清洁维护	清洁维护
路面系统	路面系统清洁维护	
通风建筑物	通风建筑物清洁维护	
隧道主体	隧道主体日常检查	日常检查
路面系统	路面系统日常检查	
通风建筑物	通风建筑物日常检查	
隧道主体	隧道主体定期检查	定期检查
路面系统	路面系统定期检查	
通风建筑物	通风建筑物定期检查	
具体构件	隧道特别检查	特别检查
具体部位	隧道专项检查	专项检查
隧道	隧道总体检查	总体检查
隧道主体	隧道主体保养维修	保养维修
路面系统	路面系统保养维修	
通风建筑物	通风建筑物保养维修	
第 5 级构件	边(仰)坡病害处治	病害处治
第 5 级构件	衬砌病害处治	
第 5 级构件	路面病害处治	

秦岭终南山公路隧道是一座举世瞩目的特长隧道，隧道通车后必然会有许多慕名而来的参观者，因此隧道的干净整洁是非常重要的。根据秦岭终南山隧道编目体系，其清洁维护工作根据单元分级第 4 级分为隧道主体清洁维护、路面系统清洁维护和通风建筑物清洁维护。

1)隧道主体清洁维护

由于秦岭终南山公路隧道没有内装，也未设顶板，但是为了提高终南山隧道对外形象、保证舒适的通行环境、提高照明系统的功效，建议隧道主体的清洁维护按照《公路隧道养护技术规范》中对顶板和内装的要求执行，其清洁维护主要针对隧道边墙和拱顶衬砌表面进行。

隧道衬砌表面的脏污主要是车辆排出的废气的沉积。经过对多个隧道的实地考察发现，隧道衬砌的脏污程度与交通量大小、货车比例、超重车比例、是否为上坡段、通风系统开启时间有很大关系，超重货车多且是上坡的隧道内衬砌脏污程度非常严重，有些隧道拱顶甚至已呈现出纯黑色。一般来说，隧道的污染越严重、结构物越易脏污，其清洁周期应该越短；反之，其清洁周期则越长。因此，对于秦岭终南山隧道而言，由于刚通车时交通流量尚不大，建议对于隧道洞壁(地面至 3.5m 高范围)进行清洁。可采用《公路隧道养护技术规范》2.2.3 第一条对内装清洁的频率要求，高速公路隧道宜每月清洁 1 次，刚通车时可根据交通量的具体情况适当增减清洁次数。《公路隧道养护技术规范》中要求顶板和内装的清洁宜以机械作业为主，而且出于安全与劳动效率的考虑，洞壁的清洁方式应采用隧道清洁车。建议可将清洁工作外包，但应采用隧道清洁车清洁，隧道清洁车对洞壁的清洗可从地面达到 4m 高处。

洞壁 3.5m 以上到拱顶的清洁维护是个难点问题，而且作业时对交通的影响也比较大。隧道拱顶不进行清洁维护不但会造成隧道通行环境恶化、影响隧道对外形象，而且会增大交通安全事故的几率。

另外，由于拱顶的脏污主要是沉积的烟灰和油状的残留物，尤其是来自柴油发动机的油烟长时间堆积对衬砌有腐蚀损坏作用，且在当衬砌发生裂缝等变异时无法及时检查到，严重影响交通和结构安全。所以，建议定期对拱顶进行清洁维护。

由于隧道拱顶清洁维护难度较大，对交通的影响也比较大，因此《公路隧道养护技术规范》对顶板的清洁要求的频率较低，以不少于1次/2年为宜。正是由于清洁频率较低，而且脏污主要是沉积的烟灰和油状的残留物，拱顶清洁采用干法清洁的效果并不理想。通过《公路隧道养护技术规范》对湿法和干法清洁的特点的对比，建议终南山隧道的拱顶清洁维护采用湿法清洁的方法。

在湿法清洁时，不可避免地会有污水喷溅到机电设施上。虽然终南山隧道内安装的机电设备防护等级均达到IP55以上，有些甚至达到IP66，完全可以经受普通水压的冲洗，不致损坏机电设备，但应注意的是清洁剂的选用以选择无腐蚀的中性、环保清洁剂为宜。

由于湿法清洁作业规模大、对交通影响大，应选择在交通量较小时进行，如假日、夜晚等，以尽量减少交通干扰，而且最好封闭交通，以降低事故风险。此外，清洁时间应选择在夏季，防止冬季清洁污水在路面结冰，从而影响交通安全。

2)路面系统清洁维护

隧道路面系统脏污主要是车道两侧积聚尘土，覆盖标志、标线、轮廓标，使其难以识别；紧急停车道、排水系统积聚尘土和散落物，造成排水系统堵塞。由于隧道内无雨水冲刷，路面系统较易脏污。而路面系统的干净整洁与隧道的服务质量密切相关。堵塞的排水设施、污浊不清的标志、标线或根本不会反光的路钮，不但严重影响隧道形象，而且会增大交通安全事故的几率。为了保持路面系统干净整洁，提供安全舒适的通行环境，降低交通事故发生的概率，必须进行经常性的路面系统的清洁。路面系统的清洁包括路面和检修道保洁、排水系统清理疏通、标志标线轮廓标清洗。

(1)路面和检修道保洁

隧道内空间有限，因此要求迅速而有效地实施清扫作业。秦岭终南山隧道双向36km，若全部采用人工保洁方式，其时间较长，且对交通安全影响较大。因此，应选择以路面清扫车进行清洁。由于秦岭终南山隧道在西柞高速公路上，可结合高速公路的路面保洁，将隧道的路面保洁工作委托给配备有路面清扫车的专业保洁公司。保洁公司同时负责西柞高速全线路面保洁。对于隧道内的一些死角、边角，如横通道内、紧急停车带前后角落、检修道等机械清扫无法到达的部位，要求保洁公司配备清洁人员，采用人工清洁的方式进行清理。此做法符合《公路隧道养护技术规范》中2.2.2第2条“路面清扫宜以机械作业为主，以人工作业为辅”的规定。当隧道内出现大面积掉落物和撒落物时，出于安全的考虑，应该及时进行清理。因此，要求承担隧道保洁任务的保洁公司配有能够快速到达隧道的设备和人员。

当路面被油类物质或其他化学品污染时，应及时采取必要的清洁措施清除污垢，并用清洁剂清洗干净。根据单元分级结果，隧道主体结构清洁需采用隧道清洗车。因此，建议路面油污清洗由负责隧道主体清洁维护的承包人负责。

(2)排水系统清理疏通

隧道的排水系统负责将衬砌后的地下水、行驶车辆的排水以及养护作业用水及时排除洞外。排水系统一旦发生堵塞，会造成路面积水，带来严重的交通安全隐患。因此，隧道排水系统需经常进行清理、疏通，以保持其良好的排水功能，确保水流畅通无阻，防止积水影响行车、损害隧道结构或设施。终南山隧道除隧道中部纵坡为1.1%，进出口段纵坡均为0.3%。根据经验，当纵坡为0.3%～0.5%时，水流缓慢，杂物易淤积，水沟易被堵塞。因此，终南山隧道排水系统的具体清洁周期不宜少于1次/季度。此外，最好将排水系统的清洁与隧道主体的清洁安排在一起，这样可以利用隧道主体清洁的水清洗排水系统。在雨季，还应加强排水系统设施的检查工作，发现排水不畅应及时进行清理疏通。除纵坡较小的路段外，隧道的洞口段容易积聚垃圾和各类杂物，容易在边沟内淤积而影响排水，因此应加强其清理和疏通工作。对于窨井和沉沙池，应及时将其底部的沉积物清除干净。

(3)标志、标线和轮廓标清洗

隧道内交通标志、标线和轮廓标是为了维护交通秩序、保障行车安全、充分发挥道路交通功能,依照规定在隧道内沿线设置的,属于交通安全设施。因此,应保持其外观的清晰、醒目,确保交通信息传递清楚无误。隧道的标志、标线应定期进行清洁维护,频率应不少于 1 次/月,或当标志牌面、路面标线有污秽,影响其辨认性能时,应及时对其进行清洗。清洗标志、标线时,不能采用钢刷等金属制品,避免损伤其表面覆膜或涂层。

清洗标志时,应先用清水喷洒标志表面,再用清洁液,利用软毛刷、抹布或海绵等刷洗,再用清水冲洗干净,使用的清洁液或工具不可擦伤标志面。使用清洁剂应先取小面积试验后,再决定用何种材料、何种清洁剂,清洁液的选择应注意无磨损性,无强酸、强碱之特性,不可用苯类、醇类之芳香族溶剂。去除标志面上的柏油、油质、柴油污点或其他杂质时,可用抹布浸湿煤油、矿油精、戊烷或石油脑擦拭后,再用洗洁剂及清水冲洗。

3)通风建筑物清洁维护

通风建筑物包括风道、搬入坑道、风机房和配电房以及竖井口的风塔等为竖井通风而建造的构筑物。通风建筑物的清洁维护主要是为了维护风道的干净整洁,防止进入风道的杂物在开启轴流风机时损坏轴流风机叶片,从而造成事故。通风建筑物应定期进行清洁维护,频率为 1 次/季度。

虽然在进行编目单元分级时,将风道栅栏门、风塔防护网等归入机电设施的编目中,但在清洁维护时,应将其作为整体通风建筑物一同进行清洁。清洁维护的扫除重点是栅栏门上及其门口的杂物,以及清除风道内的垃圾。

清洁维护任务执行程序与作业须知详见 SMP2.2 隧道清洁维护程序及须知。

5.3.4.2　结构检查

隧道养护管理工作的基本目的是维持隧道良好的运营环境和结构物的正常功能状态。因此,需要通过结构检查,及时了解和掌握隧道结构物在使用阶段出现的各种变异现象和规律,以便为制订相应的监控措施和整治方法提供依据。结构检查的主要目的就是要早期发现隧道变异现象,同时在变异已发生时,通过观测掌握其变异程度,判断是否要进行详细调查和整治的必要性。此外,为确保交通通畅、保障结构和交通安全,掌握有无漏水现象也很重要。可以说,检查和调查是早期发现变异的核心。

结构检查的工作内容包括发现结构异常情况,系统掌握结构技术状况,判定结构物功能状态,确定相应的养护对策或措施。

(1)检查体系

隧道检查体系的建立是以快速发现变异、查明变异发生的原因为目的,准确地确定处治对策,以确保隧道安全。

由于秦岭终南山特长公路隧道的建设规模远远超过一般的特长隧道,使检查的难度增大,其结构物的运营状态就更加难以全面掌握。因此,本研究参考国外隧道检查、检测的经验,建立了秦岭终南山隧道土建结构检查体系,在满足《公路隧道养护技术规范》对土建结构检查的普遍要求的基础上,针对秦岭终南山隧道特点,对检查体系进行了具体化和应用研究。

2003 年,交通部发布了《公路隧道养护技术规范》。该规范将隧道的检查分为 4 类,即日常检查、定期检查、特别检查和专项检查,并且要求高速公路隧道日常检查每周不少于一次,定期检查每年不少于一次。在检查方法上,也明确了日常检查、定期检查和特别检查采用目测并辅以必要设备的形式,而专项检查则需要专业的检测手段和仪器设备,宜委托具有相应检测资质的专业机构实施。

从规范对日常检查和定期检查的检查内容和判定依据可以看出,日常检查和定期检查都把对交通的影响列为重要的检查内容,结果判定为 A 的项目大多是已对交通安全构成影响的问题。这说明规范对隧道交通安全的重视。相对于一般的普通隧道的交通安全而言,秦岭终南山隧道的交通安全问题显得尤为重要。由于每周一次的日常检查对于发现路面积水、路面撒落物等不够及时,因此应规定更为频繁的检查频率,如每天1次,相应地配备更多的隧道土建结构养护人员。实际上,由于终南山隧道成立了专门的隧道管理机构，路政人员每天要进行隧道交通安全巡查，负责机电维护的人员要巡查隧道照明、交通信号等设施的完好情况，再加上对结构的巡查，造成每天在隧道内巡查的人员很多。但就巡查内容而言，巡查人员是各巡各的、互不通气，极大地浪费了人力和财力。

对于双向36km的终南山隧道土建结构的日常检查而言，如果全程采用步行检查，根据德国隧道的检查经验，检查速度大约为1km/h，则整座终南山隧道进行一遍日常检查至少需要4～5d。这样日常检查最多也只能每周检查一次，无法再增加检查频率。同时，由于工作强度很大，反而容易造成检查人员走马观花、应付了事。但如果全程开车进行日常检查，就与路政巡查相重复，而且有些隧道结构的问题在车上根本观察不到。如果长期开车执行日常检查，等到隧道定期检查时，会发现有些结构变异可能已经发生很长时间了。

因此，本研究建议优化检查体系，充分利用资源。在路政巡查工作中增加检查内容，将土建结构日常检查中坐在车上能够发现的明显变异，如衬砌漏水、路面掉落物等，特别是对交通安全有影响的内容放在路政巡查中进行检查。而结构养护人员日常检查的检查频率仍采用规范要求的频率，但必须要做到检查重点突出，区域重点轮换。

①请设计单位给出秦岭隧道应重点检查的位置、构件，请施工和监理单位整理出施工过程中已出现问题的位置，突出检查重点。

②每次检查时的区域重点要轮换。重点区域必须采用步行的检查方式，其余路段可以开车进行检查，如上次检查区域重点是入口到第1个竖井段，这次检查区域重点就是第1个竖井到第2个竖井段。这样每次需步行检查的区域重点最多为5km，完全可以在一天之内完成检查工作。

另外，建议在规范要求的现有4种检查项目之外，增加总体检查类型，并委托专业机构采用专门的自动化隧道检测设备对隧道进行全面、深入的检查，其主要目的是提前发现病害隐患，以便制订中长期养护计划。

优化后的检查体系，其检查的形式从检查到安全检测，检查的频率从每日—每周—每年—每3～6年，这样就形成了秦岭终南山隧道的检查体系。在检查时，对于同类型检查要分清重点，检查体系在运用上也要分清步骤。如果检查体系不分重点、不分检查类型地对隧道整体实施详细专项检查，则管理上必定显得没有效率，并导致人力、财力及时间上的浪费，甚至不能及时地针对隧道重点构件和部位进行专项检查，延误处理时机。因此，一般情况下，隧道检查体系的实施步骤应从简易的检查开始依序实施，并根据变异程度，分阶段实施检查。但遭遇紧急状况时，可不按照阶段顺序，而应迅速地采取必要的检查和处理措施。

应用检查体系的程序和须知文件，可以保证检查体系的贯彻执行，做到病害的早期发现，达到隧道检查的目的，为隧道养护提供依据，为隧道安全提供保障。优化后的检查体系由以下6类检查任务组成，其关系图如图5-6所示。

(2)检查方法

隧道检查的方法对于隧道变异现象的及时发现具有至关重要的作用。检查方法按采用的方式主要分为目视检查和采用仪器设备的检查。

目视检查是以肉眼目视隧道可见部分，直接检查其是否存在异常状态。原则上，以两人为一组，共乘一部巡查车或徒步进行，以目力检查各种状况。检查时，应使用有足够亮度的照明设备照亮被检查体。发现异常状态时，应拍摄照片或将之记载在展开图上，拱顶处需进行登高。目视检查适用于表面检查，无法检查衬砌等结构物背面异常状态。对异常部位拍照时，应将被拍部位充分照明，或使照相机配有亮度较强闪光灯，并将照相处里程、部位、照明方向等用白纸记录下来，贴在预计照相的位置旁。同时，将作为对象大小比较对象的比例物体，如人物、尺、锤子等，一并摄入相片，以利于对照片上异常情况进行记录。

采用仪器设备的检查又有多种分法：按检查范围，可分为隧道的快速扫描检查和变异部位的详细检查；按对结构的损伤，又可分为无损检测和有损检测等。

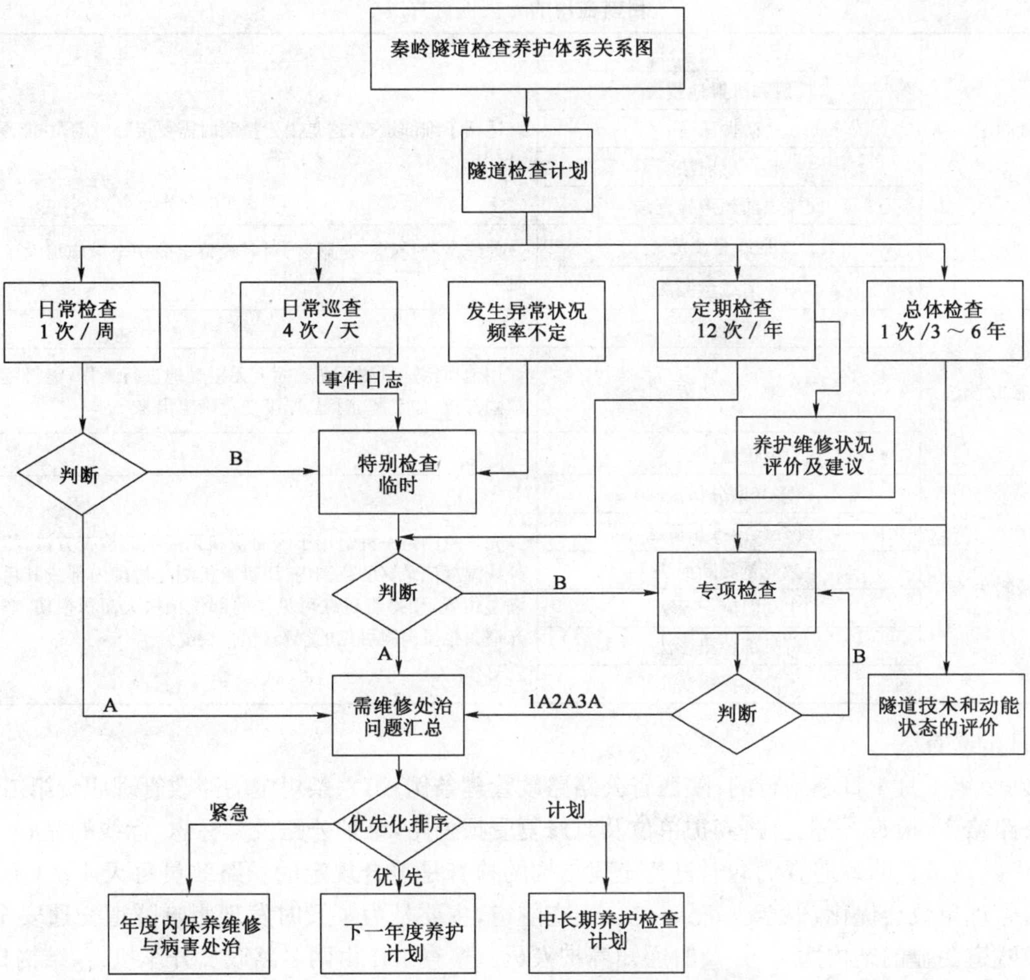

图 5-6　检查体系的检查任务构成

对于各种检查方法，应该根据具体需要和各检查方法的特点选择应用。世界各国都在大力发展无损、快速的检查方法，即用无损和无接触方法加快检查的速度，提高检查结果的精确度，并利用计算机对检查结果作进一步的处理。无损检查的方法在实际应用中必须满足以下要求：

①从隧道衬砌的内侧查出衬砌表面和衬砌内的损伤和缺陷。

②检查方法应尽可能少影响隧道的正常运营。

③检查方法不受气候条件的影响。

④检查结果必须具有利用相应的软件和硬件作进一步处理的可能性，特别要具有比较损伤发展的可能性。

⑤细部检查必须能在隧道内侧可见的每个部位进行。

根据以上要求，目前在用的无损检查方法见表 5-4。

单凭上述的任何一种检查方法都不能完全定出损伤和缺陷，因此还需对这些检查方法进一步加以完善，如采用主动温度记录器（在隧道表面预热后用热射线摄影，用激光找出裂缝位置）、静态视频摄影和用激光量测断面等方法，将扩大光学方法量测隧道断面状态的可能性。

目前在隧道检查方法的应用上，基本是以目测为主，或采用大面积的快速无损和无接触的检查方法，如以地质雷达、温度记录器、多光谱分析和对可见部位的摄影等方法进行大面积的检查，再用目测和锤击法加以补充，发现损伤和缺陷后再对具体部位进行混凝土的强度分析等专门检查。可以说，没有一种方法既可以快速、准确地定位损伤部位，又可以对所有损伤和缺陷提供立即可用的检查结果。因此，通常是把多种方法组合在一起，进行综合判断。

目前在用的无损检查方法　　表 5-4

动力量测法	结构动力振动法	适用于细部检查，这是由于量测时需要接触衬砌，并能逐点进行
	反射和折射地震法	
	微振法	
	超声反射法	
	间接表面超声检查法	
射线量测法	γ射线量测法	射线量测受到一定限制，对射线特定的安全措施加大了量测的困难
	中子射线量测法	
电力和电磁量测法	涡流量测法	
	地质雷达法	用地质雷达量测可在表面上无接触地进行工作，能将隧道衬砌的缺陷部位，如空洞、潮湿、厚度变化确定出来
	电位量测法	
目力量测法	多光谱分析法	光学量测是一种适用于大面积和无接触的检查方法，特别是在红外线温度记录器的范围内，用摄影机测定衬砌内部或其后的空洞和潮湿位置，用摄影机在可见光的部位拍摄大面积损伤，以及利用多光谱去拍摄肉眼可见的损伤(包括裂缝)
	红外线温度量测法	
	激光量测断面法	
	主动温度记录法	
	可见部位摄影法	
	静态摄影法	

(3)日常巡查

自 2002 年 1 月 1 日起施行的《陕西省公路路政管理条例》第六条规定的路政管理职责第二款：管理和保护公路路产，检查、督促公路养护单位及时修复受损公路，维护公路及其标志、标线的完好。根据以上规定，由路政员在路政巡查的同时进行土建结构的检查是符合规定的。路政员每天 4 次(不一定，有可能隧道管理单位会优化，但至少每天一次)巡查隧道，主要是为了及时发现影响隧道交通安全的事故隐患以及隧道明显的结构病害，并及时通知养护人员。检查工作由两名路政员开车执行，结构日常巡查的程序和须知纳入本课题另一研究——交通安全管理的日常安全检查程序和日常巡查须知中，同时，日常巡查安全检查表包含土建结构需检查的内容。当路政人员发现结构变异等问题时，通过“事件日志”通知负责终南山隧道土建结构养护的人员。

(4)日常检查

日常检查是对土建结构的外观状况进行的日常巡视检查。外观状况是指通过目视观察所能发现的结构表面状况，因此日常检查采用目测的方法，配合以简单、易于携带的检查工具，如皮尺、钢卷尺、铁锤、手电筒和粉笔等。通过日常检查，及时发现早期破损、显著病害或其他异常情况，并确定相应的对策措施。规范要求的检查频度为每周不少于 1 次。在雨季或冰冻季节，应加强日常检查工作。

由养护部门的检查员组成检查小组，进行日常检查工作，每组至少两人，不进行登高作业。根据日常检查工作“检查重点突出，区域重点轮换”的原则，每次检查时的区域重点要轮换。重点区域必须采用步行的检查方式，其余路段则可以开车进行目视检查。

检查区域内的下列内容应作为检查重点，检查时要突出(软件应可列出)：

①设计单位给出的秦岭终南山隧道应重点检查的位置、构件和施工及监理单位整理出的在隧道施工过程中已出现问题的位置。

②本段区域内的Ⅲ类以下围岩区域应作为重点检查部位。

③对曾经进行过养护维修的位置和构件，进行重点跟踪观察和监测，并了解处治效果。

④路政员在巡查时无法发现的问题，如横通道、拱顶等部位衬砌的变异或通风建筑物内的变异等。

⑤日常检查结果判定为 B，尚未申请特别检查的需要长期观测的变异。

检查以定性判断为主，在规范中对检查结果的判定见表 5-5。

日常检查结果判定表 表5-5

判定分类	检查结论
S	情况正常(无异常情况,或虽有异常情况,但很轻微)
B	存在异常情况,但不明确,应作进一步检查或观测,以确定对策
A	异常情况显著,危及行人、行车安全,应采取处治措施或特别对策

本研究发现,按照该判定表在将日常检查的检查结果与处治对策进行关联时,有些病害的判定结果不易选择,判定为A或B都不太适合。例如,检修道出现了道板缺损的病害,尚未妨碍交通,按照规范表2.3.4中的定义,结果应判定为B。但根据2.3.3条的规定,当日常检查的判定结果为B时,应进行监视、观测或作特别检查。很显然,像道板缺损这样的病害有时仅仅是由于养护人员在检查道板下的管线时,掀开道板时造成其破损,没有必要再进行监视、观测或作特别检查,而应该直接建议对其进行修复或更换。如果想要对其进行处治,按照规范定义应将检查结果判定为A,但按照规范对判定结果A和B的定义,判定为A也不合适。这是由于日常检查结果判定为A的病害,都是已经影响交通安全,需要立即采取处治措施的,而道板缺损没有影响交通安全,显然也没到需要立即维修的程度。若将其判定为A,反而会与真正需要立即维修的病害争夺资源。这样的例子还有洞口外排水沟排水不畅、洞门侧墙装饰层剥落、路面局部碎裂尚未妨碍交通等病害。

因此,本研究建议对日常检查结果判定标准进行修改,如表5-6所示。

修改后的日常检查结果判定表 表5-6

判定分类	检查结论
S	情况正常(无异常情况,或虽有异常情况,但很轻微)
A	异常情况显著,应采取处治措施或特别对策
B	存在异常情况,但不明确,应作进一步检查或观测,以确定对策

对比上面两个判定标准可以看出,本研究对于检查结果A的判定与规范的定义略有不同。本研究将A的检查结论中的"危及行人、行车安全"去掉,改为"异常情况显著,应采取处治措施或特别对策";对于原规范判定为B的内容不变。更改后的判定标准是以"是否需要进行监视、观测或作特别检查"为界线来判定A和B的。凡是需要继续观测或作特别检查的,判定为B;必须或可以采取处治措施的,判定为A。

规范中的判定结果A实际上有两层含意:一是需要或可以进行处治;二是紧急情况。本研究的判定标准保留A的第一层含意,对应判定结果B还需要继续观测,而将处治措施的紧急程度用该变异对结构安全和交通安全的影响程度再次判定后,以优先级表示,其定义见表5-7所示。

处治措施的紧急程度判定表 表5-7

优先级	变异判定为A后的处治紧迫性
E	结构存在严重破坏,危及行人、行车安全,必须立即进行紧急处治措施(紧急的)
R	结构存在较严重破坏,将会危及行人、行车安全,可以根据费用情况列入本年或下年度工作,在下年度内进行处治(优先的)
P	结构存在破坏,可能会危及行人、行车安全,应该在2～3年内进行处治(计划的)

实际上按照规范的定义,日常检查结果判定为B只是个中间过程,最终还需要通过继续观测、特别检查或专项检查将B的原因调查清楚,明确处治措施后判定为A。专项检查还要根据变异对结构安全和交通安全的影响程度,判定为1、2、3三个等级,确定了处治的实施时间后才能具体实施。专项检查判定结果A表示可以采取处治措施,1、2、3代表紧迫性。本研究在日常检查结果判定时也采用这一做法,对于一些虽然尚未妨碍交通、但实际也不需要再继续观测和检查的变异也判定为A,但必须同时确定优先级,以避免判定为A的变异都是紧急的。

日常检查按照SIP2.3日常检查程序和SII2.3.A日常检查须知进行。检查内容及判定标准按

SII2.3.A-01 日常检查内容及判定表执行。表中详细列出了日常检查对各构件的检查内容及判定，检查结果按照 SII2.3.A-02 日常检查记录表的格式及时填写，对于衬砌的病害，如裂缝、剥落等，要记入 SII2.3.A-03 隧道展开图上。描述要翔实记述检查项目的破损类型，估计破损范围和程度，并作出判定分类。当日常检查的判定结果为 B 时，检查员应建议是重点观测，还是需要进行特别检查；当判定结果为 A 时，应提出所应采取的处治措施的建议，估计养护工程量，并确定其优先化等级是紧急、优先，还是计划。

规范中表 2.3.4 日常检查内容及判定表的内容见《TMMS2.0 结构养护管理研究报告》。

由于秦岭终南山隧道没有吊顶和内装、洞口无遮光棚、检修道没有安装栏杆，但增加了通风建筑物，而且本研究对规范的判定结果进行了优化，因此需要对日常检查内容及判定表进行修改，详见《TMMS2.0 结构养护管理研究报告》。

根据秦岭终南山隧道的单元分级结果，隧道在单元分级的第 4 级分为隧道主体、路面系统和通风建筑物三大部分，日常检查也是对这三部分的检查。区域重点轮换时，3 座竖井及通风建筑物也作为一个区域，不得遗漏。通风建筑物的日常检查同样采用目视方法，不登高，在竖井底部观察井壁。通风建筑物的检查内容和判定与隧道主体基本相同，但在处治对策的优先级上则主要考虑结构安全，对交通的影响可不予考虑。

(5)定期检查

为了掌握隧道土建结构基本技术状况，如土建结构物的完好程度、破损或病害情况、功能状态等，评定结构功能状态，更新技术档案资料，为制订养护工作计划提供依据，需要按规定周期对土建结构进行全面检查。规范要求高速公路隧道定期检查每年应不少于一次，检查宜安排在春季或秋季进行。新建隧道应在交付使用一年时进行首次定期检查，主要目的是尽早发现结构的破损情况，为日后的养护维修提供基本技术资料。

由于本研究所建议的秦岭终南山隧道检查体系加强了日常检查工作，能够确保异常情况的及早发现，而定期检查是年度大检，主要是针对日常检查中不易到达的位置，并通过定期检查来确定下一年度工作计划，编制任务清单。因此，建议秦岭终南山隧道的定期检查频率为每年 1 次，在 9～11 月进行，并由隧道管理单位负责养护的技术人员、上级管理机构负责养护管理的部门(如总公司总工办)以及邀请外部专家等组成检查小组，小组人员至少不能少于 3 人。一般徒步进行检查，配备必要的检查工具或设备，进行目测或量测检查。对拱顶等部位进行近距离观测时，使用带有升降功能的隧道检查车，进行打击声检测等。登高设备可以采用本报告第 10 章隧道养护设备建议的类似车载式液压升降台。由于定期检查由隧道管理单位负责，因此建议管理单位必须配备隧道检查车。

定期检查是对日常检查结果的检查和对日常检查内容的补充。定期检查应重点检查日常检查不易检查到的部位，如拱顶部位。通过定期检查，应能够发现一些在日常巡查和日常检查中不易发现或无法发现的病害。定期检查发现的问题分两类：一类是补充日常检查到达不了的位置所检查出来的问题；另一类是日常检查的检查方式查不出来的问题。

检查工具和设备详见 SII2.4.B 定期检查设备须知。由于定期检查配备了登高设备，可以靠近拱顶部位，因此在进行检查时，应尽量靠近结构，依次检查各个结构部位，并注意发现异常情况和原有异常情况的发展变化。对于有异常情况的结构，应在适当位置作出标记。

检查结果应尽可能量化，规范中对定期检定期检查结果的判定查结果的判定见表 5-8。

表 5-8

判定分类	检查结论
S	情况正常(无异常情况，或虽有异常情况但很轻微)
B	存在异常情况，但不明确，应作进一步检查或观测，以确定对策
A	异常情况显著，危及行人、行车安全，应采取处治措施或特别对策

定期检查的判定结果问题与日常检查类似，本研究已经进行了修改，此处不再赘述。判定标准和处治措施的优先级可按照日常检查的标准执行。

规范中表 2.3.5 定期检查内容及判定表，详见《TMMS2.0 结构养护管理研究报告》。

按照定期检查的要求，需要接近结构进行近距离目视检查。然而，竖井井身的定期检查是个难点，如果要近距离观察，必须采用能自动升降的挂篮，检查人员坐在挂篮中控制升降机，进行检查。但竖井高达几百米，执行检查难度较大。因此，建议竖井井身的定期检查可采用摄像机录像的办法，用绳索将摄像机和强光灯从风塔缓慢送入井身，全过程拍摄，检查人员通过观看录像完成检查任务。当然，还可以采用本研究报告在结构的总体检查建议的激光影像和红外影像的设备对竖井结构进行检查。通风建筑物的检查内容和判定与隧道主体基本相同，但在处治对策的优先级上主要考虑结构安全，对交通的影响可以不予考虑。

根据秦岭终南山隧道具体情况和本研究优化的结果对定期检查内容及判定表进行修改，详见《TMMS2.0 结构养护管理研究报告》。

定期检查按照 SIP2.4 定期检查程序和 SII2.4.A 定期检查须知进行，检查内容及判定标准按 SII2.4.A-01定期检查内容及判定表执行。表中详细列出了定期检查对各构件的检查内容及判定标准，检查人员只需将检查结果对照判定标准就可得出判定结果，并将检查结果及时填入 SII2.4.A-02 定期检查记录表上。将检查数据及病害绘入 SII2.3.A-03 隧道展示图上，应详细、准确地记录各类结构的基本技术状况，分析病害的成因，给出判定结论。当判定结果为 B 时，检查员应建议进行专项检查，根据 SII2.6.A 专项检查项目和内容须知选择需要的专项检查项目，并确定专项检查的内容和要求等；当判定结果为 A 时，应估计养护工程量，提出所应采取的处治措施的建议，并确定其优先化等级是紧急、优先还是计划。

定期检查完成后，应提出土建结构的定期检查报告，内容应包括：

①对土建结构的技术状况和功能状态的评价。

②对土建结构的养护维修状况的评价和建议。

③需要实施专项检查的建议。

④需要采取处治措施的建议。

定期检查报告综合了各个结构物的检查结果，对土建结构的技术状态和使用功能作出评价，并根据检查中发现的问题，对养护工作提出改进建议或措施。对于判定为 B 的结构，应提出专项检查的建议，内容包括专项检查的原因、项目、目的、要求等；对于判定为 A 的结构，应提出采取处治措施的建议，内容包括实施处治的原因、项目、处治措施、所需的工程费用以及实施时间等。

定期检查报告的详细编制格式见 SII2.4.B 定期检查报告编制须知。检查记录表、隧道展示图、照片以及其他有关检测记录资料应作为报告的附件。

(6)特别检查

特别检查是指在隧道出现自然灾害、交通事故、危及交通安全或结构设施安全的异常事件以及日常检查结果判定为 B 时，对土建结构立即进行的详细检查。

特别检查的方法与定期检查基本相同，采取徒步的方式，携带必要的仪器和设备。检查的内容比定期检查有所侧重，主要针对异常事件的影响而展开。检查的目的是了解异常事件对结构的影响，掌握结构受损情况，确保人员、车辆、结构和设施的安全，是特殊情况下的检查，需尽快实施。

通过特别检查，应及时掌握结构受损情况，为制订对策措施提供依据。特别检查应根据具体的结构构件，决定应采取的检查方法、工具和设备。特别检查的项目和判定标准按定期检查的标准执行，检查结果的判定见表 5-9。

特别检查结果的判定

表 5-9

判定分类	检查结论
S	情况正常(无异常情况,或虽有异常情况,但很轻微,无须处治)
A	异常情况显著,原因清楚,可以确定处治对策;或异常情况危及行人、行车安全,虽然原因尚不明确,但必须采取处治措施或特别对策
B	存在异常情况,但原因不明确,无法确定处治对策,需作进一步检查或观测以明确原因、确定对策

特别检查的检查内容按照 SII2.4.A-01 定期检查内容及判定表对受异常事件影响的结构或构件作重点检查,掌握其受损情况。对于判定为 A 的结构,应提出采取处治措施的建议,内容包括实施处治的原因、项目、处治措施、所需的工程费用以及实施时间等。当难以判明破损的原因、程度等情况时,检查结果应判定为 B,并且建议进行专项检查。根据 SII2.6.A 专项检查项目和内容须知选择需要的专项检查项目,并确定专项检查的内容和要求等。

检查结果的记录与定期检查相同,检查结果按照 SII2.4.A 定期检查须知的指导及时填于 SII2.4.A-02定期检查记录表上。检查完成后,应提交特别检查报告,包括检查记录,评估异常事件的影响,给出判定结论,确定合理的对策措施。特别检查报告的详细编制格式见 SII2.5.A 特别检查报告编制须知。检查记录表、隧道展示图、照片以及其他有关检测记录资料应作为报告的附件。

(7)专项检查

专项检查是指当出现了以下三种情况时,需要进一步查明其成因、范围、发展程度和状况、对结构物使用功能的影响等,而进行的现场试验检测、验算、分析鉴定、相关资料的调查分析等更深入的专门检测:

①通过定期检查发现存在异常情况,但不明确,应作进一步检查或观测以确定对策,定期检查检查结果判断为 B。

②通过特别检查发现存在异常情况,但不明确,应作进一步检查或观测以确定对策,特别检查检查结果判断为 B。

③通过具有类似情况的其他隧道而得知终南山隧道土建结构也可能存在问题,应作检查或观测以确定状态。

根据以上情况可以看出,专项检查的任务通常由定期检查或特别检查要求提出,并由此确定专项检查的内容和要求等。专项检查项目及内容详见《TMMS2.0 结构养护管理研究报告》。

检查的项目、内容及其要求,应根据定期检查或特别检查的结果有针对性地确定。通过专项检查,要求掌握破损或病害的详细资料,为其是否需要实施处治以及采取何种处治措施等提供技术依据。专项检查结果的判定见表 5-10。

专项检查结果的判定

表 5-10

判定分类	检查结论
B	结构存在轻微破损,现阶段对行人、行车不会有影响,但应监视或观测
1A	结构存在破坏,可能会危及行人、行车安全,应准备采取对策措施
2A	结构存在较严重破坏,将会危及行人、行车安全,应尽早采取对策措施
3A	结构存在严重破坏,已危及行人、行车安全,必须立即采取紧急对策措施

将专项检查结果的判定标准与处治对策优先级的标准进行对比即可发现,两者都是按照处治措施的紧迫程度来分级的。在明确了病害原因后,即将 B 转换为 A 后,加上 1、2、3(优先级),便可以将两者结合起来,在管理系统软件中统一使用。对比表见表 5-11。

对 比 表　　表 5-11

判定分类/优先级	检查结论/处治紧迫性
B=N	结构存在轻微破损，现阶段对行人、行车不会有影响，不需要或暂时不需要维修，但应监视或观测
1A=A+P	结构存在破坏，可能会危及行人、行车安全，应准备采取对策措施，应在 2～3 年内进行处治(计划的)
2A=A+R	结构存在较严重破坏，将会危及行人、行车安全，应尽早采取对策措施，根据费用情况列入本年或下年度工作，在下年度之前进行处治(优先的)
3A=A+E	结构存在严重破坏，已危及行人、行车安全，必须立即采取紧急对策措施(紧急的)

由于隧道是地下工程结构物，情况比较复杂，专项检查结果的判定分类需要根据结构类型与破损或病害的形式、部位、状态以及发展趋势等因素进行综合分析和对比判断。同时，要求检查人员必须具有较丰富的知识和经验。由于实施专项检查需要用到许多专业的检测手段和仪器设备，而对于隧道管理机构而言，全部配齐这些设备的必要性不大，因此专项检查宜委托具有相应检测资质的专业机构实施。

定期检查、特别检查与专项检查除了检查详细程度、专业要求等不同外，其区别在于定期检查、特别检查在检查完成且检查结果判定为 B 后，检查任务就算结束了；而专项检查虽然也会出现判定结果为 B 的情况，但有可能需要不断地持续进行专项检查，直到确定最终的处治对策为止；定期检查、特别检查是一次性的，而专项检查不同，当一次检查不足以提供详细资料时，还需进行连续或长期的检查，有些专项检查甚至需要持续几年时间。

对于部分需要长时间持续观测的专项检查任务，如裂缝简易检查，可由隧道管理机构的养护人员负责长时间定期持续观测，也就是说由隧道管理机构的养护人员负责承担部分专项检查任务，并提交专项检查报告，最终结论的判定可召开专家会，根据专项检查报告作出判断。

专项检查的检查人员应对有关的技术资料、档案进行调查，并对隧道周围的地质及地表环境等展开实地调查，以充分掌握相关的技术信息，寻找土建结构发展变化的原因，探索其规律，确保专项检查结果的准确性。

专项检查的结果可按外荷载作用、材料劣化和渗漏水三种主要情况分别考虑，进行判定分类。详细的判定原则见《TMMS2.0 结构养护管理研究报告》。专项检查任务按照 SIP2.6 专项检查程序执行。检查完成后，应提交专项检查报告。由于大部分专项检查都是委托专业的检测机构实施检查，而各单位都有各自的工程技术档案的有关格式，因此对专项检查的报告形式不作具体规定，可根据实际检查内容撰写，但必须包括以下内容：

①检查的主要经过，包括检查的组织实施、时间和主要工作过程等。

②所检查结构的技术状况，包括检查方法、试验与检测项目及内容、检测数据与结果分析以及对破损结构的技术评价等。

③对病害的成因、范围、程度等情况的分析，及其维修处治对策、技术以及所需资金等建议。

(8)总体检查

隧道的总体检查类似于人的健康体检，有时虽然我们并未感觉到身体有任何不适，但为了早期发现隐藏的疾病，而去医院检查。人的总体检查与专项检查的不同之处在于总体检查时人可能非常正常，没有任何异常，而专项检查是在身体已感不适时，针对症状或部位进行的专门检查，为了及早找出病因(调查及评估)，以利对症下药(病害处治)，使身体恢复健康。

根据本课题研究人员在隧道中实际进行目测检查的经验，在隧道中执行徒步的目测检查任务比较艰苦。如果没有封闭交通，隧道内的高分贝噪声、空气污染、车辆经过时强大的气流冲击、狭窄的检修道等，会给人一种不安全感，造成心理负担，从而使研究员希望尽早结束任务，早一点出洞。此外，衬砌表面积聚的油烟和灰尘，也会严重影响检查结果的准确性。

由于秦岭隧道的长度较长，定期检查如果采用步行的方式，会比一般隧道的工作强度更大。如果不完全封闭交通，工作环境会更加恶劣。而且对于竖井这样的特殊结构，没有自动升降设备根本无法检查井身，即使借助电动吊篮等工具，对高达几百米的井身进行全面细致的近距离目检也十分困难。

由瑞士 Amberg 集团子公司 Spacetec CmbH 开发的 TS360 隧道扫描设备大幅地提升了隧道检测的技术水平。操作时将该系统放在沿隧道前进的车辆上，激光以 360°旋转，可获得隧道全断面的灰阶影像、温度分布影像以及净空剖面，并可进一步分析衬砌是否有渗漏、破损、表面裂缝与背后空洞等异常现象，不但可解决传统目视检测由于受光线不足与尘埃过厚等影响精度不高的问题，而且其 2～7km/h 的检测速度也大大节省了检测的时间及费用。该系统发展至今已非常成熟，并已成为欧洲地区隧道检测方式的主流。

因此，本研究建议秦岭终南山隧道的总体检查采用专业的隧道扫描检测仪器设备，对隧道结构物，包括竖井、风道等，进行全面细致的扫描检查，一般 3～6 年一次，从而发现隧道衬砌的病害隐患，为制订中长期养护计划服务。若检查中发现不明病害，应针对具体部位再进行专项检查。由于总体检查频率较低，隧道管理机构没有必要自行配置总体检查设备，可委托专业的检测机构进行检测，并要求该机构出具总体检查报告。因此，本研究不编制总体检查的程序和须知。

5.3.4.3 保养维修

土建结构的保养维修是为了保持结构完好状态、维持其正常使用功能而进行的预防性养护工作。

预防性养护可分为定期的任务和条件性的任务，也就是经常性、频率性的任务和条件性的任务。前者又可分为根据日期或设备运行情况进行的养护；后者则可再分为根据检查或测定进行的养护。

土建结构的预防性养护是一种新的养护理念，是指在土建结构良好或是病害发生初期，即对其进行养护，不让病害进一步向更深层次发展，从而达到延长结构使用寿命、保持其完好、降低养护寿命成本、延长中修或大修期限目的的作业方式和实用手法。它与传统的结构养护遵循的“坏了才修、不坏不修”的原则截然不同，主要强调预防性。

经验表明，预防性养护能延缓结构破坏，延迟大、中修和重建，其最佳实施时机应该在结构尚处于良好状况或只有某些病害先兆时进行。这时仅需要投入小额费用，就能达到很好的效果，是一种效益费用比较高的养护措施，如路面的预防性养护，就有利于降低养护成本。据资料介绍，一条质量合格的道路在使用寿命前 75％的时间内性能下降 40％，这一阶段称为预防性养护阶段，如未得到及时养护，在随后 12％的使用寿命时间内，性能将再下降 40％，从而造成养护成本的大幅度增加。美国 Crafco 公司路面解决方案中，通过对几十万公里不同等级公路的跟踪研究和大量的养护维修实践调查统计得出，每投入 1 元钱预防性养护资金可节约 3～10 元后期修正性养护资金的结论。美国 SHRP 计划的重要成果也指出了整个路面使用周期内进行 3～4 次的预防性养护，可节约养护费用的 45％～50％。

终南山隧道交通安全的重要性，对隧道土建结构的养护提出了更高的要求。当出现大面积漏水或道路严重损坏时，再采取措施进行养护的“反应型养护方式”不能满足隧道的安全需要。因此，必须建立土建结构预防性养护的体制，防患于未然，在结构状况良好或是病害刚出现的早期就采取预防性养护的措施进行修复，以保证土建结构的良好状态，满足隧道交通安全的需要，同时有效降低养护维修成本，力求获得良好的社会效益和经济效益。

但是，由于我国特长公路隧道养护工作尚处于探索之中，积累的经验还不够充分，关于隧道各结构构件的预防性养护频率和养护条件的标准等还需要在养护工作实践中继续研究、总结，不断丰富和完善，以科学地设置和调整养护的范围和频率等。否则，盲目或随意设置养护频率和养护条件，将引起养护的过量或不足，起不到预防的作用。

根据秦岭终南山隧道编目体系，保养维修工作根据单元分级第 4 级分为隧道主体保养维修、路面系统保养维修和通风建筑物保养维修，每个第 4 级单元内再根据第 5 级单元详细分解第 5 级单元的保养维修内容和执行频率。以下为预防性养护的内容和建议的初始养护频率，今后养护单位应根据养护经验逐步增加保养维修的内容以及养护频率，将其调整得更加符合秦岭终南山隧道实际。

详细的保养维修内容见《TMMS2.0 结构养护管理研究报告》。

预防性养护最简单的形式是基于日历时间的标准，如每周、每月、每季、每年等。所选择的时间间隔取决于所涉及构件的养护工作通常的时间间隔。对刚开始采用预防性养护的土建结构而言，根据日期进行的养护是预防性养护的良好开始，有利于系统的建立。由于新的土建结构刚刚投入使用，很可能无法得到预防性养护最佳条件标准的足够信息，所以在导入预防性养护初期，建议使用根据日期进行的养护，以此作为引入更精确、更经济的条件性预防性养护的开端。

5.3.4.4　病害处治

所有的隧道均有一定的使用寿命，营运中的隧道可能因外力变化、衬砌材质劣化或漏水等因素发生病害，而降低其使用年限或服务质量，这是不可避免的。而经由适当的病害处治可再次提升其服务品质，并延长使用年限。由于隧道多兴建于地形险峻或交通要道上，当隧道无法继续营运或服务功能大幅降低时，将会对交通和社会产生极大影响，因此必须通过病害处治工作提升隧道服务质量，并延长其使用寿命。

病害处治是根据结构检查的结果，在详细了解病害产生原因的基础上，按照安全、经济、合理的原则，确定处治方案，并针对病害实施的处治工作。通过处治工作可以修复破损的结构，消除结构病害，恢复结构物实际标准，维持良好的技术功能状态。

要处治病害，必须先了解病害，做到知彼知己、百战不殆。因此，应详细了解病害的现象，从而为准确推定病害的原因提供依据。只有正确地推定出了隧道病害的原因，才能选择出正确的处治方法和施工方案。

但是，在山岭隧道中，即使结构的变异状态相同，其发生变异的原因、结构物的安全性和耐久性也会有很大的差异。这就是隧道这种地下结构物的特点。如衬砌表面发生开裂的情况、衬砌背后与围岩密贴和有空洞存在的情况、衬砌厚度充分和不充分的情况、开裂有无发展的情况等对隧道使用功能的影响，对变异的评价是完全不同的。因此，在隧道的维修管理中，必须要掌握在隧道使用过程中发生和可能发生的各种变异(病害)现象，并推定变异发生的原因，评价结构物的损伤程度，研究并采取正确的措施和对策。

根据以上描述，隧道养护的过程就是：检查──→发现变异──→推定变异原因──→明确变异后的结构物的健全度──→制订相应的整治措施──→整治。因此，首先应了解隧道病害的种类和变异现象，再分清变异原因，最后是作出处治措施。

(1)病害种类和现象

隧道发生的病害现象根据发生的地点的不同，有如下分类(图 5-7)。

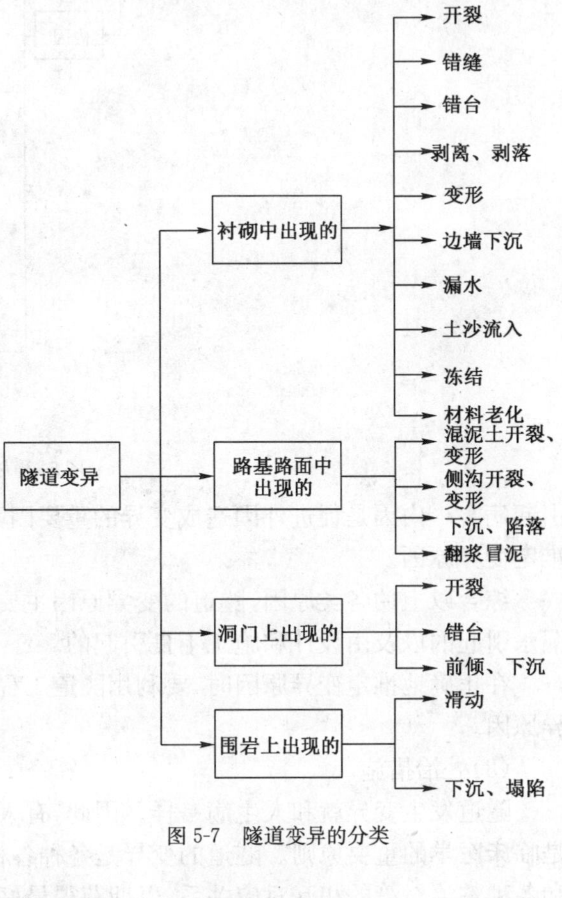

图 5-7　隧道变异的分类

(2)病害原因

选定适合的处治方案，重要的是要正确把握病害产生的原因。为了找出病害的原因，有必要将有关隧道设计和施工技术资料、地质资料和病害发生至今的过程进行综合分析和研究。

产生变异的原因是多方面的，大体上可分为外因(外力和环境等外部因素)和内因(材料和设计、施工等构造上的因素)两大类。隧道病害原因如图 5-8 所示。

上述病害原因很少单独出现，大部分是由多种因素产生的，设计的欠缺、材料性质和施工不当，都会

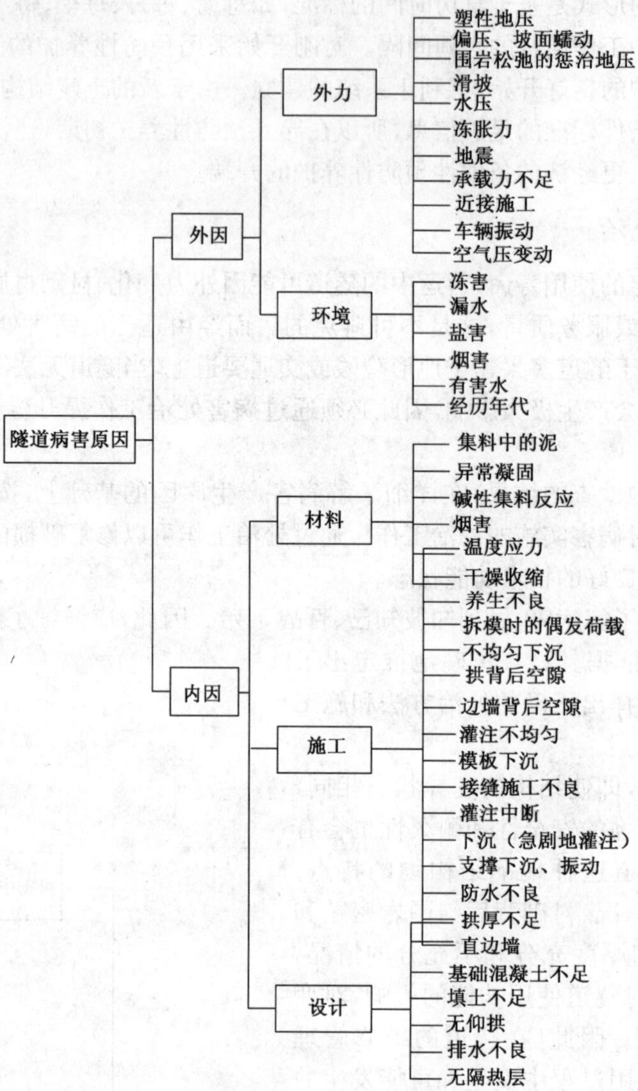

图 5-8　隧道病害原因分析图

引起病害。内因是促进外因造成变异的重要因素，在原因推定上不能忽视，应根据内因和外因的组合来推定变异原因。

综合以上的各类原因，隧道的变异原因主要可分为以下 4 类：由外力引起的、由材质劣化引起的、由漏水引起的以及由设计和施工不良引起的。

在正确地推定变异原因时，要利用隧道工程学的知识和经验系统地理解各种现象的特征，以推定变异原因。

(3)处治措施

隧道发生变异就和人生病一样。因此，有人把隧道的维修管理认为是“隧道临床医学”。对症下药是临床医学的重要原则。隧道的变异是各种各样的，整治的方法也是各种各样的。因此，必须了解变异和各种整治对策的相互对应关系，以期获得最好的治理效果。

当隧道发生的病害有以下倾向时，应采取合适的对策进行处治：

①当病害对隧道的耐久性、安全性、使用性或对第三者的影响等几个因素中的一个或多个产生影响，并超过容许的限界时。

②即使当前没有问题，但根据劣化预测，当残存使用期间内结构物性能降低会成为问题时。

③与最初的劣化预测有很大出入，当劣化速度迅速发展，性能降低成为问题时。

在采取对策时，应切实掌握隧道性能降低的劣化机理，特别是在进行补修或补强时，应选择适当的施工方法和材料。

隧道变异的形式是多样的，相应的对策也是各式各样的，其处治方案可由一种或多种处治方法组成。因此，在选定病害处治方法时，应对隧道病害的各项处治方法进行综合研究，充分考虑单项和组合的处治方法，并考虑施工时的交通管理、安全和工期。在明确了病害的原因后，可以根据病害处治对策选择表选择合适的处治措施，详见《TMMS2.0 结构养护管理研究报告》。

进行施工时，采用处治方法处治病害，必须分别满足相应的施工要求，详见《TMMS2.0 结构养护管理研究报告》。

隧道管理中应将隧道变异的现象、原因以及适合的处治办法、处治的施工要求以及完工后的验收办法等编制成数据库，方便养护人员查询。

5.3.4.5 任务体系文档

虽然以上任务体系规定了各类检查养护工作的执行标准和执行频率，但是为了规范任务体系的执行，明确对任务执行过程的管理，本研究编制了由各类任务执行程序和须知组成的任务体系文档。任务体系文档并不是按照第 5 级构件来编制的，如隧道的日常检查并不会拆分为路面的日常检查程序和排水系统的日常检查程序等，而是在整体的程序和须知文件中对不同构件按照检查和养护的不同要求分别进行描述。由于不同构件病害的处治方法区别较大，因此将不同病害的处治方法分为不同须知文档分别编制，见表 5-12。

秦岭终南山隧道的土建结构任务体系文档 表 5-12

编目单元	标准任务列表	任务	任务体系文档
隧道主体		编目体系	SAP2.1 土建结构编目编制程序
隧道主体 路面系统 通风建筑物	隧道主体清洁维护 路面系统清洁维护 通风建筑物清洁维护	清洁维护	SMP2.2 清洁维护程序 SMI2.2.A 隧道主体清洁维护须知 SMI2.2.B 路面系统清洁维护须知 SMI2.2.C 通风建筑物清洁维护须知
隧道主体 路面系统 通风建筑物	隧道主体日常检查 路面系统日常检查 通风建筑物日常检查	日常检查	SIP2.3 日常检查程序 SII2.3.A 日常检查须知 SII2.3.A-01 日常检查内容及判定表 SIP2.3.A-02 日常检查记录表 SII2.3.A-03 隧道展示图
隧道主体 路面系统 通风建筑物	隧道主体定期检查 路面系统定期检查 通风建筑物定期检查	定期检查	SIP2.4 定期检查程序 SIP2.4.A 定期检查须知 SII2.4.A-01 定期检查内容及判定表 SII2.4.A-02 定期检查记录表 SII2.4.B 定期检查设备须知 SII2.4.C 定期检查报告编制须知 SII2.4.C-01 定期检查报告模版
具体构件	隧道特别检查	特别检查	SIP2.5 特别检查程序 SII2.5.A 特别检查报告编制须知
具体构件	隧道专项检查	专项检查	SIP2.6 专项检查程序 SII2.6.A 专项检查项目和内容须知 SII2.6.B 专项检查结果判定须知
隧道总体	隧道总体检查	总体检查	不编制

续上表

编目单元	标准任务列表	任务	任务体系文档
隧道主体 路面系统 通风建筑物	隧道主体保养维修 路面系统保养维修 通风建筑物保养维修	保养维修	SMP2.7 保养维修程序
第5级构件	衬砌病害处治 路面病害处治	病害处治	SMP2.8 病害处治程序 SMP2.8-01 隧道病害和处治方法

5.3.5 管理体系

通过编目体系可以了解秦岭终南山隧道的详细组成构件,以及隧道养护都有哪些种类的工作要做,但是应该在什么时间执行、针对什么构件、执行什么任务、任务有哪些环节,这些都是负责秦岭终南山隧道的养护管理人员所迫切关心的,也正是管理体系的作用所在。其主要内容包括:确定年度任务清单,识别任务和管理任务所需的原始数据,确定每年任务执行的优先顺序,跟踪任务在执行中的状态、工作执行中的任务管理、已完成任务的归档。

5.3.5.1 任务清单

任务清单的制作是管理体系的第一个任务。面对结构复杂、养护内容繁多的终南山隧道,养护人员刚接手管理时,一定会感觉很混乱。为了将养护管理工作理清条理,本研究将全年度隧道所要执行的工作任务以清单的形式罗列出来,经过对人员、设备等进行策划和优先化后,最终确定出全年必须完成的任务列表,即任务清单。

土建结构的检查养护任务有以下两种:

(1)频率性任务:根据任务体系中的频率性任务生成的工作,如典型的检查和预防性养护任务。

(2)偶发性任务:一般为特别检查、专项检查、病害处治等工作。

任务清单是土建结构养护管理工作的最高法则,一经确定,就必须按照确定的时间严格执行。

任务清单是根据隧道的管养模式,土建结构目前所处的技术状况,管理单位对安全、畅通、经济、美化等要求的标准,养护经费的多少以及人员素质等因素而确定的年度任务的集合。任务清单是任务管理的基础,包含了任务体系的类型、内容、执行的间隔期等。

任务清单是一个动态的数据库。体现在以下两个方面:

(1)在上一年末开始编制任务清单,年初必须确定。但在执行期间,应该根据实际情况不断修订,从而逐步完善。

(2)任务清单中的各项任务的状态也是动态的,可以实时地反映任务在执行中的真实状态。

养护任务的信息如表5-13所示。

养护任务的信息　　表5-13

名称	解释
任务描述	任务的名称
任务号	每个任务对应唯一的编号
组别	多个不同的任务一起执行时,给予一个顺序号(如组1、组2等)
工作总量	执行任务所需的时间
次数/年	本年度执行该标准任务的次数
编目	对应的编目编码(编目的前4级)
任务来源	任务的来源依据(根据规定的频率、以往养护情况等)
内部人员	预计需要用到的内部人力资源
主要设备	执行任务所需的主要设备、工具

续上表

名　称	解　释
主要材料	执行任务所需的主要材料
交通管制	在养护工作要求对隧道双向 4 车道的任何一条进行封闭的交通限制时才予以标出
预计延续时间	执行该任务预计花费的时间
最早开始时间	对任务的执行时间有限制时填写，以周为单位，可以是具体的某一周，也可是一个更模糊的时间范围，如上、下旬
最晚结束时间	以周为单位，可以是具体的某一周，也可是一个更模糊的时间范围，如上、下旬
循环间隔	对于重复性的任务，应加入重复间隔时间，以年为单位
初部排序	提出建议(紧急，优先，计划)
预计给外部单位的总经费	标出检查员的最佳预测(内部资源不需标出)
任务状态	当填写表格时，该状态应标为“要求”
任务状态改变	养护人员在登记结束时，应签名并标明日期
类	养护任务的类型
项	对应编目的第 3 级
目	对应编目的第 4 级
节	具体的任务名称
次	重复性任务的次任务

5.3.5.2　任务策划

任务策划是在时间、人员和设备条件下，使用可利用的资源，为执行已确定的任务而进行的详细策划。

下年度养护工作和检查启动前，养护项目的启动负责人应对养护和检查活动排序的记录进行评审。同时，对批准实施的活动，在核定的预算范围内进行更详细的策划。

对于持续 1 年以上的大型单项活动，年度计划中应包括其在下年度的活动细节和与其他养护活动的协调计划。

在年度时间进度表的计划编制阶段，应考虑下列的限制和资源：

(1)持续时间(包括任务的最早开始时间和最晚结束时间)。

(2)间隔期。

(3)是否需要交通管制。

(4)库存的主要设备/配件(如果有需求)。

(5)库存的重要材料的数量(如果有需求)。

(6)与其他活动的协调。

(7)与附属设施操作的协调。

(8)内部人力资源(如果有重要影响或年度非常规的养护活动中有要求，如更广泛的检查活动)。

(9)外部专家资源(如果有需要或应用于多个活动)。

对于重要的单项任务而言，编制单独的时间进度表可能更适合些。这些计划应在年度计划内进行相互协调。

详细计划可作为签订的养护协议的独立附件，例如：

(1)由一个外部公司承担的全年度任务的养护协议，如清洁维护。

(2)为期1年以上的重要单项任务的独立养护协议,如长期观测。

(3)使用相同资源的活动组(如自有的主要设备部件)应检查设备的预定情况,如不同任务同样要求升降平台。

(4)要求相同交通管制的任务(如对基本在同一桩号位置实施的不同养护任务,采用的交通管制相同)。

这些策划将运用在所有任务中,作为执行任务的基础。策划完成后,年度任务清单将进入下一个阶段,即进入签订养护合同、执行养护任务等任务执行阶段,因此隧道养护的负责人应重点执行的工作是任务的执行跟踪。

5.3.5.3 执行跟踪

任务管理的一项基本工作是对工作进程、实际费用和实际资源耗用进行跟踪管理,是基于任务流程的跟踪管理。

任务执行跟踪也要根据不同的任务类型而区别对待,像清洁维护等频率性高、完成速度快的任务,承包单位只需将结果进行记录,不需详细报告进程。但是,对费用超过一定数额的养护任务或对交通量或结构安全有影响的重要任务,则需要对其进展情况进行密切跟踪。任务启动的负责人在下达任务时,应明确跟踪要求以及进展报告的格式与时间的要求。任务负责人通过对比实际进度与时间进度表上的计划进度,对任务进展进行评估。

任务的执行一般有下达、报告、验收、归档、结束等环节。

5.4 机电维护管理研究

5.4.1 编目体系

5.4.1.1 机电编目体系的定义

机电设施维护管理需要有一套先进的机电设备数据库管理模式,在此基础上进行数据组织、数据库结构定义和各种功能操作。其中,数据的有效组织是其数据库管理模式的核心。隧道机电设施维护管理数据相当复杂,既与功能位置、设备本身的基本属性有关,又与设备的具体运作有关,因此应对其中的数据进行分类处理。

机电编目是一个包括所有机电设施维护对象的数据库。它通过建立一个合乎逻辑、利于养护的分级体系,按照养护对象的功能、性质把机电设施分解为在技术属性上具有可比性的较小单元,同时包括了所有机电设施的技术信息,如功能描述、品牌、型号、技术参数、数量、位置等。

机电编目是整个机电设施维护的基础,可以为机电设施维护提供可靠、全面详实的设备技术信息,所有的养护任务都是在该基础上建立的。机电编目的建立使机电设施维护中的其他数据都能通过设备关联起来。机电编目包括编目体系和机电编目数据库两部分。

5.4.1.2 编目体系

机电设施所养护的对象不仅仅是各种设备,同时也包括各设备之间的连接线缆和管道。这部分在机电设施系统当中占据非常重要的位置,但在实际的养护过程中往往容易被忽略。单元分级体系对机电设施系统中的线缆和管道进行分解,可清楚地划分出各子系统之间的界限。

编目体系为包括"养护区域—类—项—目"的4级树状结构,具有可扩展性。各级都是具有独立属性的单元。

建立机电设施的单元分级体系应尽可能使编码系统简单,遵循以下主要准则:

(1)"养护区域"即第1级单元,是按照管养区域进行划分。

(2)"类"即第2级单元,根据各养护区域的养护项目的不同,可分为结构、机电等。

(3)"项"即第3级单元,反映机电系统中各大系统功能的不同。

(4)“目”即第4级单元，是将第3级单元分别按照功能和用途再划分成各个子系统，是制订任务体系和年度任务清单的基础。

5.4.1.3 机电编目数据库

在定义好编目体系后，即可将各养护区域为实现系统功能所需的功能需求，按照其所属的第4级编目单元在机电编目数据库中登记有关数据信息。

机电编目数据库的组成要素是功能位置和功能单元。功能位置和功能单元是在秦岭终南山隧道机电系统维护体系中首次提出的概念。

功能位置一般是指设备安装的位置以“功能”为原则对技术系统进行划分。设备则是从物理角度划分的单个技术对象。设备可在功能位置上安装、拆卸和修理。功能位置与设备通过安装和拆卸关系实现关联。每一个功能位置都包含许多相对独立的功能。在功能位置上安装的设备，可以是单个设备，也可以是多个设备的集合。例如，闭路电视监控系统的遥控摄像机，在外场需要某个功能位置来监控某个区域的事件，实现监视、三可变功能、信号发送回内场的功能，这就是一个功能位置。而实现这个功能，可采用一体化的摄像机，也可由不同品牌的摄像机、镜头、防护罩、云台等组合来实现。

在指派维护任务时，可同时指定功能位置、设备为维护对象。功能位置为执行的场所，设备为执行的具体对象。这种双重指定和互联的关系有助于维护人员作出如下判断：是安装在该功能位置的设备经常发生问题，还是该设备无论安装在哪里都经常发生问题。

每个功能位置都有唯一的编码，维护经验可以此为基本单位进行积累。

功能单元是功能位置的组成部分。某些功能位置为实现功能，需要多个功能单元组合而实现，但并不是所有的功能位置都需要功能单元组合来实现功能需求。

5.4.1.4 系统履历表

大多数设备管理理论和交通机电管理理论中只涉及了设备履历表的概念，从而只记录了设备的维护保养信息，而忽略了对功能位置的状态进行管理。鉴于此，我们率先在秦岭终南山隧道机电设施维护中提出系统履历表的概念。

系统履历表记录的是功能位置、功能单元上安装的设备情况，包括设备的更换情况记录。

系统履历表与设备履历表的区别为：系统履历表记录的是某功能位置、功能单元上安装的设备的历史信息，而设备履历表记录的是该设备从购买、安装直至报废这一过程中发生的状况，如更换零配件、更换安装位置等信息。例如，某功能位置、功能单元上安装的设备更换了某个零部件，在对应的系统履历表中不会记录该信息，而在该设备的履历表中会有记录。

5.4.1.5 构件分类及编码规则

构件的定义来源于软件工程里的专业名词。构件分类是将机电设施从专业角度进行类别的划分，构件不依托于机电设施中的某个子系统。功能位置与设备类型的划分都属于这个类别体系。构件分类体系是对所有养护区域的机电设施中所有构件类型进行统一编码，以便唯一标识所有机电构件。构件分类体系分为4级，并留有足够的扩展空间。若有新的构件出现，则可按照其所属的类别进行添加。

(1)构件分类体系第1级按照构件的功能拆分，采用2位十进制代码(01～99)。

(2)构件分类体系第2级对上一级单元继续按构件性质进行细分，采用3位十进制代码(001～999)。

(3)构件分类体系第3级采用2位十进制代码(01～99)，是实际应用区分功能位置或设备属性的构件类型。

(4)构件分类体系第4级采用3位十进制代码(001～999)，是根据工作原理的不同将具有同样功能的构件类型进行分类。如市面上的打印机(构件)，根据其工作原理的不同可分为：窄行票据打印机、针式打印机、激光打印机、喷墨打印机。但并不是所有的构件都具有第4级。

具体类别参见MIP1.7构件分类及编码规则程序。

5.4.2 任务体系

机电系统任务体系的建立就是根据机电系统特点，确定不同频率、不同详细程度的任务类型。各种类型任务有着明确的目的。

建立机电系统任务体系的目的是通过合理频率的检查、测试，及时发现系统故障，以便采取必要的预防性措施，从而降低系统故障率，防止突发故障的发生，保证火灾等突发事件发生时系统能发挥应有的设计功能，延长设备使用寿命。

5.4.2.1 任务类型

通过查阅多方资料，我们发现目前国内交通机电维护的任务体系相对来说过于简单，并没有针对任务的性质对任务进行划分，而只是比较笼统地按照任务执行的频率对其进行简单的划分。这样只是从技术层面把任务按监控系统、通信系统等进行划分，没有针对子系统、维护对象建立相应的维护项目，不利于任务的策划。一个完整的维护应包括日常保养、预防性维护、精度检测等，不能简单地以频率来划分。

《公路隧道养护技术规范》把任务分为：日常检查、经常性检修、定期检修、分解性检修和应急检查。在此基础上，参考设备管理中对于设备检修任务的分类，同时根据秦岭终南山隧道机电系统的特点，将任务体系分为以下7类任务：

(1)日常巡查

日常巡查的概念是引进了设备管理理论中的“日常点检”。设备点检方法是以人的五官感觉或仪器对设备各部位进行技术状态检查，以便及时发现隐患，采取对策，减少故障。

日常巡查是对设备进行粗略的巡视或用简单的仪器工具进行检测，以此“观察”系统的正常运行状态。这种方法实际上是一种不定量的运行管理。

日常巡查的作业内容比较简单，作业时间也较短，一般可在设备运行中进行。

针对秦岭终南山隧道机电系统的实际情况，根据设备的分布区域不同，由不同人员对监控分中心设备、外场设备、危险品检查站设备、变电站设备进行外观、环境的简单目检，以便及时发现明显的故障或损伤。

由于秦岭终南山隧道长达18km，沿线及隧道内的外场设备的日常巡查需要花费大量的人力成本。从节约资源方面考虑，部分工作可由路政巡查人员代为执行。在对沿线及隧道内的外场设备巡查前，路政巡查人员应先向中控室了解其运行情况。在巡查中若发现问题，应根据情况在现场采取必要的处理措施或向相关维护人员报告。对于危险品检查站设备及变电站设备，由该设备的使用人员进行日常巡查的工作，并记录设备运行的状态。

(2)日常保养

日常保养就是通常意义上的“例行保养”，是对设备本身及其周围环境进行的简单保养，一般由设备的使用者负责。该任务执行频率较高，一般为一天或一周。日常保养虽然技术性不高，但对保证设备的正常运行必不可少。

对于内场的日常使用设备(如危险品检查站设备、监控分中心设备、变电站设备等)，由该设备使用者或操作人员对设备及其周围环境进行简单的保养。

(3)经常检修

对机电系统进行功能性的检修，检查频率不定，可为1周、1个月、6个月或1年检查一次。检查的目的是及时发现故障隐患或是机电系统功能(尤其是仅在紧急或特殊状况下起作用、而非经常起作用的系统功能)的缺失，并根据情况在现场采取必要的处理措施，或申请条件性预防性维护任务或故障排除任务。

(4)定期检测

定期对机电系统进行检查、测试,频率一般为 6 个月～3 年检查一次。检查的目的是对机电系统进行功能定级,测试各项性能指标是否在规定范围内,对无法达到要求的设备进行校正。若无法校正,可申请更换设备零部件或是进行必要的系统整改。

(5)应急检测

应急检测是指发生火灾、交通事故等突发事件后而进行的检测,其目的是检查突发事件是否对机电系统产生影响以及损伤程度如何。检测的项目根据实际情况参见经常检查或定期检测的内容。同时,应根据情况在现场采取必要的处理措施,或是申请条件性预防性维护任务或故障排除任务。

(6)预防性维护

根据各系统设备的特点,定期或不定期(根据各类检查、检测结果)进行必要的保养措施,如拆解维护等,使系统设备处于更好的工作状态,降低系统故障率,防止出现突发故障,延长设备使用寿命。

预防性维护可分为基于时间的预防性维护、基于运行情况的预防性维护、基于设备性能状态的预防性维护。

(7)故障诊断及排除

在设备发生故障或自然灾害导致设备停运时,一是要将故障的范围控制在最小,二是尽快恢复设备的主要功能,减少业务中断的损失。这包含系统故障及设备故障两个层次。

5.4.2.2　维护项目库

维护项目库是以构件类型为单位,为不同的构件类型制订维护内容,是所需做的各种任务类型的条目集合的数据库。

维护项目库是经验的累积。在机电系统维护过程中,随着维护经验的积累,维护对象的不断扩充及设备的更新换代,总结出构件类型的养护项目需要增加新的内容,并不断地将其扩充到该数据库中。

建立维护项目库的目的是提供一个累积维护经验的通用数据库,以构件类型为单位,同属一种构件类型的设备都可按照类似的维护方法来维护。机电维护中增加新的维护任务或维护任务中增加新的维护对象,都可在维护项目库中找到相应的维护措施和方法。

5.4.2.3　标准任务

标准任务是根据将编目体系第 4 级单元按照任务类型制订的维护任务,是维护任务的模版。

标准任务包括以下几类信息:

(1)基本信息,包括任务描述、任务性质(频率、随机)、频率(如果有)、任务类型、所属的编目体系(编目体系第 4 级单元,即"目")、任务流程。

(2)技术信息,包括工作内容、设备、材料、人员、交通管制及各类附件。

(3)维护对象,该任务对应的编目体系所包含的构件类型。

对于某些特殊的功能位置/功能单元,可在标准任务中增加养护项目库中没有的一些特殊的养护项目。

5.4.2.4　任务程序与须知

任务程序主要说明机电维护任务操作的流程、各类任务类型执行所需的环节,是对维护任务过程的规范。

任务须知是细化维护任务的内容,指导维护人员科学合理地进行维护,指导具体的作业过程,是对维护内容的规范。在机电设施维护的任务须知研究过程中,我们根据秦岭终南山隧道的特点,结合以往的维护经验,对大量在秦岭终南山隧道使用到的交通机电产品进行调研工作,总结出各维护对象的维护内容和方法,同时对应子系统的拆分,按照任务类型编制任务须知。

5.4.2.5　任务清单

机电设施维护任务分为以下两种:

(1)周期性的活动:根据任务体系中的任务须知生成的维护任务,如典型的检查和预防性维护任务。

(2)单项的活动:一般为大型的整改、修复专项工作。

任务清单是根据系统、设备固有的可靠性水平,以最小的维修资源消耗,运用逻辑决断分析优化出各项维护任务的内容、维护间隔期等,包括年度各类型任务及其详细信息及状态,是任务的基础数据。

机电设施维护的任务清单是一个动态的数据库。机电设施维护初期的任务清单制订完成后,需要在维护期间,每年年底根据实际情况不断修订,逐步完善。同时,人物清单中的各项任务的状态也是动态的,可以实时反映任务在执行中的真实状态。机电设施维护任务的信息见表5-14。

维护任务的信息

表5-14

名　称	解　释
任务描述	任务的名称
任务号	每个任务对应唯一的编号
组别	多个不同的任务一起执行时,给予一个顺序号(如组1、组2等)
工作总量	执行任务所需的时间
次数/年	本年度执行该标准任务的次数
编目	对应的编目编码(编目的前4级)
任务来源	任务的来源依据(根据以往维护情况、常规维护等)
内部人员	预计需要用到的内部人力资源
主要设备	执行任务所需的主要设备、工具
主要材料	执行任务所需的主要材料
交通管制	在维护工作要求对隧道双向4车道的任何一条进行封闭的交通限制时才予以标出
预计延续时间	执行该任务预计花费的时间
最早开始时间	对任务的执行时间有限制时填写,以周为单位,可以是具体的某一周,也可是一个更模糊的时间范围,如上、下旬对于重复性活动,除了上面指出的最早启动时间
最晚结束时间	以周为单位,可以是具体的某一周,也可是一个更模糊的时间范围,如上、下旬
循环间隔	对于重复性的任务,应加入重复间隔时间,以年为单位
初部排序	提出建议(紧急,优先,计划)
预计给外部单位的总经费	标出检查员的最佳预测(内部资源不需标出)
任务状态	当填写表格时,该状态应标为"要求"
任务状态改变	维护人员在登记结束时,应签名并标明日期
类	维护任务的类型
项	对应编目的第3级
目	对应编目的第4级
节	具体的任务名称
次	重复性任务的次任务

在定义好编目体系后,即可将各养护区域为实现系统功能所需的功能需求,按照其所属的第4级编目单元在机电编目数据库中登记有关数据信息。

在机电系统经常检修任务须知中,存在同一任务中的维护条目频率不同的情况。当维护项目为花费人工时间较短且频率较低的项目时,可与其他频率较高的维护项目一起执行,而不再单独拆分出子任务;当需花费的人工时间远远超过常规的经常检修工作所花费的时间,则需单独拆分出一个子任务来执行这部分的维护项目。

5.4.2.6 管理者策划

管理者对于任务清单的策划,通常只需适度地对执行间隔时间小于或等于季度的任务进行调整,如预防性维护和定期检测等,既要考虑内部希望的特殊顺序和优先逻辑关系,也要考虑内部与外部、外部与外部的各种依赖关系以及为完成项目所要做的一些相关工作。同时,充分考虑时间计划、交通管制、环境保护、安全管理、费用控制、质量控制等要素。

各种不需要详细计划的周期性日常活动,如日常巡查、日常保养及经常检修中频率低于1次/月的维护子任务,通常设置一个默认值,为间隔时间的始末时间。

管理者对任务的策划包括以下内容:确定任务的执行时间范围(执行任务的最早开始时间、最晚结束时间),明确与其他任务的先后顺序关系以及负责人,制订任务流程,以此作为任务具体执行和检查的依据。

5.4.2.7 执行者策划

确定任务具体的执行时间,细化到以"天"为单位,根据实际的维护人员和资源状况,合理地安排任务时间,做到每周安排的任务所使用的人力基本均衡,避免出现资源严重冲突、忙闲不均、工作量差别过大的情况。

根据维护任务的重要度等级和所需资源的忙闲状态进行任务排序、合并和分配,支持紧急任务优先执行。将适合在同一时间执行的任务组合起来,并给予其一个顺序号(称为"组别")。

5.4.3 故障管理

5.4.3.1 故障等级

对于秦岭终南山隧道机电设施的故障管理,维护部门首先需按照机电系统对于隧道运营与交通安全的重要等级进行评估,并按以下原则对故障进行等级划分:

(1)一级故障:直接影响隧道运营与交通安全的需要马上处理的故障。

(2)二级故障:间接影响隧道运营与交通安全的如果未及时处理将会发展成为一级故障的故障。

(3)三级故障:对隧道运营与交通安全起辅助作用的设备的故障。

5.4.3.2 故障响应

维护技术人员针对不同的故障等级,应采取不同的处理方式。

1)一级故障

(1)上班期间最迟在1h内到达现场并开始故障排除,在3h内恢复正常。若无法及时恢复,需说明原因,并采取必要的应急措施以确保隧道交通安全。

(2)下班期间及节假日最迟在2h内到达现场并开始故障排除,在4h内恢复正常。若无法及时恢复,需说明原因,并采取必要的应急措施以确保隧道交通安全。

2)二级故障

(1)上班期间最迟在4h内到达现场并开始故障排除,在12h内恢复正常。若无法及时恢复,需说明原因。

(2)下班期间及节假日最迟在8h内到达现场并开始故障排除,在24h内恢复正常。若无法及时恢复,需说明原因。

3)三级故障

可安排在最近一次的维护任务中处理。

接到故障报告后,维护技术人员根据故障信息确定故障等级,并在规定的响应时间内,携带相应的设备、工具赶赴现场。

5.4.3.3 故障诊断与排除

在故障逻辑诊断与排除过程中通常有些基本步骤,这些步骤成为标准程序,可用于诊断排除所有系统、设备的故障。

(1)症状分析。症状分析是对所有原始故障信息进行尽可能全面的收集和推理的过程,以尽可能缩小包含故障的范围,主要通过以下方式进行:

①询问操作人员。从设备的操作人员那里获取大量的信息可以节省很多诊断时间。

②观察。对设备作大致的观察常常可以提供有价值的线索。

③监测设备。可以通过相应的监测设备或自身带有监测功能的设备的监测信息中了解设备当前的状态。

④设备运转。如果可能的话,请操作人员用正常的操作程序运行设备。

(2)设备检测。根据分析症状获得的结论,维护人员可进行更详细的设备检测。

(3)寻找故障部位。确定故障点,查找问题的根源。

(4)更换或修理。

(5)性能检查。简单地测试一下设备、系统是否已正常工作,确保整个故障都已被排除,同时防止解决了一个问题但又引出新的问题的现象出现。

在故障诊断与排除过程中,故障状态如下:

(1)未确诊:故障的初始状态,在维护人员未分析、诊断出故障原因之前,故障皆为此状态。

(2)已诊断:已找到故障原因,但还未排除。

(3)已排除:故障现象消失,系统、设备恢复正常工作。

(4)暂不处理:某些特殊情况下暂时不处理故障,如系统、设备已出现多次同样的故障或维修成本过高,已考虑进行更换或整改。

5.4.3.4 故障诊断与排除报告

故障出现后,维护人员可能是经过多次的故障诊断,最终排除故障。每次的故障诊断过程,都必须记录在故障诊断与排除报告中。

故障诊断与排除报告包括以下信息:本次处理开始/结束时间、处理过程、设备更换记录、故障参与人、当前故障状态、故障分类,必要时可附上详细的报告及照片。对于对外委托维修的设备,还需记录维修费用。

5.4.3.5 故障统计与分析

目前大部分设备远未达到无维修设计的程度,因此故障时有发生,维修工作量较大。在现有的交通机电设施维护管理中,大部分只是对故障进行数量上的简单统计,并没有对故障发生的根本原因、故障发展趋势进行深入的分析。为了全面掌握系统状态、改善系统的可靠性、减少故障发生,必须重视故障发展规律的研究和管理。在系统使用过程中,故障是不可完全避免的,但故障的后果不尽相同,重要的是预防有严重后果的故障。每一种故障都有故障失效模式的分类,通过对故障失效模式的研究和统计,可以分析出故障原因及其分布特点。故障统计与分析的目的不仅在于判别故障的性质、查找故障原因,更在于将故障机理识别清楚,提出有效的改进措施,并将其反馈到维护任务中,以预防故障重复发生,从而形成一个闭环的机电设施维护控制体系,见图 5-9。

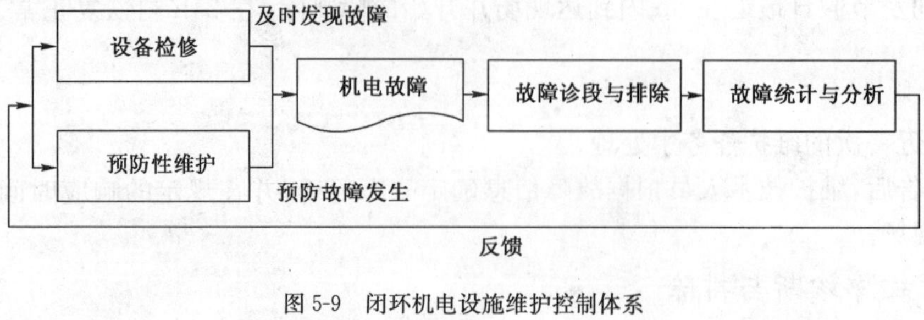

图 5-9 闭环机电设施维护控制体系

闭环控制体系是我们在秦岭终南山隧道养护与管理中首次提出的概念。闭环控制体系的概念可结合下面的例子进行理解。汽车自身构成一个系统，但该系统本身不具有信息采集装置，如果没有驾驶员的控制，必然会出现严重后果。汽车和驾驶员构成一个系统，系统通过驾驶员的眼睛等采集器官，具备了信息采集的功能。通过驾驶员对汽车的控制，形成了车辆行驶的闭环控制系统，若不考虑失误，系统将会永远安全行驶。这一理论对于隧道系统也同样适用。

机电设施的故障统计与分析是闭环式控制体系中反馈的一个重要环节。首先应对故障的记录信息进行统计，计算每次故障的响应时间、故障间隔时间、故障修复时间、所花费的维修费用等，按照系统、设备来统计故障率、完好率、平均故障间隔时间、平均故障修复时间、故障原因，统计故障发生的设备类型、故障分类、故障等级，分析哪个系统、哪类设备、哪类故障及哪一级故障最常发生。故障分析是在故障统计的基础上，从系统故障入手，最后落实到具体设备上，分析故障发生的规律，找出容易发生故障的系统、设备，分析故障原因以及采取的维修措施是否正确有效，并提出有效的预防措施，防止故障重复发生。

在交通机电管理领域，目前尚未形成一整套故障分析的流程和方法。在设备管理理论中关于故障分析有多种方法，但应选择适合交通机电系统特点的方法，并对分析方法进行改进。

以可靠性为中心的维修(RCM)是目前国际上通用的以确定预防性维修需求的、优化维修制度的一种系统工程方法，是对故障后果进行结构性评价，分析并综合出一个有效的维修策略。因此，在秦岭终南山隧道机电设施维护中以 RCM 分析为基础，同时结合 FEMA、RCA 分析，并在分析过程中引入预先维修的故障分析方法。

设备管理理论针对的一般都是单一的设备，设备之间没有功能上的关联，没有形成一个系统。而交通机电系统是由多个不同类型的设备组成一个完整的功能型系统，其运营管理单位大部分负责故障中的系统级的故障，设备级的故障交由设备厂商或专业的维护承包商负责。因此，在秦岭终南山隧道机电设施维护中，故障分析的对象既有系统，也有单个设备，且大部分应为系统。

1)故障分析的要点和基本观点

故障分析方法的要点是：对系统或设备重要功能可靠性特性进行分析，即以故障模式和故障影响分析为基础，以预防措施的适应性、有效性和经济性为决断准则，确定是否需要实施预防措施，并确定工作的类型、内容、时机等逻辑决断方法。

故障分析的基本观点如下：

(1)系统或设备的固有可靠性与安全性是由设计制造赋予的特性，有效地维修只能对其进行保持而不是提高。

(2)故障有不同的影响或后果，应采取不同的对策。

(3)故障的规律不同，应采取不同方式控制维修工作时机。

(4)应根据不同系统或设备的需要选择适用且有效的预防措施工作类型。

2)故障分析的 7 个基本问题

(1)在现行的使用背景下，系统或设备的功能及相关的性能标准是什么？(功能)

(2)在什么情况下系统或设备无法实现其功能？(功能故障模式)

(3)引起各系统或设备功能故障的原因是什么？(故障模式原因)

(4)系统或设备各故障发生时，会出现什么情况？(故障影响)

(5)系统或设备各故障在什么情况下至关重要？(故障后果)

(6)采取什么措施才能预计或预防各种故障？(工作类型与工作间隔期)

(7)找不到适当的预防性维护措施应怎么办？(非主动性工作)

回答上述 7 个问题，必须对系统或设备的功能、功能故障、故障模式及其影响有清楚的定义和了解。为此，必须通过“故障模式及影响分析”(FMEA)对所分析的系统或设备进行故障审核，列出其所有可能的功能及其故障模式和影响，并对故障后果进行分类评估，然后根据故障后果的严重程度，对每一故障作出是采取预防性措施，还是不采取预防性措施而待其故障后再进行修复的决策。如果采取预防性措施，应确定选择哪种类型的工作。

3)故障分析所需的信息

故障分析所需的数据在整个故障分析过程中起着关键的作用。数据的完整及准确程度影响着故障分析的成败。

(1)系统或设备的概况，如构成、功能等。

(2)系统或设备的故障信息，如功能故障模式、故障原因和故障影响，可靠性与使用时间的关系，预计的故障率，潜在故障判断，由潜在故障发展到功能故障的时间，功能故障或潜在故障可能的检测方法。不同的功能对应不同的功能故障，不同的功能故障对应不同的故障模式，故障模式对应相应的故障影响和后果，且呈现树状层次结构。

(3)系统或设备的维修信息，如维修的方法和所需的时间、人员、工具设备、备品备件等。

(4)系统或设备的费用信息，包括购置、预防性维护和故障诊断与排除的费用等。

(5)类似系统或设备的信息，如概况、故障模式、故障原因和故障影响信息用于故障模式和影响分析，其他信息则用于 RCM 逻辑决断过程。故障的部位、次数和影响等记录是判断是否将其列为 RCM 分析项目的主要依据，故障时间和故障次数记录是确定系统或设备故障规律的基础数据。

4)故障分析过程

故障分析过程见图 5-10。

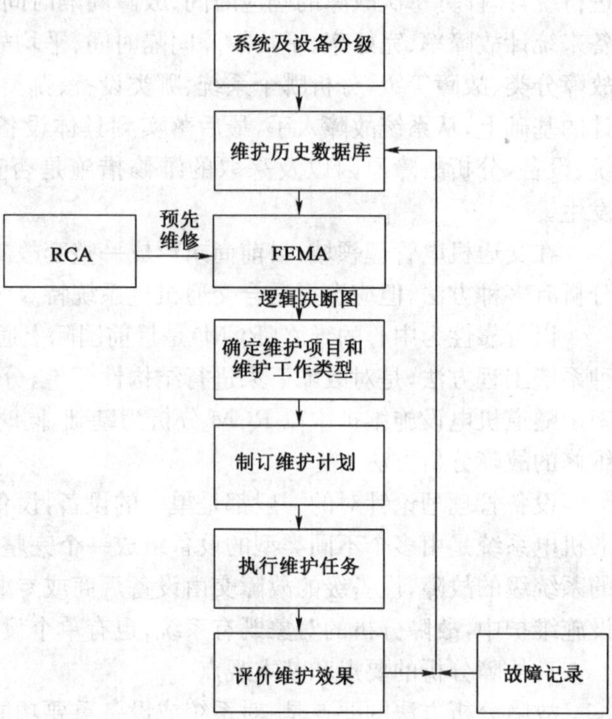

图 5-10　故障分析过程

进行故障分析，通常需要以下步骤。

(1)确定重要功能产品

在进行故障分析前，首先根据系统分级及设备分级确定其重要性，确定哪些需要实施故障分析。秦岭隧道机电系统是由大量的子系统及设备组成的，这些子系统及设备都有具体的功能，也都有可能发生故障。其中，有些故障的后果危及安全，对隧道运营有直接的影响，而大部分的故障对隧道机电系统整体没有直接影响，这些故障发生后，只需及时排除，其唯一的后果就是事后修理的费用，而这个费用一般会比预防措施的费用低。因此，没有必要对所有的设备逐一进行分析。故障分析只针对比较少的一部分产品，即重要功能产品。它是指那些故障会影响隧道运营和安全性或有重大经济性后果的产品。这些产品可以是系统、子系统、设备或零部件。鉴定重要产品就是确定系统、分系统、设备或零部件每一层次中的重要产品，由此可使分析工作集中于几十个产品，而不是成千上万个设备，从而大大简化了分析过程。

下列系统或设备属于不重要的产品：

①它们的功能对整个隧道机电系统的使用功能没有重大影响。

②它们在设计上有余度，其功能不会影响使用能力。

③故障没有安全性和使用性后果，很容易进行修复。

④根据经验和实际分析不可能发生故障的系统或设备。

(2)进行故障模式影响分析(FMEA)

FEMA 分析设备所有可能的故障类型和影响，并对故障后果进行分类评估，然后根据故障后果的严重程度，对每一故障模式作出“是采取预防性措施，还是不采取预防性措施待其发生故障后再进行修复的”决策。因此，FEMA 是故障分析的基础，为故障分析提供对潜在的故障及故障发生的可能性和造成的后果进行结构法评价的工具，为基于故障原因的决断分析提供基本信息。

在整个故障分析过程不变的前提下，可以在 FMEA 分析中引入 RCA（根本原因分析）。RCA 是一个发现和消除根本原因的过程，能够有效地防止这些问题的发生。只有当这个根本原因被发现并消除后，该问题才能够被彻底解决。RCA 以故障模式为分析的起点，找出表面症状的原因，并根据各故障模式的故障机理和表现特征，对每一可能的故障原因进行逐一分析和论证。

一个完整的 RCA 分析包括数据收集、事故评估、问题纠正、编制事故分析报告、结果跟踪 5 个步骤。

以上工作可在故障分析的过程中分别执行，如 FMEA 信息记录表中填写导致故障原因的根本原因。

(3)应用逻辑决断图确定预防措施工作的类型

逻辑决断图是由一系列的方框和矢量组成的，根据对所提问题的选择，确定分析流程的方向。决断图分为两层：

①第一层。确定各功能故障的影响类型，即将功能故障影响划分为明显的安全、任务、经济影响和隐蔽的安全、任务、经济影响的不同分支。

②第二层。考虑各功能故障的原因，选择预防性维修工作类型。

对系统实施预防措施分为主动性工作和非主动性对策。对于存在有效的预防措施的系统，通常按以下顺序确定主动性工作❶：

①保养。

②使用人员监控。

③使用检查。使用检查是指通过使用操作对系统进行的定性检查。如果检查时发现故障，需及时进行修理或更换。这类策略多针对于只有突然事件发生时才启用的系统。

④功能检测。功能检测工作之所以可行，主要基于下列事实：大多数系统在发生功能性故障前会出现某种征兆，以预示故障即将发生或正在发生。如果通过检查发现这种征兆，并及时采取预防性措施，即可避免功能故障的发生。

⑤定期修复。

⑥定期报废。

⑦综合工作。

以上 7 种预防措施的工作类型，根据其工作性质可对应秦岭终南山隧道机电设施维护任务体系中的任务类型。如使用检查属于任务体系中的经常检修的任务范围，功能检测的工作性质则对应任务体系中的定期检测。

如果没有合适的主动性预防性维修对策，且故障后果严重，那么就应对系统进行整改；如果故障影响不大，可以考虑实施故障后维修的策略。

以上三个步骤都有相应的逻辑决断方法，而工作间隔期的选择却存在很大的不确定性。各项工作的间隔期大小直接影响到工作的适用性和有效性。对于具有安全性、任务性后果的故障，预防措施的间隔期关系到该项工作能否使故障发生的概率降低到可以接受的水平。间隔期越大，发生故障的概率就越大；而间隔期过小，必然造成工作频繁，从而增大维护费用。因此，对于预防措施的间隔期问题，必须在满足使用要求的前提下进行优化。

对重要功能项目决定的 7 种预防性措施的工作类型中，保养工作的间隔期一般是根据设计要求确定的。对于一般的清洗、擦拭等维护工作因费用很低、所需时间较短，可安排在日常的维护任务计划中，

❶ 以下工作类型是按照所需资源和技术要求由低到高进行排列的。

无需另行确定其工作间隔期。操作人员监控工作是由操作人员在日常操作时进行的，也无需另行确定工作间隔期。综合工作的间隔期是由各有关工作类型的间隔期决定的。因此，这里需要专门指出预防性维修工作间隔期指的是两类工作：一类是检查工作，即使用检查和功能检测；另一类是定期更换工作，包括定期报废和定期拆修。

5.4.4 设备管理

设备是秦岭终南山隧道机电系统的重要组成部分，是机电系统运行的技术物质基础。

设备管理包括设备基本资料管理和设备变动管理。

5.4.4.1 设备分类及分级

机电系统设备繁多，为便于设备管理，了解设备的属类性质，对设备数量进行分类统计，应对设备进行分类划分。设备分类按照构件类型进行。

按照设备在隧道运营中的地位、结构复杂程度以及使用、维护难度，将设备划分为重要设备、主要设备、一般设备三个级别，以便于规程的编制和设备的分级管理。

5.4.4.2 设备基础资料管理

设备基础技术信息如下：

构件类型、品牌型号、设备编号(有出厂编号的设备以出厂编号作为设备编号)、购买日期、购买价格、启用日期、预计寿命(单位为年，以设备生产厂家提供的数据为准)、设备的使用状态、设备的性能状态。

设备的使用状态有以下4种：

(1)空：指设备的初始状态。

(2)在库：指设备存放在仓库中。

(3)在用：指设备安装在功能位置上。

(4)送修：指设备委托外部维修商修理。

设备的性能状态分为故障和完好。

新登记的设备使用状态为空，根据设备的实际使用、性能情况，设备使用状态可变化为其他三种状态。从功能位置上更换下来的设备在未经过任何处理之前，设备使用状态也为空。无论是在库设备或在用设备，状态都可能为故障或完好。

5.4.4.3 设备变动管理

设备变动管理是指由于移装更换、委托送修、报废处理等情况引起设备变动，需要处理和掌握所进行的管理。

1)设备更换

设备更换可能是更换安装在功能位置、功能单元上的设备，也可能是更换设备内部的某个零部件。设备更换的信息应在相应的故障诊断与排除报告中记录，同时必须登记更换下来的设备的性能状态(故障或完好)。

2)设备送修

对于性能状态为故障的设备，需察看其历史维修保养记录，对该设备进行详细的检测。首先要确定该设备是否需要修理。确定需要修理的设备，在某些情况下，如维护技术人员无法排除设备故障或维修该设备需要专业的维护承包商、设备生产厂家，可将设备委托给外部单位修理。

设备送修时，需填写设备送修单，内容包括：送修设备名称、设备编号、故障现象、送修日期、预计归还日期、维修厂家、预计维修费用。待设备修复后，维护技术人员应对设备进行全面检测，确定设备的性能状态，记录实际修复时间、修复费用、修复内容及故障原因。

3)设备报废

设备由于严重的有形或无形损耗，不能继续使用而淘汰，称为设备报废。在确定设备不能使用且具备以下几个条件之一时，维护技术人员可提出报废申请：

(1)已超过规定使用年限的老、旧设备，主要结构和零部件已严重磨损，设备效能不能达到系统最低要求，无法修复或无修复改造价值。

(2)因意外灾害或重大事故受到严重损坏的设备，无法修复使用。

(3)设备会危害人体健康，且进行修复改造不经济。

(4)因产品更新换代而淘汰的设备，维修费用过高或根本找不到需要的备品、备件。

设备的报废需要经过一定的审批程序。首先由维护技术人员提出申请，交由相关部门进行技术鉴定。经鉴定认为可以改进或改造的设备，可申请改造；经鉴定确定必须报废的设备，应进行整理设备档案、估算设备残值、清理折旧、回收入库等工作。

5.4.4.4 设备履历表

设备履历表是设备的凭证，汇集了设备从安装、调试、使用、维修、改造、更新直至报废的全过程中形成的记录信息，为分析、研究设备在使用期间的状况提供了重要依据。

设备履历表包括设备的基础资料，如构件类型、品牌型号、设备编号、购买日期、购买价格、启用日期、预计寿命、设备的使用状态、设备的性能状态。同时，还记录了以下信息：

(1)设备历次读数记录。

(2)设备预防性维修记录。

(3)设备定期检测记录。

(4)设备故障记录。

(5)设备改进、改造记录。

(6)设备维修费用记录。

(7)设备安装、拆除记录。

5.5 应急救援管理研究

5.5.1 预案编制技术研究

应急救援是为了预防、控制和消除事故与灾害对人类生命和财产的危害所采取的反应行动。应急预案则是开展应急救援行动的行动计划和实施指南。应急救援预案实际上是一个透明和标准化的反应程序，能使应急救援活动按照预先周密的计划和最有效的实施步骤有条不紊地进行。这些计划和步骤是快速响应和有效救援的基本保证。应急预案应该有系统、完整的设计，标准化的文本文件，行之有效的操作程序和持续改进的运行机制。为了编制出科学、实用、可操作的应急预案，本研究首先进行预案编制技术的研究。

5.5.1.1 编制前的准备工作

(1)风险评价。主要是针对可能导致重大人身伤亡、财产损失及严重社会影响的重大事故灾害风险，列出清单，逐一评估。

(2)资源分析。对应急救援活动涉及的相关资源进行了解、分析，以便制订出符合实际情况的应急预案。

5.5.1.2 预案的体系架构

按照系统论的思想，应急救援预案是一个开放、复杂和庞大的系统。应急预案的设计和组织实施应遵循体系要素构成和持续改进的指导思想。通过对国内外应急救援体系的研究、分析，特长公路隧道应急预案体系可以由以下5个部分构成：

(1)应急机构。应明确分为场内与场外两类应急机构。前者是整个应急救援活动的信息中枢，负责组织协调、资源调配和扩大应急救援活动的指挥;而后者则直接承担起现场的灾害控制、救护人员和工程抢险等具体的救援任务。

(2)响应程序。应急预案中核心的内容,是检验应急救援综合能力的集中体现。

(3)预案培训。其目标是检验其应急行动与预案的符合性、应急预案的有效性和缺陷,以及对于应急能力水平的评估。

(4)公众教育。目标是提高全体公众应急意识和能力。

(5)预案管理。建立应急预案的编写、审核、批准、发放、修改、检测和更新预案等程序,并通过预案演练和评估对预案实现持续改进。

5.5.1.3 预案的编制

通过对国内外隧道事故以及其他行业应急预案要素的分析,归纳出隧道灾害事故应急预案所包括的12个核心要素。

(1)预案启动。确定预案的启动条件及启动程序。

(2)现场指挥与控制。要以事故发生后确保公众安全为主要目标,按照应急预案的响应程序指挥、协调救援行动,合理使用应急资源,使事故迅速得到有效控制。

(3)预警与通知。应急救援迅速启动的关键。接到报警后进行初步分析,筛选掉不正确的信息,落实事故的地点、时间、类型、范围,初步分析事故趋势。

(4)警报系统与紧急通告。事故被确认后,立即通报政府应急主管部门和相应的应急指挥中心,及时向公众和各类救援人员发出事故应急警报,建立通信程序。

(5)通信。保证报警和通信器材的完好,并能合理和正确使用报警和通信器材,保持信息渠道24小时畅通。

(6)事态监测。应急救援的事态监测包括监测和分析事故造成的危害性质及程度,以便提高或降低应急警报级别及采取相应对策评估。

(7)人员疏散与安置。应使所有公众熟悉报警系统、集合点、逃生线路、避难所及总体疏散程序,准确地估计事故影响范围、人员影响区域,以便组织疏散、撤离,积极搜寻、营救受伤及受困、失踪人员。

(8)警戒与治安。警戒与治安是为了保障现场救援工作的顺利开展。救援现场要有警戒线(区域)设定,执行事故现场警戒和交通管制程序,保障救援队伍、物质供应、人员疏散的交通畅通和事故发生前后的警戒开始与撤销的批准程序。

(9)医疗与卫生服务。应急救援中的医疗与卫生服务,由接受过急救和心脏恢复培训的专业人员事先组成医疗救援小组,在当地卫生部门的配合下,及时地提供应急需要的医疗设备和急救药品。

(10)应急人员安全。应急救援行动的原则是优先确保公众和应急救援人员的安全,严禁冒险指挥,防止造成次生灾害。

(11)公共关系。在重大事故中应明确应急过程中的媒体及公众发言人,协调外部机构,并及时地与各部门保持联系。

(12)善后复原。在应急救援完成后,应尽快组织善后复原工作。

在研究确定以上12个核心要素的内容之后,还需通过预案的推演,将这些要素串接成一个可执行的应急计划。

5.5.2 风险评价

5.5.2.1 事故分类及定级

对于公路隧道而言,最危险的事件即为火灾,因此本研究后续部分主要以隧道火灾事故作为分析对象,开展研究工作。

不同等级的安全事故具有不同的救援等级。由政府、公安机关、安全生产监督管理部门等单位介入指挥救援工作,各级政府针对不同事件制订了相应的应急预案。就秦岭隧道的管理单位而言,应建立企业级的应急预案,重点是解决在事件初期,特别是火灾初期的应急救援问题,即在各级政府、公安机关、安全生产监督管理部门等单位介入指挥救援工作之前,隧道的管理机构应采取的应急救援行动。

5.5.2.2 隧道空间特点

(1)隧道的密闭式结构设计,对内部人员可能造成不安全感、压迫感或恐惧感等负面心理因素的影响;

(2)通往结构外安全开放空间的避难出口个数、位置及大小等明显受限制。

(3)通风供给有限,一旦发生火灾事故,现场将形同一座天然的大烤炉。

(4)因整座隧道沿线内部结构景观设计雷同,使驾乘人员难以确切掌握本身所处位置或造成行进方向的混淆。

(5)由于自然采光受限,一旦隧道内部发生断电情形,而紧急照明进行切换的瞬间或紧急电源无法有效供电时,将造成隧道全面陷入漆黑情形,增加驾乘人员避难时的孤立、焦躁不安等心理。

(6)因无法进行自然通风换气,易蓄积车辆所排放的废气或弥漫火灾所产生的浓烟等有害气体。

(7)因受地形、距离及硬件设施等的限制,隧道内、外相互间的通信联络很困难,一旦火势扩大,很难掌握隧道内的事故状况。

(8)隧道空间狭小局限,无法同时间容纳大量人员及器材设备,且限制了消防设施在隧道内的操作空间。

5.5.2.3 公路隧道灾害救援特性

长大公路隧道不同于开放性路面,在发生意外事故时,容易出现联络困难、状况不明、救援急迫性、进入抢救困难等不利于救援的情况。

当长大公路隧道发生火灾事故时,还将出现更不利的救援危害情况,如浓烟大、温度高、疏散及避难困难、救援不易。

5.5.2.4 公路隧道火灾事故统计分析

统计结果表明,隧道火灾起因主要为纵火、汽车装载物起火、汽车本身起火、汽车相撞起火等。据德国 GMT 现场火灾实验表明,轿车失火后不到 10min 就会形成大火。可见,隧道内从失火到大火的时间相当短,并且隧道内部空间狭窄,随着火灾扩散,大量高温有毒烟气将很快充满隧道,温度可达 1 200℃。

根据实际火灾后果来划分,火灾一般可分三类:第一类为汽车火灾,该类火灾次数最多,一般可用灭火器将其扑灭,很少酿成大火;第二类为装载一般可燃物的货车火灾,酿成大火可能性较大;第三类为装载易燃易爆物的货车火灾,往往会酿成大火。德国对易北河隧道初期运营统计表明,尽管在平时每天货车只占统计车辆的 15%,但仍有 30%的火灾是由货车引起的,也就是说货车比小汽车更容易引起火灾。因此,必须加强对货车火灾的防范措施,特别是装载易燃易爆物的货车火灾,若处理不当,会对人身造成巨大的伤害,对财产造成巨大的损失。然而,使用常规的消防对策处理装载易燃易爆物的货车火灾效果一般。虽然装载一般可燃物的货车火灾的后果一般没有装载易燃易爆物的货车火灾严重,但其火灾次数却要多得多,故扑灭装载一般可燃物的货车火灾是消防设计的一个重点。该类火灾起因大多为汽车装载物起火、汽车相撞起火,其中汽车相撞导致的油箱汽油起火更应引起重视。因为它会很快引燃汽车车身及车上装载的可燃物,在风压、温度等外部环境作用下,火灾很可能烧到前后车辆,甚至会蔓延至整个隧道。所以,扑灭该类火灾的关键是扑灭初期油类火灾。国外资料也表明,只要不耽误初期灭火,该类火灾便很少酿成火灾事故。而常规的消防对策不利于扑灭初期油类火灾,其消火栓系统不利于扑灭油类火灾,也不便于非消防专业人员使用,而扑灭初期火灾一般由非消防专业人员进行。因此,长大公路隧道消防设计,除了应具备常规消防灭火功能外,还必须具备快速扑灭初期油类火灾的功能。

尽管隧道内火灾具有突发性，但其过程仍然可分为以下 3 个阶段。

(1)I 阶段(5～8min)：燃料着火→升温→冒烟及燃烧。

(2)II 阶段(8～20min)：燃烧扩散→燃烧高峰。

(3)III 阶段(20min 以后)：持续燃烧→火势减弱→熄灭。

隧道内救灾程序分为以下 3 个阶段：

(1)I 阶段：发生火灾后，车辆驾乘人员自救。

(2)II 阶段：隧道管理人员在得到火灾报警后，迅速赴现场进行抢救。

(3)III 阶段：消防救灾专业队伍在接到火灾信息后，到达火场抢救灭火。

国外及我国隧道救灾经验证明，救灾灭火最有成效的是第 I、II 阶段，这恰恰也是火灾发展过程的第 I 阶段(初始阶段)，时间约在 8min 之内。当救灾的第 I、II 阶段失效而火灾发展到第 III 阶段时，正好是专业消防队伍到达之时，即进行第 III 阶段的救灾。因此，对于隧道火灾而言，如果无法在第 I、II 阶段扑灭火灾，一旦到达第 III 阶段，火灾通常会发展为恶性事故。

5.5.3 资源分析

5.5.3.1 隧道消防安全设施

1)消防设备箱

消防设备箱每 50m 设一个，并设于隧道车行方向一侧的侧壁预留孔洞中。每个消防设备箱配水管采用 D65mm 内外涂塑钢管(丝接)，并预埋在隧道衬砌层中。消防设备箱配水管与隧道内消防干管连接，为消防灭火时供水。

消防设备箱内设置有消火栓、泡沫拴、灭火器等。

(1)消火栓

系统在隧道洞内车行方向的右侧、每 50m 一个的消防设备洞内设置消火栓 1 套，包括 ϕ19mm 水枪 1 个、30m 长 ϕ65mm 内衬胶麻质水龙带一组、ϕ65 消火栓 1 套和 ϕ65mm 带有减压阀的标准消防接口(可为消防车加水)，消火栓栓口处水压不小于 0.4MPa，每支水枪设计流量不小于 10L/s，充实水柱不小于 10m。

经计算，30m 长 ϕ65mm 内衬胶麻质水龙带在流量为 8L/s 时，压力损失为 3.36×10^4Pa。

如消火栓出水口水压为 40×10^4Pa，扣减水带压力损失，则水枪的水压为 36.64×10^4Pa。根据直流水枪的技术数据资料，隧道水枪喷嘴口径为 19mm，水压为 36.64×10^4Pa 时，水枪有效射程为 17m，流量为 7.5L/s。

根据规范，火场水枪手需留机动水带长度 10m，水带在地面的铺设系数为 0.9，则实际消火栓的保护半径为 $(30-10)\times0.9+17=35$m。

由于秦岭隧道采用纵向式通风，这种通风方式会导致大量高温有毒烟火向下风方向扩散，下风口的消火栓在火灾发生时无法使用，因此在消防车到达前，实际可投入使用的水枪仅有一个(不含泡沫水枪)，且一旦火灾地点恰好在消防栓附近，则上风口最近的水枪的充实水柱距离起火点还有 15m 的距离(假设消火栓出水口水压为 40×10^4Pa)。因此，为保证即使在最不利点起火，也能有一支水枪的充实水柱到达，需扩大消火栓的保护半径至少到 50m。由于喷嘴口径为 19mm 水枪在水压达 59×10^4Pa 时，有效射程为 20m，且增大水压到 59×10^4Pa 对消防系统影响较大，因此建议采用增加水带条数的方式。按上式计算，当消火栓出水口水压为 40×10^4Pa 时，为保证消火栓的保护半径提高到 50m，需增加一条 20m 的 ϕ65mm 内衬胶麻质水龙带。若考虑最不利情况，即当火灾发生在消火栓下风口 5m 范围内，由于上风口最近的消火栓距离火场过近，威胁到救援人员生命安全，必须使用火场上风口的第二个消防栓时，则建立增加一条 30m 的 ϕ65mm 内衬胶麻质水龙带。若不增设水龙带，则应在消防时利用上风口其他消防栓的水带。

若要保证两支水枪的充实水柱同时到达隧道内任何部位，建议消防箱内设一个双口消火栓或两个单口消火栓。同时，为了减少消防箱数量，每个消火栓箱内应设 4 根 ϕ65mm 水带，两支 19mm 水枪。

由于隧道每 50m 设置消火栓，均配置 ϕ65mm 带有减压阀的标准消防接口（可为消防车加水），而目前国内外各式消防车的最大供水距离至少在 30 条水带以上，且流量可达 30L/s，因此秦岭隧道消防设计可保证两部消防车直接供水，同时出水枪。根据相关技术资料，ϕ19mm 水枪有效射程为 15m 时，流量为 6.5L/s。根据隧道 50L/s 的供水流量计算，最多可满足两部消防车 6 支水枪，加上隧道自带的一支水枪，共 7 支水枪的供水。

(2)泡沫栓

消防设备箱内还应配备可供大于 30min 灭火的水成膜泡沫液储罐和 D20mm、长 30m 的胶管一组，泡沫喷枪 1 个。胶管置于消火栓箱的自救卷盘中。自救卷盘要求可调 90°。

泡沫罐内贮存泡沫原液 35L，混合液浓度为 3%，喷射灭火时间≥30min，喷射距离≥10m。

(3)灭火器

灭火设备是在隧道内发生火灾时，供驾驶员等在火灾初期使用的具有快速、有效灭火功能的设备。

2)地下式消火栓

(1)在隧道洞外洞口处设置 SS100 地下式消火栓，共 4 套，主要用于消防车补水。每套消火栓设置一个直径为 100mm 和两个直径为 65mm 的栓口。

(2)消火栓设计流量不小于 10L/s。

3)消防水池

在秦岭终南山特长隧道洞口南端设 500m^3 山上水池一座，一次消防灭火用水量为 400m^3。

为确保洞内消防供水安全可靠，水池进、出水管均采用双管路。其中，进水管为两条 DN100mm 钢管，出水管为两条 DN250mm 钢管。

4)隧道内消防干管

东、西两线主隧道及北引线东、西两线隧道中（车行方向右侧）各铺一路 DN200mm 消防干管。通过东、西两线隧道间的行人横通道，每 2 000～2 250m 铺设 DN150mm 钢管与消防干管连接，形成保障有力的消防供水环网。

根据环状管道内流量计算的经验公式计算可知，秦岭终南山公路隧道环状管网能够提供的流量为 50L/s 左右。

5)隧道内火灾报警装置的设置

(1)按钮报警装置。每 50m 设一处，车行方向一侧布置。

(2)自动报警装置。每 50m 设一个，车行方向一侧布置。与消防设备箱合设，任一消防设备门被打开时，即向中控室等指挥机构发出自动报警信号，相应区域的电视摄像机自动录像，并将视频信号自动显示在主控台的监视器上。

5.5.3.2 隧道管理机构情况

在非正常工作时间，隧道值班人员分布见表 5-15。

隧道值守人员情况表 表 5-15

值守地点	人员	主要车辆、设备
管理中心	监控员	监控系统
隧道北洞口	消防中队执勤队长，战斗班长，驾驶员，战斗员，通信员	消防车、救护车、消防装备
	路政班长，路政员	路政车
隧道南洞口	战斗班长，驾驶员，战斗员	消防车、救护车、消防装备
	路政员	路政车

由于秦岭隧道管养机构还未成立，以上隧道值守人员数量均根据国内目前高速公路常用人员的配置进行估算，其中管理中心设在太乙宫服务区。根据一般规则，交警部门会在西柞高速设立高速公路交

警大队,由于目前隧道尚未通车,因此依照此规则进行假设,以驻地交警作为识别。通过以上分析,隧道发生紧急事件时,隧道现场实际能够响应的部门为监控中心、隧道消防队、路政中队,以及外部单位驻地交警。

5.5.3.3 外部救援

本研究对能够参与隧道救援工作的外部消防力量进行分析,重点分析长安区、柞水县的消防部门,并与长安区消防大队进行秦岭隧道火灾救援方面的沟通。主要情况如下:

(1)长安区消防大队,下辖两个消防中队,距离隧道最近的韦曲消防中队,与隧道入口太乙宫尚有20多公里的距离。

(2)由于人员编制、经费预算有限,目前消防大队的配备并不强,一个消防中队仅有三部消防车(其中一辆带半吨泡沫液),20名消防队员。

(3)就目前而言,由于驻地内并无隧道,因此长安区消防大队在隧道火灾救援方面并无经验。

5.5.4 应急机构

为提高应急处理能力,应针对隧道可能发生的火灾事故等紧急事件,预先规划好应急组织,明确各方职责。应急组织如图5-11所示。

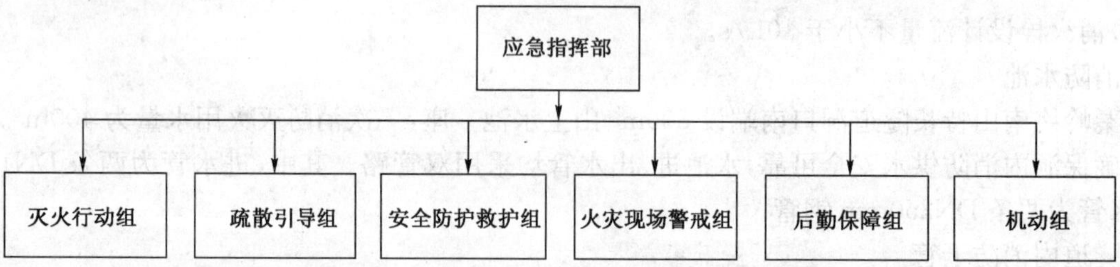

图5-11 隧道应急机构

1)应急指挥部

(1)主要职责:指挥协调各职能小组和灭火行动组开展工作,迅速引导人员疏散,及时控制和扑救初起火灾,协调配合公安消防队开展灭火救援行动。

(2)组成人员:有关领导、监控中心主任、监控员、轮值人员。

应急指挥部一般设在监控中心。根据火灾情况,也可在现场成立指挥部,由隧道消防中队的执勤队长任现场总指挥。

2)灭火行动组

(1)主要职责:现场灭火、抢救被困人员。

(2)组成人员:消防中队执勤队长、战斗班、通信员、地方消防部队(外部)。

3)疏散引导组

(1)主要职责:引导人员疏散自救,确保人员安全快速疏散;在安全出口以及容易走错的地点安排专人值守,其余人员分片搜索未及时疏散的人员,并将其疏散至安全区域。

(2)组成人员:路政班、交通警察(外部)。

4)安全防护救护组

(1)主要职责:对受伤人员进行紧急救护,并视情转送医疗机构。

(2)组成人员:专业医疗人员(外部)、消防队员、路政员。

5)火灾现场警戒组

(1)主要职责:控制各出口,对于无关人员只许出不许进;火灾扑灭后,保护现场。

(2)组成人员:路政班、交通警察(外部)。

6)后勤保障组

(1)主要职责:负责车辆调配、道路畅通、供电控制、水源保障。

(2)组成人员:养护部门人员。

7)机动组

(1)主要职责:受指挥部的指挥,负责增援行动。

(2)组成人员:行政后勤人员。

5.5.5 响应程序

5.5.5.1 应急救援的对策与原则

在应急救援的过程中,应遵循以下原则:

(1)秦岭隧道长达 18km,隧道内一旦发生事故,势必造成事故隧道内车流拥塞回堵,且因秦岭隧道的通风排烟设施采用的是单向排送设计,而秦岭隧道也没有路肩紧急通行设计,导致救灾车辆前往事故地点的路径受限且接近困难,从而无法迅速抵达事故现场处理。因此,针对秦岭隧道的特殊性,在救灾活动的前期,应主要利用隧道本身的消防设施(如消防栓等)。

(2)扑救车辆和人员应尽可能安排在上风或侧上风方向,避开地势低凹处,并与着火车辆保持适当的安全间距。

(3)坚持救人第一的灭火战斗指导思想,积极营救隧道内的被围人员。对重、危伤员应及时进行现场急救,并利用现有车辆快速转送医院救治。

(4)对可能产生化学危害的事故,在及时控制有毒有害物质的扩散和遏制危险化学品的燃烧或爆炸的同时,必须尽快通知环境保护及化工管理部门、企业,采取回收、转移、降低有毒有害物质含量等措施,迅速处治,防止出现其他意外事故。

(5)破拆车体时(特别是装载易燃易爆物品的车辆),应采用雾状水实施保护,防止金属碰撞、摩擦产生火花,引燃可燃气体,发生二次火灾或爆炸燃烧。

(6)注意行车安全,切实做好个人防护。进入高速公路左道行驶时,特别要提醒对开车辆减速慢行,避免正常行驶的其他汽车与消防车抢道行驶。灭火过程中,参战指战员要佩戴好个人防护装备,及时对油箱、轮胎及所载的压力容器等实施冷却,避免爆炸伤人。

(7)隧道内事故发生后,救灾车辆无法迅速抵达事故现场的主因除了隧道内没有路肩紧急车道外,还有在灾害发生后,隧道外的车辆无视禁止进入的警告标示,强行进入隧道内,造成内部车辆疏散更加困难,导致大量人员伤亡。因此,隧道内一旦发生重大以上等级的事故,除应立即采取隧道外部车辆禁止进入的管制警告措施外,如有必要,其管制范围可扩展至上游互通立交处,以保证救灾车辆行车路线的畅通。

根据本报告前面内容的分析,结合以上统计资料,秦岭隧道一旦出现火灾,必须充分依靠自身的救援力量进行火灾扑救,特别要做好火灾发生后第Ⅰ、Ⅱ阶段的火灾扑救、人员车辆疏散工作。这也是本报告的研究重点。因此,我们提出了充分动员第一梯队、主要依靠第二梯队,全力以赴在第Ⅰ、第Ⅱ阶段完成救援工作的应急救援策略。此策略的确立,充分体现了隧道应急救援管理工作的重点。

充分动员第一梯队,即必须通过多种形式,做好驾乘人员的宣传教育工作,提高广大驾乘人员在隧道内的应变处治能力,在可能的情况下第Ⅰ阶段灭火。

主要依靠第二梯队,即必须严格按照正规消防部队的训练大纲,并结合隧道特点,加强隧道消防队的日常训练,以提高隧道消防队的快速反应能力、快速灭火救援能力。在平时的训练中,注意针对隧道不同地点出现火灾时的灭火战斗进行有针对性的训练。

全力以赴在第Ⅰ、第Ⅱ阶段完成救援工作,即必须建立健全应急预案,做好培训演练工作,充分发挥监控中心、隧道消防队、路政、交警、养护部门的救援力量,保证救援工作在事故初期有条不紊地进行,在事故初期完成事故处理。

5.5.5.2 预案要素分析

本研究针对火灾事故的预案要素进行了如下分析：

1)预案启动

当监控系统通过火灾报警系统、异常事件检测系统发现火灾时，会自动提醒启动预案，要求监控员在指定时间内确认，否则将自动启动预案，这也是基于火灾救援工作时紧迫性考虑。因此，隧道管理机构必须24小时有带班领导在监控中心值守，一旦接到火灾报警，在监控员的操作配合下，应快速确认火灾，确认后立刻启动预案。

监控员必须确认隧道内各机电系统是否按预案要求正常响应，并在整个救援过程中持续监控所有设备的运作。

2)现场指挥与控制

要以事故发生后确保公众安全为主要目标，按照应急预案的响应程序指挥、协调救援行动，合理使用应急资源，使事故得到有效控制。隧道口为各应急机构进入隧道前的会合地点，现场指挥部也设置在隧道口。

前期由驻地交警负责交通管制、疏导工作。因为驻地交警熟悉所辖线路状况，了解如何疏导、控制车流，且驻地交警可迅速通过内部通信系统请求邻近其他警察单位协助管制互通立交及外围道路的车流。

隧道消防队到位后，由执勤队长负责火灾救援的现场指挥工作，其他路政、养护部门应予以配合，体现“主要依靠第二梯队”的应急救援策略。当地方消防部队抵达现场后，隧道消防执勤队长应将指挥权转移给地方消防部队到场的最高行政领导，火场人员必须服从灭火指挥员的统一指挥。

隧道广播为隧道内对救援工作最有效的辅助设施，因此监控中心应利用隧道广播对隧道内驾乘人员进行疏导，以达到“充分动员第一梯队”的目的。

3)报警与通知

报警与通知是应急救援迅速启动的关键。接到报警后进行初步分析，筛选掉不正确的信息，落实事故的地点、时间、类型、范围，初步分析事故趋势。

火灾事故的报警有以下几种方式：

(1)驾乘人员通过隧道内的紧急电话报警；

(2)驾乘人员通过火灾手动按钮报警；

(3)驾乘人员通过手机拨打110或是119报警，然后转报监控中心。

(4)隧道内的火灾监测设备自动检测报警。

(5)隧道内异常事件检测报警。

(6)驻地交警巡查发现报警。

(7)驻地路政巡查发现报警。

(8)养护部门实施养护作业时报警。

由于驾乘人员往往通过手机向110或119报警，然后再由110或119转报监控中心，增加环节必然导致时间的延误，且由于110或119对隧道的情况不如监控中心熟悉，从而在确认事故地点、指导驾乘人员采取应急措施等方面不如监控中心有效，因此建议申请针对秦岭隧道三位数报警电话，且在隧道内、外部显著位置宣传。

为方便驾乘人员报警，建议增强隧道内移动电话信号强度，而且对于一些逃身受限或无力自救人员，通过移动电话求救比通过紧急电话求救更加实际。

监控员在接到报警后，应明确事故时间、事故位置、肇事车辆车型、数量、有无人员伤亡、有无人员被困、车辆是否需拖吊处理、有无危险物品、有无散落物、交通状况、灾情状况等。

4)警报系统与紧急通告

事故被确认后，立即通报政府应急主管部门和相应的应急指挥中心，及时向公众和各类救援人员发出事故应急警报，建立通信程序。一旦确认事故，监控中心应首先通过内部无线电通信系统通知交警、路政、养护部门前往事故现场。通过可变情报板发布隧道内火灾事故信息，提醒驾乘人员注意，并用广播指引驾乘人员快速应变。

按照国家生产安全事故报告制度的要求，及时向上级主管部门报告，同时向事故发生地人民政府、安全生产监督管理部门报告。事故报告送出后，伤亡情况发生变化的，必须按照事故报告程序立即进行续报。一般生产安全事故，报告时间不得超过事故发生后20h；重大事故，报告时间不得超过事故发生后8h；特大事故，报告时间不得超过事故发生后4h；特别重大事故，报告时间不得超过事故发生后2h。生产安全事故报告内容包括：

(1)事故发生的时间、地点、单位。

(2)简要经过、伤亡人数、直接经济损失的初步估计。

(3)事故发生原因的初步判断。

(4)事故发生后采取的措施和事故控制情况等。

5)通信

保证报警和通信器材的完好，并能合理和正确使用报警和通信器材，保持信息渠道24小时畅通。

在救援现场，主要的救援单位为隧道管理机构、交警部门、地方消防部队。因此，应建立无线电通信系统，保障各救援机构间的通信畅通。同时，由于长隧道对于各种无线信号具有屏蔽、削弱作用，在应急救援时会影响隧道内、外部的无线联系，因此应注意保障隧道内无线通信信号质量。

根据经验，一部外部电话在应急救援时往往是不够的。因此，建议监控中心安装两部外线电话，以保证紧急情况下能够与外部保持联系。

6)事态监测

应急救援的事态监测包括监测和分析事故造成的危害性质及程度，以便提高或降低应急警报级别，并采取相应的对策评估。

监控中心应充分利用隧道监控系统，不断通过CCTV、CO/VI、风速风向仪等监控设备监测隧道内情况变化，掌握隧道内人员状况及是否仍有受困驾乘人员，确认救灾人员位置，及时反馈给现场救援单位。同时，与现场指挥人员进行沟通，确认是否需要提高或降低应急警报级别。此外，必须持续监控隧道内各机电设施的运行情况，如有变化，立刻反馈给现场救援指挥人员。

隧道消防队或地方消防部队也应安排侦查人员进入隧道进行现场侦查，对火灾进行评估，以便采取合理的灭火救援措施。

7)人员疏散与安置

应使所有公众熟悉报警系统、集合点、逃生线路、避难所及总体疏散程序，准确地估计事故影响范围、人员影响区域，以便组织疏散、撤离，积极搜寻、营救受伤及受困人员。

监控中心应充分利用隧道广播系统，播报逃生指引信息。

8)警戒与治安

警戒与治安的目的是保障现场救援工作的顺利开展。救援现场要有警戒线(区域)设定，执行事故现场警戒和交通管制程序，以保障救援队伍、物质供应、人员疏散的交通畅通。

隧道一旦发生火灾，双洞关闭，必然会导致交通流受阻。为保证救援车辆能够顺利到达火灾现场，必须在隧道南北两端最近的互通立交上进行交通管制和疏导。

9)医疗与卫生服务

隧道救援现场的医疗救护工作主要由经过应急救护培训的隧道消防队员、路政队员负责。

隧道管理机构应与当地医疗部门签订合作协议，确定在应急救援中合作配合的医疗部门。协议医院在接到报警后应快速组织医护人员，备好医疗设备和急救药品，赶赴现场，同时做好接收伤员的准备。

10)应急人员安全

应急救援行动的原则是优先确保公众和应急救援人员的安全，严禁冒险指挥，防止造成次生灾害。

11)公共关系

在隧道火灾救援过程中,由监控中心负责协调外部机构,及时与各部门及相关社会服务机构取得联系,并负责对外发布实时救援信息。在救灾结束后对救援资料进行汇总,并发布新闻。

12)善后复原

扑灭火灾后,由路政部门、养护部门负责清理现场。养护部门还需针对火灾情况,对隧道土建结构、机电设施进行特别检查,评估隧道是否具备安全运营的条件。必要时,应组织抢修,并尽快恢复交通。

此外,还需协调医疗部门,获取送医者名单,向公众发布。

5.5.5.3 应急救援流程

在研究确定以上12个核心要素的内容之后,针对隧道的火灾事故,通过预案的推演,将这些要素串接成一个可执行的应急计划,共分7个阶段。现针对各阶段作业内容分述如下:

1)事故发生与报警

当隧道发生火灾时,有多种报警方式。驾乘人员可以通过隧道内的紧急电话和火灾手动按钮报警,也可以通过手机拨打110或是119报警。隧道内的火灾监测设备通过温度的变化可以自动检测报警,也可以通过异常事件检测报警。另外,驻地交警和驻地路政巡查发现也可报警。同时,驾乘人员可及时灭火和进行自我救护,如果灭火失败,驾乘人员应立即逃生。

2)火灾确认

接到报警后,监控中心值班人员立即将监测画面切换至相应的摄像机监测区段进行火灾验证并录像(火灾自动报警系统只要发生火灾报警信号,系统就立即自动进行录像,无须人工确认)。当确定发生火灾和火灾的等级时,监控中心值班人员立即启动相应的火灾设备预案,即隧道控制系统由正常情况下的系统控制模式转入相应火灾情况下控制模式。

3)通报派遣及人员疏散

监控中心立即电话通知领导,以及驻地交警、驻地路政、隧道消防队、养护部门、地方消防部队、医院、环保部门、拖吊车单位等相关单位,并说明情况。同时,监控中心通过广播系统进行广播,宣传应急方法,引导隧道人员逃生。

4)初期应对

接到报警后,驻地交警到达现场后进行交通管制,并设置救援警戒线,同时疏散人员进入非火灾隧道,将现场状况立即回报监控中心。驻地路政路政员到达现场后协助交警进行人员疏散,驻地路政若配有清障车,到场后应及时清除救援路线上的故障车辆和散落物等,保证救援路线畅通。

隧道消防队到达现场后立即救援受困人员,进行灭火工作。养护部门到达现场后配合监控中心操作隧道设备,同时辅助清除障碍和救援人员工作。监控中心要时刻监控现场,与现场人员保持联系,同时与外部相关单位取得联系,并及时向有关领导通报事态的发展情况。必要的话,立即请求增援。同时也要根据救援情况实时调整救援方案,以便及时疏散和救援人员。

5)事故处治及人员救助

当地方消防部队抵达现场后,隧道消防执勤队长应将指挥权转移给地方消防部队到场的最高行政领导,火场人员必须服从灭火指挥员的统一指挥。灭火指挥员负责指挥受困人员的救援和灭火工作,掌握事故的实时信息,并回报给监控中心。环保部门到达洞口随时待命,并咨询相关情况。拖吊车单位到达现场后,立即进入洞内清除救援障碍,确保车辆和人员的及时疏散。

医院接到报警后派遣救护车到达现场,在洞口紧急救护受伤人员,并及时送往医院。

6)善后处理

灭火完成后,隧道消防队或者地方消防部队报告监控中心灭火完成。驻地交警进行死伤及失踪人员调查。驻地路政撤除路障。养护人员进行路面清理,并勘查隧道受损情况,修复受损结构和烧坏的设备。医院报告伤员送医记录。环保部门进行环保评估。

7)恢复交通

待相关工作完成之后，监控中心重新开放隧道，并提供隧道开放信息。隧道设备恢复正常工作。

5.5.6 预案培训

预案编制完成后，必须对有关人员进行培训。预案的培训过程也是对应急预案的测试过程，通过培训可以完善预案的细节。预案如有更新，必须及时针对更新内容对有关人员进行培训。通常的培训有以下几种形式：

(1)课程培训。适用于对预案的介绍以及预案流程的解释。通过课堂书面测试可以了解培训参加人员对预案的理解程度。

(2)功能演习。仅次于现场演习的有效培训方法，在室内模拟预案处理流程，可以很好地检查预案的正确性。

(3)现场演习。模拟突发事件的发生，进行演习。

经验表明，隧道通车的第一年，由于驾驶员对隧道情况不熟悉，事故率较高；当驾驶员逐渐熟悉隧道情况后，事故率开始下降。因此，为保证隧道通车后，一旦发生应急事件，预案能够立即发挥效用，必须在通车前对预案涉及的有关人员进行必要的培训。

通车后，也必须坚持做好以下预案的培训工作：

(1)需要跨单位彼此协调合作的大规模现场演习，建议每年举行一次，且可安排在春运等交通流量较大的时期到来之前进行。

(2)如果只是隧道管理单位的仿真应急作业，并无现场演习，建议每半年举行一次。

(3)隧道内的消防救援设施，应在设备规定的期间内实施测试启动。

(4)监控中心人员应进行专业的职前培训，若有新人时可提前实施预案的培训，以免事故发生时监控人员因不熟悉操作而延误救援时机。

隧道管理机构应提供隧道的详细数据给驻地交警，使其充分了解隧道内部状况、设施及事故发生时可采取的应变作为。对于隧道内事故车流的疏散，交警的临场应变能力及经验很重要。因此，应注意加强对驻地交警的相关培训。同时，由于交警部门人员流动性强，因此一旦有人员调整，必须对新人进行岗前培训，避免紧急情况下应急反应不力而造成严重后果。

5.5.7 公众教育

目前我国危机管理中存在的问题主要体现在社会警觉性较差，市民缺乏自救、救护的防灾意识和能力。为此，应利用多种方式对公众进行危机管理教育，组织应对重大危机的培训实践，广泛宣传相关法律法规和应急预案，特别是预防、避险、自救、互救、减灾等知识，增强公众的危机意识、社会责任意识，提高自救、互救能力，形成全民动员、预防为主、全社会防灾减灾的良好局面。此外，还应重视预案的队伍建设和演练工作。

在隧道火灾的应急救援中，驾乘人员扮演极为重要的角色。事实上，事故一旦发生，发现是否及时以及驾乘人员本身自救的能力至关重要。因此，首先必须让驾乘人员清楚地了解在隧道火灾发生后正确的行为模式，这部分工作可通过教育或媒体宣传的形式实现。此外，建议将该内容纳入驾驶员培训范围之内。

5.5.7.1 媒体倡导

(1)电视媒体

利用广告、倡导短片、专家访谈、综艺节目、公共电视等，将行车安全观念及灭火设备使用等知识广泛传递。

(2)报纸、传单

邀请各家报纸、杂志等进行专题报道，刊登有关公路隧道行车安全、意外事故避难及疏散的相关文章。隧道管理部门可印制隧道安全宣传材料，并在收费站、安全检查站、服务区向驾乘人员发送。同时，公布求救电话等相关信息。

(3)广播提醒

交通路况广播期间经常穿插安全倡导，并在事故发生时引导驾乘人员。

5.5.7.2 服务区展示

(1)行车安全解说

在休息服务区设立特定场所，展示文字、图形、宣传短片等各种电子媒体，以寓教于乐的方式向驾乘人员解说高速公路隧道的各种环境背景。

(2)逃生设备展示

展示与隧道内相同尺寸的各项救灾装备，除了详细解说其功能与使用方法外，为驾乘人员提供实地操作练习。

5.5.7.3 项目倡导

针对频繁使用高速公路的特定机关团体，如旅行社、运输企业等，以专题方式解说公路隧道的防灾、救灾观念。

在日常的宣传教育中，应倡导如下的良好驾驶习惯：

(1)隧道内严禁变换车道

目前交通规则已规定隧道内禁止变换车道，但隧道内仍有车辆违规变换车道的情况发生，尤其是大型车辆任意变换车道最为危险。今后应考虑如何加强隧道内违规变道车辆的监测，以降低驾驶员因素对隧道安全的影响程度。

(2)保持安全距离

进入隧道时，车辆常因空间环境变化而不自觉地减慢速度，或因隧道内交通堵塞而造成车辆回堵至隧道入口，当后方车辆高速驶入隧道时，可能因光线变换造成驾驶员眼睛不适而与前方车辆发生追尾。因此，车辆进入隧道前需与前车保持适当的安全距离，以免因反应不及而发生追尾。车辆在隧道内行驶应基本保持匀速，不宜急剧加、减车速，并与前车保持150m的安全距离。

(3)收听路况广播

行驶于公路隧道的驾驶员经常无法得知前方路况，因此可通过收听路况广播来接收最实时详细的路况报道，以获得最完整的路况信息，并作出正确反应。

5.5.7.4 隧道内事故时车辆处治

(1)将车辆熄火

当交通堵塞或发生紧急事故而使车辆停滞于隧道内时，将会导致空气质量不佳或有害气体浓度过高，驾驶员应暂时将车辆熄火以减少废气的产生。

(2)留下车辆钥匙

隧道内因发生火灾或由于其他各种原因必须立即疏散交通时，应该将车辆熄火并将车钥匙留在车内后再逃生，避免救援单位进入时因车辆无法移动而受阻。

(3)勿掉头逆向行驶

当车辆驶进发生事故的隧道内时，切勿采取车辆掉头逆向行使的动作，这不但会造成与陆续进入的车辆发生对撞的危险，而且当隧道空间内充满烟雾时，驾驶员容易在狭窄的车道上丧失方向感而无法控制车辆，从而造成巨大的危险。

5.5.8 预案管理

隧道的管理机构应该成立专门的预案管理小组，并根据隧道应急事件的扩展，编制新的应急预案，同时对已有预案的效果进行评估，必要时更新预案。

5.6 管养机构设置研究

5.6.1 组织工作内容分解

特长隧道的运营管理工作包括两部分内容：正常情况下的各种业务开展，发生各类突发事件时的应急处理工作。

5.6.1.1 正常情况下的业务开展

(1)养护管理

按照有关技术规范和操作规程，做好养护工作，保证结构物及附属设施处于良好的技术状态。对结构物及其附属设施进行巡查和检测，发现危及道路安全运行的情况，应当及时组织修复或采取措施排除险情。

(2)收费管理

本隧道利用西柞高速公路的收费设施，不单独设置收费设施及人员。

(3)路政管理

依法管理和保护结构物及其附属设施，依照相关法律、法规检查、制止破坏结构物及其附属设施的行为。建立快速清障、救援机制，确保救援电话畅通。接到清障、救援信息后，应当立即通知有关单位和人员赶赴现场处理，进行及时清障。

(4)交通安全管理

依法加强道路治安管理，维护道路及其服务区、收费站、危险品输检测站(点)的治安秩序，保护驾乘人员、管理人员的人身、财产安全。此项工作由交警部门负责。

(5)服务管理

确保服务设施完好，为通行车辆及人员提供安全、快捷、文明的服务。高速公路服务区应根据实际需要，提供住宿、餐饮、车辆维修、加油等经营性服务和停车、洗手间等公益性服务。本工程不包含服务区的管理。

(6)监控、通信管理

对隧道实施 24 小时监控，出现异常情况及时通知有关人员，启动相关预案，向道路使用者提供交通信息。

5.6.1.2 突发事件的应急处理工作

交通事故和突发事件处理工作包括：信息传递，启动相关预案，开启、使用隧道各类机电设施，进行事故现场交通组织、人员疏散、灭火清障、人员救助、救护，尽快恢复交通及修复损坏设施等。

5.6.2 专职消防队的设置

5.6.2.1 必要性

根据《城镇消防站布局与技术装备配备标准 GNJ1-82》，城市道路内消防车车行速度为 30～36km/h，消防中队接警出动需要 1min 结合 5.5.3.3 对外部救援力量的分析，测算韦曲消防中队从接警至到达高速公路太乙宫入口至少需要 30min，加之到达隧道口需要 10min，对于秦岭隧道火灾而言，40min 的时间，火灾已经发展到第 III 阶段，火势已经很难控制。因此，成立隧道消防队非常有必要。

5.6.2.2 消防队设置建议

根据以上对隧道救援资源的分析，秦岭隧道两端的地方消防单位，必须经过城市道路才能进入西柞高速公路，且距离较远，从而影响了地方消防救援单位赶抵事故地点的时效性，因此对于秦岭隧道的事故应变救援体系，应加强充实隧道消防队的应变救灾能力及相关器材装备，并由其担负第一线救灾主力，而由地方消防单位提供后续的支援协助。

按照设计文件，隧道消防队分别设置在隧道北面的太乙宫服务区和南面的营盘服务区，如果火灾发生在隧道中部(距离洞口 9km)，则隧道消防队赶到现场的时间将超过 20min，失去了最佳的灭火时机(火灾的第Ⅰ、第Ⅱ阶段)。因此，为保证救援的及时性，建议将隧道消防队设置在隧道两端洞口。这样即使考虑绕行至上一个行车横通道再进入火灾隧道中部的火灾点上风口进行消防救援，也可在 10min 内到达事故地点。

由于隧道内设置了大量的固定消防设施，这些设施是初期灭火的主要设施，但由于一般的驾乘人员不会操作，如消防水枪之类设施，为保证救援的及时性，可采用在隧道中部安排消防队员值班，但不配备消防车，只配备个人装备及专业消防摩托车。在隧道中部地区发生火灾时，快速赶赴现场，利用隧道内消防设施进行初期灭火或火势控制，也有利于在第一时间掌握火灾情况。

为保证隧道消防队伍的正常训练，建议隧道消防队的驻地必须按照小型普通消防站的建设标准建立，即在隧道南北洞口各建设一个小型普通消防站，相应的消防车辆、灭火器材配备、抢险救援器材配备、消防人员个人防护器材配备等必须符合《城市消防站建设标准》的有关要求。

为了确实提高隧道消防队的战斗力，隧道消防队除严格按照正规消防部队的训练大纲做好日常训练外，还必须结合隧道火灾特点进行训练。注意做好在不同隧道地点、不同规模火灾的灭火战斗计划，并在平时的训练中做好演练。同时，隧道消防队必须注意与其他隧道消防队的经验交流，吸收国内外先进的消防技术、经验，在条件允许的情况下添置一些适合隧道特点的专业消防器材，如遥控消防机器人，从而切实提高隧道消防队的灭火救援能力，为隧道的安全运营提供保障。

5.6.2.3 配制模式

隧道消防队的配置有两种模式：一种为隧道管理机构自行组建消防队，招聘合同制消防员，由公安消防部队提供正规的消防训练大纲，指导训练工作。消防队成员可从退役消防员中招聘，也可与消防部队合作，在消防部队每年招收新兵时代为招收，并统一训练，训练合格后转到隧道消防队工作。另一种为公安消防部门在隧道派驻消防队。根据调研，目前国内公安消防队伍人员编制紧缺，城市内防区的消防力量也略显不足，如要在隧道派驻消防队，必须争取到相关政策的支持。如厦门市于 2006 年 8 月 9 日，成立了我国首个依托消防队组建的灾害应急救援中心——厦门市灾害应急救援中心。为了确保翔安隧道(国内首个海底隧道)开通后的安全，中心规划在隧道两端建消防站，同时组建全国首支专业隧道事故救援队，并配备隧道事故救援车、隧道事故排烟车、隧道灭火车等车辆器材。

5.6.2.4 对外援助

在秦岭隧道消防队是否对外提供援助的问题方面，主要考虑以下几个情况：

(1)除秦岭终南山特长公路隧道外，西柞高速公路上还有为数不少的其他长短隧道，其位置特点与秦岭隧道类似，距离地方消防队都较远。

(2)隧道南北两端最近的两个互通立交桥之间的几十公里高速公路范围内，车流量与隧道相同，一旦隧道车行方向下游发生火灾等事故，将引起隧道内车辆滞留，影响行车安全。

(3)《中华人民共和国消防法》第三十一条规定，公安消防机构应当对专职消防队、义务消防队进行业务指导，并有权指挥调动专职消防队参加火灾扑救工作。

(4)《陕西省消防条例》第三十八条规定，公安消防队必须保持高度戒备，保证消防设备完好，接到火灾报警后，应当迅速到现场灭火救险。专职消防队、义务消防队必须服从公安消防机构的统一调动，参加灭火救险。

(5)由于秦岭隧道的特殊情况，消防队人员配置较多，南北洞口均有两个战斗班，各配两部消防车。因此，如果对外提供援助，只出动一个战斗班、一部消防车，对秦岭隧道自身的应急救援能力影响较小。

(6)隧道消防队能够多参加一些隧道火灾事故的实战，对于提高隧道消防队处理隧道火灾的综合能力具有一定帮助。

基于以上分析，可以考虑秦岭隧道消防队为隧道南北两端最近的两个互通立交桥之间的高速公路范围内的火灾事故提供救援，隧道北端路段火灾事故由北洞口派出消防人员，但至少应留守一个战斗班、一部消防车。隧道南端路段火灾事故与北端处治方式相似。

由于秦岭山脉附近高速公路隧道众多，构成了庞大的隧道群，其中也不乏其他特长公路隧道，如全长11.2km的包家山隧道。如果针对每个特长公路隧道建立消防队，成本将过高。因此，可从整个隧道群的角度建立高速公路消防大队，除负责隧道火灾外，还负责沿线开放路段的火灾事故，下辖的各消防中队根据隧道群组成特点，重点分布在特长公路隧道附近。

5.6.3 管养机构设置

5.6.3.1 部门设置

(1)监控中心

负责隧道24小时监控，建立健全应急预案，及时准确跟踪各种突发事件，并启动相关预案，发挥信息中心作用，负责对外发布各类交通信息。

(2)路政中队

负责路政巡查、路产路权维护，危险品运输检查、管理，受理各种利用公路路产的申请及施工现场监督，各种临时标志的设置与撤换。

(3)消防中队

负责隧道消防的宣传，消防设施的巡查、维护，以及突发事件的现场指挥、灭火、救援。

(4)养护保障部

负责隧道土建结构、机电设施的养护、管理工作，组织实施各种检查、测试、保养，发现问题及时修复，保障隧道结构完好、机电设施运转正常。

(5)总工程师办公室

制订年度养护计划，审核养护技术方案、工程量及工程造价，参与工程验收，负责工程质量审定，负责重大病害处治、重大养护(改建)工程、重大技术改造项目的前期工作，负责养护管理新技术的开发、引进和培训等技术管理工作。

5.6.3.2 岗位设置及人员编制

此处仅考虑与隧道运营管理相关的业务部门人员编制。

(1)监控中心

监控中心主任:1名。

监控班组:每班设监控员两名，其中1人为班长。

(2)路政中队

路政中队中队长:1名。

路政员:每班4名，其中1人为班长。每班在南北洞口各设置一名路政员负责危险品检查，另设置两人一组的巡查组，配备路政车一部，负责路况巡查、维护养护现场的正常秩序、处理各类异常突发事件等工作。还可根据工作需要，聘请一定数量的临时雇佣人员。

清障人员:由于管理里程较短，建议将清障工作外包。

路政内业管理员:1名。

(3)消防中队

消防中队中队长、副中队长:各1名，轮流值班，担任执勤队长。中队长、副中队长应取得公安部消防局颁发的《灭火救援指挥人员岗位资格证书》。

战斗班:南、北洞口各设置2个战斗班，每班5人，设班长1名，战斗员3名，驾驶员1名。南、北洞口的两个战斗班轮流值勤，即在任何时候南、北洞口都各有一个战斗班值勤。

通信员:2名，分驻南北洞口。

(4)养护保障部

养护保障部负责人:1名。

结构养护工程师:由养护保障部负责人兼任。

结构养护技术员:1名。负责隧道结构的日常检查,日常小修工程的管理。隧道定期检查及大、中修养护工程委托专业机构负责。日常维修工作可由一个相对稳定的外聘养护工人队伍负责或采用外包的方式,不占用人员编制。根据"TMMS 2.0结构养护管理研究报告"所述,隧道结构检查必须由两人进行。由于频率较高的日常巡查已委托给路政执行,日常检查的频率较低,工作量不大,为精简人员编制,考虑设置1名结构养护技术员。日常检查由养护保障部负责人与结构养护技术员一同进行。

强电、弱电维护工程师:各1名。根据隧道各变电所的设计,均采用无人值班运行管理模式,无需安排值班电工。根据任务清单测算,机电系统经常检修、定期检查、预防性维护工作中,除去专业外包项目,共需314个人工日(计算方法参见机电系统维护人工测算表)。按每人每年250个人工日计算,仅需2名维护人员即可完成机电系统的日常维护工作,但不包括故障诊断、排除。由于故障诊断、排除需要耗费的人工与故障率、故障复杂程度有关,考虑到系统运行的前两年为缺陷责任期,故障由承包商负责处理,可根据两年内系统故障率及故障复杂程度,估算人工在缺陷责任期结束前一段时间再增补招聘必要的维护员。

灯车驾驶员:1名。负责驾驶灯车,平时负责驾驶维修工具车。

(5)总工程师办公室

总工程师办公室主任:1名。

结构工程师:1名。

机电工程师:1名。

造价工程师:1名。

各业务部门所需人员数量测算总数66人,其中监控中心人员编制11人,路政中队人员编制22人,消防中队人员编制24人,养护保障部人员编制5人,总工程师办公室人员编制4人。

实际人员配置由隧道管理机构所属上级机关决定,本报告只根据经验给出参考数据。

5.6.4 应急组织设置

5.6.4.1 人员分组

见5.5.4应急机构。

5.6.4.2 应急组织人员数量

隧道管理机构人员的值班地点、值班时间、休假安排,必须保证隧道在任何时候都具备最低救援力量。以下是按照上述人员编制,对任何时候隧道现场(包括监控中心)都具备的救援力量的应急组织人员数量的分析。

(1)应急指挥部。监控员2名。

(2)灭火行动组。消防中队执勤队长1名,战斗班长2名,战斗员6名,驾驶员2名,通信员1名。南北洞口各配置消防车两部。

(3)疏散引导组。路政班长1名,路政员3名,配制一辆路政车。

5.7 信息技术应用研究

5.7.1 GIS的应用

在本课题的研究中,利用GIS结合管养对象的空间属性数据,改变传统MIS的纯文本形式的信息管理,实现管养对象图形化操作。深入挖掘GIS功能,充分发挥GIS的图形化和空间分析功能。同时,在基于GIS平台软件二次开发的基础上，结合隧道的实际和空间特点，依据GIS思想，研究出适用于秦岭隧道的专有空间操作方法。在管养系统中应用GIS，是本课题最具信息化特色的研究。

5.7.1.1　图形化操作

关注管养对象的空间属性，实现图形化操作。

隧道平面俯视图（图5-12）用俯视的视角以秦岭隧道平面设置图为蓝本，将其他专题的图纸（如围岩分布图、竖井分布图）在此基础上进行叠加，采用与设计图纸相同的显示风格和比例，全信息高精度地展示隧道全貌。图中的信息涵盖了隧道洞体内所有结构、机电、管线以及洞体之外的围岩分布情况。该图可作为GIS在隧道内应用所有的地图操作、数据查询和空间统计分析功能的载体。

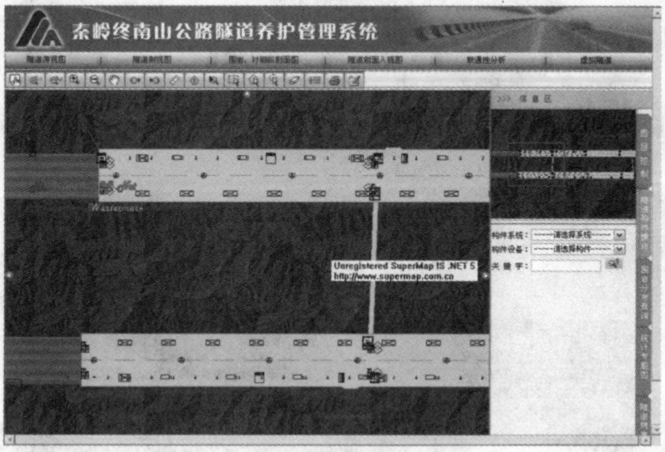

图5-12　隧道平面俯视图

隧道侧视图（图5-13）是隧道平面俯视图的补充，用以弥补俯视图在体现隧道内构件间高度差异以及空间位置关系时的不足。该图并不是对隧道完全重新数字化，而是依据视觉效果的需要，利用隧道平面俯视图数据，通过坐标转换得到，既达到了减少隧道数字化工作量的目的，又保证了与隧道平面俯视图的数据一致性和正确性。视觉的转换，使用户能够从图中获取更加丰富的空间信息，使基于本图的查询和选择更加方便和准确。

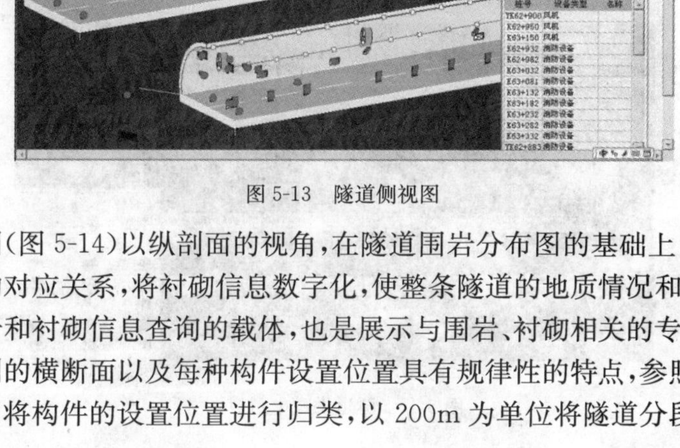

图5-13　隧道侧视图

围岩衬砌纵剖面图（图5-14）以纵剖面的视角，在隧道围岩分布图的基础上，结合隧道衬砌的信息，按照衬砌与围岩分布的对应关系，将衬砌信息数字化，使整条隧道的地质情况和大体土建结构在屏幕上一目了然。该图是围岩和衬砌信息查询的载体，也是展示与围岩、衬砌相关的专题图的载体。

结合隧道具有规则的横断面以及每种构件设置位置具有规律性的特点，参照《隧道电气设备安装剖面参考图》等设计图纸，将构件的设置位置进行归类，以200m为单位将隧道分段，绘制出该200m洞体内的前视效果图(图 5-15),结合几何定律,对构件的设置位置进行数字化。实际应用中,指定相应的桩号,利用 GIS 的空间查询,提取该点所对应隧道段内所有构件信息,根据空间距离信息和设定好的构件与位置的对应关系,将构件动态地显示于本图之上,实现三维效果二维化。结合隧道侧视图,清楚地反映各构件之间的空间关系,增加了 GIS 用于隧道的实用价值。该图除了模拟 3D 表现隧道外,还可以进行构件的查询,以及了解该 200m 隧道段的基本情况。

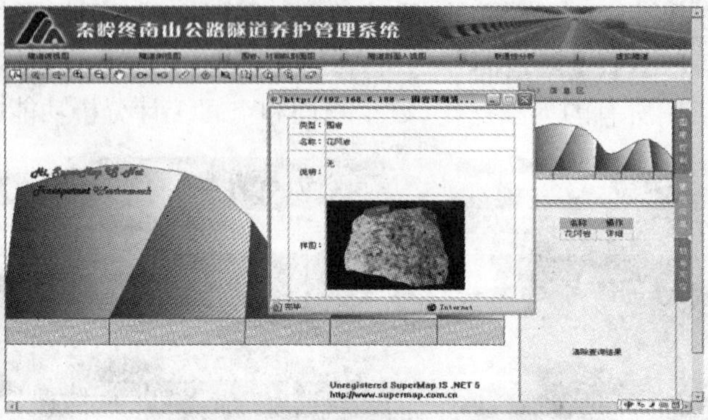

图 5-14　围岩衬砌纵剖面图

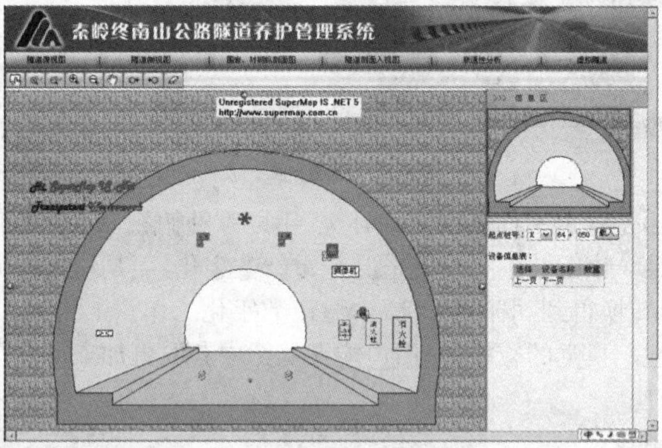

图 5-15　隧道剖面入视图

供配电示意图(图 5-16)是针对秦岭隧道内多电器设备且分散的实际情况而研究设计的。将控制开关进行数字化,为每一个开关设置了控制的线路,与隧道平面俯视图进行配合显示。当操作图中的开关时,能够在隧道平面俯视图上看到其所控制线路及其设备的具体位置和属性信息,并通过隧道平面俯视图上进行查询,在本图上显示出控制该设备/线路的按钮。该图相当于一个模拟的供配电控制台,在实际管养工作中,可避免误操作。同时,在检修和安装电气设备时提供直观的资料帮助。

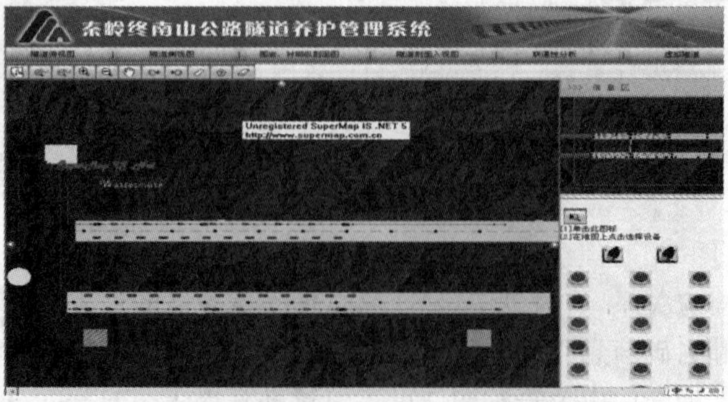

图 5-16　隧道供配电示意图

5.7.1.2　虚拟隧道

虽然在GIS地图的表现形式上，采用了上述几种不同视角的方案，但GIS的强项是空间查询分析，而不是图形，况且GIS地图毕竟是二维的，在显示真实的隧道时，具有一定的局限性。例如，在表现连接设备的线路，特别是横跨/斜跨洞体的线路或线路交叉时，就找不到很好的方法来表现。这使得引入VR(虚拟现实)技术成为必要。与GIS优势互补，很好地解决了隧道管养信息化工作中隧道的可视化问题。VR技术在特长隧道中的应用成果如下：

(1)3D对象的可查询和Web发布

运用VR技术搭建起来的高仿真3D模型，在视觉上达到了"所见即所得"的效果。对于实际的养护，如果3D带来的仅仅只是"看看而已"，那么久而久之就没有实际意义了。因此，在隧道养护管理中应用VR技术，必须实现让3D场景不仅能为用户提供视觉上的形态信息，还能提供相应对象内在的属性信息。结合隧道养护实际要求和系统内管理对象的属性数据，从3D场景中提取出有信息价值的对象，加入锚点，让用户能够在3D隧道的穿梭中，通过鼠标点击相应对象，获取对应的属性信息。3D对象的可查询，使系统中隧道管理对象的空间以及属性信息给3D场景赋予了生命，使3D场景变成了系统中的一个操作平台，使隧道的信息化管理更加真实，用户获取信息更加直观、方便。而3D场景又为系统中的数据信息，提供了更加生动和感性的表现方式。

在3D场景的发布上，本系统采用Web方式。在保证了3D文件顺畅运行的前提下，实现了将3D场景与系统的完美融合，很好地解决了与其他功能模块的交互问题，有效地保证所有使用者所获得的3D场景文件和查询信息一致、及时、准确。由于用户无需自行安装3D运行软件，所以使用更加方便。

(2)3D场景的定点快速转移

虽然利用VR技术将秦岭隧道缩小到计算机显示器的方寸之间，但要从头至尾的漫游一遍，仍需花费较长时间。如不加处理，用户要在这漫长的隧道模型中查找所需对象，也十分不易。结合GIS空间定位思想，系统将隧道3D场景中的位置参数和隧道桩号进行了关联，用户通过输入桩号，就能迅速移动到相应地点。配合软件中其他对象查询模块，也能准确的定位到查询对象的所在位置。在一定程度上，实现了3DGIS的功能，使系统不仅做到了"所见即所得"，还做到了"所需即所现"。

(3)3D对象的可选择显示

VR是对真实物理系统在某一层次上的抽象，其场景是虚构的。与实际的物理系统相比，用户可借助这个抽象的模型更灵活、安全地对物理系统进行了解。因此，根据实际需要，这个虚拟的场景可以是真实世界场景的重现，也可以灵活地增删显示的内容。

秦岭隧道的机电、消防系统中，包含了大量的管线，它们与终端设备不同，大都埋设在衬砌背后或边沟之中，尤其是埋设在衬砌背后的管线。隧道建成后，这些隧道管线都变成不可见的。这给隧道管线的维修、机电设备故障的排查造成了很大的不便。因此，本系统在进行隧道3D建模时，除考虑隧道内可见的设施外，还将这些隐藏的管线纳入建模范畴，并进行特殊处理，可实现动态显示/隐藏此类对象用户根据实际需要，选择显示"显示管线"和"不显示管线"两种不同的视图，见图5-17、图5-18。通过这个虚拟的场景，用户能获得比真实隧道场景更加丰富的信息，从而提高了VR技术在隧道养护管理中的使用价值。

图5-17　显示管线虚拟隧道效果

图 5-18　不显示管线虚拟隧道效果

5.7.1.3　专题图

以 GIS 特有的空间数据为索引，结合相应属性数据生成专题图。

隧道管养部门的工作生产对象是隧道，工作成效都反映在隧道上，所以平时的工作报告和报表都围绕隧道展开。隧道是线性的，所以对 18.02km 长的隧道评价和分析不是用简单的一个好或不好就能解决的 。因为这么长的隧道，总是有某些段的情况好些，某些段的情况糟糕些。此外，这么长的隧道，报警事件和意外事故在所难免，有些事故可能是由隧道内某段的路面、灯光、空气质量所引发的。因此，将隧道进行分段统计十分有必要。这就需要利用专题图来实现。在本次研究中，我们将隧道以 500m 为单位进行分段，利用监控系统获取报警和事故信息，利用日常巡查获得病害信息。通过点密度形式的专题图在地图上展现，能够清楚地反映出隧道内哪段比较健康，哪段为事故多发区。

5.7.1.4　GIS 空间分析

根据隧道管理与养护的实际，研究出适用且效果显著的 GIS 空间高级分析功能。

使用 GIS 提供的定位、测距、测面积等一般空间分析功能，使以往要从众多图纸中使用桩号查找某个构件资料的工作变得简单快捷。以往必须翻阅图纸或到现场测量的工作，只需鼠标轻点即可完成。

GIS 除了具有定位、测距等一般空间分析功能外，还具有许多高级空间分析功能。使用高级空间分析，能为我们工作决策和调度提供强有力的信息参考。若没有 GIS，获取这些信息则需要通过大量的手工计算和分析。隧道中的道路虽然简单，构不成什么复杂的空间网络，但隧道内复杂的管线和众多的设备需要应用高级分析功能。用好 GIS 的空间分析功能对于科学正确的管理隧道具有十分重要的意义。因此，首先对 GIS 空间分析功能进行了解和学习，并结合隧道管理养护实际，研究出以下能在隧道中应用且有实际帮助的分析功能：

(1)管线连通性分析

连通性分析与邻接性相类似，是指对弧段连接的判断。

秦岭隧道区域较长，设备众多。因此，设备供电的控制就很复杂。面对配电柜或控制台上密布的开关，要理清其对应的控制关系谈何容易。日常检修时，有些不允许带电操作的工作，如果找不到切断电源的开关，将会影响工作；如果弄错了开关，那后果将会更加严重。在排查线路时，若能确定控制开关操作无误，那么判断故障是出在线路上还是设备上就简单多了。

因此，将配电房/控制台进行数字化，将每个开关按照工程资料，与已经存储于空间数据库的线缆相进行关联，并配合隧道平面俯视图操作。当点击数字化的开关时，在隧道平面俯视图中由它控制的设备和线缆会以醒目的方式显示出来。同样，通过在平面俯视图上点击相应的设备或线缆，数字化的开关也会以与现实相类似的方式，显示出控制它的开关。

秦岭隧道的消防系统在保证隧道安全畅通方面是至关重要的。它主要由蓄水池、消防栓、深水泵以及水管组成。水管将它们联系在一起。通过连通性的分析，我们可以在电子地图上看到哪些消防栓用一个蓄水池的水，哪个配电控制开关控制哪个深水泵，哪些消防栓没水了要开哪个深水泵。引入监控数据中的消防蓄水池水位信息，当蓄水池的长时间水位过低时，深水泵没有自动启动，就知道通过哪个控制按钮人工启动，或知道造成蓄水池长时间水位过低的水管或消防栓破裂的位置信息。

为了实现该分析功能，在管线及与其相连的构件设置时，需要作一些处理。因为构件可随时添加且种类不同，不能设为一个图层，也不可能在做数据的时候把它们做成管线上的事件点。我们研究的做法是，每种构件在地图上为一图层，在系统中设置好该构件层所对应的管线图层，以及其中具体的构件所对应管线图层中的管线ID。在进行连通性分析时，首先通过构件/管线依据上述设置查找相应的管线/构件，然后通过GIS的空间分析判断构件的坐标是否落在管线上。这样做一方面可使新添加的构件在不操作图的情况下实现与相关线缆的关联，另一方面可以保证构件在管线密集的情况下与管线的准确关联。

(2)最近设施分析

最近设施分析即查找地图中距离鼠标事件点最近的设施。

在日常管养工作中，添置电气设备、使用养护工具都常常涉及取电的问题。有些外部养护单位，由于对隧道的情况不是很了解，常为取电而发愁。即便是管养单位自身，也需查阅图纸才能确定在哪个桩号位置有配电房或配电箱。而借助GIS的最近设施分析功能，只需在地图上点击所需要作业的地点，就能以醒目的方式给出距该点最近的配电房或配电箱。

实现该功能，需在数字化隧道时对隧道的路径进行一定的处理，将隧道路面的中线以及横通道路面的中线处理成网络。在进行分析时，通过缓冲设置，将配电房以及鼠标事件点归到最近的路面中线上，GIS即可从众多的配电房/配电柜中找到与该点距离最近的一个。

5.7.1.5　GIS地图免维护

随着时间的推移，隧道建成运营之后可能新置或拆除一些构件。如果GIS地图不能及时作出相应的调整，就会慢慢与隧道现实脱节，失去准确性和可用性。但每次的变动都要求管养人员用GIS桌面软件对地图进行修改，不够理想。一方面，由于管养人员缺乏专业知识，从而降低了系统的易用性；另一方面，大量属性数据与空间数据的关联，增加了系统维护的工作量和难度。如果在系统的研发中，不将GIS地图的管理考虑在内，那么GIS技术的引入，非但不能成为有力的助手，反而会成为系统应用的累赘。通过对GIS技术的研究和对隧道本身的分析，成功在系统中研究出适用于隧道的GIS地图免维护的解决方案，即利用常规MIS系统录入的数据，自动、动态地生成与其相对应的GIS地图对象。

在数字化隧道阶段，结合秦岭隧道双洞直线的特点，在平面俯视图上设定好每种构件在图中的位置，即定好该类构件图层的纵坐标。当在MIS系统中添加一个功能位置时，系统将根据该功能位置所属系统和构件类型，匹配GIS图层，并结合该功能位置的桩号，将该功能位置添加到地图中的相应位置。同时，自动生成属性数据和空间数据的关联信息，用以实现属性数据和空间数据编辑/删除的同步。

此外，系统实现GIS地图免维护的另一好处在于能够大大减少隧道数字化的难度，即只需做好GIS地图图层与构件类型的匹配，即可在初始化系统数据的同时完成GIS空间对象的添加，并能有效保证属性数据与空间数据关联的正确性和唯一性。

5.7.2　从管养角度研究监控软件

信息化应用的基础是信息。信息的采集、内容和质量直接影响到信息化的效果。灵活多样的数据采集系统是信息化应用中不可或缺的一部分。除了设计友好和合理的人机录入页面外，还需研究信息的自动采集。现代隧道也都建立起了完善的自动化、数字化的监控系统，从而为管养信息化应用自动采集数据丰富系统内的隧道信息提供了突破口。监控系统作为隧道整个系统工程的一个组成部分，管养信息化有必要充分利用监控系统采集的数据为管养服务。

5.7.2.1　研究目的

本研究主要是从隧道通车运营后的管理养护角度出发，一方面对传统监控系统软件的功能、数据进行分析，挖掘潜能，充分利用监控系统的功能、数据为管理养护服务；另一方面，根据隧道管理养护的业务需要，在传统监控系统软件的基础上提出一些新的功能，以便隧道管理养护工作顺利地开展，从而提高工作质量和工作效率。

同时，本研究还将设计管理养护系统与监控系统的数据接口，从具体实现角度进行分析，研究安全、高效的数据交互方式，实现养护系统与监控系统的数据共享，让监控系统发挥最大的作用，使两个系统之间的协作达到“1＋1＞2”的效果。

5.7.2.2 应用点研究

(1)提高监控深度

就秦岭隧道而言，及时发现机电系统故障并快速修复是非常关键的一项工作。传统的检查检修、预防性维护目的在于发现故障隐患、维护设备运行环境、减少故障发生、延长设备寿命，执行的频率不可能非常频繁。因此，必须借助监控系统自身的报警功能。目前监控系统在故障检测方面大多是直接利用外场监控设备自身具有的自检功能进行报警，这种方法存在一定的缺陷。

首先，存在漏项。并不是所有的设备都具备自检功能，且故障报警功能自身也可能发生故障。其次，该方法只能检测功能，而无法监测性能。对隧道的管理而言，设备(特别是信息采集设备)的性能和精度是非常关键的，如照度仪的精度出现问题，会影响到照明系统的控制，最终导致洞内外亮度调节不合理，从而引发交通事故。再次，监控系统作为一个整体、一个系统，各子系统要实现联动，自身也必须要有以系统为对象的报警功能。因为各子系统只负责各自设备的故障报警，相互之间联动的关系没有监测。

因此，必须通过监控软件的分析功能来弥补设备本身的缺陷，提供系统级的故障报警功能，为维护工作服务。现以车流量检测系统为例进行说明。

①当视频信号到达内场后出现传输问题或是识别软件设置不正确导致无法正常检测到车辆驶过时，对设备而言，就好像始终没有车辆驶过一样。设备本身无法识别出这种状况，导致传输到中控室的车流量数据均为0。而实际的情况是，某一车道在夜间一定时间段内出现0车流量是正常的，但是如果1天之内全部为0，除非有交通管制，否则是不正常的。由于监控软件没有对采集到的数据进行合理性分析，无法自动、及时检测出该故障，只有在现场检修时才能发现。

②当外场设备时好时坏时，若维修人员在设备刚好处于正常状态时进行检修，就会导致检修发现不了故障，然而车流量数据却始终不正常。这就要求监控系统必须对采集数据进行深入分析，发现异常及时报警。

③针对同一个断面，如果检测出的交通流量不一致，必须报警。

(2)建立监控系统设备与养护系统编目数据库的对应关系

建立监控系统设备与养护系统编目数据库的对应关系，将设备基本资料、技术资料、维修历史与监控系统采集到的实际运营数据进行关联。

直接读取监控系统的故障报警信息到养护系统中，利用GIS技术对故障信号进行分析，直观地显示故障点以及与故障点关联的线路、设备、控制开关、影响的区域，以便于维护人员快速诊断、排除故障。

另外，提高系统查询内容的全面性。引入监控数据后，由于设置了两系统的设备对应关系，在查询设备属性时，在先前的基本信息和历史信息基础上，还能查到设备的当前状态和工作信息，使信息更具实用性、时效性，给信息赋予了活力。配合GIS，直观地显示出各处的状态，利用GIS分析监控数据中的事件历史记录在隧道地图上生成事件统计专题图，提供发生报警事件机率较高的地点，使管理者在管理上加强重视或发现原因(如隧道内某段路面磨损变滑导致的事故报警偏多、某段空气质量较差引发的汽车发动机工作异常导致报警偏多、隧道内某段使驾驶员进入隧道容易产生视觉疲劳而导致事故报警偏多)，从而进行有针对性的处理。

(3)获取监控数据服务于养护计划

隧道的养护计划包括两部分内容：养护资金(费用)计划和养护实施计划。

养护资金计划，特别是隧道机电系统的维护资金计划，需要充分了解系统各设备的当前状况，制订相应的维修计划。而对于机电设备来说，直接评估其运营状况有较大的难度，因此有必要从监控系统保存的历史数据入手进行分析，间接评价各设备的运行状况、效果，以便提出最为恰当的系统维护资金计划。

不论是土建结构的养护检查人员，还是机电设施的维护人员，都需要了解车流量、CO/VI 值等监控数据，方便安排养护工作的执行时刻以及科学的交通管制方案，以降低养护工作对正常交通的影响。同时，分析隧道内 CO/VI 值（空气质量）的变化情况，提供管养最佳时刻列表，从而保证养护人员的生命安全和身体健康。

(4)进行监测设备精度的人工评估

在隧道的实际日常养护中，要定期利用第三方检测工具对监控系统中各种监测设备的精度进行检测。在管养系统中引入监控数据，养护人员通过将现场采集或检测的数据和同一时刻监控的数据进行比对，很容易对设备的精度进行评估。

(5)其他方面

启动应急预案时，应汇总显示该预案涉及的各种设备的响应情况，以便第一时间了解预案响应的程度，作出相应的调整。

建议在监控系统中开发检测模块。一方面，可提供主动检测、巡检功能，提高维护人员的工作效率；另一方面，可服务于维修时所需进行的各种特殊功能检测，避免与正常的运营操作相冲突。

5.7.3　管理信息系统

作为管养信息化工作中的一个重要组成部分，管理信息系统是基于信息平台开展管养工作的主体。其研究的重点一是研究如何将隧道管养课题中其他子课题的成果在计算机软件中进行体现；二是归纳和分析其中的关联，发掘信息技术的优势，让隧道养护管理研究成果在 MIS 软件中实现自动化，提高资料信息的利用效果，达到减轻工作负担、提高工作效率、规范日常工作的目的，从而让使用者通过软件更方便地享受隧道养护管理研究成果。

本系统由一套基于 MicroSoft. NET 平台，采用 C 号语言开发的 B/S 架构主系统软件和一套采用 Delphi 开发的数据通信客户端软件组成，其中含纳了 WebGIS、WebVR、串口通信、计算机绘图、Ajax 等技术，是一套技术先进、功能强大的计算机软件，见图 5-19。

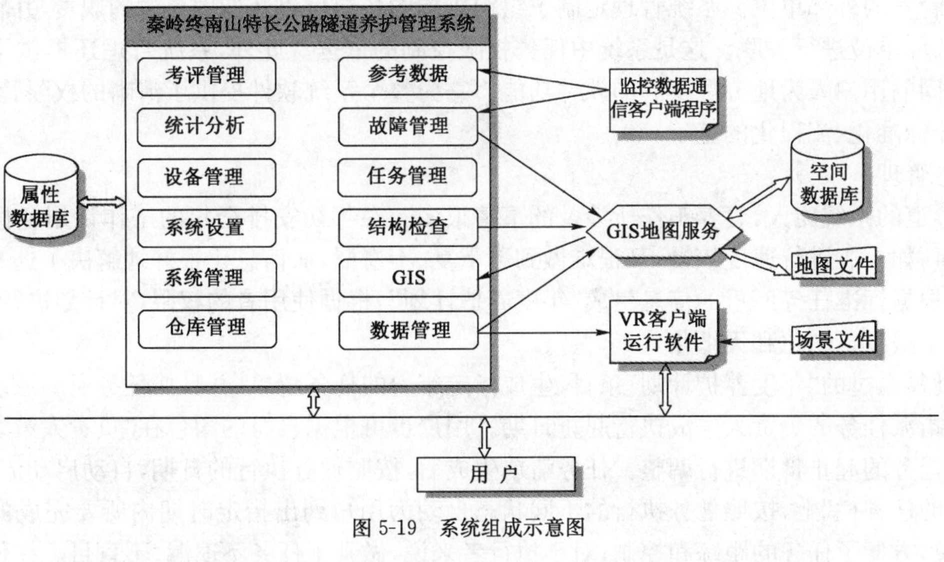

图 5-19　系统组成示意图

5.7.3.1　隧道管养研究成果的软件实现

隧道管养研究成果的软件实现，首先要保证 MIS 软件内容的全面性和正确性。研究以信息技术的视角，对其他子课题的研究成果进行解读、整理、细分和建模。在此基础上，设计软件功能模块，并按照功能近似和贴近实际的原则将各模块进行分类整合，保证软件功能全面却又不失条理。以下是管理信息系统的主要功能模块：

1)系统设置

系统设置存储和管理着标准构件库、维护项目、任务体系、区域管理、编目体系等基础信息，层次清晰地将隧道养护对象进行合理拆分和归类，为不同的养护对象类型设定对应的养护业务，是软件运行的数据基础，也是建立科学隧道管养体系的根基。通过系统设置，用户能清楚地了解自己管什么，明白自己要做什么。将它们组合在一起，就形成了隧道日常养护管理的大纲。

(1)标准构件库的设置

构件是隧道内一类对象的集合。依据结构、机电子课题对相关构件的编码规范，利用计算机树形结构的表现形式实现对构件的分类管理。它是机电设备、维护项目等管理的基础。

(2)维护项目

设置每种构件所对应的管养工作。在设置中，包括了基本描述、操作须知、步骤指导以及设备读数等项目，既是对平时养护工作的实际要求，也是对养护工作的指导。通过维护项目的信息化管理，让每次养护任务的执行“做到不漏”，让养护工作的管理更符合实际，有利于针对不同构件积累养护经验以及养护业务本身的不断改进。

(3)区域管理

设置管养范围，实现系统对多区域包括养护经费和养护对象的管理和统计。此外，通过多层次的区域设置，能够精确地描述每一管养对象的位置信息。

(4)编目体系

对隧道系统中的对象进行分类。与构件的分类原则不同，编目的分类更侧重于养护业务。

(5)任务体系

养护任务是系统的管理隧道日常养护业务的核心。养护任务以编目体系为索引建立，可分为“标准任务”和“非标准任务”两种。根据执行的特点，可分成不同的“任务类型”。任务体系是建立年度养护计划的基础，是生成年度任务清单的凭据，也是养护业务信息化管理的依据。

2)系统管理

系统管理是针对使用管养系统软件的“人”而设定的。初始化使用该系统的用户、管养单位的组织机构、参与管养的外部单位。系统管理定制了组织机构中各岗位以及外部单位的职责，并将用户与所在的岗位或外部单位进行关联。这是系统中任务权限控制的依据。此外，系统管理还提供了菜单管理功能，能为不同的用户人为地分配不同的软件功能。它为整个系统软件提供了清晰的权限管理，是管养单位实施管养标准化、流程化的基础。

3)任务管理

秦岭隧道的系统庞大，管养工作所涉及的事情很多。在年初安排全年的工作计划和概算的统计是很复杂的事，如人工进行速度较慢，又很难做到不重复、不遗漏，而信息化很好地解决了这个问题。在任务管理中，根据标准任务库里的信息生成“年度养护计划”，根据使用者的权限，对计划进行上报、批复等操作，实现了报批自动化和无纸化。

依据批复通过的“年度养护计划”条目，生成指定年份的任务清单，并且按任务所属系统和任务执行频率，自动指派任务的负责人生成执行起止日期。用户也可根据自身的角色在“负责人策划”或“执行人策划”中对任务的起止日期进行调整。任务清单生成后，按照任务执行的日期，自动启动流程。

在“我的任务栏”上，按照任务执行的不同状态自动为用户列出指定时期内所要完成的任务。对于管理者来说，方便了任务的跟踪和控制；对于执行者来说，做到了任务不遗漏、不盲目。在任务执行的同时，系统能够综合任务执行过程中产生的数据，自动生成任务报表和报告，在一定程度上实现了办公自动化。此外，任务的跟踪功能保证了任务资料的完整性，实现了任务资料的自动化管理。

4)设备管理

秦岭隧道中设备种类、数量多,生产厂商多。如果手工进行管理,仅仅为每个设备做记录都需花费相当长的时间,更别说进行资料的查找和整理了。而信息化在这方面可以发挥很大的作用。在"设备管理"模块中,针对隧道设备大都是同一品牌、型号批量购买的特点,将品牌型号和具体的设备分开管理。这对于同一品牌型号的设备而言,资料登记的工作量不受该品牌型号设备数量的影响,可通过"复制"功能批量录入,实现了设备资料(如使用说明)分类管理、资料不冗余。除管理设备的基本信息外,还应对设备的每一次使用都保存历史记录,即为每一台设备建立了完整的终身档案。

5)故障管理

故障的发现和修复是机电养护工作的重点。故障修复是否及时、修复方式是否得当,直接关系着隧道的安全和畅通。在故障管理模块中,故障发现人将故障信息录入系统。根据"通知人"或"故障所属系统"等信息,系统将该故障信息自动传递给相关负责人,帮助管养单位实现故障"发现及时"、"响应及时"。管理人员通过系统了解故障信息,跟踪处理进度,考核处理结果,使监管变得及时、方便。同时,通过使用该功能,能永久地保存每一个故障的基本信息和每一次处理过程,相当于为隧道机电系统建立了一套健康病历。久而久之,这些数据就变成了一套专家数据库,使故障的处理变得越来越高效,机电系统的维护工作变得更有针对性。此外,该模块提供了与监控软件数据通信的接口,能充分利用监控设备或监控软件的故障检测功能,自动收集故障信息,让故障的发现变得更加及时,故障的定位更加准确,也使系统的自动化程度得以提升。

6)结构检查

结构系统是隧道日常管理养护的另一重点,其具体的工作业务包括检查和处治方式,这与机电系统日常养护有很大的不同。结构系统中病害的发现没有像"监控软件"这样的自动化手段,有时病害初期的表现也不容易被察觉,因此结构检查任务显得十分重要。针对结构日常养护的上述特点,系统在结构检查类任务中,加入了登记"结构检查表"的内容。执行该类任务时,系统会强制任务执行人填写"结构检查表",在一定程度上帮助提高任务执行的质量。如在检查过程中发现了结构病害,用户能够利用"故障跟踪"模块,根据病害的成因和紧迫性对它们进行分类跟踪处理。根据养护业务的实际,在软件中,结构系统病害的处理方式也与机电系统故障不同。结构养护人员需针对病害,为其申请特殊检查、专项检查或其他养护任务,在任务的执行中实施对病害的处治。这样的设计满足了实际业务需要,使养护任务的信息化管理既有通用性,又不失针对性,具有很强的实用性。同时,流程化的任务处治病害,使结构的养护工作更具规范性。此外,病害的分类管理,便于结构养护人员对工作作出科学的计划以及合理的安排。

与故障管理功能模块类似,在结构检查模块中,也建立了隧道结构系统健康档案,提供了对隧道内每一个病害信息和处治过程的存储和管理。用户可通过多种条件进行查询和统计,这对于发现特长隧道病害发生规律、病害成因的研究、结构养护技术的改进,具有很高的参考价值。

7)仓库管理

隧道养护离不开养护物资。养护物资的管理,狭义上说就是仓库管理。理顺仓库与日常养护业务上的关系,对于隧道管养人员安排养护计划具有十分积极的意义。因此,仓库管理是管养软件不可缺少的一部分。

仓库管理,首先要管理好仓库自身。在日常养护工作中,尤其是遇到需要更换设备的时候,管养人员一般最希望马上知道的是在哪个仓库有所需的备品备件。对于仓管员而言,也希望知道在仓库中什么地方存放着所要查找的物资以及什么地方还能够存放物资。为此,本系统对仓库本身进行了科学的设置,建立了多级的仓库储位体系,如"秦岭隧道主仓库——1号区——1排——1号架——1号位"。这不仅实现了多仓库的管理,而且对物资的存储也实现了精确的管理。其次,必须将仓库管理业务和隧道日常养护业务有机地融合。系统中,仓库物资的分类与设备管理模块中的设备分类采用同一标准,且两模块中管理的设备一一对应。仓库管理进、出仓等业务与设备管理中设备登记、设备更换等业务紧密联系。通过使用系统，可实现对养护物资从引进、使用、报废的全过程跟踪管理，使养护人员能够方便地知道仓库中所需物资的存量以及存储地点，从而为合理制订备品备件的采购、快速领用养护物资提供了极大的方便。

8)统计分析

统计分析是总结工作成绩、评价工作效果、制订工作计划的重要依据。以往的统计分析不借助信息化手段，常因收集数据的不便，造成统计分析的偏差。有些统计项目，因为工作量巨大，无法实施。隧道养护管理信息化应用研究成果，不仅应实现养护工作的信息化管理、养护资料的数字化保存，更要充分利用日常数据，发掘数据价值，为养护管理者提供丰富多样的统计图表，从而进一步提高隧道养护管理的自动化水平，减轻工作负担，为管理决策者提供信息辅助。统计分析功能模块，综合了大量日常养护数据，通过复杂的计算，提供了以下统计分析图表：

(1)设备相关统计

应用国际上先进的机电设备管理理论和各种统计公式，以秦岭隧道机电系统中各功能子系统为单位，结合编目数据库信息和故障管理信息，自动计算出设备完好率、平均故障间隔时间、平均故障修复时间等三张统计表，从而为掌握机电系统运行现状、探索机电系统运行规律、考评机电系统维护质量提供了直观的数据参考。

(2)维护项目问题统计

以维护项目为索引，对机电系统现场记录中发现的问题进行统计，按照发现问题数量的多少降序排列。这张表能够很清楚地向隧道管养人员展示哪些维护项目在日常养护管理中发挥了很好的作用，哪些维护项目存在着缺陷。这对于改进隧道机电系统养护方法、积累经验有极大的帮助。

(3)年度任务执行统计

对年度任务清单执行情况的图形化统计，以柱状图的形式，反映年度养护任务在各任务流程状态的分布情况。通过该图，隧道养护的领导者可直观地跟踪年度任务的落实情况，从宏观上把握年度生产进度，考察各养护负责人的工作成绩。

(4)年度任务分布统计

以年度任务清单中各明细任务最早开始时间为索引，用柱状统计图的形式，反映当年每个月需执行的任务数量。管养人员通过该图，能够直观地了解一年的养护任务分布，提前安排工作计划，并以月为单位，跟踪任务的执行情况。

9)事件提醒

由于本软件的功能模块众多，每个用户涉及的部分往往也有很多个。如果不提供一个相对集中的功能入口，操作难免出现遗漏。事件提醒模块正是为解决此问题而设计的。在用户登录系统后的首页面，将系统中需登录用户操作的信息集中归类显示，用户可通过点击这些信息条目，进入相应的操作页面，在方便操作的同时也避免了遗漏。

10)数据管理

本系统数据管理模块中的“数据”指的是编目数据。该模块提供了编目数据的编辑和查询。

编目数据是所有隧道养护对象的数据信息。它以基本编目为大纲，按照构件类型分类存储。每一条记录称为功能位置，功能组下可分功能单元。在一定层面上，编目数据库实际上就是隧道数据库，是对整个隧道的一个具体描述，可显示隧道系统的组成。同时，在功能设置上，提供了一个综合查询，可以养护区域、构件类型、编目体系三种条件进行查询。GIS 中各对象的属性信息均源于编目数据。

11)参考数据

本系统实现了与监控软件的数据通信。监控数据的引入，除实现了故障信息的自动采集外，还实现了为养护工作的开展提供参考。因此，参考数据中的“数据”即为监控数据。在“参考数据”模块中，并不仅仅是单纯的监控数据展示，还结合了其他隧道的养护研究成果，对养护工作的开展提出建议。

例如，在 CO/VI 子模块中，系统提供了一个供用户查询隧道内任一 CO/VI 检测器当前检测值的图形化显示页面。在该页面中，系统还依据不同浓度CO/VI对人体危害程度的研究结论，为用户提出在该CO/VI检测器位置是否可安全开展养护任务的提示建议。此外，按照桩号的先后顺序，系统为用户绘制了一张全路段CO/VI检测值分布图，从而使用户对隧道全段适合养护的部位一目了然，为科学地安排工作提供了安全信息支持。

12)考评管理

由于隧道特殊的结构特点，日常养护工作对安全方面的管理有着较高的要求。这不仅影响着隧道的畅通，更与隧道交通参与者的生命息息相关。因此，本系统将安全管理方面的工作和结构、机电方面的日常养护一同纳入了隧道养护管理的任务体系，通过该系统帮助管养单位建立起一套安全监管的长效率机制。

考评管理模块是针对安全管理工作而研发的，主要负责集中处理隧道安全负责人在执行日常安全检查任务中发现的安全隐患，搭建起安全问题从发现→处治→整改→验收的操作平台。该功能模块的使用，使隧道安全隐患变得集中、清晰、不易留下安全死角，安全隐患整改通知的下达快速、反馈及时，有效地提高了安全管理的效率和质量。

5.7.3.2 隧道养护管理研究成果应用的信息自动化

(1)管理养护业务间复杂关系，提高管理的科学及自动化水平

隧道养护管理工作均围绕隧道管养对象展开，养护任务的设置、计划、费用以及执行都与管养对象有联系。对于像秦岭隧道这样的特长隧道而言，其养护对象种类和数量都很多，要对它们的信息资料作系统化的管理，单靠人工方式，工作量是十分巨大的。管理信息系统，依据机电与结构子课题对于管养对象的分类以及编码(编目体系)规则的研究成果，在系统中用树形数据结构以及表现形式，实现了对管养对象的层次管理。同时，以此为线索，贯穿整个系统。养护任务即在此基础上进行扩展，形成任务体系。在任务体系中，实际执行标准/非标准任务和维护项目两块。其中，标准/非标准任务向上与编目体系中的“目”关联，向下可设置与编目体系中“功能位置”关联。而维护项目向上与编目体系中的“养护构件”关联，并以此为线索，与标准/非标准任务联系。上述的关系模式，使每个任务的具体内容视该任务所对应的“功能组”而定，实现了任务执行内容设定灵活、自动、准确的科学机制。

若不借助计算机运用上述关系运算模式，实现科学、全面、准确、系统地理顺为数众多的管养任务，难度极大。这也是目前公路交通行业对于养护工作任务管理较粗的原因之一。本管理信息系统能帮助隧道管养人员将这种复杂情况变得简单。通过使用软件，纷杂的任务得到了有条例的展示和管理，对标准/非标准任务与维护项目这种非直接关联的关系，实现了自动分析和处理。基于上述关系运算模式的信息化实现，管理信息系统在年度养护计划的定制、年度任务清单的生成以及养护预算的精细上报方面，起到了更为明显的作用。系统综合了人员与编目中对应的权限关系和编目体系与任务的关系，参照任务中设定的任务类型和任务性质(执行频率)，自动生成树状列表样式的养护计划、养护预算以及年度任务清单，并设定好了负责人和默认的执行时间。对于任务清单中的明细任务，系统能够从设定好的维护项目中以功能位置、构件类型、构件细类为筛选条件，为每一条任务自动分配维护项目，生成维护项目矩阵和现场记录表。可以说，本系统成功地研究出处理隧道日常养护任务这一庞大、复杂系统的全生命周期的高效、自动的信息化解决方案。

系统不仅是一个策划者，也是一个监督管理者。如在对于任务的管理中，系统实现了对任务执行过程的计算机自动控制。用户在标准任务的设置中可按工作的实际规范进行。每个明细任务在系统的管理周期中，除了要指定执行人之外，其余的相关人员都根据人员权限由计算机自动进行了设置。任务的执行指令和情况报告按照设置，在系统中准确自动地传递，任务的执行状态(完工、验收等)在系统中一“目”了然。此外，系统能够以醒目的方式，提示任务参与者任务执行的期限，方便执行者和管理者对于次任务工期的把握。在日常养护工作中省去了协调、收发、档案三个环节的工作，间接地使管理人员能够得到由过去人工收发所不能提供的具有很强时效性的任务进度信息和完成情况，使管理人员心中有数，提高了管理质量。同时，系统满足实际应用的需要，对于任务流程的管理又加入了“补记”和“直接下

达”两种灵活的处理方案，使系统在处理较小任务和紧急任务的时候，不会给用户增加负担，并延误时间。管理信息系统对于日常养护的业务都引入了任务流，如计划的定制、预算的审批、故障的处理、病害的处治等。可以说，本管理信息系统软件，不仅是狭义的“信息”存储管理，而是日常养护工作的有力工具。

(2)提高数据和记录的使用水平，为管养工作提供信息支持

在交通公路管养工作没有专门进行信息化的时期，要通过纸质或简单的电子文档检索相关资料十分不便。因此，隧道基础数据和日常养护记录一般在存档后便很少使用。但是对于养护这种专业技术性工作，这些资料都十分重要。在管理信息系统中，业务间原本复杂的关系，却为资料的查询提供了更多灵活的选择。换句话说，系统能够从不同层次和不同角度快速地为使用者提供资料整理服务，结合B/S软件的优点，用户手中的电脑都成为了一个个资料全面、功能强大的隧道管养档案室。对于隧道管养外业工作这样一个技术性强的工作而言，人员的经验显得非常重要。人员的变动常常会影响到整个养护的质量，特别是新招的员工，对各执行任务的内容不是很熟悉。因此，在管理信息系统中，按照任务与维护项目的关系，生成一张维护项目登记表，该表将本次任务所要做的维护项目分养护对象一一列出，以供登记。另外，还提供了完成任务所需要的工具设备、注意事项等，再与维护项目操作指南相结合，使管理信息系统成为养护作业的监督和顾问。日常养护的内业工作需要制作相当数量的报告和报表。在没有借助专门软件的情况下，统计一些日常养护数据需要花大量的时间，有时还会出现数据的遗漏和重复。在管理信息系统中，由于完整地保存着平时的记录，对于工作中要统计的数据，定制了标准格式，所以内业的统计工作变得相当轻松，且数据准确，不受时间跨度的影响。此外，对于一些技术性的统计报告，只要设置好模板，系统就会自动给出。

(3)为隧道日常养护不同业务建立既通用又适用的应用模式

秦岭隧道庞大的系统组成决定了其日常养护业务的多样性，其中包括机电系统维护、结构系统养护、隧道安全管理等。这些业务不论是从养护对象还是养护方式上，都有各自的特点。养护管理软件要实现对养护业务的精细管理，就必须针对其不同之处提供相应的应用功能，一刀切的“中庸”模式是不可取的。但是如果对每一类养护业务都开发独立的功能模块，就会造成软件操作烦琐、管理跟踪不便的结果，从而削弱了软件从而作为协同工作桥梁的功效。因此，研究一套通用且兼顾各方的应用模式对于养护管理信息化显得非常重要。

为了解决上述问题，本系统在养护任务中，针对不同类型的养护对象，设置不同类型的操作项目和功能。如机电维护类任务加入了填写现场记录表的功能，结构养护类任务加入了填写结构检查记录表和病害处治的功能，安全类任务加入了填写安全检查通知单的功能等，实现了任务执行流程的一致性和任务执行内容的多样性，操作页面的统一性和功能的适用性。

5.8 主要成果

课题的研究成果包括 6 部分专题研究报告，以及研究形成的可用于指导实际管理与养护工作的 5 个手册和一套养护管理系统软件。成果组成如图 5-20 所示。

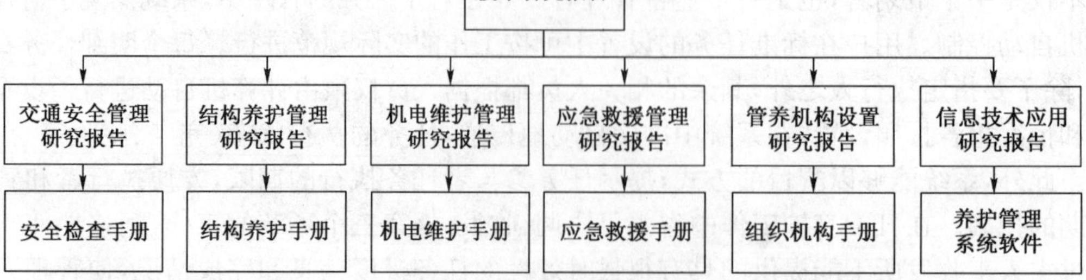

图 5-20 课题研究成果组成图

对应课题研究目标，具体的成果内容可划分为三个层次：

5.8.1　管理模式研究成果

研究形成公路隧道的通用管理模式，包括土建结构、机电设施、安全管理三个方面，编目体系、任务体系、管理体系三个层次。

首先，从影响公路隧道安全、畅通、经济运营目标的主要因素（交通事故、结构病害、机电故障）出发，分别建立土建结构、机电设施、安全管理的编目体系，细化管理对象，明确对象特性；其次，针对不同的管理对象，从技术层面出发，分析建立针对性的任务体系，包括任务的分类及具体的各项标准任务，明确任务的目的、频率、内容；最后，针对不同管理对象的不同任务类型，建立相应的管理体系，实现任务执行和控制的程序化、标准化，确保各项任务的实施得到有效的控制。

这项通用管理模式的提出，为特长公路隧道的运营管理提供了一套从目标到手段的科学分析方法，可用于指导隧道运营管理组织规范化业务流程的建立，将运营管理目标的实现落实到具体工作中，形成一个能够方便扩充的平台。

5.8.2　书面系统研究成果

书面系统的研究包括交通安全管理、土建结构养护管理、机电设施维护管理、应急救援管理、管养机构设置 5 个方面。

1)交通安全管理

通过对隧道内货车火灾事故的成因分析，应用安全系统工程的理论和方法对隧道内货车火灾致人伤亡事故进行研究，并对秦岭终南山特长公路隧道的特点和设备控制预案进行针对性研究，识别出可能造成秦岭隧道内货车火灾事故以及发生火灾后致人伤亡的根本性安全问题。针对发现的问题提出在隧道结构养护、机电维护以及日常管理中应采取的预防措施，以及在各类应急预案中必须特别重视的环节。同时，并结合国家、地方和行业的法律法规，在广泛吸收国内外隧道火灾研究成果的基础上，编制出秦岭终南山特长公路隧道的定期和经常性安全检查表，以提高秦岭终南山特长公路隧道的交通安全管理水平。

(1)建立交通安全管理的单元分级体系。传统的安全检查对象模糊、笼统，容易缺漏一些重要的检查对象，通过单元分级体系，使得交通安全成为与土建结构和机电设施并列的实际管理对象，真正落实交通安全管理的具体内容。通过拆分安全单元分级体系，为细化、优化安全检查表，确保安全检查到位，打下了良好的基础。

(2)以特长公路隧道交通安全检查体系建立方法为指导，结合安全单元分级体系，建立了科学、完整的交通安全检查体系。通过编制各类安全检查的程序和须知，以及日常安全检查、经常安全检查和定期安全检查等完整的安全检查表，明确检查负责人，规定检查方法，形成安全检查手册，全面提高隧道的安全管理水平，使得危险因素不遗不漏，使检查可靠而不流于形式。

(3)建立交通安全管理任务清单。根据隧道交通安全管理体系提出的安全检查任务类型、预防措施和安全隐患整改等任务编制出隧道交通安全任务清单。对交通安全任务清单中的每项任务严格执行、落实，实现了隧道的交通安全管理的程序化。

2)土建结构养护管理

在隧道通用管理模式的指导下，采用技术文献归纳综合法，通过归纳整理《公路隧道养护技术规范》和国内外的养护技术经验，并实地考察部分隧道的养护管理实践，建立符合秦岭隧道特点、实用性强的秦岭终南山隧道的编目体系、任务体系、管理体系等。

编制的土建结构养护管理手册根据所建立的体系编制出能够指导实际应用的程序和须知文档，最后还给出了结构养护人员的资格要求以及相关检测仪器设备的配置方案，用于指导隧道管理机构的初始化配置。

(1)建立秦岭隧道土建结构的编目体系,把秦岭隧道整体土建结构分解为便于检查养护的基本构件,建立养护对象体系,做到不交叉、不遗漏,便于开展养护管理工作,同时也为秦岭终南山特长隧道全线建立一个系统的归档体系。

(2)建立秦岭隧道土建结构的任务体系,形成一个科学、完整的特长隧道结构物养护检查工作分类标准和执行指南,通过不同频率、不同详细程度的养护任务的运作,及时掌握结构技术状况,实现预防为主、早期发现、及时维护、对症下药,维护结构完好。此外,分别编制了任务体系中每一项任务的程序和作业须知文件,明确了部门职责、管理界面、相关技术规范、工作流程、工作内容、技术指标、报告编制与分发等要素,形成了完整的秦岭终南山公路隧道任务体系文档,实现了规范化、标准化、制度化的任务实施和管理。

(3)建立秦岭隧道土建结构的管理体系,对任务清单编制、年度任务策划、任务执行跟踪的各环节进行规范,确保科学的任务体系中规定的内容得到有效实施,全年养护工作有条不紊。

3)机电设施维护管理

运用设备管理的相关理论为科学指导,吸收设备管理理论先进的管理理念、科学的分析方法,总结以往交通机电维护管理方面的经验,针对秦岭终南山特长公路隧道的特点,对维护业务进行系统的梳理,建立科学的机电设施维护管理体系,将机电系统维护业务从编目体系、任务体系、故障管理、设备管理等多方面进行划分,规范相应的作业流程和方法,以促进机电设备维护管理工作的规范化、高效化。

编制的机电设施维护管理手册以机电维护编目体系、任务体系、管理体系为基础,从任务清单制作、策划,任务执行前的准备,任务执行过程中的操作步骤、任务完成后的记录和报告等全过程给予详细的实施指导,对于秦岭终南山隧道机电设施维护管理的规范化、科学化具有重要的指导意义。手册的最后还给出了机电维护人员的资格要求以及相关检测仪器设备的配置方案,用于指导隧道管理机构的初始化配置。

(1)制订隧道机电设施构件分类及编码规则,在此基础上建立包含功能位置的机电编目体系,按照维护对象的功能、性质把机电设施分解为在技术属性上具有可比性的较小单元,实现了系统履历表、设备履历表的双履历表。

(2)建立秦岭隧道机电设施的任务体系,以设备管理理论为指导,在公路隧道养护技术规范的基础上,根据秦岭终南山隧道机电系统的特点,进行任务分类。编制各种任务类型对应的执行程序,明确机电维护任务操作的流程,实现对维护流程的规范。针对秦岭终南山隧道各机电子系统,编制相应的任务须知,细化维护任务的内容,明确对维护人员、设备工具、安全注意事项等方面的要求,指导维护人员科学合理地进行维护。针对较复杂的维护项目,还制订了详细的操作步骤,实现对维护内容的规范。

(3)建立秦岭隧道机电设施的管理体系,对任务清单编制、年度任务策划、任务执行跟踪的各环节进行规范,确保任务体系中规定的内容得到有效实施,全年维护工作有条不紊。

4)应急救援管理

参照国内外其他行业成熟的应急预案,总结出特长公路隧道应急预案编制技术,明确预案的框架内容、核心要素以及预案推演方法,使预案编制系统化。

在应急预案编制技术的指导下,通过对国内外公路隧道灾害事故的探讨分析,结合秦岭终南山特长公路隧道特点,以预案推演的方法,分析确定应急救援时序流程图,明确内、外部救援单位在应急救援过程中的分工,并以时序图的方式标明各救援单位参与的应急救援阶段。之后从“所需信息、决断过程、行动方案”三部分,细化各救援单位在各阶段的具体工作内容,最终编制形成能够指导各救援单位实际应急救援工作的标准作业程序。同时,还进一步明确了预案培训、公众教育、预案管理的内容。

该预案的编制,有利于灾害发生初期能有步骤、系统地按现场灾害情况,迅速采取正确的应急救援作业,及时控制灾情,减少隧道灾害事故的人员伤亡及财产损失,为全面提高隧道应急救援水平,提供技术保障。

5)管养机构设置

从隧道运营管理的工作内容入手,分析正常情况下、应急情况下的工作内容。提出隧道管养机构的设置方案、人员编制,采用通过任务清单分析计算,确定维护人员编制数量。结合应急救援研究成果,提出应急人员分组及人员数量,并对隧道消防队的设置方案、配置模式、对外援助事宜进行详细的分析。最后,针对隧道特点,提出了备选的 4 套管养机构设置方案。附件中还包括了部门职责、岗位职务说明书、外部单位管理程序等内容,从而为隧道通车前组建科学、合理的隧道管理机构提供了明确的指导。

5.8.3 软件系统研究成果

结合交通安全管理、结构养护管理、机电维护管理三大核心业务的研究成果,进行信息技术应用的研究,重点解决 GIS 在隧道管理中的应用问题,提出管养角度对监控软件的要求,研制出体现先进信息技术、科学管理理念的管理系统软件。

(1)在特长公路隧道养护管理领域,综合应用 Web、DataBase、WebGIS、VR 等信息技术,基于 B/S 架构成功研发出一套涵盖交通安全管理、结构养护管理、机电维护管理的计算机软件。通过 Internet/Intranet,即可方便使用软件,实现了 Any Where Any System 的养护管理模式。为隧道养护管理工作提供了一套具备文本、GIS 图形、3D 场景多种操作界面、信息全面、操作方便的计算机工具,极大地提高了工作效率。

(2)在国内外目前尚无真正意义上的 3D GIS 平台的情况下,研究出运用二维 GIS 多视角立体展示隧道技术。除隧道俯视图外,建立了隧道侧视图、剖面入视图,用以弥补隧道俯视图在体现隧道内构件间高度差异以及空间位置关系上的不足,并将多视角立体隧道与养护管理业务数据相关联,实现图形化操作,使养护管理人员可以更直观地了解隧道养护情况,下达检查、养护任务,跟踪病害、故障的处治,提升信息化养护管理水平。同时,设计出 GIS 与软件中其他功能单元科学合理的结合方式,实现了 GIS 图形数据的自动关联维护。

(3)在隧道养护管理软件中实现了对监控数据的直接利用。通过获取监控软件采集的机电设备状态数据,自动提取设备故障信息,通知相关维修负责人,启动故障处理程序,从而充分挖掘利用了监控系统的功能,提高监控数据的应用范围。

(4)利用 VR 技术服务于特长公路隧道养护管理工作。软件中建立的 3D 场景,不仅能真实地展示隧道内目所能及的景象,还能为用户准确的呈现隐藏于衬砌、边沟内的管线情况,解决了在隧道日常养护中,不知管线在何处的困扰。此外,3D 场景的 Web 形式发布、对象点击查询,真正实现了软件的 3D 界面操作。将 VR 技术、GIS 技术结合丰富的数据信息,在计算机上搭建起了一座数字隧道。

(5)完成了特长公路隧道通用管理模式的软件实现,建立了相应的编目体系、任务体系、管理体系,为更好地进行交通安全管理、结构养护管理、机电维护管理提供了有力的支持。

(6)实现了依据实际养护业务计算机自动生成年度养护计划和年度任务清单,解决了手工编制烦琐、易出错的问题,同时也能让用户快速、方便地了解年度养护工作内容。

(7)软件引入 Work Flow 思想,实现任务清单中各任务的计算机辅助跟踪,提升了任务管理的时效性和规范性。同时,结合不同类型养护对象的特点,在任务执行中提供对应的操作内容,如现场记录表、结构检查记录表等,通过使用软件,既可指导操作,又可方便管理。

5.8.4 研制的 TMMS 系统

TMMS 以秦岭终南山特长公路隧道为开发背景,切合了特长公路隧道管理与养护的实际需要,其特点如下:

(1)TMMS 为特长公路隧道建立了一个科学的管理模式

TMMS 为特长公路隧道提供全方位的管理体系支持和技术指导,建立了一个结构合理、层次清晰、普遍适用的特长公路隧道管理模式，是一个开放、可移植的隧道管理与养护系统。根据不同的管理体制和养护需求，在TMMS的基础上可因地制宜地进行调整、扩充或链接，能顺利推广应用到其他特长公路隧道管理与养护中。

(2) TMMS是一个易于操作的规范化管理系统

TMMS把特长公路隧道的管理与养护任务进行标准化，针对隧道安全管理、结构养护、机电维护等，建立了一整套完备的隧道管理要求，包括各种管理手册、程序和须知，确保技术要求明确、管理界面清晰，具备很强的可操作性。规范有序的管养确保了各项工作的延续性，即使当某个岗位的负责人发生变动时，也能确保各类数据的顺利交接，保证工作的正常开展。

(3)TMMS实施以预防为主的管理策略

TMMS强调以预防为主的管理策略，针对隧道交通安全、土建结构、机电设施的特点，积极采取预防措施，从而降低交通事故、结构大中修、机电系统功能丧失等重大事件的发生率，有效地保障了隧道的安全、畅通，实现了有限预算内的最佳养护。

(4)TMMS实现了与监控软件的成功对接

一方面，对传统监控系统软件的功能、数据进行分析，挖掘潜能，充分利用监控系统的功能、数据，为管理养护服务；另一方面，根据隧道管理养护的业务需要，在传统监控系统软件基础上提出一些新的功能，以便隧道管理养护工作更顺利地开展，提高工作质量和工作效率。

(5)TMMS注重由管理经验反馈到设计过程

TMMS建立了管理经验积累与反馈的良好机制，对隧道结构和附属设施的建设从利于管理的角度提出相应的要求，并反馈到隧道的设计和施工中，达到提高隧道安全等级、节约养护费用、延长使用寿命，进一步推动特长公路隧道建设水平的目的。

(6)TMMS注重管理工作的目的性、有效性

以维护目的建立的任务体系，较以任务执行周期建立的任务体系，更具有扩展性和可维护性，有利于针对不同系统、不同任务分类。通过闭环控制体系的科学管理理念，不断从事故、病害、故障的分析中吸取经验，进行科学的优化、完善，从而保证预防为主的隧道管理策略的有效实施。

(7)TMMS注重持续改进的管理理念

隧道管理是一个持续进行、各种环境状况不断变化的工作，各种手册、程序、须知文件也必须进行相应的更新、优化。因此，TMMS除形成一整套可指导实际工作的手册外，还注重方法的提炼，总结出编目体系建立方法、任务体系建立方法、安全系统工程分析方法、故障分析方法、应急预案编制技术等一系列方法、技术，从而形成特长公路隧道管理水平持续改进的技术基础，使整个系统的框架和组成是可维护且方便扩展的。

本章参考文献

[1] 沈斐敏. 安全系统工程理论与应用. 北京：煤炭工业出版社，2001.

[2] 王凯全，邵辉. 事故理论与分析技术. 北京：化学工业出版社，2004.

[3] 姜华平. 高速公路交通安全管理. 北京：人民交通出版社，2005.

[4] 沈艾中. 隧道交通事故多发的成因及预防措施[C]. //中华人民共和国交通部公路局. 国际隧道研讨会暨公路建设技术交流大会论文集. 北京：人民交通出版社，2002.

[5] 宋晓春，孙国华，鲍国平. 浙江省高速公路隧道交通安全情况调查及对策探讨[C]. //中华人民共和国交通部公路局. 国际隧道研讨会暨公路建设技术交流大会论文集. 北京：人民交通出版社，2002.

[6] 杨登松，殷月平. 高速公路交通事故成因及对策分析[C]. //中华人民共和国交通部公路局. 国际公路安全研讨会论文集. 北京：人民交通出版社，2005.

[7] 赵温侠，赵忠杰，王征征. 隧道监控系统对隧道安全运行的作用[C]. //中华人民共和国交通部公路

局.国际公路安全研讨会论文集.北京:人民交通出版社,2005.
[8] 邵毅明.高等级公路交通安全管理.北京:人民交通出版社,1999.
[9] 祁文中,等.赴荷兰交通部及TNO研习隧道安全及管理报告.2005.
[10] 张仁德,等.日本长隧道行车安全与管理参访报告.2005.
[11] 郭拱源.赴欧洲研习公路长隧道机电与防空设施报告.2003.
[12] 吴铭山.先进国家道路交通安全政策与宣导措施考察报告书.2002.
[13] 陈进傅,等.欧洲长隧道公路安全设施与灾害防护参访报告.中华技术,2005,10.
[14] 公安部.国内外隧道火灾及消防技术现状综述.公安部城市交通隧道和地铁消防安全研究项目,2005.
[15] 王和,王海航.对省内公路隧道交通安全管理工作的思考.公安学刊:浙江公安高等专科学校学报,2005(6):30-33.
[16] 程晖.浅谈如何预防和扑救云台山隧道火灾.江苏消防网,2005,11.
[17] 覃文清,李风.隧道火灾与防范.慧聪网消防行业频道,2004,9.
[18] 陈光明,胡益华,陈璋,等.乌池坝特长公路隧道消防与防灾救援设计.现代隧道技术,2005,4:75-81.
[19] 肖开序.高等级公路隧道防火与消防.铁道工程学报,1991(4).
[20] 刘伟,袁雪戡.欧洲公路隧道营运安全技术的启示.现代隧道技术,2001 ,38(1).
[21] 蒋树屏.关于猫狸岭隧道火灾的调查与启示[J].公路隧道,2002(2):49-50.
[22] 刘伟.我国公路隧道火灾防救研究[J].中国公路,2005(2):52-54.
[23] 西南交通大学.秦岭终南山公路隧道综合技术研究—防灾救援技术研究总报告[R].2006.
[24] 杜伟,王安生.隧道防灾减灾措施的探讨.公路交通技术,2004(4):103-104.
[25] 付修华,杨其新,刘化冰.秦岭特长公路隧道防火安全体系的探讨.广西交通科技,2003(3):26-30.
[26] 王振信.公路隧道安全问题初探.地下工程与隧道,2003(1):2-5.
[27] 周呈强.高速公路隧道安全管理与二次事故预防探析.大众科技,2006(1):100-101.
[28] 王文武.高速公路安全管理.北京:人民交通出版社,2003.
[29] Tunnel Tests 2000—Safety of Road Tunnels in Europe,2000,3.
[30] Norway tunnel safety,OECD Studies in Risk Management,2006.
[31] Gianguido Sala. Improvement of accident prevention in road tunnels through Intelligent Infrastructures and Intelligent Vehicles cooperation.
[32] M. Cristani. An Ontology of Tunnel Safety Features.
[33] Innovative systems and frameworks for enhancing of traffic safety in road tunnels. SAFE TUNNEL,IST - 2000-28099,2004.
[34] 中华人民共和国行业标准.JTG H12—2003 公路隧道养护技术规范.北京:人民交通出版社,2003.
[35] 中华人民共和国行业标准.JTG H30—2004 公路养护安全作业规程.北京:人民交通出版社,2004.
[36] 中铁第一勘察设计院集团有限公司.西安至安康公路秦岭终南山特长隧道工程可行性研究报告.2002.
[37] 中铁第一勘察设计院集团有限公司.西安至安康公路秦岭终南山特长隧道工程两阶段初步设计.2003.
[38] 关宝树.隧道工程维修管理要点集.北京:人民交通出版社,2004.
[39] 杨新安,黄宏伟.隧道病害与防治.上海:同济大学出版社,2003.
[40] 方利成,杜彬,张晓峰,等.隧道工程病害防治图集[M].北京:中国电力出版社,2000.

[41] 张补才,王战兵. 高速公路隧道运营管理初探. 山西建筑,2002(11):128-129.
[42] 张毅. 深圳梧桐山隧道运营管理. 广东公路交通,1997(S2).
[43] 褚杰. 浅谈公路隧道运营系统的设置. 公路交通技术,2002(3):84-85.
[44] 黄章树. 公路隧道养护管理信息系统的设计与实现. 电脑开发与应用,2002(6):2-3.
[45] 丁恒. 高等级长大公路隧道设计的探讨. 地下空间,2000(3):198-205.
[46] 萧富元,陈锦涛,罗国峰. 公路隧道目视检测评估方法之探讨与应用. 台湾公路工程,2005,32(2).
[47] 吴耀焜,罗国峰. 营运隧道结构损伤之检测及评估. 台湾公路工程,2004,31(3).
[48] 吴成三. 德国铁路隧道的无损和无接触的检查方法. 铁道建筑,1993(3):13-15.
[49] 黄晓明,张晓冰. 公路建设质量通病分析与防治. 北京:人民交通出版社,2002.
[50] 何川,佘健. 高速公路隧道维修与加固. 北京:人民交通出版社,2006.
[51] 吴新璇. 混凝土无损检测技术手册. 北京:人民交通出版社,2003.
[52] 何建敏,刘春林,曹杰,等. 应急管理与应急系统——选址调度与算法[M]. 北京:科学出版社,2005.
[53] 盛刚. 高速公路隧道火灾紧急救援预案//中华人民共和国交通部公路局. 国际公路安全研讨会论文集. 北京:人民交通出版社,2005.
[54] 郑美华. 危机管理机制建立之研究. 通识研究集刊,2003(4):193-224.
[55] 张云明,马宏伟. 秦岭终南山特长公路隧道消防问题浅析. 消防科学与技术,2005(5):577-580.
[56] 周金忠,黄代青. 长大公路隧道消防设计探讨. 西部探矿工程,2003(8):87-88.
[57] 周胤德,忻元发,张世忠. 从近年国内外之重大公路长隧道事故探讨隧道营运管理安全设施策略. 台湾公路工程,2004,30(7):2-13.
[58] 邢娟娟. 重大事故的应急救援预案编制技术. 中国安全科学学报,2004(1):57-59.
[59] 陈发林,熊光华,简贤文. 北宜高速公路雪山隧道灾害应变及救援标准作业程序建制,2002.
[60] Task force for technical investigation of the 24 march 1999 fire in the mont blanc vehicular tunnel. 1999,6.
[61] Recommendations of the croup of experts on safety in road tunnels final report [R]. 2001,10.
[62] 上海市公路管理处. 公路机电系统维护技术指南. 北京:人民交通出版社,2006.
[63] 段国钦. 高速公路机电系统运行与维护手册. 北京:人民交通出版社,2006.
[64] 王文锦. 高速公路企业三大系统管理. 北京:人民交通出版社,2003.
[65] 王文锦. 高速公路企业设备管理. 北京:人民交通出版社,2003.
[66] 刘伟清. 高速公路营运管理专业知识与实务. 北京:人民交通出版社,2006.
[67] 李葆文. 现代设备资产管理. 北京:机械工业出版社,2006.
[68] 汪昌任. SAP EAM 设备维护管理及案例. 北京:清华大学出版社,2005.
[69] 李葆文. 规范化的设备点检体系. 北京:机械工业出版社,2006.
[70] 阿兰·威尔森. 企业设备资产维护管理——发展策略与改善运行指南. 北京:机械工业出版社,2005.
[71] 公安部消防局. 消防灭火救援. 北京:中国人民公安大学出版社,2005.
[72] 美国加利福尼亚州交通局. 检查养护手册.
[73] 美国联邦公路局. 隧道检查养护手册.
[74] 上海市市政工程管理局. 市政道路机电系统维护技术规程.
[75] 贯希胜,甘茂治. 设备维修管理的新理论 ——以可靠性为中心的维修//中国造船工程学会修船技术学术委员会 2002 年年会船舶维修理论与应用论文集,2002.
[76] 刘义乐,张雨. RCA 技术及其实施过程.
[77] 刘义乐,梁斌,师文涛. 改进的 FMEA 过程. 国防技术基础,2006(9):36-38.

[78] 吴奕亮，金家善，辜健，等．寿命周期费用技术及其应用要点．上海电力，2004(4)：273-280.
[79] 刘永嘉．设备综合管理的核心——LCC．上海电力，2004(3)：208-209.
[80] 贾希胜，贾云献，温亮．以可靠性为中心的维修及其模型支持．军械工程学院学报，2004(1)：15-18.
[81] Paul A. Longley，等著．地理信息系统(上卷)——原理与技术[M]．2版．唐中实，黄俊峰，尹平，译．北京：电子工业出版社，2004.
[82] Paul A Longley，等著．地理信息系统(下卷)——管理与应用．2版．唐中实，贾海峰，辛宇，译．北京：电子工业出版社，2004.
[83] 郑淑丽．基于GIS的矿井机电设备管理信息系统开发研究．山东农业大学学报：自然科学版，2004(3)：410-412.
[84] TMS HELP &FAQ．美国联邦公路局，2004.
[85] 周健．基于GPS/GIS/GSM的公路隧道运营管理系统研究．中国公路学报，2004(3)：112-116.

第6章 成果在依托工程中的应用测试与运营总结

2007年1月20日,隧道主线建成通车后,即开放交通。隧道公司对隧道进行科学管理和全面养护,通车两年多来运行情况正常,未发生重大事故,车辆在洞内运行环境良好。

2008年11月,在秦岭终南山公路隧道的最后工程通风竖井完工后三个月,我们结合通风、防灾救援、监控三个课题对研究成果的应用情况进行测试。

6.1 科研成果在秦岭终南山公路隧道的应用测试

6.1.1 特长公路隧道通风技术研究成果测试

6.1.1.1 运营测试目的与意义

秦岭终南山特长公路隧道在前期的试运营期间,主要依靠射流风机纵向通风解决问题。随着交通量的日益增大,竖井送排式通风正式投入使用。为了解其通风系统的稳定性和可靠性,避免不合理能耗,优化运营通风工况管理,并验证通风课题的主要研究成果,进行了秦岭终南山隧道风流现场测试,获取了洞内风速和温度、湿度、气压等沿隧道纵向的分布规律。

6.1.1.2 测试方案

为了解秦岭终南山特长公路隧道洞内机械通风效果,需测试洞外风速、气压、气温、湿度等自然气象因子和洞内风速分布情况。具体测试计划如下:

①对秦岭终南山隧道洞口附近空气的温度、湿度、压力及风速、风向进行测试,以判定由隧道南北洞口处空气温差、压差等引起的洞内自然风流对机械通风测试结果的影响程度。

②在秦岭终南山隧道的东线隧道距南北洞口1km范围内设测试断面,测试断面各测点风速,获取东线隧道无风机开启的情况以及洞内自然风流分布。

③在秦岭终南山隧道西线隧道的1号、2号、3号竖井上下游段设置测试断面,进行洞内风速、温度、湿度测试,获取各测点的风速分布。

1)测试时间及工况安排

测试定于2008年11月19～21日晚上及凌晨进行,分成6个工况段连续观测。

工况一:2008年11月19日20:00～21:00,1号、2号、3号竖井全开。

工况二:2008年11月20日1:00～2:00,1号、2号、3号竖井半开。

工况三:2008年11月21日19:00～20:00,1号、3号竖井全开,同时2号关闭。

工况四:2008年11月21日20:30～21:3,1号、3号竖井全开,同时2号关闭。

工况五:2008年11月21日,22:00～23:00,2号竖井全开,同时1号和3号关闭。

工况六:2008年11月21日,23:30～24:30,2号竖井半开,同时1号、3号关闭。

11 月 19 日晚 7:30,同时开启 1 号、2 号和 3 号竖井风机,测试 1 号、2 号和 3 号竖井前后及短道内的风速、温度、湿度、气压。测点位置分别为 2 断面、3 断面、4 断面、5 断面、6 断面、7 断面及每竖井下的短道,共计 9 个断面。

工况 1:西线,1 号竖井送风机 2 台,排风机 1 台;2 号竖井送风机 2 台,排风机 2 台;3 号竖井送风机 2 台,排风机 2 台。满负荷 100%运行。

工况 2:西线,1 号竖井送风机 1 台,排风机 1 台(50%功率);2 号竖井送风机 1 台,排风机 1 台;3 号竖井送风机 1 台,排风机 1 台。半负荷 50%运行。

11 月 21 日晚 7:30,关闭 2 号竖井所有风机,开启 1 号竖井和 3 号竖井风机测试 1 号、2 号和 3 号竖井前后及短道内的风速、温度、湿度、气压。测点位置分别为 2 断面、3 断面、4 断面、5 断面、6 断面、7 断面及每竖井下的短道,共计 9 个断面。测试断面平面示意图见图 6-1。

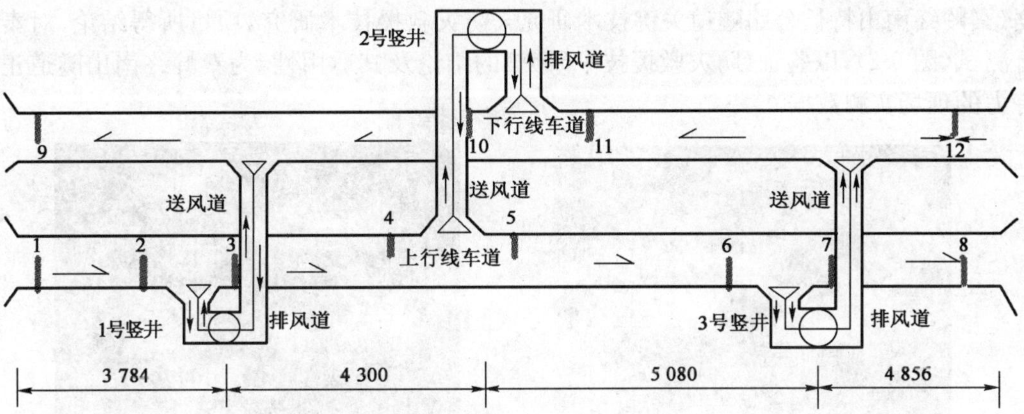

图 6-1　测试断面平面示意(尺寸单位:mm)

注:图中数字为测试断面位置

工况 3:西线,1 号竖井风机变为 2 送 1 排;3 号竖井送风机 1 台,排风机 1 台;2 号竖井关闭。1 号竖井和 3 号竖井满负荷 100%运行。

工况 4:西线,1 号竖井风机变为 1 送 1 排(50%功率);3 号竖井送风机 2 台,排风机 2 台;2 号竖井关闭。1 号竖井和 3 号竖井半负荷 50%运行。

11 月 21 日晚 10:30,关闭 1 号竖井和 3 号竖井所有风机,开启 2 号竖井风机测试 1 号、2 号和 3 号竖井前后及短道内的风速、温度、湿度、气压。测点位置分别为 2 断面、3 断面、4 断面、5 断面、6 断面、7 断面及每竖井下的短道,共计 9 个断面。

工况 5:西线,1 号竖井和 3 号竖井关闭;2 号竖井风机变为 2 送 2 排。满负荷 100%运行。

工况 6:西线,1 号竖井和 3 号竖井关闭;2 号竖井风机变为 1 送 1 排。满负荷 50%运行。

2)测试仪器

测试仪器包括:风速风向仪(智能热球式风速计 ZRQF-B,热球式电风速计 QDF-2A,三杯风向风速表 Q/12JD),空盒气压表 DYM-3,气压计 DYJ-1,温度湿度计 12(温度湿度计 JWS-D4,温湿度计 ZJ-1)。

6.1.1.3　测试结论

(1)现场测量数据反映出竖井送排风时,短道内各测点的风速变化急剧呈脉动态(风速为 0.15~3.50m/s),表明短道气流受排风口和送风口涡流影响较大。在各工况中短道均未发生回流,只产生窜流,表明隧道送排风短道设计合理,达到了预期效果。计算短道风量时,选取脉动风流各测点最大风速参与计算,以突显竖井送排风短道内最大窜流量,但并不代表实际窜流量。

(2)从测量断面的测点风速分布可知,凡符合均匀流态的断面,其中部测点风速略大于边壁附近测点风速,但邻近送、排风口的断面呈不规律状,不符合均匀流态。对符合均匀流态的断面进行流量计算分析,计算结果表明,除 2 号竖井送 3 号竖井排通风段外,其他通风段的流量与开启风机功率无对应关系。

(3)由东线隧道内的测试数据表明，自然风是由北口吹向南口，风速极不稳定，两洞口自然风压差较小。自然风向与西线车行方向一致，有利于该线隧道3号竖井送风段和1号竖井排风段的机械通风。

(4)根据隧道各通风段平均流量计算，各工况最大风速为3～5m/s。因测试时车辆产生的交通风极小，故无法与设计风速直接比较。

(5)通过对通风段各个处于均匀流的断面平均流量值的统计分析得知，断面流量最大误差为6.28%。该误差主要由仪器误差和读数误差组成。这说明本次现场测量满足精度要求，数据可信。

6.1.2 特长公路隧道防灾救援技术研究成果测试

6.1.2.1 测试目的

根据《秦岭终南山特长公路隧道关键技术研究—防灾救援技术研究》项目所得结论，对秦岭终南山隧道进行测试(图6-2)，以验证《防灾救援技术研究》的结论及其适用性，为秦岭终南山隧道正常营运安全提供有力的现场实测数据。

图6-2 主隧道测试现场

隧道火灾通风设计的目的是通过调节隧道内的风机数量和布置位置，保证隧道在火灾情况下的疏散、救援、灭火行动的安全。为此，制订以下控制基准：

(1)保证火灾段隧道风流不出现逆流。为此，该段隧道计算风速必须控制在2～3m/s。

(2)保证火灾隧道温度和烟雾不危害非火灾隧道。为此，至少要求离火源最近的上游横通道内的风流由非火灾隧道流向火灾隧道。风速控制在2m/s以上，最大风速不超过10m/s。

因此，需要对主隧道和横通道内火灾情况下机械通风风速进行测试。

6.1.2.2 测试方案

测试通过调节射流风机和轴流风机的开闭，使不同火灾区域风速控制在2～3m/s；上坡隧道取小值，下坡隧道取大值。此外，火区上游接近火区的1～2条横通道风流方向为从非火灾隧道流向火灾隧道。主隧道风速控制在2m/s以上，最大风速不超过10m/s。尽量保持火区附近的非火灾隧道风速大于火灾隧道的风速，特别是在火区附近上游。

根据《防灾救援技术研究》项目研究成果，将秦岭终南山隧道东、西线各72个区段共分为144个着火区段，每个区段均有相应的控制预案卡片。为了保证终南山隧道营运安全，需要对每两竖井间的区段内典型火灾区段进行测试，共需进行30组火灾情况下主隧道内可调节风速测试。

所采用的测试仪器及相关物品如下：

(1)风速仪。测试各点的通风风速。

(2)秒表。记录时间。

(3)对讲机。实现隧道内人员间的联系。

(4)手机。实现隧道内人员与中控中心人员的联系。

(5)汽车。运输隧道内测试人员。

(6)手电筒。为隧道内测试人员记录数据提供照明。

(7)数码照相机。拍摄各项测试现场照片及相关资料。

(8)纸、笔。记录测试结果和现场情况。

一些典型区段在火灾情况下通过计算所得到的隧道交通情况及机械通风设置为：

(1)西线进口第 2 区段，YK63＋523～YK64＋232 之间发生火灾。两条隧道关闭，开启上游横通道 QCCM。东线改为双向交通。不开射流风机。

(2)西线中部第 40 区段，YK74＋048～YK74＋317 之间发生火灾。两条隧道关闭，开启上游横通道。东线改为双向交通。开启 QLYFJ1、QLYFJ2、QLYFJ3、QLYFJ4、QLYFJ24、QLYFJ25、QLYFJ28、QLZFJ29、QLZFJ28 射流风机。

(3)西线出口第 72 区段，YK82＋567～YK82＋845 之间发生火灾。两条隧道关闭，开启上游横通道。东线改为双向交通。开启 QLYFJ1、QLYFJ2、QLYFJ3、QLYFJ4、QLYFJ5、QLYFJ6、QLYFJ7、QLYFJ8、QLYFJ9、QLYFJ10、QLYFJ11、QLYFJ12、QLYFJ13、QLYFJ14、QLYFJ15、QLYFJ16、QLYFJ17、QLYFJ18、QLYFJ19、QLYFJ20、QLYFJ21、QLYFJ22、QLYFJ23、QLYFJ24、QLYFJ25、QLYFJ26、QLYFJ27、QLYFJ28、QLYFJ29、QLZFJ38 射流风机。

(4)东线进口第 73 区段，K82＋544～82＋816 之间发生火灾。两条隧道关闭，开启上游横通道。西线改为双向交通。开启 QLZFJ36、QLZFJ35、QLZFJ34、QLZFJ33、QLZFJ32、QLZFJ31、QLZFJ30 射流风机。

(5)东线中部第 110 区段，K73＋803～K74＋046 之间发生火灾。两条隧道关闭，开启上游横通道。西线改为双向交通。开启 QLYFJ17、QLYFJ18、QLZFJ38、QLZFJ37、QLZFJ35、QLZFJ34、QLZFJ29、QLZFJ28、QLZFJ27、QLZFJ26、QLZFJ20、QLZFJ19、QLZFJ18、QLZFJ11、QLZFJ10 射流风机。

(6)东线出口第 144 区段，K63＋546～K64＋185 之间发生火灾。两条隧道关闭，开启上游横通道。西线改为双向交通。不开启射流风机。

任一区段进行测试时均需测试三个地方的风速和风向。这三个地方为火区、火区上游第 1 条横通道和火区上游第 2 条横通道。

6.1.2.3　测试结果

横通道测试现场及测试结果见图 6-3、表 6-1。

图 6-3　横通道测试现场

测　试　结　果　　　　表 6-1

测试断面	隧道内位置	火灾点		上游第 1 条横通道		上游第 2 条横通道	
		风向	风速 (m/s)	风向	风速 (m/s)	风向	风速 (m/s)
西线第 1 断面	第 1 车行后	进→出	4.9	西←东	2.4		
西线第 2 断面	第 2 车行后	进→出	4.8	西←东	0.7	西←东	2.2
西线第 3 断面	第 4 车行后	进→出	4.5	西→东	0.2	西→东	0.3
西线第 4 断面	第 6 车行后	进→出	5.2	西←东	0.5	西←东	0.2

续上表

测试断面	隧道内位置	火灾点		上游第1条横通道		上游第2条横通道	
		风向	风速(m/s)	风向	风速(m/s)	风向	风速(m/s)
西线第5断面	第8车行后	进→出	4.8	西←东	3.2	西←东	1.5
西线第6断面	第9车行后	进→出	5.1	西←东	0.3	西←东	1.9
西线第7断面	第10车行后	进→出	5.1	西←东	0.3	西←东	1.1
西线第8断面	第13车行后	进→出	4.6	西←东	4.1	西←东	2.9
西线第9断面	第14车行后	进→出	4.8	西←东	0.4	西←东	2
西线第10断面	第16车行后	进→出	3.5	西←东	0.6	西←东	0.2
西线第11断面	第17车行后	进→出	3.7	西←东	1.2	西←东	0.3
西线第12断面	第21车行后	进→出	3.9	西←东	0.3	西←东	2.8
西线第13断面	第23车行后	进→出	3.8	西→东	0.5	西←东	0.2
西线第14断面	第24车行后	进→出	4.7	西←东	1.5	西←东	1.7
西线第15断面	第26车行后	进→出	4.7	西←东	0.6	西←东	0.3
东线第1断面	第26车行后	进→出	2.2	西→东	3.2		
东线第2断面	第24车行后	进→出	1.6	西→东	0.7	西→东	0.5
东线第3断面	第23车行后	进→出	2.1	西→东	0.3	西→东	1.8
东线第4断面	第21车行后	进→出	2.2	西→东	0.8	西→东	1.6
东线第5断面	第17车行后	进→出	2.3	西→东	0.5	西←东	0.3
东线第6断面	第16车行后	进→出	2	西→东	0.4	西→东	1.5
东线第7断面	第14车行后	进→出	1.5	西→东	2	西→东	0.2
东线第8断面	第13车行后	进→出	2.3	西→东	2.1	西→东	0.5
东线第9断面	第10车行后	进→出	1.6	西→东	0.2	西←东	3.2
东线第10断面	第9车行后	进→出	2.2	西→东	0.3	西→东	0.4
东线第11断面	第8车行后	进→出	2	西→东	1.5	西→东	0.3
东线第12断面	第6车行后	进→出	2.4	西→东	0.4	西→东	1.5
东线第13断面	第4车行后	进→出	2	西→东	0.3	西←东	4
东线第14断面	第2车行后	进→出	2.1	西→东	0.4	西→东	1.3
东线第15断面	第1车行后	进→出	1.6	西→东	0.4	西→东	0.3

测试数据结果如图6-4所示。

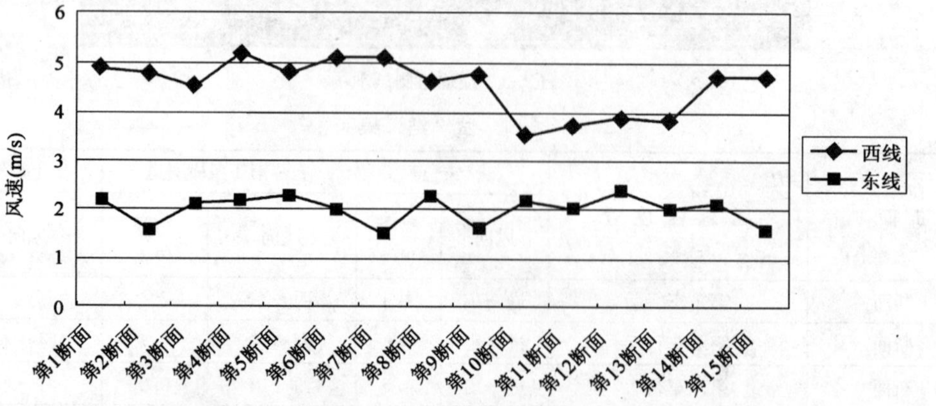

图6-4　测试数据结果

6.1.2.4　测试结论

根据《防灾救援技术研究》项目研究成果，对30组火灾情况下的主隧道内可调节风速进行了测试。

《防灾救援技术研究》项目研究成果为：通过调节射流风机和轴流风机的开闭，使不同火灾区域风速控制在2～3m/s；上坡隧道取小值，下坡隧道取大值。此外，火区上游接近火区的1～2条横通道风流方向为从非火灾隧道流向火灾隧道。风速控制在2m/s以上，最大风速不超过10m/s。尽量保持火区附近的非火灾隧道风速大于火灾隧道的风速，特别是在火区附近上游。

由测试结果可知，西线主隧道内风速普遍偏大，东线主隧道内风速普遍偏小。这是由于隧道现场受实际自然风的影响较大，而项目研究计算中是依据《公路隧道通风照明设计规范》(JTJ 026.1—1999)对自然风进行取值计算。但从测试结果来看，与项目研究内容相符。

火区上游横通道内风流方向除个别区段(西线第3断面、西线第13断面、东线第13断面)风流方向为由火灾隧道流向非火灾隧道外，其余测试断面上游横通道内风流方向均为由非火灾隧道流向火灾隧道，分析其原因也是由于现场自然风影响较大而造成的。

综上所述，秦岭终南山隧道主隧道内可调节风速测试结果与《防灾救援技术研究》项目研究成果相符。

6.1.3　特长公路隧道监控技术研究成果测试

6.1.3.1　测试目的

针对《秦岭终南山特长公路隧道关键技术研究—监控技术研究》项目所得结论，对秦岭终南山隧道进行测试，验证《监控技术研究》的结论及其适用性，为秦岭终南山隧道正常营运提供有力的现场实测数据。

6.1.3.2　测试内容及测试数据

1)隧道监控软件测试内容与数据

根据《秦岭终南山特长公路隧道关键技术研究—监控技术研究》项目“监控系统软件”研究所得成果，基于以太网CSMA/CD(载波监听多路访问及冲突检测技术)通信技术和基于TCP/IP协议进行隧道监控软件开发，解决隧道控制系统的实时性、信息共享、设备兼容等问题。

监控软件测试是通过观测和实际操作，主要测试如下内容：

(1)测试软件的信息采集能力。检查监控软件是否能够实时准确地采集环境信息、设备状态信息，主要包括能见度(VI)、CO浓度、车速、交通量、洞外亮度等信息，见表6-2。

信息采集功能测试结果　　表6-2

测试内容	测试方法	核查结果	备注
CO信息采集	功能核查	功能符合要求	
能见度(VI)采集	功能核查	功能符合要求	
交通量信息采集	功能核查	功能符合要求	
车速信息采集	功能核查	功能符合要求	
设备信息状态采集	功能核查	功能符合要求	
洞外亮度采集	功能核查	功能符合要求	

(2)测试信息的分析处理功能。观测软件系统能否对采集到的信息作及时、有效的处理，以及能否及时实施交通控制、通风控制、照明控制等，并通过可变情报板、可变限速标志等设备及时发布信息，见表6-3。

系统分析处理能力测试结果　　表 6-3

测试内容	测试方法	反应时间
照明设备控制	功能核查	第一组:关闭照明 4s19ms;第二组:启动照明 4s38ms;第三组:关闭照明 3s97ms
通风设备控制	功能核查	第一组:关闭风机 4s06ms;第二组:启动风机 2s20ms
交通信号控制	功能核查	第一组:切换标志 4s65ms;第二组:切换标志 4s59ms
水泵启停控制	功能核查	启动水泵 25s03ms
情报板等信息发布	功能核查	第一组:6s16ms;第二组:10s37ms

2)隧道通信网络控制测试内容与数据

根据《秦岭终南山特长公路隧道关键技术研究—监控技术研究》项目“隧道通讯控制网络研究”所得成果,综合利用工业以太网 TCP/IP 技术和 PLC 控制技术,架构公路隧道控制的网络架构,解决特长隧道的通信控制问题。表 6-4 为隧道通信网络控制结果。

隧道通信网络控制测试结果　　表 6-4

测试内容	测试标准	测试要求	测试结果
系统接收光功率	JTG F80/2—2004	常规测试	共测 62 个点,测试值为－37.13～－8.50 dBm
平均发送光功率	JTG F80/2—2004	常规测试	共测 62 个点,测试值为－22.42～－4.67dBm
网络基准测试	RFC2544	主要测试网络设备吞吐量、延迟、丢包率和背靠背 4 项基本性能指标	吞吐率均达到满带宽负荷,时延均小于 50us,丢包率均为 0,背靠背测试突发数据转发均满足要求
网络传输性能	IEEE802.3/u	常规测试	占有率 70%条件下系统收发包正常,符合以太网帧结构要求
自愈功能	—	模拟通信线路故障从系统日志检查链路恢复时间	功能符合要求

隧道通信网络控制测试主要测试如下内容:

(1)网络架构测试。对隧道通信网络控制系统架构是否采用工业以太网结构和 PLC 设备进行现场信息采集及控制。

(2)网络性能测试。采用网络测试设备对网络基准、网络传输性能、网络自愈功能等进行测试。

3)交通事件检测测试内容与数据

根据《秦岭终南山特长公路隧道关键技术研究—监控技术研究》项目“交通控制技术研究”所得成果,利用的隧道模糊综合交通异常自动检测算法判断隧道交通异常事件。

交通事件检测测试主要查询交通事件检测记录和检测日志测试,通过隧道模糊综合交通异常自动检测算法判断交通异常事件报警次数和误报率和漏报率,见表 6-5。

交通事件检测测试结果　　表 6-5

测试时间段	每 40d 报警次数	误报次数	漏报次数	误报率	漏报率
2008-05-01～2008-06-10	48	9	4	18.7%	8.3%
2008-07-01～2008-08-10	27	3	2	11.1%	7.4%
2008-10-01～2008-11-10	39	6	1	15.3%	2.6%

4)隧道交通监控设施配置效果测试内容与数据

根据《秦岭终南山特长公路隧道关键技术研究—监控技术研究》项目“隧道交通监控设施配置原则与方法研究”所得成果,隧道监控系统配置应采用功能设计法,按照系统功能要求确定系统设施,关键功能应有冗余。系统设施布设应采用分段设计的思想,将两个车行横洞之间的范围作为一个监控单元,设置监控设施，以满足正常工况与火灾工况的运营要求。表 6-6 为隧道交通监控设施配置效果测试结果。

隧道交通监控设施配置效果测试结果　　表 6-6

测试点序号	检测内容	监视最近点	监视最远点	监视效果
1	摄像机检测范围及效果	64	189	良好

隧道交通监控设施配置测试主要测试如下内容：

(1)设施布设情况测试。测试隧道内视频监视设备、环境检测设备是否按照功能设计和分段设计理念进行布设。

(2)视频监视效果测试。通过调看不同摄像机监视情况，测试 CCTV 系统观测隧道内监视效果。

(3)环境检测效果测试。通过调节射流风机和轴流风机的开闭，使隧道内不同防灾区形成不同风速及风向，测试隧道内不同防灾区段的 CO、VI、风速等指标，以便实现隧道内防灾烟雾组织等。

5)火灾自动报警系统测试内容与数据

根据《秦岭终南山特长公路隧道关键技术研究—监控技术研究》项目“火灾自动报警技术研究”所得成果，火灾报警系统应能无间隙、不间断地在任何时刻和无人干预的情况下，对隧道内所有空间进行自动监测，并能在火灾发生的最初阶段自动报警。公路隧道火灾自动报警系统宜采用线形感温报警系统。

隧道火灾报警系统测试主要测试如下内容：

(1)设施布设情况测试。测试隧道内火灾自动报警系统是否选用线形感温报警系统。

(2)火灾报警效果测试。通过隧道点火试验，实地测试隧道自动火灾报警系统反应时间是否满足国家相关规范。

表 6-7 为火灾自动报警系统测试结果。

火灾自动报警系统测试结果　　表 6-7

序号	点火时间	点火地点	点火地点环境	报警响应时间	系统报警地点	漂移距离	备注
第一次	2008-12-3 19:32	东线 K38+922	风速：1.2m/s 温度：3.3℃	47s	东线 K38+979	57m	拉曼散射光纤感温 DTS
第二次	2008-12-3 20:12	东线 K50+572	风速：0.3m/s 温度：3.7℃	52s	东线 K50+572	38m	拉曼散射光纤感温 DTS
第三次	2008-12-3 20:50	西线 K49+158	风速：3.6m/s 温度：2.1℃	43s	西线 K49+158 ～K49+440	282m	光栅光纤感温
第四次	2008-12-3 21:35	西线 K34+256	风速：0.6m/s 温度：2.8℃	41s	西线 K34+440 ～K34+540	184m	光栅光纤感温

6.1.3.3　测试结论

根据本次测试所得的数据，并结合相关标准和设计技术指标，得出如下结论：

(1)监控系统软件实现了公路隧道监控管控一体化，彻底实现了隧道现场监控系统与隧道运营管理系统数据共享，使隧道上层管理者能够及时、直观地了解隧道现场的交通运营情况。利用项目首次提出的在长大公路隧道中央监控系统实行分区域控制，较好地解决了终南山隧道监控区段多而无法较好全局监控问题。同时，软件系统人机界面友好、反应实时、系统稳定可靠，较好地利用了《秦岭终南山特长公路隧道关键技术研究—监控技术研究》项目“软件开发”子课题中提出的 7 个方面的研究成果，并取得了良好的效果。

(2)通信系统采用基于工业以太网架构的隧道控制系统，系统运行可靠稳定、实时性好、网络反应时间较快、运行可靠稳定。这充分证明了《秦岭终南山特长公路隧道关键技术研究—监控技术研究》项目“隧道通信控制网络研究”提出的综合利用工业以太网 TCP/IP 技术和 PLC 控制技术解决特长隧道的通信控制问题的可行性和可靠性。

(3)交通事件检测运用《秦岭终南山特长公路隧道关键技术研究—监控技术研究》项目“公路隧道交通控制技术研究”子课题中首次提出的基于幂函数累加生成和模糊综合判断的隧道交通异常自动检测算法,较好地实现了交通事件检测。交通事件误报率低于20%,且漏报率低,较之以前同类交通事件检测算法有了较大的提高。

(4)监控系统设施的布设采用了《秦岭终南山特长公路隧道关键技术研究—监控技术研究》项目“隧道交通监控设施配置原则与方法研究”所提出的隧道监控系统配置功能设计法。从整个监控系统运行来看,系统运行正常稳定,视频监控实现了无缝覆盖。隧道的实际营运情况,证明了采用研究成果能够满足秦岭终南山隧道的设计要求。

(5)隧道火灾报警系统能够无间隙、不间断地在任何时刻和无人干预的情况下,对隧道内所有空间进行自动监测,并能在火灾发生的最初阶段自动报警。报警时间满足《公路隧道火灾报警系统技术条件》(JT/T 610—2004)中所规定的相关要求。

6.2 秦岭终南山隧道运营总结与回顾

秦岭终南山特长公路隧道主隧于2007年1月20日建成通车,机电系统于2007年7月24日调试完成并通过交工验收,三座通风竖井也分别于2008年3月31日、5月31日、8月31日建成并投入使用。至此,该项目全部工程均建设完成。

秦岭终南山公路隧道自通车以来,隧道分公司坚持以“世界级工程,世界级品牌,世界级管理”为隧道运营管理目标,提出了“爱岗敬业、忠于职守、规范精细、高效有序”和“高度负责、严防紧守、快速反应、果断处治”的隧道管理理念,科学管理,真抓实干,确保了秦岭终南山公路隧道安全通畅和后续工程建设的顺利进行。两年来,隧道安全运营情况良好,各类设施使用正常,管理与养护工作秩序井然,隧道内环境整洁,从未发生人员伤亡或长时间中断交通的重大事故。公司的各项管理措施逐步向制度化、规范化、科学化迈进,管理水平不断提高。

这些成绩的取得既是各级领导的关心、支持,全体员工共同努力的结果,也与秦岭终南山特长公路隧道关键技术研究课题成果提供的技术支持密不可分。

6.2.1 秦岭终南山特长公路隧道的管理

1)强化管理,重打基础,建立过硬的隧道管理队伍

对秦岭终南山隧道要真正做到“世界级工程世界级管理”的目标,必须要有一支高素质的隧道管理团队。在队伍建设上,一是加强思想教育;二是加强军事化管理;三是加强内部管理(修改完成了针对隧道特点、具有创新思路、切合实际的管理制度);四是加强业务学习。

2)围绕中心,紧扣主题,始终把安全作为隧道运营管理的重中之重

隧道分公司自成立之日起所进行的所有工作都是围绕“安全”二字展开。各项工作的开展和最终目的就是确保隧道的安全畅通。社会的关注、上级的要求、自身的特点注定了隧道分公司必须将安全工作作为核心。

(1)健全机构、落实责任。

(2)不断摸索完善各项管理措施。

(3)制订预案、勤于演练。

(4)建立多方协作的联勤互动机制。

(5)加强宣传、提高意识。

(6)加强信息与值班工作,确保信息畅通。

3)从点滴做起,节能减排工作成效明显

作为用电大户,节能减排是隧道公司义不容辞的责任。公司成立了节能减排领导小组,提高认识,

统一思想，确定节能减排工作的重点，并根据隧道实际，探索节能措施，加强节能管理。

4)精心细致、热情周到，以接待工作促进技术交流

秦岭终南山公路隧道作为中国公路隧道建设的标志性工程，慕名前来参观的人络绎不绝。这些参观者有省、部级领导，工、青、妇民主党派各界人士和外国友人，还有前来进行技术交流的交通行业内人士。

经过两年来的探索，隧道公司以科学发展观统领全局，团结一致，科学管理，真抓实干，大胆创新，不断强化内部管理，努力提高管理水平自主创新，摸索出一套行之有效的管理措施和规律，加快了迈向“世界级管理”水平的步伐，逐渐成为全省乃至全国交通行业的亮点。

6.2.2　秦岭终南山特长公路隧道运营事故及状况分析

秦岭终南山特长公路隧道从 2007 年 1 月 20 日通车时起至 2009 年 6 月 16 日止，共发生交通事故情况 59 起。事故统计情况见表 6-8。

秦岭终南山隧道事故统计表　　表 6-8

主因 分类	车辆机械故障	驾驶员疲劳	驾驶员操作不当	违法行驶、停车	占道施工	其他	合计
单方	4	10	24	7	1	0	46
双方	1	3	5	4	0	0	13
多方	0	0	0	0	0	0	0
合计	5	13	29	11	1	0	59

在 59 起事故中，绝大多数是微型或小型事故，没有一起人员伤亡的事故。其中，发生火灾事故一次。火灾事故对隧道消防是一次实弹演习。

2009 年 1 月 19 日，也就是秦岭终南山公路隧道通车二周年的前一天，中午 12:30，秦岭终南山公路隧道监控指挥大厅自动报警尖锐地响起，隧道内感温光纤报警显示隧道内西线中部发生火情。监控值机员高度警惕，机警迅速作出反应，切换摄像画面，确认火灾准确地点为西线第 12 号消防门南侧 30m 处。此时，监控大屏画面上出现烟雾，视线模糊。

监控班长程玲立即启动应急消防预案，向隧道内 14 号横通道消防值班点、隧道南、北口消防队、路政、武警、交警和公司机关发出紧急处治命令，并报告公司领导。所有参与救援扑火人员均在第一时间接到了命令。

路政、武警、交警作出快速反应，为保证过往车辆人员安全，迅速封闭了隧道南北口全部交通。机关相关部门按照紧急救援预案，迅速出动人员和车辆参与紧急救援。

开始应急救援时，监控中心及时更改可变情报板、交通信号灯、车道指示器等交通指示标志，提示驾驶员注意，并加强了现场照明以便施救。为了阻止火势蔓延，及时关闭了所有风机。在通过监控图像观察火灾点下游已无车辆人员且大火扑灭后，启动西线所有射流风机和轴流风机，进行快速排烟。

命令发出后，在不到 3min 的时间里，消防员董伟第一个到达失火现场。他发现陕 AHUXX3 事故车辆，车上拉着棉被、床垫等，失火后，驾乘人员在慌乱中将起火棉被、床垫等扔到路面，火借风势，越燃越大。董伟熟练地利用隧道内消防器材立即实施灭火。3min 后，北口、南口消防车也相继赶到，分别使用干粉灭火器与消防水带进行灭火，大火被迅速扑灭。扑火过程历时 8min，共使用干粉灭火器 6 个，同时使用了消防水带进行现场降温。随后，养护队伍对现场进行了清理，整个事故救援过程仅用了 20min，且无人员伤亡及车辆损坏。虽然大火被扑灭了，但现场烟雾较大、视线较差，为确保行车安全，现场指挥决定暂时不放行车辆，并尽快排除隧道烟。监控中心立刻开启了所有排风设施加快排烟速度。隧道东线 40min、隧道西线 61min 后，经空气检测车现场检测，洞内空气质量良好，无有毒有害气体，氧气含量正常。于是，解除交通封锁，车辆间断放行，所有救援部门撤离现场。经核查，此次火情扑救及时，无人员伤亡，无车辆损坏，隧道设施也未遭到破坏，避免了更大事故的发生，隧道交通也在较短时间

内恢复正常。

事发前，该事故车辆在经过隧道安全检查站接受检查时，被安检队员张新伟、马猛娟、雷震等 5 人发现其装有燃气罐，按规定已予以扣留卸载，从而防止了火灾的进一步扩大，使本次事故未造成严重后果。否则燃气罐遇高温爆炸，后果不堪设想。

这次火灾事故是秦岭终南山公路隧道建成通车以来发生的第一起火灾事故，也是隧道分公司一次成功的应急救援行动，是对秦岭终南山公路隧道应急救援机制的一次实战检验。本次救援行动表明，隧道分公司制订的应急预案完善可行，切合实际。各部门尽职尽责，协同作战，配合默契，训练有素。

秦岭终南山公路隧道规模世界第一，运营安全备受社会关注。隧道分公司自成立之日起，遵照省交通厅、交通集团领导指示，严格实行全面军事化管理，高度重视对突发事故的应急处理，分别制订了包括火灾、交通事故、交通拥堵、危险品泄漏、大雾、雨雪天气等隧道内突发事件应急预案，并以此为蓝本不断进行隧道事故应急预案的实地操作演练，以发现并改进应急预案中存在的不足，积极寻求适合隧道环境的最佳应急救援方案。截至目前已进行各类事故救援演练 50 余次。

6.2.3 隧道空气质量监测情况

秦岭终南山隧道通车后，由于前期的交通量较小，隧道内车辆数较少，基本采用的是射流风机通风；后期由于该高速公路向前延伸，柞水到小河及小河到安康相继通车，日交通量不断增长。竖井贯通后，采用了竖井送排纵向通风方式。除隧道内安装了 CO、VI 检测器外，隧道公司还用空气质量检测车每隔 10 天测定一次洞内空气质量。结果表明，在日交通量 2 500～4 500 辆时，CO 等有害气体的含量远小于规范允许值，隧道内空气质量良好。表 6-9～表 6-13 为隧道内空气质量实测值。

秦岭终南山公路隧道环境监测记录表

表 6-9

路线	编号	位置(km)	氧气(%)	CO(ppm)	NO(ppm)	HS(ppm)	LEL(%)	CO_2(ppm)	SO_2(mg/m^3)	露点(℃)	温度(℃)	相对湿度(%)
西线	1	1 号停车带	20.9	2.0	0.0	0.0	0.0	773.0	0.0	14.2	18.5	76.4
	2	1 号竖井通道口	20.9	4.0	0.4	0.0	0.0	798.0	0.0	16.3	21.3	73.3
	3	3 号灯光带	20.9	6.0	0.4	0.0	0.0	785.0	0.0	17.6	23.2	71.0
	平均值		20.9	4.0	0.0	0.0	0.0	785.0	0.0	16.0	21.0	73.6
东线	1	南洞口	20.9	0.0	0.0	0.0	0.0	760.0	0.0	18.7	24.1	71.9
	2	2 号竖井通道口	20.9	0.0	0.0	0.0	0.0	790.0	0.0	18.1	24.7	66.7
	平均值		20.9	0.0	0.0	0.0	0.0	775.0	0.0	18.4	24.4	69.3
环境标准	报警值		＞23.5 ＜19.5	＞100	＞15	＞15	＞10	＞1 020	＞5	当天车流量：2 597 辆		

单位：隧道公司监控中心　时间：2007 年 4 月 23 日

秦岭终南山公路隧道环境监测记录表

表 6-10

路线	编号	位置(km)	氧气(%)	CO(ppm)	NO(ppm)	HS(ppm)	LEL(%)	CO_2(ppm)	SO_2(mg/m^3)	露点(℃)	温度(℃)	相对湿度(%)
西线	1	1 号停车带	20.9	1.0	0.0	0.0	0.0	774.0	0.0	12.3	16.9	74.4
	2	1 号竖井通道口	20.9	2.0	0.0	0.0	0.0	786.0	0.0	15.0	21.4	66.6

续上表

路线	编号	位置(km)	氧气(%)	CO(ppm)	NO(ppm)	HS(ppm)	LEL(%)	CO_2(ppm)	SO_2(mg/m^3)	露点(℃)	温度(℃)	相对湿度(%)
西线	3	3号灯光带	20.9	5.0	0.25	0.0	0.0	650.0	0.0	15.8	22.5	65.9
	平均值		20.9	2.7	0.08	0.0	0.0	736.7	0.0	14.37	20.3	69.0
东线	1	南洞口	20.9	4.0	0.0	0.0	0.0	702.0	0.0	15.3	22.5	63.7
	2	2号竖井通道口	20.9	5.0	0.0	0.0	0.0	866.0	0.0	16.2	23.2	64.9
	平均值		20.9	4.5	0.0	0.0	0.0	784.0	0.0	15.75	22.85	64.3
环境标准	报警值		>23.5	>100	>15	>15	>10	>1 020	>5	当天车流量:2 478辆		
			<19.5									

单位:隧道公司监控中心 时间:2007年5月31日

秦岭终南山公路隧道环境监测记录表 表6-11

路线	编号	位置(km)	氧气(%)	CO(ppm)	NO(ppm)	HS(ppm)	LEL(%)	CO_2(ppm)	SO_2(mg/m^3)	露点(℃)	温度(℃)	相对湿度(%)
西线	1	1号停车带	20.9	0.0	0.0	0.0	0.0	361.0	0.0	6.7	20.8	30.0
	2	1号竖井通道口	20.9	1.0	0.0	0.0	0.0	566.0	0.0	9.5	17.5	50.1
	3	3号灯光带	20.9	1.0	0.0	0.0	0.0	570.0	0.0	9.4	18.6	46.2
	平均值		20.9	0.67	0.0	0.0	0.0	499.0	0.0	8.53	18.97	42.1
东线	1	南洞口	20.9	0.0	0.0	0.0	0.0	523.0	0.0	7.0	24.1	20.5
	2	2号竖井通道口	20.9	0.0	0.0	0.0	0.0	556.0	0.0	6.8	18.5	40.5
	平均值		20.9	0.0	0.0	0.0	0.0	539.5	0.0	6.90	21.30	30.5
环境标准	报警值		>23.5	>100	>15	>15	>10	>1 020	>5	当天车流量:3 097辆		
			<19.5									

单位:隧道公司监控中心 时间:2008年4月20日

秦岭终南山公路隧道环境监测记录表 表6-12

路线	编号	位置(km)	氧气(%)	CO(ppm)	NO(ppm)	HS(ppm)	LEL(%)	CO_2(ppm)	SO_2(mg/m^3)	露点(℃)	温度(℃)	相对湿度(%)
西线	1	1号停车带	20.9	0.0	0.0	0.0	0.0	331.0	0.0	5.5	25.4	28.0
	2	1号竖井通道口	20.9	2.0	0.3	0.0	0.0	534.0	0.0	7.9	18.6	49.7
	3	3号灯光带	20.9	3.0	1.1	0.0	0.0	540.0	0.0	7.8	19.9	45.7
	平均值		20.9	1.67	0.47	0.0	0.0	468.33	0.0	7.07	21.30	41.1
东线	1	南洞口	20.9	0.0	0.0	0.0	0.0	499.0	0.0	7.1	25.2	21.7
	2	2号竖井通道口	20.9	2.0	0.0	0.0	0.0	526.0	0.0	6.2	20.3	41.6

续上表

路线	编号	位置 (km)	氧气 (%)	CO (ppm)	NO (ppm)	HS (ppm)	LEL (%)	CO_2 (ppm)	SO_2 (mg/m^3)	露点 (℃)	温度 (℃)	相对湿度 (%)
东线	平均值		20.9	1.0	0.0	0.0	0.0	512.5	0.0	6.65	22.75	31.65
环境标准	报警值		>23.5	>100	>15	>15	>10	>1020	>5	当天车流量:3 235 辆		
			<19.5									

单位:隧道公司监控中心　时间:2008 年 5 月 20 日

秦岭终南山公路隧道环境监测记录表　　表 6-13

路线	编号	位置 (km)	氧气 (%)	CO (ppm)	NO (ppm)	HS (ppm)	LEL (%)	CO_2 (ppm)	SO_2 (mg/m^3)	露点 (℃)	温度 (℃)	相对湿度 (%)
西线	1	1 号停车带	20.9	0.0	0.0	0.0	0.0	245.0	0.0	10.1	9.9	28.0
	2	1 号竖井通道口	20.9	1.0	0.0	0.0	0.0	272.0	0.0	12.5	9.8	49.7
	3	3 号灯光带	20.9	2.0	0.3	0.0	0.0	315.0	0.0	11.0	17.4	45.7
	平均值		20.9	1.00	0.10	0.0	0.0	277.33	0.0	11.20	12.37	41.1
东线	1	南洞口	20.9	1.0	0.9	0.0	0.0	250.0	0.0	9.0	12.5	21.7
	2	2 号竖井通道口	20.9	3.0	0.2	0.0	0.0	355.0	0.0	14.2	16.7	41.6
	平均值		20.9	2.0	0.55	0.0	0.0	285.7	0.0	11.60	14.60	31.65
环境标准	报警值		>23.5	>100	>15	>15	>10	>1020	>5	当天车流量:4 648 辆		
			<19.5									

单位:隧道公司监控中心　时间:2009 年 6 月 9 日